王亚林
刑事辩护团队

荣誉出品

精细化辩护

标准流程与文书写作

第二版

王亚林 著

法律出版社
LAW PRESS · CHINA

王亚林刑事辩护团队

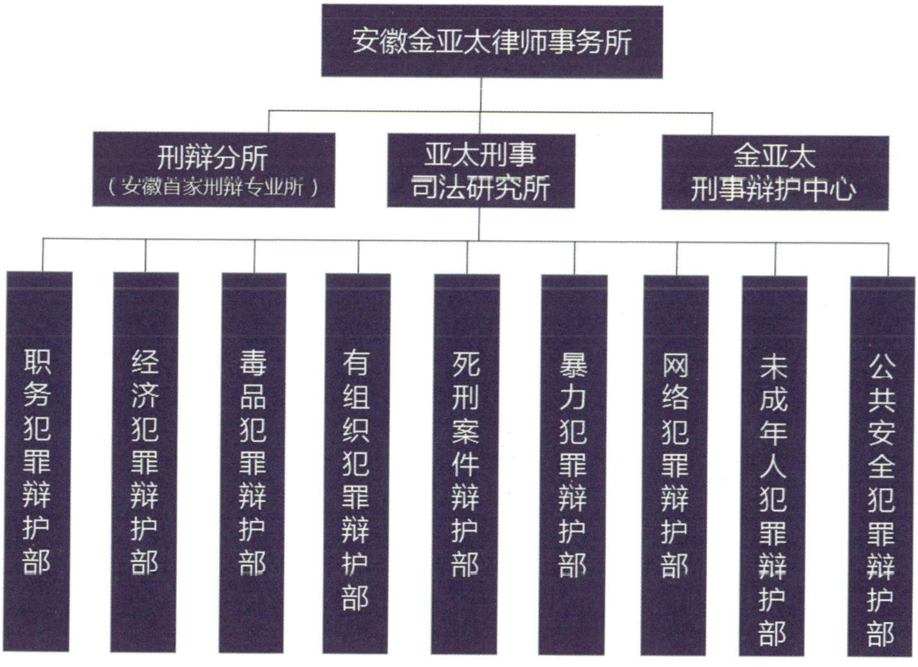

安徽首家刑辩专业所：精细化、标准化、团队化方式办理刑事案件

金亚太律师事务所办公环境

再版序言
Second Edition Preface

距本书首次出版已四年有余,承蒙读者厚爱,本书一直供不应求,再版已成定势。恰逢近几年刑辩领域巨变连连,监察委设立是我国司法体制乃至政治体制的一次巨大变革,《刑事诉讼法》修订设立了认罪认罚、刑事和解、缺席审判等诸多新兴制度,扫黑除恶专项行动不断取得令人瞩目的成绩。同时,最高人民检察院《人民检察院刑事诉讼规则》、公安部《公安机关办理刑事案件程序规定》以及最高人民法院《关于适用〈中华人民共和国刑事诉讼法〉的解释》的颁布与修订则更直接地影响了律师的辩护工作。为此,我们决定顺时应势,将本书内容修订再版。

此次再版修订的主要内容有以下几个部分:

首先,职务犯罪入罪标准提高的相关内容。2016 年最高人民法院、最高人民检察院出台了《关于办理贪污贿赂刑事案件适用法律若干问题的解释》,将贪污贿赂犯罪的入罪标准和量刑标准大幅度提高。职务犯罪辩护一直是我们团队的强项,入罪标准赋予我们更大的辩护空间,但也对我们核算犯罪金额、排除非法证据的能力提出了更高的要求,我们刑辩团队在办理胡某交易型受贿案过程中就通过细致核算犯罪金额,在二审阶段将 85 万元犯罪金额中的 80 万元成功核减,法院最终改判胡某缓刑。

其次,监察委设立、职务犯罪侦查权变更的相关问题。2018 年 3 月 11 日,第十三届全国人民代表大会第一次会议通过宪法修正案,正式确定设立中华人民共和国国家监察委员会,从此我国国家机构由传统的"一府两院"调整为"一府两院一委",原本由检察机关掌握的职务犯罪侦查权移交监察委,检察机关仅保留 14 个罪名的侦查权。监察委调查留置期间,律师无权会见,但调查结束之后,监察委提取的证据可以直接用作定罪量刑的依据。刑辩律师面临新的机遇的同时,辩护空间也不可避免地受到影响,值得我们密切关注。

最后,对认罪认罚等新设立制度的研究。认罪认罚制度使检察机关对审判行为的影响力有所提升,将定罪量刑程序在一定程度上提前到审查起诉阶段。这对刑辩工作将会产生极为深远的影响,刑辩律师必须更加注重量刑评估技能和谈判技巧的提升。我们需要考虑的问题已不能局限于案件事实本身,还必须根据实际状况制定对当事人最为有利的辩护策略,比如,在当事人已经认罪认罚的案件中,如果律师认为当事人无罪,怎样独立行使辩护权才能既保障当事人的既得利益,又做好无罪辩护工作?在认罪认罚制度确立以前,这些并不是辩护律师需要重点关注的问题。

除以上主要内容有所变动之外,原书中涉及的法律条文如《刑事诉讼法》、最高人民法院《关于适用〈中华人民共和国刑事诉讼法〉的解释》、《人民检察院刑事诉讼规则》等有所修订的,本书也相应作出修订,以适应最新的立法动态。

刑辩人站在中国法治进程的最前沿,与这样一个风云激荡的伟大时代互相成就。作为知名刑辩律师,王亚林主任经常教导我们,人生有限、功业无涯,刑辩事业不能局限于一人一家的成就,而应该薪火相传、代代不息。为此,我们团队成员不辞辛劳地对全书文稿逐字修订,希望能以这种属于我们团队的独特方式为中国刑辩事业稍效微劳!

前　言

Preface

刑辩律师是戴着镣铐的舞者，每一个有志于专门从事刑辩业务的律师都是一个有勇气、有胆识的人。除了面对每一个律师都要面对的案源、业务能力的提升等问题之外，刑辩律师还承担着更多的社会责任、面临更大的职业风险。每一次的司法变革在为刑辩律师开放一点自由空间的同时都会加上更多的职业限制。因此，刑辩律师比其他任何律师都更需要加强职业经验的交流，通过业务交流互帮互助，共同进步以谋取更大的生存空间。作为一个成熟的刑辩专业团队，我们深感自己肩上不可推卸的责任。

王亚林刑辩团队成立至今已六年有余，在这段时间里，团队成员积极进取，不断磨砺和提高自己的业务水平，使我们的团队能在全国强手如林的刑辩团队中占得一席，其间的艰难自不必言，但收获也颇多。秉持“天下刑辩是一家”的理念，作为一个业已成长起来的刑辩团队，我们认为有必要将本团队的成长经验和教训进行总结，一是自省，二是可以为全国有志于从事刑辩业务的律师提供借鉴。

恰在此时，法律出版社发出邀约，天时、地利、人和齐备，我们再也没有理由懈怠推脱，因此，集整个团队之力总结整理了团队导师王亚林律师多年讲学和实务技巧中的精粹，也总结了很多团队其他成员的成功经验，结集成书，不敢究天人之际，但求成一家之言。

本书主要介绍王亚林刑辩团队从成立之初的单兵作战逐步走上团队化、标准化、精细化的刑辩之路的历程，其中引用的每一份法律文书都是我们团队的标准格式，可以体现出我们团队的服务特色。

全书主体内容架构在一纵一横两大脉络上。纵向脉络是按照刑事案件的一般流程，从刑事案件的接收一直介绍到侦查、起诉和审判直至二审各个阶段，详细介绍了团队成员在刑事案件各个阶段中如何发挥作用，其中引用了不少团队成员的经典成功案例,如震惊全国的“骨科医生埋尸案”。这一脉络可以体现我们团队服务全面、细致的特点。

横向脉络是以专题的形式,重点介绍了被害人代理、死刑案件辩护以及非法证据排除和同步录音录像的审查判断等问题,这一脉络强调的是团队成员刑事案件办理的专业性。每一位团队成员都在刑事辩护案件中选择自己的专长领域,并在该领域不断研究,从而实现三级分科,为当事人提供最精准、最专业的法律服务。

对刑辩律师来说,这是一个最好的时代,也是一个“最坏”的时代。我们一方面享受越来越全面的职业权利保障,另一方面也面临业务水平越来越强甚至在某些方面远超我们的司法工作人员,整个行业处于逆水行舟的状态。但刑辩律师的勇气和胆识一定能让我们在这样一个时代大展拳脚,打出自己的天地。我们为身处这样的时代感到兴奋和些许不安,作为这个时代的参与者和见证者,我们有责任付出自己的努力,留下自己的痕迹。

最后,本书由法律出版社垂青邀约,不胜荣幸。全书主体内容为王亚林律师讲学和实务经验的精粹,由全体刑辩团队成员共同整理编纂,共分为十四章,第一章由徐朝律师负责整理编纂,第二章、第三章、第十一章、第十二章和第十四章由张世金律师负责整理编纂,第四章、第五章和第十章由黄新伟律师负责整理编纂,第六章、第七章和第八章由丁大龙律师负责整理编纂,第九章由陈小梅律师负责整理编纂,第十三章由曹富乐律师负责整理编纂,刘智鸿律师、刘阿勇律师、马知行负责本书校对整理。在此对法律出版社和各位同人一并致谢。

目 录
Contents

第一章
CHAPTER 01

概　说

第一节
刑事辩护律师的立场

我国传统辩护理论认为,辩护律师具有独立的诉讼地位,不受被告人(为行文简洁,第一章中被告人涵盖犯罪嫌疑人)意志约束。这种独立辩护论在我国已成通说,影响力极大。中华全国律师协会《律师办理刑事案件规范》第 5 条第 1 款明确规定:"律师担任辩护人,应当依法独立履行辩护职责。"而实践中,诸多国内具有影响力的知名律师也持独立辩护观点。李庄案中,因涉嫌伪证罪的律师李庄在二审法庭上突然认罪,其辩护律师高子程基于独立辩护论,最终选择为李庄做无罪辩护。陕西华南虎照片案中,涉嫌诈骗罪和非法持有枪支罪的被告周正龙在二审中突然认罪,其辩护律师顾玉树同样基于独立辩护论继续为周正龙做无罪辩护。笔者认为,这种"中国特色"的无罪辩护,应是基于被告人合法权益最大化的考量,与被告人事先进行沟通,独立辩护论强调的不是强调独立于当事人,而应当是独立于侦、控、审等外部因素。事实上,绝对的独立辩护论,只会在辩护律师和被告人之间造成分歧并抵消辩护效果,有损于被告人辩护权的有效行使。因此,辩护律师在立场上,首先应当是被告人的诉讼代理人,对被告人负有忠诚义务;其次才是独立辩护人,可以适当独立于被告人的意志。

一、律师辩护权来源于被告人

刑事诉讼中,被告人由于人身自由被限制,加之不具备专业法律知识,很难为自己收集有利证据并进行行之有效的辩护,于是委托律师为自己提供法律帮助并协助自己进行辩护。辩护律师基于当事人的委托而取得辩护权并参与刑事诉讼活动,是以维护委托人的最大利益、实现委托人的诉讼目的为目标。这与民事诉讼、行政诉讼中的诉讼代理人在本质上并无不同。应当说,辩护律师原本没有辩护权,是因为当事人的委托和授权才取得辩护权,真正行使辩护权的主体仍然是被告人,辩护律师只是帮助被告人行使辩护权的代理人。基于这种委托代理关系,辩护律师在选择辩护方案或者辩护策略时,应将相关的法律后果向被告人作充分的阐释和分析,并最终征得被告人的同意。如果辩护律师一意孤行,进行独立辩护,往往会与被告人形成自相矛盾的辩护观点,结果对被告人自然十分不利。例如,李庄案及陕西华南虎照片案中,被告人突然认罪,辩护律师基于独立辩护原则依然为被告人作无罪辩护,这样做的结果可想而知:一方面,法庭会将被告人的认罪供述作为裁判的依据,认定被告人有罪;另一方面,辩护律师因坚持作无罪辩护,而没有作罪轻辩护,就会使得对被告人有利的诸多量刑辩护根本没有开展,最终使辩护效果大打折扣,辩护权没有得到有效行使。因此,辩护律师应当首先履行对被告人的忠诚义务,其辩护方案须经被告人同意。如果在辩护方案上与被告人出现分歧,辩护律师只能与被告人进行充分沟通并尽量说服被告人;若不能达成一致,则只能结束委托代理关系退出辩护,而不是违背被告人的意志进行独立辩护。

二、辩护律师是相对独立的辩护人

我国理论界所主张的独立辩护论完全无视被告人的意志,由辩护律师自行决定辩护策略的选择,既没有尊重被告人的程序主体地位,也无视委托代理关系中依据被代理人授权活动的根本准则,更会在多数情况下,不利于对被告人程序和实体利益的维护,从而严重背离了辩护制度设计的初衷。[1] 因此,这里所说的独立辩护,指的是辩护律师应当完全独立于侦、控、审以及其他外部因素并可以适当地独

---

〔1〕 陈虎:《独立辩护论的限度》,载《政法论坛》2013 年第 4 期。

立于被告人,而不是指绝对独立于被告人。具体而言,辩护律师的这种独立性表现在以下几个方面:首先是绝对独立于侦、控、审等司法机关,辩护律师应当依法独立地履行自己的辩护职责,不受司法机关及其工作人员的干涉和左右。其次是绝对独立于法外因素的影响:一是辩护律师应当独立于各级党委、政府及主管行政机关以"社会稳定"等为由对案件的干预;二是辩护律师应当独立于媒体及舆论对案件的"审判",不为媒体和舆论所"绑架",坚持根据事实和法律对案件作出自己的判断。最后是相对地独立于被告人。辩护律师在辩护目标及案件事实问题上应当尊重被告人的意志,但在辩护策略及法律适用问题上应当适当地独立于当事人。例如,当被告人违背事实和法律提出非法要求时,辩护律师应当基于独立性坚持自己根据事实和法律作出的辩护方案;若被告人故意隐瞒与案件有关的重要事实的,则辩护律师有权拒绝辩护。

第二节
辩护律师的职业伦理

《中国大百科全书·哲学卷》将职业伦理定义为:"在职业范围内形成的比较稳定的道德观念、行为规范和习俗的总和。它是调节职业集团内部人们之间关系以及职业集团与社会关系各方面的行为准则,是评价从业人员职业行为的善恶、荣誉的标准,对该行业的从业人员有特殊的约束力。"律师职业伦理作为职业伦理的一种,其内涵是律师执业的行为准则,外延则包括道德标准、职业操守及行为规范。正如日本律师、学者佐藤博史所言:"律师伦理就是律师与他人发生关系时,即律师执行业务时应当遵守的行为准则。"[1]

考察我国律师职业伦理的形成及其形式,以规范性的法条包容自治性的行业规程明示为特点,将深藏的传统文化及复杂的法律价值予以简单化的提成抽象,以成文的、规范的形式表现出外在体制对律师伦理的强制性介入,甚少有律师个体的

---

[1] [日]佐藤博史:《刑事辩护的技术与伦理》,余秀峰、张凌译,法律出版社2012年版,第7页。

内心体验唤起执业共同体的共鸣或是有意义的争议,也缺乏相应的自觉性的行为准则或价值权衡机制。[1] 换言之,我国律师职业伦理主要是通过一系列律师职业伦理规范来实现的。从规范意义上来看,律师职业伦理规范是律师职业伦理的具体体现。因此,将规制律师执业行为的相关法律、法规以及行为准则称为律师职业伦理是完全适当的。[2] 在此意义上,辩护律师职业伦理则是从事刑事辩护业务的律师应当遵守的行为规范的总称,是指导辩护律师执业行为的标准,是约束辩护律师执业行为的准则,也是追究辩护律师执业责任的依据。

随着我国辩护制度的发展,辩护律师职业伦理规范的建设也在逐步完善。《刑法》《刑事诉讼法》《律师法》《律师执业管理办法》《律师和律师事务所违法行为处罚办法》等法律、法规、部门规章,以及《律师执业行为规范》《律师办理刑事案件规范》《律师协会会员违规行为处分规则(试行)》《律师职业道德基本准则》等行业规程,分别对辩护律师职业伦理作出规定。综合上述规范性文件来看,我国辩护律师在刑事诉讼中的主要职业伦理可以概括为忠诚义务与真实义务。

一、辩护律师的忠诚义务

所谓忠诚义务,是指辩护律师应当将维护嫌疑人、被告人的利益作为辩护的目标,尽一切可能选择有利于实现这一目标的辩护手段和辩护方法。[3] 根据世界各国通行的观点,律师无论是接受委托还是接受法律援助机构的指派作为辩护人,均负有忠诚于当事人的职业伦理,这种忠诚义务应被视为辩护律师的首要职业伦理。辩护律师之所以负有忠诚义务,除了源于其在刑事诉讼中的辩护职能的担当者、被告人权益的维护者这一诉讼角色定位,还因为辩护律师作为当事人的诉讼代理人,要履行忠实于客户利益这一代理合同义务。除此之外,被告人在刑事诉讼中处于相对弱势的地位,基于对抗平衡原则,也天然地要求辩护律师起到抑强扶弱的作用,将维护被告人权益作为首要诉讼使命。我国成文的律师伦理规范虽未明文规

---

〔1〕 欧卫安:《律师辩护的伦理:以忠诚义务为视点》,载《西南师范大学学报(人文社会科学版)》2005年第6期。

〔2〕 许身健主编:《律师职业伦理》,北京大学出版社2017年版,第14页。

〔3〕 陈瑞华:《论辩护律师的忠诚义务》,载《吉林大学社会科学学报》2016年第3期。

定辩护律师的"忠诚义务",但规范性文件中的具体条文对辩护律师承担忠诚义务作出了诸多规定。这些有关辩护律师忠诚义务的规定可以归纳为两个层面:积极的忠诚义务和消极的忠诚义务。

(一)积极的忠诚义务

积极的忠诚义务要求辩护律师积极主动、尽职尽责地提供有利于被告人的法律服务。一方面,辩护律师应当具备良好的法律素养和专业技能,并进行充分、翔实的辩护准备,进而确定最佳辩护方案。律师要通过勤勉、高效的工作,穷尽一切可能展示有利于被告人的事实和法律意见,最大限度地说服裁判者接受本方的辩护观点。[1] 另一方面,辩护律师还应当充分尊重被告人的意志,在介入辩护的整个过程中应当主动与被告人沟通,应当积极履行释明义务、提醒义务、协商和说服义务,以便被告人作出理性的选择,最终达成最有利于被告人的辩护意见和辩护策略。

为保障被告人获得辩护律师的有效辩护,我国《刑事诉讼法》第37条规定:"辩护人的责任是根据事实和法律,提出犯罪嫌疑人、被告人无罪、罪轻或者减轻、免除其刑事责任的材料和意见,维护犯罪嫌疑人、被告人的诉讼权利和其他合法权益。"《律师执业行为规范》第6条规定:"律师应当诚实守信、勤勉尽责,依据事实和法律,维护当事人合法权益,维护法律正确实施,维护社会公平和正义。"中华全国律师协会《律师办理刑事案件规范》第5条第3款规定:"律师在辩护活动中,应当在法律和事实的基础上尊重当事人意见,按照有利于当事人的原则开展工作,不得违背当事人的意愿提出不利于当事人的辩护意见。"

(二)消极的忠诚义务

消极的忠诚义务是最低限度、最基本的忠诚义务,辩护律师不得出卖被告人,不得无故退出辩护,不得实施损害被告人利益的行为。刑事诉讼中,被告人处于受国家权力追诉的地位,与控方的强大权力相比,被告人处于不利地位。为了实现控辩平等,弥补被告人权利受限以及法律知识缺乏的缺陷,辩护制度应运而生,辩护

---

〔1〕 陈瑞华:《论辩护律师的忠诚义务》,载《吉林大学社会科学学报》2016年第3期。

律师成为国家给予被告人的适当支持,以对抗强大的国家司法机关。辩护律师介入案件后,就成为被告人唯一值得托付保密事项甚至是身家性命的盟友,如果辩护律师积极实施了损害被告人利益的行为,就会使在刑事诉讼中原本就处于弱势的被告人更加处于不利地位,其权利也更加难以得到有效维护,这显然违背了辩护制度设计的初衷。

然而,实践中辩护律师违背消极的忠诚义务的现象依然屡见不鲜。例如,前文所述的"独立辩护人"问题,辩护律师未与被告人协商就擅自提出与被告人不同甚至相反的辩护意见,导致被告人陷入被动境地。为了避免被告人权益遭受辩护律师侵犯,避免被告人陷入更加不利的境地,职业伦理才要求辩护律师承担消极的忠诚义务。我国律师职业伦理规范也就辩护律师的消极忠诚义务进行了相关规定,《律师法》禁止辩护律师泄露委托人"不愿泄露的有关情况和信息",禁止辩护律师从事存在利益冲突的法律事务,禁止辩护律师无正当理由拒绝辩护,《律师办理刑事案件规范》要求辩护律师"不得违背当事人的意愿提出不利于当事人的辩护意见"。

(三)忠诚义务的边界

辩护律师职业伦理要求辩护律师对当事人承担忠诚义务,但这不意味着辩护律师应当无限制地满足当事人的要求。实践中,当事人经常对辩护律师提出各种不合理要求,例如,有的被告人家属要求查看、复制案件卷宗内的证据材料,有的被告人家属要求律师在会见被告人时唆使被告人改变供述从而与某证人证言保持一致,有的被告人要求辩护律师转告家属转移某项隐秘财产,更有甚者要求辩护律师帮助销毁某个证据。这些当事人的要求均涉及辩护律师忠诚义务的边界问题,即辩护律师在承担忠诚义务时,不能为达目的不择手段,应当清楚地知道职业底线,否则稍有不慎就会因此承担行业惩戒、行政处罚甚至是面临刑事追究。

应该说,我国律师职业伦理规范就辩护律师履行忠诚义务的边界问题也进行了相关规定,要求辩护律师在维护当事人权益的同时,还要履行"维护法律正确实施""维护社会公平正义"等义务。这些义务具体体现在两个方面:一是禁止破坏司法工作人员的廉洁性,禁止辩护律师与检察官、法官等司法工作人员不正当接触,禁止辩护律师以贿赂等不正当方式影响刑事追诉、裁判的结果;二是禁止律师以积极的行为阻止司法机关发现事实真相，辩护律师不得故意向司法机关提供虚假证据或者威胁、利诱他人提供虚假证据，妨碍对方当事人合法取得证据，不得帮助犯罪嫌疑人、被告人隐匿、毁灭、伪造证据或者串供以及不得进行其他干扰司法机关诉讼活动的行为。根据诉讼职能的分配，虽然辩护律师并不承担积极发现案件事实真相的责任，但至少不应当通过积极的行为来毁灭证据、伪造事实，进而误导司法机关作出错误的判断。

二、辩护律师的真实义务

近现代以来，随着对刑事诉讼规律的进一步科学认识，尽管诸如程序公正、诉讼效率等因素在刑事诉讼中越来越占据重要的分量，但是都不足以动摇案件事实真相之查明、实体公正之实现在刑事诉讼中所占据的核心位置。因此，可以毫不夸张地说，发现真实，永远是刑事司法的灵魂，而一旦放弃对真实的追求，刑事司法将变得毫无意义。[1] 作为刑事诉讼制度中"两造"的一方，辩护律师无疑也要承担真实义务。因此，当今世界各国，无论是奉行当事人主义还是职权主义诉讼模式的国家，均要求辩护律师承担一定的真实义务。不考虑程度上的差异，无论英美法系国家还是大陆法系国家都要求律师陈述事实，在法律界限内执业，并对法庭诚实和尊重。[2] 此外，正如美国著名律师艾伦·德肖维茨在其著作《最好的辩护》一书中所表述的，被告辩护律师，特别是在为确实有罪的被告辩护时，他的工作就是用一切合法手段来隐瞒全部事实。可以说，律师的辩护工作在一定程度上会阻碍司法机关发现真实，因而世界各国的辩护制度在赋予辩护律师维护被告人权益的权利同时，无不要求辩护律师承担一定的真实义务。

随着刑事司法改革的推进，我国刑事诉讼制度呈现诸多当事人主义诉讼模式的特征，但本质上我国依然属于职权主义诉讼模式，因此当前成文的律师职业伦理规范对辩护律师承担真实义务依然提出了较高要求。司法实践中，辩护律师因违背真实义务，阻碍司法机关发现真实，而受到行业惩戒甚至被追究刑事责任的也常

---

〔1〕 李宝岳、陈学权：《辩护律师对法庭的真实义务》，载《中国司法》2005年第9期。

〔2〕 [美]迪特里希·鲁施迈耶：《律师与社会——美德两国法律职业比较研究》，于霄译，上海三联书店2010年版，第140页。

有耳闻。但是,基于诉讼职能的区分、证明责任的不同,辩护律师承担的真实义务显然不同于检察官和法官的真实义务,大致上,辩护律师承担的真实义务具有片面性和消极性。

(一)片面的真实义务

刑事诉讼的三角构造中,法官居中裁判,必须保持客观、中立,必须兼顾对被告人不利及有利的证据和事实,法官无疑承担的是全面、客观地真实义务。我国刑事诉讼理论通说认为检察官除了承担指控犯罪的职能外,还应当承担客观义务,应当全面、客观地收集、发现、审查、呈现对被告人不利以及有利的证据和事实。《刑事诉讼法》第52条明确规定,审判人员、检察人员、侦查人员必须依照法定程序,收集能够证实犯罪嫌疑人、被告人有罪或者无罪、犯罪情节轻重的各种证据。该规定是法官、检察官承担全面、客观真实义务的集中体现。

前文已经阐述,辩护律师对当事人负有忠诚义务,忠诚义务必然要求辩护律师只能从有利于当事人的角度提供法律服务,《律师办理刑事案件规范》也规定了辩护律师不得违背当事人的意愿提出不利于当事人的辩护意见。从辩护人的地位、任务来看,辩护人不像检察官那样承担完全的真实义务(客观义务)。在维护嫌疑人、被告人的正当利益上不产生矛盾的限度内,负担真实责任。换句话说,辩护人以维护嫌疑人、被告人的正当利益为任务,在这个限度内为发现真实而协助。[1]概言之,辩护律师的真实义务要受到忠诚义务的牵制,其对于有利于被告人的证据和事实应当积极地发现、收集、呈现,对于不利于被告人的证据和事实则不得披露,此为辩护律师片面的真实义务。

(二)消极的真实义务

刑事诉讼中,由控诉方举证证明被告人有罪并应当承担刑事责任,被告人原则上不承担证明自己无罪的责任,享有无罪推定的权利,这是刑事诉讼制度发展至今世界各国关于证明责任分担的共识。我国《刑事诉讼法》第51条对证明责任的分担也做了明确规定。证明责任的分担决定了被告人的真实义务具有消极性,尤其

---

〔1〕 日本司法研究所编:《刑事辩护实务》,王铁城、秀义译,中国政法大学出版社1989年版,第58页。

是在被告人有罪的情况下，被告人不会积极主动地追求客观真实，而辩护律师作为被告人权益的维护者，必然承继了被告人的消极真实义务。证明责任分担模式下，辩护律师代表被告方利益进行辩护，在庭审中积极对抗控方，而非积极主动协助控方查明事实，甚至积极告发从犯罪嫌疑人处得知的信息，证明犯罪嫌疑人有罪。刑事辩护律师考虑的不是"此人是否有罪"，虽然这非常重要，但还是留给法官或者陪审团去回答，我们要考虑的问题是："政府能否证明此人有罪？"[1]

辩护律师消极的真实义务，多是要求辩护律师消极的"不作为"。我国辩护律师职业伦理的规范性文件就此进行了相关规定：辩护律师不得伪造、毁灭、隐匿证据，不得协助被告人实施上述行为，不得向法庭提交明知虚假的证据，也不得实施其他干扰司法机关诉讼活动的行为。概言之，虽然积极的真实义务在司法机关，但辩护律师不得以积极的行为去干扰司法机关发现真实，此为辩护律师消极的真实义务。当然，消极的真实义务，不意味着辩护律师在辩护过程中真的"消极的无所作为"，比如，在控方出示的证据为真实的情况下，辩护律师也可以提出反对意见，质疑证据的合法性，或者要求启动非法证据排除程序，竭力说服法庭对该真实的证据不予采纳；在事实为真的情况下，辩护律师可以从构成要件不符合、不具有法益侵害性等法律适用的角度进行阐述和说服。

（三）真实义务与律师伪证罪

号称"达摩克利斯之剑"的《刑法》第306条规定了辩护人、诉讼代理人毁灭证据、伪造证据、妨害作证罪，通称"律师伪证罪"或者"刑法306条问题"。司法实践中，如果辩护律师向证人单方取证，而证人将原本在侦查机关所做的供述予以改变或者推翻，辩护律师都极有可能被认定为妨害作证。自《刑法》第306条出台以来，不少律师因此被采取强制措施甚至被定罪处刑。责任源自义务，律师伪证罪的行为侵害了司法机关的刑事追诉活动，阻碍了司法机关对案件真实的发现。追究律师伪证罪之责，法理上的基础是辩护律师违反了对司法机关的真实义务。[2] 辩护律师之所以被认定妨害作证，主要是因为辩护活动可能会导致检察机关作出不起

---

〔1〕 江礼华、杨诚：《美国刑事诉讼中的辩护》，法律出版社2001年版，第25页。
〔2〕 葛同山：《辩护律师的真实义务与律师伪证罪》，载《商丘师范学院学报》2011年第8期。

诉决定或者审判机关作出无罪判决，使侦查机关或者检察机关前期的追诉活动付诸东流，这就与司法机关的刑事追诉活动产生了利益冲突，辩护律师成了刑事追诉活动的障碍，有些司法机关就会因此对辩护律师立案侦查，进行刑事追诉，以扫清障碍。

如前文所述，我国刑事诉讼制度虽然呈现出不少当事人主义诉讼模式的特征，但传统上还属于职权主义诉讼模式，发现真实依然是我国刑事诉讼的首要价值，因此辩护律师被要求承担了过高的真实义务，且辩护律师妨害侦查、干扰追诉的认定标准较低。在此现状下，辩护律师群体除了期待、呼吁刑事司法制度的改革和进步之外，更应当做好风险防范。辩护律师不能违反法律明确设定的行为边界和范围，尤其不能违反法律确立的禁止性规则和义务性规则，在遵守授权行规则方面也应当善意地理解，采用法律不禁止的正当手段进行辩护。唯有如此，辩护律师才能在维护当事人权益的同时，保障自身的执业安全。

第二章
CHAPTER 02

接收案件

第一节
接待咨询

接待当事人，是律师办理刑事案件的一项重要的前置性工作。律师应当认真、全面地听取当事人的陈述，了解犯罪嫌疑人或者被告人的涉案情况和当事人的法律服务需求；根据当事人的陈述，提出针对性的专业意见，向其介绍相关的法律、法规和司法解释的规定。

具体而言，律师接待当事人、提供法律咨询时，应当向当事人了解以下情况：

(1)当事人与犯罪嫌疑人或被告人的身份关系；

(2)犯罪嫌疑人或被告人的基本情况、涉案罪名、涉案情况；

(3)犯罪嫌疑人或被告人目前的诉讼程序，是否被羁押；

(4)当事人是否已经向律师进行过法律咨询或委托辩护人；

(5)当事人已经为案件做过哪些工作；

(6)其他需要了解的情况。

律师接待咨询原则上应当由承办律师和谈判助理配合进行，承办律师提问、解答时，谈判助理负责记录，并适时做好相关辅助工作。根据接待需要决定是否制作谈话笔录。谈话笔录主要是记录当事人陈述的主要情况和他们对案件结果的预期，律师在接待咨询过程中对案件进行的初步预判，以避免在接受委托后出现预判结果与告知当事人的情况不一致而产生纠纷，并强调不承诺案件办理结果，以防范律师执业风险。

根据笔者多年的执业经验，当事人良莠不齐、形形色色，因此，律师接待当事人时，应当掌握以下技巧：

第一，确认来访者及委托人的身份，防止同案犯冒充委托人或者同案犯假借律师会见刺探案情。首先，对来访人员身份进行甄别，确定来访人是否涉案或属于潜在处理对象。其次，核实委托人身份，确认是否属于《刑事诉讼法》《律师办理刑事案件规范》规定的委托人范围。《刑事诉讼法》第 34 条第 3 款规定："犯罪嫌疑人、被告人在押的，也可以由其监护人、近亲属代为委托辩护人。"《律师办理刑事案件规范》第 8 条第 1 项规定："接受犯罪嫌疑人、被告人的委托，担任辩护人。犯罪嫌疑人、被告人的近亲属、其他亲友或其所在单位代为委托的，须经犯罪嫌疑人、被告人确认。"需要强调的是，如果已经接受上述人员委托，在首次会见笔录中犯罪嫌疑人或者被告人需要写明"本人同意委托"并让其在委托书中签字。

第二，善于聆听。一个成功的律师，首先应当是一个良好的倾听者。在接待法律咨询时，不要轻易打断当事人的陈述，让当事人能自由陈述完所了解的案件情况和真实想法。这不仅能够让当事人感受到律师对他们的尊重，还能让律师充分地了解案情，为进一步有效沟通奠定基础。

第三，做好记录。律师在听取当事人的介绍前，应当将想要了解的问题列出提纲，在听取介绍时将案件的主要节点和事实进行记录，厘清关键点，为下一步有针对性的提问打下基础。

第四，适当提问。在当事人介绍完案件的基本事实后，律师应当有针对性地对当事人没有全面陈述的案件相关要点进行询问，如犯罪嫌疑人、被告人的刑拘时间、羁押场所、办案机关、涉案罪名、涉案金额等，为下一步初步判断案情做准备。

第五，全面解答。了解完案件情况后，律师应当对犯罪嫌疑人（被告人）可能涉及的罪名进行介绍，介绍时应当包括实体法和程序法的规定。同时，还要介绍犯罪嫌疑人（被告人）和家属依法享有的合法权利；预判案件结果，阐述律师的积极作用和律师的具体工作及本案当中律师的法律服务方案。

笔者在此需要强调的是，律师第一次接待当事人时，需要确认来访者及委托人的身份，防止同案犯冒充委托或者同案犯假借律师会见刺探案情。同一律师事务所接受同案犯委托，需要征求委托人同意。接待咨询时需要告知诉讼风险，如会见可能受阻、定罪标准放宽、量刑从重、诉讼周期长、一般不取保、数罪并罚可能导致不适用缓刑，但不得接受未同案处理但实施的犯罪存在关联的犯罪嫌疑人、被告人的委托。

除此之外，应当着重听取当事人对案件事实的陈述，了解犯罪嫌疑人、被告人是否有自首、累犯等法定情节，重点解答刑事案件的诉讼流程和时间期限、犯罪嫌疑人、被告人的权利义务及维权方式、法律对于定罪量刑的相关规定。在律师会见犯罪嫌疑人、被告人了解情况之前，不对案件事实发表过多意见。

犯罪嫌疑人（被告人）的亲友来咨询的，应当向其介绍刑事案件办理的基本程序和相关规定，包括：

（1）刑事案件侦查、审查起诉、一审、二审、再审、死刑复核的程序规定和诉讼期限；

（2）所涉及罪名的构成要件及处罚规定；

（3）强制措施的种类和适用条件；

（4）法定和酌定的从轻、减轻、从重、加重情节；

（5）犯罪嫌疑人（被告人）及其亲友依法享有的合法权利；

（6）所咨询案件的发展趋势和可能出现的各种结果；

（7）律师的法律服务方案、服务流程及收费标准。

【文书范本】

王亚林刑事辩护团队（第一次）接待当事人指引

【说明】通过首次接待案件当事人应当至少实现以下目的：

（1）显示团队律师的专业性；

（2）显示团队律师严谨的工作态度；

（3）显示事务所及团队管理的规范性；

（4）与当事人建立基本的信任关系；

（5）为正式建立委托关系奠定基础。

时间:________年____月____日____时　　　地点:________________

接待律师:__________________　　　记录人:______________

当事人:____________________　　　联系电话:____________

身份证号:__________________　　　邮箱:________________

住址:____________________________________(注:为保护当事人隐私,不愿透露身份者可以选择不填)

【提示】

1. 首次接待当事人需两名律师(另一名也可以是律师助理),进行分工,接待律师与当事人交谈,另一名律师(律师助理)做好接待笔录或者扮演谈判助理,辅助接待律师接洽案件。

2. 接待前应当做好准备工作,根据在电话沟通过程中了解的信息(涉嫌罪名、涉案阶段、强制措施情况、简要事实)准备、梳理相关的法律、法规、司法解释和类似案例,尤其是团队律师办理的成功案例。

3. 参加首次接待的律师应当着正装,使用事务所和团队指定的笔记本电脑、笔记本、笔、便笺纸等,以向当事人展示专业形象。

4. 需要确认来访者及委托人的身份,防止同案犯冒充委托人或者同案犯假借律师会见刺探案情。

接待律师:您好,我是王亚林刑事辩护团队的______律师,专司刑事案件(后面有递名片行为)。请问您有什么事需要帮助吗?

当事人:律师,我有问题需要咨询一下,如果谈得比较好,可能会委托你们团队律师帮我们辩护。

接待律师:请问您想咨询什么问题?是为自己咨询,还是代亲友咨询?

注:

1. 关于以上问题,接待律师务必问清楚。如果当事人系在逃犯或者同案犯,要明确告知并在接待笔录中写明:建议其投案自首。如果在逃犯没有明确告知律师其作为被通缉逃犯的信息,也应在接待笔录写明:建议其能主动到案,配合司法机关调查。

2. 在当事人说出问题的同时，接待律师需要在脑海中进行信息检索，迅速联想到该类刑事案件的犯罪构成、立案标准、量刑档次以及相关法律、法规和司法解释。

当事人：是帮亲友咨询的，我的亲属×××可能涉嫌××××罪名，现在被羁押在××××看守所，我们很着急，也很担心他（她）。

接待律师：你是否为同案犯？办案机关有无向你们送达有关程序性法律文书，比如刑事拘留通知书或者逮捕通知书？

当事人：________________

注：

以上文书能够帮助律师了解涉嫌罪名、羁押场所、办案机关、采取刑事强制措施的期限。

接待律师：按照法律规定，你们家属是见不到被羁押在看守所的犯罪嫌疑人或被告人×××的，请不要着急，您先把基本情况说一下吧。

当事人：________________（简述基本情况）

注：

1. 当事人在简述基本情况时，律师应该注重聆听，把握住重点问题，善于引导，充分了解提出的问题及与案情有关的涉及定罪量刑的证据、事实。

2. 在听取介绍时将案件的主要节点和事实进行记录，厘清关键点为下一步有针对性的提问打下基础。

接待律师：耐心听完您的讲述后，我对基本案情有了简单的了解，不过有几个重要的问题需要向您核实一下：____________________

注：需要从实体、程序、事实、证据等层面核实相关问题。实体层面主要包括定罪和量刑两个部分。

1. 根据涉嫌罪名及犯罪构成有针对性地进行核实事实和证据问题，做到从客观事实转化为法律事实，以准确定性。

【例：咨询涉嫌受贿罪案件，重点询问以下内容。】

（1）律师需要核实犯罪嫌疑人或被告人的主体身份，即是否为国家工作人员。

（2）若具备国家工作人员身份，需要进一步询问犯罪嫌疑人或被告人的职务、职权或工作职责。

（3）除此之外，还要向当事人询问行贿人有无具体的请托事项以及给予财物的时间、地点等。

（4）如果属于"事后感谢"型事后受贿，则需要询问有无事前预谋或商量等。

2. 核实与量刑有关的事实、证据：从轻、减轻、免予处罚的犯罪情节，包括但不限于自首、立功、坦白、赔偿、退赃等法定或酌定的量刑情节。具体如下：

（1）从刑事责任年龄和刑事责任能力的角度，询问当事人年龄（要问清公历、农历，注意身份证、户口本显示的日期与实际出生日期是否相同），当事人的生理和精神状况以及有无重大疾病，尤其要关注是否为未成年人、怀孕的妇女，已满75周岁的老人等特殊人群。

（2）如果系共同犯罪案件，询问当事人在案件中的地位和作用，是否存在主犯、从犯、胁从犯、教唆犯问题。

（3）在与当事人的接洽中，了解有无犯罪预备、未遂、中止等犯罪停止形态。

（4）了解当事人涉嫌犯罪的情节轻重情况以及是否具有社会危险性，考虑是否能取保候审、变更强制措施。

（5）询问当事人的到案经过，以确定是否存在自首情节。

当事人：________________________

接待律师：现在根据您的陈述以及您对我所提问题的回答，我对这个案件的分析如下：……

注：主要从无罪辩护、罪轻辩护、量刑辩护、辩护策略等方面进行解答：

1.从无罪的角度进行解答

第一种情形：实体上无罪

根据您刚才陈述的案情和我刚才问您的问题，我认为____依法不构成____罪名。理由______________。

第二种情形：证据上无罪

根据您刚才陈述的案情和我刚才问您的问题，我认为____涉嫌____罪名因证据不足而指控不能成立。理由______________。

2.从量刑和罪轻的角度进行解答

量刑角度：根据您刚才陈述的案情和我刚才问您的问题，我认为____涉嫌____罪名可能成立，但根据____在案件中的地位和作用来判断是否为从犯、胁从犯，有无自首、立功、坦白等情节，以及是否存在预备、未遂、中止等犯罪停止形态等来争取从轻、减轻及免除处罚。

罪轻角度：根据您刚才陈述的案情和我刚才问您的问题，我认为____构成______罪名（重罪）是有争议的，因为我国《刑法》及相关司法解释规定：（告知涉嫌罪名的构成要件）____________。基于此，我认为涉嫌构成______罪名（轻罪），要比立案侦查的罪名在量刑上轻很多。

3.告知案件办理程序和期限

按照我国《刑事诉讼法》的规定，一般情形下刑事案件大致要经过3个阶段，即侦查阶段（公安机关）/调查阶段（监察机关）、审查起诉阶段（人民检察院）和审判阶段（人民法院）。其中，在侦查阶段，刑事拘留最长时间是37天（职务犯罪案件被调查人如果被留置，最长时间为6个月），到期后，公安机关会呈请检察机关批准逮捕，检察机关审查逮捕的期限是7天（职务犯罪案件被调查人留置结束后，如果移送检察机关，一般情形下先行刑事拘留，再决定是否逮捕或者变更强制措施，审查逮捕的最长时间为14天）。如果您亲属被逮捕，那么您亲属在逮捕后的羁押期限一般是2个月。如果没有延长羁押期限，2个月后会侦查终结，公安机关会将案件材料移送检察机关审查起诉。检察机关的审查起诉期限一般是45天，如果认为证据不足，可能会退回公安机关补充侦查，退回补充侦查以两次为限，每次补充侦查的时间为1个月。检察机关审查证据材料后，认为涉嫌犯罪证据充分，会将案件移送法院起诉。一审法院的审理期限一般为自立案之日起3个月。

以上关于案件的实体、程序、证据、事实、法律等方面的解答，还有什么不明白的吗？

当事人：您的解答很细致、认真，非常具有专业水准。

经过您的耐心解答，我对你们有了直观的了解，也有意向委托王亚林刑事辩护团队律师为我亲属辩护。那么，您能帮我们做什么事情？

接待律师：刑事案件一般会经过三个阶段，即侦查阶段（调查阶段）、审查起诉阶段和审判阶段，在不同阶段，辩护律师都可以从事很多不同的辩护工作，包括但不限于律师会见、申请变更强制措施、撰写法律文书、出庭辩护、团队研讨案件、专家论证等。律师的作用就是找到让当事人无罪或者从轻、减轻甚至免除处罚的辩点，用辩护技术、专业能力来说服案件承办人达到良好的辩护效果。在每一个阶段，律师的辩护工作又可以进行精细划分，根据您刚才陈述的案情，本案尚处在侦查阶段（审查起诉或审判阶段），我们将从以下几个方面展开辩护工作：

您刚才说______刚刚被刑事拘留或者执行逮捕，辩护律师在接受委托后首要工作是会见当事人，了解案情，并对其进行法律、心理辅导，告知涉嫌犯罪的法律规定、司法解释以及办案程序和期限，并询问是否有刑讯逼供等非法取证的情形。同时，还会了解采取强制措施的情况以及讯问笔录的内容，告知他在签字前对讯问笔录进行校对，如果有误或者记错，可以要求更正。

在会见之后，我们将及时联系办案机关，了解犯罪嫌疑人涉嫌的罪名和案件有关情况。然后向办案机关申请取保候审。同时，辩护律师会紧密跟踪案件进展，如果侦查机关已经向检察机关负责捕诉的部门提请批捕，我们就向检察院提出不予批捕的法律意见。如果检察机关采纳辩护意见，则对涉案当事人不予批捕，此时作为当事人的家属在提供保证人或保证金后，即可向办案机关办理取保候审手续，您的亲属就可以从看守所释放出来。

如果您的亲属被批准逮捕，依据《刑事诉讼法》以及相关司法解释的规定，在执行逮捕以后，辩护律师可以向检察机关负责捕诉的部门申请羁押必要性审查，恳请检察机关向办案机关提出变更强制措施的建议。

如果案件在侦查阶段没有撤销，移送到检察院，在审查起诉阶段，辩护律师可以在阅卷之后依据案件事实、证据和相关法律发表辩护意见，争取不起诉。

如果检察院将案件移送法院起诉，辩护律师会出庭辩护，履行职责，主要工作包括发问、质证、辩论等精细化工作，根据案件事实、证据和相关法律，进行无罪辩护或者罪轻辩护。

每个阶段对于我们律师来说所做的具体辩护工作都不相同，要依据案件的进展和走向，制定不同的辩护策略。我们团队也会根据案情需要召开案件集体研讨会，必要时举行专家论证会。

当事人：谢谢您耐心的解答，现在我明白律师在侦查阶段（调查阶段、审查起诉、审判阶段）具体做的工作了，你们做的工作很精细。

我还想问个问题，听说你们律师跟公检法的关系都很不错，能否通过这样的关系帮我们把人弄出来？

接待律师：由于律师受过法律专业的思维训练，我们之间的思维方式可能不同，首先要明白什么是“把人弄出来”。根据我的理解，应该是指把人从看守所释放出来。通过撤销案件、不予逮捕、不起诉、无罪释放、判处缓刑等方式都可以实现。这跟案件所处的诉讼阶段、案件事实有关，当然也离不开律师的辩护工作，同时也要依靠你们家属在工作方面的配合。律师的工作是依据事实和法律提供专业化法律服务，是依靠辩护经验和技巧等专业技能维护当事人的合法权益，不是走关系的。律师是法律服务的提供者，不是最后的裁判者，专业技能才是辩护的根本。在没有会见您亲属、充分了解案情的情况下，律师单方的承诺您相信吗？如果您仅想通过我们的社会资源和社会关系，通过权钱交易把人弄出来，是违反我国刑事诉讼法、律师法的有关规定，作为律师，不能通过实施以上违法违规的行为来满足你们的需求。

当事人：既然你们的团队这么专业，如果我们委托您办理该案件，能确保我亲属无罪吗？

接待律师:根据《刑法》及《刑事诉讼法》的规定,任何人未经人民法院判决之前都是无罪的,目前您亲属被追诉,但是否有罪最终应当由人民法院审理后才能确定。一个刑事案件最终的处理结果取决于很多因素的综合作用,即使达到良好的辩护效果,也需要"天时、地利、人和"的多重作用,更需要当事人和律师的共同努力,当然案件的事实和相关的法律才是根本。而且律师在办案过程中会遇到诸多不确定因素,进而导致案件会出现很多变化性,而我们律师只能让办案的过程、提供的法律服务尽量完善乃至完美,从而达到良好的辩护效果,实现当事人合法权益最大化。按照律师法和律师执业规范的要求,律师不得向委托人承诺办案结果。即使我们向办案机关提交相关的辩护意见,也是依据案件本身的事实、卷宗材料、相关的法律进行综合分析而得来的。总而言之,我们会凭借丰富的办案经验与专业的刑辩技能来最大限度地维护您亲属的合法权益。

当事人:理解,律师您是否认识办案人员?关系怎么样?熟吗?

接待律师:我们专业办理刑事案件,与公安机关、检察机关、法院的业务部门经常打交道,比较熟悉,长期在工作过程中与办案人员建立良好的关系也是必要的,公安司法机关办理刑事案件的工作人员也是相对固定的,因此熟悉是可能有的,但都是工作关系。

当事人:那你们一般是怎么收费的?能不能弄出来或无罪释放了再支付呢?

接待律师:依据《律师法》以及律师执业行为规范,刑事案件是不能风险代理的,因为涉及人的生命与自由,希望您能理解。我们是以团队化、标准化、精细化的方式办理刑事案件,根据案件的大小、复杂难易程度、工作量等,具体收费方式有两种:一是按件收费,二是计时收费,以《安徽省律师服务收费标准》(皖价服〔2016〕13号)为依据。按件收费从现阶段开始一次性收取律师费________元。计时收费按律师小时收费标准乘以律师有效工作时间收取费用。综合本案的情况,办理此案的工作时间,包括阅卷、会见当事人、准备法律文书、开庭等在内至少需要____个工作日(____个小时)以上,因此按照每小时收费____元的标准,一次性收取律师费____元。另外,预收差旅费、材料费等费用____元,案件办理中、办结后结算,多退少补。我们团队要求律师书写办案记录、记录工作内容和花费时间,填写律师出差登记表。

当事人：来之前我问过几家律所了，那边收费很低，为什么你们收费比他们高？

接待律师：每个律师事务所的收费都是不一样的，有高也有低。我们刑辩分所律师费用是按照案件的难易程度、律师工作量（会见次数、卷宗数量）合理计算出来的，也在《安徽省律师服务收费标准》（皖价服〔2016〕13号）允许的范围之内。另外，需要说明的是，王亚林刑事辩护团队律师采用团队化、标准化、精细化的方式办理刑事案件，最大限度地维护当事人合法权益。团队化，是指团队办理的所有刑事案件都要经过集体讨论，必要时由顾问团出具专家论证意见；标准化，是指法律文书的制式化和办案流程的标准化；精细化，是指刑事业务实行三级分科制，团队内部把刑事业务细分成商事与金融犯罪、毒品犯罪、有组织犯罪、职务犯罪等业务部门，由专业律师分工负责。而且我们律所是安徽首家刑事辩护专业所，只做刑事辩护，在刑事辩护方面非常专业，律师也特别敬业，依据事实和法律，尽最大努力寻找辩点，努力在侦查、审查起诉、审判阶段最大限度地说服案件的承办警官、检察官、法官，争取良好的辩护效果。

当事人：好的，我想回去和家人商量一下再决定是否委托。另外，您能给我一张名片吗？

接待律师：可以的，不同的律师，工作方式、辩护策略等都可能不一样，也会直接关系到辩护效果的好坏。这是我的名片，上面有我的联系方式，如果还有不明白的问题，可以直接联系我。

请核对笔录，若没有记错或遗漏，请签署"以上笔录我已经看过，与我说的一样"字样。

当事人：好的，谢谢您，律师。[1]

当事人（签字或捺印）：

年 月 日

---

〔1〕 该指引参考《牛律师刑辩标准化格式》整理。

第二节

办理委托手续

一、办理委托手续操作指引

律师事务所依照刑事诉讼法及其他法律、法规的规定，接受犯罪嫌疑人（被告人）或者他们的监护人、近亲属的委托，或接受法律援助机构的指派，指派律师为犯罪嫌疑人或被告人担任辩护人；或接受被害人及其法定代理人或者近亲属、附带民事诉讼的当事人及其法定代理人、自诉案件的自诉人及其法定代理人的委托，指派律师担任诉讼代理人。律师事务所应当优先满足委托人指名委托的要求。

律师接受委托办理刑事案件，可在侦查、审查起诉、一审、二审、申诉等各阶段分别办理委托手续，也可以一次性办理各个阶段的委托手续。为此，现将律师办理刑事案件涉及的具体委托手续简要列举如下：

1. 律师事务所与委托人签署“刑事案件委托协议”至少一式二份，一份交委托人，另一份由律师事务所存档，同时要求委托人签署受理案件呈批表，及时告知风险。

2. 委托人应在“授权委托书”上亲笔签名、捺手指印并提供身份证复印件；如果是犯罪嫌疑人、被告人的监护人、近亲属委托的，还应当提供证明委托人与犯罪嫌疑人、被告人之间存在近亲属关系的证明材料（如户口簿、结婚证、亲属关系证明等）的复印件；委托人应在上述复印件上注明“由本人提供，与原件一致”并签名、捺手指印，承办律师应认真核对上述复印件的原件；在司法实践中，我们一般要求犯罪嫌疑人、被告人的家属（监护人、近亲属）签署授权委托书，如果其确实没有亲属或其亲属无聘请能力的，也可以由其朋友签署授权委托书，在会见时由犯罪嫌疑人或被告人补签确认。

3. 开具律师事务所公函，连同“授权委托书”、律师执业证复印件递交办案机关。公函上应注明律师事务所通信地址、办公电话和承办律师的联系电话。

另外，同一名律师不得为两名以上的同案犯罪嫌疑人、被告人，或者未同案处理但犯罪事实存在关联的犯罪嫌疑人、被告人辩护。同一名律师不得在同一自诉或者刑事附带民事诉讼案件中同时担任双方当事人的代理人。

当事人要求提供法律援助，律师事务所经审查认为符合法律援助条件的，可以指派律师承办，但须按规定办理委托手续。律师事务所接受委托后，无正当理由，不得拒绝辩护或者代理。委托事项违法、委托人利用律师提供法律服务的便利从事违法犯罪活动或者委托人隐瞒事实或者委托人提出其他不合理要求，影响律师依法履行职责的，律师有权拒绝辩护或者代理。基于以上事由解除委托关系的，须经律师事务所主任或主任授权的负责人同意，书面告知委托人，同时向办案机关出具解除委托关系的公函。

律师事务所接受委托后，发现案件存在利益冲突的，承办律师应当立即将有关事项向律师事务所主任或主任授权的负责人汇报，通报委托人，向委托人做好解释工作，书面解除委托关系，同时向办案机关出具解除委托关系的公函。因利益冲突导致委托关系解除，承办律师尚未开展工作的，律师事务所应向委托人全额退回已经收取的律师费；承办律师已经开展工作的，律师事务所可按实际工作量收取相应的律师费，余额退回委托人。

二、办理委托手续时应注意的问题

（一）委托人的范围

《刑事诉讼法》第 34 条第 3 款规定，犯罪嫌疑人、被告人在押的，也可以由其监护人、近亲属代为委托辩护人。从狭义的角度来看，委托人一般有两类人：一类是犯罪嫌疑人或被告人，另一类是其监护人或近亲属。而依据《刑事诉讼法》第 108 条的规定，“近亲属”是指夫、妻、父、母、子、女、同胞兄弟姊妹。如此，是否意味着近亲属以外的其他人不能委托律师作为辩护人？

中华全国律师协会制定的《律师办理刑事案件规范》第 8 条规定，律师可以接受犯罪嫌疑人、被告人的委托，担任辩护人。犯罪嫌疑人、被告人的近亲属、其他亲友或其所在单位代为委托的，须经犯罪嫌疑人、被告人确认。

由此可知，按照《律师办理刑事案件规范》的规定，律师可以接受犯罪嫌疑人或者被告人的委托，也可以接受其委托的人或其亲友的委托。从保护犯罪嫌疑人、被告人辩护权以及有利于犯罪嫌疑人、被告人委托的角度来看，可以扩大委托人的范围。但是关于委托人的范围,无论是按照《刑事诉讼法》的规定,还是依据中华全国律师协会《律师办理刑事案件规范》的规定,律师在第一次会见犯罪嫌疑人、被告人时,应当让其在“授权委托书”上签字确认委托关系,并在“会见笔录”中记载其同意接受委托的情况,并写明“本人同意委托”。但不要签署空白的“授权委托书”,应当将委托人的姓名、委托事项、委托阶段等内容填写清楚。

(二)能否接受在逃犯的委托

“法无禁止即可为”,无论是刑事诉讼法还是公安、司法机关的规范性文件,都没有禁止律师接受在逃犯的委托。从保护或者扩大律师辩护权的角度来说,律师可以接受在逃犯的委托担任其辩护人,但从律师执业风险的角度来说,建议最好不要接受在逃犯的委托。

律师首先是一个职业,然后才是一个事业。如果非要接受在逃犯的委托,在接受委托时,就需要做一个接待笔录,其中要明确告知在逃犯并在笔录中写明,建议其投案自首,否则,律师无法行使辩护权。如果在逃犯没有明确告知律师其作为被通缉逃犯的信息时,律师需要遵守一个原则,即“去伪不求真”,并做一份笔录,写明:建议其能主动到案,配合司法机关调查,要相信我们的司法机关不会冤枉一个好人,也不会放过一个坏人。如果律师因为在逃犯的委托而被追究法律责任的,这份笔录可以作为律师自身没有参与犯罪,甚至可以作为没有窝藏、包庇犯罪嫌疑人或者被告人的证据材料,以防范律师执业风险。

另外,《律师法》第38条规定,律师应当保守在执业活动中知悉的国家秘密、商业秘密,不得泄露当事人的隐私。律师对于在执业活动中知悉的委托人和其他人不愿泄露的情况和信息,应当予以保密,但是,委托人或者其他人准备或者正在实施的危害国家安全、公共安全以及其他严重危害他人人身安全的犯罪事实和信息除外。

因此,律师无论是否接受在逃犯的委托,都没有义务将获知的在逃信息告知有关公安、司法机关,而且有责任和义务对其行踪等不愿泄露的情况和信息予以保密。但是,涉及危害国家安全、公共安全、其他严重危害他人人身、财产安全的犯罪事实和信息以及为保护律师自身的合法权益时,可以公开委托人的相关信息。

(三)不得接受同案犯委托

接受委托时需要对来访人员的身份进行甄别,确定来访人是否涉案或属于潜在处理对象，同时需要核实委托人身份。如果系同案犯，则拒绝委托，防止同案犯冒充委托或者同案犯假借律师会见刺探案情。律师不得接受两名以上同案犯的委托或未同案处理但实施的犯罪存在关联的犯罪嫌疑人的委托担任辩护人。公安部《公安机关办理刑事案件程序规定》第 43 条第 2 款规定："对于同案的犯罪嫌疑人委托同一名辩护律师的，或者两名以上未同案处理但实施的犯罪存在关联的犯罪嫌疑人委托同一名辩护律师的，公安机关应当要求其更换辩护律师。"最高人民检察院、最高人民法院有关司法解释也有类似规定。另外，《律师办理刑事案件规范》第 13 条第 2 款规定："同一律师事务所在接受两名或两名以上的同案犯罪嫌疑人、被告人的委托，分别指派不同的律师担任辩护人的，须告知委托人并经其同意。"

（四）办理委托手续

1. 制作谈话笔录

写明律师的权利与义务，收取律师费的法律、政策、文件依据，做好律师风险提示。（附：谈话笔录模板）

【文书范本】

谈 话 笔 录

谈话人：________安徽金亚太律师事务所律师

被谈话人（委托人）：______

身份证号码：__________

住所：________________________

地点：____________________

记录人：__________________

委托人：我专程前往贵所，拟请求律师担任我亲属涉嫌____________案件侦查、审查起诉、一审阶段的辩护律师。我亲属于________年____月____日被采取强制措施，现羁押于________。经多次与您沟通、联系，我特别想委托王律师作为我亲属侦查、审查起诉、一审阶段的辩护人。

律师：听您描述本案，您亲属是否构成犯罪，最终需要依据法院的判决结果。根据行业规范，我们律所办案，不承诺案件办理结果（包括侦查、审查起诉、一审审判阶段）。而且可能存在诉讼风险，如会见可能受阻、定罪标准放宽、量刑从重、诉讼周期长、一般不取保候审、数罪并罚可能导致不适用缓刑。所以，是否聘请我们作为辩护律师您需要考虑清楚。

委托人：这个我考虑了，但我还是要聘请您担任我亲属侦查、审查起诉、一审审判阶段的辩护人。

律师：我可以接受委托。根据《A省律师服务收费标准》（W价服〔2016〕13号）的规定，律师办理法律事务可以计时收费，每小时收费60～1200元。同时重大、疑难、复杂的案件可以按收费标准上浮不超过5倍，也即每小时可以收取6000元律师费用。办理此案的工作时间，包括阅卷、会见当事人（被告人及其亲属）、准备法律文书、开庭等在内至少需要60个工作日、150个小时以上。由于此案疑难、复杂，故我们办理此案件拟收取委托费（律师费）______元，预收差旅、材料费用______元，协议签订后3天之内支付；案件办理中、办结后结算，多退少补。另外，委托协议已经注明，如本协议签订后委托人单方解除本协议，则本协议约定的律师义务即视为履行完毕，收取的律师费用不予退还；如案件在侦查阶段撤销，在审查起诉阶段不予起诉，律师义务即视为履行完毕，收取的律师费用不予退还。

委托人：我们同意。

律师：可以。律师费用支付的方式见委托合同。我们会依据事实和法律办理此案。办理案件时，如使用本所车辆，每公里你们承担______元使用费，路桥、汽油费另计，住宿、材料复印等办案开支，均由我们从预收的差旅费用中支出。每次出差我们会填写出车单并提供相关发票交由您审核、确认。

委托人：这没问题，我们同意。

律师：以上笔录您看后如无记错或遗漏请签字。

委托人：好的。

委托人签字：

年　月　日

2. 出示律师事务所办案费用单和律师办案记时统计表

在事务所办案费用单中，记录好律师办案过程中发生的差旅材料费用，写明详细的差旅材料费的计算方法；如果律师按照小时收费，可以制作律师办案记时统计表，填写详细的律师工作内容，并且隔一段时间请当事人签字予以确认。（附：律师事务所办案费用单和律师办案记时统计表模板）

安徽金亚太律师事务所办案费用单

<table>
<tr><td>案由</td><td></td><td colspan="2">承办律师</td><td></td><td>委托人</td><td></td></tr>
<tr><td rowspan="3">出车时间
及起讫地</td><td colspan="6"></td></tr>
<tr><td colspan="6"></td></tr>
<tr><td colspan="6"></td></tr>
<tr><td>行驶公里数</td><td colspan="2"></td><td colspan="2">车辆使用费</td><td colspan="2"></td></tr>
<tr><td>路桥通行费</td><td></td><td>汽油费</td><td colspan="2"></td><td>食宿费</td><td></td></tr>
<tr><td>材料费</td><td colspan="2"></td><td colspan="2">其他费用</td><td colspan="2"></td></tr>
<tr><td colspan="7">本出车单记载的内容均属实，差旅费等杂费共计______元，委托人均予认可。

委托人签字：　　年　月　日</td></tr>
</table>

律师办案记时统计表

（承办律师及工作人员）

起止时间	在途时间	有效工作时间	工作内容	委托人签字确认

3. 签订委托代理合同

刑事案件委托代理合同一般有单个阶段的合同和多个阶段的合同。根据案件的进展情况以及委托人的意愿,既可以选择分阶段委托办理,也可以一次性委托多个阶段。律师参与刑事诉讼活动,一般分为侦查、审查起诉、一审、二审、死刑复核、申诉阶段。律师可以根据当事人的不同选择与其签署不同阶段的委托代理合同。但签署的委托代理合同需明确和具体,当侦查、审查起诉、一审三个阶段一并办理委托手续时,有必要注明,如果在侦查阶段撤销案件、在审查起诉阶段不起诉,律师义务是否视为履行完毕、交付的律师费用应否退回等问题。

【文书范本】

安徽金亚太律师事务所刑事案件委托协议

(2020)亚律刑字第　　号

委托人:经与安徽金亚太(××)律师事务所协商,达成以下协议:

一、安徽金亚太(××)律师事务所指派律师为犯罪嫌疑人(被告人)案件侦查、审查起诉和一审阶段辩护人。

二、双方同意按照《A省律师服务收费标准》(W价服〔2016〕13号)的规定,委托人向安徽金亚太(××)律师事务所缴纳委托费用______元整,协议签订后3天之内支付。户名:______;账号:__________;开户行:________。办案实际支出的差旅、住宿等费用预收________元整,案件办理中差旅费用不够开支再另行收取,案件办结后根据实际开支结算,多退少补。

如本协议签订后委托人单方解除本协议,则本协议约定的律师义务即视为履行完毕,收取的律师费用不予退还;如案件在侦查阶段撤销、审查起诉阶段不予起诉,律师义务即视为履行完毕,收取的律师费用不予退还。

三、本委托书有效期自双方签订之日起至一审终结或解除委托合同、案件在侦查阶段撤销、在审查起诉阶段不予起诉之日止。

四、本委托书一式三份。由委托人持一份、律师事务所持二份；本委托书如需变更，另行协议。

委托方：　　　　　　受托方：
（签字）　　　　　　事务所（章）
年　月　日　　　　　年　月　日

4.签署受理案件呈批表

在签订刑事案件委托代理合同的同时，为了防范今后在办理刑事案件中的执业风险，以及本着对当事人负责的态度，还应该向委托人系统说明案件办理过程中的问题，以及明确告知办案过程中存在的风险，让委托人阅读后签字认可，以体现刑事辩护律师办案的严谨和规范。（附：受理案件呈批表模板）

安徽金亚太律师事务所受理案件呈批表（案号：______字______号）

<table>
<tr><td colspan="2">委托人或客户名称</td><td colspan="2"></td><td>对方当事人及代理人</td><td></td></tr>
<tr><td colspan="2">拟委托事项或案由</td><td colspan="2"></td><td>办案机关</td><td></td></tr>
<tr><td>委托事项</td><td>已有证据及拟收集证据情况</td><td colspan="4"></td></tr>
<tr><td rowspan="5">委托情况</td><td>法援规定告知</td><td colspan="4" rowspan="2">如果委托人符合法律援助的条件、范围，可以向当地法律援助中心申请法律援助。（法律援助范围、对象、申请法律援助的条件、程序及合肥市法律援助中心的地址、电话等法律援助常识详见《法律援助告知书》）
风险简述：
委托人：__________　　　年　月　日</td></tr>
<tr><td>风险表达及告知情况（本栏如内容较多，可另行制作谈话笔录）</td></tr>
<tr><td>利益冲突审查</td><td colspan="4"></td></tr>
<tr><td rowspan="2">费用及支付约定</td><td>实收费用</td><td></td><td>应收费用</td><td></td></tr>
<tr><td>差旅、材料费用</td><td></td><td>减、免、缓交的情况及理由</td><td></td></tr>
<tr><td></td><td>收案审查及指派律师</td><td colspan="4">同意委托，请____________律师承办。
审查人：__________　　　年　月　日</td></tr>
</table>

续表

<table>
<tr><td rowspan="2">办理情况(本栏目归档时填写)</td><td>调解或判决情况</td><td>根据调解书/判决书,办理结果:

承办律师:__________ 年 月 日</td></tr>
<tr><td>委托人对服务质量监督意见</td><td>

委托人签字:__________</td></tr>
</table>

【实战演练】

律师第一次接待委托人

律师:您好。

亲属:您好。

律师:您贵姓?

亲属:免贵姓张。

律师:请问有什么可以帮您的?

亲属:我有个案子想咨询下。

律师:那您说说您的案子。

亲属:您今年多大啊?我看您挺年轻,会不会没有什么办案经验啊?

律师:我今年32岁。您放心,我们所的律师都是有丰富办案经验的。

亲属:那老律师会不会办案经验更丰富?

律师:办案子这事关键不在年龄,关键在于工作经验,我们都是跟着我们王主任多年的,都积累了丰富的办案经验。

亲属:我大哥出了点事。我大哥是"黑社会老大",有一天去夜总会唱歌,在KTV包厢唱歌的时候,一男的在玻璃窗外探来探去,然后我们包厢的服务员就中途出去了。服务员回来解释说那男的是她以前的客户。我大哥不开心,觉得花钱买服务,服务员不应该出去。最后我们了解到那男的是KTV保安。后来中途我大哥去洗手间,那男的便尾随而去,并且跟我大哥说让我大哥在 KTV 小心点,不要碰他女朋友。说着说着双方就互相推搡,撕拉衣服。保安先动手推搡,我大哥为保护自己,将那男的往后一推,那男的就撞到洗手间后面一个死角,后脑勺受伤,当场昏迷不醒,现在还在医院,医生说可能昏迷不醒。后来我大哥被 Y 区刑警大队拘留了,现关在 H 市第二看守所。律师你看我大哥这行为构成何罪?

律师:您怎么知道这些情况的?

家属:当时我也在场。

律师:您说的情况可属实?

家属:基本属实,当时情况比较乱,大概是这样。我大哥构成犯罪吗?构成什么罪?

律师:按您说的情况来看,可能构成故意伤害罪。

亲属:我大哥不可以构成正当防卫吗?

律师:他这伤害程度有点严重,与正当防卫要求的情节相差太大,所以不构成正当防卫。

家属:可能把我大哥保释出来吗?

律师:依我看他情况比较严重,可能判 3 年以上,现在不能保释出来。

家属:我听说只要律师和警察关系好,给点钱就能搞出来?

律师:没那么简单,我们肯定按程序走,我们尽量让他先出来。

家属:我大哥这情况可能取保候审吗?

律师:这个我回去跟我们王主任商量一下再决定。

家属:这个案子不是您亲自办理吗?

律师:您大哥这个情况比较复杂,要我们王主任具体分析一下。我会把您大哥的情况向王主任具体汇报,有新情况我会第一时间告诉您。

家属:你们律师会见的时候能带上我吗?

律师:这个您进不去。我们律师会见也要凭证进入。不过您放心,我们律师会一切为您考虑,您有什么要告诉您大哥的,我们可以为您传达话语。

家属:我大哥这案子下面将怎么进展啊?他现在到了什么阶段?不知道他要被关多久?

律师：这个我也不是很清楚。之后我回去咨询我们王主任，然后再回答您。

家属：你们这边律师费怎么收？

律师：您这个我跟王主任汇报一下再决定。这个案子比较复杂，我们需要一个团队在一起讨论商量下。

家属：委托要什么手续？

律师：我们会签订一个委托合同和授权委托书。

学员点评：

一名S县的公职律师这样评价这次模拟：

第一，作为律师，接待当事人要主动、热情。这位律师做得明显不够。

第二，律师不该随意打断当事人，要注意聆听，在当事人述说结束后，再答疑解惑。

第三，接待时回答问题不要模棱两可，要准确、清楚，明确答复。

第四，给当事人展示自信，给当事人信心。

第五，这位律师专业素质不够。

王律师点评：

这位学员律师的回答，总体来说是不规范的，确实存在一些问题：

(1)律师会见时不得诱导当事人，要多听当事人说，但是可以指引当事人说出关键事实。

(2)律师对案件的定性要做到周全、专业。其实根据本案的案情，本案存在故意伤害、过失致人重伤、正当防卫、意外事件等各种可能。

(3)对于刑事案件的程序问题要给当事人讲清楚，告知当时各阶段的法律规定。

(4)至于律师收费要遵守A省律师收费标准，作为一名律师对于收费标准一定要清楚。

(5)刑事案件没有风险代理。

第三章
CHAPTER 03

律师在侦查阶段的工作

第一节
与侦查机关联系

与侦查机关联系是指接受犯罪嫌疑人或者其亲友委托的律师应当积极与侦查机关取得联系,以便及时为犯罪嫌疑人提供法律帮助,代理申诉、控告,申请变更强制措施,向侦查机关了解犯罪嫌疑人涉嫌的罪名和案件有关情况,提出意见。

一、及时告知侦查机关

《刑事诉讼法》第 34 条第 4 款明确规定,"辩护人接受犯罪嫌疑人、被告人委托后,应当及时告知办理案件的机关"。这里所规定的"告知",是指辩护人在接受委托后,将接受委托的有关情况告知办案机关,提交有关委托手续。"办理案件的机关",是指辩护人接受委托时办理该案件的侦查机关、人民检察院或者人民法院。侦查机关、人民检察院和人民法院收到有关委托手续后,应当记录在案并随案移送。犯罪嫌疑人、被告人另行委托辩护人的,新接受委托的辩护人也应当依照该款规定将接受委托的情况告知办案机关。

(一)辩护律师具有告知侦查机关的义务

《刑事诉讼法》第 34 条第 4 款对于将接受犯罪嫌疑人、被告人委托的情况告知侦查机关使用的词语是“应当”,而非“可以”。由此可见,在侦查阶段,辩护律师接受犯罪嫌疑人委托后,及时告知侦查机关是一种法定义务,而非权利。

(二)辩护人在接受委托后应当尽早地告知侦查机关

为了尊重侦查机关和侦查人员,方便辩护律师与侦查机关有效沟通,更好地维护犯罪嫌疑人的合法权益,依据《刑事诉讼法》第34条第4款的规定,辩护律师在接受犯罪嫌疑人委托后,应当及时与案件的侦查机关联系,并将委托情况告知案件侦查机关。虽然《刑事诉讼法》第34条及相关司法解释均未明确规定“告知的时间”,仅仅抽象地规定了“及时”告知,但是在司法实务中,辩护人在接受委托后应当尽早地告知侦查机关。

(三)辩护律师可以通过口头或书面等方式将其接受委托的情况告知侦查机关

《刑事诉讼法》第34条及相关司法解释并未明确规定辩护律师告知侦查机关的方式,因此,辩护律师可以当面告知侦查机关,也可以通过电话等方式告知。需要注意的是,这里的“告知”仅指告知律师接受了犯罪嫌疑人或其亲友的委托,并不是递交委托手续。

(四)辩护律师应当向案件的侦查机关告知其接受委托的情况

根据《刑事诉讼法》第34条的规定,办理案件的机关包括侦查、起诉、审判机关。而在侦查阶段,辩护律师应当向案件的办理机关(侦查机关)告知其接受委托的情况。但是在司法实务中,辩护律师还应将其接受委托的情况告知案件侦查机关中的具体承办人员。

二、递交委托手续

《公安机关办理刑事案件程序规定》第48条规定:“辩护律师接受犯罪嫌疑人委托或者法律援助机构的指派后,应当及时告知公安机关并出示律师执业证书、律师事务所证明和委托书或者法律援助公函。”

《人民检察院刑事诉讼规则》第45条第2款也明确规定:“负责案件管理的部门对办理业务的辩护律师,应当查验其律师执业证书、律师事务所证明和授权委托书或者法律援助公函。对其他辩护人、诉讼代理人,应当查验其身份证明和授权委托书。”

辩护律师将接受委托的情况告知侦查机关后,应当递交有关委托材料,主要包括授权委托书、律师事务所公函和律师执业证。需要说明的是,侦查机关查验的是授权委托书、律师事务所公函和律师执业证的原件,不能是复印件。可将律师执业证原件向侦查机关出示,并将律师执业证的复印件交侦查机关留存,但是递交的授权委托书、律师事务所公函必须是原件。

在司法实务中,辩护律师既可以根据接待当事人的谈话笔录得知案件的侦查机关以及具体承办人;也可以通过电话的方式向案件侦办人表明身份,与侦办人约定见面的时间、地点,当面递交上述委托材料与手续;还可以将上述委托材料与手续通过挂号信、快递等形式寄送至案件侦查机关及具体承办人。需要注意的是,寄送快递建议首选中国邮政特快专递,并留存好回执单,以证明委托材料与手续已经递交。

【文书范本】

授权委托书

委托人根据法律的规定,特聘请安徽金亚太律师事务所________律师为________案件________的辩护人。本委托书有效期自即日起至________日止。

委托人:

年 月 日

注:本委托书一式三份,由委托人、律师事务所各持一份,交人民检察院或人民法院一份。

【文书范本】

律师事务所函

________：

本所接受________的委托，指派________律师，担任贵院办理的________案件犯罪嫌疑人（被告人）________的辩护人。

特此函告

律师事务所（章）

年　月　日

附：

地址：　　　　　　电话：

传真：　　　　　　邮编：

三、了解涉嫌罪名和案件有关情况

《刑事诉讼法》第38条规定，辩护律师在侦查期间可以为犯罪嫌疑人提供法律帮助；代理申诉、控告；申请变更强制措施；向侦查机关了解犯罪嫌疑人涉嫌的罪名和案件有关情况，提出意见。而且，《公安机关办理刑事案件程序规定》第50条规定，辩护律师向公安机关了解案件有关情况的，公安机关应当依法将犯罪嫌疑人涉嫌的罪名以及当时已查明的该罪的主要事实，犯罪嫌疑人被采取、变更、解除强制措施，延长侦查羁押期限等案件有关情况，告知接受委托或者指派的辩护律师，并记录在案。

因此，承办律师应向侦查机关了解犯罪嫌疑人涉嫌的罪名、当时已查明的该罪的主要事实以及被采取刑事强制措施的情况。

但是，在侦查阶段，案件的侦查是动态性的，案卷材料尚未完全形成，有时侦查人员基于“破案”的需要，往往以侦查秘密为由对相关案情不肯、不愿透露。如果侦查机关对已经查明的犯罪事实未依法告知，那么辩护律师依据《人民检察院刑事诉讼规则》第57条的规定，辩护人、诉讼代理人认为公安机关、人民检察院、人民法院及其工作人员具有下列阻碍其依法行使诉讼权利行为之一，向同级或者上一级人民检察院申诉或者控告的，人民检察院负责控告申诉检察的部门应当接受并依法办理，其他办案部门应当予以配合。

四、会见犯罪嫌疑人

根据《刑事诉讼法》第39条关于律师会见的规定，辩护律师对于申请安排会见要根据案件的不同情况区别对待：

1.普通刑事案件。辩护律师会见普通刑事案件犯罪嫌疑人既不需要侦查机关批准许可，也无须向侦查机关申请会见，可以直接持授权委托书、律师事务所会见介绍信和律师执业证到看守所会见在押的犯罪嫌疑人。

2.“两类案件”。根据《刑事诉讼法》第39条第3款的规定，这里的“两类案件”是指危害国家安全犯罪、恐怖活动犯罪案件。

关于危害国家安全犯罪案件、恐怖活动犯罪案件，根据《公安机关办理刑事案件程序规定》第52条的规定，辩护律师在侦查期间要求会见在押或者被监视居住的犯罪嫌疑人，应当向办案部门提出申请。对辩护律师提出的会见申请，办案部门应当在收到申请后3日以内，报经县级以上公安机关负责人批准，作出许可或者不许可的决定，书面通知辩护律师，并及时通知看守所或者执行监视居住的部门。除有碍侦查或者可能泄露国家秘密的情形外，应当作出许可的决定。

辩护律师在接受以上“两类案件”的委托后，应当及时申请会见犯罪嫌疑人，向侦查机关递交会见申请书，等待侦查机关的审批意见。针对某些特殊案件，视当事人的需求情况，可能需要辩护律师多次申请会见。侦查机关不许可会见的，应当书面通知辩护律师，并说明理由。有碍侦查或者可能泄露国家秘密的情形消失后，侦查机关应当许可会见。

3.职务犯罪案件。关于监察机关管辖的职务犯罪案件，根据《监察法》的规定，在调查阶段，律师无法介入，也无法会见被调查人。关于检察机关直接受理侦查的14个职务犯罪，根据《人民检察院刑事诉讼规则》《关于人民检察院立案侦查司法工作人员相关职务犯罪案件若干问题的规定》的规定，律师会见不受限制。

第二节
会见犯罪嫌疑人

律师会见被取保候审、监视居住以及未被采取刑事强制措施的犯罪嫌疑人,不需要经过批准,律师可与犯罪嫌疑人自行确定会见的时间。本节的“会见”专指会见被羁押的犯罪嫌疑人。

自新修订的《刑事诉讼法》实施以来,辩护律师在办理刑事案件时,会见在押犯罪嫌疑人、被告人的状况有了明显改善,持“三证”会见基本得到落实。但是,《刑事诉讼法》第 39 条第 3 款规定:“危害国家安全犯罪、恐怖活动犯罪案件,在侦查期间辩护律师会见在押的犯罪嫌疑人,应当经侦查机关许可。上述案件,侦查机关应当事先通知看守所。”实践中,上述“两类案件”往往被侦查机关做扩大解释,成为限制律师会见的借口。另外,还存在诉讼程序“过渡期”的会见问题,比如 2019 年 2 月 7 日,笔者到安徽省某县看守所会见案件在上诉期内的被告人,看守所表示要经法院批准。对此,F 市人民检察院与驻所检察官一致认为:只有一审律师能见,二审委托的律师在上诉期满之后才可以会见。

德国著名法学家耶林曾在其著作中写道:“斗争是法的生命,为权利而斗争是每个人对自己的义务,主张权利是每个人对社会的义务。”[1] 因此,律师在遇到会见难的问题时,必须据理力争,向律师协会、司法行政机关包括向公检法三个机关和各级人大、政法委反映,争取律师的合法权利。

2011 年 3 月 4 日,安徽省高级人民法院、安徽省人民检察院、安徽省公安厅、安徽省司法厅联合发布的《关于实施〈中华人民共和国律师法〉若干问题的规定》第 20 条第 2 款规定,办案机关或羁押机关违反法律或本通知规定的,接受委托的律师、该律师所在的律师事务所可以向律师协会或司法行政机关反映,也可以直接向办案机关或羁押机关的主管机关投诉,要求依法纠正。接受投诉的机关应当在 5

〔1〕 [德]鲁道夫·冯·耶林:《为权利而斗争》,胡宝海译,中国法制出版社 2004 年版,第 23 页。

日内予以答复，并按照有关规定进行处理。各省对律师的权益保护也都有类似的规定。另外，司法机关在看守所安装窃听装备的情况也很普遍，律师在会见时也应当特别注意。

2015 年 9 月 16 日，最高人民法院、最高人民检察院、公安部、国家安全部、司法部联合印发了《关于依法保障律师执业权利的规定》。该规定强调，人民法院、人民检察院、公安机关、国家安全机关、司法行政机关应当尊重律师，健全律师执业权利保障制度，依照有关法律规定，在各自职责范围内依法保障律师会见等方面的执业权利。具体规定如下：

第七条 辩护律师到看守所会见在押的犯罪嫌疑人、被告人，看守所在查验律师执业证书、律师事务所证明和委托书或者法律援助公函后，应当及时安排会见。能当时安排的，应当当时安排；不能当时安排的，看守所应当向辩护律师说明情况，并保证辩护律师在四十八小时以内会见到在押的犯罪嫌疑人、被告人。

看守所安排会见不得附加其他条件或者变相要求辩护律师提交法律规定以外的其他文件、材料，不得以未收到办案机关通知为由拒绝安排辩护律师会见。

看守所应当设立会见预约平台，采取网上预约、电话预约等方式为辩护律师会见提供便利，但不得以未预约会见为由拒绝安排辩护律师会见。

辩护律师会见在押的犯罪嫌疑人、被告人时，看守所应当采取必要措施，保障会见顺利和安全进行。律师会见在押的犯罪嫌疑人、被告人的，看守所应当保障律师履行辩护职责需要的时间和次数，并与看守所工作安排和办案机关侦查工作相协调。辩护律师会见犯罪嫌疑人、被告人时不被监听，办案机关不得派员在场。在律师会见室不足的情况下，看守所经辩护律师书面同意，可以安排在讯问室会见，但应当关闭录音、监听设备。犯罪嫌疑人、被告人委托两名律师担任辩护人的，两名辩护律师可以共同会见，也可以单独会见。辩护律师可以带一名律师助理协助会见。助理人员随同辩护律师参加会见的，应当出示律师事务所证明和律师执业证书或申请律师执业人员实习证。办案机关应当核实律师助理的身份。

第八条 在押的犯罪嫌疑人、被告人提出解除委托关系的，办案机关应当要求其出具或签署书面文件，并在三日以内转交受委托的律师或者律师事务所。辩护律师可以要求会见在押的犯罪嫌疑人、被告人，当面向其确认解除委托关系，看守所应当安排会见;但犯罪嫌疑人、被告人书面拒绝会见的,看守所应当将有关书面材料转交辩护律师,不予安排会见。

在押的犯罪嫌疑人、被告人的监护人、近亲属解除代为委托辩护律师关系的,经犯罪嫌疑人、被告人同意的,看守所应当允许新代为委托的辩护律师会见,由犯罪嫌疑人、被告人确认新的委托关系;犯罪嫌疑人、被告人不同意解除原辩护律师的委托关系的,看守所应当终止新代为委托的辩护律师会见。

第十条 自案件移送审查起诉之日起,辩护律师会见犯罪嫌疑人、被告人,可以向其核实有关证据。

第十一条 辩护律师会见在押的犯罪嫌疑人、被告人,可以根据需要制作会见笔录,并要求犯罪嫌疑人、被告人确认无误后在笔录上签名。

第十二条 辩护律师会见在押的犯罪嫌疑人、被告人需要翻译人员随同参加的,应当提前向办案机关提出申请,并提交翻译人员身份证明及其所在单位出具的证明。办案机关应当及时审查并在三日以内作出是否许可的决定。许可翻译人员参加会见的,应当向辩护律师出具许可决定文书,并通知看守所。不许可的,应当向辩护律师书面说明理由,并通知其更换。

翻译人员应当持办案机关许可决定文书和本人身份证明,随同辩护律师参加会见。

最高人民检察院开展保障律师执业权利专项监督活动:自2019年7月至2020年1月,在全国检察机关开展保障律师执业权利专项监督活动。活动将保障律师的会见、通信权,阅卷权,调查取证权,人身权利,以及其他妨碍律师依法履行辩护、代理职责的情形五个方面的执业权利作为监督重点。检察机关将指定专人专班负责侵犯律师执业权利控告申诉案件的审查办理,受理后及时全面开展调查核实,确保在受理案件后10日内进行审查,对控告申诉反映问题属实的,依法通知有关机关予以纠正。最高人民检察院将组织工作组挂牌督办一批侵犯律师执业权利控告申诉案件,采取阅卷、走访、座谈等多种方式调研督导,推动解决突出问题。对专项监督活动存在的阻碍律师执业权利等情况和问题予以通报。

此次专项监督活动重点检查检察机关各职能部门依法保障律师执业权利情

况，协调推动人民法院、公安机关、国家安全机关积极回应律师关切，共同深化律师执业权利保障工作。

关于基础设施和信息化建设方面，检查在“12309”检察服务大厅设置律师参与诉讼和权利救济的专用绿色通道、律师参与信访接待专用窗口；在案管大厅设置功能齐备的专门阅卷室、独立的律师接待室等，以及推行电子卷宗制作移送、探索开通手机 APP 或依托网络信息系统为律师提供服务等情况。

关于为律师会见提供便利方面，检查推动看守所等机关建立网上预约或者手机 APP 预约，方便律师及时掌握看守所的地址和电话，方便律师查询、预约，解决律师会见预约排队等问题。

除此之外，侦查机关往往以指定居所监视居住为由限制律师会见，如果辩护律师在办案中遇到此种问题，更要据理力争，要求及时安排会见，因为指定居所监视居住期间限制律师会见明显违反法律规定。《刑事诉讼法》第 39 条第 5 款规定：“辩护律师同被监视居住的犯罪嫌疑人、被告人会见、通信，适用第一款、第三款、第四款的规定。”通过分析上述法条可知，辩护律师有权同被监视居住的犯罪嫌疑人、被告人会见，且该会见无须侦查机关的批准或许可，除非被监视居住的犯罪嫌疑人、被告人涉嫌危害国家安全犯罪、恐怖活动犯罪。

如果经过理性沟通后，侦查机关仍然不予安排会见，那么辩护律师可以依据《人民检察院对指定居所监视居住实行监督的规定》第 20 条、第 25 条之规定，向检察机关的相关部门控告、申诉，及时制止办案机关的违法行为，保障犯罪嫌疑人的合法权益。

如何正确处理律师和犯罪嫌疑人及其家属的关系以及如何把握这种关系的分寸？这是我们应当重视的一个很重要的问题。实践中，律师接受委托之后的心态不尽相同，其中有两种比较极端的情况值得注意：有些律师是麻木不仁、不负责任，这种态度显然是错误的。而另有一些律师感情色彩太浓厚，这种心态同样容易出问题。比如，当律师遇到一个“冤情”比较明显的案件，有时候就会特别投入，在这种情况下，有的人就会出于一种善意的愿望而忘记把握分寸，从而可能在家属或犯罪嫌疑人的再三请求下做出一些出格的行为。这种心态是可以理解的，但这种以同情代替法律的做法是不可取的，在任何情况下都不能忘记自己的律师身份和执业规范。有很多的律师被追究刑事责任的案件中律师恰恰都是栽在委托人的手上。毕竟律师和当事人是一种合同关系,这种关系的界限一定要把握清楚,否则就容易出问题。这种现象也是部分律师不成熟的一种表现。

一、会见前的准备工作

律师在会见前必须就可能出现的情况有一个充分的思想准备,制定好相应的、切实可行的应对策略以期达到最好的会见效果。可以从以下方面着手:

(一)会见前律师应当充分了解被会见人的背景资料

包括被会见人的生活、工作阅历、知识文化水平,羁押前的身份、地位,个人的兴趣、性格、爱好,人际关系等。律师可以通过其家属、同事、朋友了解到这些信息,以便对自己的当事人有一个全面的感性认识。这样,律师可以在会见前确定谈话时用语的方式、交谈的繁简、提问的重点等。

(二)熟练掌握当事人涉嫌罪名的相关法律和司法解释

辩护律师对于自己当事人涉嫌罪名的相关法律和司法解释要烂熟于心,对于一些涉及立案、量刑的数量、数额等问题更要非常清晰。平时也要加强业务学习,尽可能多地了解新的法律规定及有关司法解释。我国针对不同时期的犯罪活动经常会出台一些最新的司法解释,律师就要不断的补充法律知识。例如,随着网络犯罪、侵犯知识产权犯罪、金融犯罪、涉众型犯罪的不断增多,我国出台了一些新的司法解释和打击政策,律师办理这类案件时,就应当及时掌握新法规、学习新知识,这样在会见时才能有的放矢、把握重点。

(三)认真做好会见提纲

多数律师事务所只有会见笔录信纸,律师也只是到了看守所才将自己的询问题目逐一记录,甚至有的律师一边思考问题一边提问一边记录,没有会见提纲。这样,不仅自己条理不够清晰,还常常遗忘很多细节和关键的问题。如此既耽误了会见的宝贵时间,也无法达到预期的会见效果。所以,律师会见前还应当将一些格式化的问题先行记录,将承办的案件所涉及的罪名等法律条文摘抄出来,罗列出案件的关键问题。比如,可以将“我是某某律师所的律师,接受某某的委托来进行会见等"介绍律师身份的话语预先记录;将涉案罪名在《刑法》上的规定及相关的司法解释预先摘抄出来,到时加以宣读,等等。这样的工作不必到看守所会见时再做,会见前做好完善的会见提纲可以提高会见的效率、节省会见的时间、深入地了解案件、发挥会见的主导性。

二、会见应提交的法律文书

律师前往羁押场所会见被羁押的犯罪嫌疑人,应向羁押机关提交以下法律文书和证件:

1. 授权委托书或者法律援助公函以及委托书等相关联的材料,例如,证明委托人与犯罪嫌疑人近亲属关系的身份证、户口簿、结婚证等(查验)。

2. 律师会见在押犯罪嫌疑人、被告人专用介绍信(提交)。某些地方司法行政机关,譬如安徽省司法厅要求在电子文书"律师会见在押犯罪嫌疑人、被告人专用介绍信"上加印司法行政管理系统自动生成的二维码和条形码,以便及时验证。

3. 律师执业证(查验)。

4. 对于"两类案件"(危害国家安全犯罪、恐怖活动犯罪),还应提交办案机关出具的"准予会见在押犯罪嫌疑人决定书"。

5. 如果犯罪嫌疑人是外籍人士或少数民族或聋哑人,会见时可能还需要翻译人员,则需要持有侦查机关准许翻译人员参加会见的书面文件。但在实务中,各地看守所的要求不尽相同,有的看守所要求律师事务所出具说明以及翻译人员携带相关资质证件即可。

【文书范本】

律师会见在押犯罪嫌疑人、被告人专用介绍信

[　　]第　号

________看守所:

根据《中华人民共和国刑事诉讼法》第39条以及《中华人民共和国律师法》第33条的规定,现指派我所________律师前往你处会见________案的在押犯罪嫌疑人(被告人)______,请予以安排。

特此函告

律师事务所(章)

年　月　日

三、会见犯罪嫌疑人的工作内容

在侦查阶段,律师在依法接受犯罪嫌疑人亲友委托、了解其涉嫌罪名以及羁押场所后,首先要做的工作就是会见在押犯罪嫌疑人。辩护律师第一次会见犯罪嫌疑人的主要目的在于建立与犯罪嫌疑人的信任关系,为日后的辩护工作顺利开展奠定基础。因此,侦查阶段的第一次会见非常重要。

(一)向犯罪嫌疑人自我介绍并确认委托关系

犯罪嫌疑人被刑事拘留或逮捕后,基本上与外界隔断了联系,除了侦查人员外,能够见到的就是他的亲友代为委托的律师。辩护律师第一次会见时,应向犯罪嫌疑人进行自我介绍,话语要温和,情绪要饱满,还要表明自己是受他亲友的委托,最好提及他们的姓名和亲友关系,使其与律师建立良好的信赖关系。同时,征询其是否同意亲友聘请本律师担任他的辩护人,若同意则要求其在授权委托书上签字确认并捺手印。

需要注意的是,第一次会见开始时,犯罪嫌疑人可能存在警惕心理,还不太明白律师的委托身份,因而不愿意在授权委托书上签字。此时,很多律师便结束会见。笔者建议,律师应该继续与其交谈,进行人文关怀,减轻其思想负担和精神压力,打消其顾虑,赢得其信任,进而确认委托关系。

(二)了解案件情况

1. 了解犯罪嫌疑人的基本情况。律师通过会见交流,了解犯罪嫌疑人的年龄、身份、身体健康、精神状况等基本情况。依据犯罪嫌疑人对年龄、身份、身体健康、精神状况的回答,初步判断其是否达到承担刑事责任的年龄、是否为75周岁以上的老人、是否符合取保候审或监视居住的条件、是否属于限制刑事责任能力人或完全不具备刑事责任能力人、有无必要为犯罪嫌疑人申请刑事司法精神病鉴定等。

2. 询问犯罪嫌疑人是否参与以及怎样参与所涉嫌的案件。犯罪嫌疑人是否实施或参与犯罪,是定罪量刑的事实基础,且本人最为清楚,因此,律师必须向其询问、了解。如果犯罪嫌疑人回答没有实施或参与犯罪,那么律师应该将其重点记录在案,作为以后辩护工作的重要方向;如果回答实施或参与犯罪,那么要进一步追问是一个人还是多人共同实施或参与;如果回答是多人共同实施或参与,那么要了解其在共同犯罪中的地位或作用。

3. 询问犯罪嫌疑人是否认罪。如果犯罪嫌疑人承认有罪,就要让其陈述涉及定罪量刑的主要事实和情节,尤其要告知认罪认罚制度的相关规定和程序;如果认为无罪,则要认真听取其无罪的辩解。

4. 询问犯罪嫌疑人是否接受过讯问、讯问的次数以及讯问时的供述和辩解情况。

5. 了解与案件定罪量刑有关的其他情况,如有无自首、立功、坦白表现。

6. 被采取强制措施的法律手续是否完备,程序是否合法。

7. 被采取强制措施后其人身权利及诉讼权利是否受到侵犯。

8. 其他需要了解的与案件有关的情况。

(三)为犯罪嫌疑人提供法律咨询,进行法律辅导

1. 有关强制措施的条件、期限、适用程序的法律规定。

2. 有关侦查人员回避的法律规定。

3. 犯罪嫌疑人对侦查人员的提问有如实回答的义务及对与本案无关的问题有拒绝回答的权利。

4. 犯罪嫌疑人有要求自行书写供述的权利,对侦查人员制作的讯问笔录有核对、补充、改正、附加说明的权利以及在承认笔录没有错误后应当签名或盖章的义务。

5. 犯罪嫌疑人享有侦查机关应当将用作证据的鉴定意见向他告知的权利及可以申请补充鉴定或者重新鉴定的权利。

6. 犯罪嫌疑人享有的辩护权。

7. 犯罪嫌疑人享有的申诉权和控告权。

8. 刑法关于犯罪嫌疑人所涉嫌罪名的构成要件、量刑档次。

9. 刑法关于自首、立功及其他量刑情节的法律规定。

10. 有关刑事案件侦查管辖的法律规定。

11. 如果案件有附带民事诉讼,则要向犯罪嫌疑人解释说明有关刑事附带民事诉讼的法律及有关规定。

12. 转告家属告知的事项和家属要求转告犯罪嫌疑人的事项。辩护律师转告的事项必须是与案件事实无关的内容,如果是和案情有关的事项,无论家属或犯罪嫌疑人如何恳求,要明确告知有违法律规定,予以拒绝。

13. 其他有关法律问题。

(四)进行适当的人文关怀并给予心理疏导

律师在会见犯罪嫌疑人时除了了解案情和进行法律分析外,还应当进行适当的人文关怀,询问犯罪嫌疑人的身体状况和在看守所的伙食情况、是否需要零花钱或生活用品,告知其亲人、朋友的近况等。

(五)制作会见笔录

制作会见笔录是律师会见犯罪嫌疑人时应做的一项重要工作,既是完成侦查阶段辩护工作的一项记录凭证,也为审查起诉、审判阶段的工作打好基础,有时也可以作为侦查阶段提交辩护意见的附件之一。而且《律师办理刑事案件规范》第28条明确规定:“辩护律师会见犯罪嫌疑人、被告人制作会见笔录的,应当交其签字确认。”

会见笔录的格式主要由三部分组成,分别是首部、正文和尾部。首部包括标题、会见时间、会见地点、会见人、犯罪嫌疑人、记录人、在场人等事项;正文主要包括上文已经阐述的向犯罪嫌疑人自我介绍并确认委托关系、了解案件情况、为犯罪嫌疑人提供法律咨询等内容;尾部主要内容为告知阅读笔录并予以核对,确认无误后签名、捺手印,签署会见日期等,在首次会见笔录中犯罪嫌疑人或者被告人需要写明“本人同意委托”。

侦查阶段第一次会见犯罪嫌疑人笔录范本如下:

【文书范本】

安徽金亚太律师事务所
会见笔录

会见时间：＿＿＿＿＿＿　会见地点：＿＿＿＿＿＿

会见律师：＿＿＿＿＿＿　记 录 人：＿＿＿＿＿＿

被会见人：＿＿＿＿＿＿　在场侦查人员及单位：＿＿＿＿＿＿

（实践中仍有侦查人员在场监视的情况，对此应记入笔录）

一、告知被会见人律师身份

律师问：你好，你是×××吗？我们是安徽金亚太律师事务所的律师，王亚林刑事辩护团队成员，根据《中华人民共和国刑事诉讼法》和《中华人民共和国律师法》的相关规定，接受您亲属的委托，担任您侦查、审查起诉、一审阶段（二审阶段）的辩护人，在您涉嫌犯罪被采取强制措施后依法会见您，为您提供法律咨询，代理申诉、控告，申请变更强制措施。您是否同意？如果同意，请在授权委托书上签字确认。

当事人答：＿＿＿＿＿＿＿＿＿＿＿＿＿＿＿＿＿＿

二、了解被会见人的基本情况

1. **律师问：**×××是你的真实名字吗？有无曾用名？

当事人答：＿＿＿＿＿＿＿＿＿＿＿＿＿＿＿＿＿＿

2. **律师问：**请问你的民族、党派、文化程度是什么？是否为人大代表或者政协委员？

当事人答：＿＿＿＿＿＿＿＿＿＿＿＿＿＿＿＿＿＿

3. **律师问：**请你说一下出生年月日，是按公历算还是农历算？是不是未成年人？（如果系老年人，可以询问年龄是否已满75周岁？）

当事人答：＿＿＿＿＿＿＿＿＿＿＿＿＿＿＿＿＿＿

4. **律师问：**你现在身体情况怎么样？有无疾病、精神病史？（如果系女性当事人，可以询问是否怀孕？）

当事人答：＿＿＿＿＿＿＿＿＿＿＿＿＿＿＿＿＿＿

5. **律师问**:你之前是否受过行政处罚或刑事处罚?如果有犯罪前科,那么被刑事处罚的罪名是什么?刑期有多久?是不是累犯、再犯?

当事人答:________________________________

三、了解涉嫌罪名以及被采取强制措施的情况

1. **律师问**:你因涉嫌什么罪名被刑事拘留或逮捕?

当事人答:________________________________

2. **律师问**:你是自己投案的,还是侦查人员将你抓获归案的?

当事人答:________________________________

3. **律师问**:你是在什么时间、什么地点被抓获的?当时周围有无其他人员?

当事人答:________________________________

4. **律师问**:你是什么时间被拘留或逮捕的?是否收到拘留或逮捕通知书?

当事人答:________________________________

5. **律师问**:你是哪一天被送进看守所的?进看守所前有无进行体检?

当事人答:________________________________

四、告知被会见人的人身权利及诉讼权利,以便了解以上权利是否受到侵犯

1. **律师问**:根据《刑事诉讼法》的规定,在侦查期间你享有以下权利:

(1)对于公安机关及其侦查人员侵犯其诉讼权利和人身权利的行为,有权提出申诉或者控告。

(2)对于侦查人员、鉴定人、记录人、翻译人员有下列情形之一的,有权申请回避:①是本案的当事人或者是当事人的近亲属的;②本人或者他的近亲属和本案有利害关系的;③担任过本案的证人、鉴定人、辩护人、诉讼代理人的;④与本案当事人有其他关系,可能影响公正处理案件的。

(3)在接受传唤、拘传、讯问时,有权要求饮食和必要的休息时间。

(4)对于采取强制措施超过法定期限的,有权要求解除强制措施。

(5)有权拒绝回答与本案无关的问题,在接受讯问时有权为自己辩解。

(6)核对讯问笔录的权利,笔录记载有遗漏或者差错,可以提出补充或者改正,否则拒绝签字。

(7)未满18周岁的犯罪嫌疑人在接受讯问时有要求通知其法定代理人到场的权利。

(8)聋、哑的犯罪嫌疑人在讯问时有要求通晓聋、哑手势的人参加的权利。

(9)在人民检察院审查逮捕时,有要求向检察人员当面陈述的权利。

(10)有权申请人民检察院、人民法院对以非法方法收集的证据依法予以排除。

(11)有权知道用作证据的鉴定意见的内容,可以申请补充鉴定或重新鉴定。

上述权利,你听清楚了吗?如果不明白,我可以为你解释。

当事人答:＿＿＿＿＿＿＿＿＿＿＿＿＿＿＿＿＿＿＿＿＿＿＿＿＿＿＿＿＿＿

2. **律师问:**侦查机关在提审你的时候有无对你打骂、恐吓、威胁、刑讯逼供、冻、饿、烤、晒、疲劳审讯?如果存在以上非法取证情形,请问何人在何时何地实施了以上何种行为?

当事人答:＿＿＿＿＿＿＿＿＿＿＿＿＿＿＿＿＿＿＿＿＿＿＿＿＿＿＿＿＿＿

3. **律师问:**如果再次被刑讯逼供,应当准确记下刑讯逼供的参与人员、时间、地点、内容、方式,并在第一时间向驻所检察官或管教反映,若有伤情请立即将伤情告诉检察官、管教、室友,条件允许的话,将以上情况写成书面材料。

当事人答:＿＿＿＿＿＿＿＿＿＿＿＿＿＿＿＿＿＿＿＿＿＿＿＿＿＿＿＿＿＿

五、告知案件办理程序和期限

律师问:按照我国《刑事诉讼法》的规定,一般刑事案件大致要经过三个阶段:侦查阶段(公安机关)、审查起诉阶段(人民检察院)和审判阶段(人民法院)。其中,在侦查阶段,刑事拘留最长时间是37天,到期后,公安机关会呈请检察机关批准逮捕,检察机关审查逮捕的期限是7天。在逮捕后的羁押期限一般是2个月。如果没有延长羁押期限,2个月后会侦查终结,公安机关会将案件材料移送检察机关审查起诉。检察机关的审查起诉期限一般是45天,如果认为证据不足,可能会退回公安机关补充侦查,退回补充侦查以两次为限,每次补充侦查的时间为1个月。检察机关审查证据材料后,认为涉嫌犯罪证据充分,会将案件移送法院起诉。一审法院的审理期限一般为自立案之日起3个月。

当事人答：______________________________

六、了解涉嫌罪名，告知涉嫌罪名的法律规定、司法解释以及构成要件

1. **律师问：**现在向你详细介绍刑事诉讼的三个阶段以及办案期间的相关规定（详细说明刑事诉讼程序规定）。以上内容是否听清楚？

当事人答：______________________________

2. **律师问：**你知道所涉嫌的具体罪名吗？

当事人答：______________________________

3. **律师问：**现在向你详细介绍你所涉嫌罪名的法律规定（讲解涉嫌罪名犯罪构成要件、量刑的相关规定）。以上内容是否听清楚？

当事人答：______________________________

七、了解具体案情、讯问情况

1. **律师问：**现在请你把案情的经过向我陈述一下。根据法律规定，你可以依据事实和法律做有罪的陈述或无罪的辩解，如果你无法确定，你可以客观陈述事实。

当事人答：______________________________

2. **律师问：**在会见你之前，侦查机关来提审过你吗？对你共提审过几次？你怎么回答的？可以将讯问笔录的大致案情告诉我一下。

当事人答：______________________________

3. **律师问：**你知道承办你案件的具体侦查机关和办案人员的名称和姓名吗？

当事人答：______________________________

4. **律师问：**以上关于案件事实的陈述与你向侦查机关所作的供述是否一致？若有不一致的地方，体现在哪些方面？

当事人答：______________________________

5. **律师问：**关于基本案情，你有需要补充的吗？

当事人答：______________________________

6. **律师问：**侦查机关给你做的笔录你是否都认真看过、校对过？笔录记载的内容与你说的是否一致？每页笔录你有无签名捺印？

当事人答：______________________________________

八、了解有无从轻、减轻、免除处罚的情节

1. **律师问：**你是否认罪？如果认罪，为什么认罪？是否知道认罪的后果？如果认罪，可以询问是否愿意适用“认罪认罚从宽制度”？还可以进一步询问办案机关有无向其告知认罪认罚从宽制度、有没有签署认罪认罚具结书？

当事人答：______________________________________

2. **律师问：**你是否愿意退赃或赔偿？如果愿意，具体数额多少？

当事人答：______________________________________

3. **律师问：**你有无自首或者坦白的情形？（介绍刑法中关于自首、坦白的规定）

当事人答：______________________________________

4. **律师问：**你有无立功的情形？（介绍刑法中关于立功的规定）

当事人答：______________________________________

九、其他需要了解的与案件有关的情况

1. **律师问：**最近在看守所生活情况怎么样？钱和衣物够用吗？是否需要通知你家人为你存钱或寄送些生活用品？你对家人有什么需要问候或交代的？

当事人答：______________________________________

2. **律师问：**在今天的会见中律师有无教唆你做虚假陈述或做伪证？有无通过言语或行动等方式威胁、引诱、指使你违背事实翻供、串供？

当事人答：______________________________________

3. **律师问：**今天的会见就到此为止，我下次再来见你，请多保重。

当事人答：______________________________________

4. **律师问：**以上笔录请阅读，若你不识字我将读给你听，如果记录有遗漏或者错误之处，请予以补充或者更正，确认无误后请在每页签名并捺手印，并在最后一页注明年月日。

当事人答：______________________________________

被会见人签名：

年　月　日

【实战演练】

某律师第一次到看守所会见犯罪嫌疑人

律师:你好,我是某律师事务所律师,你小弟委托我为你提供法律帮助。

嫌疑人:我小弟?我哪个小弟?我小弟很多的,他叫什么名字?把你们签订的授权委托书给我看一下吧。你很年轻啊,我在你这么大的时候从大东门砍到五里街。

律师:你别吓我啊。我们律师是为你提供法律服务的。

嫌疑人:你这么年轻,我这案子你能不能搞定啊?

律师:能搞定,你放心。

嫌疑人:像我这种人,你可别哄我,后果你知道的。如果你帮我搞定这事,钱不是问题。

律师:你现在什么感受?

嫌疑人:我在里面待着不爽,你有什么办法给我弄出去?钱不是问题。

律师:现在还不行,刑事案件的程序有时间限制。

嫌疑人:我打断一下,公安局的人告诉我侦查、审查、审判阶段都可以"取保"啊。

律师:你确定吗?

嫌疑人:我和公安局的人很熟,他们应该不会骗我。你确定我的罪名是什么吗?

律师:可能是过失致人重伤。现在还在侦查阶段,情况我还不是很熟悉,等过段时间看到案卷材料才知道。

嫌疑人:可是公安局给我的拘留通知书和逮捕通知书上写的是故意伤害啊。

律师:现在公安局定的是这个罪名,以后可能会改变的。

嫌疑人:那是不是公安确定是故意伤害罪名,就一直是故意伤害?

律师:这个不一定。我们律师可以根据案件情况,向侦查机关提供意见。

嫌疑人:我被抓的时候被关了 48 小时,这情况是不是可以申请什么非法证据排除啊？

律师：嗯，这个有可能。

嫌疑人：律师，我能翻供吗？

律师：你最好不要翻供。

嫌疑人：我身上也没有伤，可以自己弄点伤，然后说是公安机关刑讯逼供吗？

律师：这个你最好不要做。你现在在里面什么感受？

嫌疑人：我进来以后饮食清淡，身体好了。对了，我这情况要判几年啊？

律师：故意伤害稍微重点，但应该不会超过10年。我回去会找检察院阅卷，看完案卷材料，我会给你明确答复。

嫌疑人：什么时候能看到案卷材料？

律师：会见完可以看到。

嫌疑人：你回去跟我家人说让他们给检察长送钱，这样我能少判点。

律师：这个不行，这个会涉嫌犯罪。我作为你的辩护律师，我只提供法律帮助。

嫌疑人：对了，我这个案件有2个证人，你帮我找到他们，给他们一笔钱，让他们帮我说好话。

律师：这个是违法的，法律规定证人要如实作证。

嫌疑人：我以前还有别的罪行，我要向公安机关说出来吗？

律师：这个最好不要说。如果公安机关已经了解到你的罪行了，你再说。

嫌疑人：对了，我家里有一把枪，是我买的，你告诉我老婆让她把枪扔掉，以免以后出事。

律师：（沉默中……）

嫌疑人：麻烦你给我老婆带个话，内容："把家里的小金鱼照顾好。"

律师：好的。

嫌疑人：我这里有封信，你带给我老婆。

律师：这个我估计不能带。

嫌疑人：就一句问候，你都不能带？

律师:好吧,可以带。

嫌疑人:我这里有一本以前的病历,我能不能用这个病历申请"取保"?

律师:你有什么病啊?病历不是伪造的吧?

嫌疑人:我说了这么多,你可有啥对我说的?

律师:你这个案子我们律师会努力,你就放宽心态,在里面好好待着,心态放好些。

嫌疑人:你能不能让我家里人给我送点烟酒,给我打点儿钱?要不你借我点儿现金吧?

律师:这个不行。

嫌疑人:下次你会见的时候能不能把我的家人带着一起来,来看看我。

律师:这个不行的。

嫌疑人:那我什么时候可以见到我的家人啊?

律师:尽快吧。你还有没有什么需要帮助的?可有啥话想带给家人?

嫌疑人:不用了,我就想早点出去。

律师:如果没什么事,那就在笔录上签字吧。

嫌疑人:你可以把笔录给我看看吗?律师会见不是没有监控吗?

律师:你可以看笔录,监控是没有的。

嫌疑人:你的笔可以借给我一下。我给我老婆写封信可以吗?

律师:好吧。(犹豫一下,但是递过去了。)

王律师点评:

(1)律师第一次会见犯罪嫌疑人的时候要介绍自己的身份,并告诉嫌疑人谁为他委托的律师,问嫌疑人是否同意你作为他的委托律师。我们可以将委托人的谈话笔录给当事人看。嫌疑人如果同意委托,则要求嫌疑人在委托书上签字。

这里涉及一个问题:到底谁有权利为犯罪嫌疑人委托律师?关于这个问题《刑事诉讼法》没有规定,但是司法部认为亲属可以委托,中华全国律师协会《律师办理刑事案件规范》也规定律师可以接受犯罪嫌疑人亲友的委托。我建议尽量让近亲属委托。至于在逃犯的委托问题,律师原则上可以接受其亲属委托,但是应当谨慎处理。

（2）律师的责任是追求案件事实，也就是证据证明的事实，而不是追求客观事实，所以我们律师不要对当事人打破砂锅问到底。

（3）至于当事人问“能否搞定这个案件”这样的问题，律师要用自己的智慧巧妙回答、委婉回答。

（4）取保候审三阶段都可以，但是取保候审要符合法律规定的条件才可以，并不是所有的嫌疑人都可以办理取保候审的。

（5）至于嫌疑人的罪名问题，我们可以明确告诉他公安机关现追诉的罪名是什么；我们也可以根据我们的专业知识，预测案件未来的发展趋势。

（6）律师接受委托后，要及时向办案机关递交手续。为了方便省事，我们可以考虑邮寄给办案机关所在单位。

（7）如果当事人告诉你办案机关存在取证的情况，律师一定要记录下来，并告知相关单位。

（8）翻供是嫌疑人的权利。作为律师，你只需要告诉他必须尊重事实、如实回答。

（9）对于犯罪嫌疑人问要判几年的问题，作为律师首先要向他解释相关法律规定，并告诉他不同的情况判刑情况不一样，让当事人自己领会，选择一种有利于他自己的陈述和方向。

（10）刑事案件只有在审查起诉阶段才可以看到案卷材料。

（11）案件材料要不要给嫌疑人看这个问题，要灵活处理。《刑事诉讼法》第 39 条第 4 款规定，自案件移送审查起诉之日起，可以向犯罪嫌疑人、被告人核实有关证据。国外则认为，律师将材料给当事人看，或者告知当事人是法律的应有之义。我也赞同国外的做法。但是在中国，我们律师应该谨慎回答，不应该直接说可以给他看，而应该灵活处理。笔者建议这样回答：我可以按我掌握的证据材料向你核实情况。

（12）关于送钱的问题，我们可以通知家属让家属送钱，但是律师不可以自己给当事人递钱。

（13）关于借用签字笔、借用手机这些是绝对不允许的。

（14）作为律师我们有调查取证的权利，可以找证人，但是建议侦查阶段不要调查取证。

（15）至于当事人问前罪要不要交代的问题，笔者建议：第一，我们可以阻止当事人，不让他继续这个话题；第二，我们可以明确告诉他："你说的事件与我的职责无关，不要告诉我，你自己的事情你自己决定。"

（16）关于通知家属把枪扔掉这个问题，作为律师要灵活、委婉地回答。可以对当事人说，作为他的律师你会在法律允许的范围内做你应该做的事。

（17）关于带信给家属的问题，你可以到办理手续的柜台征求意见，甚至可以把信件给柜台人员看，可问能不能带，如果能带就带。

（18）关于病历是不是伪造的，不是我们律师需要查明的任务。我们只审查病历是不是真实的。取保候审的疾病跟监外执行的疾病类型一样，作为律师我们应该告知哪些疾病可以取保候审，同时告知取保候审需要的条件。我们可以这样回答：我们肯定给你申请，但是会不会被批准要看具体情况，取决于办案机关的意志和其他各种综合因素。

作为一名律师，我们应该告诉犯罪嫌疑人在刑事案件的每个阶段我们律师可以做哪些工作：如侦查阶段，如果尚未批捕，律师可以提出不予批捕的意见；如果批捕了，律师可以提出羁押必要性的审查意见。我们要对案件的相关法律问题予以解答。

（19）会见完签字确认有必要。作为律师，第一次会见的时候一定要提醒犯罪嫌疑人注意认真核对侦查人员、检察人员的讯问笔录，如果笔录和自己描述的不一致，则有权要求修改，否则可以拒绝签字。

第三节
申请不批捕或羁押必要性审查

一、辩护律师有效参与审查逮捕程序

(一)辩护律师有效参与审查逮捕程序的意义

在当前强调“庭审中心主义”的司法改革背景下,律师往往忽视了审前辩护的重要性,而据2018年最高人民法院工作报告,2013~2017年各级法院审结一审刑事案件548.9万件,判处罪犯607万人,对2943名公诉案件被告人和1931名自诉案件被告人依法宣告无罪,折算成百分比,2013~2017年全国刑事案件的无罪判决率仅为0.088%。“公诉案件被判无罪的分摊到每个省份,只有不到19人;自诉案件则只有不到13人。两者结合起来,每个省份一年被判无罪的人总共只有区区32人。保守估计,每个省份假如平均有15个地市州。这一数字再继续被分摊到省内各个地市,则每个地市每年被判无罪的人数只有2人。”

大数据分析显示,律师在法庭上无罪辩护能够成功的,简直就是奇迹。但是根据2018年最高人民检察院的工作报告,2013~2017年全国检察机关督促侦查机关立案9.8万件、撤案7.7万件,追加逮捕12.4万人、追加起诉14.8万人,对不构成犯罪或证据不足的不批捕62.5万人、不起诉12.1万人,其中因排除非法证据不批捕2864人、不起诉975人。

如把相对不起诉也视为无罪,毕竟法院还未定性为犯罪。不立案、不批捕、不起诉的,这几类案件是依法宣告无罪案件的169倍[(77,000+625,000+121,000)÷(2943+1931)=169,工作报告中无犯罪情节轻微、依法不需要判处刑罚决定的数字]。因此,辩护律师开展辩护应重视审前辩护。

试问侦查阶段律师真的只能会见,无所作为吗?律师办理刑事案件,审查逮捕阶段辩护是又一重要利器,结合具体案情,密切关注是否具备社会危险性条件,积极递交不予逮捕意见,如检察院要求公安机关补充社会危险性相关证据而没有补充移送或者移送的证据不能认定嫌疑人符合逮捕社会危险性条件的,应当作出不批准逮捕决定。由此可知,律师在审判前的辩护空间并不是传统观点所认为的无所作为,而是大有作为。

笔者办理的一起X某涉嫌诈骗案,充分表明律师在审查逮捕阶段的作用和价值,要求辩护人自接手案件后要进行有效辩护,充分利用审查逮捕环节七天审查的黄金时间,在会见、调查取证、了解案情的基础上,根据案件情况提出不构成犯罪不批捕或无羁押必要性不批捕的辩护意见。

犯罪嫌疑人X某涉嫌诈骗罪一案,经H市公安局S分局立案侦查。2019年3月X某被刑事拘留,羁押于H市公安局市看守所。笔者作为本案X某的辩护人,先后于2019年3月18日、22日在看守所会见了X某,听取了其对涉嫌诈骗罪一案的陈述与辩解,而后向H市公安局S分局提交了《变更强制措施申请书》,为其申请取保候审。2019年4月8日,H市公安局S分局向H市公安局市S区人民检察院提请审查逮捕。2019年4月15日,笔者以所在律师事务所和辩护人的名义向H市公安局市S区人民检察院负责捕诉的部门提交了《不予批准逮捕意见书》,以X某不符合逮捕条件为由,申请对其作出不予批准逮捕的决定。2019年4月22日,H市公安局市S区人民检察院依法作出不予批准逮捕的决定。同日,H市公安局市S区人民检察院通知H市公安局S分局立即释放X某,并向其发放释放证明书。同日,H市公安局S分局决定对X某取保候审,并向其送达了取保候审决定书。

(二)律师参与审查逮捕程序的法律依据

1.《刑事诉讼法》第88条第2款规定:“人民检察院审查批准逮捕,可以询问证人等诉讼参与人,听取辩护律师的意见;辩护律师提出要求的,应当听取辩护律师的意见。”

2.最高人民检察院《人民检察院刑事诉讼规则》第54条规定:“在人民检察院侦查、审查逮捕、审查起诉过程中,辩护人要求听取其意见的,办案部门应当及时安排。辩护人提出书面意见的,办案部门应当接收并登记。听取辩护人意见应当制作笔录或者记录在案,辩护人提出的书面意见应当附卷。辩护人提交案件相关材料的,办案部门应当将辩护人提交材料的目的、来源及内容等情况记录在案,一并附卷。”

3. 最高人民检察院《人民检察院刑事诉讼规则》第 261 条规定:“ 办理审查逮捕案件,犯罪嫌疑人已经委托辩护律师的,可以听取辩护律师的意见。辩护律师提出要求的,应当听取辩护律师的意见。对辩护律师的意见应当制作笔录,辩护律师提出的书面意见应当附卷。办理审查起诉案件,应当听取辩护人或者值班律师、被害人及其诉讼代理人的意见,并制作笔录。辩护人或者值班律师、被害人及其诉讼代理人提出书面意见的,应当附卷。对于辩护律师在审查逮捕、审查起诉阶段多次提出意见的,均应如实记录。辩护律师提出犯罪嫌疑人不构成犯罪、无社会危险性、不适宜羁押或者侦查活动有违法犯罪情形等书面意见的,检察人员应当审查,并在相关工作文书中说明是否采纳的情况和理由。”

4.《关于人民检察院立案侦查司法工作人员相关职务犯罪案件若干问题的规定》第 4 条第 1 款规定:“人民检察院办理本规定所列犯罪案件,不再适用对直接受理立案侦查案件决定立案报上一级人民检察院备案,逮捕犯罪嫌疑人报上一级人民检察院审查决定的规定。”

5.《人民检察院审查逮捕质量标准》第 11 条规定:“犯罪嫌疑人委托的律师提出不构成犯罪、无逮捕必要、不适宜羁押、侦查活动有违法犯罪情形等书面意见以及相关证据材料的,应当认真审查,并在审查逮捕意见书中说明是否采纳的情况和理由。必要时,可以当面听取受委托律师的意见。”

6. 最高人民检察院、公安部《关于逮捕社会危险性条件若干问题的规定(试行)》第 4 条规定:“人民检察院审查认定犯罪嫌疑人是否具有社会危险性,应当以公安机关移送的社会危险性相关证据为依据,并结合案件具体情况综合认定。必要时可以通过讯问犯罪嫌疑人、询问证人等诉讼参与人、听取辩护律师意见等方式,核实相关证据。依据在案证据不能认定犯罪嫌疑人符合逮捕社会危险性条件的,人民检察院可以要求公安机关补充相关证据,公安机关没有补充移送的,应当作出不批准逮捕的决定。”

(三)制作、提交《不予批准逮捕意见书》的要点

以上列举的法律和司法解释系辩护律师参与审查逮捕程序的依据。辩护律师可以通过口头或者书面的形式提出法律意见。在司法实践中,一般是以书面形式

提出《不予批准逮捕意见书》。在制作和提交《不予批准逮捕意见书》时,笔者认为,应当掌握以下要点:

主要从犯罪嫌疑人不构成犯罪、无社会危害性、无社会危险性、不适宜羁押,侦查活动有违法犯罪情形等实体和程序方面的内容撰写,格式具体如下:

(1)首部:标题为"建议对×××不予批准逮捕的意见书",注明律所内部的案号[(2020)亚律刑字第0020号];(2)正文:抬头称呼×××人民检察院,正文内容阐述具体的事实与理由,主要包含犯罪嫌疑人不构成犯罪、无社会危害性、无社会危险性、不适宜羁押,侦查活动有违法犯罪情形等实体和程序方面的内容;(3)尾部:注明辩护人、时间,若有相关证据材料,可以作为附件列明。

例如,关于X某涉嫌诈骗罪一案,笔者是以X某不符合逮捕条件、不具有逮捕必要性和社会危险性为由,申请对其作出不予批准逮捕的决定。主要有以下法律依据:

根据《人民检察院审查逮捕质量标准》第6条的规定,如果犯罪嫌疑人涉嫌的罪行较轻,且没有其他重大犯罪嫌疑,符合以下情况,人民检察院可以作出不批准逮捕的决定:(1)属于预备犯、中止犯,或者防卫过当、避险过当的;(2)主观恶性较小的初犯、偶犯,共同犯罪中的从犯、胁从犯,犯罪后自首、有立功表现或者积极退赃、赔偿损失、确有悔罪表现的;(3)过失犯罪的犯罪嫌疑人,犯罪后有悔罪表现,有效控制损失或者积极赔偿损失的;(4)因邻里、亲友纠纷引发的伤害等案件,犯罪嫌疑人在犯罪后向被害人赔礼道歉、赔偿损失,取得被害人谅解的;(5)犯罪嫌疑人系已满14周岁未满18周岁的未成年人或者在校学生,本人有悔罪表现,其家庭、学校或者所在社区以及居民委员会具备监护、帮教条件的;(6)犯罪嫌疑人系老年人或者残疾人,身体状况不适宜羁押的;(7)不予羁押不致危害社会或者妨碍刑事诉讼正常进行的其他无逮捕必要的情形。对应当逮捕的犯罪嫌疑人,如果患有严重疾病,或者是正在怀孕、哺乳自己婴儿的妇女,可以取保候审或者监视居住。

同时,《人民检察院审查逮捕质量标准》第7条也明确规定,对属于《刑事诉讼法》第15条规定的情形之一的犯罪嫌疑人,应当作出不批准逮捕决定,并建议侦查机关撤销案件。

需要强调的是,是否具备社会危险性条件是检察机关审查逮捕时考量的重要因素。2015 年 10 月 9 日，最高人民检察院、公安部联合下发《关于逮捕社会危险性条件若干问题的规定（试行）》，该规定强调，公安机关提请逮捕犯罪嫌疑人的，应当同时移送证明犯罪嫌疑人具有社会危险性的证据；对于证明犯罪事实的证据能够证明犯罪嫌疑人具有社会危险性的，应专门予以说明；检察院办理审查逮捕案件，应当严格审查是否具备社会危险性条件，应当以公安机关移送的社会危险性相关证据为依据，必要时可以通过讯问犯罪嫌疑人、询问证人等诉讼参与人、听取辩护律师意见等方式，核实相关证据。

该规定还明确，依据在案证据不能认定犯罪嫌疑人符合逮捕社会危险性条件的，检察院可以要求公安机关补充相关证据，公安机关没有补充移送的，应当作出不批准逮捕的决定；检察院对于以无社会危险性不批准逮捕的，应当向公安机关说明理由，必要时可以向被害人说明理由。对于社会关注的重大敏感案件或者可能引发群体性事件的，在作出不捕决定前应当进行风险评估并做好处置预案。

因此，该规定进一步明确了逮捕的证据收集和审查认定，建立了对社会危险性的证明机制，确定了具体的判断标准，详细参见该规定第 5 ~ 9 条之规定，现简要列举如下：

第一，可能实施新罪（如系多次、连续、流窜作案，有证据或迹象表明案发前或者案发后正在策划、组织或预备实施新的犯罪，扬言实施新的犯罪，一年内曾因故意实施同类违法行为受到行政处罚，以犯罪所得为主要生活来源，有吸毒、赌博等恶习）。

第二，有危害国家安全、公共安全或社会秩序的现实危险（有证据或迹象表明嫌疑人案发前或后正在策划、组织或预备实施上述行为，曾因危害国家安全、公共安全或社会秩序受到刑事处罚或者行政处罚，在危害国家安全、黑恶势力、恐怖活动、毒品犯罪中起组织、策划、指挥作用或积极参与的，有其他危害国家安全、公共安全或社会秩序的现实危险的）。

第三，可能毁灭、伪造证据、干扰证人作证或者串供（有证据或迹象表明归案前已着手实施或归案后企图实施上述行为；曾经或者企图威逼、恐吓、利诱、收买证人，干扰证人作证；同案嫌疑人或与其在事实上存在密切关联的嫌疑人在逃、重要证据尚未收集到位；其他可能毁灭、伪造证据、干扰作证或串供的）。

第四,可能对被害人、举报人、控告人实施打击报复(扬言或准备、策划实施打击报复;曾经有过打击报复行为;采取其他方式滋扰被害人等的正常生活)。

第五,企图自杀或逃跑(如归案前、后曾扬言、预备、实施自杀、自残行为,曾经自杀、自残或逃跑,曾经以暴力、危险手段抗拒抓捕或逃匿)。

【文书范本】

建议对X某不予批准逮捕的意见书

(2020)亚律刑字第0020号

H市公安局市S区人民检察院:

安徽金亚太律师事务所接受犯罪嫌疑人X某及其亲属的委托,指派我担任其涉嫌诈骗罪侦查、审查起诉阶段的辩护人,依法参与本案诉讼。据悉,H市公安局S分局对立案侦查的W文化交流有限公司(以下简称W公司)及其领导、员工涉嫌诈骗案中的犯罪嫌疑人X某已经报请贵院批准逮捕。作为辩护人,特依据我国《刑事诉讼法》第88条之规定,申请贵院审查逮捕时,听取犯罪嫌疑人X某的当面陈述,并听取辩护律师的意见。经辩护律师多次会见时听取X某的陈述与辩解,辩护人认为,X某涉嫌罪名和事实不符合逮捕的法定条件,恳请检察机关对X某作出不批准逮捕的决定。具体理由如下:

一、X某涉嫌罪名和事实不符合法定的逮捕条件,不具有逮捕必要性

《刑事诉讼法》第81条第1款规定,对有证据证明有犯罪事实,可能判处徒刑以上刑罚的犯罪嫌疑人、被告人,采取取保候审尚不足以防止发生下列社会危险性的,应当予以逮捕:(1)可能实施新的犯罪的;(2)有危害国家安全、公共安全或者社会秩序的现实危险的;(3)可能毁灭、伪造证据,干扰证人作证或者串供的;(4)可能对被害人、举报人、控告人实施打击报复的;(5)企图自杀或者逃跑的。

依据会见时听取X某的陈述与辩解,X某在W公司的职位系业务员,主要从事客服工作,既不是W公司直接负责的主管人员和其他直接责任人员,也不负责管理公司其他任何人员,其主观上一直认为W公司的拍卖是真实存

在的，而且藏品出境证明也是真实的。工作期间，X 某也向 W 公司的领导（总监级别）询问过有关拍卖是否合法等问题，得到的回复是正常、合法经营。有鉴于此，根据上述规定，X 某涉嫌罪名和事实不属于《刑事诉讼法》第 81 条所规定的应当予以逮捕的任何一种情形。

除此之外，X 某系初犯、偶犯，主观恶性较小。退一步讲，若 X 某的陈述属实，即使其涉嫌诈骗罪，也属于共同犯罪中的从犯，在整个所谓犯罪过程中处于次要地位和辅助作用，主观恶性和社会危害性很小，犯罪情节轻微。因此，X 某涉嫌的罪行较轻，且没有其他重大犯罪嫌疑，根本不具有逮捕的必要性。

二、X 某本身不具有社会危险性

最高人民检察院、公安部《关于逮捕社会危险性条件若干问题的规定（试行）》第 4 条规定，人民检察院审查认定犯罪嫌疑人是否具有社会危险性，应当以公安机关移送的社会危险性相关证据为依据，并结合案件具体情况综合认定。必要时可以通过讯问犯罪嫌疑人、询问证人等诉讼参与人、听取辩护律师意见等方式，核实相关证据。依据在案证据不能认定犯罪嫌疑人符合逮捕社会危险性条件的，人民检察院可以要求公安机关补充相关证据，公安机关没有补充移送的，应当作出不批准逮捕的决定。因此，如果检察院要求公安机关补充社会危险性相关证据而没有补充移送或者移送的证据不能认定犯罪嫌疑人符合逮捕社会危险性条件的，应当作出不批准逮捕决定。

具体到本案，X 某涉嫌的罪名系经济犯罪，不属于暴力型犯罪，而且 X 某归案前一向表现良好，没有任何违法犯罪记录，本身不具有社会危险性。此外，据委托人反映，截至目前，同案犯大部分归案，案件的重要证据（言词证据）已经收集、固定，而且 X 某归案后也如实供述案件事实经过，态度良好，既不可能实施新的犯罪，也不可能毁灭、伪造证据，干扰证人作证或者串供。所以，X 某不存在最高人民检察院、公安部《关于逮捕社会危险性条件若干问题的规定（试行）》第 5 ~9 条规定的社会危险性的情形。

三、恳请检察机关审查逮捕时，注意区分逮捕条件和存在逮捕条件的事实、涉嫌犯罪的事实和存在逮捕条件的事实

在逮捕必要性审查标准把握上，必须注意将逮捕条件和存在逮捕条件的

事实、涉嫌犯罪的事实和存在逮捕条件的事实加以区分。我国长期以来存在"构罪即捕"现象，原因之一是将逮捕条件与逮捕条件的事实及犯罪事实混为一谈，简单地将犯罪事实等同于逮捕条件的事实，进而又把逮捕条件的事实等同于逮捕条件，实践中缺乏逮捕必要性证明机制，只要行为人构成犯罪，就有社会危险性，就有逮捕必要。羁押理由从本质上看属于一种主观范畴，对于犯罪嫌疑人、被告人实施新的犯罪、毁灭、伪造、隐匿证据、干扰作证、对被害人、举报人、控告人实施打击报复、自杀、逃跑等都只是一种"可能性"的判断。[1]对于这种主观判断，必须建立在一定的客观事实基础上。没有这种社会危险性的客观事实存在，不能认定存在羁押理由。

根据上文的详细论述，本案中X某虽然可能存在涉嫌诈骗犯罪的事实，但是因不具有再犯的可能性、继续危害社会的危险性、影响诉讼的可能性而不存在社会危险性的客观事实。因此，检察机关不能据此就认定X某符合逮捕的条件。

由于侦查期间辩护人无法看到案卷材料，并不全面了解案情，以上事实的界定主要来源于X某及其亲属的陈述。如果X某及其亲属的陈述是属实的，那么X某因本身不具有社会危险性而不具有逮捕必要性。为此，建议检察机关敦促公安机关全面、客观地侦查此案的同时，对X某作出不批准逮捕的决定。

顺颂

公祺！

辩护人：×××律师

2020年×月×日

（四）提交辩护意见的时间

审查逮捕过程中，辩护人应当及时、快速提交意见。《人民检察院刑事诉讼规

〔1〕张兆松：《论羁押必要性审查的十大问题》，载《中国刑事法杂志》2012年第9期。

则》第282条规定，对公安机关提请批准逮捕的犯罪嫌疑人，已被拘留的，人民检察院应当在收到提请批准逮捕书后的7日以内作出是否批准逮捕的决定；未被拘留的，应当在收到提请批准逮捕书后的15日以内作出是否批准逮捕的决定，重大、复杂的案件，不得超过20日。由此可知，检察机关审查逮捕的期限较短，一般期限为7日，最长期限为20日。

（五）提交意见和相关手续

《人民检察院刑事诉讼规则》第8条规定，对同一刑事案件的审查逮捕、审查起诉、出庭支持公诉和立案监督、侦查监督、审判监督等工作，由同一检察官或者检察官办案组负责，但是审查逮捕、审查起诉由不同人民检察院管辖，或者依照法律、有关规定应当另行指派检察官或者检察官办案组办理的除外。人民检察院履行审查逮捕和审查起诉职责的办案部门，本规则中统称为负责捕诉的部门。

因此，辩护人原则上系向检察机关负责捕诉的部门提交书面的《不予批准逮捕意见书》，但是在司法实践中，一般由案管部门（案管中心）接受书面的《不予批准逮捕意见书》，并予以登记，再转交至负责捕诉的部门。例如，笔者办理的X某涉嫌诈骗罪一案，系由H市公安局市人民检察院的案管中心接受书面的《不予批准逮捕意见书》和相关手续。其中提交的手续主要有：授权委托书、律所公函或法律援助公函、执业证复印件、委托人身份证复印件。

关于律师事务所公函的形式，全国律协刑事专业委员会推荐的形式为《要求听取辩护律师意见的函》。笔者认为，这种形式准确体现了刑事诉讼法规定的精神和听取辩护律师意见的特点，值得肯定和借鉴。

需要强调的是，根据2018年11月1日最高人民检察院第十三届检察委员会第八次会议通过的《关于人民检察院立案侦查司法工作人员相关职务犯罪案件若干问题的规定》，人民检察院在对诉讼活动实行法律监督中，发现司法工作人员涉嫌利用职权实施的侵犯公民权利、损害司法公正的犯罪案件，可以立案侦查，共14个罪名，分别是：（1）非法拘禁罪（《刑法》第238条）（非司法工作人员除外）；（2）非法搜查罪（《刑法》第245条）（非司法工作人员除外）；（3）刑讯逼供罪（《刑法》第247条）；（4）暴力取证罪（《刑法》第247条）；（5）虐待被监管人罪（《刑法》第248条）；（6）滥用职权罪（《刑法》第397条）（非司法工作人员滥用职权侵犯公民权利、损害司法公正的情形除外);(7)玩忽职守罪(《刑法》第397条)(非司法工作人员玩忽职守侵犯公民权利、损害司法公正的情形除外);(8)徇私枉法罪(《刑法》第399条第1款);(9)民事、行政枉法裁判罪(《刑法》第399条第2款);(10)执行判决、裁定失职罪(《刑法》第399条第3款);(11)执行判决、裁定滥用职权罪(《刑法》第399条第3款);(12)私放在押人员罪(《刑法》第400条第1款);(13)失职致使在押人员脱逃罪(《刑法》第400条第2款);(14)徇私舞弊减刑、假释、暂予监外执行罪(《刑法》第401条)。

以上14个罪名涉及的案件由设区的市级人民检察院立案侦查,逮捕犯罪嫌疑人报上一级人民检察院审查决定。因此,辩护律师需要向设区的市级人民检察院的上级检察机关(一般是省级检察机关)提交《不予决定逮捕意见书》。

(六)提出意见的方式

主要有主动方式和被动方式两种:从一般意义上看,辩护律师应当积极、主动提出书面的《不予批准逮捕意见书》;在特殊情况下,检察机关也可以主动要求听取辩护律师的意见。

(七)律师参与审查逮捕程序的注意事项

1. 律师应以积极的姿态主动参与到审查逮捕程序中来。《刑事诉讼法》《人民检察院刑事诉讼规则》《人民检察院审查逮捕质量标准》《关于逮捕社会危险性条件若干问题的规定(试行)》等法律和司法解释对律师参与审查逮捕程序做了明确的规定。辩护律师为了维护嫌疑人合法权益的最大化,应当依据案件情况积极、主动地提交意见,而不是被动等待负责审查逮捕的承办检察官主动听取其意见。

2. 积极会见犯罪嫌疑人,听取其陈述和辩解,了解案件的有关事实和证据情况,尤其要向其核实有无社会危险性方面的证据。会见结束后,主动与侦查机关联系,与承办人沟通,向其了解犯罪嫌疑人涉嫌的罪名和案件的有关情况。若有可能且承办人愿意,可以向其侧面了解、核实犯罪嫌疑人陈述的关于其主动供述所涉嫌罪名的其他证据情况。

3. 撰写《不予批准逮捕意见书》时,论述无逮捕必要性可重点从以下四个方面加以说明:(1)是否妨碍侦查?若案件已经侦查很久,相关证据(言词证据)基本固定，共同犯罪的嫌疑人全部或者大部分归案，此时为嫌疑人变更强制措施或取保候审，是不会妨碍侦查的。(2)是否具备社会危险性条件？如果当事人没有前科，系初犯、偶犯，之前表现一贯良好，或者涉嫌罪名系经济犯罪等，而不是暴力型犯罪，那么可以认为社会危险性不大或者具有社会危险性的证据缺失。(3)指控涉嫌罪名的证据是否充足？由于侦查阶段，辩护律师无阅卷权，提出证据不足方面的意见要慎之又慎。(4)如果嫌疑人患有严重疾病，或者是正在怀孕、哺乳自己婴儿的妇女，可以提出不适宜在看守所羁押的意见，请求对其取保候审或者监视居住。

4. 作为辩护人，可以依据《刑事诉讼法》第 88 条的规定，申请检察机关审查批捕时，听取犯罪嫌疑人的当面陈述，提交辩护意见时，尽量争取面见承办检察官，当面发表更为详尽的意见。

5. 由于检察机关决定是否批捕不一定通知辩护人，一旦检察机关作出不予批准逮捕的决定，要在第一时间告知嫌疑人和委托人，切记勿在嫌疑人和委托人知道结果后再告知，否则会降低当事人对辩护律师的信任度，从而导致其对辩护工作不满。

(八)逮捕与不予逮捕的情形及相关法律依据

审查逮捕包括审查批准逮捕(公安机关侦查的普通类刑事案件)和审查决定逮捕(监察机关调查的职务犯罪案件和检察机关自侦的职务犯罪类案件)，检察机关承办检察官一般会从证据条件、刑罚条件和社会危险性条件来审查判断犯罪嫌疑人是否符合逮捕的条件进而作出是否逮捕的决定。逮捕的情形主要包括一般逮捕、径行逮捕、转化逮捕，不予逮捕的情形主要包括绝对不捕、存疑不捕(证据不足不捕)、无社会危险性不捕、无逮捕必要性不捕。

现将逮捕的情形以及相关法律依据以表格的形式总结如下：

逮捕的情形:一般逮捕、径行逮捕、转化逮捕

第一种情形:一般逮捕

<table>
<tr><th>名称</th><th>定义</th><th>条件</th><th>内容</th><th>法律依据</th></tr>
<tr><td rowspan="6">一般逮捕</td><td rowspan="6">《刑事诉讼法》第 81 条第 1 款:对可能判处徒刑以上刑罚的犯罪嫌疑人、被告人,采取取保候审尚不足以防止发生下列社会危险性的,应当予以逮捕:
(1)可能实施新的犯罪的;
(2)有危害国家安全、公共安全或者社会秩序的现实危险的;
(3)可能毁灭、伪造证据,干扰证人作证或者串供的;
(4)可能对被害人、举报人、控告人实施打击报复的;
(5)企图自杀或者逃跑的</td><td>“有证据证明有犯罪事实”的具体内容</td><td>(1)有证据证明发生了犯罪事实;
(2)有证据证明该犯罪事实是犯罪嫌疑人实施的;
(3)证明犯罪嫌疑人实施犯罪行为的证据已经查证属实的</td><td rowspan="6">《人民检察院刑事诉讼规则》第 128 条</td></tr>
<tr><td rowspan="5">社会危险性的判断标准(见附表)</td><td>可能实施新的犯罪</td></tr>
<tr><td>有危害国家安全、公共安全或者社会秩序的现实危险</td></tr>
<tr><td>可能毁灭、伪造证据,干扰证人作证或者串供</td></tr>
<tr><td>可能对被害人、举报人、控告人实施打击报复</td></tr>
<tr><td>企图自杀或者逃跑</td></tr>
</table>

附表:社会危险性的判断标准

标准	内　　容	法律依据
可能实施新的犯罪	(1)案发前或者案发后正在策划、组织或者预备实施新的犯罪的; (2)扬言实施新的犯罪的; (3)多次作案、连续作案、流窜作案的; (4)一年内曾因故意实施同类违法行为受到行政处罚的; (5)以犯罪所得为主要生活来源的; (6)有吸毒、赌博等恶习的; (7)其他可能实施新的犯罪的情形	最高人民检察院、公安部《关于逮捕社会危险性条件若干问题的规定(试行)》第 5 条

续表

标准	内　　容	法律依据
有危害国家安全、公共安全或者社会秩序的现实危险	(1)案发前或者案发后正在积极策划、组织或者预备实施危害国家安全、公共安全或者社会秩序的重大违法犯罪行为的； (2)曾因危害国家安全、公共安全或者社会秩序受到刑事处罚或者行政处罚的； (3)在危害国家安全、黑恶势力、恐怖活动、毒品犯罪中起组织、策划、指挥作用或者积极参加的； (4)其他有危害国家安全、公共安全或者社会秩序的现实危险的情形	最高人民检察院、公安部《关于逮捕社会危险性条件若干问题的规定(试行)》第6条
可能毁灭、伪造证据，干扰证人作证或者串供	(1)曾经或者企图毁灭、伪造、隐匿、转移证据的； (2)曾经或者企图威逼、恐吓、利诱、收买证人，干扰证人作证的； (3)有同案犯罪嫌疑人或者与其在事实上存在密切关联犯罪的犯罪嫌疑人在逃，重要证据尚未收集到位的； (4)其他可能毁灭、伪造证据，干扰证人作证或者串供的情形	最高人民检察院、公安部《关于逮捕社会危险性条件若干问题的规定(试行)》第7条
可能对被害人、举报人、控告人实施打击报复	(1)扬言或者准备、策划对被害人、举报人、控告人实施打击报复的； (2)曾经对被害人、举报人、控告人实施打击、要挟、迫害等行为的； (3)采取其他方式滋扰被害人、举报人、控告人的正常生活、工作的； (4)其他可能对被害人、举报人、控告人实施打击报复的情形	最高人民检察院、公安部《关于逮捕社会危险性条件若干问题的规定(试行)》第8条
企图自杀或者逃跑	(1)着手准备自杀、自残或者逃跑的； (2)曾经自杀、自残或者逃跑的； (3)有自杀、自残或者逃跑的意思表示的； (4)曾经以暴力、威胁手段抗拒抓捕的； (5)其他企图自杀或者逃跑的情形	最高人民检察院、公安部《关于逮捕社会危险性条件若干问题的规定(试行)》第9条

第二种情形:径行逮捕

名称	内　　容	法律依据
径行逮捕	1. 对有证据证明有犯罪事实,可能判处10年有期徒刑以上刑罚的,或者有证据证明有犯罪事实,可能判处徒刑以上刑罚,曾经故意犯罪或者身份不明的,应当予以逮捕。 2. 对有证据证明有犯罪事实,可能判处10年有期徒刑以上刑罚的犯罪嫌疑人,应当批准或者决定逮捕。 3. 对有证据证明有犯罪事实,可能判处有期徒刑以上刑罚,犯罪嫌疑人曾经故意犯罪或者不讲真实姓名、住址,身份不明的,应当批准或者决定逮捕	《刑事诉讼法》第81条第1款 《人民检察院刑事诉讼规则》第137条

第三种情形:转化逮捕

名称	内　　容	法律依据
转化逮捕	1. 被取保候审、监视居住的犯罪嫌疑人、被告人违反取保候审、监视居住规定,情节严重的,可以予以逮捕 2. 对于被取保候审、监视居住的可能判处徒刑以下刑罚的犯罪嫌疑人、被告人,违反取保候审、监视居住规定,严重影响诉讼活动正常进行的,可以予以逮捕 3. 人民检察院经审查认为被取保候审、监视居住的犯罪嫌疑人违反取保候审、监视居住规定的,依照本规则第101条、第110条的规定办理	《刑事诉讼法》第81条第4款 《全国人民代表大会常务委员会关于〈中华人民共和国刑事诉讼法〉第七十九条第三款的解释》 《人民检察院刑事诉讼规则》第137条

二、辩护律师申请羁押必要性审查操作指引

《刑事诉讼法》第95条规定,犯罪嫌疑人、被告人被逮捕后,人民检察院应当对羁押的必要性进行审查。对不需要继续羁押的,应当建议予以释放或者变更强制措施。有关机关应当在10日以内将处理情况通知人民检察院。

何为羁押必要性审查?最高人民检察院《人民检察院办理羁押必要性审查案件规定(试行)》第2条明确规定,羁押必要性审查,是指人民检察院依据《刑事诉讼法》的规定,对被逮捕的犯罪嫌疑人、被告人有无继续羁押的必要性进行审查,对不需要继续羁押的,建议办案机关予以释放或者变更强制措施的监督活动。

鉴于此,张世金律师近期尝试向办案机关申请羁押必要性审查,其中一个案件是何某诈骗案,在审查起诉阶段申请羁押必要性审查,直接向S市人民检察院递交

书面申请，5天后驻所检察官致电笔者称："由于该案涉嫌诈骗数额100多万元，按照法律规定，有可能判处10年以上有期徒刑，对你提出的羁押必要性审查申请不予立案，就不书面告知你。"另一个案件是朱某受贿案（二审），朱某被羁押两年有余、久押不决，而且涉案数额为60多万元，依据最高人民法院、最高人民检察院《关于办理贪污贿赂刑事案件适用法律若干问题的解释》第2条之规定，朱某可能依法判处3年以上10年以下有期徒刑。除此之外，朱某自首，退缴全部赃款，其多次表示要向办案机关预交罚金，则朱某依法可能判处3年或3年以下有期徒刑，因而有宣告缓刑的可能，于是笔者再次向H市公安局市人民检察院书面申请羁押必要性审查，认为朱某无继续羁押的必要。检察官热情接待，在一周后将羁押必要性审查的进展情况致电笔者称："通过省人民检察院，与省高级人民法院的承办法官沟通，该案件已经过最高人民法院批准延长审理期限，近期有可能宣判，希望你耐心等待案件的判决结果。"

以上两位检察官的做法均违背了《人民检察院办理羁押必要性审查案件规定（试行）》第9条关于"刑事执行检察部门收到申请材料后，应当进行初审，并在三个工作日以内提出是否立案审查的意见"之规定。

最高人民检察院2019年工作报告指出："对审前、审中可不继续羁押的提出释放或变更强制措施建议，办案单位采纳64,106人，同比上升26.8%。"虽然我国刑事案件羁押率偏高，但是仍然有约6万多名犯罪嫌疑人、被告人因无羁押必要性而建议释放或变更强制措施。而且最高人民检察院近年连续出台检察院办理羁押必要性审查案件的相关规定，高度重视被逮捕的犯罪嫌疑人、被告人合法权益，为辩护律师参与羁押必要性审查提供了具体的制度空间。

（一）羁押必要性审查的法律规定

1.《刑事诉讼法》第95条确立了我国逮捕后羁押必要性审查制度的基础，即"犯罪嫌疑人、被告人被逮捕后，人民检察院仍应当对羁押的必要性进行审查。对不需要继续羁押的，应当建议予以释放或者变更强制措施。有关机关应当在十日以内将处理情况通知人民检察院"。

2.《人民检察院刑事诉讼规则》从司法解释的角度进一步对新《刑事诉讼法》第95条做了细化，解决了羁押必要性审查制度中的审查主体、审查内容、审查形式

等问题,具体规定如下:

第五百七十三条 犯罪嫌疑人、被告人被逮捕后,人民检察院仍应当对羁押的必要性进行审查。

第五百七十四条 人民检察院在办案过程中可以依职权主动进行羁押必要性审查。

犯罪嫌疑人、被告人及其法定代理人、近亲属或者辩护人可以申请人民检察院进行羁押必要性审查。申请时应当说明不需要继续羁押的理由,有相关证据或者其他材料的应当提供。

看守所根据在押人员身体状况,可以建议人民检察院进行羁押必要性审查。

第五百七十五条 负责捕诉的部门依法对侦查和审判阶段的羁押必要性进行审查。经审查认为不需要继续羁押的,应当建议公安机关或者人民法院释放犯罪嫌疑人、被告人或者变更强制措施。

审查起诉阶段,负责捕诉的部门经审查认为不需要继续羁押的,应当直接释放犯罪嫌疑人或者变更强制措施。

负责刑事执行检察的部门收到有关材料或者发现不需要继续羁押的,应当及时将有关材料和意见移送负责捕诉的部门。

第五百七十六条 办案机关对应的同级人民检察院负责控告申诉检察的部门或者负责案件管理的部门收到羁押必要性审查申请后,应当在当日移送本院负责捕诉的部门。

其他人民检察院收到羁押必要性审查申请的,应当告知申请人向办案机关对应的同级人民检察院提出申请,或者在二日以内将申请材料移送办案机关对应的同级人民检察院,并告知申请人。

第五百七十七条 人民检察院可以采取以下方式进行羁押必要性审查:

(一)审查犯罪嫌疑人、被告人不需要继续羁押的理由和证明材料;

(二)听取犯罪嫌疑人、被告人及其法定代理人、辩护人的意见;

(三)听取被害人及其法定代理人、诉讼代理人的意见,了解是否达成和解协议;

(四)听取办案机关的意见;

（五）调查核实犯罪嫌疑人、被告人的身体健康状况；

（六）需要采取的其他方式。

必要时，可以依照有关规定进行公开审查。

第五百七十八条　人民检察院应当根据犯罪嫌疑人、被告人涉嫌的犯罪事实、主观恶性、悔罪表现、身体状况、案件进展情况、可能判处的刑罚和有无再危害社会的危险等因素，综合评估有无必要继续羁押犯罪嫌疑人、被告人。

第五百七十九条　人民检察院发现犯罪嫌疑人、被告人具有下列情形之一的，应当向办案机关提出释放或者变更强制措施的建议：

（一）案件证据发生重大变化，没有证据证明有犯罪事实或者犯罪行为系犯罪嫌疑人、被告人所为的；

（二）案件事实或者情节发生变化，犯罪嫌疑人、被告人可能被判处拘役、管制、独立适用附加刑、免予刑事处罚或者判决无罪的；

（三）继续羁押犯罪嫌疑人、被告人，羁押期限将超过依法可能判处的刑期的；

（四）案件事实基本查清，证据已经收集固定，符合取保候审或者监视居住条件的。

第五百八十条　人民检察院发现犯罪嫌疑人、被告人具有下列情形之一，且具有悔罪表现，不予羁押不致发生社会危险性的，可以向办案机关提出释放或者变更强制措施的建议：

（一）预备犯或者中止犯；

（二）共同犯罪中的从犯或者胁从犯；

（三）过失犯罪的；

（四）防卫过当或者避险过当的；

（五）主观恶性较小的初犯；

（六）系未成年人或者已满七十五周岁的人；

（七）与被害方依法自愿达成和解协议，且已经履行或者提供担保的；

（八）认罪认罚的；

（九）患有严重疾病、生活不能自理的；

（十）怀孕或者正在哺乳自己婴儿的妇女；

(十一)系生活不能自理的人的唯一扶养人;

(十二)可能被判处一年以下有期徒刑或者宣告缓刑的;

(十三)其他不需要继续羁押的情形。

第五百八十一条 人民检察院向办案机关发出释放或者变更强制措施建议书的,应当说明不需要继续羁押犯罪嫌疑人、被告人的理由和法律依据,并要求办案机关在十日以内回复处理情况。

人民检察院应当跟踪办案机关对释放或者变更强制措施建议的处理情况。办案机关未在十日以内回复处理情况的,应当提出纠正意见。

第五百八十二条 对于依申请审查的案件,人民检察院办结后,应当将提出建议的情况和公安机关、人民法院的处理情况,或者有继续羁押必要的审查意见和理由及时书面告知申请人。

3. 2016年1月22日,最高人民检察院颁布了《人民检察院办理羁押必要性审查案件规定(试行)》,该规定对《刑事诉讼法》确立的"羁押必要性审查制度"做了细化的规定,构建了立案审查的基本框架、详细的审查标准以及结案的具体情形。

(二)申请羁押必要性审查的主体及时间

1. 申请主体:犯罪嫌疑人、被告人及其法定代理人、近亲属、辩护人,看守所也有羁押必要性审查的建议权(实务中部分犯罪嫌疑人、被告人因身体状况等原因不适宜继续羁押的情形)。实践中,由于法律专业知识的局限性和证据材料信息的不对称性,辩护人申请羁押必要性审查更为合适。

依据:

《人民检察院刑事诉讼规则》

第五百七十四条第二款 犯罪嫌疑人、被告人及其法定代理人、近亲属或者辩护人可以申请人民检察院进行羁押必要性审查。申请时应当说明不需要继续羁押的理由,有相关证据或者其他材料的应当提供。

最高人民检察院《人民检察院办理羁押必要性审查案件规定(试行)》

第七条 犯罪嫌疑人、被告人及其法定代理人、近亲属、辩护人申请进行羁押必要性审查的,应当说明不需要继续羁押的理由。有相关证明材料的,应当一并提供。

第二十七条 人民检察院依看守所建议进行羁押必要性审查的，参照依申请进行羁押必要性审查的程序办理。

2.申请时间：从犯罪嫌疑人、被告人被逮捕后直至终审判决作出前，均可申请羁押必要性审查，贯穿侦查、审查起诉、审判（一审、二审）全过程。

在逮捕后侦查阶段，申请羁押必要性审查被立案的可能性较低，因为犯罪嫌疑人刚被逮捕不久，侦查机关需要进一步侦破案件，负责捕诉的部门受理后并建议释放或变更强制措施，可能会有碍侦查。但是，辩护人为了维护被逮捕的犯罪嫌疑人合法权益，可以在逮捕一个月后尝试申请。

刑事实务中，辩护人在审查起诉和审判阶段申请羁押必要性审查的情形较多，而且被负责捕诉的部门立案或建议释放、变更强制措施的概率较高。笔者上述办理的两个案件分别在审查起诉和二审阶段申请，理由：一是侦查已经终结，证据基本固定，不会妨碍刑事诉讼活动的正常进行；二是上诉人被羁押2年有余，久押不决，而且依据涉嫌的犯罪数额和自首情节，存在宣告缓刑的可能，无继续羁押的必要。

依据：

《刑事诉讼法》第95条、《人民检察院刑事诉讼规则》第574条。

（三）羁押必要性审查的办理部门

由办案机关对应的同级人民检察院负责捕诉的部门统一办理。负责刑事执行检察的部门收到有关材料或者发现不需要继续羁押的，应当及时将有关材料和意见移送负责捕诉的部门。办案机关对应的同级人民检察院负责控告申诉检察的部门或者负责案件管理的部门收到羁押必要性审查申请后，应当在当日移送本院负责捕诉的部门。

新修订的《人民检察院刑事诉讼规则》对此作出了重大调整，其中第575条规定，负责捕诉的部门依法对侦查和审判阶段的羁押必要性进行审查。经审查认为不需要继续羁押的，应当建议公安机关或者人民法院释放犯罪嫌疑人、被告人或者变更强制措施。审查起诉阶段，负责捕诉的部门经审查认为不需要继续羁押的，应当直接释放犯罪嫌疑人或者变更强制措施。负责刑事执行检察的部门收到有关材料或者发现不需要继续羁押的，应当及时将有关材料和意见移送负责捕诉的部门。

第576条还进一步规定,办案机关对应的同级人民检察院负责控告申诉检察的部门或者负责案件管理的部门收到羁押必要性审查申请后,应当在当日移送本院负责捕诉的部门。其他人民检察院收到羁押必要性审查申请的,应当告知申请人向办案机关对应的同级人民检察院提出申请,或者在2日以内将申请材料移送办案机关对应的同级人民检察院,并告知申请人。

(四)适用羁押必要性审查的对象

根据《人民检察院刑事诉讼规则》和最高人民检察院《人民检察院办理羁押必要性审查案件规定(试行)》之规定,审查对象为负责审查的捕诉部门所在的人民检察院批准逮捕的以及对应同级人民法院决定逮捕的犯罪嫌疑人、被告人。

如果系上级检察院批准逮捕的犯罪嫌疑人或者二审案件的上诉人,辩护人也可以将羁押必要性审查申请通过驻所检察官转交至办案机关对应的同级人民检察院捕诉部门或者直接递交至办案机关。

(五)羁押必要性审查的程序、方式、内容和期限(申请—初查—立案—审查—结案)

第一,前置程序:羁押必要性审查的初审。

1. 负责捕诉的部门收到申请材料后,应当进行初审,并在3个工作日以内提出是否立案审查的意见。

经初审,对于犯罪嫌疑人、被告人可能具有《人民检察院办理羁押必要性审查案件规定(试行)》第17条、第18条规定情形之一的,检察官应当制作立案报告书,经检察长或者分管副检察长批准后予以立案。

依据:

最高人民检察院《人民检察院办理羁押必要性审查案件规定(试行)》第9条、第11条、第12条。

2. 经初审后一般不予立案的情形:

(1)涉嫌危害国家安全犯罪、恐怖活动犯罪、黑社会性质的组织犯罪、重大毒品犯罪或者其他严重危害社会的犯罪的;

(2)涉嫌故意杀人、故意伤害致人重伤或死亡、强奸、抢劫、绑架、贩卖毒品、放火、爆炸、投放危险物质等严重破坏社会秩序犯罪或者有组织的暴力性犯罪的；

(3)涉嫌重大贪污、贿赂犯罪，或者利用职权实施的严重侵犯公民人身权利的犯罪的；

(4)系累犯或曾因危害国家安全犯罪、恐怖活动犯罪、黑社会性质的组织犯罪、重大毒品犯罪或者其他严重危害社会的犯罪被判处刑罚的；

(5)可能判处10年有期徒刑以上刑罚的；

(6)案件事实尚未查清，证据尚未固定或者犯罪嫌疑人、被告人有其他犯罪事实尚未查清、需要进一步查证属实的；

(7)同案犯罪嫌疑人、被告人不在案，有串供可能的；

(8)比较复杂的共同犯罪案件，有串供可能的；

(9)系被通缉到案或者因违反取保候审、监视居住规定而被逮捕的；

(10)作出批准逮捕或者批准延长侦查羁押期限决定不满一个月的；

(11)其他不宜立案进行羁押必要性审查的情形。

第二，羁押必要性审查的方式。

1. 一般审查方式，重点从以下七个方面内容进行审查：

(1)审查犯罪嫌疑人、被告人不需要继续羁押的理由和证明材料；

(2)听取犯罪嫌疑人、被告人及其法定代理人、近亲属、辩护人的意见；

(3)听取被害人及其法定代理人、诉讼代理人、近亲属或者其他有关人员的意见，了解是否达成和解协议；

(4)听取现阶段办案机关的意见；

(5)调查核实犯罪嫌疑人、被告人的身体健康状况；

(6)向看守所调取有关犯罪嫌疑人、被告人羁押期间表现的材料；

(7)查阅、复制原案卷宗中有关证据材料。

依据：

最高人民检察院《人民检察院办理羁押必要性审查案件规定(试行)》第13条。

2. 特殊审查方式：公开审查

公开审查不是必经程序，实践中公开审查的案件占有比例很低，一般对于有重大社会影响或者有争议的案件进行公开审查。但是，涉及国家秘密、商业秘密、个人隐私的案件除外。

(1)启动主体:负责捕诉的部门报检察长或分管副检察长决定。

(2)审查地点:犯罪嫌疑人、被告人所羁押的看守所、人民检察院办案场所或者人民检察院确定的场所或者远程视频。

(3)审查程序:

①检察官宣布公开审查的目的和程序;

②犯罪嫌疑人、被告人及其法定代理人、近亲属、辩护人说明申请释放或者变更强制措施的理由;

③被害人及其法定代理人、诉讼代理人、近亲属或者其他有关人员发表意见;

④原案办案人员发表意见;

⑤看守所监管人员对犯罪嫌疑人、被告人在羁押期间的表现发表意见;

⑥犯罪嫌疑人、被告人所在单位、所居住社区和相关公安派出所发表意见;

⑦检察官宣布公开审查程序结束。

依据:

最高人民检察院《人民检察院办理羁押必要性审查案件规定(试行)》第 14 条。

第三,羁押必要性审查的内容。

人民检察院应当根据犯罪嫌疑人、被告人涉嫌犯罪事实、主观恶性、悔罪表现、身体状况、案件进展情况、可能判处的刑罚和有无再危害社会的危险等因素,综合评估有无必要继续羁押犯罪嫌疑人、被告人。具体内容如下:

1. 犯罪嫌疑人、被告人的基本情况,原案涉嫌的罪名、犯罪的性质、情节,可能判处的刑罚;

2. 原案所处的诉讼阶段,侦查取证的进展情况,犯罪事实是否基本查清,证据是否收集固定,犯罪嫌疑人、被告人是否认罪,供述是否稳定;

3. 犯罪嫌疑人、被告人的羁押期限是否符合法律规定,是否有相应的审批手续,羁押期限是否即将届满,是否属于羁押超过 5 年的久押不决案件或者羁押期限已满 4 年的久押不决预警案件;

4. 犯罪嫌疑人、被告人是否存在可能作不起诉处理、被判处管制、拘役、独立适用附加刑、免予刑事处罚、判决无罪或者宣告缓刑的情形；

5. 犯罪嫌疑人、被告人是否有认罪、悔罪、坦白、自首、立功、积极退赃、与被害人达成和解协议并履行赔偿义务等从宽处理情节；

6. 犯罪嫌疑人、被告人是否有前科、累犯等从严处理情节；

7. 共同犯罪的，是否有不在案的共犯，是否存在串供可能；

8. 犯罪嫌疑人、被告人的身体健康状况；

9. 犯罪嫌疑人、被告人在本地有无固定住所、工作单位，是否具备取保候审、监视居住的条件；

10. 犯罪嫌疑人、被告人的到案方式，是否被通缉到案，或者是否因违反取保候审、监视居住规定而被逮捕。

依据：

最高人民检察院《人民检察院办理羁押必要性审查案件规定（试行）》第15条。

第四，羁押必要性审查的期限。

办理羁押必要性审查案件，应当在立案后10个工作日以内决定是否提出释放或者变更强制措施的建议。案件复杂的，可以延长5个工作日。办案过程中涉及病情鉴定等专业知识，委托检察技术部门进行技术性证据审查的期间不计入办案期限。

依据：

最高人民检察院《人民检察院办理羁押必要性审查案件规定（试行）》第20条。

第五，羁押必要性审查案件的办理结果。

1. 第一种结果：经羁押必要性审查，发现犯罪嫌疑人、被告人具有下列情形之一的，应当向办案机关提出释放或者变更强制措施的建议：

（1）案件证据发生重大变化，没有证据证明有犯罪事实或者犯罪行为系犯罪嫌疑人、被告人所为的；

（2）案件事实或者情节发生变化，犯罪嫌疑人、被告人可能被判处拘役、管制、独立适用附加刑、免予刑事处罚或者判决无罪的；

（3）继续羁押犯罪嫌疑人、被告人，羁押期限将超过依法可能判处的刑期的；

（4）案件事实基本查清，证据已经收集固定，符合取保候审或者监视居住条件的。

2. 第二种结果：经羁押必要性审查，发现犯罪嫌疑人、被告人具有下列情形之一，且具有悔罪表现，不予羁押不致发生社会危险性的，可以向办案机关提出释放或者变更强制措施的建议：

（1）预备犯或者中止犯；

（2）共同犯罪中的从犯或者胁从犯；

（3）过失犯罪的；

（4）防卫过当或者避险过当的；

（5）主观恶性较小的初犯；

（6）系未成年人或者年满 75 周岁的人；

（7）与被害方依法自愿达成和解协议，且已经履行或者提供担保的；

（8）患有严重疾病、生活不能自理的；

（9）系怀孕或者正在哺乳自己婴儿的妇女；

（10）系生活不能自理的人的唯一扶养人；

（11）可能被判处 1 年以下有期徒刑或者宣告缓刑的；

（12）其他不需要继续羁押犯罪嫌疑人、被告人的情形。

所以，经审查认为无继续羁押必要的，检察官应当报经检察长或者分管副检察长批准，以本院名义向办案机关发出释放或者变更强制措施建议书，并要求办案机关在 10 日以内回复处理情况。

释放或者变更强制措施建议书应当说明不需要继续羁押犯罪嫌疑人、被告人的理由和法律依据。

人民检察院负责捕诉的部门应当跟踪办案机关对释放或者变更强制措施建议的处理情况。

办案机关未在 10 日以内回复处理情况的，可以报经检察长或者分管副检察长批准，以本院名义向其发出纠正违法通知书，要求其及时回复。

3. 第三种结果：经审查认为有继续羁押必要的，由检察官决定结案，并通知办案机关。

对于依申请立案审查的案件，人民检察院负责捕诉的部门办结后，应当将提出建议和办案机关处理情况，或者有继续羁押必要的审查意见和理由及时书面告知申请人。

依据：

最高人民检察院《人民检察院办理羁押必要性审查案件规定（试行）》第17条、第18条、第21~24条。

第六，律师参与羁押必要性审查的方式与注意事项。

1. 认真撰写《羁押必要性审查申请书》。

以上列举的法律和司法解释系辩护律师参与羁押必要性审查案件的依据。司法实务中，辩护律师一般以书面的形式提出申请，表现形式为《羁押必要性审查申请书》，主要从犯罪嫌疑人、被告人涉嫌犯罪事实、主观恶性、悔罪表现、身体状况、案件进展情况、可能判处的刑罚和有无再危害社会的危险等方面论证犯罪嫌疑人、被告人没有继续羁押的必要性，重点参考最高人民检察院《人民检察院办理羁押必要性审查案件规定（试行）》第17条、第18条规定的情形进一步论证犯罪嫌疑人、被告人无继续羁押的必要性。（参见《羁押必要性审查申请书》文书范本）

2. 把握好申请羁押必要性审查的时间点。

最高人民检察院刑事执行检察厅《关于贯彻执行〈人民检察院办理羁押必要性审查案件规定（试行）〉的指导意见》第15条规定，侦查监督部门作出批准逮捕或者批准延长侦查羁押期限决定不满一个月的，经初审后一般不予立案。虽然检察机关内设机构改革，实行捕诉合一，刑事执行检察厅已经撤销，但是在没有新规定的情况下，该指导意见规定的一个月时间仍然可以作为参照。因此，建议辩护律师如果在侦查阶段申请羁押必要性审查，应当在逮捕一个月之后进行，以防止不负责捕诉的部门不予立案。司法实践中，在审查起诉和审判阶段（一审和二审）申请羁押必要性审查的律师占据绝大多数，而且立案或者建议释放、变更强制措施的情形相对侦查阶段来讲也多一些。

3. 及时提交《羁押必要性审查申请书》和相关手续。

辩护人原则上系向办案机关同级检察院的负责捕诉的部门提交书面的《羁押必要性审查申请书》，但是在司法实践中，一般由案管部门统一接受申请材料及手续,然后转交至负责捕诉的部门。其中提交的手续主要有:授权委托书、律所公函或法律援助公函、执业证复印件、委托人身份证复印件。如果有犯罪嫌疑人、被告人不适宜继续羁押的证据材料(一般表现为身体严重疾病等方面的病历)可以作为《羁押必要性审查申请书》的附件一并递交。

4. 积极与承办检察官沟通,及时将办理结果向委托人告知。

作为辩护人,申请羁押必要性审查时,要尽量争取面见承办检察官,当面发表更为详尽的无继续羁押必要性的意见。

无论审查结果如何,要在第一时间告知嫌疑人、被告人和委托人,切记勿在嫌疑人、被告人和委托人知道结果后再告知,否则会降低当事人对辩护律师的信任度,从而导致对辩护工作不满。

第七,文书范本:羁押必要性审查申请书。

【文书范本】

羁押必要性审查申请书

(2020)亚律刑字第　　号

申请人:张某某,安徽金亚太律师事务所律师,系上诉人朱某二审阶段的辩护人,联系方式:××××。

申请事项:对上诉人朱某进行羁押必要性审查。

事实与理由:

朱某因涉嫌受贿罪一案于2017年6月11日被H市公安局市监察委留置,2017年10月21日被H市公安局执行逮捕,H市公安局市中级人民法院于2018年5月24日公开开庭审理本案,2018年6月10日作出一审判决:朱某犯受贿罪,判处有期徒刑五年六个月,并处没收个人财产人民币五万元。朱某不服一审判决,于2018年6月24日向A省高级人民法院提出上诉,现羁押于H市公安局市女子看守所。辩护人根据《中华人民共和国刑事诉讼法》《人民检察院刑事诉讼规则》《人民检察院办理羁押必要性审查案件规定(试行)》之规定,特向检察机关申请对朱某有无继续羁押的必要性进行立案审查。具体理由如下：

一、退一步讲，即使朱某涉嫌受贿罪成立，也有可能判处三年或三年以下有期徒刑，存在宣告缓刑的可能性，则对朱某已无继续羁押的必要

一审法院认定朱某涉嫌受贿罪的数额为60.7万元，即便二审维持，依据最高人民法院、最高人民检察院《关于办理贪污贿赂刑事案件适用法律若干问题的解释》第2条之规定，朱某可能依法判处三年以上十年以下有期徒刑。除此之外，朱某在犯罪后主动投案，并如实供述自己的罪行，系自首，可以减轻处罚。案发后，朱某退缴全部赃款，可以酌情从轻处罚。而且辩护人在会见朱某时，其多次表示要向办案机关预交罚金。鉴于朱某上述法定或酌定的量刑情节，即使判决朱某有罪，依法也可能判处三年或三年以下有期徒刑，因而有宣告缓刑的可能，则对上诉人朱某已无继续羁押的必要。

二、本案事实基本查清，证据已经收集固定，朱某符合取保候审条件

最高人民检察院《人民检察院办理羁押必要性审查案件规定（试行）》第17条规定："经羁押必要性审查，发现犯罪嫌疑人、被告人具有下列情形之一的，应当向办案机关提出释放或者变更强制措施的建议：……（四）案件事实基本查清，证据已经收集固定，符合取保候审或者监视居住条件的。"

本案自2017年6月11日立案侦查至2018年6月10日一审判决再到2018年6月24日提出上诉，至今两年有余，久押不决。截至目前，侦查早已终结，案件事实清楚，本案虽然二审尚未开庭审理，但是一审法院早已宣判，有关案件的所有证据（包括言词证据）已经收集、固定，而且朱某在二审期间态度良好，不具备任何逃跑、串供等人身危险性，既不可能实施新的犯罪，也不可能毁灭、伪造证据，干扰证人作证，更没有危害国家安全、公共安全或社会秩序的现实危险。

受贿罪系经济犯罪，不属于暴力型犯罪，对朱某变更强制措施为取保候审，不至于发生社会危险性，且在H市公安局市有稳定的住处，公安机关在执行取保候审期间比较容易进行监管，符合《刑事诉讼法》第67条第2款关于"可能判处有期徒刑以上刑罚，采取取保候审不致发生社会危险性的，可以取保候审"的规定。

三、朱某系主观恶性较小的初犯

最高人民检察院《人民检察院办理羁押必要性审查案件规定(试行)》第18条规定:"经羁押必要性审查,发现犯罪嫌疑人、被告人具有下列情形之一,且具有悔罪表现,不予羁押不致发生社会危险性的,可以向办案机关提出释放或者变更强制措施的建议:……(五)主观恶性较小的初犯……"朱某归案之后以及在二审期间态度良好,系初犯、偶犯,此前没有任何违法犯罪记录。以上情节均能说明朱某的主观恶性较小,符合上述不予继续羁押的条件。

综上,辩护人恳请检察机关审查羁押必要性时,注意区分羁押理由和存在羁押理由的事实、涉嫌犯罪的事实和存在羁押理由的事实,并且认为朱某已经不具有继续羁押的必要性,应当为其变更强制措施。现根据《中华人民共和国刑事诉讼法》第95条以及《人民检察院办理羁押必要性审查案件规定(试行)》的相关规定,特向贵院申请对朱某的羁押必要性进行审查。

而且《人民检察院办理羁押必要性审查案件规定(试行)》第9条明确规定:"刑事执行检察部门收到申请材料后,应当进行初审,并在三个工作日以内提出是否立案审查的意见。"所以,恳请检察机关依法进行初审并及时书面告知审查意见。

此致

A省人民检察院

申请人:安徽金亚太律师事务所　张某某律师

2019年××月××日

第四节

申请变更、解除强制措施

根据我国《刑事诉讼法》的规定,刑事强制措施有拘传、取保候审、监视居住、拘留和逮捕五种,在刑事司法实践中,较为常用的是拘留、逮捕、取保候审,而拘传和监视居住较少采用。在侦查阶段，侦查机关可以根据案件情况，对犯罪嫌疑人采取与之相对应的强制措施，我国《刑事诉讼法》第 1 编第 6 章对以上五种强制措施都明确规定了适用的条件，侦查机关应当依法适用。如果对犯罪嫌疑人采取刑事强制措施不当，辩护律师有权申请变更强制措施。

一、申请变更强制措施为取保候审

取保候审，是我国刑事诉讼法规定的一种刑事强制措施，由公安机关执行，是指在刑事诉讼中公安机关、人民检察院和人民法院等司法机关对于未被逮捕或逮捕后需要变更强制措施的犯罪嫌疑人、被告人，为防止其逃避侦查、起诉和审判，责令其提出保证人或者交纳保证金，并出具保证书，保证随传随到，对其不予羁押或暂时解除其羁押的一种强制措施。

（一）申请取保候审的条件

我国《刑事诉讼法》第 97 条明确规定，犯罪嫌疑人、被告人及其法定代理人、近亲属或者辩护人有权申请变更强制措施。人民法院、人民检察院和公安机关收到申请后，应当在 3 日以内作出决定；不同意变更强制措施的，应当告知申请人，并说明不同意的理由。律师在接受委托后可以为犯罪嫌疑人或其法定代理人、近亲属申请取保候审提供法律咨询及相关指导，以辩护人的身份直接向侦查机关申请变更强制措施，综合考量案件情况和取保候审的条件，提出律师意见，撰写并向侦查机关提交取保候审申请书。

《刑事诉讼法》第 67 条规定，人民法院、人民检察院和公安机关对有下列情形之一的犯罪嫌疑人、被告人，可以取保候审：（1）可能判处管制、拘役或者独立适用附加刑的；（2）可能判处有期徒刑以上刑罚，采取取保候审不致发生社会危险性的；（3）患有严重疾病、生活不能自理，怀孕或者正在哺乳自己婴儿的妇女，采取取保候审不致发生社会危险性的；（4）羁押期限届满，案件尚未办结，需要采取取保候审的。

《人民检察院刑事诉讼规则》第 88 条也明确规定，被羁押或者监视居住的犯罪嫌疑人及其法定代理人、近亲属或者辩护人申请取保候审，经审查具有本规则第 86 条规定情形之一的，经检察长决定，可以对犯罪嫌疑人取保候审。

对拘留的犯罪嫌疑人,证据不符合逮捕条件,以及提请逮捕后,人民检察院不批准逮捕,需要继续侦查,并且符合取保候审条件的,可以依法取保候审。

同时,应当强调的是,有以下情形的不得取保候审:(1)对累犯、犯罪集团的主犯,以自伤、自残办法逃避侦查的犯罪嫌疑人,严重暴力犯罪以及其他严重犯罪的犯罪嫌疑人不得取保候审,但犯罪嫌疑人患有严重疾病、生活不能自理,怀孕或者正在哺乳自己婴儿的妇女,采取取保候审不致发生社会危险性的,以及羁押期限届满,案件尚未办结,需要继续侦查的情形除外。(2)人民检察院对于严重危害社会治安的犯罪嫌疑人,以及其他犯罪性质恶劣、情节严重的犯罪嫌疑人不得取保候审。

最高人民法院、最高人民检察院、公安部、国家安全部、司法部 2015 年 9 月 16 日公布的《关于依法保障律师执业权利的规定》第 22 条也明确规定,辩护律师书面申请变更或者解除强制措施的,办案机关应当在 3 日以内作出处理决定。辩护律师的申请符合法律规定的,办案机关应当及时变更或者解除强制措施;经审查认为不应当变更或者解除强制措施的,应当告知辩护律师,并书面说明理由。

(二)确定取保候审的方式

根据《刑事诉讼法》第 68 条的规定,人民法院、人民检察院和公安机关决定对犯罪嫌疑人、被告人取保候审,应当责令犯罪嫌疑人、被告人提出保证人或者交纳保证金。因此,辩护律师在接受委托后为犯罪嫌疑人、被告人申请取保候审前,可以会见当事人,向其征询保证方式。

对于提供保证人的,应该依据《刑事诉讼法》第 69 条之规定,审查保证人是否符合法定条件:(1)与本案无牵连;(2)有能力履行保证义务;(3)享有政治权利,人身自由未受到限制;(4)有固定的住处和收入。

需要注意的是,《律师办理刑事案件规范》第 57 条第 2 款规定,辩护律师不宜为犯罪嫌疑人、被告人担任保证人,还应当向保证人告知其应当履行的法律义务。

对于交纳保证金的,我国《刑事诉讼法》第 72 条规定,取保候审的决定机关应当综合考虑保证诉讼活动正常进行的需要,被取保候审人的社会危险性,案件的性质、情节,可能判处刑罚的轻重,被取保候审人的经济状况等情况,确定保证金的数额。提供保证金的人应当将保证金存入执行机关指定银行的专门账户。因此,辩护律师应当综合考虑以上情形,审查侦查机关确定的保证金数额是否合适,向委托人提供相关的法律意见,以供其参考。

(三)适时掌握提出取保候审的时机

根据《公安机关办理刑事案件程序规定》第160条的规定,犯罪嫌疑人及其法定代理人、近亲属或者辩护人有权申请变更强制措施。公安机关应当在收到申请后3日以内作出决定;不同意变更强制措施的,应当告知申请人,并说明理由。同时,《人民检察院刑事诉讼规则》第88条规定,被羁押或者监视居住的犯罪嫌疑人及其法定代理人、近亲属或者辩护人向人民检察院申请取保候审,人民检察院应当在3日以内作出是否同意的答复。经审查符合本规则第86条规定情形之一的,对被羁押的犯罪嫌疑人依法办理取保候审手续;经审查不符合取保候审条件的,应当告知申请人,并说明不同意取保候审的理由。

依据实务经验,犯罪嫌疑人被刑事拘留后,申请取保候审的最佳时间是一周内,两周内次之,最晚应在30天以前申请,30天之后通常会报请批捕。当事人和辩护律师往往十分重视在侦查阶段的取保候审工作,而忽视在审查起诉、审判阶段的取保候审工作。

(四)递交"取保候审申请书"或"变更强制措施申请书"

根据法律规定,被羁押的犯罪嫌疑人及其法定代理人、近亲属、被逮捕的犯罪嫌疑人聘请的律师申请取保候审的,应当书面提出。而且《律师办理刑事案件规范》第57条也明确规定,律师为犯罪嫌疑人申请取保候审时,应向有关机关提交取保候审申请书。申请书应写明律师事务所名称、律师姓名、通信地址及联系方法、申请事实及理由、保证方式等。

【文书范本】

取保候审申请书

(2016)亚律刑字第　　号

"严格区分经济纠纷与刑事犯罪,坚决防止把经济纠纷当作犯罪处理。充分考虑非公有制经济特点,严格把握刑事犯罪的认定标准,严格区分正当融资与非法集资、合同纠纷与合同诈骗、民营企业参与国有企业兼并重组中涉及的经济纠纷与恶意侵占国有资产等的界限,坚决防止把经济纠纷认定为刑事犯罪,坚决防止利用刑事手段干预经济纠纷。”

——最高人民法院《关于充分发挥审判职能作用切实加强产权司法保护的意见》(2016年11月28日)

申请人:张某某,安徽金亚太律师事务所律师,系犯罪嫌疑人黄某某侦查阶段的辩护人,联系方式:××××××。

申请事项:对犯罪嫌疑人黄某某变更强制措施为取保候审。

事实与理由:犯罪嫌疑人黄某某因涉嫌诈骗罪,于2016年11月26日被H市公安局S分局刑事拘留,现羁押于H市看守所。辩护人在接受黄某某亲属委托后依法会见。现根据会见时黄某某向辩护人的陈述和法律规定为其申请变更强制措施,黄某某的妻子愿意作为其保证人或缴纳保证金。具体理由如下:

一、关于本案的事实

经本辩护人会见时听取黄某某的陈述与辩解,黄某某系2016年10月加入安徽W信息技术有限公司(以下简称W公司),W公司的前身为安徽H信息科技有限公司(以下简称H公司),公司从事的主要业务为两化融合手机平台业务,表现为四个方面:一是客户通过手机平台可以实现在线交易产品或服务;二是对外进行招商,收取一定的广告费和会员费;三是客户可以转让推广平台;四是优化关键词。

以上两家公司系合法注册,关于上述业务,公司均与客户签订合同,提供相应服务。黄某某在W公司的职位为讲师,主要负责企业内部文化培训和产品功能培训,对外负责产品宣传与讲解,并不负责公司的经营与管理,也从不参与W公司的前身H公司的业务。

W公司的运营平台系由C软件技术开发有限公司(以下简称C公司)提供,C公司在全国各地均有代理商,W公司是C公司在安徽省的代理商之一。目前,C公司以及其他省份代理商均在正常经营,没有被公安机关立案侦查。

黄某某虽然与卢某等人口头约定其持有公司10%的股份，但是仅为名义持有，并不实际享有。即使黄某某收取公司发放的工资，也是因为其作为讲师而获得的讲课报酬，并没有将客户交纳的款项全部占为己有。

二、基于上述事实，黄某某的行为依法不构成诈骗罪

诈骗罪，是指以非法占有为目的，采取虚构事实或者隐瞒真相的方法，骗取数额较大的公私财物的行为。

W公司从事的业务属于两化融合业务，在商务部官方网站上有详细的报道，理应属于合法经营的业务。W公司与产品开发公司C公司签订了代理合同，是合法的授权机构，在移动电子商务中心网站可以查询。C公司和W公司提供真实的产品和服务，并与客户签订合同，存在真实的交易和服务，且W公司本身并不负责产品的研发、运营和维护。

根据W公司与其客户之间签订的合同所约定的权利义务内容，客户与W公司之间系技术服务合同法律关系，而且合同的签订是双方真实的意思表示。合同约定的价款即为技术服务的价格，这也是W公司的基本经营模式。综观合同双方实际的履约过程，既未违反法律的强制性规定，亦未违反意思自治原则，系完全合法的经营活动。W公司与客户签订合同后直至案发前一直处于正常的履约过程中，即使合同没有按约定履行也只是违约问题，由违约方依法承担违约责任或损害赔偿责任，违约不等于违法更不可能构成诈骗罪。

任何一种商业活动都会伴随一定程度的风险，即便由此产生了后果，客户（本案中的所谓受害人）作为合同的相对方，也应当予以承担。任何一方都不可能只享受权利，不承担风险。这与双方合作的初衷并无背离，也是完全符合法律规定的。

具体到本案，必须有证明黄某某有诈骗犯罪事实，从主观事实讲，必须有证据证明黄某某有非法占有客户款项的诈骗故意。而依据本辩护人会见时听取黄某某的陈述与辩解，其主观上认为W公司从事的是合法正当的经营行为，其每一个经营活动都有合法、真实、有效的合同为依据，确已实际履行或正在履行，而且其职位仅为讲师，并不参与公司的日常经营与管理，收取公司发放的工资，也是因为其作为讲师而获得的讲课报酬，并没有将客户交纳的款项

全部占为己有，则主观上不具有非法占有目的。

即使W公司在营销产品时可能存在不同程度的夸大宣传或欺骗内容，也应属于民事欺诈或者民事纠纷，不能简单直接认定其有非法占有目的的诈骗行为。

本案的关键在于存在实际交易，行为人没有非法占有目的，所谓的被害人处分钱财不是基于黄某某等人所谓的诈骗行为，因此黄某某等人的行为依法不构成诈骗罪。

而且最高人民法院于2016年11月28日制定《关于充分发挥审判职能作用切实加强产权司法保护的意见》，明确规定："……严格区分经济纠纷与刑事犯罪，坚决防止把经济纠纷当作犯罪处理。充分考虑非公有制经济特点，严格把握刑事犯罪的认定标准，严格区分正当融资与非法集资、合同纠纷与合同诈骗、民营企业参与国有企业兼并重组中涉及的经济纠纷与恶意侵占国有资产等的界限，坚决防止把经济纠纷认定为刑事犯罪，坚决防止利用刑事手段干预经济纠纷。"

三、黄某某本身不具有社会危险性

黄某某涉嫌的罪名系经济犯罪，不属于暴力型犯罪，而且黄某某归案前一向表现良好，没有任何违法犯罪记录，在其归案后没有再犯的可能性和社会危险性。截至目前，本案犯罪嫌疑人已全部归案，对其变更强制措施为取保候审，不会出现妨害作证、串供等妨碍侦查的情形。

四、黄某某涉案情节相对轻微，符合取保候审的条件

黄某某2016年10月加入W公司，至案发仅一个多月时间，参与时间很短。黄某某与W公司的前身H公司没有任何的关联性，其不应当对H公司所谓的违法犯罪行为承担法律责任。

黄某某虽然与卢某等人口头约定其持有公司10%的股份，但是仅为名义持有，并不实际享有。即使黄某某收取公司发放的工资，也是因为其作为讲师而获得的讲课报酬，并没有将客户交纳的款项全部占为己有。另外，C公司在全国各地均有代理商，而且C公司和其他省份的代理商目前仍在正常经营，当地公安机关并没有以涉嫌诈骗罪进行立案侦查。

黄某某在公司内的职位是讲师,仅负责公司产品授课事宜,并不参与公司的日常经营和管理,其所起作用相对较小。退一步讲,即使认定为犯罪,也属于从犯。除此之外,黄某某有较重的家庭负担,其有两个孩子,幼子出生仅30天,长女仅两岁,而且妻子早产,仍在产褥期,父亲患有严重的肺水肿,均需要抚养和照顾。

综上所述,本案中黄某某因不具有再犯的可能性、继续危害社会的危险性。因此,对黄某某变更强制措施为取保候审,符合法定的条件。

由于侦查期间辩护人无法看到案卷材料,并不全面了解案情,以上事实的界定主要来源于黄某某及其亲属的陈述。如果黄某某及其亲属的陈述属实,那么黄某某最终必将无罪。虽然黄某某目前涉嫌诈骗罪,但是因本身不具有社会危险性而不具有羁押必要性。

是故,依据《中华人民共和国刑事诉讼法》之规定,特向贵局申请对黄某某变更强制措施为取保候审。若贵局批准对其取保候审,其家人将督促其严格遵守取保候审的相关规定,并保证在传讯的时候及时到案,积极配合公安机关审查案件。

此致

H市公安局S分局

申请人:张某某律师

2016年12月1日

附件(以下书证系由黄某某亲属向辩护人提供,皆为复印件):

1. 黄某某儿子出生医学证明,出生30天;

2. 黄某某女儿出生医学证明,年龄2岁;

3. 黄某某妻子早产证明;

4. 黄某某父亲患有严重的肺水肿证明(CT影像报告单);

5. 黄某某无偿献血证明;

6. 黄某某向白血病患者捐款证明。

二、申请变更为监视居住

申请变更为监视居住，是指符合逮捕条件但又有其他原因可以暂时不逮捕的犯罪嫌疑人、被告人及其家属向公安机关、人民检察院、法院提出变更强制措施的请求行为。

《刑事诉讼法》第75条规定，监视居住应当在犯罪嫌疑人、被告人的住处执行；无固定住处的，可以在指定的居所执行。对于涉嫌危害国家安全犯罪、恐怖活动犯罪、特别重大贿赂犯罪，在住处执行可能有碍侦查的，经上一级人民检察院或者公安机关批准，也可以在指定的居所执行，但是，不得在羁押场所、专门的办案场所执行。

由此可知，监视居住包括一般监视居住和指定居所监视居住两种。

通常情况下，当犯罪嫌疑人被采取刑事拘留或逮捕的刑事强制措施，并不符合取保候审条件时，才申请变更强制措施为监视居住；或者犯罪嫌疑人被采取指定居所监视居住时，申请变更为一般的监视居住。

（一）一般监视居住的条件

根据《刑事诉讼法》第74条、《公安机关办理刑事案件程序规定》第109条、《人民检察院刑事诉讼规则》第107条之规定，人民法院、人民检察院和公安机关对符合逮捕条件，有下列情形之一的犯罪嫌疑人、被告人，可以监视居住：（1）患有严重疾病、生活不能自理的；（2）怀孕或者正在哺乳自己婴儿的妇女；（3）系生活不能自理的人的唯一扶养人；（4）因为案件的特殊情况或者办理案件的需要，采取监视居住措施更为适宜的；（5）羁押期限届满，案件尚未办结，需要采取监视居住措施的；（6）对符合取保候审条件，但犯罪嫌疑人、被告人不能提出保证人，也不交纳保证金的；（7）人民检察院决定不批准逮捕的犯罪嫌疑人，需要继续侦查，并且符合监视居住条件的；（8）被取保候审人在取保候审执行过程中违反取保候审管理规定的。

（二）指定居所监视居住的条件

犯罪嫌疑人符合以上监视居住条件的，同时又具有以下情形之一的，可以在指定的居所执行：（1）犯罪嫌疑人无固定住所的。其中，固定住处一般是指被监视居住人在办案机关所在的市、县内生活的合法住处。(2)对于涉嫌危害国家安全犯罪、恐怖活动犯罪的犯罪嫌疑人,在住处执行可能有碍侦查的,经上一级公安机关批准,也可以在指定的居所执行。其中,“在住处执行可能有碍侦查”的情形是指:可能毁灭、伪造证据,干扰证人作证或者串供的;可能引起犯罪嫌疑人自残、自杀或者逃跑的;可能引起同案犯逃避、妨碍侦查的;犯罪嫌疑人、被告人在住处执行监视居住有人身危险的;犯罪嫌疑人、被告人的家属或者所在单位人员与犯罪有牵连的。

(三)递交变更强制措施申请书

律师为犯罪嫌疑人申请变更强制措施为监视居住时,应向有关机关提交申请书。申请书应写明律师事务所名称、律师姓名、通信地址及联系方法,申请事实及理由等。申请程序可以参照申请变更为取保候审申请程序。

【文书范本】

变更强制措施申请书[1]

申请人:王亚林,安徽金亚太律师事务所律师,系王某某案件侦查、审查起诉、审判阶段辩护人;

通讯地址:合肥市×××。

申请事项:公安机关对犯罪嫌疑人王某某采取“指定居所的监视居住”强制措施实为非法羁押,特申请公安机关依法对王某某采取监视居住强制措施。

申请理由:犯罪嫌疑人王某某(聋哑人)因涉嫌盗窃罪于2013年2月5日被M县公安局刑事拘留,3月9日被批捕,后一直羁押在B市看守所(由于公安机关未履行依法通知嫌疑人家属的职责,上述时间可能存在偏差)。2013年8月29日,M县公安局办案人员将王某某从B市看守所押回M县,非法变更强制措施为指定居所监视居住,剥夺王某某在监视居住期间内依法享有的合法权利,并拒绝律师会见要求。《刑事诉讼法》第73条第1款规定:“监视居

[1] 本文书所引法条已修订。

住应当在犯罪嫌疑人、被告人的住处执行;无固定住处的,可以在指定的居所执行。对于涉嫌危害国家安全犯罪、恐怖活动犯罪、特别重大贿赂犯罪,在住处执行可能有碍侦查的,经上一级人民检察院或者公安机关批准,也可以在指定的居所执行。但是,不得在羁押场所、专门的办案场所执行”,王某某在B市有固定住处,涉嫌罪名并不属于危害国家安全犯罪、恐怖活动犯罪、特别重大贿赂犯罪,因此公安机关对王某某指定居所监视居住明显违背法律的规定,实质上属于非法羁押。

《公安机关办理刑事案件程序规定》第48条规定:“辩护律师可以同在押或者被监视居住的犯罪嫌疑人会见、通信。”《刑事诉讼法》第73条第2款规定:“指定居所监视居住的,除无法通知的以外,应当在执行监视居住后二十四小时以内,通知被监视居住人的家属。”而根据《刑事诉讼法》第75条规定可知,监视居住是对犯罪嫌疑人、被告人的活动区域予以限定、行为加以监视,而不是对其人身自由的完全剥夺。在本案中,公安机关拒不履行依法通知王某某的家属的法定职责,在执行监视居住处完全剥夺王某某的人身自由,多次拒绝律师的会见要求,因此,公安机关一系列的违法行为,严重侵害了王某某的合法权益和律师执业权益。2013年9月2日,在本案另一位律师及王某某家属的强烈要求下,办案机关同意律师会见,之后又当场拒绝律师会见,最终又同意把律师会见笔录由刑警拿去让王某某签字。通过该份律师会见笔录可知,王某某供述了办案人员存在不让睡觉等非法取证的情形。

我国《刑事诉讼法》将“尊重和保障人权”写入条文之中,就是要加强对诉讼参与人特别是被追诉人诉讼权利的保护。本案中,公安机关为了侦破案件而非法羁押王某某,并通过非法手段取证,这不仅仅违反了法律的规定,破坏了法律的权威,也损害了犯罪嫌疑人的合法权利;即便公安机关取得了相关证据,该部分也完全有在之后的诉讼过程中被排除的可能性。我国法律渊源中大量的法律、法规、司法解释条文已经构建了完善的非法证据排除规则,本案中公安机关通过这种非法羁押手段非法取得的证据,最终不能作为法院定罪量刑的依据。况且,王某某是名聋哑人,公安机关的这种侦查手段于法不容、于理不通、于情不合。

综上，鉴于相关法律规定和依法维护犯罪嫌疑人合法权益的职责，辩护人特申请贵局严格依据法律的规定和要求对王某某采取强制措施，在其住处执行监视居住，切实维护其在监视居住期间的合法权益；并允许律师依法会见，维护律师的执业权益。辩护人也将基于对法律的理解和犯罪嫌疑人合法权益的考虑，在会见王某某时，会告知其积极配合公安机关查明案情、争取宽大处理。辩护人相信，律师在本案当中会见嫌疑人不仅不会给侦查工作带来障碍，反而会有利于侦查工作的顺利进行。

此致

M 县公安局

申请人（签名）：

年　月　日

第五节

代理申诉和控告

根据《刑事诉讼法》第 34 条的规定，犯罪嫌疑人在被侦查机关第一次讯问后或者采取强制措施之日起，有权委托辩护人；在侦查期间，只能委托律师作为辩护人。但是，法律并没有对申诉、控告的具体操作程序作出规定。同时，《刑事诉讼法》第 252 条也明确规定，当事人及其法定代理人、近亲属，对已经发生法律效力的判决、裁定，可以向人民法院或者人民检察院提出申诉，但是不能停止判决、裁定的执行。笔者认为，聘请律师代理申诉、控告是犯罪嫌疑人或者被告人的一项重要的诉讼权利，也是律师的一项重要的执业权利。为此，应当从程序上对律师代理申诉、控告作出专门指引。

一、律师代理申诉控告的条件

（一）申诉的条件

《刑事诉讼法》第253条规定，当事人及其法定代理人、近亲属的申诉符合下列情形之一的，人民法院应当重新审判：(1)有新的证据证明原判决、裁定认定的事实确有错误，可能影响定罪量刑的；(2)据以定罪量刑的证据不确实、不充分、依法应当予以排除，或者证明案件事实的主要证据之间存在矛盾的；(3)原判决、裁定适用法律确有错误的；(4)违反法律规定的诉讼程序，可能影响公正审判的；(5)审判人员在审理该案件的时候，有贪污受贿，徇私舞弊，枉法裁判行为的。

申诉并非启动再审程序的制度性环节，并非所有的申诉都会导致再审。因此，必须符合《刑事诉讼法》第253条规定的五种条件之一，才有可能启动再审。除此之外，我国法律及相关司法解释对申诉主体、申诉期限、申诉审查及处理、申诉法律效力等也作出了具体规定：

(1)申诉主体。根据《刑事诉讼法》及其司法解释的规定，提出申诉的主体包括案件当事人及其法定代理人、近亲属，申诉程序可以委托律师进行。此外，最高人民法院《关于适用〈中华人民共和国刑事诉讼法〉的解释》第451条规定，案外人认为已经发生法律效力的判决、裁定侵害其合法权益，提出申诉的，人民法院应当审查处理。申诉可以委托律师代为进行。

(2)申诉期限。最高人民法院《关于规范人民法院再审立案的若干意见（试行）》第10条规定，对刑事案件的申诉期限截至刑罚执行完毕后两年内；超过两年提出申诉的，人民法院不予受理，但具有下列情形之一的，应当受理：可能对原审被告人宣告无罪的；原审被告人在本条规定期限内向人民法院提出申诉，人民法院未受理的；属于疑难、复杂、重大案件的。

(3)申诉审查及处理。根据最高人民法院《关于适用〈中华人民共和国刑事诉讼法〉的解释》第457条规定，对立案审查的申诉案件，应当在3个月以内作出决定，至迟不得超过6个月。因案件疑难、复杂、重大或者其他特殊原因需要延长审查期限的，参照本解释第210条的规定处理。

(4)申诉的法律效力。根据《刑事诉讼法》第252条之规定，申诉不能停止原判决、裁定的执行。

（二）控告的条件

在我国，控告是公民享有的重要权利和同违法犯罪行为作斗争的重要手段，也是刑事案件立案材料的主要来源。公民的控告权受到国家宪法和其他法律的保护。《刑事诉讼法》第110条第2款、第3款规定，被害人对侵犯其人身、财产权利的犯罪事实或者犯罪嫌疑人，有权向公安机关、人民检察院或者人民法院报案或者控告。公安机关、人民检察院或者人民法院对于报案、控告、举报，都应该接受。对于不属于自己管辖的，应当移送主管机关处理，并且通知报案人、控告人、举报人；对于不属于自己管辖而又必须采取紧急措施的，应当先采取紧急措施，然后移送主管机关。根据这一规定，控告一般是指被害人及其近亲属或其诉讼代理人，对侵犯被害人合法权益的违法犯罪行为，依法向司法机关告发，要求予以惩处的行为。按照《刑事诉讼法》第111条的规定，控告可以以书面或者口头形式提出。属于口头控告的，接待的工作人员应当写成笔录，经宣读无误后，由控告人签名或盖章。接受控告的工作人员应当告知控告人：控告应实事求是，不得诬告陷害他人，并说明诬告应负的法律责任。按照《刑事诉讼法》第112条的规定，人民法院、人民检察院或者公安机关对于控告材料，应当按照管辖范围，迅速进行审查，认为有犯罪事实需要追究刑事责任的，应当立案；认为没有犯罪事实，或者犯罪事实显著轻微，不需要追究刑事责任的，不予立案，并且将不立案的原因通知控告人。

因此，控告的条件具体表现在以下几个方面：（1）错误立案的；（2）管辖错误的；（3）错误采取刑事强制措施的；（4）错误查封、扣押、冻结、追缴财产的；（5）办案人员存在刑讯逼供、威胁、引诱等违法办案行为的；（6）办案人员以外的人员（如同监舍人员）有殴打、虐待、侮辱等暴力或威胁行为的。

二、制作申诉状并提交申诉材料

律师在了解案件情况的基础上，应当根据原有的案卷材料和新发现的证据，依据法律规定的申诉应当具备的条件和情形，归纳和总结申诉的理由，明确申诉的方向，为制作申诉状做好准备。刑事申诉状一般由首部、正文和尾部三部分组成：首部包括文书标题、申诉人的基本情况和申诉的表示；正文包括申诉请求、事实与理由两部分；尾部包括致送机关的名称、申诉人的签名或盖章、署名日期。

对刑事案件申诉,应当提交下列材料:(1)申诉状,应当载明当事人的基本情况、申诉的请求、申诉事实与理由。(2)原生效刑事判决书、裁定书,经过人民法院复查后再审的,应当附有驳回通知书、再审判决书或裁定书;经过人民检察院复查的,应当附有刑事申诉复查通知书。(3)以有新的证据证明原裁判认定的事实确有错误为由申诉的,应当同时附有证据目录、证人名单和主要证据复印件或者照片等相关证据材料;申请人民法院或人民检察院调查取证的,应当附有相关线索或者材料。

根据最高人民法院《关于适用〈中华人民共和国刑事诉讼法〉的解释》第453条的规定,向人民法院递交申诉材料并提出申诉的,人民法院应当审查处理,并作出是否再审的决定。一般情况下,申诉由终审人民法院审查处理。但是,第二审人民法院裁定准许撤回上诉的案件,申诉人对第一审判决提出申诉的,可以由第一审人民法院审查处理。上一级人民法院对未经终审人民法院审查处理的申诉,可以告知申诉人向终审人民法院提出申诉,或者直接交终审人民法院审查处理,并告知申诉人;案件疑难、复杂、重大的,也可以直接审查处理。对未经终审人民法院及其上一级人民法院审查处理,直接向上级人民法院申诉的,上级人民法院应当告知申诉人向下级人民法院提出。同时,该解释第455条还规定,对死刑案件的申诉,可以由原核准的人民法院直接审查处理,也可以交由原审人民法院审查。原审人民法院应当制作审查报告,提出处理意见,层报原核准的人民法院审查处理。

除此之外,上述申诉状及申诉材料还可以提交给办案单位的领导或上级部门、负有监督职责的人民检察院的负责控申的部门,以及对政法工作进行领导和监督的政法委、人大等。

【文书范本】

刑事申诉状

(2002)亚太律刑字第001号

申诉人:李某,男,1967年出生,海南H市投资有限公司总经理,海南省政协委员,海南省工商联常务理事。2002年1月8日,因涉嫌违法发放贷款罪被

B 市公安局刑事拘留;2002 年 2 月 10 日被 B 市 Q 区检察院批准逮捕,同日被取保候审。

律师:王亚林,安徽金亚太律师事务所律师。

申诉人认为,申诉人的行为不构成公安机关立案侦查、检察机关批准逮捕的违法发放贷款罪、挪用资金罪。现依据事实和法律申诉如下:

B 市银丰城市信用合作社(下称信用社)系 1993 年设立的股份合作金融组织,共有 15 个股东,信用社股本金 300 万元,其中申诉人李某个人入股 15 万元,李某任法定代表人的海南 H 市投资有限公司入股 30 万元。上述股本金均已投资到位。李某本人被推举为理事长,许某刚任主任兼法定代表人。依据《城市信用合作社管理办法》[1]及相关法规、规章的规定,信用社应由理事长任法定代表人,而且理事长应具备人民银行颁发任职资格证书并经人民银行进行资格审查。但由于李某并不主持信用社日常工作且远在海南经商,因此,没有申领相关资格证书更不过问信用社日常经营。在上述情况下,李某不应对信用社的任何违规行为承担法律责任。李某被刑事拘留后,根据侦查人员的讯问及后来向有关人员的了解,方知道有关案情的大致经过。

一、关于涉嫌违法发放贷款罪名下的 302 万元款项问题

1. 1996 年 11 月 30 日,贷款合同金额人民币 57 万元,期限 6 个月,贷款人海南××物业发展公司安徽分公司

2. 1997 年 6 月 30 日,贷款合同金额人民币 85 万元(现有余额 65 万元),期限 6 个月,贷款人安徽××公司

海南××物业发展公司系台商×谷清标的独资企业,李某受聘担任董事长。李某之兄、信用社另一股东李斌任安徽分公司经理并主持安徽分公司的工作。该安徽××公司的两笔共计 142 万元所谓贷款并未发生,安徽××公司没有依据假的贷款合同从信用社提取一分钱。信用社主任许某刚办理这两笔假贷款合同的原因是由于信用社经营管理不善,1996、1997 年度的各项管理费用及其他费用在期末形成亏损,信用社主任为了减少其账面亏损而隐瞒其

[1] 现已失效。

任期内的经营管理不善而办理虚假贷款。

而李某当时远在H市,对上述假贷款一无所知。

3. 1997年9月,金×雨公司贷款180万元人民币问题

申诉人直至目前,对该金×雨公司的情况仍然一无所知。事后方得知该公司也没有依据贷款合同从信用社提取一分钱,而是信用社主任许某刚为了掩盖当时信用社在省证交中心拆借资金的部分应付利息及本金在账面积累形成的经营亏损而做的假账。

二、关于李某涉嫌挪用资金罪名下的178万元问题

此项款项信用社账目作为暂付款挂在账上,实际形成也是信用社对外支付其在证交中心拆借资金的部分应付利息及本金而造成的亏损,因不便再做虚假贷款,信用社主任为减少账面亏损及掩盖不善经营做暂付款账处理。没有任何人将款挪用出去。

依据《刑法》第186条的规定,违法发放贷款罪,是指金融机构的工作人员违反法律规定,向关系人发放贷款的条件优于其他借款人同类贷款的条件,造成较大损失的行为,而申诉人李某并非信用社的工作人员,更不主持信用社日常工作,案涉的所谓302万元贷款不仅没有发生,李某对此更一无所知,因此,李某不构成此罪。

依据《刑法》第272条的规定,挪用资金罪是指公司、企业或其他单位的人员,利用职务上的便利,挪用本单位资金归个人使用或者借贷给他人,数额较大,超过3个月未还等行为。然而本案中178万元假账并没有发生任何人将款项作为个人使用或借贷他人的行为,李某本人更没有实施上述行为。

三、中国人民银行对信用社的停业整顿违反了法定程序

B市Y城市信用合作社在经济过热时期,出现了几乎全国所有的信用合作社都出现过的违规操作问题,加之信用社法定代表人许某刚并不服从所谓的理事长李某的领导,而李某拟撤换法定代表人均未能如愿。因此,信用社的经营和管理曾一度出现失控的局面。自1999年起,申诉人积极配合中国人民银行对信用社进行整改,目前经营工作已有较大起色。

在上述情况下,中国人民银行仍然对信用社5年前的违法行为进行追究,

组织有关部门强制接管信用社并同时由公安机关出面抓人。这种与关闭相同的停业整顿不仅没有依据《行政处罚法》第31条之规定,履行事先告知义务,也没有依据该法第42条之规定,告知当事人有要求听证的权利。同时,由于印章被收缴,理事长、法定代表人被关押,也剥夺了当事人申请行政复议和提起行政诉讼的权利。

综上所述,申诉人李某的行为不构成犯罪,申诉人愿意配合中国人民银行和司法机关查清信用社的所有问题,积极采取有效措施挽回损失。唯希望司法机关撤销案件,不要让申诉人在时刻感觉到人身自由随时可能被限制的情况下工作。

申诉人:李某

2002年3月1日

第六节
再次接待委托人

接待当事人对刑事辩护律师来说是一个基本的技能,因为它决定了当事人对律师的第一印象,从而影响当事人对律师的信赖程度。前文已经充分论述了律师如何第一次接待当事人,在第一次接待当事人并办理完委托手续后,律师便去看守所第一次会见犯罪嫌疑人或被告人,并向其转达家属的问候,同时犯罪嫌疑人或被告人将有关案件事实向律师做大致介绍,且请求律师向其亲属转达非案件事实的有关问候。此时,辩护律师最重要的工作就是再次接待委托人,告知其有关案件情况、犯罪嫌疑人或被告人的问候以及案件后续进展,等等。

【实战演练】

第二次会见当事人亲属

亲属:你有没有会见我大哥?

律师:我通知你来我们所就是想给你汇报这个情况。我们于 2014 年 10 月 18 日已经去 H 市公安局市×看守所会见了当事人黄某某。了解案发当天情况。

亲属:我大哥胖了还是瘦了?精神状况怎么样?能不能吃饱?听说里面吃不饱。

律师:他一切都挺好。吃饱没有问题,现在司法环境好了,司法为民了,不存在吃不饱的问题。不过黄某某让家属给他寄点儿钱。

亲属:我大哥有没有剃光头啊?

律师:有,这是为了防止传染病。

亲属:我大哥有没有戴手铐、脚链?听说如果戴了就代表要判死刑?

律师:没有戴手铐和脚链,但是按照监管部门的规定,正常的刑具还是要佩戴的。

亲属:我大哥有没有话要带给我?

律师:没有什么话带给你。但是我向黄某某了解到一些案情,我们也对案件做了一些分析,我向你汇报一下:根据公安机关掌握的材料和意见,以及黄某某本人的描述,目前公安机关将案件定性为故意伤害,我们认为这个案件还存在一些争取的可能性。根据向黄某某了解的案情,本案定性存在三种可能:故意伤害、过失致人重伤、意外事件。这三种可能定性的不同,对黄某某的量刑有不同的影响。

亲属:那这三种情况分别都判多久?

律师:故意伤害,他属于重伤,如果情况不继续恶化,估计 3~10 年;过失致人重伤,应该是 3 年以下;如果是意外事件的话,就不存在刑期的情况了。

亲属:我大哥为保护自己才不小心伤害他人,是不是应该属于正当防卫,应该无罪啊?

律师:是不是正当防卫取决于当时的行为的主客观因素。(1)行为当时对方的侵害行为是不是正在进行;(2)行为人当时是否具有防卫意识;(3)行为必须针对侵害人本身进行。

亲属:你的意思是说案件定性争议很大?

律师:目前案件还在侦查阶段。根据黄某某的描述,因为当时喝酒了,很多细节他已经记不清楚了，而且黄某某本人的描述在一定程度上来说也不是很客观。之前你来委托的时候有说案发当时你也在场。那有一些案件相关情况我想向你了解一下。当时整个事情是不是都发生在KTV的卫生间里面？

亲属：大概是，现在时间久了，我记忆也比较模糊。我可以申请出庭为我大哥作证吗？

律师：如果你当时确实在场，并且对案情有客观认识的话，按照法律的规定，你可以出庭作证。但是不必等到开庭的时候，你可以现在把你知道的情况告诉我，然后在侦查阶段我可以申请公安机关对这些证据进行调查和核实。

亲属：当时KTV有很多服务员在场，而且KTV也有很多监控，你们律师可不可以去调查下？

律师：我们可以在公安机关侦查结束后移送审查起诉阶段去调取证据。公安机关也有义务调查取证，如果公安机关没有调取，我们可以申请公安调取。如果担心证据丢失，我们可以采取一些私力救济措施把这些证据先保存起来。至于现场监控我会向公安机关申请调取的。

亲属：我大哥现在有可能申请取保候审吗？你能代我申请取保候审吗？这里有我带来的我大哥心脏病、高血压的病历，可用来取保吗？

律师：根据法律规定，刑事案件三阶段都可以申请取保候审。在会见黄某某本人的时候，他也说到他的病史以及申请取保候审的意愿。这个到时候我们会根据他的身体情况以及案情的情况，向侦查机关提出取保候审的申请。

亲属：现在取保程序很慢，要不要找人拿钱打点一下？

律师：你说的情况我了解。作为给你们提供法律帮助的律师，我会按照法律的相关规定以及案件的基本情况，尽我们最大的可能，把你们可以申请取保候审的理由向公安机关说明。

亲属：有个中间人跟我说，只要给20万元，能把我大哥弄出来。您看这事我们有可能做吗？

律师：是这样的，所有在法律规定范围内的法律帮助，这个阶段我们都可以给你们提供，因为我们之间是有委托关系的。超出案件的其他情形，我们可能不好替你做决定。不过我认为这种事情可能性不大，如果你坚持认为有可能、能够争取,坚持要去试一试,那你自己决定,不要告诉我。

亲属:好像这个案件操作空间蛮大。接下来你会做哪些工作啊?

律师:首先我要解释下什么叫作操作空间。我们所说的案件的操作空间是我们给他争取的定罪以及争取取保候审这些,我们还有很多事情可以做。在我们能做的工作方面,我们都会尽我们可能去努力。首先,侦查结束后我会第一时间去阅卷,查阅卷宗,分析案情,然后会根据案件的相关证据和材料去和黄某某本人核实。

亲属:你的案卷材料能不能给我们家属看一看,帮着分析分析?

律师:这个不可以。但是我们会根据案件的材料做一个详细的阅卷笔录。因为你当时也在场,了解案情,到时候我们会根据材料记录情况向你了解情况,但是材料是不可以给你看的。

亲属:我这里有个立功材料,你能不能转告我大哥,让他争取立功减刑?

律师:这个立功材料如果不是你大哥自己掌握的,而是你掌握的,就不可以。按照法律规定,这个立功材料必须是他本人掌握的。

亲属:怎么让你做什么你都说不可以啊?

律师:情况是这样的,在法律允许范围内的事情,我们都会尽力去做。但是立功必须是犯罪嫌疑人、被告人本人掌握的线索,然后向相关机关予以说明才行的。但是你掌握的立功材料是不能告诉他的。这是两码事。

亲属:那我大哥还要关多久?下一个阶段是什么阶段?

律师:这个呢,我们现在可以根据他的疾病情况和案情,向公安机关和监所机关提出取保候审的申请。如果申请取保成功,那么很快他将会处于一个相对自由的状态;如果取保不成功的话,下面家属只有在开庭的时候在法庭才能见到他了,之后就要等到判决以后见面了。不过现在我们尽量会给他争取取保,如果不行的话我们也会根据法律规定及案情事实,给他争取一个相对较轻的罪名或者较轻的刑罚。

亲属:我大哥有没有被刑讯逼供?有没有被打?

律师:他有提到第一次讯问是连续48小时没有让他睡觉,按照法律的规定这是一种刑讯逼供的行为。我当时已经向驻监所检察机关工作人员提出了排除非法证据的申请。而且我也告诉了黄某某本人,今后在查阅侦查机关、检察机关讯问笔录的时候,一定要注意核对,如果有和自己述说不一致的地方,一定要及时要求更正,如不更正,则有权拒绝签字。相信以后办案机关会根据当事人的叙述如实记录的。

亲属:我看您一个人办案压力也挺大,我想请三四个律师给我大哥整一个律师团,以安徽著名刑辩律师王亚林作为律师团团长,你可同意?

律师:按照法律规定,一个犯罪嫌疑人或者被告人最多可以请两名辩护律师。如果你继续委托我的话,你最多还可以委托一名律师。如果你要是准备请我们律所的其他律师呢,我建议提前让我们相互了解沟通一下,以便大家可以更好的合作。不反对你再聘请一名律师。

亲属:我大哥在省政府有个亲戚,很厉害。你能不能跟他见见,聊一聊案件情况?

律师:至于案情的情况呢,你是作为黄某某的委托人,按照我们之间的委托协议,我把相关的案件情况按照我应尽的义务告诉你。如果你还有什么需要进一步了解的,你可以问我。至于其他人需要知道本案案情的,由你负责进行相关的描述,至于你们要做哪些相关工作,你们自己自行商量,这些都不必跟我说了。

亲属:你和公、检、法关系怎么样?现在关系比律师能力还重要呢!你能不能搞定啊?

律师:在正常法律规定程序范围内,我们的沟通渠道都是畅通的,这个是不会有问题的。

亲属:你关系很硬是吧?

律师:这个和关系软硬没有关系。我们合法畅通渠道都是有的,我们不用担心公安机关或者检察机关不能很好地……

亲属:我大哥都没有被取保候审出来,这还叫关系很硬啊?

律师:取保候审,公安机关有权依职权决定的,我们也有权利申请。现在呢,你们有疾病的情况以及量刑情节的一些材料我们还没有以书面的形式递交给公安机关,这个我们会尽快地去办理。

亲属：你给我大哥带句话，说："家里小金鱼安好，请放心。"这个小纸条你可以带给我大哥吗？

律师：你把这个纸条里面的内容口述给我，我在会见黄某某的时候，会挑重点和他进行沟通。还有哪些内容你需要我告诉他的？

亲属：没有了，你帮我带点衣服过去给他吧？

律师：这个你们去给他送钱的时候，一并带过去就行。

亲属：我大哥瘦了，你能不能带点鸡汤给我大哥补补？

律师：你放心，监所里面的伙食都是统一标准，都能保障基本的生活水平的，而且每个人都一样，这你放心。而且按照监所的管理规定，这个鸡汤是不可以带进去的。

亲属：那谢谢律师。

律师：不客气，你要是有什么新线索对黄某某有利的，你可以随时告诉我。

王律师点评：

回答得很好，基本没有什么问题，比如，在回答小金鱼问题、关系过不过硬等问题时都很机智、灵活。但是，作为律师如果对委托人的要求一概拒绝，难免会引起委托人反感。另外，律师会见时也不要过分地正式、严肃，以免当事人有距离感。

第七节
其他工作

一、提交法律意见

《刑事诉讼法》第 161 条规定，在案件侦查终结前，辩护律师提出要求的，侦查机关应当听取辩护律师的意见，并记录在案。辩护律师提出书面意见的，应当附卷。同时，该法第 88 条、第 280 条也规定，人民检察院审查批准逮捕，可以询问证人等诉讼参与人，听取辩护律师的意见；辩护律师提出要求的，应当听取辩护律师的意见；其中，对未成年犯罪嫌疑人、被告人应当严格限制适用逮捕措施，人民检察院审查批准逮捕和人民法院决定逮捕，应当讯问未成年犯罪嫌疑人、被告人，听取辩护律师的意见。

由此可知，辩护律师在侦查阶段提出律师意见的时机分别是审查批捕阶段和侦查终结前，提出意见的对象分别是办案的侦查机关和人民检察院。上文对于律师参与批捕程序并提出不予逮捕意见或羁押必要性审查意见已经做了详细论述，不再赘述。笔者将重点介绍侦查阶段律师撰写并提交法律意见。由于侦查阶段律师了解的案情基本来源于犯罪嫌疑人或被告人及其亲属的介绍、侦查机关的沟通反馈，并不是很全面，不能妄下结论，要根据了解的情况，在几种可能性的事实基础上，依据法律和专业知识，提出问题和建议供办案机关参考，这样辩护效果会更好些。

在侦查阶段，辩护律师主要就案件的实体问题和程序问题向侦查机关提出法律意见，主要包括：(1)对案件管辖问题的意见；(2)案件侦查人员是否应当回避的意见；(3)对案件中犯罪嫌疑人被采取刑事强制措施是否合法、合理以及变更或者解除强制措施的意见；(4)对案件犯罪嫌疑人所涉嫌罪名等定性问题的意见；(5)对案件犯罪嫌疑人是否参与、实行涉嫌犯罪事实的意见；(6)在案件中犯罪嫌疑人是否具有从轻、减轻或免除处罚等情节的意见，如自首、立功等；(7)其他法律意见。

以下列举的是侦查阶段律师作为犯罪嫌疑人的辩护人提出的侦查意见，且此案律师介入后对侦查方向起到了重大作用，特收录于此，仅供参考。

【文书范本】

关于孙某立涉嫌非法采矿罪的侦查建议

(2015)亚刑字第0112号

S市公安局Y区分局：

安徽金亚太律师事务所接受孙某让的委托，指派王亚林律师担任“孙某立涉嫌非法采矿罪”犯罪嫌疑人孙某立的辩护人。接受委托后，辩护人于2015年1月7日、8日会见了孙某立，实地走访了矿区现场，和承办警官交换了意见。

在矿区附近，辩护人发现，当地农用三轮运输非法采矿矿石的情况络绎不绝,而在矿区当地农民非法开采的情况比比皆是。甚至在孙某立被控越界开采的区域,也有人正在开采,而且非法采矿的行为人和委托人孙某让相识并打招呼。孙某让解释道,都是乡里乡亲,彼此熟悉,因此,即使亲眼看到行为人在自己矿区附近非法开采,也不好制止而只能听之任之。而辩护人通过走访得知,当地村民盗采时一般驾驶农用机动三轮车,每车能装载矿石七八吨甚至更多,一天可以采两车,整个矿区一天下来能有两三百车的盗采量。这种"蚂蚁搬家式"的盗采一天的盗采量能达到两千吨甚至更多,不容小觑。

在辩护人将上述情况向承办警官反映之时,办案警官也坦承,他已经在任职单位工作多年,当地农民靠山吃山,非法开采行为屡禁不止。对这种非法开采的情况警方和村干部都是清楚的,只是不可能整日守候矿井、禁止开采,也无法做到看到非法开采的就抓。

当地村民盗采矿石的情况,将直接影响司法机关对孙某立的定罪量刑。根据《中华人民共和国刑事诉讼法》以及《公安机关办理刑事案件程序规定》第57条[1]的规定,侦查机关既要收集能够证实犯罪嫌疑人有罪、罪重的证据,也要收集能够证实犯罪嫌疑人无罪、罪轻的证据。因此,侦查机关负有全面、客观的收集证据的责任。

为了全面查明案件的事实,维护犯罪嫌疑人的合法权益,辩护人建议侦查机关对有关的村干部和盗采矿石的村民进行走访调查,并采取突击检查的方式,对正在进行非法开采的行为人进行询问,及时、全面收集相关证据。

根据"两院三部"《关于依法保障律师执业权利的规定》第21条第2款的规定,辩护律师要求当面反映意见或者提交证据材料的,办案机关应当依法办理,并制作笔录附卷。辩护律师提出的书面意见和证据材料,应当附卷。请办案机关依法办理并将此书面意见附卷。

安徽金亚太律师事务所律师
王亚林
2015年1月12日

---

〔1〕 本条内容已修订。

二、调查取证

调查取证不仅是律师刑事辩护工作中应有的权利和义务,是律师了解案件事实的重要渠道和辩护的重要手段,也是搞好刑辩业务的技能和内容。从刑事诉讼理论上讲,律师调查取证的目的应是通过寻找新的证据材料来对抗公诉机关的证据材料,从而使法庭基于客观事实和平等原则对被告人作出合法、公正的判决。在控辩式审判模式下,控辩平衡是裁判者发现案件事实真相的一个必要条件。由于辩护律师与侦查、公诉机关在刑事诉讼中的关注点不同,保障辩护律师调查取证权的有效行使,有利于全面收集与案件相关的证据,有利于裁判者在全面把握案情的基础上依法作出裁判。可以说,律师的调查取证是保障控辩双方平等对抗的重要条件。

《刑事诉讼法》第42条规定,辩护人收集的有关犯罪嫌疑人不在犯罪现场、未达到刑事责任年龄、属于依法不负刑事责任的精神病人的证据,应当及时告知公安机关、人民检察院。该法第43条进一步规定,辩护律师经证人或者其他有关单位和个人同意,可以向他们收集与本案有关的材料,也可以申请人民检察院、人民法院收集、调取证据,或者申请人民法院通知证人出庭作证。辩护律师经人民检察院或者人民法院许可,并且经被害人或者其近亲属、被害人提供的证人同意,可以向他们收集与本案有关的材料。

根据以上规定,辩护律师调查取证的类型主要分为三类:(1)申请人民检察院收集、调查证据;(2)申请人民法院收集、调查证据,申请人民法院通知证人、鉴定人出庭作证;(3)向有关单位和个人调查取证。鉴于此,律师调查取证的方式有:(1)询问证人或者被害人,并制作调查笔录;(2)调取书证、物证、视听资料和电子数据,并注明证据来源;(3)申请人民检察院、人民法院收集、调取证据,申请证人、鉴定人出庭;(4)通过查阅卷宗材料寻找有利于辩方的证据。

律师在侦查阶段调查取证的范围为:(1)犯罪嫌疑人不在犯罪现场的证据;(2)犯罪嫌疑人没有达到刑事责任年龄的证据;(3)犯罪嫌疑人属于依法不负刑事责任的精神病人的证据。在侦查阶段,辩护律师除"犯罪嫌疑人不在现场、未达刑事责任年龄、系不负刑事责任的精神病人"三类情形外,不得调查其他证据。如果辩护律师在侦查阶段也可以全面展开调查的话,那势必与国家侦查权相冲突。律师收集到定罪或罪重的证据,不交出来是隐匿证据,可能涉嫌《刑法》第 306 条规定的帮助毁灭、伪造证据罪,严重的将受到刑事追责。如果将对犯罪嫌疑人不利的证据交出来,那就是违反《律师法》中关于律师的责任是提出对犯罪嫌疑人、被告人无罪、罪轻和从轻、免除刑罚的材料和意见的规定,是违反职业道德的,也要遭受行业处罚。

律师调查取证的方法与步骤:律师持律师事务所介绍信,向当事人出示律师执业证,即可开展调查取证工作。调查取证工作一般分为两类:一类是律师自行调查实物证据,另一类是律师自行调查言词证据。

关于律师自行调查实物证据:(1)律师自行调取物证、书证、视听资料、电子数据等实物证据,或者自行勘验现场、检查涉案物品的,应当至少由两名律师进行,且须制作勘验、检查笔录或提取笔录,并邀请与案件无利害关系的见证人在场见证,具备条件时宜对调查过程进行录音录像。(2)律师调查的实物证据系由他人保管,应事先征得保管人同意。保管人是被害人或其近亲属、被害人提供的证人的,律师还应征得人民检察院或人民法院许可。(3)犯罪嫌疑人、被告人或其家属向律师提供实物证据的,应当制作笔录并让其签字确认,具备条件时宜通过复印、复制、拍照、录像等方式备案。(4)律师应避免收取、保管实物证据的原件、原物;确有必要的,应当妥善保管。(5)律师发现未被侦查机关发现的对犯罪嫌疑人、被告人有利的证据,但认为不宜自行调查的,应当采取必要措施保护好证据和现场,并向公安机关建议调查或申请人民检察院、人民法院调查。(6)律师发现未被侦查机关发现的对犯罪嫌疑人、被告人不利的证据,可以停止调查,但不得隐匿、毁灭、破坏、篡改该证据。(7)律师收集的有关犯罪嫌疑人不在犯罪现场、未达到刑事责任年龄、属于依法不负刑事责任的精神病人的证据,应当及时告知公安机关、人民检察院。

关于律师自行调查言词证据:(1)律师自行调查证人证言、被害人陈述等言词证据,应当至少由两名律师进行,若具备条件宜在征得被调查人同意的前提下进行录音录像。律师不宜在任何场合与证人、被害人独处。(2)律师应在征得被调查人的同意之后进行调查。律师向被害人及其近亲属、被害人提供的证人调查的,还应当征得人民检察院或人民法院的许可。(3)被调查人是未成年人的,律师应当通知其法定代理人或其他合适成年人到场。询问女性未成年人的,宜有女性调查人员在场。(4)律师询问证人、被害人时应当单独进行,并首先告知其如实作证的义务和作伪证的后果。(5)除调查未成年人或因疾病等特殊原因需要外,律师询问证人、被害人时不得有其他人在场,尤其不得有被告人、被害人或其近亲属在场。(6)律师询问证人、被害人时应全面、准确地制作询问笔录,并让其核实且逐页签字确认。有修改、补充的地方亦应签字确认。(7)律师与证人、被害人的沟通宜采用传真、电子邮件、手机短信等方式,并保留副本备案。律师不宜在未经对方同意的情况下通过录音电话的方式向证人、被害人进行调查。(8)律师不得向接受调查的证人、被害人提供任何金钱或物品,亦不得宴请其就餐。律师亦应要求被告人或其家属遵守该规则。证人、被害人可以报销合理的交通、误餐、住宿等费用,律师宜要求其提供签名确认的票据和收到报销费用的收据。另外,《律师办理刑事案件规范》第44条对此作出了具体规定:“辩护律师制作调查笔录不得误导、引诱证人。不得事先书写笔录内容,不得先行向证人宣读犯罪嫌疑人、被告人或其他证人的笔录,不得替证人代书证言,不得擅自更改、添加笔录内容,向不同的证人调查取证时应当分别进行,调查取证时犯罪嫌疑人、被告人的亲友不得在场。”

律师调查取证时应注意以下事项:(1)律师应当积极、全面地调查可能有利于当事人的各种信息,但同时应注意执业风险防范。(2)律师应当勤勉尽责为当事人提供辩护,包括积极、规范地进行证据调查。律师无义务主动向公安机关、检察机关或审判机关提供对当事人不利的实物证据,但亦不得故意将其隐匿、毁灭。(3)律师应当积极、规范地进行证据调查,但不得采取贿买、威胁、引诱、欺骗等方法调查证人证言和被害人陈述等言词证据。(4)辩护律师制作调查笔录,应当客观、准确地记录调查内容,并经被调查人核对。被调查人如有修改、补充,应当由其在修改处签字、盖章或者捺指印确认。调查笔录经被调查人核对后,应当由其在笔录上逐页签名并在末页签署记录无误的意见。(5)辩护律师根据案件需要向已经在侦查机关、检察机关做过证的证人了解案件情况、调查取证、核实证据,一般应当通过申请人民法院通知该证人到庭,以当庭接受询问的方式进行。如证人不能出庭作证的,辩护律师直接向证人调查取证时,应当严格依法进行,并可以对取证过程进行录音或录像,也可以调取证人自书证言。

【文书范本】

安徽金亚太律师事务所

调 查 笔 录

调查时间:________________　　调查地点:________________

调查人:__________________　　记录人:__________________

被调查人:________________　　身份证号码:______________

单位及职务:______________

住址:____________________　　联系方式:________________

律师问:我们是安徽金亚太律师事务所的律师(出示律师证),根据《中华人民共和国刑事诉讼法》第43条和《中华人民共和国律师法》第31条、第35条之规定,向您调查、核实有关问题,你是否同意接受调查?

被调查人答:____

律师问:请您如实回答我们的提问,不得作伪证,对与本案无关的问题有权拒绝回答,如有意作伪证或者隐匿证据,要负法律责任。《中华人民共和国刑法》第305条规定,在刑事诉讼中,证人、鉴定人、记录人、翻译人对与案件有重要关系的情节,故意作虚假证明、鉴定、记录、翻译,意图陷害他人或者隐匿罪证的,处3年以下有期徒刑或者拘役;情节严重的,处3年以上7年以下有期徒刑。您听清楚了吗?

被调查人答:____

律师问:您的姓名和基本情况?

被调查人答:____

律师问:您是否属于被害人或者其近亲属、被害人提供的证人。如果属于,则我们需要通过人民检察院或者人民法院申请并获得许可后再向您调查;如果不属于,则我们继续下面的调查。

被调查人答:____

律师问:____

被调查人答:____

……

律师问:在今天的调查过程中,律师对您有没有打骂、威胁、引诱、欺骗、刑讯逼供等违法行为的情况?

被调查人答:______

律师问:您以上所讲的是否属实?

被调查人答:______

律师问:今天的调查就到此结束,以上笔录请阅读并核对。如果记录有遗漏或者错误,请提出补充或者修改;如果确认无误,请在笔录上签写核对意见"以上笔录我已看过,与我说的一致"并签名。

被调查人答:______

被调查人签名:______

日　　期:______

第四章
CHAPTER 04

律师在审查起诉阶段的工作

第一节
复制案卷材料并制作阅卷笔录

审查起诉,是指人民检察院对公安机关侦查终结移送审查起诉的案件和自行侦查终结的案件进行审查,依法决定是否对犯罪嫌疑人提起公诉、不起诉或者撤销案件的诉讼活动。

根据《人民检察院刑事诉讼规则》第330条规定,人民检察院审查移送起诉的案件,应当查明:(1)犯罪嫌疑人身份状况是否清楚,包括姓名、性别、国籍、出生年月日、职业和单位等;单位犯罪的,单位的相关情况是否清楚。(2)犯罪事实、情节是否清楚;实施犯罪的时间、地点、手段、危害后果是否明确。(3)认定犯罪性质和罪名的意见是否正确;有无法定的从重、从轻、减轻或者免除处罚情节及酌定从重、从轻情节;共同犯罪案件的犯罪嫌疑人在犯罪活动中的责任认定是否恰当。(4)犯罪嫌疑人是否认罪认罚。(5)证明犯罪事实的证据材料是否随案移送;证明相关财产系违法所得的证据材料是否随案移送;不宜移送的证据的清单、复制件、照片或者其他证明文件是否随案移送。(6)证据是否确实、充分,是否依法收集,有无应当排除非法证据的情形。(7)采取侦查措施包括技术侦查措施的法律手续和诉讼文书是否完备。(8)有无遗漏罪行和其他应当追究刑事责任的人。(9)是否属于不应当追究刑事责任的。(10)有无附带民事诉讼;对于国家财产、集体财产遭受损失的，是否需要由人民检察院提起附带民事诉讼；对于破坏生态环境和资源保护，食品药品安全领域侵害众多消费者合法权益，侵害英雄烈士的姓名、肖像、名誉、荣誉等损害社会公共利益的行为，是否需要由人民检察院提起附带民事公益诉讼。(11)采取的强制措施是否适当，对于已经逮捕的犯罪嫌疑人，有无继续羁押的必要。(12)侦查活动是否合法。(13)涉案财物是否查封、扣押、冻结并妥善保管，清单是否齐备；对被害人合法财产的返还和对违禁品或者不宜长期保存的物品的处理是否妥当，移送的证明文件是否完备。

审查起诉后，若人民检察院认为犯罪嫌疑人的犯罪事实已经查清，证据确实、充分，达到排除合理怀疑的证明标准，应当作出起诉决定；若人民检察院认为案件事实不清、证据不足的，应当作出不起诉决定。

审查起诉阶段是连接侦查和审判的一个重要环节，是整个刑事诉讼程序中一个独立的诉讼阶段。虽然《刑事诉讼法》规定律师在侦查阶段就享有法定辩护人资格，但在审查起诉阶段律师才能够查阅案件诉讼材料，之后才能"有的放矢"地调查取证，更加准确地发表无罪或罪轻的实质性辩护意见，维护当事人的合法权利，保障诉讼程序的正确推进。

一、准备委托手续

具体办理委托手续事宜同侦查阶段。如果当初一并签订了侦查、审查起诉、审判阶段的委托手续，则辩护人需要时刻关注案件的进展情况，可以同侦查机关联系确认案件移送情况，也可以与检察机关的案件管理中心联系。辩护人特别要注意有些案件如故意杀人等在审查起诉时，人民检察院提起公诉应当与人民法院审判管辖相适应的规定。

当案件被移送到人民检察院之后，辩护人应当及时递交委托手续。但律师接受委托后具体应当何时递交委托手续，《刑事诉讼法》《人民检察院刑事诉讼规则》等相关法律都没有明确规定，中华全国律师协会《律师办理刑事案件规范》也没有规定。按照安徽金亚太律师事务所刑辩分所的办案流程规定，当辩护人知道案件被移送人民检察院后，应当在3日内将委托手续递交人民检察院，委托手续包括律师事务所公函、授权委托书、律师执业证(复印件)。辩护人及时递交委托手续是积极履行法律服务合同的表现，是审查起诉阶段正当行使辩护权的前提。

递交手续时应当特别注意以下两个问题：其一，我国法律规定，审查起诉阶段聘请辩护人不超过两名。从理论上来说，律师是否具备适格辩护人身份以及去检察院开展辩护工作，需要经过人民检察院的形式审查。笔者认为，人民检察院发现亲属委托多名辩护人的，应当予以协调，并尊重本案犯罪嫌疑人或被告人的真实意愿。因此，安徽金亚太律师事务所刑辩分所严格要求本所律师会见犯罪嫌疑人或被告人时，确保犯罪嫌疑人或被告人基于本人委托意愿并在授权委托书上签字。2015 年《关于依法保障律师执业权利的规定》第 14 条第 3 款规定，辩护律师可以采用复印、拍照、扫描、电子数据拷贝等方式复制案卷材料，可以根据需要带律师助理协助阅卷。办案机关应当核实律师助理的身份。非辩护人的律师助理需要何种手续，目前没有相关规定，辩护人应当提前和检察院做好沟通手续，必要时提供事务所介绍信。其二，辩护人应当严格遵守不得为同案犯辩护的规则，包括在侦查阶段为同案犯中未被移送审查起诉的当事人辩护，后又为同案犯中被移送审查起诉的人辩护。

案例

最高人民法院经复核查明：2008 年 12 月 27 日，犯罪嫌疑人陈某等人被抓获的同时，犯罪嫌疑人王某因本案也被抓获。2009 年 1 月 14 日和 15 日，某律师事务所律师祁某先后接受犯罪嫌疑人王某、陈某的委托，会见二人，为二人提供包括申请取保候审等在内的法律帮助。陈某等人被批准逮捕时，王某因涉嫌贩卖毒品的证据不足未被批准逮捕，于 2009 年 2 月 4 日取保候审释放。一审、二审阶段，陈某辩称在侦查阶段供述的指使自己贩毒的"周公"即是被取保候审的同案犯罪嫌疑人王某。律师祁某继续担任陈某的一审、二审辩护人，并提出陈某受王某指使贩毒、王某在本案中的地位和作用大于陈某等辩护意见。

最高人民法院经复核认为：律师祁某在本案侦查阶段先后接受同案两名犯罪嫌疑人王某、陈某的委托，提供法律帮助，并在一审、二审阶段继续担任被告人陈某的辩护人，违反了法律规定的诉讼程序，可能影响公正审判。遂依照

《刑事诉讼法》第199条[1]和最高人民法院《关于复核死刑案件若干问题的规定》[2]第5条之规定，裁定如下：

不核准某省高级人民法院维持第一审对被告人陈某以贩卖、运输毒品罪判处死刑，剥夺政治权利终身，并处没收个人全部财产的刑事裁定；撤销某省高级人民法院刑事裁定和某市中级人民法院刑事判决中对被告人陈某以贩卖、运输毒品罪判处死刑，剥夺政治权利终身，并处没收个人全部财产的部分；发回某市中级人民法院重新审判。

另外，有些案件中多名犯罪嫌疑人共同委托同一家律师事务所的不同律师辩护，这并不违反我国相关法律规定，《刑事诉讼法》《律师法》《律师和律师事务所违法行为处罚办法》等法律、法规、规章对上述情况都没有禁止性规定，在实践中这种情形较为普遍且被司法机关予以认可。2018年中华全国律师协会发布的《关于律师办理黑恶势力犯罪案件辩护代理工作若干意见》还规定，同一律师事务所在接受两名或两名以上的同案犯罪嫌疑人、被告人的委托，分别指派不同的律师担任辩护人的，须告知委托人并经其同意。

二、查阅、摘抄、复制案卷材料

阅卷权是刑事律师的一项基本权利，也是审查起诉阶段之后律师行使辩护权的前提条件，对于保障犯罪嫌疑人或被告人的合法权利以及推进诉讼程序有着极为重要的意义。律师只有通过查阅案件材料，才能确认对犯罪嫌疑人或被告人的指控是否适用法律正确，以及证据确实、充分且能够排除合理怀疑，是否具有法定或酌定的量刑情节，才能更加明确为当事人提供辩护的思路和方法，更有目的性地去调查取证。

---

[1] 本条内容已修订。
[2] 已失效。

(一)查阅案件材料的范围

1. 案件材料的界定和内容

《刑事诉讼法》第40条规定,辩护律师自人民检察院对案件审查起诉之日起,可以查阅、摘抄、复制本案的案卷材料。其他辩护人经人民法院、人民检察院许可,也可以查阅、摘抄、复制上述材料。《人民检察院刑事诉讼规则》第47条规定,自人民检察院对案件移送审查起诉之日起,应当允许辩护律师查阅、摘抄、复制本案的案卷材料。案卷材料包括案件的诉讼文书和证据材料。

能够证明案件事实的材料都是证据。《刑事诉讼法》采取了不周延的方式罗列了物证,书证,证人证言,被害人陈述,犯罪嫌疑人、被告人供述和辩解,鉴定意见,勘验、检查、辨认、侦查实验等笔录,视听资料、电子数据8种具体形式,其他不属于上述证据形式但可以证明案件事实的材料也可以作为证据使用。

通常情况下,案件材料主要有:(1)报案、控告等材料。(2)立案决定书。(3)犯罪嫌疑人身份信息,主要包括户籍信息和前科信息,证明犯罪嫌疑人的身份、年龄、有无前科或违法记录、是否具备身份犯的主体条件;是单位犯罪的,还需要单位登记信息等。(4)物证、书证。物证是指以外部特征、物质属性、所处位置及状态证明案件真实情况的各种客观存在的物品、物质或者痕迹,如故意杀人案件中的刀具、枪支等。书证是指以文字、符号、图画记载的内容来证明案件事实的证据,如贪污案件中利用虚假的发票冲账以侵吞公共财物。(5)证人证言。证人证言是指证人就自己所知道的案件情况所作的陈述。(6)被害人陈述。(7)犯罪嫌疑人、被害人供述和辩解。(8)鉴定意见。(9)勘验、检查、辨认、侦查实验等笔录。(10)视听资料、电子数据。(11)扣押、收缴物品清单。(12)拘留、逮捕通知书。(13)办案机关出具的到案情况说明等。(14)部分案件存在秘密侦查卷,包括技术侦查决定书等。(15)起诉意见书。起诉意见书是侦查机关对于侦查终结的案件作出的总结性、概括性、终结性的法律文书,文书中包含犯罪嫌疑人的个人信息、侦查机关所查明的犯罪事实、能够证明公安机关所查事实的证据材料、公安机关所侦查的程序及适用的法律规定。

2. 讯问同步录音录像查阅、复制问题

在审查起诉阶段,检察机关通常不允许律师查阅、复制讯问同步录音录像。笔者认为,按照目前法律规定,应当允许律师在审查起诉阶段复制讯问同步录音录像。《律师法》第34条规定:"律师担任辩护人的,自人民检察院对案件审查起诉之日起,有权查阅、摘抄、复制本案的案卷材料。"《刑事诉讼法》第40条进一步规定:辩护律师自人民检察院对案件审查起诉之日起,可以查阅、摘抄、复制本案的案卷材料。其他辩护人经人民法院、人民检察院许可,也可以查阅、摘抄、复制上述材料。这里的"案卷材料",是指所有关于案件的事实与证据材料,包括指控有罪或罪重的证据材料,也包括证明无罪和罪轻的证据材料。审讯时的同步录音录像资料属于与案件有关的材料,是案卷材料不可或缺的组成部分,辩护律师应当拥有查阅、复制讯问同步录音录像的权利。辩护律师复制同步录音录像的权利在国外早已制度化,譬如,《加拿大刑事诉讼法典》就规定:"在警署内有专门的警官负责羁押的安全和录像的继续以及设备的保管,以帮助录像的顺利进行。在法庭和检察官办公室配有专门的设备重播录像,以减少录像带的重录。辩护律师被鼓励在法庭或在警署观看录像,如果要求复制,则在支付空白录像带费用后可获得复制的录像带。"另外,在英国等讯问同步录音录像制度较成熟的国家,在讯问同步录音录像制作完成后,辩护律师会得到一份完整记录,而且有权利在侦查机关和检察查阅、复制讯问同步录音录像资料,或者在庭审中如果对言词证据发生争议,可以调阅、播放讯问同步录音录像资料。

另外,讯问同步录音录像是非法证据排除程序中判断有无违法取证的重要证据之一。根据《刑事诉讼法》的规定,检察机关有义务对于是否存在非法取证的情形进行审查,辩护人也有权要求检察机关对证据的合法性进行审查。如果不允许律师查阅讯问同步录音录像,那么将影响律师正当行使在审查起诉阶段的辩护权利,有效辩护的效果也将大打折扣。

值得注意的是,过去根据最高人民法院的有关答复,同步录音录像如果作为证据使用,又不涉及国家机密和商业秘密或个人隐私的辩护律师有权复制。但是,最高人民法院《关于适用〈中华人民共和国刑事诉讼法〉的解释》第54条又表述为:"对作为证据材料向人民法院移送的讯问录音录像,辩护律师申请查阅的,人民法院应当准许。"其他证据都是有权复制,而这里只规定"申请查阅",因此,对录音录像的复制问题又将成为今后控辩审三方争议的问题。

(二)复制案卷材料的方法

当前全国检察机关强调检律合作,律师网上阅卷,“一次也不用跑”,因此,过去阅卷难的情况应该不复存在。在此,需要强调两点:第一,律师有权利查阅案件的原始卷宗材料,检察机关不得以提供电子扫描件、刻录的光盘为由拒绝律师查阅原始卷宗。第二,律师可以采用复印、拍照、扫描等方式复制案卷材料。《人民检察院刑事诉讼规则》第49条第3款规定:“辩护人复制案卷材料可以采取复印、拍照、扫描、刻录等方式,人民检察院不收取费用。”另外,笔者发现很多检察机关提供的电子扫描件内容不全,没有全面扫描文书卷、银行流水明细等,没有将电子数据、案发现场视频等极为重要的证据刻录进光盘,故阅卷时需要格外注意。

三、阅卷笔录的制作

卷宗材料是律师辩护最主要的事实依据,特别是在绝大多数证人、鉴定人、被害人、见证人都不出庭作证的情况下,只有对卷宗材料了如指掌,才能为犯罪嫌疑人、被告人提供法律服务。原《人民检察院刑事诉讼规则(试行)》第360条第2款规定,办案人员应当全面审阅案卷材料,必要时制作阅卷笔录。虽然2019年《人民检察院刑事诉讼规则》删除了该规定,但实践中很多检察机关已经要求办案人员在阅卷时制作阅卷笔录。因此,笔者倡议律师在阅卷时更应该制作书面的阅卷笔录。

(一)制作阅卷笔录的目的

1. 全面、客观地了解案情

很多案件涉案人员较广、金额较大、行为次数较多,卷宗材料需要仔细阅读数遍,制作阅卷笔录有助于全面了解案件事实、还原案件的客观事实或者构建法律事实。在与检察官沟通案情、庭审中,也能迅速查找到具体某一行为存在的证据概况,做到有的放矢。

2. 更好地寻找“辩点”

通过制作阅卷笔录,可以总结案件的证据是否确实、充分,能否排除合理怀疑,证据取得的程序是否合法、无瑕疵,证据的内容是否真实、有关联;可以判断指控的罪名是否正确、结果加重的情节是否存在;可以寻找无罪、罪轻的法定或酌定量刑情节;可以为申请证人等出庭、非法证据排除、申请庭前会议等程序的提起打好扎实基础。

3. 推动诉讼程序的进行

辩护律师通过阅卷发现案件事实不清、证据不足的,或者认为需要调取新的证据的,或者认为不构成犯罪的,可以向检察机关提出自己的辩护意见。实践中,检察机关在审查起诉阶段就采纳辩护人不起诉、轻罪起诉等辩护意见的案例也常有,有助于整个诉讼程序正当地推进。如在某起公安部挂牌督办的特大系列合同诈骗案中,××省公安厅起初通报该案时声明,该案涉及200余名受害人,涉案金额达1200余万元,共16名犯罪嫌疑人被批准逮捕。后公安机关在移送审查起诉时认定第一犯罪嫌疑人祁某涉案635余万元。辩护人在复制、查阅了本案26本、共数千页的卷宗材料后,制作了一份详细的阅卷笔录,提出只有被害人报案材料、合同或发货单等书证相互印证才能认定涉案数额,并提交详细的"涉嫌犯罪数额统计表",数额应为434余万元。检察机关提起公诉时在涉案数额方面采纳了辩护人的意见。在审判阶段,辩护人首先提出无罪的辩护意见,后又在量刑辩护时提出被告人已经实际支付的150余万元的货物价值应当予以扣除。人民法院最终认定合同诈骗罪构成,但采纳关系涉案数额的辩护意见,最终金额为280余万元。而且律师对大量数据的统计客观上也节省了办案人员的工作时间。

(二)阅卷的基本要求

阅卷笔录不仅仅是律师对案卷材料阅读、理解的一种载体,有时也会作为辩护依据提交给办案人员。因此,根据不同的使用目的,阅卷笔录会有不同的体现方式。例如,在供述存在反复的情况下,我们需要对不同的供述进行详细罗列,反映犯罪嫌疑人供述的不同之处以及形成的原因。又如,在对非法取得的口供进行排除时,需要重点记录讯问时间、讯问人员是否存在冲突,笔录的内容是否存在复制、粘贴,讯问笔录的记录是否与讯问同步录音录像一致等。再如,需要对某一特定事实进行论证时,可以罗列所有的证据材料,提出证据存在的问题,必要时可以将法律依据、司法判例作为附件,形成完整的辩护体系,使案件事实更加清晰明了,辩护说理更加充分有据。

1. 及时

人民检察院在审查起诉阶段的时间较短,有时案件移送后公安机关和检察机关都不主动通知辩护律师,所以,律师要主动与办案机关保持联系,案件材料被移送到检察机关后,及时准备手续、约见承办人员、复制案件材料。这也是对委托人负责的基本要求。

2. 全面

律师在阅卷时对于对犯罪嫌疑人、被告人有利和不利的证据材料都要予以重视,全面了解案件的证据体系,才能作出正确的判断。例如,在查阅一份供述时,要甄别讯问人员的身份是否准确,与其他讯问笔录的时间是否存在冲突,讯问人员有无签名,讯问笔录之间是否存在内容上的粘贴、复制,讯问笔录有无让犯罪嫌疑人校对。

案例

在办理某起受贿案件辩护中发现讯问笔录存在以下问题:(1)2012年10月29日16:00~17:40的讯问笔录与2012年10月29日16:50~17:35的讯问笔录的内容完全不一样,但讯问时间存在重合。2012年10月29日21:50~22:35同一时间段则作出了两份内容完全不同的讯问笔录。(2)2012年10月28日21:00~23:40的讯问笔录与2012年10月30日21:00~23:40的讯问笔录中关于收受曹某某20万元的主要供述在形式上完全一样,甚至连笔录中的错别字、标点都完全一样。(3)2012年11月2日15:40~17:35的讯问笔录,大量复制、粘贴监视居住期间形成的笔录内容,甚至错别字、标点都没有修改,如该笔录第5页第一行与2012年10月29日16:50~17:35的讯问笔录第3页第十二行都记录为“国地(应为‘土’)资源局副局长”,笔录第8页倒数第四行与2012年10月28日讯问笔录第3页第十一行、2012年10月30日讯问笔录第2页倒数第四行都记录为“你(应为‘我’)与曹某谈起……”律师遂提起非法证据排除程序,后检察机关庭审中当庭决定对其中几起受贿事实放弃指控。

3. 细致

律师办案细致是一种心理素质、工作态度、行为习惯,在办案时要大胆猜测、仔细查找、理性论证,阅卷时切勿囫囵吞枣、走马观花,细节决定成败。当然,细致更是一种经验和能力的判断,细节能起到的作用也各不相同,如何去发现那些可能成为有力辩护依据的细节,需要大量案件的实战积累。

案例

在合肥骨科医生埋尸案中,医生李某在治病过程中违规用药导致被害人身体不适,在简单抢救之后便放弃治疗,后将被害人埋尸荒野。公安机关起初以医疗事故移送审查起诉。被害人代理律师在仔细查阅犯罪嫌疑人的供述后发现,其中第一次讯问笔录中明确表示"基本判断他死亡了",而之后的笔录变为"已经确定他死亡了"。后在审查起诉阶段提出书面代理意见,论证犯罪嫌疑人客观上存在不作为的故意杀人行为,主观上系放任的间接故意。后检察机关采纳了代理律师的意见,以故意杀人罪起诉。

4. 反复

律师在办理案件过程中,通过会见、思考、沟通并反复地阅卷和思考,最终才能形成一系列的辩护方案。随着办案人员业务水平的逐步提高,显而易见的证据漏洞、法律错误逐渐减少,需要不断地阅卷、查找法律依据,从浩瀚的案件材料中寻找辩护的着力点。

(三)阅卷笔录制作的方法

1. 从诉讼文书入手,提纲挈领

诉讼文书是案件概况的高度归纳,具备时间、地点、人物、起因、经过、结果等基本要素。诉讼文书直观体现了办案机关认定的涉案事实。在阅卷时,以诉讼文书为参考,提纲挈领,循序渐进,使得案件的思路更加清晰。

2. 从中心事实开始,由近及远

在共同犯罪中,往往要判断属于事先共犯还是事中共犯、属于简单共犯还是复杂共犯,然后再厘清预备行为、着手行为、实施行为等基本事实,判断犯罪嫌疑人之间关系的亲疏远近、在涉案中所处的地位和角色、实施了哪些具体的行为、在共同犯罪中起到何种作用。

3. 以时间人物为纲,分类列表

如在集资型犯罪案件中,通过列举时间、人物、金额等方式整理案件材料,制作表格类的阅卷笔录,可以使案件鲜明地呈现眼前,让人一目了然。

4. 尽力抓住要害,摘要索引

对于部分争议焦点极为突出的案件,可以根据需要摘要索引,详细罗列案件证据,并附上争议双方主张的事实和法律依据,进行说理判断,提交办案人员,最终实现说服目的。

在具体制作阅卷笔录时,也可以通过摘录、列表、比对、画图等形式展示。简言之,阅卷笔录不仅是为了了解案情,更需要在阅卷的过程中形成辩护的方案,其最终目的是让办案机关作出对嫌疑人、被告人有利的决定。

除此之外,阅卷笔录客观上能反映律师的工作量,体现其认真负责的工作态度。

案例:宁某贩毒、非法持枪案图示

1. "上家"阿强(另案)——2011年5月 4004.12克冰毒——→宁某——白色晶体4004.12克 64.52%——→

红色药片601.92克 4.42%

412.24克 4.55%

40.8克红色和17.64克黄色粉末未鉴定含量

尧某某运输回家被上海公安局抓获(2011年5月18日)——→"下家"周某(逆用)2011年4月11日被抓

总结:(1)不能排除存在"特情"引诱的合理怀疑;(2)宁某是从犯;(3)该起事实为犯罪预备。

2. 宁某——言词证据定案——→{2011年8月、9月 卖吴某某冰毒100克(昆山) / 2011年11月 卖吴某某冰毒100克(昆山)}

总结:(1)该起事实依据言词证据定案;(2)同案犯刘某某否认;(3)各被

告人的供述在交易时间、地点及参与交易人员、过程等方面都不能相互印证。

3. 张某某(侦查中)⟶ 2012 年 1 月下旬、2012 年 1 月宁某 10,800 克、麻古 8 克，带沙某某回昆山 ⟶

张某某被抓后，最短羁押期限未届满就被释放

⟶ 在沙某某昆山住处查获冰毒 6188 克，麻古 510 克
白色　73.16% ~73.84%
红色　0.57% ~0.78%

卖吴某某，没重复计算 ⟶
(1)2012 年 1 月　100 克
(2)2012 年 2 月　200 克
(3)2013 年 3 月 1 日　200 克
(4)2012 年 3 月 6 日　199 克(当场抓获，72.72% ~73.16%)

总结：(1)宁某辨认、确认张某某身份，提供线索协助抓捕；(2)警方称张某某涉毒案仍在追查；(3)不能排除存在“特情”引诱合理怀疑。

4. 宁某(住处)⟶
- 2012 年 3 月 7 日在东莞××镇雅居小区查获冰毒 467.9 克、麻古 20.9 克，含量 73.65%
- 2012 年 3 月 8 日××镇丽景国际查获冰毒 94 克，含量 45.21%

总结：应定性为非法持有毒品罪。

5. 宁某非法持有枪支 ⟶（来源：张某某叔父“质押”）鉴定意见：(1)为非制式枪支；(2)不能完成发射任务；(3)没有做枪口比动能鉴定；(4)程序违法，没有复核程序。

总结：不构成非法持有枪支罪。

四、阅卷的保密义务

《律师法》第 38 条第 1 款规定:“律师应当保守在执业活动中知悉的国家秘密、商业秘密,不得泄露当事人的隐私。”《律师办理刑事案件规范》第 37 条第 1 款规定:“律师参与刑事诉讼获取的案卷材料,不得向犯罪嫌疑人、被告人的亲友以及其他单位和个人提供,不得擅自向媒体或社会公众披露。”

辩护律师查阅、摘抄、复制的案卷材料属于国家秘密的,应当经过人民检察院、人民法院同意并遵守国家保密规定。律师不得违反规定,披露、散布案件重要信息和案卷材料,或者将其用于本案辩护、代理以外的其他用途。在审查起诉阶段,根据最高人民检察院《检察工作中国家秘密及其密级具体范围规定》,审查起诉阶段的刑事案件的有关材料和处理意见属于秘密级事项。《人民检察院办案工作中的保密规定》又规定,人民检察院在办理案件过程中形成的文字材料,属于国家秘密的,均应按《检察工作中国家秘密及其密级具体范围规定》划定密级和保密期限,并标注。因此,律师在审查起诉阶段通过阅卷所知悉的案件证据,不得透露给其他人。

在审判阶段,律师能否将复制的案件材料交给被告人之外的人查阅?《刑法修正案(九)》第36 条第1 ~3 款规定:“在刑法第三百零八条后增加一条,作为第三百零八条之一:‘司法工作人员、辩护人、诉讼代理人或者其他诉讼参与人,泄露依法不公开审理的案件中不应当公开的信息,造成信息公开传播或者其他严重后果的,处三年以下有期徒刑、拘役或者管制,并处或者单处罚金。有前款行为,泄露国家秘密的,依照本法第三百九十八条的规定定罪处罚。公开披露、报道第一款规定的案件信息,情节严重的,依照第一款的规定处罚’。”综合考虑司法实践的案例,笔者认为,即便是一般案件的案卷材料,在审判阶段泄露的风险也极大,律师应当做好保密义务。

司法实践中,律师因将案件材料提供给犯罪嫌疑人家属被司法行政机关处罚的案例屡见不鲜。自扫黑除恶专项斗争以来,全国律协通报了多起律师因泄露案件案卷材料被处分的案例。河南某律师曾因为在办理一起贪污案件中将案卷材料提供给犯罪嫌疑人家属查阅,导致证人出具虚假证明,被人民检察院以故意泄露国家秘密罪提起公诉。虽然该案最终以无罪判决告终,但律师应当时刻引以为戒,对于委托人不合理的要求要坚决杜绝。通常情况下,办案机关不会让律师查阅、复制以下案件材料:涉及国家秘密的证据材料,可能影响其他案件侦查的证据材料,利用特殊侦查技术获取的证据材料,办案机关的阅卷笔录、会议讨论等内部材料。律师如果查阅到上述材料,就要做好保密义务。

第二节
会见与通信

一、会见时应注意的问题

律师在审查起诉阶段会见与在侦查阶段会见有很多不同之处,此时会见不存在需要申请的情形,也不会出现办案人员在场的情形;律师与犯罪嫌疑人之间有了最基本的信任和理解,相关权利、义务也已经详细告知。律师通过阅卷对案件已经全面了解,需要与犯罪嫌疑人就案件实体问题和程序问题做进一步的沟通。

(一)全面了解案情

笔者曾在一起职务犯罪案件的侦查阶段会见犯罪嫌疑人,检察机关派人在场,并禁止律师询问具体案情。对此,笔者认为检察机关的做法侵害了律师的合法权利。在侦查阶段会见,律师当然有权利了解案情。《刑事诉讼法》第39条第4款规定,辩护律师会见在押的犯罪嫌疑人、被告人,可以了解案件有关情况,提供法律咨询等;自案件移送审查起诉之日起,可以向犯罪嫌疑人、被告人核实有关证据。辩护律师会见犯罪嫌疑人、被告人时不被监听。

在审查起诉阶段,律师会见犯罪嫌疑人时应当根据所查阅的案件材料与犯罪嫌疑人充分沟通,更加深入、全面地了解案情。

(二)核实相关证据

《刑事诉讼法》中对于律师如何"核实有关证据"并没有明确。有律师认为,核实的证据只限于犯罪嫌疑人的供述与辩解及相关鉴定意见。笔者认为,指控其涉嫌犯罪的所有证据都可以与犯罪嫌疑人进行核实,包括证人证言、物证、书证等所有材料。在欧美当事人主义诉讼模式下,证人都需要出庭接受控辩双方的发问,其证言才能作为定案依据。虽然我国证人出庭寥寥无几,但《刑事诉讼法》在对证人制度修改的出发点也是为让更多的证人能够出庭,以改变当前让检察官当庭宣读证言的窘境。因此,证人证言当然可以向犯罪嫌疑人核实。鉴定意见理论上属于专家证言,亦可向犯罪嫌疑人核实。

关于核实的方式,《刑事诉讼法》及相关司法解释没有对核实证据的方式作出限制。在当前司法实践中,有近一半以上的刑事案件没有委托辩护人。犯罪嫌疑人、被告人唯有对侦查机关收集的证据材料进行详细研读,才能了解侦查机关、公诉机关所认定的犯罪事实的根据和理由,也才能由此发现证据体系的缺陷和漏洞,从而对事实认定问题提出有根据的辩护意见,进而充分实现刑事诉讼法赋予的自辩权。因此,犯罪嫌疑人、被告人依法享有的阅卷权是其自辩权的纵向衍生权利。虽然律师在刑事诉讼中具有独立辩护人地位,但其辩护权是犯罪嫌疑人、被告人自辩权的横向衍生权利。所以,律师核实证据的目的是最大限度地行使辩护权,只要相关法律没有禁止,就可以通过宣读、出示等方式核实。

(三)会见的注意事项

1. 会见时可以录音录像

全国律协 2000 年制定的《律师办理刑事案件规范》第 31 条第 2 款规定,律师会见犯罪嫌疑人,可以进行录音、录像、拍照等,但事前应征得犯罪嫌疑人同意。全国律协 2017 年制定的《律师办理刑事案件规范》删除了之前会见录音的规定。笔者认为,在部分案件中,律师在征得犯罪嫌疑人的同意后,对会见全程录音录像,特别是犯罪嫌疑人存在翻供、提出非法取证、要求关键证据取证、涉案财物处理不当等重大、疑难、敏感案件,录音录像有利于律师的自我规范和自我监督,还有助于律师的自我保护。

2. 会见笔录的制作

《律师办理刑事案件规范》第 28 条规定,辩护律师会见犯罪嫌疑人、被告人制作会见笔录的,应当交其签字确认。会见笔录是律师工作形成的书面文字记录,办案机关无权要求查阅。但在特定的情形下,如案件需要提起非法证据排除时,律师需要记录犯罪嫌疑人陈述的非法取证时间、地点及取证人、如何非法取证等详细内容,并可能将会见笔录提交办案机关,作为非法证据排除的线索。此时,会见笔录应当符合制作规范。

3. 沟通检察机关提审信息

《人民检察院刑事诉讼规则》第 259 条第 1 款规定，办理审查逮捕、审查起诉案件，可以询问证人、被害人、鉴定人等诉讼参与人，并制作笔录附卷。询问时，应当告知其诉讼权利和义务。第 331 条规定，人民检察院办理审查起诉案件应当讯问犯罪嫌疑人。因此，律师在会见时与犯罪嫌疑人沟通检察官讯问的内容，有助于发现公诉人考虑案件的角度、思路、争议焦点，为全面了解案情、提出辩护意见以及审判阶段的庭审打下基础。部分案件公诉人的讯问笔录可能不会移送法院，若犯罪嫌疑人在讯问时存在翻供、提出非法证据排除等情形，律师还可以申请调取公诉人的讯问笔录，为辩护提供有力依据。

4. 非涉案信息的处理

(1)同案犯信息。

实践中有些共同犯罪案件中，同案犯没有被抓获，实际支付律师费用的犯罪嫌疑人家属要求律师转达犯罪嫌疑人“勇于承担责任”“推卸责任”的意图，或者犯罪嫌疑人迫切希望从律师处了解同案犯的信息，甚至存在同案犯亲友帮助犯罪嫌疑人委托律师的案例。对于类似的信息，律师在会见时需要格外重视，严格依法行使辩护权，遵守职业道德，在沟通案情时注意对同案犯信息的保密，不能帮助家属传递案件有关的信息。

(2)犯罪嫌疑人拒不认罪，切忌刨根问底或迫使其认罪、悔罪。

部分案件中犯罪嫌疑人采取抗拒办案人员和律师的策略。对此，律师有必要详细论述案件证据材料，对可能出现的后果做出全面的分析，尊重犯罪嫌疑人的选择，全面、客观地记录会见内容，并跟犯罪嫌疑人家属充分沟通。在这种情况下，切忌对案件事实进行刨根问底，更不能迫使犯罪嫌疑人认罪、悔罪。

(3)自首、立功的处理。

犯罪嫌疑人在被羁押后，可能会将办案机关尚未知晓的犯罪事实向律师倾诉。律师有权利拒绝犯罪嫌疑人对其他犯罪事实的陈述，也没有义务如实告知办案机关，更不能帮助犯罪嫌疑人另作供述，但可以向犯罪嫌疑人提供相关法律咨询。

律师不得帮助犯罪嫌疑人传递、伪造立功线索。全国已有数名律师因“帮助立功”而获刑。审查起诉阶段之后其整个刑事案件的法定诉讼期限已过大半，犯罪嫌疑人若有立功线索,需要及时提出,律师须及时向办案机关反映,以免贻误时机。

二、通信权的行使

通信权从字面理解一般仅限于书信往来。由于犯罪嫌疑人的信件受到监所的严格控制,信件传递极为不便,甚至存在检查、扣留情形。随着社会信息化的到来,电子技术、网络技术日益发达并得到普及应用,通过电话、网络视频等方式进行交流、联络更加方便、快捷,效果比传统的书信往来更加明显。因此,有学者建议将通信权修改为通讯权,这样,无论在内涵上还是在外延上,均比通信权更加丰富,有助于犯罪嫌疑人的权利保障。目前,被羁押人只能被动等待律师来访,或者通过监所转达会见需求;律师确因客观原因无法及时前来会见的则需另行安排时间,无法及时、有效地向当事人提供法律帮助。有些地区的看守所地处偏僻,羁押人员众多,律师会见室有限,会见一次需要花费较长时间,若允许通过电话或视频等方式会见,将极大地提高办案效率。

第三节
调查取证

《刑事诉讼法》第 43 条规定:“辩护律师经证人或者其他有关单位和个人同意,可以向他们收集与本案有关的材料,也可以申请人民检察院、人民法院收集、调取证据,或者申请人民法院通知证人出庭作证。辩护律师经人民检察院或者人民法院许可,并且经被害人或者其近亲属、被害人提供的证人同意,可以向他们收集与本案有关的材料。”律师的调查取证权包括自行调查取证权和申请调查取证权。调查取证是律师极为重要的一项权利,也是风险最大的一项工作。

一、律师调查取证权应提前至侦查阶段

对于侦查阶段辩护律师有无调查取证权,实践中有以下几种观点:第一种观点是律师没有调查取证权。因为 2012 年《刑事诉讼法》与 1996 年《刑事诉讼法》关于

第43条字面上没有任何改动，既没有形式的改动，也没有实质的改动，此处的“辩护律师”仍和1996年《刑事诉讼法》中的“辩护律师”是相同的，仅指审查起诉阶段的辩护律师和审判阶段的辩护律师。第二种观点是律师有不完全的调查取证权，即只有向第43条第1款人的自行取证权，但没有向第1款人的申请调查取证权，也没有向第2款人的自行取证权。因为，该条款并没有规定律师有权向侦查机关申请调查取证，而条文中“人民检察院或人民法院”说明向第1款人的申请调查取证权及向第2款人的自行取证权只能在审查起诉阶段或审判阶段。第三种观点是律师有完全的调查取证权。《刑事诉讼法》规定的“辩护律师……”在没有特指是哪一阶段的情况下，那就是可以指所有诉讼阶段的辩护律师，当然包括侦查阶段的辩护律师，都有调查取证权。只是若申请取证或经许可取证，侦查阶段的辩护律师需要向人民检察院或人民法院提出，而不能向公安机关申请。

笔者认为，无论是根据文义解释还是体系解释的方法都应当理解为律师有完全的调查取证权。理由如下：第一，2012年《刑事诉讼法》已经明确侦查阶段辩护律师的身份。根据文义解释，《刑事诉讼法》第43条中的“辩护律师”理应包括侦查阶段聘请的律师，除非法律明确指出不包括侦查阶段辩护律师或仅包括审查起诉阶段辩护律师和审判阶段辩护律师。因此，侦查阶段辩护律师毫无疑问有调查取证权，并且与审查起诉阶段辩护律师和审判阶段辩护律师一样，有完全的调查取证权。第二，《刑事诉讼法》新增“尊重与保障人权”。辩护权是法律赋予刑事诉讼中犯罪嫌疑人、被告人的一项极为重要的权利，律师作为具有法律素养、办案技巧的专业人员，是最主要也是最有能力来实现犯罪嫌疑人、被告人辩护权的法律人。在侦查阶段，也只有律师才具有辩护人资格。侦查阶段是诉讼的三大阶段之一，对案件的发展具有决定性的作用。调查取证权是律师行使辩护职责的一项基本权利，是律师进行刑事辩护的基础和前提。侦查阶段辩护律师享有完全调查取证权直接影响“尊重和保障人权”刑事诉讼目的的实现程度。第三，《刑事诉讼法》第42条规定：“辩护人收集的有关犯罪嫌疑人不在犯罪现场、未达到刑事责任年龄、属于依法不负刑事责任的精神病人的证据，应当及时告知公安机关、人民检察院。”而上述证据不仅要从犯罪嫌疑人自身处收集，有时候还需要向其他人取证才可获得。因此，若没有调查取证权，侦查阶段辩护律师根据事实和法律，提出犯罪嫌疑人无罪、罪轻或减轻、免除其刑事责任的材料和意见的职责就无法实现，律师在侦查阶段的工作也就仅局限于法律咨询和会见。

二、调查取证权的内涵与局限

根据取证的方式不同，律师调查取证权包括自行调查取证权和申请调查取证权。自行调查取证权是指律师经证人或者其他有关单位和个人同意，可以向他们收集与本案有关的材料，或者经人民检察院或者人民法院许可，并且经被害人或者其近亲属、被害人提供的证人同意，可以向他们收集与本案有关的材料。申请调查取证权是指申请人民检察院、人民法院收集、调取证据，或者申请人民法院通知证人出庭作证。调取的证据种类是多样的，可以包括物证、书证、视听资料、证人证言等与案件有关的证据材料。另外，在司法实践中，可能存在公安机关收集到某些证据但未依法全部移送检察机关、检察机关存在向人民法院也可能选择性移送案件材料的情形，律师也可以依法申请调取。例如，安徽蚌埠于某某杀妻案，公安机关在当初侦查时就发现案发现场有两枚不是嫌疑人于某某的指纹，但该份鉴定意见并没有随案移送。2015 年安徽省高级人民法院再审以犯罪证据“不具有唯一性和排他性”，宣判已服刑近 17 年的“杀妻案犯”于某某无罪。警方随即启动再侦程序，抓获罪犯武某某，后经鉴定发现，案发现场的两枚指纹与武某某的一致。再如，在职务犯罪案件中，检察机关有时会选择一份“完整”“合法”的录音录像作为证明取证合法的证据，而拒不提供其他的同步录音录像。此时，律师可以申请调取全部录音录像，要求法院综合判断有无非法取证情形。

调查取证权是一项极为重要的诉讼权利，律师对它又爱又“怕”。虽然在侦查阶段律师依法应当享有该权利，但侦查阶段是极其敏感的阶段，侦查不公开是通行的原则。此时侦查活动还在继续，部分证据尚未固定，律师在此阶段调查取证很容易被认为是与侦查机关对立，引起侦查机关的反感。有学者认为，该阶段律师为了更好地提供辩护，防止自身身陷囹圄，最好的做法是不要自行调查取证。在审查起诉阶段后，以及查阅完卷宗材料后，认为确有必要才调查取证。这样既可以很好地防范执业风险，也可以在取证时做到有的放矢。

不可否认，调查取证权在司法实践中未能取得应有的地位和作用。这种局面

形成的原因有很多,综述可以概括如下:

第一,调查取证权本质上不具有司法强制性质。我国法律虽然明确地赋予了律师调查取证权,但这种权利不具有司法强制性质,其本源是自辩权,是公民基本私权利的延伸。有学者认为,调查取证权仅具有访问的性质,被访问人没有义务作证。所以律师的调查取证在我国司法界普遍地存在难度,取证过程往往困难重重。

第二,当前诉讼职能模式的禁锢。我国公安、司法机关的主要职能还是惩罚犯罪,代表的是公权力,在刑事诉讼过程中可以依靠司法强制力收集各种证据。相比之下,律师和犯罪嫌疑人、被告人往往显得弱势与被动。证据为整个诉讼的基石,审查起诉、律师辩护、法院裁判的形成都必须建立在依法收集并核实证据的基础上。公诉机关、辩护律师的法律行为都是围绕诉讼证据而展开的。律师依据法定职责和职业道德,收集的证据必然是证明犯罪嫌疑人、被告人无罪、罪轻的证据,若这些证据被采纳,可能会导致公权力机关及办案人员因办错案而受到一系列的追责。在实体法上,《刑法》第306条还专门对律师毁灭证据、伪造证据、妨害作证作出了规定,以此来限制规范律师取证过程的行为。在程序法上,在审查起诉阶段有两次退回补充侦查的程序,在法庭审判期间也可以有两次延期审理补充侦查的程序。这为公权力机关对抗律师调取的证据提供了广阔的空间,而这对于律师而言是非常危险的。

第三,权利实现方式受限。律师在自行调查取证时,需征得单位和个人的同意;在向被害人或者其近亲属、被害人提供的证人调查取证时,还需经人民检察院或者人民法院许可。当前辩护律师的工作有时不被理解和接受,辩护律师甚至被认为是犯罪分子的帮凶。有的人持"多一事不如少一事"的态度抵制律师的调查;有的人则已经向侦查机关做过陈述,其所陈述的证言可能有所出入,出于各方面的原因不愿再次作证。人民检察院或者人民法院在面对律师申请调查取证时,可能认为现有证据已经可以证明待证事实,没有必要重新调取证据;也可能认为律师提供的调取证据线索不够充分,无法确定有无新证据,因而消极对待律师的申请。

对此,笔者建议:(1)国家应全面推进依法治国方针,加大普法力度,使公民树立牢固的法治理念。正确宣传律师为犯罪嫌疑人辩护是为了审判的公平、客观,要让社会公众充分认识辩护律师的职责,尊重辩护律师的工作。(2)加强对公权力执法的监督。修改或者废除《刑法》第306条的规定，明确律师具有刑事辩护豁免权，消除辩护律师的执业风险，解除辩护律师的思想负担，提高律师调查取证的积极性。（3）确定律师调查取证权的立法统一化。在侦查阶段，通过立法保障犯罪嫌疑人、被告人及其辩护律师与侦查人员在调查取证上拥有平等机会；在审判阶段，推进以审判为中心的诉讼模式，完善证人、鉴定人等出庭制度。

三、调查取证的实务操作

（一）调查取证的内容

律师的辩护职责是根据事实和法律提出犯罪嫌疑人、被告人无罪、罪轻或者减轻、免除其刑事责任的材料和意见，维护犯罪嫌疑人、被告人的诉讼权利和其他合法权益。因此，律师调查取证的出发点应当是调取能够证明犯罪嫌疑人、被告人无罪、罪轻或者减轻、免除其刑事责任的证据材料。具体可以包括：

1. 犯罪嫌疑人、被告人、被害人年龄、有无怀孕等事实

我国《刑法》第17条对刑事责任年龄及处罚作出了明确的规定，第49条对死刑适用对象作出了严格的限制。因此，在部分案件中，犯罪嫌疑人、被告人或者被害人的年龄可能是影响案件的关键因素，犯罪嫌疑人、被告人有无怀孕也是决定是否逮捕和适用死刑的重要因素。实践中，公安、司法机关判断年龄的主要依据是公安户籍管理部门调取的信息，有无怀孕则通过讯问的方式通过言词证据予以确定。如果犯罪嫌疑人、被告人家属认为侦查机关没有查明年龄、怀孕的事实，律师应当对此深入调查，收集年龄、是否怀孕、有无流产等证据，以维护当事人的合法权益。

另外，我国《刑法》第18条规定了精神病人刑事责任问题，而实践中若没有相关证据和线索，公安、司法机关不会主动启动鉴定程序。律师需要调查犯罪嫌疑人或被告人的身体状况，提供必要的证据或线索，提请公安、司法机关进行精神鉴定，并依据鉴定的结果争取法定或酌定的量刑情节。

2. 犯罪嫌疑人、被告人身份问题

犯罪嫌疑人、被告人的身份，在某些特殊主体犯罪中，对于其行为是否构成犯罪、构成重罪还是轻罪中起到决定性作用，这也可能是控辩双方争议的焦点问题。

比如，职务侵占罪和贪污罪中，犯罪嫌疑人或被告人是否具备公职人员这一主体要件往往决定了构成何种罪名，而这两罪之间的量刑相差较大。特别是在改制企业中或国有成分的企业中，犯罪嫌疑人或被告人的身份确定就存在较大争议，律师调查清楚身份问题，对人民法院最终的定罪量刑具有重大意义。

3. 有关犯罪事实的重要情节

《刑事诉讼法》第 42 条规定："辩护人收集的有关犯罪嫌疑人不在犯罪现场、未达到刑事责任年龄、属于依法不负刑事责任的精神病人的证据，应当及时告知公安机关、人民检察院。"犯罪嫌疑人是否在现场直接影响到案件是否成立。侦查机关可能未能收集到关键证人的证言，证人也可能害怕去公安、司法机关作证。律师发现该情况后应当及时、认真、全面地调查，收集证据，并向办案机关如实反映，争取办案机关撤销案件，防止错案发生。

另外，部分犯罪行为会因为对社会、被害人造成的后果不同而在量刑时存在巨大差异。如在故意伤害案件中，不排除被害人为了达到控告目的自行伤害，或在鉴定之前受到其他伤害的情形，律师需要及时调查取证，查明事实或提出合理的怀疑，必要时及时要求公安机关侦查或重新鉴定等。

4. 有关量刑的情节

(1)有无自首、立功情节。《刑法》第 67 条第 1 款规定："犯罪以后自动投案，如实供述自己的罪行的，是自首。对于自首的犯罪分子，可以从轻或者减轻处罚。其中，犯罪较轻的，可以免除处罚。"该法第 68 条规定："犯罪分子有揭发他人犯罪行为，查证属实的，或者提供重要线索，从而得以侦破其他案件等立功表现的，可以从轻或者减轻处罚；有重大立功表现的，可以减轻或者免除处罚。"律师应当根据案卷材料和犯罪嫌疑人、被告人提供的线索收集、调查证据，查明是否具备自首或立功的事实。

(2)适用非监禁刑的情节。我国《刑法》对于符合一定条件的犯罪行为可以适用缓刑或单处罚金，特别是缓刑在实践中的运用较为广泛。《刑法》第 72 条第 1 款规定："对于被判处拘役、三年以下有期徒刑的犯罪分子，同时符合下列条件的，可以宣告缓刑，对其中不满十八周岁的人、怀孕的妇女和已满七十五周岁的人，应当宣告缓刑：(一)犯罪情节较轻；(二)有悔罪表现；(三)没有再犯罪的危险；(四)宣告缓刑对所居住社区没有重大不良影响。”律师需要收集、调取被告人可以适用缓刑的证据并及时提交法院,努力争取适用缓刑的机会。

(3)退赔、谅解等情节。司法实践中大量案件是侵犯公民人身权利、民主权利罪和侵犯财产罪,这些案件赔偿被害人或取得谅解对量刑及缓行的适用具有重大影响。辩护人应积极帮助被告人获取。很多律师向被害方获取退赔、谅解等材料时风险防范意识不够,不核实被害方的真实身份,也事先不向检察机关、法院提交调取材料申请或向承办人员口头沟通。

(二)调查取证操作规范

1. 自行调查取证

(1)明确调查目的。

律师在调查取证前应当与犯罪嫌疑人、被告人进行充分沟通,明确自己调查的目的。《律师法》第 31 条规定:“律师担任辩护人的,应当根据事实和法律,提出犯罪嫌疑人、被告人无罪、罪轻或者减轻、免除其刑事责任的材料和意见,维护犯罪嫌疑人、被告人的诉讼权利和其他合法权益。”因此,律师在调查取证前应当明确自己所期望搜集、调取的证据是否能够帮助犯罪嫌疑人、被告人实现无罪、罪轻或者减轻、免除其刑事责任,以及证据大概的内容和形式。律师调查取证需要有针对性,不能漫无目的,必要时可以制作调查提纲。

(2)完善调查程序。

第一,需要征得被调查人的同意。如果是向被害方调查取证,还需要征得办案机关的准许。有些案件可能是熟人作案,委托方和被害方已经充分沟通,被害方甚至主动找辩护律师沟通。这时切记调查取证要征得许可,律师最好不要与被害方有过多接触。

第二,调查取证应当由两名以上的人员进行,并备齐手续。律师在调查之前应当向被调查人或单位出示律师事务所出具的律师调查专用介绍信和律师执业证书。建议由两名律师共同调查取证,相互监督,防范执业风险。

第三,制作详细的调查笔录记录调查过程,必要时可以录音录像。律师调查笔录应当载明调查人、被调查人、记录人的姓名,调查的时间、地点;笔录内容应当有律师身份的介绍、被调查人的基本情况、律师对证人如实作证的要求、作伪证或隐匿罪证要负法律责任的说明,以及被调查事项的基本情况。律师收集物证、书证和视听资料应提取原件;无法提取原件的,可以复制、拍照或者录像,但对复制件、照片或录像应附有证据提供者的证明。律师在调查、收集案件材料时,可以录音录像。必要时,律师可以邀请见证人员对取证过程进行见证。

第四,核实及签字捺手印。律师制作调查笔录,应全面、准确地记录调查内容,并须经被调查人核对或者向其宣读。被调查人如有修改、补充,应由其在修改处签字、盖章或者按指纹确认。调查笔录经被调查人核对后,应由其在每一页上签名并在笔录的最后签署记录无误的意见。

【文书范本】

安徽金亚太律师事务所

调 查 笔 录

调查时间:____________　　调查地点:____________

调查人:____________　　记录人:____________

被调查人:____________　　身份证号码:

单位及职务:________________________

住址:____________　　联系方式:____________

见证人及信息:________________________

律师问:我们是安徽金亚太律师事务所的律师________(出示律师证),根据《中华人民共和国刑事诉讼法》第四十三条和《中华人民共和国律师法》第三十一条、三十五条之规定,向您调查、核实有关问题,你是否同意接受调查?

被调查人答:________________________

律师问:请您如实回答我们的提问,不得作伪证,对与本案无关的问题有权拒绝回答,如有意作伪证或者隐匿证据,要负法律责任。《中华人民共和国刑法》第三百零五条规定,在刑事诉讼中,证人、鉴定人、记录人、翻译人对与案件有重要关系的情节,故意作虚假证明、鉴定、记录、翻译,意图陷害他人或者隐匿罪证的，处3年以下有期徒刑或者拘役；情节严重的，处3年以上7年以下有期徒刑。您听清楚了吗？

被调查人答：______________________________

律师问：您的姓名和基本情况？

被调查人答：______________________________

律师问：您是否属于被害人或者其近亲属、被害人提供的证人，如果属于，则我们需要通过人民检察院或者人民法院申请并获得许可后再向您调查；如果不属于，则我们继续下面的调查。

被调查人答：______________________________

律师问：______________________________

被调查人答：______________________________

……

律师问：在今天的调查过程中，律师对您有没有打骂、威胁、引诱、欺骗、刑讯逼供等违法行为的情况？

被调查人答：______________________________

律师问：您以上所讲的是否属实？如果公安、司法机关通知你去作证，你是否同意？

被调查人答：______________________________

律师问：今天的调查就到此结束。以上笔录请阅读并核对，如果记录有遗漏或者错误，请提出补充或者修改；如果确认无误，请在笔录上签写核对意见"以上笔录我已看过，与我说的一致"并签名。

被调查人答：______________________________

被调查人签名：__________

日　　　　期：__________

2. 申请调查取证

法律虽然赋予了律师申请人民检察院、人民法院调查取证的权利，但是对于申请权被拒绝后的司法救济措施却语焉不详,很容易导致这种申请权形同虚设。实践中,申请调查取证权很难有效地发挥作用,人民检察院或者人民法院多数会认为律师的申请没有必要。因此,律师应当与办案人员充分沟通,以书面的方式申请,并在申请书中明确所需要调查取证的内容、证据形式、证据可能存在的出处以及需要及时、全面调取的理由;甚至可以论述所调取的证据可能产生的法律后果,必要时提供一定的证据线索,这样才能说服办案机关调取。律师申请调查取证也需要有的放矢,切不可申请调查一些漫无边际、虚无缥缈的证据。

另外,考虑到公安、司法等机关之间配合有余、监督不足的现状,律师申请调取言词证据往往不会得到准许,即便有时获得准许,也可能无法达到律师所期望的取证目的,因此,律师应多申请办案机关调取实物证据,而对于言词证据可以在审判阶段申请证人出庭作证。

(三)调查取证的注意事项

律师在调查取证时一定要有风险意识和自我保护观念,避免正当、合法的取证行为遭到证人及当事人的诬陷或者司法机关的追责,特别要注意以下事项:

1. 侦查阶段调查取证需谨慎

对于律师在侦查阶段有无调查取证权目前仍存在争议,部分侦查机关反感律师调查取证,认为律师是在影响其办案,甚至不惜动用公权力干扰、阻碍甚至追责。因此,律师在此阶段调查取证要格外小心。

2. 调查取证时与委托方、被害人方保持距离

律师应当独立、公证调查取证,避免让委托方参与调查取证,禁止犯罪嫌疑人、被告人及其家属陪同参与调查取证,并对调取的证据做好保密工作。律师不应教唆、诱导委托方去向被害方、证人取证。至于委托方获得证据后要求律师代为提交的,律师需要制作询问笔录并告知权利、义务。

3. 律师不得代为起草证词、不得诱导性询问证人

很多案件的证人以“不知道该怎么说有利”为由要求律师提醒或要求律师代为起草、打印证言,证人只负责签字。这样做风险极大。一旦司法机关进行核实,证人极易将不利的法律后果归责于律师。

4. 积极规范取证过程

律师在调查取证过程中,既可以全程录音录像,也可以邀请见证人见证,甚至可以采取公证的方式固定证据。这样做虽然可能会增加诉讼成本、耗时耗力,但对于维护犯罪嫌疑人、被告人的合法权利是极为重要的。

5. 积极申请证人出庭作证

很多证人已经在侦查阶段接受过询问,事后想作出不同的证言。对于此类证人律师只能要求其出庭作证,否则,律师再次通过询问获得言词证据不仅不能得到法院的支持,还会招来执业风险。有些证人的证言对案件的定罪量刑具有重要作用,律师确信其在法庭上会作出对被告人有利的证言时,庭前最好不要进行询问,申请其出庭作证可增加证言的可信性。

6. 及时停止不利证据的调查

律师在调查取证时若发现可能搜集到的证据反而不利于犯罪嫌疑人,应当立刻停止调查,防止陷入遵守职业道德和查明事实真相的两难处境。

第四节

提交辩护意见

律师担任辩护人或诉讼代理人,可以向负责审查起诉的检察机关提出辩护意见。根据案件性质、内容的不同,辩护意见的侧重点不同。

一、要求检察机关作出不起诉决定

人民检察院对于侦查机关移送审查起诉的案件只有两种处理结果:一是向人民法院提起公诉,二是作出不起诉决定。根据我国《刑事诉讼法》的规定,不起诉的种类包括法定不起诉、酌定不起诉和证据不足不起诉。律师发现案件事实可能构成不起诉条件的,应当提出不起诉的辩护意见。

(一)法定不起诉

《刑事诉讼法》第177条第1款规定:“犯罪嫌疑人没有犯罪事实,或者有本法

第十六条规定的情形之一的，人民检察院应当作出不起诉决定。”该法第16条规定：“有下列情形之一的，不追究刑事责任，已经追究的，应当撤销案件，或者不起诉，或者终止审理，或者宣告无罪：（一）情节显著轻微、危害不大，不认为是犯罪的；（二）犯罪已过追诉时效期限的；（三）经特赦令免除刑罚的；（四）依照刑法告诉才处理的犯罪，没有告诉或者撤回告诉的；（五）犯罪嫌疑人、被告人死亡的；（六）其他法律规定免予追究刑事责任的。”因此，律师阅卷时发现上述事实和理由存在的，应当及时提出不予起诉的辩护意见。

（二）酌定不起诉

《刑事诉讼法》第177条第2款规定，“对于犯罪情节轻微，依照刑法规定不需要判处刑罚或者免除刑罚的，人民检察院可以作出不起诉决定”。律师若发现情节显著轻微、系犯罪预备或中止、系胁从犯、具有自首或重大立功、具备防卫过当或紧急避险等，应当重点阐明不需要处罚或免除处罚的理由，提出可以依法不起诉的意见。

（三）证据不足不起诉

《刑事诉讼法》第175条第4款规定：“对于二次补充侦查的案件，人民检察院仍然认为证据不足，不符合起诉条件的，应当作出不起诉的决定。”

《人民检察院刑事诉讼规则》第368条规定：“具有下列情形之一，不能确定犯罪嫌疑人构成犯罪和需要追究刑事责任的，属于证据不足，不符合起诉条件：（一）犯罪构成要件事实缺乏必要的证据予以证明的；（二）据以定罪的证据存在疑问，无法查证属实的；（三）据以定罪的证据之间、证据与案件事实之间的矛盾不能合理排除的；（四）根据证据得出的结论具有其他可能性，不能排除合理怀疑的；（五）根据证据认定案件事实不符合逻辑和经验法则，得出的结论明显不符合常理的。”如果律师通过阅卷、会见、取证等辩护工作，认为犯罪嫌疑人构成犯罪证据不足，且检察机关已经两次退回补充侦查的，应当及时提出证据不足依法作出不起诉决定的辩护意见。

二、要求检察机关认定量刑情节或者改轻罪起诉

对于犯罪事实较为清楚，证据确实、充分，依法应当提起公诉的案件，律师可以

从量刑情节入手，寻找有无法定或酌定的量刑情节，如自首、立功、坦白、犯罪未遂、系未成年人、有无赔偿、系从犯，提出辩护意见让公诉机关在起诉中将量刑情节予以确定。律师若认为侦查机关起诉意见书中认定的罪名错误，涉嫌的罪名应当是另一罪名，罪名变化后可能量刑将会减轻，则应当提出改变定性的辩护意见。

三、反映需要补充调查证据、纠正程序违法、管辖权等内容

有些案件需要补充证据、重新鉴定、勘验等，有些案件在程序上存在违法行为，甚至需要提出非法证据排除，有些案件可能涉及涉案财物处理的违法，等等，律师都可以依法提出辩护意见。

四、辩护意见事先沟通或庭审突击的取舍

很多律师不愿意在审查起诉阶段将辩护意见告知检察官，以防止自己被知根知底。有些案件的检察官会主动向律师了解辩护方案，但却拒绝向辩护人透露自己的观点。有些案件证据上存在疑问，如果律师在审查起诉阶段及时提出，可能会导致检察机关按照律师的思路补充证据，从而充实证据材料，反而让律师成为控方。因此，是事先沟通还是庭审突击有时值得思考。

但笔者认为，在现在的司法实践中，如果律师在庭审中突击，检察机关也可以通过延期审理程序补充新证据，这样反而会丧失在审查起诉阶段说服检察人员的机会；特别是考虑到现在的检察机关内部考核制度，在起诉之前说服的可能性会高于起诉之后。另外，律师和检察官之间应当坦诚相待，在审查起诉阶段应充分重视与检察人员的沟通。

五、提出辩护意见的方式

律师在审查起诉阶段提出辩护意见的方式既可以是口头的，也可以是书面的；既可以就整个案件提出意见，也可以就某项证据或事实提出意见。通常情况下，辩护意见较为成熟、具体，罪名存在争议、事实出入较大的，尽量以书面的方式提出，详细陈述理由。

案例

2011 年 5 月 24 日,“越野男”罗某华在 H 市徽州大道驾驶越野车碾轧拖行一名协警 20 米远,随即被警方以涉嫌故意杀人依法刑事拘留、逮捕。公安机关公布现场碾轧录像后,社会各界广泛关注,网络媒体上喊杀声一片。律师在接受委托后及时与公安机关沟通,但公安机关仍以故意杀人移送审查起诉。在审查起诉阶段,律师开展了申请侦查实验、调取证据、补充鉴定、提交书面代理意见等一系列辩护活动,检察机关最终采纳了辩护意见,以故意伤害提起公诉。现附上审查起诉阶段的辩护意见。

辩护意见

——罗某华的行为不可能构成故意杀人罪

罗某华涉嫌故意杀人罪一案已移送审查起诉。由于对罗某华定罪量刑有较大影响的被害人伤情鉴定尚未作出,且辩护人对部分证据存在质疑,故现仅就目前所掌握的案件资料发表如下辩护意见,供检察机关审查起诉时参考:

一、本案定性的关键在于对罗某华主观方面的认定

侦查机关以罗某华涉嫌故意杀人罪(未遂)向检察机关移送审查起诉。根据犯罪构成理论,认定犯罪嫌疑人、被告人构成故意犯罪必须要证明其主观上存在故意。准确认定行为人的主观故意,首先必须查明行为人的认识状态,即行为人是否对相应犯罪构成要件中的客观方面,即事实有着明确的认识,以此为基础,再考察行为人的意志、态度,从而判断行为人是否存在犯罪故意以及何种故意(直接故意还是间接故意)。

(一)如指控罗某华涉嫌故意杀人罪(未遂),其主观上只能被认定为直接故意

刑法学理论中,主客观相一致原则强调在解决行为人的刑事责任问题时必须同时考虑犯罪的客观因素与主观因素,并注意二者是否统一于犯罪行为之中、是否具有内在的一致性。即认定行为人构成何种犯罪时要从其主观想法出发,去寻求客观事实中与其相对应的部分,在对应的范围内成立某种犯

罪。对于间接故意，如果没有危害结果的发生，就很难证实行为人对危害结果持放任态度。因此，在间接故意的情况下，由于行为人对任何一种危害结果的发生都是放任的，当法律上的危害结果发生时，已成立犯罪既遂，不可能再成立未遂形态。例如，行为人的行为造成被害人死亡的，应以故意杀人罪定罪处罚；造成被害人受伤(轻伤以上)的，应以故意伤害罪定罪处罚；如果没有危害结果的发生，便不构成犯罪。在司法实践中也通常遵循这种理论。有鉴于此，本案在未出现被害人死亡结果的情况下，如果要指控罗某华故意杀人罪，其主观上只能被认定为直接故意，否则，便不可能出现未遂形态。

(二)现有证据无法证明罗某华主观上存在非法剥夺被害人生命的直接故意

根据证据与主要案件事实的证明关系，可将其分为直接证据与间接证据。直接证据是能够单独证明案件主要事实的证据；而间接证据仅对案件事实中的某个情节或片段的证明具有直接性，不能单独、直接证明案件的主要事实。由此可见，区分直接证据和间接证据的关键问题是要明确什么是案件的主要事实。所谓案件的主要事实，就是对于确定案件争议或解决诉讼纠纷具有关键意义的事实。

就本案而言，对于涉案车辆将被害人撞倒并拖行的事实已不存在争议，解决本案争议的关键在于：涉案车辆突然前行是否为罗某华故意驾车意图杀害受害人？也即只有证明其是在非法剥夺被害人生命的主观故意驱使下发动了该车辆，才能认定其构成故意杀人罪。但从本案现有证据材料来看，罗某华在供述中多次表示不知道车子为什么会突然向前冲出去，只是猜测可能是误踩了油门。在罗某华否认自己具有非法剥夺被害人生命故意的情况下，排除其本人的供述，无论是证人证言、被害人陈述还是鉴定结论、勘验检查材料以及视听资料等证据，都仅能证明存在车辆突然前行，将罗某辉撞倒拖行的事实，而不能直接证明罗某华驾车前行是杀害他人，从而属于证明这一事实的间接证据。

认定案件主要事实的证据所指向的结论应该是唯一的、确定的，在仅依靠间接证据定案时尤其如此，必须保障所有的间接证据能够形成一个相互依赖、相互连接的证据体系,并经过紧凑、严密的多次推理才能起到证明案件主要事实的实际作用。由于这个推理过程存在一定的风险性,因此,为减少冤假错案的产生,必须格外慎重,严格遵守运用间接证据定案的证据规则。最高人民法院、最高人民检察院、公安部《关于办理死刑案件审查判断证据若干问题的规定》第33条对如何依靠间接证据定案的问题作出了具体规定:"没有直接证据证明犯罪行为系被告人实施,但同时符合下列条件的可以认定被告人有罪:(一)据以定案的间接证据已经查证属实;(二)据以定案的间接证据之间相互印证,不存在无法排除的矛盾和无法解释的疑问;(三)据以定案的间接证据已经形成完整的证明体系;(四)依据间接证据认定的案件事实,结论是唯一的,足以排除一切合理怀疑;(五)运用间接证据进行的推理符合逻辑和经验判断。"本案在对主要事实仅有间接证据证明的情况下,要对罗某华定罪量刑,必须保障综合全案的间接证据能排除其他可能性,得出确定、唯一的结论。但根据现有证据材料得出的案件事实结论并不唯一,无法排除一切合理怀疑,对诸多案件情节的推理也不符合逻辑和经验判断。

首先,众所周知,车辆具有一定程度的不可控制性,将其作为作案工具不同于直接拿刀砍人,可以很明显地判断出行为人是否具有犯罪的主观故意,否则就不可能有以过失为主观构成要件的交通肇事罪。涉案越野车排量高达5.7升,而5.7升排量的汽车零到百公里加速时间仅为8.3秒,如果罗某华故意用车碾杀受害人,其撞人时的速度不应是31km/h～33km/h,而应更快!该车突然前行是操作失误还是罗某华想用车杀人?根据现有证据材料完全不可能得出罗某华用车杀人的唯一结论。其次,罗某华的犯罪动机不明。已过知天命之年的罗某华家庭幸福、夫妻和睦,此次出行目的是送妻子买菜。据其本人的供述以及李某强等人的证言和案发时的录像显示,罗某华当时并未与罗某辉发生争执。如果仅因与李某强争执在先,对协警心生埋怨,便促使其陡然迁怒他人并顿起杀人恶念显然不符合常理。本案言词证据中似乎在有意强调罗某华当时很烦躁,以说明其顿生杀念是出于愤怒,但是这也恰巧为本案提供了另一种可能:人在情绪烦躁的情况下大脑思维多会出现断层,即通常所说的"大脑一片空白"。基于这种情绪的作用,罗某华操作失误便存在了可能性,也能够合理地解释了其一直记不清案件具体细节的原因。最后，从罗某华案发后的行为表现无法判断其有犯罪故意。交警曾某辉和证人袁某荣在证词中皆称罗某华当时吓哭了，案发时的录像也显示罗某华跳下车后一直在说："对不起，对不起……"在场交警等人证明罗某华案发后积极救助伤者，甚至十分小心地让李某强从车上拿了枕头，放在自己的左手臂上抱着罗某辉。如果其存在犯罪故意，事先就应该对罗某辉可能因此或伤或亡有一个起码的心理准备，何至于在危害结果发生时被吓到哭并积极救助？而其案发时的语言可否与侦查阶段的供述相对应，证明其当时并不存在主观犯罪故意？这些疑问都未能得到合理排除。

综上所述，现有证据无法证明罗某华主观上存在非法剥夺被害人生命的直接故意，而如果要指控罗某华故意杀人罪，其主观上只能被认定为直接故意，否则便不可能出现未遂形态。因此，根据现有证据指控罗某华故意杀人罪（未遂）不能达到"证据确实、充分"的标准。

二、对本案若干证据的疑问

本案侦查机关没有全面、客观地收集证据。

（一）关于录像内容的疑问

辩护人在前往H市人民检察院观看涉案录像后，通过会见对罗某华转述了录像内容，但其对该录像所记录的内容并不认可。而录像记录中罗某华通过车窗探身车内的举动在所有涉案言词证据中，无论是协警还是罗某华都没有描述。由于通过转述方式向其描述案件事实难免存在偏差，故公诉人或侦查人员可否向罗某华播放该录像？如果罗某华仍对录像内容持否认态度，为了审查核实该证据的真实性，应对其进行鉴定，以排除该录像经过剪辑的可能性。

（二）关于制动痕迹的疑问

安徽省全诚司法鉴定中心以"道路交通事故现场图"为基础，计算出涉案越野车案发时的行驶速度，计算公式中S代表该车制动印长，S=5.5的数据来源于"道路交通事故现场图"中的记载。但是该数据除了在"道路交通事故现场图"中有反映之外，未见于其他的证据。制动痕迹的长度，对于计算涉案越野车案发时的行驶速度有至关重要的作用，如果该制动痕迹能够清晰地被勘查人员测量出长度，为何不能将其同当时地面上的血迹一样反映到照片中？辩护人曾于案发录像中发现过地面上有一道疑似制动痕迹的印记，并为此专程前往现场查看，但录像中的痕迹是铺路使用劣质水泥留下的凹凸痕，而非制动痕迹。勘查人员是如何测量出制动痕迹长度的？该制动痕迹长度究竟几许？如果没有其他证据的佐证，以其为基础作出的鉴定结论便不具有说服力。

（三）关于抓获经过的疑问

H市公安局交警支队包河大队在"抓获经过"中将案发后的抓捕情况描述为："（案发后）民警曾某辉、陈某松赶到现场，在控制住罗某华的同时，与群众一起将罗某辉从车下救出并送往省立医院抢救，罗某华被一同带往医院……"从该段描述的字面意思看，案发后的情况是：罗某华当即被动地遭到了控制，未参与抢救被害人的行动。但根据罗某华的供述以及证人李某强、曾某辉、陈某松对该段事实的描述为：案发后，罗某华和交警、群众一起将罗某辉从车底抱出并送往医院急救，且其是在到达医院后才被戴上手铐带到交警支队去。这显然与"抓获经过"中的描述存在本质上的差异。由于该段事实对罗某华是否属于主动投案有较大影响，故应本着严谨、客观的态度对其进行认定。

（四）对于涉案车辆处理的疑问

在现场照片中没有涉案车辆。结合相关证人证言，辩护人得知：案发时，在车辆可以正常使用的情况下，警方在勘查现场之前即用拖车将车辆拖走。这种措施会被认为是固定车辆证据的需要。然而，警方对车辆的检验在案发后的第二天，并将车辆移动至安徽省汽车检测中心。卷宗材料并没有我们律师在侦查阶段申请警方所采取的"对案发时涉案车辆的挡位和刹车情况进行证据固定"的取证记载。我们不解：这样检测车辆为什么当时还需要拖车而不是直接将车辆开离现场？警方对于"杀人现场"为什么在第一时间进行改变（将涉案车辆拖离）而不是进行证据固定？

卷宗材料中没有关于涉案车辆的扣押手续。据此，辩护人认为，涉案车辆没有被扣押。辩护人申请司法机关将没有扣押的车辆发还车主，辩护人将对该车辆进行实际操作，以解决关于该案事实中有关车辆行驶的诸多疑问。

另外,虽然罗某华一再声称关于案件事实,其对辩护人的陈述与对侦查机关的供述相同,但辩护人在查阅侦查机关移送的证据材料后发现两者存在诸多差异。例如:对于其最后上车时是否注意到罗某辉所处的位置,罗某华在5月30日和6月3日接受辩护人会见时称,当时罗某辉是在车辆驾驶室一侧倒车镜的位置,不知道怎么跑到车辆前面的;而其在5月24日向侦查机关供述时却说他注意到了罗某辉当时是站在驾驶室正前方的。案发当时,罗某华究竟是否注意到了罗某辉所处的位置?其注意到罗某辉站在车辆正前方的时间是在车辆冲出之前还是冲出的那一刹那,或者冲出之后?诸如此类的案件事实对本案定性至关重要,需进一步调查、核实才能达到"事实清楚"的标准。

搜索网上类似案例比比皆是,但行为人被定为故意杀人罪的并没有看到。比如,北京人赵某为了逃避处罚,强行驾车逃离现场,并将挡在车前的交警窦某撞倒在车前机器盖后拖出300余米,致窦某轻微伤。法院以妨害公务罪判处赵某有期徒刑2年。女教师开车逆行,被交警拦下查处后撕掉罚单,开车3次撞击交警逼其放行,导致该交警右小腿受伤,后该女教师以妨碍执行公务,被行政拘留。再如,因车牌涉嫌违法,为逃避检查,"微笑哥"许某诺面带微笑,五撞交警,被法院以妨害公务罪被判刑11个月。凡此种种,不一而足,我们没有发现类似的案例被以故意杀人追究。

社会舆论对本案的关注使得案件审理被置于阳光之下,所以,据实依法定案才是明智之举,辩护人坚信罗某华的行为不可能构成故意杀人罪。

第五节
协商认罪认罚从宽

认罪认罚从宽制度是《刑事诉讼法》新增的重点内容之一。根据最高人民法院、最高人民检察院、公安部、国家安全部、司法部发布的《关于适用认罪认罚从宽制度的指导意见》,认罪认罚从宽制度没有适用罪名和可能判处刑罚的限定,所有刑事案件都可以适用,认罪认罚从宽制度贯穿刑事诉讼全过程,适用于侦查、起诉、

审判各个阶段。在审查起诉阶段，协商认罪认罚从宽能最大限度地推动刑事案件繁简分流、节约司法资源、化解社会矛盾、推动国家治理体系和治理能力现代化。本书有专门章节对该制度进行论述，此处不再赘述。该制度在《刑事诉讼法》中明确并在全国范围内开展以来，也显示出新的一些问题值得关注，如部分案件嫌疑人、被告人非自愿的认罪认罚，部分案件证据的证明标准有所降低，削弱了以审判为中心的庭审实质化要求，认罪认罚从宽制度中的量刑建议标准不明确，辩护律师被边缘化甚至存在不尽职情形。

第五章
CHAPTER 05

律师在开庭前的准备工作

第一节 复制案卷材料

律师若在审判阶段才介入案件,复制材料的程序和规定可以参照审查起诉阶段。若在审查起诉阶段已经复制过案卷材料的,在一审期间阅卷应当注意以下内容。

一、起诉书、补充侦查提纲等法律文书

起诉书是人民检察院依照法定的诉讼程序,代表国家向人民法院对被告人提起公诉的法律文书。起诉书是人民检察院审查起诉阶段的结论性文书,既是人民检察院起诉的内容概述,也是律师辩护的切入点和落脚点。特别是要注意发现起诉意见书与起诉书之间的区别与联系。

补充侦查提纲是人民检察院发现证据问题并要求侦查机关补充侦查的文书。正所谓"知己知彼,百战不殆",通过查阅补充侦查提纲可以发现检察机关在审查起诉阶段发现案件存在问题,可以作为辩护的重要指引。需要说明的是,不知基于什么考虑,2020 年 3 月最高人民检察院和公安部发布的《关于加强和规范补充侦查工作的指导意见》第 4 条规定:"补充侦查提纲应当分别归入检察内卷、侦查内卷。"但实践中检察机关似乎并不执行。

二、"新证据"的复制

所谓"新证据",是相对于公安机关在移送审查起诉时的证据而言的,具体包括以下内容:(1)案件退回补充侦查后新制作的证据;(2)辩护人申请调取的或提交的证据;(3)在侦查阶段已经取得,但是在移送审查起诉之际未能移交,后又在移送审查起诉前移交的证据;(4)审查起诉阶段检察人员自行侦查的证据或者讯问犯罪嫌疑人、询问证人获取的笔录;(5)可能涉及技术侦查的证据等。这些证据可能对案件的定罪量刑产生重要影响,需要特别注意复制查阅。

三、讯问同步录音录像的复制

关于讯问同步录音录像能否复制的问题,实践中,各地人民检察院通常不让律师查阅和复制;各地人民法院对律师能否复制讯问同步录音录像做法差异较大,有些地区和省市允许律师复制,有些则禁止,有些则需要律师提出非法证据排除程序时才同意复制。2013 年,最高人民法院刑事审判第二庭给广东省高级人民法院的《关于辩护律师能否复制侦查机关讯问录像问题的批复》[(2013)刑他字第 239 号]中明确规定:"根据《中华人民共和国刑事诉讼法》第三十八条和最高人民法院《关于适用〈中华人民共和国刑事诉讼法〉的解释》第四十七条的规定,自人民检察院对案件审查起诉之日起,辩护律师可以查阅、摘抄、复制案卷材料,但其中涉及国家秘密、个人隐私的,应严格履行保密义务。你院请示的案件,侦查机关对被告人的讯问录音录像已经作为证据材料向人民法院移送并已在庭审中播放,不属于依法不能公开的材料,在辩护律师提出要求复制有关录音录像的情况下,应当准许。"但此次最高人民法院修订的《关于适用〈中华人民共和国刑事诉讼法〉的解释》第 54 条仅规定,对移送的讯问录音录像,辩护律师经申请后可以查阅但并未明确允许复制。笔者认为,讯问同步录音录像作为讯问的另一种表现形式,无论其是证明案件事实还是证明有无非法取证对事实,一旦移送就应属于证据材料,应当作为案件材料提供给律师查阅和复制。本书有专门章节论述同步录音录像的审查与判断,此处不再赘述。

随着《监察法》的实施,职务犯罪监察讯问录音录像的移送和调取值得关注,很多律师反馈监察委查办的案件不移送同步录音录像,检察院和法院也不调取该同步录音录像，有些监察机关拒不移送相关录音录像。中纪委、国家监察委法规室编写的《〈中华人民共和国监察法〉释义》解释称："监察机关对调查过程的录音录像不随案移送检察机关。检察机关认为需要调取与指控犯罪有关并且需要对证据合法性进行审查的录音录像，可以同监察机关沟通协商后予以调取。"笔者认为刑事诉讼中被告方不具有举证责任，而讯问同步录音录像是证明有无非法取证最直接的证据，人民检察院应当依法同监察机关沟通协商调取并移送，人民法院应严格按照《刑事诉讼法》《关于适用〈中华人民共和国刑事诉讼法〉的解释》《人民法院办理刑事案件排除非法证据规程（试行）》等依法裁判，共同提升司法公信力。

第二节 会见被告人

在庭审前会见被告人的具体内容和工作流程与审查起诉阶段类似，律师在送达起诉书后的会见需要围绕起诉书所指控的事实进行充分沟通，在庭审前会见需要向被告人告知庭审的详细程序、权利和义务。会见的主要内容有如下。

一、全面了解、沟通案情

律师在此阶段会见被告人，通常已经熟悉案件事实，查阅完案件证据材料，会见时应当更有针对性。律师会见可以事先将需要向被告人核实的问题列成提纲，在会见时与被告人一一核实，并认真听取被告人的陈述与辩解，发现、核实、澄清案件事实和证据材料中的合理怀疑。律师应当询问被告人收到起诉书的时间以及对起诉书指控的事实有无异议、对起诉书指控的罪名有无异议、对起诉书认定的加重情节有无异议、有无遗漏重要的法定或酌定量刑情节。

二、向被告人核实证据并沟通质证意见

质证权是被告人及辩护人依法享有的极为重要的权利之一。在庭审前，律师会见被告人时需要向被告人核实证据并沟通质证意见。《刑事诉讼法》第 39 条第

4 款规定，律师有权向被告人核实有关证据，这些证据应当包括全案的证据材料，而不仅包括被告人的供述与辩解。律师将从人民法院复制的案卷材料向被告人出示，这既是被告人的合法权利，也是律师的法定职责和职业道德要求。实践中，人民法院受庭审时间等因素的限制，无法给被告人充分阅读、知晓证据的时间。律师在庭前会见出示并征询意见，让被告人知晓整个案件的证据情况，有助于其梳理整个案件的辩护思路，也有利于庭审的顺利进行。

三、沟通是否申请证人出庭、重新鉴定、调取证据、非法证据排除等事宜

在法庭审理中，被告人和辩护人有权申请证人出庭作证，有权申请新的证人到庭作证；有权申请重新鉴定或勘验，有权申请鉴定人员出庭，有权申请法庭通知具有专门知识的人员出庭；有权申请人民法院对以非法方法收集的证据予以排除；有权申请不公开审理；有权申请回避，有权对管辖权提出异议等。就以上权利律师应当在会见时与被告人充分沟通，提出专业分析，尊重被告人的意愿。

四、向被告人介绍庭审程序及辩护方案

虽然案件已经经历了侦查、审查起诉阶段，历时长达数月，但多数被告人对于走向法庭仍较为紧张，对庭审毫无概念，没有做好充分的心理准备，不知道该如何在法庭上辩护。这时需要律师在会见时向被告人告知整个法庭审理的程序，对被告人进行庭前辅导。

（一）庭前会议的介绍

2012 年《刑事诉讼法》新增庭前会议程序，审判人员可以根据案情召开庭前会议，可以通知被告人参加。《人民法院办理刑事案件庭前会议规程（试行）》第 3 条规定被告人申请参加庭前会议或者申请排除非法证据等情形的，人民法院应当通知被告人到场；第 4 条规定被告人不参加庭前会议的，辩护人应当在召开庭前会议前就庭前会议处理事项听取被告人意见。《关于适用〈中华人民共和国刑事诉讼法〉的解释》第 227 条规定："控辩双方可以申请人民法院召开庭前会议，提出申请应当说明理由。人民法院经审查认为有必要的，应当召开庭前会议；决定不召开的，应当告知申请人。"故律师在需要召开庭前会议的情况下，及时将庭前会议的程

序、内容告知被告人，听取被告人意见，协助被告人参加庭前会议。

（二）庭审流程、辩护方案介绍

律师在会见时需要告知被告人一审庭审程序的流程、每一个流程应当注意的问题和期望达到的辩护目的，让被告人对法庭核实身份、控辩审三方发问、法庭调查举证、质证、法庭辩护以及最后的自我陈述等流程有大致了解和认识，也能更好地让被告人在法庭上配合辩护人开展辩护工作，以免庭审中显得被动、混乱。庭审前律师需要将辩护方案与被告人进行充分沟通。

（三）权利、义务介绍

律师应当告知被告人在庭审过程中享有哪些权利、义务以及相关注意事项，以便被告人充分地依法行使权利、履行义务，维护自身合法权益。

五、制作笔录，为非法证据排除提供线索

被告人或律师如果需要提起非法证据排除程序，则需要提供相关线索。律师可以通过制作会见笔录的方式，让被告人详细陈述被非法取证的时间、地点、人物及非法取证过程、造成的后果，然后将会见笔录作为线索和其他证据一并提交法庭。这样，法庭启动非法证据排除程序的可能性会大大增加。

【实战演练】

庭审前会见案例演示

辩护人：××，你好，起诉书你有没有收到？

被告人：收到了。

辩护人：你的案件会在××时间开庭审理，今天来会见你和你沟通一下。

被告人：好的。

辩护人：你对起诉书认定你的身份信息、指控的事实、指控的罪名是否认可？

被告人：身份信息没有问题，指控的事实不属实，对于罪名我不认可，我无罪。

辩护人：你认为哪些事实是不属实的？

被告人:我认为×××等理由,是不构成的。

辩护人:那我们根据案件材料和你梳理一遍。现在向你核实第一组证据——你的供述与辩解,你在×××时间做过几次笔录,你都供述了检察机关指控的事实,这是什么情况?

被告人:那是遭到侦查人员的恐吓和诱骗才作出的供述,律师你可以调取监控看。

辩护人:你的案件不属于讯问必须同步录音录像的案件,我们已经向法院申请调取,侦查机关已经出具书面说明说你当时如实供述了,没有录音录像。那你详细陈述一下侦查人员如何非法取证了?

被告人:好的,××时间、××地点、××人员是如何对我非法取证的。

辩护人:我会依法向法庭申请侦查人员出庭,但最终能否得到法庭许可现在还无法确定,你有权利同侦查人员对质。

被告人:好的。那我现在翻供行不行?

辩护人:你现在翻供需要查看你翻供的理由是否充足,若充足,法院是可以采纳你翻供之后的供述的。

现在向你核实第二组证据证人证言,现有×名证人证实你当时做了××事。你如何看待他们的证言?(律师认为证人使用了推测性言辞且系传闻证据。)

被告人:他们这么说是不真实的,我要申请他们当庭作证。

辩护人:我会依法申请他们出庭作证,并向他们发问,你有什么想法可以告诉我。

现在向你核实第三组证据鉴定意见。

被告人:(发表对鉴定意见的看法)

……(继续向被告人核实证据)

辩护人:现在告知你一审庭审的程序。首先是审判长宣布开庭,核实你的身份,告知庭审人员、公诉人,问你是否申请回避,若不申请你就直接回答。

被告人:好的。

辩护人:其次是进入法庭调查程序。公诉人会宣读起诉书,审判长会问你对起诉书指控的事实和罪名你有什么意见，你有意见就直接说出来，直截了当，简明扼要，是就是，非就非，条理清楚，别含含糊糊的。

被告人：好的，我这样说你看行不行（列出几点）……

辩护人：然后，公诉人会对你进行讯问。他可能会问你以下几个问题：如你之前供述的是否属实？你有没有实施起诉书中的行为等？……（可能存在的问题）你如实地向法庭陈述就可以了，不要受公诉人的问话方式和语气的影响，你客观、真实地向法庭回答就可以了。

被告人：好的，我可不可以反问公诉人问题？

辩护人：这在法律上不可以。但是，公诉人问完就是辩护人发问，我通常会问你发散性的问题，你可以将事实和想表达的意思说出来。我会问你以下这些问题，如……（之前核实过的问题），你如实回答就行了。我问完后其他辩护人会问你问题，你也如实回答就可以了。如果其他律师问的问题有陷阱，你要注意，与案件无关的你可以拒绝回答。最后，审判长可能会问你问题，在回答之前，你可以想清楚再回答。回答相互矛盾或故意虚假陈述，你要承担相应的责任，但总归要理性、文明、礼貌。如果需要与其他被告人对质的，律师可以向法庭申请，审判长也会准许的。

被告人：好的，我肯定如实回答。

辩护人：然后进入法庭质证阶段。公诉人先举证，你要仔细听清楚，对于不属实或有异议的你可以提出来，也可以由律师发表质证意见。公诉人举证结束后，你有证据也可以提交。

被告人：好的，到时你帮我质证吧。

辩护人：双方举证结束后，就是申请的证人出庭。公诉人、当事人和辩护人、诉讼代理人经审判长许可，可以对证人、鉴定人发问，你也可以发问。

被告人：好的。

辩护人：法庭调查结束后就进入法庭辩论阶段。首先是公诉人宣读公诉意见，通常包括三点：一是事实清楚，证据确实、充分，罪名正确；二是本案的危害后果；三是量刑建议。在公诉人发表完毕后，你可以自行辩护，也可以先由律师来辩护。我的辩护理由有以下几点：……（就是事先我们沟通的辩护方案内容）辩护通常会有两轮，你认为需要补充的可以补充，尽量不要重复。你也可以自行书写辩护意见提交法庭。

被告人：好的。

辩护人：最后就是你向法庭陈述，说说你对法庭想说的话，不一定是辩护的内容。

被告人：好的。

辩护人：法庭一般不会当庭宣判，这样庭审就结束了。你也可以要求法庭准许你和家人见个面，说几句话。

被告人：好的。

第三节
调查取证

律师在审判阶段的调查取证方式、内容、范围、对象、程序及注意事项与第四章第三节的内容有相同之处，此处不再赘述。现详细论述申请证人、鉴定人员、侦查人员出庭作证等程序。

一、证人出庭难及其原因

证人证言，既是我国刑事证据制度的一项重要内容，也是人民法院处理刑事案件最普遍最常用的一种证据，它具有不可指定、不可替代的特点，在刑事证据法制体系中占有重要地位。证人必须在法庭上经过公诉人、被害人和被告人、辩护人双方询问、质证，人民法院在听取各方意见并且经过查实以后，才能将证人证言作为定案的根据。证人没有出庭作证，询问与质证就无法进行；不经过在法庭上控辩双方的询问与质证的证言，就不应该作为定案的根据。但遗憾的是，长期以来证人出庭制度并没有得到切实执行，《刑事诉讼法》实施以来这种现状也未能得到有效改善。

证人出庭难的原因是多方面的，虽然受传统文化中“息讼”“厌证”“和为贵”等思想影响，加之诉讼制度中缺乏强制证人出庭、传闻证据排除、证人保护和经济补偿等配套措施，导致证人不愿意出庭，但笔者认为最主要的原因是现有的司法制度为证人不出庭但其证言依然可以被采纳提供了法律依据。《刑事诉讼法》第195条规定，公诉人、辩护人应当向法庭出示物证，让当事人辨认，对未到庭的证人的证言笔录……应当当庭宣读。最高人民法院《关于适用〈中华人民共和国刑事诉讼法〉的解释》第91条第3款规定，经人民法院通知，证人没有正当理由拒绝出庭或者出庭后拒绝作证，法庭对其证言的真实性无法确认的，该证人证言不得作为定案的根据。这些规定为宣读证人证言的做法提供了法律依据，不但导致证人出庭难无限扩大化，甚至有时为办案机关阻碍证人出庭提供了"合法"的借口。

二、为申请证人出庭支招

"让你想通知的证人到法庭上为你陈述"是欧美当事人诉讼主义模式下律师申请证人出庭的宗旨。

（一）申请证人出庭理由要充分

2012年最高人民法院《关于适用〈中华人民共和国刑事诉讼法〉的解释》第205条规定："公诉人、当事人或者辩护人、诉讼代理人对证人证言有异议，且该证人证言对定罪量刑有重大影响，或者对鉴定意见有异议，申请法庭通知证人、鉴定人出庭作证，人民法院认为有必要的，应当通知证人、鉴定人出庭；无法通知或者证人、鉴定人拒绝出庭的，应当及时告知申请人。"《刑事诉讼法》第192条也如此规定。然而，"有重大影响"又有"认为有必要的"的裁量权完全在人民法院，对此，有学者认为应当删除"认为有必要的"的规定。2017年《人民法院办理刑事案件第一审普通程序法庭调查规程（试行）》第13条规定，控辩双方对证人证言、被害人陈述有异议，申请证人、被害人出庭，人民法院经审查认为证人证言、被害人陈述对案件定罪量刑有重大影响的，应当通知证人、被害人出庭。该条中并没有"法院认为有必要的"规定。

新修订的最高人民法院《关于适用〈中华人民共和国刑事诉讼法〉的解释》在这一部分仍未对"有重大影响"且"认为有必要的"裁量权进行限制。在司法实践中，多数人民法院还是认为只有证人对量刑有重大影响且有必要的情况下才会通知出庭,因此,律师应在书面申请中充分论述证人需要出庭的理由,说服法院通知证人出庭。特别是涉及申请鉴定人出庭,若律师申请的理由充分,且鉴定意见涉及专业性问题,人民法院通知到庭的概率要大得多。申请证人(鉴定人员、专家辅助人员,下同)出庭要以书面的方式在庭审前5日内提出,且在申请中要明确申请的证人姓名、联系方式、住址、申请到庭的理由。

(二)申请控方证人需谨慎

控方证人多数已经在侦查阶段、审查起诉阶段做过不利于被告人的证言,申请控方证人到庭极易导致庭审中的被动。在当前的诉讼模式下,若没有其他证据予以佐证,仅想通过盘问控方证人,让其自己暴露矛盾和虚假,难度极大,往往效果适得其反。当然,被告人有权要求与证人对质。若被告人有能力或坚持要求控方证人出庭,律师可以将风险告知,并尊重被告人的选择。

第四节

出庭准备

“台上一分钟,台下十年功。”律师在参加庭审之前应当做好充分准备,除了之前所论述的会见、阅卷、调查取证等工作之外,还需注意以下事项。

一、心理上的准备

目前,全国范围内已经全面开展律师专业水平评价体系和评定机制工作。此前关于律师分级制度在业内闹得沸沸扬扬,部分律师对此持否定态度。在我国香港特别行政区,律师就存在分级制度。我国香港特区的律师一般分为三种:第一种是一般律师(solicitor),又称“事务律师”,指的是刚刚考到律师执照、处理一些民事诉讼,工作的地方是一般的律师事务所,直属律师协会管理,但不能到法院执业。第二种是大律师(barrister),又称“诉讼律师”,指的是通过律师行业实习、通过大律师协会批准之后成为大律师,一般处理一些比较重要的大案子,但是大律师接受案子必须经过一般的律师事务所，同一般的律师事务所合作。通常他们的案子都会在高等法院审理，他们可以在一些重要案子审理的时候戴上假发套。管理大律师的机构是大律师协会。第三种是法律顾问（counsel）。而在我国内地，一旦律师取得执业资格，即可在全国律师事务所申请执业，可在全国任何级别的人民法院参加任意诉讼活动。

（一）不要期望法庭庇护

通常情况下，案件进入审判阶段之后，庭审是全部刑事诉讼活动的聚焦点。律师参与庭审是展示辩护律师才能的平台。毫无疑问，刑事辩护的真实水平就在法庭上。有很多案件的辩护律师在庭审中的滔滔雄辩给人留下深刻印象，有人甚至将法庭比喻成刑事辩护律师的舞台。

但很显然，律师在心理上不要期望法庭庇护。《刑法》第 1 条规定："为了惩罚犯罪，保护人民，根据宪法，结合我国同犯罪作斗争的具体经验及实际情况，制定本法。"《刑事诉讼法》第 7 条规定："人民法院、人民检察院和公安机关进行刑事诉讼，应当分工负责，互相配合，互相制约，以保证准确有效地执行法律。"因此，打击犯罪是我国刑事法律的重要目标之一，当被告人站在法庭上接受审判时，公权力天然的"团结"是必然，律师在心理上对此应当有充分准备。近些年来，律师不与公诉人对抗，反而与审判人员"死磕"的事件常有发生，这值得整个法律职业团体成员深思。

（二）庭审的最终目的——"说服"

法庭不是刑事辩护律师展示个人抱负、突出个人辩论技巧的舞台，庭审的最终目的是争取让被告人获得"无罪、罪轻或者减轻、免除其刑事责任"的法律效果。如果将法庭比喻成手术台，那么律师展示才能的目的是救人而非卖艺。律师与当事人不同，法庭不是政治论坛，不是让辩护律师阐述个人政治信仰或政治追求的场所。可以毫不犹豫地说，除了当事人的利益，法庭上没有辩护人的个人利益。律师在心理上必须明白，在庭审之前必须说服委托人或者当事人，主导辩护方开展各项工作；在庭审中力争说服审判人员，让他们采纳辩护人的辩护意见，让被告人的利益最大化；律师应当明白，大多数情况下无法说服公诉人和审判机关，要尽最大努力准备。

律师庭前充分准备，争取庭审时做到：(1)法官认为律师是充分地讲事实、讲法律，不是胡搅蛮缠；(2)检察官认为律师是真正的抗辩对手；(3)委托人认为律师是尽职尽责的法律之师；(4)旁听人认为律师是真正的辩护人、出色的法律家、演说家。

二、法律、法理资料、案例、司法观点等准备

在庭审前，律师通过阅卷、会见被告人、调查取证，应对案件事实作出全面、客观、独立的分析和判断，并分析、研究公诉机关每一项犯罪事实及所依据的证据材料，对控方的指控思路进行判断，把握对指控事实和证据存在异议的依据和理由。律师还应当深入研究本案涉及的法律，起诉书所指控的罪名是否正确、被告人有无法定或酌定的量刑情节，公安、司法机关在整个诉讼程序中有无程序违法等。实践中，律师可以广泛收集以下资料：

第一，查找涉及案件事实与罪名的法律理论著作，如刑法学教科书、法官著作、论文、《人民日报》或《检察日报》刊登的学术性文章等。

第二，查找涉及事实与罪名的法律或司法解释条文，会议纪要、最高人民法院或最高人民检察院的回复、函等，甚至是各级人民法院内部的规范性文件。

第三，查找相关刑事审判参考案例、最高人民法院公布的典型案例、最高人民法院司法观点集成等。虽然我国不是判例法国家，但司法实践中的案例特别是级别较高的人民法院判例或典型案例在一定范围内有指导和借鉴意义。特别是裁判文书网上公开，对相关案例进行搜集、分析，利用大数据处理技术，具有较高的说服力。

案例：实际出资但未参与经营管理能否构成“合作投资型受贿”

笔者在办理一起“合作投资型受贿”时，检察机关指控被告人虽然实际出资但没有实际参与经营管理，构成受贿罪。辩护人就“合作投资型受贿”的理解，搜索相关资料，提出以下观点，以期正确解释“合作投资型受贿”。

第一,根据文理解释和法律逻辑学,合作投资受贿罪的成立就必须具备“国家工作人员利用职务上的便利为请托人谋取利益”“以合作开办公司或者其他合作投资的名义获取‘利润’”“‘没有实际出资’并且‘没有参与管理、经营’”这三要素,缺一不可。

第二,最高人民法院、最高人民检察院《关于办理受贿刑事案件适用法律若干问题的意见》(以下简称《受贿若干问题的意见》)的起草人、最高人民法院法官刘为波在《〈关于办理受贿刑事案件适用法律若干问题的意见〉的理解与适用》中认为:“……根据本条规定,具有实际投资成分的情形,即便国家工作人员未实际参与管理、经营活动,也将被排除受贿罪的认定。以合作开办公司或者进行其他合作投资,是否构成受贿的认定,关键在于国家工作人员本人有无实际出资……不参与管理、经营是判断是否名义投资诸多可资判断因素的一个方面,同时,管理、经营行为在一定情况下也可能成为出资方式的一种,所以,《受贿若干问题的意见》关于此种情形是否成立受贿的认定,坚持的标准仍然是名义投资抑或实际投资。”

第三,最高人民法院、最高人民检察院、全国人大常委会办公厅和全国人大法工委等权威部门于2009年编写的《刑法(分则)及配套规定新释新解(下)》一书对以开办公司等合作投资名义收受贿赂问题进行了罪与非罪的界定。该书认为,“根据本条规定(即《受贿若干问题的意见》第三条),国家工作人员真实投资即使未实际参与管理、经营活动,也将被排除受贿罪的认定”。

第四,人民法院出版社2014年出版的《最高人民法院司法观点集成(第二版)刑事卷》对2011年12月20日最高人民法院《关于发布第一批指导性案例的通知》中的指导案例3号“潘玉梅、陈宁受贿案”进行了详细的论述,在“附录:最高人民法院主流观点”中认为,“(1)关于是否以受贿论处的认定标准……如果国家工作人员真实出资,即使未参与经营管理,也不能认定为受贿罪……所以,裁判要点关于此种情形是否认定为受贿,坚持的标准仍然是名义、虚假出资还是实际、真实出资”。

在司法解释不详尽的情况下,上述论述有助于法官作出正确的理解。

三、相关知识准备

律师除了深入研究法律知识之外，还应当学习和了解案件中可能涉及的专业知识，如法医学、精神病学、心理学、知识产权法学、证券法学等，必要时律师还需要申请专家辅助人员出庭，共同协助法院查明事实。实践中，甚至存在其他专业知识决定案件定罪量刑的情形，如“南京虐童案”中控辩双方就“挫伤”这一医学概念展开激烈争辩。二审法院认为：“南京市物证鉴定所出具的法医学人体损伤程度鉴定书系依法定程序、采取科学方法作出，鉴定结论关于‘挫伤’的认定依据了《法医病理学》教科书，符合法医学理论通说及理论沿革，故原审法院对该鉴定意见予以采信，并无不当。关于‘挫伤’的概念，目前并无法律、法规及司法解释对此进行明确规定，现有法医学理论通说均认为挫伤包括皮内和（或）皮下及软组织出血，该概念在法医学理论沿革中亦未曾变更。《法医病理学》系原卫生部规划的法医学科专业教材，在无任何法律、法规和行业规范的情况下，将教科书作为医学鉴定的依据，是鉴定中通常做法，而上诉人李某琴及其辩护人所引用的《人体损伤程度鉴定标准释义》及《人体损伤程度鉴定标准适用指南》既非规范性法律文件，亦非有权机关所作司法解释，其仅系学术观点的一种，虽可在鉴定时作为参考，但不能当然否定教科书作为鉴定理论依据的通行做法，故李某琴及其辩护人提出该两部著作为权威解释、应优先适用的意见无法律及理论依据，不予采纳。”最终，人民法院依医学著作认定本案挫伤的定义，从而认定构成故意伤害罪。

四、案头上的准备

鉴于实践中庭审的时间较短、程序紧凑，律师在庭前不仅需要对案件事实了如指掌，也需要做好各项案头上的辅助工作，以免在庭审中手忙脚乱。例如：

第一，涉及案件重要的材料一定要粘上索引纸，以便及时查阅；

第二，完完整整地打印涉及本案的法律条文，以便在论述和引用时整个语气是连贯的；

第三，从学术专著上摘录本案涉及的法律概念，法庭辩论时可能会突然引用；

第四，涉及本案的大事年表按时间顺序列出来，有利于梳理案件的来龙去脉；

第五，有些案子需要画一张法律关系的网络图；

第六，准备好白纸、铅笔、彩笔等办公用品，解决电脑色泽太冷、页面重点不突出、打字慢等问题。

除此之外，律师还应准备服装、卷宗包、电脑等。如《河南省律师出庭仪容仪表规范》就规定，律师出庭下列案件的开庭审理活动，应当穿律师袍：(1)有新闻媒体现场摄影摄像的；(2)有示范或者观摩安排的；(3)有重大社会影响，旁听人员较多的。律师出席其他案件的法庭或者仲裁庭审理活动，应当穿律师袍或者深色西服套装，夏季可以穿长袖或者短袖浅色衬衣。这对于塑造律师执业形象具有积极作用。

五、确定辩护方案

在庭审之前，律师通过阅卷分析全案卷宗材料、会见被告人并与其沟通、调查取证等完成各项辩护工作后，应当根据案件的事实、证据材料，并与被告人充分协商，针对起诉书的指控确定好辩护方案。辩护方案一般分为以下几种类型。

（一）无罪辩护方案

无罪辩护是辩护人和被告人在庭审中作无罪的辩解，包括事实上的无罪和法律上的无罪。律师作无罪辩护的案例所占比例较大，但实践中法院认定为无罪的比例极少。2019 年 9 月 22 日国务院新闻办发表的《为人民谋幸福：新中国人权事业发展 70 年》提及，2013 年至 2019 年 3 月全国各级人民法院依法对 5876 名被告人宣告无罪（不包括检察机关撤回起诉的）。

1. 事实上的无罪

事实上的无罪辩护，通常控辩双方就案件的基本事实认定存在重大差异，被告人和辩护人认为检察机关指控的案件事实根本不存在或者事实不清、证据不足。律师作事实上的无罪辩护有以下两种类型：

(1)被告人没有实施犯罪行为。当有证据证明案件事实存在以下情形时，律师可以明确提出起诉书指控的犯罪事实并非由被告人实施的无罪辩护意见：第一，有证据证明被告人没有作案时间、案发时不在现场、不具备作案能力；第二，有证据证明起诉书指控的犯罪事实系他人实施的。而这些证据通常需要律师调查、搜集。

(2)指控犯罪事实不清、证据不足。事实不清、证据不足是律师最常见的无罪辩护方案。《刑事诉讼法》第55条第2款规定:"证据确实、充分,应当符合以下条件:(一)定罪量刑的事实都有证据证明;(二)据以定案的证据均经法定程序查证属实;(三)综合全案证据,对所认定事实已排除合理怀疑。"该法第200条第3项规定:"证据不足,不能认定被告人有罪的,应当作出证据不足、指控的犯罪不能成立的无罪判决。"这也是《刑事诉讼法》疑罪从无基本原则的体现。所以,律师发现检察机关提供的证据在合法性、客观性、关联性上存在异议,相关证据不能达到"事实清楚,证据确实、充分"的证明标准,未能形成完整的证据体系,仍存在合理怀疑的情形时,应当为被告人提供证据不足的无罪辩护。

2. 法律上的无罪

法律上的无罪,是指被告人及辩护人对起诉书指控的事实不存在异议,但对所指控的事实的法律适用存在异议。具体包括:

(1)因法无明文规定不为罪。罪刑法定是刑法的基本原则,但法律具有滞后性。罪刑法定要求犯罪行为的界定、种类、构成条件和刑罚处罚的种类、幅度均事先由法律加以规定,对于刑法分则没有明文规定为犯罪的行为,不得定罪处罚。如强奸男子就不构成强奸罪,随着《刑法修正案(九)》的实施,这种行为可以构成强制猥亵、侮辱罪。我国刑法分则具有大量法律没有明确规定"其他情节"的兜底条款,特别是新的犯罪行为出现时,就会成为控辩双方争议的焦点。

(2)因存在违法阻却事由或责任阻却事由而无罪。被告人的行为虽然符合构成要件该当性,但若存在违法阻却事由或责任阻却事由,则同样不构成犯罪。目前我国法定的违法阻却事由包括正当防卫和紧急避险,理论上超法规的违法阻却事由包括:法令行为、正当职务行为、被害人的承诺、基于推定的承诺的行为、自救行为、自损行为、义务冲突等。如最高人民法院、最高人民检察院、公安部、国家安全部、司法部于1983年共同发布的《关于人民警察执行职务中实行正当防卫的具体规定》。

责任阻却事由则包括责任能力、期待可能性、超过追诉时效、特赦令免除刑罚等。责任能力是指行为人能够在主观上受到谴责、承担侵权责任并以一定程度的精神、智力为前提的能力。我国法律对被告人的刑事责任年龄有明确的规定:不满

14 周岁的人,不负刑事责任;已满 14 周岁不满 16 周岁的人,犯故意杀人、故意伤害致人重伤或者死亡、强奸、抢劫、贩卖毒品等,应当负刑事责任;已满 16 周岁的人犯罪,应当负刑事责任。而对于被告人患精神病,在不能辨认或者控制自己行为的时候造成危害结果,经法定程序鉴定确定的,不负刑事责任。

(3)因情节显著轻微、危害不大而不认为是犯罪的。《刑法》第 13 条中规定,危害行为情节显著轻微、危害不大的,不认为是犯罪。另外,很多家庭成员之间轻微的刑事案件,法律尊重被害人的意愿。如 2015 年最高人民法院、最高人民检察院、公安部、司法部联合发布的《关于依法办理家庭暴力犯罪案件的意见》第 18 条第 2 款规定:"对于实施家庭暴力情节显著轻微危害不大不构成犯罪的,应当撤销案件、不起诉,或者宣告无罪。"

(二)罪轻辩护方案

1. 改变定性的罪轻辩护

改变定性的罪轻辩护,是指辩护人对于起诉书指控的事实存在,但认为涉嫌的罪名并非起诉书中所指控的,而是刑法规定的另一罪名。这种辩护在实践中较为常见,但需要注意的是,律师没有义务去控告被告人应当构成某轻罪,更不能使自己成为公诉人角色。这种辩护需要与被告人充分沟通,避免被告人对轻罪也予以否认的尴尬。如提出不构成抢劫罪构成抢夺罪或敲诈勒索罪的辩护,提出不构成故意杀人罪而构成故意伤害罪的辩护;提出不构成绑架罪而构成非法拘禁罪的辩护,通常这些罪名之间存在竞合或牵连关系。

2. 量刑上的罪轻辩护

量刑情节包括法定的量刑情节和酌定的量刑情节。

法定的量刑情节包括:

(1)责任主体方面:是否是未成年人、老人、限制责任能力人、又聋又哑的人或盲人;

(2)犯罪形态方面:是否属于预备犯、未遂犯、中止犯;

(3)共同犯罪方面:是否属于从犯、胁从犯、教唆犯;

(4)犯罪前后表现方面:是否存在自首、立功、坦白,是否属于累犯或再犯;

(5)有无阻却事由:是否存在正当防卫、紧急避险、职务行为等。

酌定的量刑情节包括：

(1)案件的起因、犯罪动机、犯罪目的及平时表现；

(2)被害人对案发有无过错及过错程度，对激化矛盾有无责任及大小；

(3)是否属于家庭成员之间的犯罪；

(4)是否真诚悔罪、有无获得被害方及其近亲属的谅解；

(5)有无退赃、退赔或赔偿情况，有无挽回损失。

(三)先无罪定性后轻罪量刑辩护方案

有些案件当事人对指控事实予以否认，但又具有多项量刑情节。能否制定先无罪定性后轻罪量刑辩护方案，有律师认为，这种辩护自相矛盾，反而可能会影响法院对定性的认定，不宜采取。最高人民法院《关于适用〈中华人民共和国刑事诉讼法〉的解释》第 278 条规定："对被告人认罪的案件，在确认被告人了解起诉书指控的犯罪事实和罪名，自愿认罪且知悉认罪的法律后果后，法庭调查可以主要围绕量刑和其他有争议的问题进行。对被告人不认罪或者辩护人作无罪辩护的案件，法庭调查应当在查明定罪事实的基础上，查明有关量刑事实。"因此，律师应当与当事人充分协商辩护方案后，与审判长进行充分沟通，要求审判长在辩论阶段先引导控辩双方先辩论定罪问题后辩论量刑问题，这样可以防止量刑情节不能被认定。

第五节
参加庭前会议

庭前会议是 2012 年《刑事诉讼法》新增内容，开庭前，审判人员可以召集公诉人、当事人和辩护人、诉讼代理人，就回避、出庭证人名单、非法证据排除等相关的问题，了解情况，听取意见，也可以让被告人参加。律师认为案件中存在管辖、回避、申请调取公安机关、人民检察院已经收集但未随案移送的证据，申请鉴定人员或专家辅助人出庭、提起非法证据排除、申请不公开审理等情形的，可以申请召开庭前会议。

一、庭前会议的召开条件

适用案件范围：除决定适用简易程序审理之外的其他案件。

适用条件：最高人民法院《关于适用〈中华人民共和国刑事诉讼法〉的解释》第226条规定："案件具有下列情形之一的，人民法院可以决定召开庭前会议：（一）证据材料较多、案情重大复杂的；（二）控辩双方对事实、证据存在较大争议的；（三）社会影响重大的；（四）需要召开庭前会议的其他情形。"2017年12月最高人民法院《人民法院办理刑事案件庭前会议规程（试行）》（以下简称《庭前会议规程》）第1条第1款规定："人民法院适用普通程序审理刑事案件，对于证据材料较多、案情疑难复杂、社会影响重大或者控辩双方对事实证据存在较大争议等情形的，可以决定在开庭审理前召开庭前会议。"律师认为案件存在上述情况的，可以依法申请召开庭前会议。

二、庭前会议的具体程序

庭前会议的具体程序如下：

（1）庭前会议的启动。既可以由法院依职权决定召开；也可以由公诉人、当事人、辩护人、诉讼代理人提出申请，人民法院决定是否召开。

（2）庭前会议的召集。法院决定，并告知各方参与人。根据案件情况，可以通知被告人参加。

（3）庭前会议的召开。审判人员主持，参与人提出口头或书面意见。控、辩、审三方就管辖、回避、出庭证人名单、非法证据排除、申请调取证据、申请鉴定人员或专家辅助人出庭、提起非法证据排除、申请不公开审理等情形展开辩论。

（4）制作笔录并签名。

三、庭前会议的具体内容

最高人民法院《关于适用〈中华人民共和国刑事诉讼法〉的解释》第228条第1款规定："庭前会议可以就下列事项向控辩双方了解情况，听取意见：（一）是否对案件管辖有异议;(二)是否申请有关人员回避;(三)是否申请不公开审理;(四)是否申请排除非法证据;(五)是否提供新的证据材料;(六)是否申请重新鉴定或者勘验;(七)是否申请收集、调取证明被告人无罪或者罪轻的证据材料;(八)是否申请证人、鉴定人、有专门知识的人、调查人员、侦查人员或者其他人员出庭,是否对出庭人员名单有异议;(九)是否对涉案财物的权属情况和人民检察院的处理建议有异议;(十)与审判相关的其他问题。"

上述规定结合其他条款的规定,与《庭前会议规程》第 10 条规定的庭前会议需解决的事项相比有所扩大,甚至可以涉及案件实体问题。最高人民法院《关于适用〈中华人民共和国刑事诉讼法〉的解释》第 229 条规定:"庭前会议中,审判人员可以询问控辩双方对证据材料有无异议,对有异议的证据,应当在庭审时重点调查;无异议的,庭审时举证、质证可以简化。"第 232 条规定:"人民法院在庭前会议中听取控辩双方对案件事实、证据材料的意见后,对明显事实不清、证据不足的案件,可以建议人民检察院补充材料或者撤回起诉。建议撤回起诉的案件,人民检察院不同意的,开庭审理后,没有新的事实和理由,一般不准许撤回起诉。"辩护人需要注意,庭前会议律师没有义务发表质证意见,对证据进行质证是法庭调查的内容,而非庭前会议的内容;人民法院庭前会议发现的"明显事实不清、证据不足的案件",虽然被有关同行认为可以进行"撤诉之辩",但该条款规定人民法院"可以建议人民检察院补充侦查",似乎与人民法院居中裁判的中立立场相悖。

审判人员在庭前会议中可以就证据询问控辩双方,对有异议的证据,应当在庭审时重点调查;无异议的,庭审时举证、质证可以简化。特别需要注意,为了避免将庭前会议办成庭审前的预演,应当明确庭前会议的权、责及应注意的事项:

第一,庭前会议是为了确保庭审程序的顺利和高效而设置的协商程序,是审判的预备、准备程序,而非审判本身。

第二,庭前会议不需要查明案件事实,不能对被告人有罪与否、罪轻还是罪重予以评判。最高人民法院《关于适用〈中华人民共和国刑事诉讼法〉的解释》第 232 条规定的情形除外。

第三,庭前会议只能了解情况和听取意见,法院不能在庭前会议中对回避、出庭证人名单、非法证据等程序性事项作出裁定、决定。

第四，庭前会议的证据开示过程，仅对证据有无异议发表意见，而不进行实质上的举证、质证。

四、律师参与庭前会议注意事项

结合庭前会议的程序和内容，律师参与庭前会议应当注意以下事项：

第一，对管辖权有异议或申请回避的，应当说明理由，建议以书面的方式提出。书面申请或异议中，应当说明存在管辖权异议的事实和法律依据、申请回避的人员、需要回避的事实和法律依据，甚至需要提供相应证据证明存在利害关系。需要提醒同行的是，最高人民法院《关于适用〈中华人民共和国刑事诉讼法〉的解释》关于管辖和回避的规定，和过去的规定相比有所不同。因此，辩护律师在涉及回避和管辖问题时，应结合新的规定进行审查。

第二，申请证人、鉴定人员、专家辅助人员出庭的，应当提供出庭人员的详细名单及联系地址和方式。如有新的证据则需要提交。若申请调取在侦查、审查起诉期间公安机关、人民检察院收集但未随案移送的证明被告人无罪或者罪轻的证据材料，则需要提供必要的线索并论述证据对本案定罪量刑的意义，以证实申请的证据确实客观存在。

第三，申请非法证据排除的，应当递交相关线索和材料。只有人民法院对证据的合法性存在疑问时，才可能启动非法证据排除程序。因此，非法证据排除申请、相关线索和材料需要说明非法取证的人员、时间、地点、方式、内容与需要排除的证据及需要排除的理由。

第四，申请不公开开庭的，应当说明不公开的理由。是否存在涉及国家秘密、商业秘密、个人隐私、未满 18 周岁等其他应当或可以不公开审理的理由。

第五，证据开示过程中，对证据有无异议发表意见时，要特别谨慎。特别是被告人未参加庭前会议的，需要与被告人进行充分沟通，以免被告人的合法质证权利被变相剥夺。

第六节
辩护词的制作

辩护词是在法庭辩论阶段辩护人根据事实和法律说明被告人无罪、罪轻或者应当减轻或者免除刑事责任、适用非监禁刑等的书面意见。律师在拟订辩护方案后,应将具体观点书面化、系统化,形成观点正确、论据充分、条理清晰、层次分明的书面意见。实践中,法庭组织控辩双方辩论的机会有限,辩护词是表达律师观点的重要载体,是辩护的重要组成内容。

一、辩护词的基本要求

第一,坚持"以事实为依据,以法律为准绳"。辩护律师的立场与公诉人、审判人员显然不同,但同样需要实事求是地为被告人作无罪、罪轻的辩护,不得随意歪曲事实,不得违背法律的基本适用规则和内涵。

第二,观点明确、论证充分。辩护词应当直截表明观点,并充分利用证据和法律论证,做到结构严谨、层次分明、语言通顺、情理交融。

第三,在细节方面,要做到重点突出、分析透彻、论据充分、论证有力。有些案件可能需要在辩护词中对某一特定证据作出详细的论述,有些案件中需要对庭审的争议焦点进行归纳和论述。

二、辩护词的基本格式

辩护词通常由序言、正文、结论三大部分组成。

(一)序言

主要包括:(1)标题,如"(某某案)辩护词";(2)称呼,如"审判长、审判员、人民陪审员";(3)辩护人出庭辩护的依据和责任,如"受谁委托担任某被告人的辩护人,出庭为被告辩护""受某某组织指派,提供法律援助"等;(4)陈述本案的辩护观点,如“认为指控的罪名依法不能成立”。

(二)正文

该部分是辩护词的核心。结合本案的证据和法律,按照辩护词的基本要求书写。正文书写应当符合格式和规范。例如,四级标题的书写:“一、”“(一)”“1.”“(1)”。

引用规范:“①张明楷:《刑法学》(第4版),××页,北京,法律出版社”,“②陈某某供述,20××年×月×日讯问笔录,证据卷×,××页”。

(三)结论

辩护词结论是对辩护理由的概括,要综合论点和论据,做到言简意赅、观点明确、收尾有力。使用适当语言,表明辩护结束。如有需要可将相关案例、阅卷笔录、质证意见等附后。

三、注意事项

律师制作辩护词应当注意以下事项:

第一,辩护方案清晰,辩护论点明确。在书面辩护词中,律师必须清楚自己选择的辩护方案,让审判人员一目了然。而具体执行辩护方案时,应明确能够着力的具体辩护论点。不能整个方案似是而非、游离不定,具体辩护论点也不知所然、夸夸其谈。需要注意的是,某些疑难、复杂案件,辩护词的篇幅较长,具体论点较多,为了节省审判人员的时间,可以在开篇中直接罗列论点,在后文中详细论述。

第二,引用证据和法律要准确无误。律师必须熟悉案件事实和法律依据,在具体引用时做到精准、恰当,不能模棱两可、牵强附会。

第三,论证逻辑缜密、说理透彻。律师应当围绕观点讲事实、依法律、明道理,应当具备严谨的法律逻辑,不能泛泛而谈、空洞无物。

第四,语言规范、用词贴切。律师书写法律文书要用语规范,采用法言法语,避免使用通俗的白话和有歧义的词语。

【文书范本一】

李某某受贿案辩护词

(20××)亚律刑字第××号

审判长、审判员:

(第一部分序言)

安徽金亚太律师事务所接受被告人李某某的委托,指派我担任其一审的辩护律师,依法参与本案诉讼。在本案的侦查阶段,辩护人曾向侦查机关S区人民检察院提交了犯罪嫌疑人李某某无罪的申诉意见,但该意见未能得到采纳。在查阅本案的所有卷宗材料后,今天在庄严的法庭上辩护人依然认为被告人李某某是无罪的,现发表以下辩护意见,请合议庭充分考虑。

(第二部分正文)

一、起诉书中没有全面、客观地认定本案的事实

(一)起诉书"掐头去尾"的所谓犯罪事实指控严重影响了本案的定罪和量刑

1. 被告人李某某在涉案公司设立时有实际出资的行为

……如曾证言"感觉(收条)是像我写的,但我一点印象都没有……"但在3天后又明确记得"……当时这张收条完全按照李某某授意写的,他斟酌了很长时间。落款日期2009年6月10日是李某某让我这样写的,实际日期要迟一些……"

……

二、被告人李某某合作投资并获得收益的行为依法不构成受贿犯罪

最高人民法院、最高人民检察院《关于办理受贿刑事案件适用法律若干问题的意见》(以下简称《受贿若干问题的意见》)第3条第2款规定:"国家工作人员利用职务上的便利为请托人谋取利益,以合作开办公司或者其他合作投资的名义获取'利润',没有实际出资和参与管理、经营的,以受贿论处。"而在本案中,李某某以他人名义实际出资,且获得的收益完全符合公司章程的约定,不符合该条文规定的情形,依法不构成犯罪。具体理由如下:

(一)被告人李某某收受他人的两笔钱款都应是投资而取得的合理分红款

……

(二)被告人李某某实际投资并获得合理收益的行为依法不构成受贿

……司法解释《受贿若干问题的意见》的起草人、最高人民法院法官刘为波在《〈关于办理受贿刑事案件适用法律若干问题的意见〉的理解与适用》一文中从立法本意的角度对《受贿若干问题的意见》第3条第2款作出如下解释:"……第二,以合作开办公司或者进行其他合作投资的名义,既没有实际出资也不参与管理、经营而获取所谓'利润'。此种情形,行为人没有获取所谓'利润'的任何正当理由,属于打着合作开办公司或者其他合作投资的名义,行受贿之实的变相受贿行为……'不参与管理、经营'是判断是否名义投资诸多可资判断因素的一个方面,同时,管理、经营行为在一定情况下也可能作为出资方式的一种,所以,《意见》关于此种情形是否成立受贿的认定,坚持的标准仍然是名义投资抑或实际投资。"[1]该文对司法实践中如何理解和适用《受贿若干问题的意见》具有指导意义。结合到本案,李某某实际出资,且获得的收益完全符合公司章程的约定或投资比例,其行为不符合该条规定的情形。根据严格的罪刑法定原则,李某某的行为不属于受贿行为。

……

(第三部分结语)

国家机关工作人员依据法律规定本不应该从事或者参与营利性活动,李某某对外投资毫无疑问是一种违纪行为,但违纪行为、违法行为与犯罪行为有着本质的差别,若因为李某某对外投资并取得收益就追究其受贿罪那就错上加错了。辩护人希望一审法院能够摒弃主观归罪的旧刑法理念,依据严格的罪刑法定原则,维护法律的正确实施,慎重考虑辩护人的意见,给被告人李某某一个公正的判决。

辩护人:×××

20××年××月××日

---

〔1〕 最高人民法院刑事审判第一、二、三、四、五庭编:《中国刑事审判指导案例》,法律出版社2009年版,第254页。

【文书范本二】

在目前的司法审判体制下，有些案件案情十分复杂，而审判委员会成员不可能全都详细阅卷并充分了解案情，辩护人可在辩护词中先帮承办法官概括、归纳主要案情或争议焦点，以便承办法官向审判委员会汇报。

宁某贩卖毒品、非法持有枪支案死刑复核辩护意见

(2013)亚律刑字第076号

尊敬的最高人民法院审判长、审判员：

本案二审阶段，辩护人接受被告人宁某亲属的委托为其辩护；现再次接受委托，担任宁某死刑复核程序的辩护人。贩毒是一种严重的犯罪，依法应当严惩，但对毒贩并非一概杀无赦，多数毒贩也是自己罪行的受害者。对每一个生命的敬畏是法治和人道的根基，然而一审、二审法院置本案存在"特情"引诱的客观事实、具备立功等法定或酌定的量刑情节于不顾，判处三名被告人死刑，未免过于草率；且二审法院认定的部分事实未达到证据确实、充分的证明标准，相关法律适用也存在错误。望最高人民法院根据事实和法律，充分考虑以下辩护意见，不予核准宁某死刑立即执行的判决。

为了不耽误最高人民法院法官的宝贵时间，现将书面辩护意见的核心观点总结并作为辩护意见的首节部分，并在后文中详细论述辩护观点，以便开门见山地辩护。

第一部分　辩护意见核心总结

一、本案宁某所有贩卖毒品的事实都不能排除存在"特情"引诱的合理怀疑。二审法院认定宁某贩卖毒品的事实主要包括两部分：一是宁某从东莞张某某处购买冰毒11,561.9克、麻古共计530.9克用于贩卖。宁某在归案后如实供述"上线"张某某，结合本案证据认定张某某系宁某的"上线"事实清楚、证据较为充分，然而张某某归案后，在侦查期限届满之前就被释放，因此，该起事实中存在"特情"引诱的合理怀疑。二是宁某在浙江湖州帮助尧某某从深圳

“阿强”处购买冰毒4004.12克。根据上海警方出具的办案情况说明可知,侦查机关“逆用”被抓的“下线”周某,与湖北上家保持联系,致使宁某帮助尧某某购买大量冰毒,“特情”引诱的合理怀疑同样不能排除。因此,最高人民法院复核时应保留余地,不应核准宁某死刑立即执行。

二、宁某主观罪恶、行为的社会危害性及罪行的严重程度均没有达到必须执行死刑的标准。宁某归案后主动交代犯罪事实,具备坦白情节;本案不能排除存在“特情”引诱的情形,且大部分毒品被查获,没有流入社会造成严重的社会危害;宁某积极检举“上家”张某某,并对“抓捕”张某某确实起到协助作用。除此之外,宁某“上线”阿强被另案处理,“上线”张某某仍在侦查之中,宁某作为他们的同案犯,判处死刑不利于相关涉毒案件进一步查明。同时,最高人民法院不核准宁某死刑,亦可达到特殊预防和一般预防的法律效果。

三、宁某在东莞常平两住处被查获的冰毒561.9克、麻古20.9克是为了供自己吸食,其行为依法应认定为非法持有毒品罪。宁某在2011年8月、9月和11月两次共卖给吴某某冰毒200克的事实由于各被告人的供述在交易时间、地点与参与交易人员、过程等方面都不能相互印证,故该节事实未能查明,认定宁某贩卖毒品证据不足。宁某帮助尧某某从深圳“阿强”处购买冰毒4004.12克系从犯,且该部分毒品没有进入交易环节,应属于犯罪预备。

四、安徽旌德警方查获所有毒品的数量都是依据办案人员对收缴毒品当场称量得出,没有证据证明称量使用的器具为已依法检定的计量工具,并且毒品的最终数量也没有进行鉴定,因此,当场称量的数量不能直接作为定案的依据。

五、本案涉案“枪支”依法不属于刑法意义上的枪支,且鉴定程序违法,宁某依法不构成非法持有枪支罪。

综上所述,建议最高人民法院不核准宁某死刑。

第二部分　核心辩护观点详述

……(略)

【文书范本三】

“教师新村杀人碎尸案”发生于2010年3月28日。因为垃圾堆放问题发生纠纷，家住H市教师新村、在省城某著名房产公司任财务总监的李某某被楼上邻居、某著名学校教师方某杀害并碎尸。当时社会广泛关注，律师受H市法律援助中心的指派提供法律援助。

教师新村杀人碎尸案辩护词

审判长、审判员：

为这样的案件出庭辩护的开场白往往是很困难的，我们知道，任何道歉的言词都不足以抚慰受害的心灵，但我们还是想首先对受害人表示慰问并代表方某的妻子吴老师向受害人表示道歉，方某的妻子虽然曾经和被害人的妻子是同事，但怕惊扰了对方，甚至不敢发个短信表示道歉。尝试着委托曾经的同事约见也未能如愿。

像这样的案件的被告人依法是必须有辩护人的，我们相信被害方理解辩护人的职责，请允许我直接发表辩护意见：辩护人对公诉机关指控被告人方某构成故意杀人罪、盗窃罪不持异议，也认为方某应当承担严重的刑事责任。但我们将提出以下五点理由，论证方某应当被判处死刑但不是立即执行而是缓期执行。请允许我用30分钟左右的时间发表辩护意见：

一、本案被害人的死亡结果是被告人的主动行为和被动行为共同导致的

被告人身材瘦小，而被害人身材相对壮实。这两个没有受过格斗训练的男人徒手打斗，一方想致另一方死亡是非常困难的。根据本案的法医学尸体检验鉴定书，被害人李某某系“被捂口鼻及扼压颈部致机械性窒息死亡。”但是，业已查明的事实表明，方某在与被害人打斗的过程中，并未掩捂被害人的口鼻部。并且，从客观上说，被告人方某也不可能在右手中指和环指被紧紧咬住的同时还能用右手捂住被害人的口鼻，致其死亡，而用左手捂口鼻，则必须放弃扼颈。那么法医学鉴定书为什么会显示这样的检验结果？

为了解决这些疑问，我们翻阅了数本医学著作和相关优秀论文，并请教了

多位病理学和法医学专家。法医学将机械性窒息分为六种类型：(1)闭塞呼吸道入口所致的窒息。(2)压迫颈项部所致的窒息。(3)异物堵塞呼吸道所致的窒息。(4)液体吸入呼吸器官所致的窒息。(5)压迫胸腹部所致的窒息。(6)体位性窒息。

根据法医学尸体检验鉴定书，本案被害人系“被捂口鼻及扼压颈部致机械性窒息死亡”，由于“被捂口鼻”是“闭塞呼吸道入口”的一种方式，所以本案是六种类型中的第一、二两种形式。法医学认为，捂死、扼死两种致死的机制并不相同。由于手压的力量一般不是特别大，而且可能有变换动作和间断用力，加上被害人的挣扎反抗，致使呼吸道难以被完全、持续地阻断，因而扼压颈部窒息进程相对比较慢；而扼压颈部和闭塞口鼻相结合，则较容易发生死亡的结果。本案中业已查明的事实中虽然没有方某用手主动捂压口鼻的行为，而鉴定人从法医角度上看，仍得出了受害人“系被捂口鼻及扼压颈部致机械性窒息死亡”的结论。“只要被害人口唇部有伤痕”，法医检验时可以认定是被“捂口鼻”，但“被捂口鼻”和“被捂口鼻是致死的原因”之一完全不可相提并论。

H市人民检察院在起诉书中指控在方某与李某某打斗中，“李某某咬住了方某的右手手指，方某捂住李某某口鼻并用左手掐其颈脖，致其死亡”。按照这样的指控，方某在右手手指先被咬的情况下再捂住被害人口鼻，而另一手扼压被害人颈部。方某并没有三只手，右手被咬住，左手扼颈，那么捂口鼻的手必然是右手，因为如果是左手捂口鼻就必然松开扼颈，被害人不会被捂口鼻和扼颈两种行为致死。公安机关的起诉意见书并没有这样的表述，而是表述为：“打斗中李某某用嘴咬住了犯罪嫌疑人方某的右手中指和环指，犯罪嫌疑人方某用头将李某某顶退至503室内并用左手掐被害人李某某颈脖致其死亡。”按照起诉书的指控，方某如果在右手被咬住、左手持续扼颈的情况下再去捂口鼻，则只能是被咬住的那只手同时去捂口鼻，而同一只手在两个手指被咬住、疼痛无比的情况下，如何还能用这只手积极、主动地捂口鼻呢？《关于办理死刑案件审查判断证据若干问题的规定》要求，根据证据认定案件事实的过程符合逻辑和经验规则，由证据得出的结论为唯一结论。

辩护人不知道公诉人认定“方某捂住李某某口鼻”的事实依据是什么，肯定不是方某的口供。其依据除了被害人系“被捂口鼻及扼压颈部致机械性窒息死亡”的结论之外,或许还有法医鉴定中的检验所见,受害人“上唇黏膜见多处片状青紫”,但这种检验不足以推定“捂了口鼻”,因为在方某右手中指、环指被死死咬住的情况下,方某其他手指的反抗同样会致受害人有上述伤痕。

本案中方某的手指确实很长,其右手两手指被撕裂后缝了十几针。据其交代,案发当时,右手中指、环指根部也有出血。由于归案时系案发后将近3个月,手指根部伤口已经痊愈但中部关节部位的伤疤至今仍然十分清晰。这种伤痕与方某关于手指被死死咬住的供述是完全印证的。所以,只要本案的法医鉴定结论,即被害人系“被捂口鼻及扼压颈部致机械性窒息死亡”正确,那么,以下的推理就正确:第一,方某被李某某紧紧咬住的右手中指和环指到达了李某某的口咽部,且持续时间较长,那么就会产生被掩捂口鼻致机械性窒息的效果;第二,由于牙齿坚硬但嘴唇柔软,牙齿死死咬住对方两个手指导致口腔闭合,而被咬住手指的人本能拼命挣脱,会导致该手的其他部位捂压对方口鼻;第三,无论是手指到达了被害人口咽部,还是因为被害人死死咬住对方手指导致口腔闭合或口鼻在被害人拼命挣扎时被捂住,都可以与扼压颈部的行为相结合,最终共同导致被害人机械性窒息死亡。

根据法医学理论,再结合本案的法医学鉴定报告和其他证据,就可以得出符合逻辑和经验规则的案件事实的过程:在互相打斗中,李某某紧紧咬住方某中指和环指且坚决不松口,方某的指尖被迫地堵塞李某某的呼吸道入口,或李某某因咬得很紧导致口腔闭合,方某右手手指疼痛难忍并进行挣扎,挣扎时会堵住李某某口鼻并致李某某口唇受伤。为摆脱手指被咬的疼痛,方某一边右手挣扎,一边用左手扼住李某某颈部。最终方某手指被迫的堵塞作用与其扼压李某某颈部的行为相结合,导致李某某机械性窒息死亡。所以,法医的鉴定结论为:被害人系“被捂口鼻及扼压颈部致机械性窒息死亡”。而如果否认我们所描述的方某的“被迫捂口鼻的行为”,那么就应当首先否认鉴定结论中这两种方式导致机械性窒息死亡的结论。

综上所述,本案李某某的死亡结果是方某的主动行为和被动行为共同导致的,扼压颈部是主动的,而“捂口鼻”是被动的。另外,当一个人的一只手的两个手指被他人咬住不放时,被咬住的手奋力挣脱,而另一只手去扼压对方的颈部,意图使一只手摆脱剧烈的疼痛,则是行为人的本能反应和条件反射动作。本案的事实也正是,李某某一直不松口,随着疼痛的不断加剧,方某在预见可能扼死李某某的情况下,屈服于自身的疼痛,继续实施扼颈的行为;而被咬住的手指确实在对方无力挣扎时才得以解脱。

根据方某的口供:"他(李某某)咬住我的右手中指和环指不松口,我就用左手掐住他的脖子让他把我手松开,他就不松……倒地以后他还紧紧咬住我的右手不松口……我感觉他没什么反应了,我左手松开他的脖子,当时他还紧紧咬住我的右手不松口,我就使劲把右手从他嘴里拽出来,我看见我的中指和环指都流血了……(侦查卷第36~37页)。可见,李某某一直紧紧咬住方某的手指,直至死亡。方某手指一直被动地堵塞李某某的呼吸道入口,最终与其扼颈的行为相互作用,共同导致李某某的死亡。"

因此,我们认为本案被害人李某某的死亡是被告人方某主动行为和被动行为混合交叉作用的结果,被告人方某虽然实施了杀人的行为,但根据法医鉴定的结论可得出这样的结论,被害人李某某的死亡是被告人方某主动的扼颈行为和被动的手指堵塞口咽(或口鼻)的行为共同导致的。

二、被害人对本案的发生存在过错,本案事出有因,被告人系激情犯罪

基于对逝者的尊重,我们绝不敢对被害人有任何的指责,甚至虽有证据表明被害人家庭多次将垃圾、不用的家具堆放楼梯间,我们都没有作为证据向法庭提供,但辩护职责所在,我们不得不说出本案的事实:被害人对本案的发生存在过错,本案事出有因,被告人系激情犯罪。

根据最高人民法院副院长熊选国主编的《〈人民法院量刑指导意见〉与"两高三部"〈关于规范量刑程序若干问题的意见〉理解与适用》一书,被害人过错作为酌定从宽量刑情节,可分为明显过错和一般过错。明显过错一般是指被害人对被告人实施了违法犯罪行为,侵害了被告人或其近亲属的人身、财产、人格等重大合法权益,难以忍受,从而激发被告人实施犯罪行为。司法实践中符合以下标准的,一般可认定为明显过错:一是被害人出于故意而非过失;二是被害人的过错行为情节严重;三是侵害的是被告人的人身、财产、人格

等法益，且遭受损害程度很大；四是过错行为与犯罪行为存在密切联系。被害人存在明显过错的，从轻处罚的幅度一般为减少基准刑的20%～30%。一般过错是指被害人采取违法或者不道德手段侵害犯罪行为人的合法权益。以上述认定明显过错的标准为参考，在被害人实施的是轻微违法行为或不道德行为，或者主观上处于过失而非故意，或者犯罪行为人法益受损程度轻微，或者过错行为与犯罪行为之间关联性不大的情况下，可认定为一般过错。被害人具有一般过错的，从轻处罚的幅度一般为减少基准刑的20%以下。[1]

（一）本案的起因是被害人李某某家门口随意堆放的垃圾

本案被称为"一堆垃圾引发的血案"，这种说法概括了案件发生的原因。正是被害人堆放在狭窄五楼楼道口楼梯上的两个纸箱、一袋子垃圾，引起了被告人与被害人之间激烈的争执，最终导致了惨剧的发生。

教师新村小区的业主公约第2项第8条和第11条的规定："住户每日应将垃圾装在袋内，在规定时间送到规定地点，并确保垃圾完好无损。""在本物业范围内，不得有下列行为：……(3)占用或损坏楼梯、通道、屋面、平台、道路、停车场、自行车库等公用设施及公共场地……(5)不按规定堆放杂物、丢弃垃圾、高空抛物。"当然，违反了小区的业主公约，不按规定堆放垃圾、占用公共通道绝不可以遭受凶杀，但本案确实是，方某在案发前几日曾被小区物业经理误会为乱扔垃圾，觉得十分委屈。所以在案发当日，方某看见被害人家堆放在楼道口的垃圾，因气愤而出言不逊并脚踢垃圾，而被害人恰巧从房间出来，随即两人才会发生激烈的纠纷。所以，违反业主公约在公用通道堆放垃圾引发本案确实让人扼腕叹息。

（二）被害人紧咬被告人手指的行为是导致其机械性窒息死亡的原因之一

根据以上对李某某死亡机制的分析，我们认为，是李某某紧紧咬住方某中指和环指且坚决不松口的行为使方某的手指被迫地闭塞李某某的呼吸道入口，与方某扼压其颈部的行为结合，最终导致李某某因机械性窒息死亡。所

〔1〕　参见熊选国主编：《〈人民法院量刑指导意见〉与"两高三部"〈关于规范量刑程序若干问题的意见〉理解与适用》，法律出版社2010年版，第198～199页。

以,被害人李某某紧咬方某手指拒不松口的行为也是其机械性窒息死亡的原因。

(三)被害人李某某紧咬方某手指的行为直接导致其被扼压颈部

正是因为李某某紧紧咬住方某的右手中指和环指不放,方某才会剧痛难忍而扼压被害人李某某颈部,虽然方某扼颈的行为方式非法,但系正常人的防卫本能使然。所以,被害人对其死亡结果的发生有不可推卸的责任。

(四)被告人犯罪前并无预谋,系激情犯罪

本案被告人方某纯粹是因为楼道垃圾问题而与被害人李某某产生口角,继而上升为双方互殴,最终导致李某某死亡。被告人系激情犯罪,激情犯罪是指未经深思熟虑而基于一时的犯罪决意实施的突发性犯罪,是典型的无预谋犯罪。

有预谋犯罪和无预谋犯罪存在本质的区别,有的国家鉴于预谋犯罪对社会更有危害性,对其规定了相较于非预谋犯罪更重的刑罚。如《美国模范刑法典》第210条规定,谋杀属于一级重罪,非预谋杀人属于二级重罪。《奥地利刑法》第32条第3项规定,一般而言,行为人对其行为考虑越成熟、准备越充分,量刑越严厉。我国《刑法》虽然没有明确区分预谋犯罪和非预谋犯罪,但是刑法理论和司法实践认为二者有区别,非预谋犯罪的社会危害性以及犯罪人的主观恶性较小,所以相对于预谋犯罪,非预谋犯罪会被处以较轻的刑罚。

因此,希望法院考虑方某并无犯罪预谋、系激情犯罪这一情节,对方某从轻量刑。

最后,根据最高人民法院《全国法院维护农村稳定刑事审判工作座谈会纪要》规定:对于因婚姻家庭、邻里纠纷等民间矛盾激发引起的故意杀人犯罪,应当与发生在社会上的严重危害社会治安的其他故意杀人犯罪案件有所区别,适用死刑一定要十分慎重。最高人民法院《关于贯彻宽严相济刑事政策的若干意见》规定:对于因恋爱、婚姻、家庭、邻里纠纷等民间矛盾激化引发的犯罪,因劳动纠纷、管理失当等原因引发、犯罪动机不属恶劣的犯罪,因被害方过错或者基于义愤引发的或者具有防卫因素的突发性犯罪,应酌情从宽处罚。

三、应当对分尸行为进行符合法律和法理的刑法评价("死缓"加上3年

有期徒刑不等于死刑立即执行)

本案中令人触目惊心的是被告人杀人后的分尸行为,起诉书认为方某"犯罪手段特别残忍,情节极其恶劣"的原因就在于此。确实,被告人的这种行为极大地伤害了被害人亲人的感情和善良风俗,但是我们想说,分尸是行为人为掩盖犯罪的另一犯罪行为。在1997年以后,该行为侵犯了新的刑法所保护的社会关系——社会公共秩序和社会风尚,因此,严格依据法律规定,这种行为应当构成独立的侮辱尸体罪,而依法不应是故意杀人罪的从重情节。故意杀人如果应当判处"死缓"的话,"死缓"加上侮辱尸体罪不等于死刑立即执行。

侮辱尸体罪是在1997年《刑法》(修正案)后规定的新的罪名,因此,在我国的司法实践中,大多沿袭1997年之前的做法,即杀人行为本身没有达到应当判处死刑立即执行的程度,但因为存在杀人后分尸这种被认为极端残忍的情节,法院就把分尸的行为作为故意杀人罪的加重量刑情节考虑,致使行为人被宣判死刑立即执行。应该说,这样处理是无法律根据的、不合理的,根据张明楷教授的观点,这是隐形的量刑观点事实上不当地起着重大作用的体现。[1]

故意杀人罪是刑法理论公认的即成犯,将犯罪既遂之后的分尸行为作为加重量刑的情节评价进故意杀人的行为中无法可依,在一定程度上肆意地扩大了死刑立即执行的适用范围,有违司法公正。因此,根据刑法理论和学界观点,故意杀人后又分尸的,应以侮辱尸体罪与故意杀人罪进行数罪并罚。

如果按照过去的刑法理论,本犯的事后行为属于不可罚的事后行为(或共罚的事后行为),以吸收犯进行处理。而吸收犯的处罚原则是从一重罪处理,而不是从重罪后再加重。

具体到本案中,严格依据法律的规定和刑法学原理,方某应犯有三罪:故意杀人罪、侮辱尸体罪和盗窃罪;即使按照司法实践中的大部分做法,把分尸当作故意杀人罪的从重处罚的情节,在慎用死刑的大背景下,一个应当依法最

---

〔1〕 参见张明楷:《结果与量刑——结果责任、双重评价、间接处罚之禁止》,载《清华大学学报(哲学社会科学版)》2004年第6期。

重应判处3年有期徒刑的从重情节加上“死缓”也不应等于死刑立即执行。

在本案中，方某实施完故意杀人行为之后，就逃离了犯罪现场，来到H市东南骨科医院处理被李某某咬伤的手指，在“吊水”时，才产生了肢解被害人尸体、隐匿犯罪行为的意图。且根据方某的供述，其逃离犯罪现场时，被害人就已经死亡：“我用手摇晃了李某某一下，李某某没反应，我用手贴近他的鼻子试了一下他的呼吸，也没反应，还摸了他的胸口，也没心跳了，我当时想完了，我把人搞死了……这时候我看到李某某嘴里有血，半个舌头都伸出来了……”（侦查卷第37页）。当方某买好装尸体的编织袋再次进入犯罪现场时，再次确定李某某已死亡，继而进行了分尸行为。方某的供述和李某某尸体的法医学鉴定书都可以证明这一点。方某供述称：“大概下午三点钟左右，我用李某某的钥匙把他家家门打开，进去后把外门关好，这时李某某尸体都僵硬了，我先把他拖到客厅的地上，当时李某某脸色发黑，半条舌头伸出来，嘴里还在流血，衣服上有一大块血迹。”（侦查卷第25页）李某某尸体的法医学鉴定书称：“经检验，各尸块离断处皮下组织及肌肉出血不明显，组织无明显收缩，无明显生活反应，分析系死后分尸所致。”

对分尸行为应当进行单独的刑法评价，该行为符合侮辱尸体罪的全部构成要件，应当以侮辱尸体罪进行定罪量刑。根据《中华人民共和国刑法》第302条的规定，该罪的法定最重刑是有期徒刑3年。在本案中，严格依据法律的规定和刑法学原理，应对分尸行为进行单独的刑法评价，以故意杀人罪、侮辱尸体罪、盗窃罪三罪数罪并罚；而即使按照过去的做法，把分尸行为作为从重的情节来考虑，方某的故意杀人行为本身并没有达到必须判处死刑立即执行的程度，死缓加上一个最重可以判处3年徒刑的从重情节也不等于死刑立即执行。

四、被告人平时表现一贯良好，人身危险性不大

按照最高人民法院等的规定，被告人平时表现及有无悔罪态度属于应当查明的量刑情节。

方某的妻子给我写过一封信，用文字形式描述了方某：从因出身卑微和父辈的愚昧导致其右眼皮过长；因右眼难看导致其儿时备受欺辱；因发奋读书而

十几年来孤独翻越几十里山路求学终于考上了大学;工作之后,又为母亲的胃癌、弟弟的学费,花光自己所有的积蓄……他的昔日同窗们称他是“勤奋朴实、热心无私、自尊自强的大哥”;他的学生们称他是充满热情、纯朴善良的“名副其实的好老师”;他更因为是那个贫困山村的第一个大学生而成为乡亲的骄傲……他曾经那样勇于担当,不屈与命运抗争。卷宗材料中,教师新村物业负责人和方某学校的负责人也对他作出正面的评价。

这样一个所谓的老好人沦为杀人嫌犯后,他昔日的多位学生和家长往看守所送钱,大家简直不敢相信一个好老师会犯下如此严重的罪行。

我们也向法庭提供了方某的大学同窗、学生、老家村民的联名信,这些情节说明方某平时一贯的良好表现,希望法庭在量刑时可以参考。

另外,本案的发生确实具有一定的特殊性和偶然性:被告人的行为是在双方打斗过程中,在激愤、冲动和手指被咬疼痛难忍的本能反应作用下实施的。其行为具有某种可能被理解的因素。有人把本案说成是拥有两辆自行车的清贫家庭和拥有两辆汽车富裕家庭之间的矛盾,辩护人不同意这种说法。本案两家人平时也没有矛盾;被害人的富有、被告人的贫穷不能成为同情被告人的理由。但方某平时表现良好,本人的人身危险性不大,属于从宽处理的情节。

五、被告人有深刻的悔罪表现

案发后被告人认罪、悔罪态度好,其供述前后连贯、互相印证,使得案件的侦查始终处在一个主动的环境中,并且多次通过承办警官向受害者的家属道歉。为了弥补受害者的损失,愿意和妻子一起无条件将全部的家产——唯一的复式住房过户给受害人;并向警方、媒体和法庭表示,如被判处死刑立即执行,将自己的器官捐献换钱赔偿受害人。这些深刻的悔罪表现在量刑时也应当考虑。

中国自古以来,杀人者死,伤人者刑。但这种同态复仇并不是解决现代社会矛盾、伸张正义的有效方法。特别是2007年死刑核准权收归最高人民法院以后,为了符合全球的人权发展趋势,中国的死刑制度发生了巨大的变化,真正贯彻了“保留死刑,严格控制死刑”、少杀、慎杀的基本死刑政策。我们会向法庭提供杀两人焚尸灭迹的杀人犯因受害方谅解被判“死缓”,杀人分尸后邮包寄出的两个杀人共犯因案发事出有因被判处“死缓”和无期徒刑的案例。我们只想为方某争得一个还可以在社会上呼吸的机会，正如他在看守所中磨破手指也要做工那样，给他一个用后半生的行动在监狱中向被害人和社会赎罪的机会。

最后，我想说的是，由于被害人系H市非常知名的房地产开发公司的副总经理，被告人系相对清贫的教师；由于本案发生在H市非常知名的小区——教师新村且被害人被分尸；由于被社会猜测本案可能系因地产商和名校教师之间的奸情而引发的血案，因此，该案引起社会的关注。但社会关注案件与被告人的行为有民愤乃至于不杀不足以平民愤完全不可同日而语。我们希望法庭在案件审理的过程中重事实、重证据，将案件引起的关注与“民愤”区别开来，充分考虑以上辩护意见，对方某不判处死刑立即执行。

第六章
CHAPTER 06

刑事诉讼新增程序的律师辩护

第一节
嫌疑人、被告人认罪认罚程序

2018年《刑事诉讼法》的修订中增设了认罪认罚从宽制度，该制度在整个刑事诉讼程序中都可以适用，为刑辩律师的辩护工作增加了一个新的着力点，是此次《刑事诉讼法》修订中的一大亮点。

一、我国认罪认罚从宽制度的发展历程

认罪认罚从宽制度肇始于2014年。全国人大常委会授权最高人民法院、最高人民检察院在北京、上海等18个城市开展为期2年的刑事速裁程序的试点时，明确规定犯罪嫌疑人、被告人认罪且同意适用速裁程序的，可以适用速裁程序，认罪认罚制度初现雏形。2014年10月，党的十八届四中全会提出，完善刑事诉讼中认罪认罚从宽制度。这一重大改革部署充分体现了现代司法宽容精神，是我国宽严相济刑事政策的制度化，也是对刑事诉讼程序的创新。

2016年7月，中央深化改革小组审议通过《关于认罪认罚从宽制度改革试点方案》。

2016年9月，全国人大常委会作出《关于授权最高人民法院、最高人民检察院在部分地区开展刑事案件认罪认罚制度试点工作的决定》。

2016年11月，最高人民法院、最高人民检察院、公安部、国家安全部、司法部印发《关于在部分地区开展刑事案件认罪认罚从宽制度试点工作的办法》。

通过这几个方案与决定，认罪认罚从轻制度正式成为司法体制改革的重要组成部分。

2018年10月26日，十三届全国人大常委会第六次会议通过了《刑事诉讼法修正案》，作出26项决定，当日公布施行。《刑事诉讼法修正案》增加了11个条文，规定了认罪认罚从宽适用的条件、程序等内容。至此，认罪认罚从宽作为一种司法制度和诉讼程序写入了刑事诉讼法典，并在全国生效实施。

二、认罪认罚制度的构建

《刑事诉讼法》中对认罪认罚从宽制度适用罪名和可能判处的刑罚没有作出限定，包括重罪案件、职务犯罪案件以及共同犯罪案件，只要认罪认罚的，均可以依法从宽处理。在《关于在部分地区开展刑事案件认罪认罚从宽制度试点工作的办法》中虽对适用情形作出了限制，但这些限制也主要是针对嫌疑人主体问题，并未对适用的罪名和情节有限制。

第二条 具有下列情形之一的，不适用认罪认罚从宽制度：

（一）犯罪嫌疑人、被告人是尚未完全丧失辨认或者控制自己行为能力的精神病人的；

（二）未成年犯罪嫌疑人、被告人的法定代理人、辩护人对未成年人认罪认罚有异议的；

（三）犯罪嫌疑人、被告人行为不构成犯罪的；

（四）其他不宜适用的情形。

相比于其他法定从轻、减轻情节来说，认罪认罚制度几乎可以说是零门槛，辩护律师大有可为。

建构这一程序的基础是控辩双方能够就认罪认罚换取从轻处理达成一致，案件中存在的矛盾基本解决，因此诉讼程序可以也应当予以简化。

（一）侦查阶段的程序构建

从修改后的刑事诉讼法规定看，认罪认罚从宽制度最核心的一环是在审查起诉阶段，但是依据《关于在部分地区开展刑事案件认罪认罚从宽制度试点工作的办法》的规定，侦查阶段同样可以适用这一制度。

第八条　在侦查过程中，侦查机关应当告知犯罪嫌疑人享有的诉讼权利和认罪认罚可能导致的法律后果，听取犯罪嫌疑人及其辩护人或者值班律师的意见，犯罪嫌疑人自愿认罪认罚的，记录在案并附卷。

犯罪嫌疑人向看守所工作人员或辩护人、值班律师表示愿意认罪认罚的，有关人员应当及时书面告知办案单位。

对拟移送审查起诉的案件，侦查机关应当在起诉意见中写明犯罪嫌疑人自愿认罪认罚情况。

在侦查阶段适用这一程序可以对被追诉人产生极大激励，便于侦查工作的开展，但侦查机关只具有程序上的处理权，没有实体的处理权，而且侦查阶段对于认罪认罚也不会形成实质成果。

（二）审查起诉阶段的程序构建

审查起诉阶段是该制度发挥作用的核心阶段。在审查起诉阶段，犯罪嫌疑人通过认罪认罚而与检察机关达成一致，签署具结书。这个具结书的效力就是，进入审判程序后，法院一般应当采纳人民检察院指控的罪名和量刑建议。也就是说，通过认罪认罚从宽制度，检察机关的公诉裁量权得以进一步丰富和完善，公诉在审前程序中的主导作用更加凸显。

修改后的《刑事诉讼法》中构建起了认罪认罚制度在审查起诉阶段的具体内容。

第15条规定，犯罪嫌疑人、被告人自愿如实供述自己的罪行，承认指控的犯罪事实，愿意接受处罚的，可以依法从宽处理。

第173条规定了具体的操作内容，包括检察机关积极主动告知诉讼权利和认罪认罚可能导致的后果；积极支持并主动联系值班律师或辩护律师参与，并为律师参与认罪认罚案件提供便利；控辩对等沟通、对话，认真听取值班律师意见并附卷等。

第174条第1款规定，犯罪嫌疑人自愿认罪，同意量刑建议和程序适用的，应当在辩护人或者值班律师在场的情况下签署认罪认罚具结书。

第176条规定，凡提起公诉的，应当在起诉书中写明被告人的认罪情况、量刑建议，并同时移送具结书等材料到人民法院，将认罪认罚制度的作用落到实处。

各地检察院应当制作格式具结书供被告人签署。各地具结书格式模板不一，笔者整理了一份。该模板来自《认罪认罚从宽制度的理解与适用》一书。[1]

【文书范本】

认罪认罚从宽制度告知书

一、《认罪认罚具结书》签署后可以撤回，但应书面向办案机关提出申请，并说明理由，人民检察院将重新提出量刑建议。

二、犯罪嫌疑人、被告人虽未提出书面撤回申请，但对起诉书指控的主要犯罪事实、罪名和认罪表述提出异议的，视为撤回《认罪认罚具结书》。

三、犯罪嫌疑人、被告人撤回《认罪认罚具结书》后，犯罪嫌疑人、被告人已签署过的《认罪认罚具结书》不能作为本人认罪认罚的依据，但仍可能作为其曾作有罪供述的证据，由人民法院结合其他证据对本案事实进行认定。

认罪认罚具结书

一、犯罪嫌疑人身份信息

本人姓名________，性别________，民族________，出生日期________年____月____日，身份证号码：________________________，身份证住址：______________________________________

二、权利知悉

本人已阅读《认罪认罚从宽制度告知书》，且理解并接受其全部内容，本人__________自愿适用认罪认罚从宽制度，同意适用速裁程序/简易程序/普通

---

〔1〕参见胡云腾主编，沈亮、管应时副主编，最高人民法院刑事审判第一庭编著：《认罪认罚从宽制度的理解与适用》，人民法院出版社2018年版。

程序简化审。

三、认罪认罚内容

本人______知悉并认可如下内容：

1. ______人民检察院指控本人______的犯罪事实，构成犯罪。

2. ______人民检察院提出的______量刑建议。

3. 本案适用速裁程序/简易程序/普通程序简化审。

四、自愿签署声明

本人学历______，可以阅读和理解汉语（如不能阅读和理解汉语，已获得翻译服务，且通过翻译可以完全清楚理解本文内容）。

本人就上述第三项的内容已经获得辩护人/值班律师的法律帮助并听取法律意见，知悉认罪认罚可能导致的法律后果。

本《认罪认罚具结书》，是本人在知情和自愿的情况下签署，未受任何暴力、威胁或任何其他形式的非法影响，亦未受任何可能损害本人理解力和判断力的毒品、药物或酒精物质的影响，除了本《认罪认罚具结书》载明的内容，本人没有获得其他任何关于案件处理的承诺。

本人已阅读、理解并认可本《认罪认罚具结书》的每一项内容，上述内容真实、准确、完整。

本人签名：

年　月　日

本人是犯罪嫌疑人、被告人______的辩护人/值班律师。本人证明，犯罪嫌疑人、被告人______已经阅读并理解了《认罪认罚具结书》及《认罪认罚从宽制度告知书》，根据本人所掌握和知晓的情况，犯罪嫌疑人、被告人______系自愿签署上述《认罪认罚具结书》。

辩护人签名：

律师执业证号：

年　月　日

说　明

一、本文书格式供人民检察院办理被告人认罪认罚案件时使用。

二、《认罪认罚具结书》应当由具结人阅读后亲笔签署,必要时可以由人民检察院向其宣读后,由其签名。签署时辩护人或者值班律师应当在场,并在具结书上签字并写明其律师执业证号。

三、《认罪认罚从宽制度告知书》和《认罪认罚具结书》同时使用。

(三)审判阶段的认罪认罚制度构建

审判阶段的认罪认罚制度构建首先体现在速裁程序的适用上。根据《关于在部分地区开展刑事案件认罪认罚从宽制度试点工作的办法》第16条之规定,对于基层人民法院管辖的可能判处3年有期徒刑以下刑罚的案件,事实清楚、证据充分,当事人对适用法律没有争议,被告人认罪认罚并同意适用速裁程序的,可以适用速裁程序,适用速裁程序的条件可以归纳为:

(1)案件事实清楚、证据确实充分;

(2)当事人对法律适用没有争议;

(3)当事人认罪认罚并同意适用速裁程序。

最高人民法院、最高人民检察院正式向全国人大常委会提请审议《关于授权在部分地区开展刑事案件认罪认罚从宽制度试点工作的决定(草案)》,明确规定了要建立并完善刑事速裁程序,对认罪认罚案件依法从简、从快、从宽处理,有利于推动刑事诉讼程序制度的层次化改造,根据刑事被告人认罪与否、案件难易、刑罚轻重等情况,探索速裁程序、简易程序、普通程序有序衔接、繁简分流的多层次诉讼制度体系,推进以审判为中心的诉讼制度改革,为完善刑事诉讼程序制度提供实践基础。

2014年6月,全国人大常委会通过决定,授权最高人民法院、最高人民检察院在部分地区开展刑事案件速裁程序试点工作。速裁程序试点,是完善刑事诉讼中认罪认罚从宽制度的先行探索。2年的改革实践证明,速裁程序试点工作很有必要,成效明显,符合我国司法实践需要和刑事诉讼制度发展规律,对于构建认罪认罚案件的分类处理机制,优化司法资源配置、及时实现公平正义具有重要意义。速裁案件试点原适用于可能判处1年有期徒刑以下刑罚的部分案件,根据各地的普遍要求,该试点方案总结了速裁程序试点工作的成功经验,将速裁程序适用范围扩大到3年有期徒刑以下刑罚的案件,以便更好地发挥认罪认罚从宽制度的功能作用,在更高层次上实现公正与效率相统一。

此次《刑事诉讼法》的修订就将速裁程序试点积累的宝贵经验进行了总结和固定,直接在《刑事诉讼法》第三编第二章增加速裁程序一节。依据《刑事诉讼法》第222条第1款的规定,基层人民法院管辖的可能判处3年有期徒刑以下刑罚的案件,案件事实清楚,证据确实、充分,被告人认罪认罚并同意适用速裁程序的,可以适用速裁程序,由审判员一人独任审判。

审判阶段的程序构建还体现在法院对公诉机关依据具结悔过书而作出的量刑意见的采纳上。依据《刑事诉讼法》第201条之规定,在认罪认罚案件中,法院原则上应当采纳检察院提出的量刑建议,但有以下几种情形的除外:

(1)被告人的行为不构成犯罪或者不应当追究其刑事责任的;

(2)被告人违背意愿认罪认罚的;

(3)被告人否认指控的犯罪事实的;

(4)起诉指控的罪名与审理认定的罪名不一致的;

(5)其他可能影响公正审判的情形。

如果人民法院经审理认为公诉机关提出的量刑建议明显不当,或者被告人、辩护人对量刑建议提出异议的,人民检察院可以调整量刑建议。人民检察院不调整量刑建议或者调整量刑建议后仍然明显不当的,人民法院应当依法作出判决。

(四)律师在认罪认罚程序中的作用

1.值班律师制度的设立

认罪认罚制度,是指犯罪嫌疑人、被告人自愿如实供述自己的罪行,对指控的犯罪事实没有异议,同意量刑建议,签署具结书的,可以依法从宽处理的制度。该制度的有效实施,必然要求当事人是在明确知道自己所犯罪行可能导致的刑事责任的前提之下而自愿认罪认罚。当事人并非法律专业人员,必须有专业人员为其全面分析案情、评估案件结果,让当事人能够获得有效的法律帮助。为此,我国司法体制改革中新增了值班律师制度,以值班律师为犯罪嫌疑人、被告人提供法律帮助的形式为认罪认罚制度扫清阻碍。

《关于在部分地区开展刑事案件认罪认罚从宽制度试点工作的办法》第5条明确规定:"办理认罪认罚案件,应当保障犯罪嫌疑人、被告人获得有效法律帮助,确保其了解认罪认罚的性质和法律后果,自愿认罪认罚。法律援助机构可以根据人民法院、看守所实际工作需要,通过设立法律援助工作站派驻值班律师、及时安排值班律师等形式提供法律帮助。人民法院、看守所应当为值班律师开展工作提供便利工作场所和必要办公设施,简化会见程序,保障值班律师依法履行职责。犯罪嫌疑人、被告人自愿认罪认罚,没有辩护人的,人民法院、人民检察院、公安机关应当通知值班律师为其提供法律咨询、程序选择、申请变更强制措施等法律帮助。人民法院、人民检察院、公安机关应当告知犯罪嫌疑人、被告人申请法律援助的权利。符合应当通知辩护条件的,依法通知法律援助机构指派律师为其提供辩护。"

2017年8月28日,《关于开展法律援助值班律师工作的意见》(已失效)明确规定:"一、法律援助机构在人民法院、看守所派驻值班律师,为没有辩护人的犯罪嫌疑人、刑事被告人提供法律帮助。人民法院、人民检察院、公安机关应当告知犯罪嫌疑人、刑事被告人有获得值班律师法律帮助的权利。犯罪嫌疑人、刑事被告人及其近亲属提出法律帮助请求的,人民法院、人民检察院、公安机关应当通知值班律师为其提供法律帮助。"

值班律师制度就此正式设立并逐步完善。

2. 值班律师的职责

值班律师的职责在《关于开展法律援助值班律师工作的意见》(已失效)中有明确规定。

第二条 法律援助值班律师应当依法履行下列工作职责:

(一)解答法律咨询。

(二)引导和帮助犯罪嫌疑人、刑事被告人及其近亲属申请法律援助,转交申请材料。

(三)在认罪认罚从宽制度改革试点中,为自愿认罪认罚的犯罪嫌疑人、刑事被告人提供法律咨询、程序选择、申请变更强制措施等法律帮助,对检察机关定罪量刑建议提出意见,犯罪嫌疑人签署认罪认罚具结书应当有值班律师在场。

(四)对刑讯逼供、非法取证情形代理申诉、控告。

(五)承办法律援助机构交办的其他任务。

法律援助值班律师不提供出庭辩护服务。符合法律援助条件的犯罪嫌疑人、刑事被告人,可以依申请或通知由法律援助机构为其指派律师提供辩护。

从值班律师的职责中,我们可以看出值班律师的制度定位:

(1)值班律师不只是向当事人提供法律咨询。值班律师的工作职责不仅包括提供法律咨询,还包括程序选择、申请变更强制措施等其他职责。因此,认为“值班律师只提供法律咨询”的定位是错误的,是没有法律依据的。

(2)值班律师也属于法律援助律师,只是不同于通过申请或依法指派的法律援助律师,后者是狭义的法律援助律师,前者是广义的法律援助律师。值班律师与法律援助律师之间的关系是值得讨论的一个问题。实际上,值班律师从一开始就被称为“法律援助值班律师”,这就意味着值班律师也是法律援助律师。

(3)从本质上讲,即使不出庭辩护,值班律师也属于辩护律师。首先,从具体职责上看,值班律师既可以从内部为当事人提供法律服务,如提供法律咨询、帮助程序选择,也可以从外部为当事人提供法律服务,如申请变更强制措施、对检察机关定罪量刑建议提出意见,这与审前阶段的辩护律师并无实质区别。其次,从我国辩护制度的发展演变看,不仅审判阶段出庭为被告人辩护的律师是辩护律师,而且在审前程序包括侦查阶段、审查起诉阶段维护犯罪嫌疑人合法权益,为犯罪嫌疑人提供法律服务的律师也是辩护律师。

3. 辩护律师在认罪认罚程序中能够发挥的作用

完成认罪认罚程序对于认罪的当事人来说是有一系列的诉讼利益可以争取的。

首先,对于在押的当事人,认罪认罚之后,申请羁押必要性审查多了一些成功的可能性。因为羁押必要性审查主要审查当事人的人身危险性,而认罪认罚对人身危险性的认定有很重要的影响。比如,北京市《关于开展刑事案件认罪认罚从宽制度试点工作实施细则(试行)》中就明确规定,人民法院、人民检察院、公安机关应当将犯罪嫌疑人、被告人认罪认罚作为其是否具有社会危险性的重要考虑因素。

如果签署认罪认罚的具结书，对于罪行不是特别严重的当事人，辩护律师还可以为其申请羁押必要性审查，如果检察机关通过全面审查认为嫌疑人或者被告人不再具有社会危险性，符合法定的不需要继续羁押情形的，是可以变更强制措施不予羁押的。

其次，除羁押方面可以争取的诉讼权利之外，量刑建议才是最重要的辩护成果。量刑建议是指检察机关在起诉过程中向法庭提出的判处的刑罚种类、刑期幅度或确定的刑期、刑罚执行方式的建议。一般应当包括主刑、附加刑，并明确刑罚执行方式。人民检察院一般应当提出相对明确的量刑幅度，也可以根据案件具体情况提出确定刑期的量刑建议。建议判处财产刑的，一般应当提出确定的数额。认罪认罚制度最终的落脚点，或者说最终想要达到的效果，是公诉机关在法庭上出具认罪认罚从宽的量刑建议。因此，律师在阅卷、会见当事人并确定了认罪认罚辩护方案之后，需要做的工作就是积极与检察机关承办人员沟通，为自己的当事人争取最为有利的量刑建议。

依据《刑事诉讼法》的规定，一旦得到量刑建议之后，人民法院依法作出判决时，原则上应当采纳人民检察院指控的罪名和量刑建议，但有下列情形的除外：

（1）被告人的行为不构成犯罪或者不应当追究其刑事责任的；

（2）被告人违背意愿认罪认罚的；

（3）被告人否认指控的犯罪事实的；

（4）起诉指控的罪名与审理认定的罪名不一致的；

（5）其他可能影响公正审判的情形。

人民法院经审理认为量刑建议明显不当，或者被告人、辩护人对量刑建议提出异议的，人民检察院可以调整量刑建议。人民检察院不调整量刑建议或者调整量刑建议后仍然明显不当的，人民法院应当依法作出判决。

公诉机关是应当认真听取辩护律师的意见的，而律师也应当提供专业的辩护意见。依据《刑事诉讼法》第 173 条第 2 款的规定，犯罪嫌疑人认罪认罚的，人民检察院应当告知其享有的诉讼权利和认罪认罚的法律规定，听取犯罪嫌疑人、辩护人或者值班律师、被害人及其诉讼代理人对下列事项的意见，并记录在案：

（1）涉嫌的犯罪事实、罪名及适用的法律规定；

（2）从轻、减轻或者免除处罚等从宽处罚的建议；

(3)认罪认罚后案件审理适用的程序;

(4)其他需要听取意见的事项。

拿到有利量刑建议最大的难点在于,律师能不能对案件的量刑结果有一个准确的判断。接受检察机关的量刑建议认罪认罚,本身就是一场谈判。谈判就必须要对自己可能得到的利益有一个准确的判断,才能够尽可能争取最大利益。

这个是比较考较律师功底的事情了。谈判是一个综合较量,影响最大的因素是双方各自的底线,以及各方最容易妥协的突破口。

底线自然是事实依据、法律准绳。比如,依据某个案件本身的事实,法定刑为3~10年,认罪从宽只是从轻情节,那么检察机关的底线是不能突破法定刑的底线的。而律师可以发挥作用的就在于对量刑基准刑施加影响。如果一个案件,依据事实来看法定刑为3~10年,但可能量刑的基准刑为4年,此时律师就必须能够准确把握到这个度,才可能为当事人争取到最有利的量刑建议。

想要准确把握基准刑,一是要对案件事实有准确判断;二是要看当地同类案件的判决成例,中国虽然不是判例法国家,但同案同判也是常情;三是要注意各省的量刑意见实施细则,最高人民法院于2014年颁布了《关于常见犯罪的量刑指导意见》(2017年修订),同时要求各省颁布自己的量刑意见实施细则,这里面对案件基准刑的确定规定特别细致,需要律师认真学习把握。

知道谈判双方各自的底线还不够,还需要知道各方在什么条件下最容易让步到自己的底线。设立认罪认罚制度最大的考量是效率,司法机关在出具司法建议中最先考虑的必然是使受到犯罪行为侵害的法益得以修复。那么,退赃退赔、取得被害人谅解必然是一个重要途径。办理认罪认罚案件时,公诉机关应当听取被害人及其代理人意见,犯罪嫌疑人、被告人是否与被害人达成和解协议或者赔偿被害人损失,取得被害人的谅解,将作为量刑的重要考虑因素。律师在该阶段应当积极与公诉机关保持联系,经常交换意见,争取被害人谅解,从而取得较轻的量刑建议。

第二节
当事人和解的公诉案件诉讼程序

一、适用范围

刑事公诉案件的和解是指通过调停人使受害人和加害人直接交谈、共同协商达成经济赔偿和解协议后,司法机关根据具体情况做有利于加害人的刑事责任处置的诉讼活动。该制度并非2018年《刑事诉讼法》修改新增加的内容,但该制度与认罪认罚制度有诸多联系,在此一并讨论。

一般刑事公诉案件和解是在犯罪发生后对于被害人和加害人之间的一种调解,来解决刑事纠纷的问题。刑事和解的目的是恢复被加害人破坏的社会关系、弥补被害人所受到的损害以及恢复加害人与被害人之间的和睦关系,并使加害人改过自新、回归社会。

当事人和解的刑事案件公诉程序中存在的主要问题就是适用范围的问题。我国《刑事诉讼法》第288条中采取明确列举和禁止的方式规定了公诉案件当事人和解程序的适用范围。

首先,因民间纠纷引起,涉嫌《刑法》分则第4章、第5章规定的犯罪案件,可能判处3年有期徒刑以下刑罚的。这类案件必须符合以下三个条件:一是因民间纠纷引起。民间纠纷一般是指公民之间有关人身、财产权益和其他日常生活中发生的纠纷。二是涉嫌《刑法》分则第4章、第5章规定的犯罪案件。《刑法》分则第4章规定的是"侵犯公民人身权利、民主权利罪",第5章规定的是"侵犯财产罪"。因此,即使是因民间纠纷引起的,但不属于《刑法》分则第4章、第5章规定的犯罪案件,也不适用和解。三是可能判处3年有期徒刑以下刑罚。主流刑法理论认为,3年有期徒刑以下刑罚属于轻罪。将当事人和解的适用限于轻罪是为了充分发挥其积极作用,尽可能规避其负面影响。以上三个条件必须同时具备,缺一不可。

其次,除渎职犯罪以外的可能判处7年有期徒刑以下刑罚的过失犯罪案件。

这类案件也必须同时符合以下三个条件:一是过失犯罪。所谓过失犯罪,是指应当预见自己的行为可能发生危害社会的结果,因为疏忽大意而没有预见,或者已经预见而轻信能够避免,以致发生这种结果的犯罪。过失犯罪,法律有规定的才负刑事责任。《刑法》分则明确规定了过失犯罪的罪名。二是可能判处7年有期徒刑以下刑罚。7年有期徒刑是多数过失犯罪的最高刑罚,这与过失犯罪的刑罚是相对应的。三是渎职犯罪除外。渎职犯罪是指《刑法》分则第9章规定的犯罪类型:渎职犯罪违背了公务职责的公正性、廉洁性、勤勉性,妨害国家机关正常的职能活动,是严重损害国家和人民利益的行为,因而不属于当事人和解的范围。

最后,犯罪嫌疑人、被告人在五年以内曾经故意犯罪的案件不得适用当事人和解程序。换言之,即使属于上述两种案件的范围,但如果该犯罪嫌疑人、被告人在5年内曾经故意犯罪,无论其是否被判处刑罚,禁止适用当事人和解。在此类案件中,犯罪嫌疑人、被告人的社会危害性、人身危险性以及主观恶性较大,属于从重处罚的情节。因此,此类案件不得适用对犯罪嫌疑人、被告人从轻处罚的当事人和解制度。

二、适用和解程序的流程

刑事案件双方当事人均有权向案件承办单位提出和解请求。和解的时间不限,既可以在侦查阶段和解,也可以在审查起诉阶段和审判阶段和解。双方当事人有和解意愿的,司法机关应当听取当事人和其他有关人员的意见,对和解的自愿性、合法性进行审查,经审查认为案件符合刑事和解条件的,办案机关应填写《适用刑事和解程序告知书》《适用刑事和解程序决定书》一并送达给双方当事人,并主持制作和解协议书。

对于达成和解协议的案件,调解机关对加害人履行赔偿协议的情况进行适时检查、督促,并可以根据案件的性质、危害后果及赔偿协议履行的情况作出决定。检察机关视情形作出酌定(相对)不起诉、暂缓起诉或在提起公诉时向法院提出酌情从轻处罚的量刑建议;审判机关可视情形适用非监禁刑(缓刑、管制)、免予刑事处罚、训诫、责令具结悔过、赔礼道歉、赔偿损失或由主管部门予以行政处分或行政处罚。

第三节
刑事案件缺席审判程序

2005 年 10 月 27 日我国批准加入《联合国反腐败公约》,该“公约”就腐败犯罪的司法程序做了大量规定。其中,对资产追回机制的规定更是直指刑事缺席审判制度。《联合国反腐败公约》第 57 条(资产的返还和处分)第 3 款规定:“……(一)……被请求缔约国应当在依照第五十五条实行没收后,基于请求缔约国的生效判决,将没收的财产返还请求缔约国,被请求缔约国也可以放弃对生效判决的要求……”由此可见,被请求缔约国返还资产的前提是请求缔约国已作出生效判决,除非被请求缔约国放弃对生效判决的要求。但在用语上,前者是要求“应当”,即必须、硬性规定,而后者是“可以”,即可选择的弹性规定。在这种情况下,如果没有正式的裁决结果,很有可能成为财产所在国作为拒绝资产返还的合法托辞,并直接导致我国无法请求外国政府对外逃贪官予以引渡并对其绳之以法。

为了回应这一诉求,2018 年《刑事诉讼法》在第五编特别程序中专门增设了缺席审判程序一章。通过法律对缺席审判作出制度安排,潜逃境外的贪污贿赂、严重危害国家安全等案件犯罪嫌疑人、被告人即使逃到天涯海角,也将受到法律制裁。

各国对刑事缺席审判规定了明确的范围。多数国家适用于轻罪案件,少数国家适用于重罪案件,也有的国家是轻罪案件和重罪案件一并适用。

适用于轻罪案件。主要以美国、英国、加拿大、日本、德国、丹麦、瑞典、奥地利等国家为代表。美国适用于判处罚金或 1 年以下监禁以及减刑案件。英国适用于属于治安法院审判的简易案件,通常是指治安案件诉讼以及单处或者并处一定数额以下的罚金、取消驾驶资格、没收财物等案件。加拿大将刑事犯罪划分为两大类,即简易罪和可诉罪,全部简易罪案件被告人都可以进行缺席审判。在日本,可以缺席审判的轻微案件包括:相当于 50 万日元以下罚金的案件、拘役案件、3 年以下惩役案件。

适用于重罪案件。主要以意大利、比利时、希腊、荷兰等国家为代表。意大利法院所有刑事案件都可以缺席审判。根据1988年《意大利刑事诉讼法典》的规定：当被告人在法庭审理的任何时刻脱逃，或者在法庭审理的间歇脱逃的，由其辩护人代表，可以进行缺席审判。

轻罪案件和重罪案件一并适用。主要以法国、俄罗斯等国家为代表。在法国，犯罪嫌疑人无论是在侦查阶段潜逃，还是在公诉阶段不在案，只要是犯罪事实已经查清，通过侦查获取了足够的证据，符合法定的起诉条件，就可以提起诉讼，进行缺席审判。《俄罗斯联邦刑事诉讼法典》第247条规定，在轻罪或中等严重的犯罪案件中，如果受审人申请缺席，允许在受审人不出庭的情况下进行审理。

我国新修改的《刑事诉讼法》明确规定：对于贪污贿赂犯罪案件，以及需要及时进行审判，经最高人民检察院核准的严重危害国家安全犯罪、恐怖活动犯罪案件，犯罪嫌疑人、被告人潜逃境外，监察机关、公安机关移送起诉，人民检察院认为犯罪事实已经查清，证据确实、充分，依法应当追究刑事责任的，可以向人民法院提起公诉。人民法院进行审查后，对于起诉书中有明确的指控犯罪事实，符合缺席审判程序适用条件的，应当决定开庭审判。

一、适用的案件范围

这一制度最初是为了对潜逃境外的职务犯罪人员追究刑事责任、追缴赃款而设立，其意义在于：首先，刑事缺席审判制度可以帮助司法机关尽快查明潜逃境外的犯罪嫌疑人的犯罪事实，及时挽回相关损失；其次，为我国在国际上追逃追赃提供法律依据。目前我们追逃主要依据的是国际公约和与部分国家签署的引渡条约，而在某些情况下，没有相关的国际公约可遵循，和一些国家没有建立引渡条约，对于这类犯罪嫌疑人的追捕，先在国内拿出一个经过司法机关审理认定的司法文书，就能成为相关国家给予配合的法律依据。

在此情况下，《刑事诉讼法》顺应反腐大潮，针对这一情况设立了刑事缺席审判制度，但这一制度的设立也不仅针对贪污腐败案件，立法机关对使用范围进行了适当扩展。《刑事诉讼法》明确规定：对于贪污贿赂犯罪案件，以及需要及时进行审判，经最高人民检察院核准的严重危害国家安全犯罪、恐怖活动犯罪案件，犯罪嫌疑人、被告人潜逃境外，监察机关、公安机关移送起诉，人民检察院认为犯罪事实已经查清,证据确实、充分,依法应当追究刑事责任的,可以向人民法院提起公诉。人民法院进行审查后,对于起诉书中有明确的指控犯罪事实,符合缺席审判程序适用条件的,应当决定开庭审判。

由法条规定可知,该制度适用的案件范围包括以下几种:

第一种是贪污贿赂犯罪案件,犯罪嫌疑人、被告人潜逃境外,监察机关、公安机关移送起诉,人民检察院认为犯罪事实已经查清,证据确实、充分,依法应当追究刑事责任的,可以向人民法院提起公诉,人民法院经审查决定是否适用缺席审判程序。

第二种是需要及时进行审判,经最高人民检察院核准的严重危害国家安全犯罪案件,犯罪嫌疑人、被告人潜逃境外,监察机关、公安机关移送起诉的,人民检察院认为犯罪事实已经查清,证据确实、充分,依法应当追究刑事责任的,可以向人民法院提起公诉,人民法院经审查决定是否适用缺席审判程序。

第三种是需要及时进行审判,经最高人民检察院核准的恐怖活动犯罪案件,犯罪嫌疑人、被告人潜逃境外,监察机关、公安机关移送起诉的,人民检察院认为犯罪事实已经查清,证据确实、充分,依法应当追究刑事责任的,可以向人民法院提起公诉,人民法院经审查决定是否适用缺席审判程序。

从以上几种适用类型来看,该制度的设计还是重点针对贪腐犯罪。这种犯罪适用缺席审判制度的限制最少,可以说只要贪腐之后潜逃境外,基本上都可以适用该程序。但针对另外两种犯罪,限制就多一些。

二、缺席审判流程

刑事缺席审判是刑事被告人不在审判庭而开展刑事审判活动。通常,被告不到庭的原因很多,有的是畏罪潜逃,侦查机关无法将其缉拿归案,有的是在法庭审理时脱逃,还有的是由于身体原因不能出庭,等等。由于被告缺席的原因各不相同,导致了审判方式的多种变化。

保全式审判。德国将恶意缺席的审判称为形式上的缺席审判,主要针对被告人既未到案也未到庭的审判。这种审判不能定罪,只是就有关物品或财产的保全问题进行缺席审判。即对是否采取证据保全措施作出决定,为缺席人以后到案保全证据。

隔离式审判。这种形式主要针对得到法庭允许的被告人缺席审判。法国的刑事诉讼法规定,如果受审人不遵从督促传票,庭长可以当庭宣读确认受审人抗拒到庭的笔录后,命令在受审人缺席下继续进行审理。如果受审人在开庭中扰乱秩序,庭长可命令他退出法庭,在专门的房间由司法警察看守,与审判庭隔离开来,直到审理结束为止。

试验性审判。意大利对恶意缺席审判必须满足两个条件:被告人没有作出任何不愿出庭的意愿表示;被告人没有使其缺席合法,即无正当理由拒不出庭的。但是,这种缺席审判也不完全是终局性的,因为《意大利刑事诉讼法典》还规定,被告人还可以在一审和二审中重新进行辩论。也就是说,即使是法庭下了判决,被告人还有机会进入法庭重获辩论的机会。最后以辩论后下的判决为准。这样规定的目的是让被告人更加明确自己是在知情的状态下被定罪的。

宣告式审判。葡萄牙通过"违抗法庭命令的宣告"来处理被告人的缺席。如果不可能通知被告人开庭日期的命令,或不可能羁押他以便保证他到庭,就由检察官通知被告人在30日内到庭听候判决,被告人如果不到庭,将会被宣告违抗法庭命令并因此而受到一项刑罚处罚。违抗法庭命令情节严重者,法院可以没收其全部或部分资产。

我国的"缺席审判程序"由《刑事诉讼法》第五编"特别程序"的第三章专章规定,这表明对于整个刑事诉讼而言,被告人出席审判是一般原则,缺席审判只是例外情形,可见,法律对于这一特别程序的规范构建保持相对谦抑、谨慎的态度,严格限定了缺席审判程序适用的条件。这一点在案件管辖法院的选定中也可以看出。依据《刑事诉讼法》的规定,缺席审判案件的管辖法院是由犯罪地、被告人离境前居住地或者最高人民法院指定的中级人民法院组成合议庭进行审理。根据级别管辖的规定,中级人民法院一审的刑事案件为危害国家安全、恐怖活动案件和可能判处无期徒刑、死刑的案件。将刑事缺席审判的第一审案件直接由中级人民法院管辖,充分说明刑事诉讼法对缺席审判案件的重视程度。

修改后的《刑事诉讼法》就缺席审判的送达程序主要规定了三种方式:一是通过有关国际条约送达,二是通过外交途径提出司法协助方式,三是被告人所在地法律允许的其他方式。受送达人仅限定为被告人。如果在传票和起诉书副本送达后，被告人仍未按要求到案的，法院方可缺席审判。

从以上规定的送达程序来看，尽管规定了送达的多种方式，但并未规定公告送达程序，送达方式也较为单一，如果仅依照刑事司法协助条约、多边公约，或者按照对等互惠原则，请求受送达人所在地国（区）的主管机关协助送达，或者被告人所在地法律允许的其他方式，但在实践中会带来一定操作上的困难。为此，笔者建议可以借鉴民事诉讼的送达方式：一是确定公告送达程序。如果确有证据证明被告人已逃外国外或在通缉一年后仍不能到案的，法院即可采取公告送达。公告应当在全国公开发行的报纸、信息网络等媒体和最高人民法院的官方网站刊登、发布，并在人民法院公告栏张贴。必要时，公告可以在犯罪地、犯罪嫌疑人、被告人居住地张贴，写明被告人被起诉的罪名、开庭时间、地点，以及相关权利义务等。公告期以6个月为宜。同时，在公告中说明，如果被告人不在限定时间内到庭接受审讯，法院将对其进行缺席判决。二是拓宽受送达范围。为防止外逃犯罪嫌疑人一逃了之，借助境外送达的困难，逃避法律追究，应采取更加灵活的送达方式，即受送达对象不限于被告人本人，还应包括被告人同住的成年近亲属，即赋予向被告人的近亲属送达与被告人本人送达同等法律效力，即规定将起诉书副本等文书送达被告人同住的配偶、子女或者其他同住近亲属，视为向被告人送达。三是采取多种送达方式。对于直接送达有困难的，可以委托代为送达、邮寄送达。经受送达人同意，可以采用传真、电子邮件等能够确认其收悉的方式进行电子送达，并记录在案。电子送达，在当今互联网时代会日益发挥更大的作用。在进行了以上所有的送达程序之后，如果被告人仍然不到庭参加诉讼，法院就可以对其进行缺席审判了。

就缺席判决内容而言，不仅要对被告人是否有罪作出判决，还要对违法所得及其他涉案财产作出处理，以便于资产追回。人民法院应当通过有关国际条约规定的或者外交途径提出的司法协助方式，或者被告人所在地法律允许的其他方式，将传票和人民检察院的起诉书副本送达被告人。传票和起诉书副本送达后，被告人未按要求到案的，人民法院应当开庭审理，依法作出判决，并对违法所得及其他涉案财产作出处理。

三、被告人权利保障

修改后的《刑事诉讼法》确立的刑事缺席审判制度，在制度设计上，通过采取多种途径，确保使缺席审判被告人的权利得到有效保障。

一是在诉讼权利保障方面，被告人有权委托辩护人，被告人的近亲属可以代为委托辩护人。被告人及其近亲属没有委托辩护人的，人民法院应当通知法律援助机构指派律师为其提供辩护。

二是保障被告人的上诉权。鉴于被告人缺席的情形，赋予被告近亲属独立的上诉权。辩护人经被告人或者其近亲属同意，也可以提出上诉。同时规定，人民检察院认为人民法院的判决确有错误的，应当向上一级人民法院提出抗诉。因此，《刑事诉讼法》规定判决书应当送达给被告人及其近亲属、辩护人。被告人或者其近亲属不服判决的，有权向上一级人民法院上诉。辩护人经被告人或者其近亲属同意，可以提出上诉。

三是建立复审程序。在审理过程中，被告人自动投案或者被抓获的，人民法院应当重新审理。罪犯在判决、裁定发生法律效力后到案的，人民法院应当将罪犯交付执行刑罚。交付执行刑罚前，人民法院应当告知罪犯有权对判决、裁定提出异议。罪犯对判决、裁定提出异议的，人民法院应当重新审理。依照生效判决、裁定对罪犯的财产进行的处理确有错误的，应当予以返还、赔偿。

缺席审判是例外，出庭审判是原则，《刑事诉讼法》中规定缺席审判制度的前提必然是充分保障被告人的合法权益。无论是从辩护权还是异议权，《刑事诉讼法》都给予了绝对保护。在当事人没有委托律师时必须要给其指定辩护，保障每一个被缺席审判的被告人都能得到专业的辩护。同时，无论是当事人到案还是刑罚执行前当事人提出异议，都应当重新审判，通过以上救济程序，以弥补缺席审判自身带来的不足。

第四节

关于犯罪嫌疑人、被告人财产权利的维护工作

《刑事诉讼法》第37条规定:“辩护人的责任是根据事实和法律,提出犯罪嫌疑人、被告人无罪、罪轻或者减轻、免除其刑事责任的材料和意见,维护犯罪嫌疑人、被告人的诉讼权利和其他合法权益。”因此,维护财产权益同样是辩护人的责任和工作范围。律师在刑事案件中涉及财产部分的工作既包括侦查、审查起诉阶段对于涉及嫌疑人财产案件提供的法律咨询和权利维护,审理程序中涉及财产部分的权利维护,也包括刑事裁判涉及财产部分和附带民事裁判的执行。

近些年来的刑事诉讼实务活动中,司法机关愈加重视涉案财产的执行和处理流程的规范化。为此,2021年3月1日开始实施的最高人民法院《关于适用〈中华人民共和国刑事诉讼法〉的解释》也在执行一章中对刑事裁判涉财产部分和附带民事裁判的执行问题做了相应修正。刑事诉讼中的涉案财物处理,既是一个程序问题,更是一个实体问题。

随着经济社会的发展,越来越多的刑事案件涉及财物处理问题,涉案财物的数量越来越多、价值越来越大,利益关系也越来越复杂。为强化产权司法保护,最高人民法院《关于适用〈中华人民共和国刑事诉讼法〉的解释》充实完善对涉案财物审查、处理、执行的相关规定,要求对定罪量刑和涉案财物处理并重。

一、司法解释内容的增加和调整

司法解释增加和调整了下列内容:

首先,庭前会议涉及的事项增加了“是否对涉案财物的权属情况和人民检察院的处理建议有异议”。这样,在该程序中,被告人和辩护人可以据此发表意见和提供相应的证据或证据线索。

其次,在第279条中规定:“法庭审理过程中,应当对查封、扣押、冻结财物及其孳息的权属、来源等情况,是否属于违法所得或者依法应当追缴的其他涉案财物进

行调查,由公诉人说明情况、出示证据、提出处理建议,并听取被告人、辩护人等诉讼参与人的意见。案外人对查封、扣押、冻结的财物及其孳息提出权属异议的,人民法院应当听取案外人的意见;必要时,可以通知案外人出庭。经审查,不能确认查封、扣押、冻结的财物及其孳息属于违法所得或者依法应当追缴的其他涉案财物的,不得没收。"

这样,在法庭审理过程中,控辩双方对涉案财产是否属于违法所得或者依法应当追缴需要进行举证、质证。案外人也可以参加诉讼,律师也可以担任案外人的代理人参加诉讼。案外人就涉案财产出庭的身份目前尚无定论,但笔者认为,该出庭的案外人不是证人,而应该是一种新的诉讼参与人。法院裁判时,应该就案外人出庭的情况作出说明和判决确认。

最后,将有关的章节名称由原来的"财产刑和附带民事裁判的执行"调整为"刑事裁判涉财产部分和附带民事裁判的执行",扩展了刑事涉案财产的范围。对相关法条的内容进行了适当调整和补充、对相关法律规定的逻辑顺序进行了梳理。

最高人民法院《关于适用〈中华人民共和国刑事诉讼法〉的解释》中规定,财产刑仍然是刑事涉案财产范围中的重要组成部分。财产刑包括罚金和没收财产,执行主体为人民法院,具体执行机构为第一审人民法院负责裁判执行的机构。同时,执行刑事裁判涉财产部分及附带民事裁判的中止情形被删除,仅保留了执行终结的情形,并将罚金刑的延期、减少或者免除情形的规定移到第524条。

现将最高人民法院《关于适用〈中华人民共和国刑事诉讼法〉的解释》相关规定列举如下:

第五百二十一条　刑事裁判涉财产部分的执行,是指发生法律效力的刑事裁判中下列判项的执行:

(一)罚金、没收财产;

(二)追缴、责令退赔违法所得;

(三)处置随案移送的赃款赃物;

(四)没收随案移送的供犯罪所用本人财物;

(五)其他应当由人民法院执行的相关涉财产的判项。

第五百二十三条　罚金在判决规定的期限内一次或者分期缴纳。期满无故不缴纳或者未足额缴纳的，人民法院应当强制缴纳。经强制缴纳仍不能全部缴纳的，在任何时候，包括主刑执行完毕后，发现被执行人有可供执行的财产的，应当追缴。

行政机关对被告人就同一事实已经处以罚款的，人民法院判处罚金时应当折抵，扣除行政处罚已执行的部分。

第五百二十四条 因遭遇不能抗拒的灾祸等原因缴纳罚金确有困难，被执行人申请延期缴纳、酌情减少或者免除罚金的，应当提交相关证明材料。人民法院应当在收到申请后一个月以内作出裁定。符合法定条件的，应当准许；不符合条件的，驳回申请。

第五百二十五条 判处没收财产的，判决生效后，应当立即执行。

第五百二十六条 执行财产刑，应当参照被扶养人住所地政府公布的上年度当地居民最低生活费标准，保留被执行人及其所扶养人的生活必需费用。

第五百二十七条 被判处财产刑，同时又承担附带民事赔偿责任的被执行人，应当先履行民事赔偿责任。

第五百二十八条 执行刑事裁判涉财产部分、附带民事裁判过程中，当事人、利害关系人认为执行行为违反法律规定，或者案外人对被执行标的书面提出异议的，人民法院应当参照民事诉讼法的有关规定处理。

第五百二十九条 执行刑事裁判涉财产部分、附带民事裁判过程中，具有下列情形之一的，人民法院应当裁定终结执行：

（一）据以执行的判决、裁定被撤销的；

（二）被执行人死亡或者被执行死刑，且无财产可供执行的；

（三）被判处罚金的单位终止，且无财产可供执行的；

（四）依照刑法第五十三条规定免除罚金的；

（五）应当终结执行的其他情形。

裁定终结执行后，发现被执行人的财产有被隐匿、转移等情形的，应当追缴。

第五百三十条 被执行财产在外地的，第一审人民法院可以委托财产所在地的同级人民法院执行。

第五百三十一条 刑事裁判涉财产部分、附带民事裁判全部或者部分被撤销的，已经执行的财产应当全部或者部分返还被执行人；无法返还的，应当依法赔偿。

第五百三十二条 刑事裁判涉财产部分、附带民事裁判的执行,刑事诉讼法及有关刑事司法解释没有规定的,参照适用民事执行的有关规定。

二、对涉案财物处置及财产刑适用的应对策略

刑辩律师通常的辩护重点往往放在案件本身的事实与行为的定性,但随着司法工作人员素质的提升,执法规范程度也逐步提升,传统的辩护策略越来越难取得实质性成果。在这样的背景之下,律师通过对于有关财产的处置提供法律意见或和办案机关进行交涉,乃至于进行财产辩护,从而尽可能降低罚金、没收财产和追缴赃款的数额,最大限度保障当事人的财产权益,亦或通过主动退赃、缴纳罚金的方式争取主刑从轻,也许更具现实意义,也更容易取得成效。

(一)为财产问题的处理提供准确的法律意见

在刑事诉讼的各个阶段尤其是侦查阶段,辩护律师往往会不断接到委托人关于财产应如何处理,侦查机关关于配合财产处置的要求应该如何应对等各种涉及财产的问题。如果对有关疑问一概不予回答,显然有悖辩护人的责任,但如果提供咨询意见时出现问题,甚至可能涉嫌成为隐瞒、掩饰犯罪所得罪的共犯。因此,辩护人应该积极应对,谨慎作答。笔者办理的涉及金额上亿元、号称当年"安徽反贪第一案"中,侦查机关最开始怀疑辩护人可能会唆使嫌疑人家属不配合甚至转移资产。律师经过审时度势,提出书面的意见给委托人,并告知委托人可以把该意见抄送办案机关。该起案件后来的办理结果是,委托人满意,侦查机关等办案机关满意。

【文书范本】

关于许某满案件涉案存款的法律意见函

致委托人张某成先生:

现就您关心的与您父亲许某满案件有关的法律问题出具书面的法律意见,供您参考,有关法律问题均以本书面意见为准。

一、关于被司法机关查获的财产是否均属不法财产的问题

根据您的介绍,司法机关在您的父亲、兄长家里查获了大约 3000 万元不

同姓名名下的存款、2000 万元登记在不同姓名名下的房产;同时,您和您哥哥名下的房产的购买款项也可能来源于父亲的赠与。上述财产数额可能超出您父亲合法收入的财产范围;您父亲担任矿长多年,每年的合法收入大约 60 万元,同时,个人还可能从事一些投资类的经营活动。

《刑法》第 64 条规定:"犯罪分子违法所得的一切财物,应当予以追缴或者责令退赔;对被害人的合法财产,应当及时返还;违禁品和供犯罪所用的本人财物,应当予以没收。没收的财物和罚金,一律上缴国库,不得挪用和自行处理。"第 59 条第 1 款规定:"没收财产是没收犯罪分子个人所有财产的一部或者全部。没收全部财产的,应当对犯罪分子个人及其扶养的家属保留必需的生活费用。"而根据《刑事诉讼法》的相关规定,检察机关负有证明涉案的款项属于违法所得的证明义务,因此,有关的款项无论登记在谁的名下,司法机关如果有证据证明是违法所得,则人民法院最终均应当判决予以追缴,而在侦查阶段,检察机关有权采取查封和扣押的强制措施。

《刑法》第 395 条第 1 款规定:"国家工作人员的财产、支出明显超过合法收入,差额巨大的,可以责令该国家工作人员说明来源,不能说明来源的,差额部分以非法所得论,处五年以下有期徒刑或者拘役;差额特别巨大的,处五年以上十年以下有期徒刑。财产的差额部分予以追缴。"因此,如上述财产明确超过您父亲及家人的合法收入,您父亲和家人应该说明来源,司法机关对来源说明是否客观、真实进行查证。不能说明来源的差额部分在人民法院将来的判决书中会判决追缴,侦查过程中,检察机关有权查封和冻结。

二、侦查阶段犯罪嫌疑人亲属是否有义务协助人民检察院转付涉案的款项问题

《刑事诉讼法》第 142 条规定[1]:"人民检察院、公安机关根据侦查犯罪的需要,可以依照规定查询、冻结犯罪嫌疑人的存款、汇款、债券、股票、基金份额等财产。有关单位和个人应当配合。"《人民检察院刑事诉讼规则(试行)》

[1] 本条内容已修订。

第241条规定〔1〕:“人民检察院根据侦查犯罪的需要,可以依照规定查询、冻结犯罪嫌疑人的存款、汇款、债券、股票、基金份额等财产,并可以要求有关单位和个人配合。”最高人民法院、最高人民检察院、公安部、国家安全部、司法部、全国人大常委会法制工作委员会《关于实施刑事诉讼法若干问题的规定》第36条第1款规定:“对于依照刑法规定应当追缴的违法所得及其他涉案财产,除依法返还被害人的财物以及依法销毁的违禁品外,必须一律上缴国库。查封、扣押的涉案财产,依法不移送的,待人民法院作出生效判决、裁定后,由人民法院通知查封、扣押机关上缴国库,查封、扣押机关应当向人民法院送交执行回单;冻结在金融机构的违法所得及其他涉案财产,待人民法院作出生效判决、裁定后,由人民法院通知有关金融机构上缴国库,有关金融机构应当向人民法院送交执行回单。”第37规定:“刑事诉讼法第一百四十二条第一款中规定:‘人民检察院、公安机关根据侦查犯罪的需要,可以依照规定查询、冻结犯罪嫌疑人的存款、汇款、债券、股票、基金份额等财产。’根据上述规定,人民检察院、公安机关不能扣划存款、汇款、债券、股票、基金份额等财产。……”

根据上述规定,人民检察院有权冻结涉案存款,且有关个人有配合的义务。这里的配合义务限于配合人民检察院冻结涉案存款,而不包括按照侦查人员的指定转移有关款项到侦查人员指定的账号上。因为,《刑事诉讼法》第12条规定:“未经人民法院依法判决,对任何人都不得确定有罪。”侦查阶段还没有确定犯罪嫌疑人是否有罪,当然也不能确定相关的款项就是赃款,相关的款项被人民法院终审确定为非法时,将由人民法院予以划拨和处理。

最高人民检察院2015年3月6日公布的《人民检察院刑事诉讼涉案财物管理规定》第6条第1款规定:“犯罪嫌疑人到案后,其亲友受犯罪嫌疑人委托或者主动代为向检察机关退还或者赔偿涉案财物的,参照《人民检察院刑事诉讼规则(试行)》关于查封、扣押、冻结的相关程序办理。符合相关条件的,人民检察院应当开具查封、扣押、冻结决定书,并由检察人员、代为退还或者赔偿的人员和有关规定要求的其他人员在清单上签名或者盖章。”在这一规定中明

〔1〕 本条内容已修订。

确表示犯罪嫌疑人亲友可以“主动代为向检察机关退还涉案财物”，“主动”一词也再次确定犯罪嫌疑人亲友不负有按照侦查人员的指定转付涉案款项的义务。但务请注意，当有关的款项被告知可能属于赃款时，不得进行隐匿和转移，否则，可能涉嫌构成隐瞒掩饰犯罪所得罪。

三、关于掩饰、隐瞒犯罪所得罪的问题

《刑法》第312条规定：“明知是犯罪所得及其产生的收益而予以窝藏、转移、收购、代为销售或者以其他方法掩饰、隐瞒的，处三年以下有期徒刑、拘役或者管制，并处或者单处罚金……”

掩饰、隐瞒犯罪所得罪，是指明知是犯罪所得，而予以窝藏、转移、收购、代为销售或者以其他方式掩饰、隐瞒的行为。本罪的成立以行为人“明知”为主观要件，也就是只有在行为人明知的情况下，而予以掩饰、隐瞒犯罪所得的行为才构成本罪。全国人大法律工作委员会委员、中国刑法研究会副会长周光权教授在其著作《明知与刑事推定》中指出：“明知”分为司法认定的明知与推定的明知，故意的判断决定于客观构成要件。客观构成要件是故意的对象，依客观构成要件评断故意，乃是当然之理。推定不是凭空想象，而应以控方提出的证据为基础。不能过分扩大推定明知的范围，行为人是否具有明知，一般能够直接认定，进行推定实属多此一举。因此，作为公职人员的亲属，“明知”犯罪所得，需要司法机关用证据去证明和推定，而不是凭空想象。

另外，犯罪嫌疑人亲友得知家庭财产中可能有犯罪嫌疑人的违法所得时，配合人民检察院搜查，并配合人民检察院将可能是违法所得的财物查封、扣押、冻结，如果没有证据证明其事先就明知有关财产属于赃款、赃物，则有关行为人就不存在构成掩饰、隐瞒犯罪所得罪问题。

安徽金亚太（长丰）律师事务所主办律师
王亚林
2016年5月27日

（二）对涉案财物处置的辩护

对涉案财物处置的辩护主要有以下两个方面：

首先，从程序方面进行财产辩护。

辩护人对于涉案财物处置程序的辩护主要集中在办案机关查封、冻结财产是否在合理范围之内，是否处置了与案件无关的财产，律师可以向侦查机关提出法律意见，以及涉案财物的价值或价格是否被高估、误估和错估。

侦查机关在进行侦查时，往往倾向于将可能涉案的财产一股脑地进行查封扣押或者冻结，其中可能包含与案件无关的合法财产。刑事司法活动惯性极大，侦查机关查封扣押的财产如不能及时定性并返还，最终可能会给当事人造成不必要的损失。《公安机关涉案财物管理若干规定》第 6 条的规定：“公安机关对涉案财物采取措施后，应当及时进行审查。经查明确实与案件无关的，应当在三日以内予以解除、退还，并通知有关当事人。……”这给律师的财产辩护提供了法律依据，笔者在办理众多侵财型犯罪的过程中多次向侦查机关提交过类似的侦查意见书，要求公安机关对扣押的财产性质进行审查，查明与案件无关的应及时返还，尽可能帮助当事人挽回经济损失。

除了要求公安机关查明财产定性是否准确之外，还可以针对公安机关的移送行为进行辩护。根据《关于适用〈中华人民共和国刑事诉讼法〉的解释》，人民法院处置的涉案财物中除了判处罚金或者没收财产刑之外，只会对随案移送的赃款赃物和随案移送的供犯罪所用本人财物进行处置。也就是说，对于没有规定没收财产刑的罪名来说，财物是否移送对于最终是否会被没收可能直接相关。

根据《公安机关涉案财物管理若干规定》第 18 条规定，对刑事案件中作为证据使用的涉案财物，应当随案移送。第 19 条规定，有关违法犯罪事实查证属实后，对于有证据证明权属明确且无争议的被害人、被侵害人合法财产及其孳息，凡返还不损害其他被害人、被侵害人或者利害关系人的利益，不影响案件正常办理的，应当在登记、拍照或者录像和估价后，报经县级以上公安机关负责人批准，开具发还清单并返还被害人、被侵害人。

根据以上规定，作为证据使用的财物应当随案移送，权属明确属于被害人的财物应当返还被害人，那么对于嫌疑人名下的不作为证据的财产依法是不应随案移送的，如果辩护人发现公安机关将该类财产随案移送可以提出法律意见，要求司法机关予以纠正，将不相关财物随案移送，并申请解除扣押返还当事人家属，防止不必要的财产损失。同样，如果有的财产本身需要移送到法院进行定性处理，公安机关私自扣留不移送的，辩护人也可以申请依法移送，确保所有被扣押的财产都能明了去向。

其次，实体上的辩护，主要是针对涉案财物的范围、价值问题。

第一，关于涉案财物的追缴、没收范围的辩护。一般情况下，辩护人在为被告人做无罪辩护或者量刑辩护的同时，在法庭调查和法庭辩护阶段，要注意论证追缴、没收犯罪所得的适当范围，提示法院要纠正侦查机关采取不合法或者不合比例的查封、扣押、冻结、处置行为。如笔者办理的多起集资诈骗案中，公安机关在侦查过程中，对于嫌疑人骗取的资产进行扣押外，往往还将未涉案的嫌疑人的近亲属名下的银行卡或者资产进行冻结查封。即使后来查明这些人与案件无关，名下资产也是犯案之前购置，也很难要回。这就存在罚收过当的问题，违反罪刑相适应原则。在“涉黑”案件辩护中，首犯往往被判处没收财产，辩护人当坚持《刑法》第59条、第60条的规定：没收全部财产的，应当对犯罪分子个人及其扶养的家属保留必需的生活费用；在判处没收财产的时候，不得没收属于犯罪分子家属所有或者应有的财产；坚持民事权利优先的法律规定；应理清夫妻共同财产、被告人所负合法债务等问题。

第二，关于涉案财物价值的辩护。对于大部分营利型或财产型犯罪，涉案财物价值往往决定了有罪无罪、罪轻或罪重的问题。那么，辩护律师在对涉案财产进行辩护时，对于涉案财物鉴定的价格要特别注意。比如，贿赂犯罪案件，涉案财物不限于金钱，可能包括一些贵重物品，如金银珠宝、名贵奢侈品；再如，知识产权犯罪案件所销售假冒注册商标的商品，对于这些案件的物品的价值和价格评估和鉴定，需要律师判断是否存在高估、误估和错估的情况。

（三）对财产刑的辩护

对财产刑的辩护应注意以下问题：

首先，财产刑适用幅度的辩护。

我国《刑法》规定了财产刑作为附加刑的罪名有180个左右，财产刑的规定和适用也不同。

对于罚金刑的幅度问题,《刑法》规定了三种情况:一是不限额罚金。法定刑只写明单处或并处罚金,但罚金的数额或倍数不写明。二是限额罚金。例如,《刑法》第177条伪造、变造金融票证罪,第一档法定刑要求并处或单处2万元以上、20万元以下罚金。三是限比例罚金。例如,《刑法》第153条走私普通货物、物品罪的罚金刑是并处偷逃应缴税额1倍以上5倍以下罚金。

司法实践中,天价罚金案一般是出现在第一种情况的罪名。在被告人获利较大时,辩护人要注意对罚金的幅度问题进行辩护,以免法院单方认定,得出天价罚金数额。实务中,在法院作出有罪判决不可避免,自由刑的适用上难有太大减缓空间的情况下,说服法院将罚金、没收财产控制在适当的限度之内,也是辩护律师充分发挥作用的一个领域。

其次,单处罚金刑替代自由刑的辩护。

《刑法》分则各个罪中,对于罚金刑的规定有四种类型:一是选处罚金,法定刑规定主刑和附加刑,但罚金可以作为单处刑罚的宣告刑,只能单独适用,但不能附加适用。二是只处罚金,即法定刑只有罚金刑,这一情况只适用于犯罪的单位。三是并处罚金,法定刑规定罚金只能作为附加刑适用,不能单处。四是并处或者选处罚金,法定刑规定了罚金刑既可以与主刑附加适用,也可以独立适用。

我国《刑法》规定的468个罪名中,第一种类型有9个罪名(侵占罪、故意毁坏财物罪等),第四种类型有89个罪名(敲诈勒索罪、虚假诉讼罪等)。主要还是集中在破坏社会主义市场秩序罪、侵犯财产罪、妨害社会管理秩序罪、贪污贿赂罪中。由于罚金刑作为刑罚的附加刑,从一般预防和特殊预防的角度讲,给人的印象是其作用小于有期徒刑、拘役和管制。

但这种印象其实是错误的。首先,《刑法》中可以单独适用罚金刑的罪名本就十分有限,主要是规定在犯罪性质较不恶劣的罪名中;其次,罚金刑一般只对犯罪情节较轻、能兼顾一般预防和特殊预防手段的犯罪,这样采取相对较小的刑罚措施更能体现罪刑相适用。因此,单处罚金代替自由刑的情形较少不是因为罚金刑相比自由刑作用较小,而是法律规定本就如此。相关指导意见也从不排斥使用罚金刑替代自由刑的情形。比如,《全国法院维护农村稳定刑事审判工作座谈会纪要》

中就指出，对自由刑与罚金刑均可选择适用的案件，如盗窃罪，在决定刑罚时，既要避免以罚金刑代替自由刑，又要克服机械执法只判处自由刑的倾向。

最后，以预先缴纳罚金创造从轻情节的辩护条件。

在辩护的过程中，对于做罪轻辩护的经济犯罪类案件，笔者一般会事先与当事人沟通，问其是否愿意预先缴纳罚金。具体的罚金数额则在宣判前与法官提前沟通，询问清楚可否让当事人预缴罚金以适当从轻，或宣告缓刑；如果不能判处缓刑，可否在判处实刑时，以提高罚金的形式适当从轻。毕竟罚金刑也是刑罚，可以让罚金刑分摊部分自由刑，这也是符合罪刑相适应原则的。尤其是在认罪认罚制度推广的背景之下，笔者也办理过当事人主动缴纳罚金，公诉人认为这是当事人认罪悔罪的一个重要表现形式，于是当庭变更量刑建议的案件。并且，在当事人主动缴纳罚金的情况下，辩护人也有更大的底气和把握说服法官从轻处罚。

【文书范本】

辩　护　词

审判长、审判员、人民陪审员：

数天的庭审，合议庭成员没有离开法庭半步，辩护人对合议庭成员的敬业精神表示敬意，我们应该向合议庭学习。章某在法庭上特别急于表达，因为他相信合议庭能够公正司法，尤其是相信人民陪审员。

……（省略部分内容）

十五、关于本案被查封的财产

第一，这些财产几乎都不是赃款而是合法经营获得。

非法部分已经在非法采矿和逃税罪中做了指控，因此，除该犯罪所得之外，其余都是合法的财产。

第二，合法的财产在案发之前的赠与应予尊重和保护。

尤其是不动产已经过户，发生了物权的效力。赠送给三个子女的房产、股权，赠送给王某等人的房产应予尊重保护。

第三，税收优先。

《税收征收管理法》第45条第1款、第2款规定:"税务机关征收税款,税收优先于无担保债权,法律另有规定的除外……纳税人欠缴税款,同时又被行政机关决定处以罚款、没收违法所得的,税收优于罚款、没收违法所得"。因此,涉案的款项应优先扣除,尤其是其中还涉及增值税这种国税,直接涉及中央和地方不同的财政收入。没收财产是地方财政收入,而国税是中央财政收入。章某也多次表述,应从查封的财产中扣缴补税,当这些税款解缴入库时,对章某应适用认罚免责的逃税罪法律规定。

第四,民事权利优先。

《刑法》第59条第1款规定:"没收财产是没收犯罪分子个人所有财产的一部或全部。没收全部财产的,应当对犯罪分子个人及其扶养的家属保留必需的生活费用。"第2款规定:"在判处没收财产的时候,不得没收属于犯罪分子家属所有或者应有的财产。"第60条规定:"没收财产以前犯罪分子所负的正当债务,需要以没收的财产偿还的,经债权人请求,应当偿还。"(注:新修订的最高人民法院《关于适用〈中华人民共和国刑事诉讼法〉的解释》第527条规定,被判处财产刑,同时又承担附带民事赔偿责任的被执行人,应当先履行民事赔偿责任。)

公安机关补充侦查的证据和法庭质证显示,王某在无锡的合法财产被章某投入公司,章某二前男朋友杨某也有钱款经章某投入公司,在卷言词证据称公司财务有记载,约定月固定回报2%,这些财产及增值部分或孳息应优先予以扣除。

(说明:有关具体财产的论述编著时省去。)

辩护人最后想说的是,被告人法庭上检查身体等要求属于其应有的合法权益,被告人的自我辩解不属于抗拒审判;起诉书指控的若干事实,在侦查机关被告人不认可而在法庭上予以认可,是其认罪悔罪的表现;同时,被告人的前妻、成年的孩子在公司里的合法财产希望法庭予以查明,同时,被告人及其直系亲属唯一的住房也请法庭判决书于没收财产时予以保留。

辩护人:王亚林

2019年×月×日

第七章
CHAPTER 07

律师的法庭攻防技巧

第一节
概　述

一、以审判为中心必然要求庭审实质化

《刑事诉讼法》第186条规定,人民法院对提起公诉的案件进行审查后,对于起诉书中有明确的指控犯罪事实的,应当决定开庭审判。众所周知,庭审是刑事诉讼中最基本和最主要的阶段,是当事人行使诉权进行诉讼活动和人民法院行使审判权进行审判活动最集中、最生动的舞台,对于人民法院正确审理刑事案件具有重要的意义。首先,开庭审理有利于保护犯罪嫌疑人和被告人的诉讼权利和实体权利。《刑事诉讼法》对开庭审理中当事人各项诉讼权利及其行使的方式做了明确的规定,开庭审理有利于当事人充分行使诉讼权利,自觉履行诉讼义务,保证庭审活动的顺利进行,最终保护犯罪嫌疑人和被告人的实体权利。其次,开庭审理能够确保人民法院审判权的正确行使。通过开庭审理,审判人员按照《刑事诉讼法》的规定对案件的事实进行客观的认定,对证据进行全面的审核,分清是非责任,作出公正的处理,从而实现人民法院的审判职能。再次,开庭审理有利于对审判活动的有效监督。开庭审理将案件的审理过程置于群众的监督之下,增加了审判活动的透明度,有利于保证案件处理的公正性。最后,开庭审理有利于充分发挥开庭审理的教育作用,扩大法制宣传效果,有助于实现《刑法》的一般预防功能。

对于刑事辩护律师来说，庭审是全部刑事诉讼活动的聚焦点，是全面展示辩护律师才能的平台，在这样一个平台上，律师要充分表现出自己的优势和才华。有的律师喜欢说“功夫在庭外”，但事实上，刑事辩护的工夫就在法庭上。一个真正的大律师当然需要庭外的积累和准备，但是，一旦到了法庭这个舞台上，不能把自己的积累表现出来的律师不可能成为一个真正成功的律师。

话虽如此，但目前我国的刑事诉讼仍然是以侦查为中心，这一刑事诉讼体制具有诸多弊端，如刑事审判虚置、先定后审现象普遍、犯罪嫌疑人的诉讼权利无法保障，从而导致冤假错案的大量产生。为此，习近平总书记提出了让人民群众在每一个司法案件中感受到公平正义的司法工作目标。当前，我国社会主要矛盾已转化为人民日益增长的美好生活需要和不平衡、不充分的发展之间的矛盾。反映到司法领域就是，人民群众期待司法案件的裁判结果更加公平、司法程序更加公正、诉讼过程更加便捷高效、诉讼权利更加受到尊重。要满足好新时代人民群众对司法的新需求，而这些目的的达成，离不开“审判中心主义”的贯彻执行。孙长永教授指出，审判中心主义是近现代国家刑事诉讼中普遍认同的一项基本原则，它是司法最终原则在刑事诉讼中的具体表现。这既是实行刑事程序法定原则而导致程序法治化的必然结果，也是民主社会公正、彻底地解决政府与个人利益冲突的客观需要。[1] 审判中心主义需要通过一系列制度的构建来加以保障，以庭审为中心可以避免先定后审、庭审走过场等司法顽疾，实现庭审的实质化，保障被告人诉权，避免冤假错案的产生。

“审判中心”理念是中国司法界在司法实践中自主产生的，西方法学理论中没有与此契合的概念。究其原因在于，在西方法治国家的刑事诉讼中，追究犯罪嫌疑人、被告人刑事责任的诉讼活动本身就是围绕审判这个中心展开的，审判前阶段只是为审判阶段做准备；法院对侦查、起诉有权实行司法审查，审判前阶段权力主体的诉讼行为对审判阶段没有预决的法律效力，审判在刑事立法和司法现实中是毫无争议的核心阶段，因此没有必要提出这样的一个概念。[2] 大陆法系国家从来都

---

〔1〕 孙长永：《审判中心主义及其对刑事程序的影响》，载《现代法学》1999 年第 4 期。

〔2〕 陈光中、步洋洋：《审判中心与相关诉讼制度改革初探》，载《政法论坛》2015 年第 3 期。

是围绕审判程序这一核心来构建刑法典的体系的,例如,《德国刑法典》中就没有单独将侦查程序列举出来,只是作为一审程序的一部分。

审判中心主义是我国司法界在实践中提炼出的理念,是相对于侦查中心主义提出的。樊崇义教授认为,审判中心主义是指在我国宪法规定的分工负责、互相配合、互相制约的前提下,诉讼的各个阶段都要依照法院的庭审和裁决关于事实认定与法律适用的要求和标准进行,确保案件质量,防止错案的发生。[1] 由于刑事案件社会影响较大,案情相对复杂,调查取证难度大,因而单立侦查程序是非常有必要的。但事实上,公安机关在公、检、法三机关的关系中处于强势地位,侦查阶段的结论往往决定了审查起诉甚至审判的结果。公、检、法三机关在实践中存在一定程度的分工混淆、制约不足的现象,整个刑事诉讼程序是一条流水线,“公安做饭、检察院端饭、法院吃饭”,刑事诉讼的重心前移至侦查阶段,审判环节被严重边缘化。因此,审判中心主义事实上是对现有刑事诉讼参与各方诉讼地位的一次重新定位。我们可以从以下几点来对其内容进行理解。

(一)摆正公、检、法三机关间的关系是以审判为中心的前提

对以审判为中心的改革要求,必须结合改革的背景进行。当前,制约刑事司法公正的核心要素在于公、检、法三机关之间关系的失调,无法树立司法权威。公、检、法各机关的工作流程是流水线式的,再加上司法实务中长期以卷宗为中心,形成了“公安强势、检察院优势、法院弱势”的局面。近期暴露出的部分冤假错案与公、检、法三机关之间的关系失衡存在密切联系。由此可见,以审判为中心作为对公、检、法三机关现状的反思,实际上是要摆正公、检、法三机关之间的关系,重新配置司法职权,构建一个以审判为中心的科学、合理的诉讼体系。当然,新的刑事诉讼体系的构建并不会削弱检察机关的司法监督职权,因为无论怎样的诉讼体系都必须置身于宪法、法律框架之下,而检察机关的监督职能是宪法、法律明确规定的。而且,随着认罪认罚从宽制度的推广,检察机关的法律监督直接介入量刑环节,使检察机关对于审判活动的参与度更强。

---

〔1〕 樊崇义:《解读“以审判为中心”的诉讼制度改革》,载《中国司法》2015 年第 2 期。

（二）以庭审为中心是以审判为中心的核心

审判中心主义，是指审判活动在整个刑事诉讼程序的各个阶段中处于一种核心地位，侦查、起诉等阶段都应该服从审判阶段，并围绕法庭审判开展司法活动。探讨审判为中心必须要以刑事诉讼各个阶段的分工合作为前提。有人认为，讨论以审判为中心只需要讨论法院应该发挥的作用就可以了。这是把“以审判为中心”和“以庭审为中心”混为一谈了。

审判中心主义与庭审中心主义确实存在一定联系：审判中心主义需要通过以庭审为中心来实现，以庭审为中心是以审判为中心的核心内容。庭审实质化自然会增强庭审的威力，倒逼侦查机关和公诉机关将一切工作目标指向庭审，从而实现审判中心主义。但两者区别也是很明显的：审判中心主义主要解决的是在刑事诉讼不同阶段中审判阶段的地位问题，是相对于侦查、起诉等环节而言，属于法院审判工作的外部问题。而庭审中心主义解决的是法院审判工作中的内部工作机制问题，会具体到法院的审判程序和审判体制等。可见，两者虽有联系也有区别，应将其区分开来。[1]

以审判为中心是指在审判中庭审应成为决定性环节。因为庭审是刑事诉讼各项基本原则得到最充分体现的舞台，当事人的诉讼权利也可以在庭审中得到有效行使。庭审必须实质化而不能流于形式。为此，法官应注意这样几个问题：首先，尽量避免过早接触卷宗，接触卷宗也不能在开庭之前对案件主要事实形成“预断”，这样有先定后审的嫌疑；其次，庭前会议上尽量避免处理案件事实认定等实质性问题，如果需要处理也必须充分听取辩护律师的意见，防止出现“庭前庭”；最后，应当严格限制和规范法官的庭外刑事和解活动的范围，防止庭审功能外移。总之，在庭审中，必须使控辩双方能够平等对抗，双方举证在法庭、质证在法庭、辩论说理在法庭，进而使案件的公正裁判形成于法庭。只有通过这些改革，才能真正做到以庭审为中心，实现审判中心主义。

（三）充分发挥刑事辩护律师的作用是以审判为中心的重要保障

中央政法委书记孟建柱在“政法领导干部全面推进依法治国专题研讨班”开幕

---

[1] 顾永忠：《“庭审中心主义”之我见》，载《法制资讯》2014 年第 6 期。

讲话中强调,律师依法在案件细节上较真、在诉讼环节上挑毛病、在起诉书和判决书字里行间发现漏洞,有助于提高司法的精准性、公正性。“我们要信任广大律师,构建彼此尊重、平等相待、相互促进的新型关系,共同为全面依法治国作出更大贡献。”由此可见,刑事辩护律师在审判中心主义践行过程中的地位。

司法机关应当重视律师辩护“旧三难”和“新三难”问题,要切实保障律师会见权、阅卷权、调查取证权和庭审中发问、质证、辩论等辩护权利;对于被告人及其辩护人提出的辩解、辩护意见和提交的证据材料,人民法院应当认真审查,并在裁判文书中说明采纳与否的理由。法庭还应当注重引导控辩双方依法履职、均衡对抗,避免出现因未形成对抗格局而演绎为诉讼“一边倒”的情形;对于律师因开庭冲突等情形而要求法院延期审理的案件,应当予以延期。对于一审程序中限制律师权利的案件,二审法院可以以违反法定程序为由,撤销原判。只有各司法机关充分尊重刑事辩护律师的合法辩护权,被告人的诉权才能得到保障,才能构建一个控辩对等的诉讼平台,以审判为中心才不是一句空话。

二、庭审实质化的实现路径

以审判为中心的诉讼制度改革是对我国现行公、检、法三机关关系的完善和发展,但并不是技术层面的小修小补,而是要对我国现行刑事诉讼制度作一系列的重大改革。我国目前的诉讼制度在诸多方面还不符合审判中心的要求,如影响审判独立性的内外因素依然存在;庭审中书面证言被广泛使用,庭审流于形式;辩护率偏低,控辩力量失衡;侦查、起诉质量不高。这些问题,都极大地制约着审判中心主义的推行。因此,要真正实现庭审实质化,给刑事辩护律师搭建发挥自己作用的平台,从我国当前司法实践的问题出发,笔者认为,至少在制度上有如下几个问题要加以考量。

(一)保证司法机关依法独立行使职权

陈光中教授在《审判独立是审判公正的重要保障》专题讲座中指出,审判独立是一项被现代法治国家普遍承认和确立的基本法律原则,其核心精神在于法官在进行司法裁判过程中,只服从法律的要求和良心的驱使,客观判断证据、事实,公正裁决案件而不受来自法院内部和外部的干预和控制,即马克思所讲的“法官是法律世界的国王，除了法律就没有别的上司”。[1]

领导干部干预司法活动、违规插手具体案件处理，一直是影响司法公正的顽疾。此类活动，无论是出于私人目的还是出于地方和部门利益的需要，都是对司法机关依法独立行使职权的干扰，是对司法公正的伤害。党的十八届四中全会明确提出，要“建立领导干部干预司法活动、插手具体案件处理的记录、通报和责任追究制度”。

我国宪法、法院组织法、检察院组织法和诉讼法均明确规定，人民法院、人民检察院依照法律规定独立行使审判权、检察权，不受行政机关、社会团体和个人的干涉。然而，在现实中，领导干部干预司法活动的现象仍然屡禁不止。针对这一状况，应该设立明确的记录制度，使领导干部干预司法活动全程留痕，并由党委、政法委对领导干部违法干预司法活动、插手具体案件处理进行通报；同时还要有明确的责任追究制度，由纪检监察机关对领导干部违法干预司法活动以及司法工作人员不记录或者不如实记录进行责任追究。这几项制度必须环环相扣，才能形成一个完整而严密的预防权力干预司法的制度体系。只有这样，才能彻底阻断领导干部干预司法，使制度设计能够真正具有可操作性，能够达到可行、可用、可靠的要求，真正成为权力与司法之间的“隔离带”。

（二）完善辩护制度，真正实现控辩平衡

刑事诉讼被视为一场国家与个人之间的斗争。公诉方较之被追诉方处于天然的强势地位，孟德斯鸠在《论法的精神》一书中就曾指出：“一个人，即使最卑微的人的生命也应受到尊重，国家在控诉他的时候，也必定要给他一切可能的手段为自己辩护。”[2]要想真正实现控辩平衡，必须有效地强化和保障被追诉方的诉讼权利。但是，司法实践中，侦查机关过于强大，使得犯罪嫌疑人、被告人的许多重要的辩护权利大打折扣。

首先，侦查阶段的知情权不能保证。犯罪嫌疑人被侦查机关讯问后，有些甚至

---

〔1〕 中共中央马克思、恩格斯、列宁、斯大林著作编译局：《马克思恩格斯全集》（第1卷），人民出版社1974年版，第76页。

〔2〕 ［德］孟德斯鸠：《论法的精神》（上册），商务印书馆1982年版，第143页。

不知道自己所涉嫌的犯罪到底是什么,这让犯罪嫌疑人很难有针对性地作出辩护。而这一阶段,犯罪嫌疑人通常还没来得及聘请辩护律师,其言论很有可能成为以后庭审中对其不利的供述。其次,沉默权这项重要权利在我国也是形同虚设。虽然在《刑事诉讼法》中得到了确认,但是,《刑事诉讼法》中关于沉默权的规定存在矛盾:一方面,《刑事诉讼法》规定不得强迫任何人自证其罪;另一方面,又规定犯罪嫌疑人在接受讯问时应当如实回答。这种表述,让人明显感觉我国的沉默权只是一种虚有其表的权利。最后,在刑事诉讼中,律师服务是必需的。《刑事诉讼法》虽然规定犯罪嫌疑人在侦查阶段就可以聘请辩护律师,但由于律师权利受限制,律师帮助权并不能得到更好发挥,在面对强大的国家控诉机关时,辩护律师实在是爱莫能助。[1]

(三)完善证人出庭制度,贯彻直接言词原则

直接言词原则是现代刑事诉讼的基本原则之一,它在许多国家的诉讼实践中得到贯彻实行,"要求以言词陈述或问答形式而显现于审判庭之诉讼材料,法院始得采为裁判之基础"。[2] 虽然我国《刑事诉讼法》《人民法院办理刑事案件庭前会议规程(试行)》《刑事诉讼法司法解释》《人民法院办理刑事案件排除非法证据规程(试行)》《人民法院办理刑事案件第一审普通程序法庭调查规程(试行)》等司法解释的一些规定体现了直接言词原则,但由于立法的笼统、模糊以及缺乏相应的配套规定,我国在审判实务中未能真正贯彻执行这一原则。为此,笔者建议如下:

一是防止庭前预断,改为庭后阅卷定夺的审判模式。我国《刑事诉讼法》将庭前审查由全面审查改为程序性审查,防止了以往"先定后审"的弊端。这样,虽然表面上是"先审后定",但这个"定"并不完全建立在"审"的基础上,主要还是依据检察机关移送的案卷材料。

二是建立证人出庭作证制度。我国1996年《刑事诉讼法》在规定证人有出庭作证义务的同时又规定对未到庭的证人的证言笔录应当庭宣读,这本身就是一种

---

〔1〕 程雷:《审判公开背景下刑事庭审实质化的进路》,载《法律适用》2014年第12期。

〔2〕 林钰雄:《刑事诉讼法》(下),中国人民大学出版社2005年版,第150页。

自相矛盾的规定。这样的规定导致的结果就是，证人虽未出庭，其证言仍有可能成为认定案件事实的依据。目前这一状况稍有改观，在证人出庭作证的问题上，辩方也是可以采取积极主动的行动的。2018年1月1日开始试行的《人民法院办理刑事案件第一审普通程序法庭调查规程（试行）》第13条第1款规定，控辩双方对证人证言、被害人陈述有异议，申请证人、被害人出庭，人民法院经审查认为证人证言、被害人陈述对案件定罪量刑有重大影响的，应当通知证人、被害人出庭。最高人民法院《关于适用〈中华人民共和国刑事诉讼法〉的解释》第249条第1款规定："公诉人、当事人或者辩护人、诉讼代理人对证人证言有异议，且该证人证言对定罪量刑有重大影响，或者对鉴定意见有异议，人民法院认为证人、鉴定人有必要出庭作证的，应当通知证人、鉴定人出庭。"对比上述规程和司法解释，"人民法院认为有必要出庭"的再强调又和2012年的解释相一致，无非是增加了审判机关的自由裁量权。

三是建立以裁判为中心的诉讼体系。我国的刑事诉讼构造是一种"流水作业式"的构造，公、检、法三机关前后接力，共同致力于惩治犯罪、查明案件事实真相的目的。这种诉讼构造决定了无论是法院、侦查机关、检察机关还是被告人，都不能适应直接言词的审理方式，司法机关失去了作为社会正义最后堡垒的地位。因此，确立并贯彻直接言词原则必须建立以裁判为中心的刑事诉讼体系。

（四）提高侦查、审查起诉质量，为公正审判奠定坚实基础

第一，规范侦查行为，严格取证规则。侦查是诉讼的第一道工序，我国刑事诉讼体系以侦查作为审判的前提和基础。侦查环节在刑事诉讼体系中的作用至关重要。樊崇义教授认为，提高侦查质量应该做到以下几点：一是侦查中拘留、逮捕必须送往看守所羁押；二是讯问必须在看守所进行；三是讯问的方法要由刚变柔；四是讯问全程录音录像；五是侦查模式必须由"口供为本"转向"物证优先"和"实物证据为本"；六是调整办案程序，先取证后讯问。[1] 必须坚持执行我国《刑事诉讼法》规定的严禁刑讯逼供的机制，只有这样，才能保证打牢刑事诉讼的基础，从根本上防止冤假错案产生。

不仅要在公安机关侦查案件中斩断冤假错案的根源，在检察机关自侦案件中

---

〔1〕 樊崇义：《解读"以审判为中心"的诉讼制度改革》，载《中国司法》2015年第2期。

同样应如此。当前,以审判为中心的诉讼制度改革中,必然要改革自侦案件的侦查模式和方法,以适应"审判为中心"之需要。目前由于监察机关的设立,检察机关的侦查权被削弱,但仍保留了14个职务犯罪罪名的侦查权,而且检察机关的侦查部门提级到设区的市级检察院,侦查水平和能力也必然会相应提升。检察机关在侦查活动中也应该更加重视客观证据,进一步弱化口供对案件侦查的决定作用。与"由供到证"侦查模式相比,"由证到供"模式会涉及更广泛的侦查空间和更复杂的侦查操作,因而也就需要各方面的司法投入。今后检察机关应当加强对侦查人员的业务培训,切实转变执法观念,不断优化侦查队伍的专业结构。同时,要增加侦查工作的技术含量,强化秘密侦查措施和技术侦查手段的规范运用,充分发挥科技手段在职务犯罪侦查工作中的作用,利用新的技术装备及时发现、收集、固定各种证据,坚持科技强检,摆脱对口供的过分依赖。只有这样,才能实现党的十八届四中全会决定中提出的"确保案件处理经得起法律和历史的检验"的目标。[1]

第二,审查起诉、提起公诉是以审判为中心的诉讼制度改革的中间环节,也是防范冤假错案最重要的屏障之一。因此,以审判为中心的诉讼制度改革必然要求检察机关提高公诉质量,把好关口。公诉检察官应当从庭前证据审查和庭上举证辩论两个方面寻找改善工作的切入点:首先,应当更加重视庭前的证据审查工作,对证据的真实性、关联性、合法性进行全面、细致、严格审查,充分考虑证人出庭作证可能引起的证据变化和对案件定罪量刑产生的影响,围绕案件焦点做好出庭应对准备。其次,庭审实质化使得庭审活动更具对抗性和不可预测性。公诉检察官必须不断增强业务素质,提高交叉讯问能力和当庭应变能力,真正通过扎实的证据和严密的论辩,履行好对犯罪的追诉职能。

通过刑事诉讼参与者的通力合作,以审判为中心的理念必然能在刑事诉讼中得到贯彻。以审判为中心要求庭审的实质化,庭审的实质化要求刑事辩护的实质化,这样的历史机遇给刑事辩护律师提供了一个广阔的舞台,但机遇同样伴随挑战,刑事辩护律师只有不断提高自己的庭审技能,才能在今后的司法改革中扮演越来越重要的角色,担负起推进中国法治进程的责任。

---

〔1〕 王守安:《以审判为中心的诉讼制度改革带来深刻影响》,载《检察日报》2014年11月10日,第3版。

第二节
发 问

依据我国《刑事诉讼法》规定的庭审程序,公诉人宣读起诉书之后,可以在审判长主持下,就起诉书指控的犯罪事实讯问被告人。辩护人可以在控诉一方就某一问题讯问完毕后向被告人发问。辩护人发问有助于发掘案件细节、揭露真相。可以通过发问引导被告人作出对自己有利的回答,为辩护人辩护观点的展开做好铺垫。因此,发问被告人是一项非常重要同时又非常有风险的诉讼环节,因为很多情况下辩护人也不知道被告人会就一个问题作出怎样的回答,被告人的回答可能与案件毫无关系,甚至可能对自己不利。因此,一名有经验的律师可以预判被告人的回答,并通过引导被告人达到主导庭审的目的。

一、发问要达到的目的

(一)发问要做到为辩护做铺垫

辩护律师在开庭之前已经充分阅卷,同时也与被告人多次会见,就各种问题已经在会见过程中进行了充分沟通和了解,因此,辩护人在庭审上发问的目的显然主要不是寻求答案,而是帮助法官来寻求案件真相。虽然律师充分了解案情,也具备很高的专业素质,但律师也不能在法庭上代替被告人发言,因此,只能通过发问的方式让被告人有足够的时间和机会来充分阐述对自己有利的事实。

(二)发问过程中要展示辩护观点

要做到这一点必须要有一套事先设计好的辩护策略,把辩护策略作为一个逻辑线索设计在发问的问题之中,并通过辩护人的提问和被告人的回答让审判人员能逐步明确辩护人的辩护思路,实现辩护人将自己的观点和策略进行输出并充分引起审判人员的注意,从而达到自己预先设计的辩护效果。

案例：H 市鼓楼爆炸案中通过发问被告人展示辩护观点

2004 年 4 月和 5 月，H 市鼓楼商厦发生两起爆炸事故，造成十余人受伤、商厦墙体移位、用具毁坏，直接经济损失 5 万余元。经过警方侦破案件，逮捕了被告人蒯某某、崔某。H 市中级人民法院公开一审宣判了鼓楼爆炸案。作为崔某的辩护人，王律师在庭审过程中通过发问展示了崔某被男友蒯某某蒙蔽、欺骗，对爆炸行为只发挥了从属作用，且检举蒯某某重大盗窃行为，属于立功，具有从轻、减轻情节。最终两被告蒯某某、崔某被认定犯爆炸罪，主犯蒯某某被判处无期徒刑，剥夺政治权利终身；从犯崔某减轻处罚，判处有期徒刑 13 年，剥夺政治权利 3 年。

（1）在帮助你哥开车前，是否为自己开过出租？

（2）是否了解炸弹知识？

（3）谁提出爆炸勒索？

（4）做炸弹的过程是否清楚？

（5）买过几次炸弹材料？

（6）第一次你到鼓楼时，炸弹放好没有？第二次爆炸时你在何处？

（7）谁在炸药中放螺钉？

（8）谁提出买联通卡？

（9）谁发的勒索短信？

（10）是否借债，蒯某某是否拿过你的钱？

（11）可知道蒯某某有几个名字？什么地方人？实际年龄？朱某某（蒯某某另一个女友）你认识吗？蒯某某是否结婚了？按照蒯某某的交代他非常害怕你，很听你的话，是吗？

（12）爆炸的损失和伤害的结果你可清楚？

（13）检举蒯某某的重大盗窃情况你是否向办案单位说了？

在这一系列的问题中，辩护人的辩护观点逐步显露出来，从何人提议实施爆炸行为到炸弹的制作以及放置炸弹的目的逐一进行提问，通过提问可以让合议庭知晓蒯某某在很多问题上蒙蔽崔某，崔某是一个犯罪人的同时也是一个受害者；使法庭了解崔某在案件当中只是居于从属地位，而且崔某向办案机关检举了蒯某某的重大盗窃情况，属于立功，从而达到罪轻辩护的目的。

（三）发问要扭转和化解不利因素

因为辩护人的发问是在公诉人之后，而公诉人的讯问可能会使法庭产生被告人确实触犯刑法、确实应该受到惩罚的印象。在这种情况下，扭转这一不利局面是辩护人非常重要的工作内容。因此，辩护人要特别注意出于反驳、澄清控方不当的讯问而向被告人发问，要有意识地制造机会通过辩护人的问、被告人的答，把前面公诉人讯问中的一些误导甚至一些强加的东西澄清、扭转过来。

案例：冉某某贪污案中通过发问说明检察机关侦查过程取证手段不合法

冉某某贪污案中，辩护人通过阅卷和会见得知侦查人员在侦查过程中存在诱供情况，且没有全面、真实地按照被告人的供述和辩解记录，并有意忽略了被告人配合反贪调查等从轻情节。因此，辩护人通过庭审发问给被告人机会当庭说明该情况，从而达到罪轻辩护的目的。

问：你刚才回答公诉人时称过去的交代全部属实，那么你过去交代送给倪某某2000多万元属实吗？

答：不属实。

问：那为什么交代得那么具体、详细并且生活化？

答：很多是侦查人员提示的。

问：好，那你刚才回答公诉人时称过去的交代基本属实，请问基本属实是什么意思？

答：有些辩解没有被记录。

问：你刚才说是你自己决定的，其他人只是接受你的指示和安排，为什么过去交代有一个和其他人商量和对话的情况？

答：那些是不属实的，是按照侦查人员的提示陈述的。

问：你有没有写给辛某某一封信？再配合一次是什么意思？

答：有。配合“反腐”调查，承认我们共同商量隐匿国有资产。

在这一案例当中,辩护人的意图就非常明显。公诉人在之前讯问时问过“过去的交代是否属实”,被告人答“基本属实”,这一回答明显是力度不够的。如果辩护人没有抓住这一点就这样让这个问题翻过去,审判人员留下的印象就只会是“属实”。但辩护人通过自己的经验和对庭审的掌控能力,发现了这一问题,并对这一问题反复发问,从而达到了让审判人员充分注意这一问题的目的,使审判人员对被告人之前产生的不好印象发生转变。

二、要注意发问方法

(一)要使用文明用语,语气温和,稳定被告人情绪

在法庭上,被告人基本上处于一种孤立无援的状态,戴着戒具被押上庭,家人坐在旁听席里,不能有交流。这种状况下被告人的情绪很容易出现波动,不能以很好的态度配合庭审。之后紧接着就是公诉机关的讯问,公诉人盛气凌人,张口就是“被告人某某,本公诉人代表国家对你涉嫌某某罪提起公诉,现就案件相关事实对你进行讯问,你要如实回答,听清楚了吗?”紧接着是一系列的讯问,此时被告人的心理已经处于非常紧张、近乎崩溃的状态。这个时候轮到辩护人发问,辩护人一定要明确向被告人传达这样一种信息:我是站在你这一边支持你的,冷静下来,不用紧张。传达这种信息首先要注意的就是语气和缓、坚定,给被告人充分的信心;还可以通过与审判人员的交流来达到这一目的,比如,可以通过请求法庭解除被告人戒具或者请求法庭允许被告人坐下回答问题等方式,给被告人一个充分喘息、稳定情绪的时间。

(二)要明知故问

绝大多数情况下,辩护人向被告人发问都是明知故问。正如上文所说,律师通过阅卷和会见已经全面掌握了案情,因此,原则上应该明知故问。只有这样,才能对被告人的回答有一个心理预期,不至于出现辩护人难以掌控的局面。而且通过一问一答的方式可以把辩护人、被告人对案件事实的立场、态度展现给法庭。通常辩护人问什么,一定要和后来举证质证中提出的问题、提供的证据有密切的联系,也和定罪量刑有紧密的联系。

(三)辩护人在提问时要注意简明扼要,拆分问题

庭审一般是一个漫长的过程,在这样一个过程中,很难保证审判人员全程都精力集中。这种情况下如果辩护人提出的问题比较冗长、拗口,审判人员会很难抓住辩护人的意图,也很难通过辩护人和被告人的问答来获取有效信息。这样,辩护人的提问就是一种无效的提问。因此,辩护人应注意拆分问题。英美法系的很多律师学院对学生进行非常专业的提问训练,其中一个很重要的内容就是拆分问题,让学生就一个事物或者一个事件不断提出相关问题。我们国家的律师在这方面的训练是有欠缺的,应该将问题拆分,提问做到“短平快、稳准狠”,如连珠炮一样,这样,审判人员的注意力是很容易被吸引的。

案例:H 市鼓楼爆炸案中通过拆分问题对同案被告人蒯某某进行封闭式发问

(1)蒯某利是不是仅有一个名字?蒯某文是你的名字吗?

(2)原来供认二人同时想到爆炸,刚才说崔某提议三次、二次?哪次是真?

(3)做炸弹是受电视的启发?哪个电视节目?炸弹都是你做的?

(4)崔某是否知道怎么做炸弹?

(5)第一次带炸弹出去是到双岗玩?第一次爆炸崔某是如何去的?三次供述哪次真实?

(6)原来供认第一次炸弹是你安放的,刚才又供认是崔某安放的?

(7)第三次爆炸在炸弹中加上钢珠和螺钉是谁的主意?崔某的主意?

(8)刚才供述没有发短信?不知道勒索的事情?为什么买联通卡?为什么在刑拘的8月3日就向警方详细供述了短信的内容?崔某是8月4日在你供认后才供认的?短信是发了5条吗?是否从崔某父母处借款,索要情况?

(9)第18页供述提到两个女人,打结婚证否?你是个听话的男人,什么都听崔某的?爆炸动机是否属实?

(10)对爆炸的损失和伤害的结果是否清楚?

该案案情上文已详述,在庭审过程中,向同案被告人发问一般只能采用封闭式发问,且可以将问题进行拆分,通过连珠炮似的封闭式发问引导被发问人

陈述出符合辩护人需要的答案。在本案中,辩护人通过询问蒯某某制作炸弹的细节以及蒯某某除崔某外还有其他女友来充分说明崔某在案件中是被蒯某某蒙骗的,只发挥从属作用,属于从犯,应该从轻处罚。

(四)辩护人发问要注意在避免重复的同时制造重复

众所周知,庭审时间非常有限,需要避免重复提问,让被告人能尽可能多地叙述案件事实,使法庭能充分了解案件。这是一个非常容易理解的问题。但同时,有些时候辩护人却还要刻意去制造重复。这样的情况主要有:公诉人讯问中出现错误之处,需要辩护人在发问时反复提出让法庭注意;于案情特别重要、需要引起法庭注意的内容,辩护人也应反复提问。总之,以避免重复为原则,在必要的时候制造重复,打好组合拳,提高庭审发问的威力。

案例:H市唐某某贩毒案中通过发问阐明被告唐某某有从轻、减轻情节

2009年3月H市警方获取情报,唐某某有贩卖新型毒品——冰毒嫌疑,遂展开调查。2009年6月30日晚专案组对被告人承包经营的宾馆进行了突击检查,当场查获大量毒品和毒资,同时还抓获前来购买和吸食毒品的吸毒人员十多人。唐某某归案后主动交代了从上线购买毒品的全部犯罪事实并积极配合公安机关抓获了其上家阳某某。但一审法院认为唐某某的行为属于主动坦白犯罪事实,不属于立功,遂判处唐某某死刑。二审过程中,辩护人发现在案件侦查过程中,警方查获了唐某某三部手机,其中一部手机属于其女友季某某,之后予以返还,但卷宗材料显示退回一部手机之后还有三部手机,辩护人认为有一部手机是警方查获并隐匿的,而这一部被隐匿的手机就是唐某某具有立功表现的重要线索。因此,辩护人在庭审过程中对隐匿手机这一事实向案件利害相关人反复发问,使法庭能充分重视被告人唐某某积极配合抓获上家的立功事实,达到了辩护人的辩护目的,使二审改判"死缓"。

发问被告唐某某:

问:你有几部手机?分别如何使用的?

答:三部,分别用于联系上家、联系下家以及自己使用等。

问:6月29日被抓时警方当场扣押了几部手机?

答:两部,其中一部是我女友的,这三部手机的号码分别为:131××××××××、130××××××××、132××××××××。

问:是否制作了扣押物品清单?

答:6月30日下午在刑警队制作的扣押清单并让我女友季某某和一名女警察签字。

问:你联系上线的手机号码是多少?

答:是137××××××××。

问:这部手机藏在了什么地方?

答:藏在大衣柜里面的鞋盒子里。

问:警方如何查获这部手机的?

答:是我告知警方位置后警方找到的。

问:被抓后协助警方抓获阳某某做了哪些工作?

> **注:**唐某某被抓获后向侦查机关提供了曾与阳某某见面的歌厅、阳某某可能提款的银行网点,帮助侦查机关通过提取监控录像进行辨认;向侦查机关提供了阳某某贩毒使用的关联账号,侦查机关随后对该账户实施密切监控,对在ATM取款机上使用该账户的取款人即阳某某的妻子进行调查,从而确认阳某某为嫌疑人;多次帮助侦查机关辨认阳某某的图像和照片。

问:被抓后和阳某某有没有通过话?

> **注:**唐某某按照侦查人员的安排和阳某某通话,稳住阳某某不至于外逃,让阳某某不要关机,而阳某某当庭也承认其正是听从了唐某某的安排没有关机,并且打消了唐某某被抓的怀疑。

发问唐某某女友季某某:

(1)6月29日警方当场扣押了几部手机?

(2)扣押笔录上你的签字是否属实?何时、何地签字的?

(3)手机何时退还的?

(4)警方在6月29日之后是否又去了住处搜查?

发问上家阳某某:

(1)唐某某联系你的号码有几个?

(2)是否记得号码?

(3)在这份笔录中你交代7月初曾经打电话给唐某某问他是否出事,是否属实?

(4)唐某某怎么说?

在这一案例中,辩护人通过询问被告人手机藏匿的位置、警方如何查获被藏起来的手机以及被告人怎么利用手机稳住上家协助警方抓捕等一系列问题,让被告人有充分的机会表明警方事先并未查获其联系上家的手机,二审时其主动交代并在抓获上家过程中发挥了重要作用。根据最高人民法院的指导案例,被告人交代了公安机关通过正常的程序无法查找到的同案犯的线索,属于立功。同时,辩护人对同案利害关系人就同一问题进行反复发问,使法庭能充分重视这一问题。最终法庭认定被告人曾协助办案人员稳住同案犯,以确保办案人员抓获同案犯,属于协助抓获同案犯,也属于立功。因此,最终判决将被告人的死刑改判为"死缓"。

(五)辩护人庭审发问要做到随机应变

虽然辩护人应该按照自己事先准备好的辩护策略进行庭审发问,但有时庭审上发生一些意料之外的事情可能影响庭审走向。在这种情况下,有经验的律师往往敢于抓住机会,剑走偏锋。当然,只有经验丰富的律师在充分准备的前提下才敢如此冒险,因为虽然在法庭询问中可能会暴露出一些与案件事实有重要联系的问题,但是这些辩护人事先并不了解、并不掌握的问题,可能需要辩护人去问、弄明白。在这种情况下,要不要问,需要慎重对待。首先要判断问会得到什么样的结果,只有当辩护人判断可能会对被告人有利时,才可以去问。如果做不到这一点,就不要贸然地去问,而可以通过后面的环节再进行了解。

（六）辩护人庭审发问要掌握时机、详略得当

庭审时间紧张,审判人员对于辩护人发问宽容度也相对较小。辩护人在发问过程中过于烦琐或者发问不当很有可能会招致法庭的制止,法庭当庭制止发问会对辩护人的庭审表现产生极为不利的影响。因此,发问技巧中的详略得当非常重要。

第一,对于公诉人已经讯问过的内容可以一句带过。公诉人讯问在前,辩护人发问在后,有些辩护人机变能力不足,完全按照庭前准备的发问提纲发问,对于公诉人已经讯问过的问题不懂取舍,容易让审判人员出言制止。如果能够做到临庭机变最好,实在做不到可以说一句"关于某某问题,刚才公诉人已经讯问过,这里不再重复"代替发问,庭审效果会比较好。

第二,对于起诉书中已经认定的非客观性事实,如果不是特别需要向法庭呈现的,可以略过。笔者曾在一次庭审中遇到这样一位辩护人,他在庭审发问时的表现就是不合格的。他的当事人已经被起诉书认定为自首,他仍然在法庭上变着法地询问自首相关的情节,法庭本就已经不耐烦,但没有发作,直到他问出这样一个问题:"按照一般常理,犯罪之后应该躲避司法机关追究,你到派出所是出于什么心理?"审判长当即发作:"谁说犯罪之后常理应该逃避？犯罪之后主动向司法机关投案自首是唯一出路！不要再问这个问题了!"

这个事例中辩护人的发问意图很明显,但是他在无意义的问题上反复纠缠,这个过程中只要稍有不慎,就可能被法庭揪住疏漏之处,影响庭审效果。

第三,应该分配更多时间和精力在客观事实的挖掘上。庭审发问是关于案件事实的发问,设计的问题应当紧扣与定罪量刑有关的案件事实。案件事实虽然包括主观事实与客观事实,但刑事案件中主观事实的认定也是构建在客观事实的基础上的。发问纠结于主观事实的成效并不大,而且容易在发问时带入辩护人的主观推断。客观事实的发问对于辩护思路的展开才更加重要,应该分配更多的发问时间。

第四,最高人民法院《关于适用〈中华人民共和国刑事诉讼法〉的解释》第242条第3款规定:"根据案件情况,就证据问题对被告人的讯问、发问可以在举证、质

证环节进行。”因此,根据不同的情况,辩护人可以选择不同的发问时机。

第五,根据最高人民法院《关于适用〈中华人民共和国刑事诉讼法〉的解释》第269条的规定:“审理过程中,法庭认为有必要的,可以传唤同案被告人、分案审理的共同犯罪或者关联犯罪案件的被告人等到庭对质。”因此,辩护人可以根据具体情况对有关诉讼参与人进行发问对质。

三、诱导性询问

诱导性询问(leading question)又称“暗示询问”,是交叉询问中一种常用的发问技巧。所谓交叉询问,是指由律师在法庭上对另一方证人或鉴定人等进行的盘诘性询问。《布莱克法律词典》的解释是:“交叉询问是在审判或听证中由相反一方的当事人或者律师对证人进行的询问,其目标主要在于瓦解对方证人的作证资格、降低对方证人的可信度或从对方证人证言中获得有利信息,以支持本方的诉讼主张。”具体而言,诱导性询问是指在刑事诉讼询问中为了获得某一回答而在所提问题中加以暗示被询问者如何回答的内容,或者将需要被询问人作证的有争议的事实假定为业已存在的事实加以提问。

法庭询问最精彩的阶段集中体现在对证人的交叉询问过程中,因此,这一环节被盛赞为基于查明案件事实真相所创就的最伟大的法律运作机制。而诱导性询问正是交叉询问中对证人进行盘诘的重要的常规方法。[1] 交叉询问的目的在于引导证人陈述出对己方有利的证言,因此,交叉询问主要就是诱导性发问,并引导证人作出自己期望的回答的环节。从某种程度上来说,没有诱导性询问,交叉询问这一环节也就失去了其存在的意义。

(一)有关诱导性询问的概念

诱导性询问,是指提问者在问题中已经隐含了答案,因此限定了被提问者的答案范围,从而可以得到自己期望的答案。面对这样的诱导性询问,被询问者只需也只能回答“是”或者“不是”,或者被询问者选择回答问题本身就意味着对某个暗含

---

〔1〕 张建伟:《关于刑事庭审中诱导性询问和证据证明力问题的一点思考》,载《法学》1999年第11期。

假定事实的承认。封闭式询问一般被认为是诱导性询问:封闭式询问是以“是或不是?”“这个或那个?”开头的询问,在英文中一般是以“do”或“is”开头的询问。被询问者以“yes or no”作出回答。而开放式询问是以“什么时间、什么地点、什么人、发生了什么、为什么”等开头的询问,在英文中一般是以 W 开头。这种询问不具有诱导性。

美国法庭广为流传的经典之作是,在一宗谋杀案的诉讼中,原告请出了关键证人,该证人宣称:他亲眼目击了被告人开枪和开枪后逃离现场的情景。这一证词对被告人是致命的。而被告人的律师对原告的这位证人实施了连续发问:“在看到枪击之前你与拉克伍在一起吗?”“你站得非常靠近他们?”“在宽阔的草地上?”“在 8 月,树上的叶子相当密实吧?”“你认为这把手枪是当时所用的那把吗?”“你能看到被告开枪射击,能看到枪管等情形?”将该证人的证词一步步锁定在“我亲眼看到被告开枪射击;枪击发生在榉木林里,离周围居民点的灯光 0.75 英里远;我看到了枪管;我看到的这一切是借助于当晚的月光,当时是晚上 10 点”。然后,律师从大衣旁边的口袋里抽出一本蓝色封面的天文历——慎重地从其中一页当中念道:那天晚上看不见月亮,月亮要到次晨一点才升起。[1] 这位精明的律师就是后来的美国第 16 任总统——林肯。这一精彩盘问中充分使用的就是美国法庭交叉询问程序中经常使用的一种询问技巧——诱导性询问。

(二)诱导性询问的作用

诱导性询问的主要目的有两个:其一,通过交叉询问,发现证人证词的破绽,以达到证言无效或使陪审团、法官对该证言持有怀疑的效果。其二,从交叉询问中发现或找出有利于自己的事实。虽然对方提供的证人一般总是支持对方主张的,但如实作证的证人毕竟是案件事实的见证人(包括直接和间接),因此,有可能从中发现或找到有利于己方的证言事实,变控方证人为辩方证人(在民事案件中则是原告证人变为被告证人)或者相反。而且,这样的证人对于击败对方的主张还特别有利。精明的律师往往能够从对方证人的证词中发现对自己有利的证言,变被动为

---

〔1〕［美］弗兰西斯·威尔曼:《交叉询问的艺术》,周辛、陈意文译,红旗出版社 1999 年版,第 58 页。

主动。[1]

证人出庭作证的目的就是为传召的一方所提出的主张提供有利的证言。此时作为交叉询问的另一方有充分的理由对证人陈述的真实性和可靠性存疑。“英美刑事诉讼最值得借鉴的,应该不是什么主义或体系,而是在刑事诉讼中,他们对人性有比较深刻的透视。只要是人,就可能滥权,就可能怠惰,就可能麻痹,就可能犯错,上述任何一种情形,只要在刑事程序中发生过一次,对卑微的人民或平和的社会,都会造成无法弥补的伤痛。不相信任何一个有权的人,是英美刑事诉讼制度的上位概念。甚至对无权的证人,他们也处处防范,所以有传闻法则,而且与证人对质诘问是刑事被告宪法上的基本人权。”[2]在证人对自己的证言或陈述已有一定的目的和预期的情况下,诱导性询问无疑是发现伪证的有力武器。试想一下:例如,控辩双方在对对方证人进行交叉询问时也不允许使用诱导性问题,那么,如何发现对方证人证言的虚假之处呢?再如,证人在法庭上的陈述与先前的陈述不一致时,发问者该如何组织问题发问呢?我们又如何辨认他的证言哪一处是真、哪一处是假?况且,记忆性诱导及对理解能力有限的证人进行的提示性诱导其作用更是不言而喻。因此,在交叉询问程序中,诱导性询问通常是作用积极、高效的,也是必不可少的。

(三)诱导性询问规则

对于何种情形下禁止诱导性询问、何种情形下允许诱导性询问,在一些国家有明确的规则可供遵循。一般而言,大陆法系国家采取职权主义诉讼模式,由于在证据调查活动中采法官主导模式,证据是由职业法官来调查,法官必须审理一切,足以“自由地判断证据”和去伪存真,故而大陆法系国家很少用证据规则,诱导性询问规则便是明显的例子。在采取职权主义诉讼模式的大陆法系国家,询问证人属于法官或检察官的职权,就一般情形而言,没有以暗示方式导致证人进行虚假陈述的危险,因此没有禁止诱导性询问规则存在的必要。英美法系国家诉讼中的证据调查采当事人主导模式,法官只负责在调查行为发生争议的时候行使对程序争议的

---

〔1〕 毕玉谦:《关于民事诉讼中反询问规则之设置》,载《法律适用》2000 年第 4 期。
〔2〕 王兆鹏:《当事人进行主义之刑事诉讼》,元照出版有限公司 2004 年版,“前言”。

仲裁权力，为了规范控辩双方的诉讼行为以减少逾矩行为，使控辩双方能够发挥互相牵制作用，防止误导陪审团并为法官的程序裁决提供预定的标准，防止诉讼的盲目性、裁决的随意性而导致的不公正，有必要确立一系列规则使诉讼双方的争讼得以顺利进行并最终实现发现案件真实情况的实体目的。

诱导性询问规则正是保证举证和质证有利于揭示案件真相而不是远离这些真相的一项重要规则，其主要内容是：(1)在交叉询问中允许进行诱导性询问：对对方证人进行反询问时，可以提诱导性问题。因为几乎不存在这种证人接受诱导性问题中所包含的虚假暗示的危险。(2)通常在主询问中禁止进行诱导性询问：在当事人主义诉讼中，证人被划分为“控方证人”和“辩方证人”，控辩各方对本方证人的询问即为主询问。

主询问“通常”禁止诱导性询问，但对于非关键性问题，诸如证人的姓名、住址等无可置疑的非案件事实，以及为辨认某人或某物而提出的诸如“这是不是你见过的那个人”等问题，允许进行诱导性询问，以避免在无关紧要的问题上虚掷时间，从而提高诉讼效率。另外，进行主询问的一方进行诱导性询问时，由于法官不主动干预证据调查，故若对方不提出反对，即表示对诱导的内容没有争议；若提出反对，则由法官决定问题是否有诱导性，即使问题有诱导性，法官也可以酌情准许向证人提出这样的问题，以保证发现案件的客观真实。

除此之外，还有许多情况是允许诱导性提问的：(1)对鉴定人可以适用诱导性询问；(2)在对与案件核心问题无直接关系的预备性或入门性事务、过渡性事务进行询问时；(3)诱导性问题可以用于从一个查询领域到另一查询领域的转换或连接；(4)当证人在主询问中作出意外回答时，律师可以使用诱导性问题；(5)对理解能力有限的证人进行询问时，包括未成年人、智力低下的成年人、使用语言表达有障碍的人；(6)对于那些记忆已经竭尽但显然还掌握额外的相关性信息的证人可以提出诱导性问题，对那些答案就在嘴边却想不起来的证人，使用诱导性问题以唤起其记忆，在有些情况下是合适的。

（四）我国对于诱导性询问的相关规定

1996年《刑事诉讼法》对庭审方式做了重大改革，将原来的纠问式庭审方式修改为现在的控辩式庭审方式，引入了交叉询问的庭审方式。由于我国刑事庭审活动原本采职权主义诉讼模式,法律没有确立诱导性询问规则以及其他与当事人主义诉讼模式相适应的证据规则,《刑事诉讼法》修改中在保留职权主义诉讼因素的前提下吸收了当事人主义诉讼因素。为弥补我国法律缺乏周密的证据规则的缺陷,最高人民法院《关于适用〈中华人民共和国刑事诉讼法〉的解释》第 261 条第 1 款第 2 项明确规定"不得以诱导方式发问"。也就是说,在我国的法庭庭审过程中,禁止诱导性询问。

由于对诱导性提问的禁止性限制以及对提问异议相关规定的欠缺,我国的控辩双方在法庭上表现极不活跃,多数情况下还是以法官讯问为主。没有对证人的反复的、对立性的询问,也就无法通过交叉询问揭示证人证言的不实之处、矛盾之处,达到查明案件事实的目的。以法官为主的询问,势必使证人证言的不实之处、矛盾之处更加容易被忽视,而法官可能基于对自己调查所形成的预见,不愿听取控辩双方的询问,这对于查明案件真相显然不利。因此,为了通过控辩各方进行质证和对对方证人的可信性进行弹劾的对抗,达到发现案件客观真实的目的,法律应当允许在交叉询问中提出诱导性问题。绝对禁止诱导性询问的简单化做法,表面上十分公正,其实并不科学,也很难行得通。

(五)结论

证人之所以被传召上庭作证,通常是因为他能为传召的一方所提出的主张提供有利的证言。但证人证言是一种具有主观性、易变性特点的证据,加之证人与案件结果之间可能存在不同程度的利害关系,这些都会影响到证人陈述的真实性和可靠性。因此,通过询问来确定证言的真实程度和是否予以采信,便成为十分关键的问题。使控辩双方充分地询问是法庭庭辩的根本,这不仅保护了被告人的合法权益,体现了原、被告双方诉讼地位的平等,也是现代抗辩式诉讼存在的程序基础,是当事人主义审判程序的重要特征。全面认识诱导性询问的积极作用,是确立交叉询问证据规则和正确运用这些规则的基础。

我们不应当因为对诱导性询问理论缺乏全面的把握和精密的研究,就忽视其提高庭审效率和揭示案件客观真实的功能,进而对其进行全盘的否定。一律禁止诱导性问题,从根本上违背了交叉询问制度的本意。应当看到:科学地设定包括诱导性询问规则在内的证据规则,并以立法的形式确定下来,必将有利于避免我国司法的机械化、绝对化,有利于我国刑事诉讼法律制度的健全、完善,保障诉讼公正的顺利实现。

第三节
质 证

质证,是指在庭审中控辩双方围绕证据的证明能力和证明力进行说明和质疑,从而确定证据能力的有无、证明力的大小或强弱,最终使法官形成确信而决定采信与否的诉讼活动。律师作为一方质证主体,如何才能通过有效的质证最大限度地促使法官准确认定对被告人有利的案件事实?笔者结合多年刑事辩护经验总结质证技巧如下。

一、质证意见要重点突出

传统质证理论主要看证据是否具备客观性、关联性、合法性,具有这“三性”的证据才具有证据力,才能作为认定案件事实的依据。因此,质证一般要紧密围绕证据这三个特性进行。律师要么证明公诉人出示的证据不具备客观性、合法性、关联性中的某一个或几个特性,要么证明证据是否具备这三个特性出现了疑问,从而使法官对于该证据能否作为认定案件事实的依据产生怀疑而不采信公诉人出示的对被告人不利的证据。

证据必须同时具备客观性、关联性、合法性三个特征。再客观、真实的证据,如果没有关联性,和案件事实没有关系,对于证明被告人有罪、无罪、罪轻、罪重没有影响,也不能作为证据使用,因为证据的目的就是用来证明案件事实。对客观性、合法性没有疑问的证据,律师就要从关联性上进行分析,分析证据是否和起诉书指控的犯罪事实有一定的关联、是否能支持控方的指控。在刑事案件的庭审中,尤其是在证据材料比较繁多的案件中,不时会出现真实性没有问题却和指控没有任何关联的证据。对于这样的证据,律师要从关联性上及时提出质证意见,避免和案件无关的证据被作为证据使用,避免法官误认为有罪证据已经达到了确实、充分的证明标准。证人证言是刑事诉讼中经常出现的证据，有些案件中会有多份证人证言，有些证人证言证明的事实从真实性上律师挑不出任何毛病，但仔细分析，却和指控根本没有关系。如果律师没有注意到证据的关联性，那么数量丰富的多份证据就很容易使法官产生证据已经达到确实、充分的证明标准的错误判断。

证据是否具有合法性是一个价值判断过程。特别是对于言词证据，《刑事诉讼法》和相关的司法解释都明确了要将非法获取的言词证据予以排除。律师在对言词证据进行审查时，一个重要的任务就是审查有无影响证据合法性的因素存在。比如，通过审查侦查人员讯问犯罪嫌疑人时是否已经询问了被害人、证人，是否已经获得了相关事实的证据，犯罪嫌疑人的供述是否和这些证据高度一致，来判断是否可能存在"诱供"；通过犯罪嫌疑人身上是否有被伤害的痕迹，来判断是否可能存在刑讯逼供。在司法实务中，非法证据的排除是很困难的，但通过律师的有效质证，可以降低法官对被告人供述的依赖，增加公诉人举证和证明的难度。

客观性是所有证据最基本的特征，自身都不真实的材料，肯定无法用来证明案件事实。在大多情况下，律师的质证也是围绕证据的客观性进行的。在很大程度上，案件事实的认定过程，就是证据客观性的判断、取舍过程。

2015 年最高人民法院、最高人民检察院、公安部、国家安全部、司法部联合发布的《关于依法保障律师执业权利的规定》第 29 条规定："法庭审理过程中，律师可以就证据的真实性、合法性、关联性，从证明目的、证明效果、证明标准、证明过程等方面，进行法庭质证和相关辩论。"这为辩护律师进行质证提供了新的切入点。在"三性"的基础上，律师可以从证据的证明目的、证明效果、证明标准、证明过程等方面进行质证，扩大了质证过程中律师可以发挥的空间。

对证据的质证无论采取什么样的具体方式，律师都要紧紧围绕证据的客观性、关联性、合法性，突出质证的重点，不能仅停留在表面事实和细枝末节。比如，对于一个与被告人有重大利害关系的证人的证言，律师如果仅提出该证人与被告人有重大利害关系，而不做进一步的深入分析，那么质证的力度和效果就可能不会很明显。公诉人也很容易反驳，因为任何了解案件情况的人都有作证的资格，不能因为与被告人有重大利害关系就当然不采信该证人的证言。但是，如果律师进一步提出，该证人的证言与已经查明的某一案件事实或已经被查证属实的其他某一证据相矛盾,该证人的证言具有虚假可能性已经不再是推测,而是有事实基础的判断,那么在这种情况下,法官就要谨慎分析该证言,质证的效果就容易得到法官的认可。所以,无论律师提出什么具体的理由,质证意见都要归结为证据是否具备客观性、关联性、合法性,以此得出该证据是否能够被采信的确定性结论。

二、质证意见明确具体、一一列举

在刑事案件的庭审中,有的律师习惯于对重要证据提出主要的质证意见,对于其他证据则不予质证。这样的质证方式,其原因可能在于律师对质证意义的理解不够充分。

刑事案件中,律师质证的目的是:对公诉人出示的证据提出质疑,质疑该证据的客观性、关联性、合法性和对案件事实的证明力大小,以此否认公诉人对有罪、罪重事实的证明;同时,对自己出示的证据进行说明,以证明无罪、罪轻事实的存在。律师的有效质证,可以降低甚至否认公诉人对有罪、罪重事实的证明。而一旦法官形成了公诉人的证据没有达到证明标准的内心确信,按照疑罪从无的原则,被告人就应当得到无罪的判决,被告人的合法权益可以得到最大限度地保障,律师的辩护也就取得了积极、良好的效果。所以,对于公诉人所出示证据中所有的疑点,律师都应当一一列举、明确指出。

首先,在言词证据的笔录中,一份笔录可能既有对被告人不利的证据内容,也有对被告人有利的证据内容。对于这样的证据,律师就不能简单地予以承认或否认,律师应当通过质证最大限度地发挥这些证据对被告人有利事实的证明作用。律师可以明确提出公诉人出示的证据中哪些证据内容证明了对被告人有利的事实、这样的证明能够得到哪些证据的印证,从而证明对被告人有利的事实是确实存在的。

其次,对于不利于被告人的证据,只要证据中存在疑问,不论该疑问是对证据能力的根本否定还是对证据能力提出质疑、降低该证据的证明力,律师都应当质证到位。在发现对被告人有利的事实方面,律师作为被告人合法权益的维护者,职业的习惯和技能决定了律师比法官、公诉人更有优势。律师发现了不利于被告人的证据中存在的疑问,并不能表明公诉人和法官都能够发现和重视这些疑问,所以,律师有必要提出这些疑问并给予充分的解释,让法官对这些疑问有一定的认识并给予充分的重视。这样,才能达到质证的目的。

在庭审前的准备中,对于公诉人提供的证据,律师应当标明和记录是哪一份证据、该证据的哪一页存在疑问、存在什么疑问,并分析该疑问对证据采信的具体影响,准备好充分的质证意见。

三、注重对证据来源、收集、保全、固定、保管情况进行质证

(一)证据来源是影响证据真实性的一个方面

证据持有人与案件是否有利害关系,与犯罪嫌疑人、被告人、被害人是否有利害关系?如果有利害关系,且存在证据持有人可能不当影响证据真实性情形时,应当对证据来源进行充分的质证。

比如,对于被害人的陈述,应当审查:被害人是否报案?被害人在什么情况下报案?何时作出的陈述?被害人有何要求?在被害人没有报案的情况下,办案单位如何发现的被害人?这些问题,都有可能影响被害人陈述的真实性。特别是在强奸案件中,被害人的陈述更是如此。

再如,对于现场目击证人,应当审查证人在现场是否能够得到证明,审查证人与被害人是否有利害关系,与犯罪嫌疑人、被告人是否有利害关系。如果证人对案件事实的证明与其他证据对案件事实的证明有重大矛盾,该证人又与案件有利害关系,就应当排除该证人证言的使用。如果现场人员都证明证人不在现场,而证人在与案件有利害关系的情况下又作出了对犯罪嫌疑人、被告人特别不利或特别有利的证言,则更应当排除该证人的证言。

(二)对证据的收集情况质证

律师对证据的收集有疑问的,应当要求公诉人对证据搜集情况进行说明,必要时要求公诉人出示证据给予证明,比如证据持有人关于证据特征、被侦查人员调取等情况的证明,对此证据有辨认能力的人员对证据进行的辨认、见证人对证据调取过程的见证、现场勘查笔录对证据存放地点和特征的记载。

律师对证据的保全、固定情况有疑问的,应当要求公诉人给予说明;必要时,要

求公诉人出示证据予以证明，比如证据得到妥善保管的证据、证据得到科学保全的证据。

对证据的质证，不能局限于证据内容和形式本身，证据的来源、收集、保全、固定情况也是影响证据真实性的重要因素。对证据的来源、收集、保全、固定情况进行有效质证，有时能起到良好的辩护效果，有效避免冤假错案的发生。如在杜培武冤案中，关于杜培武鞋底附着的泥土与案发现场汽车离合器踏板上提取的泥土成分是否一致进行了鉴定，该鉴定结论在诉讼前期并不存在，是后期才形成的。但是，是何人、采用何种方法提取泥土的？何人参与了提取泥土的过程？提取泥土有何人见证？何以证明送检的所谓从汽车离合器踏板上提取的泥土确实取自发案的汽车？汽车离合器踏板上的泥土是何时提取的？与案件发生相距多长时间？对案件现场包括提取泥土的汽车是如何保护的？这些问题，都影响据以作出鉴定结论的检材——汽车离合器踏板上提取的泥土是否就是杜培武留下的泥土。如果不能对上述证据的来源、收集、保全、固定情况进行充分的证明，不能证明鉴定结论依据的泥土就是杜培武的鞋底和汽车离合器上的泥土，那么，即便作出同一认定的鉴定方法再科学，也不能证明杜培武和汽车有一定关系这一重要的案件事实。

四、联系其他证据综合质证

一个证据，对其客观性的判断很大程度上依赖于其他证据的内容。如果能够得到其他证据的有效印证，该证据就可能查证属实，从而作为认定案件事实的依据；如果得不到其他证据的印证，而且与其他已经得到查证属实的证据相矛盾，那么该证据的客观性就很难得到证明。所以，在对单个证据进行质证时，律师不能局限于该证据本身，应当结合公诉人已经出示的和将要出示的与该证据有联系的其他证据进行质证。对于不利于被告人的证据，指出证据之间的矛盾之处；对于有利于被告人的证据，指出证据之间得到相互印证的情况。

当然，不排除对单个证据进行分析、论证。单个的证据，其内容如果违背了自然、社会规律或者不符合情理、逻辑错误、前后矛盾，也可以从证据本身质疑证据的客观性。

五、适时总结、归纳证据证明力

在刑事案件中，完全没有证明力的证据比较少，一般情况下，都是证据有一定的证明力，但法官对证据证明力的大小、强弱有不同认识。证据证明力的大小、强弱也是质证阶段需要查明的内容。在法庭辩论阶段，律师需要阐明的是系统的辩护思路以及对认定案件事实和适用法律的综合性辩护意见，不适合对单个证据证明力的大小强弱展开论述。从刑事案件质证的实践来看，对证明力进行质证是律师质证的一个薄弱环节，有不少律师从不对证据的证明力进行质证。这是质证中存在的一个误区。

在独特的职业思维习惯和技能主导下，律师有更强的能力发现和揭示有利于被告人的证据的证明力。从刑事诉讼中不同诉讼主体的职能分工角度来看，律师也有必要向法官充分揭示有利于被告人的证据的证明力和对案件事实认定的影响。法官居于中立、超然的地位，兼听则明，法官需要听到的就是公诉人对不利于被告人的证据的证明力的揭示和律师对有利于被告人的证据的证明力的揭示。如果律师不主动揭示有利于被告人的证据的证明力，则法官不得不依赖于公诉人对不利于被告人的证据的证明力的揭示，导致对案件事实的认定很容易倒向公诉人一方。

另外，对公诉人提出的不利于被告人的证据的证明力进行质疑，也是律师质证的一个重要方面。有效的质疑，可以增加公诉人的证明难度。没有提出任何疑问的证据的证明力和得到有效质疑的证据的证明力显然是不可同日而语的。

六、结合证据种类特点和具体证据内容质证

不同的证据类别，都有其自身的一般规律和特点。比如言词证据，作出言词证据的人与案件、犯罪嫌疑人、被告人、被害人是否有利害关系及该人对案件事实的感知能力、记忆能力、表达能力和诚信度都会影响该言词证据的客观性。对于鉴定意见，除了鉴定人与案件、犯罪嫌疑人、被告人、被害人是否有利害关系之外，依据的鉴定材料是否充分、目前的科技水平是否能够解决相关的专门性问题、鉴定的程序和方式是否科学，都会影响鉴定意见的准确性。所以，在质证时，律师必须准确把握不同种类的证据的一般特点和规律。

七、结合示证方式质证

目前，辩护律师能否在庭审前看到公诉人所有的证据材料，还取决于公诉人移送的主要证据复印件的数量。如果公诉人移送了全部证据材料，在庭审前，律师可以看到全部证据材料，可以认真分析这些证据，做好质证的充分准备；如果公诉人只是移送部分证据，律师对公诉人没有移送的证据就无法提前分析，只能在庭审中即时质证。

在出示证据时，有的公诉人总结证据内容，不宣读证据的全文。这种情况下，律师要注意公诉人总结是否准确、全面。如果公诉人总结不够全面、准确，律师应当在质证前指出来，有必要时，应当请求公诉人宣读。如果对被告人有利的证据内容很关键，律师可以在质证前宣读，然后发表质证意见。质证时，要有的放矢，律师在放“矢”前，要让公诉人把“的”亮出来。

第四节
法庭辩论

法庭辩论技巧系指各方当事人及其代理人（或被告人的辩护人、公诉人）在庭审诉讼活动中，为保己方合法权益，达到预期目的或效果，在依据事实和法律的基础上，就自己的诉讼主张所作出的全盘计划和实施的方式、方法及谋略。对律师业来讲，亦称“庭辩艺术”。

在律师工作中，法庭辩论的范围非常广泛：既有罪与非罪的分歧，也有此罪与彼罪的争议；既有证据效力上的分歧，亦有适用法律上的争议；既有实体法上的分歧，也有程序上的争议……常言道“事实胜于雄辩”，事实更得益于雄辩。司法实践中，即便有了事实和法律，也并非都能使律师辩论获得成功，这就要求律师充分施展自己的辩才和谋略。当法庭进入辩论阶段时，各方之间或针锋相对，或避实就虚；或出其不意，或攻其不备；或迂回包抄，或以退为进。此时，一方律师如不讲究“战术”，不懂得辩论技巧，就难以沉着地依据事实和法律发表辩论言词，更无法巧妙地应付辩论中出现的新情况，以实现运筹方略的要求。事实上，虽有好的辩论方案,但临庭辩论时,因不能把握时机,不善于采取相应的对策,使本已掌握的"铁证如山"的事实因没能发挥作用而导致辩论失利的现象是不乏其例的。

由此可见,论辩艺术在律师业务活动中占有的地位是十分重要的,它既是律师业务才能和智慧的集中体现,又是品评律师办案质量及称职与否的标准尺度。因此,有必要对律师在庭审辩论中的有关技巧问题加以研究和探讨,以适应庭审方式改革的需要,充分发挥律师在庭审辩论中的重要作用。

一、基本功与操作技巧

人的思维只有通过表达,才能产生影响他人的作用。表达的好坏取决于表达的内容,但表达技巧也是关系到表达成功与否的重要因素。一个称职的律师,不仅要有好的文字组织能力,还应具有准确、简洁、清楚、生动的语言表达能力。

(一)文字表达技巧

综合案情,理顺辩论思路,写好代理词、辩护词,是每一位律师在庭前必做的一项基础工作。材料的组织必须做到:(1)字斟句酌,用词准确;(2)调配语句,合理布局;(3)篇章衔接,环环相扣;(4)结构严谨,条理清楚;(5)重点突出,详略恰当。

(二)语言表达技巧

综观每位成功律师,在出庭辩论、代理时,都具有驾驭、支配辩论形势的能力。庭审制度改革为每位律师在这方面能力的发挥提供了广阔的空间。在庭审辩论中,律师应当做到以下几点:

1. 脱稿,并善于把前言说好。庭审进行到法庭辩论阶段时,已经接近尾声,如果是时间较长的庭审,此时所有的参与人都已经处于一种疲惫的状态之中,相比于庭审开始时,精力更难集中。如果此时律师完全按照自己的辩护词宣读,书面语言是没有什么感染力的,很难抓住大家的注意力。

脱稿的优势非常明显。首先,需要把书面语言转化成口语,这就是辩护人对辩护词进行过一次加工之后向他人进行传播,传播效率更高,更清晰明了。比如,对于法条的引述,书面用语是"依据《刑事诉讼法》第 237 条之规定,第二审人民法院审理被告人或者他的法定代理人、辩护人、近亲属上诉的案件,不得加重被告人的刑罚。第二审人民法院发回原审人民法院重新审判的案件,除有新的犯罪事实,人民检察院补充起诉的以外,原审人民法院也不得加重被告人的刑罚。人民检察院提出抗诉或者自诉人提出上诉的,不受前款规定的限制”。而转化成口语就可以说:“依据《刑事诉讼法》第237条的规定,在检察院未提出抗诉,也没有补充起诉新的犯罪事实的情况下,不能加重被告人的刑罚。”这两者哪一个更加吸引人,更容易让人领会一目了然。其次,脱稿发表辩论意见自然会和整个法庭实现有效交流。如果是对着稿子照本宣科,辩护人所有的注意力都在稿子上,无法注意到自己的语气语调变化,也无法注意到法庭上参与人的反应,不能相应做出调整。如果是脱稿的话,发表的内容讲给谁听就自然会与谁有眼神和神态交流,会下意识地根据对方的反应调整发表辩论意见的语调、语速和神态,使辩论意见的发表更有吸引力,更有效果。

2. 控制语速,并吐字清晰。有了好的辩论内容,还需有好的表达方式。律师在庭审辩论时,应做到口齿清楚、发音准确、音调和谐、快慢适度,力争达到声调上的抑扬顿挫,以提高论辩感染效果。

3. 善于入情入理。语言可以伤人,也可以感人。用辩论语言伤人,对于律师职责来说是不道德的,但律师的辩论语言以情感人,则是可取的。使用这一语言情感时,必须注意以下几个问题:(1)具体案件的辩论语言感情色彩,要有与案情相适应的基调;(2)绝不能带有当事人的感情色彩,律师操作的情感就是经过理智语言处理过的辩论情感、法律语言情感;(3)情感措词应是发而不露、放而不纵、委婉、曲折、含蓄的中性语言。

(三)形象技巧

除了文字表达、语言表达技巧之外,律师还应具有良好的体态语言表达技巧。只有做到有声与无声、语言与体态的融合、统一,才能体现律师精湛的表达能力。

1. 柔中有刚,举止大方。律师在庭审辩论中要有风度、有气魄、不卑不亢、不趾高气扬。在辩论得势时,不忘乎所以、轻视对方;在失利时,不惊慌失措、手忙脚乱。发言必须权衡,切不可轻率发表无准备、无水平的言词。在任何情形下,都应举止大方、沉稳有序、言而有据。律师应具有这种刚柔并济、以静制动、以稳求成的形象。

2. 善于控制情绪。古语说:“兵无常势,水无常形。”法庭辩论情况也常常如此。律师在庭审中可能遇到事先没有预料到或已预料到的非正常的阻碍、干扰、发难等情况。这就要求律师控制自己的情绪,怒而不暴跳如雷,惊却能声色不露,即席采取有效措施,平息、安定、排除意外,做到应变自如、稳中求胜。

二、谋略及具体运用

(一)先声夺势法

此法系法庭辩论一方对另一方可能提出的问题避而不谈,而对己方极有利的问题先在论辩发言中全面论证,以达到先入为主、争取主动的庭辩战术。实践中,应用此法须在庭审前做好充分准备,且在庭审调查阶段对于己方有利的事实、证据逐一认定,然后根据事实和证据,针对对方不正确的观点主动出击进行反驳,以期掌握辩论主动权,夺取制高点,使对方陷入被动。

(二)避实就虚法

庭审辩论中,对方的弱点往往是对方力求回避的地方,甚至对方会采用偷换论题、偷换概念、答非所问的方式,企图达到转移己方视线、扰乱视听的目的。因此,运用此法首先应善于抓住对方之“虚”,选择其薄弱环节连连进攻、一攻到底,直到把问题辩论清楚。

(三)设问否定法

设问否定法又称舌战偷渡法。使用该法,关键是己方在设问时要把辩论的目的深藏不露,绝不能让对方察觉设问的真正意图。尤其是第一问,一定要让对方在尚未了解发问意图的情况下予以回答,只要回答了第一个问题,下个问题就由不得他不回答了。等到对方自觉难以自圆其说时,后悔也来不及了。这种使对方处处被动、自打嘴巴的战术,是一种极其有效的辩论手段,其结果只能是让对方在不自觉中接受己方的观点,出其不意而辩胜。

(四)间接否定法

此法系指在辩论中不直接把矛头指向对方,而是若无其事地将对方的错误观点搁在一旁“置之不理”,郑重地从正面提出己方的独特见解,并充分论证。运用此法应注意两点：(1)已方所持观点应与对方所持观点势不两立；(2)己方观点应有理有据，绝不能牵强附会、哗众取宠。

（五）示假隐真法

此法系指先举与本案无关的事实证据，运用掩盖真相或本意的语言技巧，形成对方的错觉，然后出其不意、突然出击，拿出己方真实、有力的证据或观点，致对方于被动、措手不及的庭审辩术。现今“当庭举证、当庭质证”的庭审方式，无疑为这一辩术提供了广为运用的空间。

（六）以退为进法

它是形式逻辑的归谬法在法庭辩论中的使用。己方先将对方提出的论题（或观点）假设为真，然后从这个假设为真的命题推导出一个或一系列荒谬的结论，从而得出原论题为假的辩论方法。此法是一种辩论性、反驳性很强的法庭辩论方法，因而推导得出的必然性结论容易被接受，从而获得较好的辩论效果。

（七）后发制人法

兵战与舌战之间有许多共同的规律。兵战中的战略战术，也可以用作辩论的对策。先发制人可以产生优势，后发制人则可以变被动为主动。由于后发，己方可以知道对方的基本观点，发现矛盾和弱点，然后以己方掌握的材料有针对性地集中进行反驳，有时可以导致对方措手不及而险象丛生。运用此法时应掌握：(1)暂避锐气，不仓促应战；(2)精听细解，等待时机；(3)抓住破绽，全力反攻。

三、最大限度地利用终局辩论

庭审辩论时间是十分宝贵的。当相互辩论接近尾声时，律师作为辩论一方必须具有控制收场的能力。通常做法是：

(1)提出要求。当对方在整个辩论中已受到辩论的影响时，此时提出合理的要求，对方容易接受，也易为法庭认可，以促成双方和解结案。

(2)提出问题。以提出问题为结尾，进一步深化自己的辩论主题，让审判人员去甄别和思考。

(3)概括主题。用简洁明了的语气将自己辩论的全部内容概括成几句话，易加深审判人员对己方辩论观点的印象。

当然，在法庭辩论最后阶段，如发现对方有纠缠不休、死不认账等情况，律师作为一方辩者还应掌握善于拒绝无谓辩论的技巧。所谓拒绝无谓的辩论，一是不重复说；二是当对方抓住一些无碍案件处理的枝节问题不放时，则应采取“对这个问题不予辩论”或“发言到此结束”的办法。这种近似于沉默不辩的做法，不仅在一定时机和法庭上有着巨大的震动力，而且在辩论技巧上戛然而止、干脆有力，听上去似乎退了一步，实质上却是进了两步。

庭审辩论技巧，不仅是一门口才辩论艺术，更是律师参与诉讼活动的基本技能之一。当事人在诉讼活动中期望能请到一位高明的律师作为自己的代理人，律师的辩论技巧应成为其高明之处的一个重要表现。

附件一：

决战在法庭

——记王亚林律师在一起黑社会案件庭审中的激辩

谁说法庭硝烟只有在国外电视剧上才能看到，中国的法庭同样有惊心动魄的激辩。2014 年 12 月 2 日至 5 日，B 市境内的一起重大黑社会案件在 M 县法院开庭。控方指控张某海等 12 人涉嫌构成组织、领导、参加黑社会性质组织罪等多个罪名，第一被告人张某海和第二被告人来某伟都被控 6 个罪名。本团队王亚林律师和行江博士分别为第一被告人、第二被告人出庭做无罪辩护。

本案法庭调查连续四天，其中第二天、第三天每天开庭 9 个小时，“排非”程序 6 个小时。省刑警总队主要负责人和全省 40 名刑警在“排非”程序中，全程旁听，全省多地检察机关派员旁听。

从审判长宣布开庭时起，王亚林就对法院的管辖权提出异议。在非法证据排除环节，本所律师对出庭的 4 名警察进行了 2 个多小时的质询；非法证据排除程序中，律师的质询、质问和辩论时间长达 3 个小时。现摘取其中的部分记录，供同行交流。

审判长宣布开庭后，询问辩护人是否需要回避？

王亚林（以下简称王）：审判长，我要求发言：本案的所谓犯罪行为发生地和被告人住所地都不在M县而在B市Q区，在本案的审查起诉阶段，本辩护人就向公诉人递交了书面意见，对地域管辖提出了异议；在开庭之前，又正式向M县法院递交了书面的管辖权异议，但法院和检察院都没有任何答复。

审判长宣读B市中级人民指定管辖决定书（略）。

王：本案没有管辖权争议，不属于指定管辖的范围，本辩护人对管辖权仍有异议，但为了维护被告人的合法权益，愿意出席今天的法庭，也请书记员将我对法院地域管辖的异议记录在案。

审判长（以下简称审）：公诉人对辩护人的管辖权异议，是否需要作出说明？

公诉人（以下简称公）：辩护人的责任是为被告人提出从轻、减轻、免除刑罚的意见，管辖问题超出了辩护的职责，公诉人不做回应。

王：我要求发言，公诉人错误理解了辩护人的责任，辩护人的责任还包括维护被告人的诉讼权利和其他合法权利。

第一天　讯问、发问

公诉人讯问

公：核实被告人三次受到过司法处理的情况（略）。

被告人张某海，你要认清自己的身份！

王：审判长，我反对公诉人这样发问，现在是法庭调查，不是法庭辩论阶段。如果是法庭辩论阶段，辩护人非常愿意和公诉人论辩，但是现在，请公诉人对事实直接进行发问！

审：（沉默）。

（公诉人继续论述被告人如何干坏事，从而应该被社会所唾弃。）

王：审判长，辩护人反对公诉人这种发问的方式。

王：审判长，这是在进行法庭发问吗？

公：请审判长制止辩护人的发言，这是本公诉人在对被告人进行发问，辩护人不能不经法庭允许直接发言。

王:审判长,辩护人能不能请求发言一次?请公诉人冷静地听我说完,公诉人接着再问好吗?作为一个法律人,我们都知道法庭发问的规则是什么,法庭发问的规则是了解案件事实。现在既不是法庭教育,也不是法庭辩论,如果是法庭辩论阶段,本辩护人愿意和第一公诉人就有关的法律适用、被告人的主观恶性进行辩论,但是现在请公诉人就案件事实进行发问;否则的话,被告人有权拒绝回答。我发言完毕。

公:公诉人就是在发问案件事实!

王:案件事实与杨某龙有关系吗?与 B 市前法院院长杨某龙有关吗?

(下略)

辩护人发问

王:被告人张某海,我告诉你法律的规定,未经法院判决,不得对任何人确定有罪。在人格上,本案中所有的人,包括本法庭所有的人都是平等的。

那么我现在按照法庭的指挥问你问题,你直接向法庭回答。

在本辩护人会见你的时候,你多次提到法庭会给你说话的机会,你会在法庭上说清楚,今天希望你能说清。

我问你第一个问题,按照有关的法律文书所确定的事实,你于 2013 年 12 月 20 日凌晨被抓获,4 时被拘传,一直拘传到 21 日 2 时。我想问你,从凌晨被抓获到 21 日 2 时结束拘传,22 个小时期间,你待在什么地方?

张某海(以下简称张):在 B 市的一个派出所。

王:你是什么时候被抓到 M 县的?

张:当天夜里。

王:按照起诉书的指控和所载明的事实,你是 21 日被刑事拘留,并且被监视居住,监视居住达 110 多天。那么在监视居住期间,你待在什么地方?

张:在宾馆,某某楼宾馆。

王:监视居住 110 多天期间你都在某某楼宾馆,是不是这样的?

张:是的。

(下略)

第二天　质　证

王:辩护人对公诉人的举证有异议,有非常大的异议!

首先,辩护人必须承认,公诉人举证了将近两个小时,已经把本辩护人搞晕了,虽然我自我感觉还有比较强的庭审攻防能力。公诉人的举证是夹叙夹议,用大部分的时间进行了论述,这种论述的内容一般来说应该是公诉意见的内容;同时又概述了言词证据,言词证据既包括所有被告人的供述,还包括几十个证人的证言;最后又概述了相关的书证。虽然在开庭之前我用了4个月的时间做了50万字的阅卷笔录,但是仍然被搞晕了。

即便如此,辩护人仍然愿意就有关的问题进行质证。首先,辩护人对于我们此次庭审的这样一种举证和质证的方式有异议,并且向法庭提出建议,希望审判长能让我讲完,我想我的建议肯定是有利于庭审进行的。

在本案的开庭之初,审判长决定把非法证据排除的时间放在法庭调查结束之前,作为辩护人我们虽然有异议,但是我们服从审判长的指挥,因为法院有自由裁量权。但是假如这样做的话,将非常不利于辩护人行使辩护权而有利于控方指证、有利于控方指控犯罪,但是我们也只有服从。

不过,我们必须贯彻执行最高人民法院的这样一条规定,最高人民法院《关于适用〈中华人民共和国刑事诉讼法〉的解释》第218条是这样规定的,举证方当庭出示证据后,由对方进行辨认并发表意见,请注意下面一句话,控辩双方可以互相质问辩论。也就是说,控方可以出示证据,但是我这边应该进行辨认、发表意见,同时控方和辩方可以互相质问和辩论。

但是在今天上午第一次质证的环节,程序是这样的,公诉人先出示证据,然后辩护人提出质证意见,公诉人第二轮进行了答辩,但是审判长禁止律师进行第二轮的答辩。我认为这样的话,我们进行的是一轮半而不是两轮。我觉得控辩双方应该有平等的话语权,最起码在形式上我们应该有平等的话语权,不能让控方说两轮,辩护人只说一轮。所以我认为,如果是控方出示完证据,我们发表完质证意见,如果控方对我们的质证意见进行答辩,就应该允许我们律师再进行答辩,这才是最高人民法院规定的互相质问和辩论。

“我不同意你的观点，但我誓死捍卫你说话的权利。”我觉得这种辩护的权利已经涉及我们基本的执业权利，也涉及我们作为一个中国律师的基本尊严，我们必须坚持，希望法庭和公诉人能够理解这一点。

今天上午公诉人第一轮的答辩说可以指定管辖，引用了公安部的规定和最高人民检察院检察规则的规定。辩护人认为，公安部的规定只能适用于管辖不明确的案件，最高人民检察院检察规则的规定也是适用于管辖不明的案件，当然职务犯罪除外。而本案不属于这种情况。除此之外，辩护人质证时提到，侦查监督部门不是本案出庭的公诉部门，上级检察院指定审查起诉但没有指定审查批捕，因此，M县检察院无权对于本案作出批捕决定，但这一点公诉人没有答辩。辩护人认为这一点是违反了法律的规定，也就是说，M县检察院无权对于本案进行批捕，哪怕是违法的指定管辖也没有，这是关于程序上的问题。

下面我将对公诉人出示的证据，从证据的合法性、客观性、关联性三个方面进行质证。

略（40分钟）。

我的质证意见就到这里（此处旁听人员热烈鼓掌，审判长制止）。

综观我的经验，凡是旁听观众鼓掌的，被告人没有获得过较轻的处理。所以说我希望旁听的群众遵守法庭的纪律。辩护人再次强调，如果公诉人对我们的质证意见答辩，辩护人坚决要求并且有权再发表第二轮的辩论意见。

（下略）

第三天　排除非法证据

举证和质证

公：（出示取证合法性的相关证据）

王：辩护人要求看那个医院的病历的原件（法警将病历交给辩护人，辩护人将病历原件的日期打在电脑上）。

公：提请审判长，这是在进行质证，不是在进行打印。

王：不好意思，这个复印件因为复印得非常不清楚，连日期都看不清，辩护人把这个日期给注明一下。

公:我们移交给法院的是原件不是复印件。

王:我们复印的法院移交的材料看不清内容,因此我要求看一下原件。请问公诉人我这是不是合理?

公:辩护人要经过审判长许可,不要擅自进行。

王:好,审判长是否许可?如果不许可,我再删除。

审:可以。

王:请公诉人说明一下,因为这个日期是2014年11月25日,这个证据的来源是由谁取得?是由公安还是检察人员?说明一下证据的来源。

公:是由我们国家公诉人通过本院开的介绍信到第一人民医院,经院方同意,派医院的工作人员到看守所对张某海进行检查。

王:按照公诉人的说明,就是说神经内科医生出具的这样一个说明是公诉人调取的?

辩护人还有一个疑问,是关于另外一份证据的来源,公诉人向法庭出示了同监室的黄某的询问笔录,因为根据辩护人对看守所制度的了解,本案的公诉人凭本案的提审证是不可以直接提到黄某的,那么辩护人想了解公诉人是以什么样的程序询问到黄某的。这个也不过分吧?

公:按照非法证据的排除,请辩护人看清,这时候被告人已经不在押,按照非法证据排除规则,公诉人有权力、有义务进行查实。(看黄某询问笔录)哦,这是在看守所期间对他进行的。

王:辩护人的问题是,本案的公诉人是不可以凭本案的提审证去提审黄某的,本案的公诉人是凭什么样的手续提审黄某的?能不能把这个合法的程序向辩护人说明一下?

公:我们为了对本案的被告人负责,我们有责任、义务,我们可以去提,不提怎么知道取证的情况呢?

王:对不起,审判长,我解释一下,公诉人没有听清我的问题。我知道公诉人高度负责,对被告人负责,但我想了解的是你靠什么样的程序可以提审到非本案的犯罪嫌疑人或者被告人?证据的合法性包括取证程序合法和证据的内容合法,我现在关心的是证据的取证程序是否合法。

公:黄某也是我们提起公诉的被告,我作为公诉科科长,有这个权力。

王:我明白了,按照公诉人的说法,是因为黄某的案件也在审查起诉阶段,因此本案的公诉人可以凭他是公诉科科长去提审黄某,虽然他不是黄某的承办人,是这样吗?公诉人是不是这个意思?因为证据的来源是需要向法庭说明的。

公:我们按照《刑事诉讼法》的规定,收集对张某海取证合法性的证据,并不是对黄某的证言的取证合法性进行证明。

王:辩护人有责任在质证的时候对证据的合法性、客观性和关联性进行质证,因此辩护人想搞明白黄某的证词的来源是否合法,因此辩护人有这个权利要求公诉人说明。

辩护人已经明白了,张某海的同号房有几十个人,公诉人找了一个人证明张某海身上没有伤,而这个人在作证后不久就被取保候审了,现在经法院通知又拒绝到庭作证。

王:那我下面开始进行质证。

(下略)

发问出庭侦查人员卢某

王:证人卢某,我是被告人张某海的辩护人,问你有关的问题,相信你会如实向法庭作证,你明白吧?

卢某(以下简称卢):能。

王:刚才你回答公诉人的问题时说你是1996年入警的,我想问你是哪一年取得执法资格的?

卢:我1996年进入公安系统,正式做警察是在2005年,通过了执法资格考试。

王:也就是说,你在2005年就取得了执法资格。那么在2005年以后你是否重新进行过考试?执法资格分为三级,请问你是哪一级?

卢:我现在是中级。

王:取得中级是哪一年?

卢:应该是两三年以前。

王:你取得了执法资格,并且是中级,那么你应该熟悉《公安机关执法细则》,内容应该熟悉吧？

卢：知道。

王：那么《公安机关执法细则》第 4 条是这样规定的，除犯罪地、犯罪嫌疑人居住地外，其他地方的公安机关不得对犯罪案件立案侦查，您怎么理解这一条规定？

卢：我想提醒你一下，我只对讯问负责，这个不是我的职责范围。

王：我直接问你，M 县公安局的辖区既不是张某海案件的犯罪地，也不是张某海的居住地，你们对这个案件侦查的法律依据是什么，你可明白？

卢：我有必要跟你解释一下，我只负责对张某海进行讯问，我并不负责对该案的侦查。

王：请问讯问是不是侦查？

卢：讯问属于侦查的一种。

王：也就是说，你对张某海进行了侦查，但是 M 县公安局辖区不是张某海案件的犯罪地和居住地。

卢：我再重复一遍，我仅负责讯问。

王：讯问是侦查的一种，请问你认为你们侦查的法律依据是什么？

卢：我只需要按照领导的布置，完成我的工作。

王：也就是说，你对张某海进行讯问是领导布置的工作，是不是这样的？

卢：是的。

王：《人民警察法》这样规定，人民警察认为决定和命令有错误的，可以按照规定提出意见，但是不得中止执行，人民警察对于超越法律、法规规定的职责范围的指令有权拒绝执行。你可认为领导安排你对张某海进行讯问，超越了法律、法规规定的职责范围？

卢：这是 B 市公安局指定管辖的。

王：你说是因为 B 市公安局指定管辖了张某海案件，但是指定管辖的是寻衅滋事罪和强迫交易罪，法律规定寻衅滋事和强迫交易不属于指定管辖的范围，你可明白？

公：审判长，公诉人提出异议，管辖权的问题不是一个公安民警能够决定的。管辖权的问题应该是 B 市公安局局长解决的问题。

王:审判长,我反对公诉人的异议。第一,公诉人时刻提醒和教育辩护人,发言要经过审判长许可,那么也请公诉人发言的时候请审判长许可。第二,本辩护人所发问的关于管辖权问题,直接涉及出庭警察作为 M 县公安局的警员有没有权力侦查这个案件,因此与本案有关系,请证人回答刚才的问题。

卢:我没有必要回答。

王:你拒绝回答这个问题,我再问下一个问题,公诉机关向法院移交了 2014 年 8 月 26 日你写的一个情况说明,这个情况说明,你叙述了你参与侦查本起案件的时间以及你们没有刑讯逼供、诱供的行为,这个情况说明是不是真实的?

卢:是的。

王:你确信是真实的?

卢:我确定是真实的。

王:但是我明确告诉你,你这个情况说明写的是虚假的。我来跟你宣读一下:本人于 2013 年 12 月参与了对张某海的审讯,本人及同事无刑讯逼供。但你不仅是 2013 年 12 月参与了审讯,对张某海的主要的审讯发生在 2014 年的 1 月和 4 月,不仅仅是 12 月,因此你这情况说明是不属实的,你可同意?

卢:我的意思是 2013 年 12 月以来。

王:本案有法律文书表明张某海是 12 月 20 日凌晨被抓获,2013 年 12 月 21 日刑事拘留并监视居住,那么我想问的是,张某海监视居住期间他的指定居所是什么地方?

卢:M 县某某楼宾馆。

王:是几楼呢?

卢:不清楚,我不负责监视居住的执行。

王:那么执行监视居住是刑警队还是派出所?

卢:这件事情我没有问得那么细致。

王:请书记员记录他不知道谁负责执行监视居住。

卢:我再提醒你一下,不要篡改我的意思。

王:那请你直接向法庭回答。

卢:我不知道具体的执行机关是谁。

王:我问你的是执行机关是刑警队还是派出所?

卢:我只知道是M县公安局。

王:我注意到你们第一次讯问张某海时就告知了张某海有聘请律师的权利,我想问你的是,监视居住期间,你作为张某海的讯问人,你知道张某海有没有与律师进行过会见?

卢:这个我不清楚,监视居住的执行人不是我。

王:他的律师会见他时,你是不是有在场的情况?

卢:这个没有印象。

王:张某海在某某楼宾馆监视居住期间你是不是去过?

卢:肯定去过,不去怎么传讯啊。

王:但是你去过为什么你不知道他在几楼呢?

卢:我不记得在几楼。

王:也就是说,你去过某某楼宾馆,传讯过张某海,是这样吧?

王:那么传讯期间,你到他的房间里面去过没有?

卢:去过。

王:你传讯他,进到他房间的时候,张某海是不是能够自由地活动?

卢:我去过几次,应该是张某海一个人在房间里。

王:那么你可看到或者感觉到张某海能够从这个房间串门到其他房间?

卢:他一个人在房间里,我不负责监视居住的执行。

王:我问你能不能感觉到?

卢:我有必要回答这个问题吗?

王:那我不问这个问题了,请侦查人员不要对辩护人进行抵触,公诉人认为侦查人员有很高的素养,我认为也是这样的。

王:那么你到张某海的房间,你能不能描述张某海的房间都有什么设施?

卢:就是一个普通标间。

王:标间,那就意味着是两张床?那么本案在开庭审理的时候,每一个被告人都说他们的房间的中间会有一个审讯用的椅子,你可看到了?

卢:我没看到。

王:那就是张某海房间没有这样的椅子。下面一个问题,我看到了你们每一次传讯张某海的时候都会有传讯证,那么你们可在张某海监视居住的房间对张某海进行过取证?

卢:不可能有。

王:也就是说,张某海所有的供述和自书都是提讯到刑警队办公室进行的,是不是这样?

卢:是的。

王:那么每一次提审的时候都有传讯通知书?

卢:必须有。

王:我在卷宗材料当中没有看到2014年4月19日、20日、21日这3天的传讯通知书,但是有这3天的张某海的自书的材料,这是怎么回事呢?

卢:我只是知道他写的有东西,具体在什么时间和什么地点写的,我不是太清楚。

王:你们在这3份自书材料上写的有签名,注明收到的日期,注明的日期分别是2014年4月19日、20日、21日,那你们是在什么地方收到的呢?

卢:应该是在之后讯问的时候收到的。

王:但是这3天没有传讯通知书啊?

王:我问的是你收到的时间是19日、20日、21日,你们在什么地方收到的?这3天你们没到宾馆去,你们又没有传讯他,他又没到刑警队,那你们是怎么收到这3份材料的呢?

卢:有可能是负责执行监视居住的人转交给我们的。

王:就是说有可能是执行监视居住的人转交给你的?

卢:可能是执行监视居住的人转交给我们,在这种情况下,我们直接到宾馆,再去宾馆让他捺的指印、签的字。

王:也就是说,这3天你们还是有可能去宾馆了?是这样的吧?

卢:如果说我们接到通知或者是公安局的安排,我们会到宾馆去,到宾馆去不一定是提讯。

王:就是除了提讯,其他的事情也可以去宾馆?对吧?

卢:一般没有特殊情况我们不会去的。

王:张某海的供述主要集中在第三卷、第四卷,在第三卷第32页,我有一个疑问,是关于对张某海的第五次讯问,这次讯问的时间是2013年12月24日15:30到17:20,地点是M县公安局刑侦大队,讯问人是卢某和蔡某,总共问了110分钟。我注意到你们对他教育了15分钟,但是打出来的字只有几百字,我认为几百字至多花35分钟,这样的话,这一次讯问至少有60分钟没有记录,请问这60分钟你们三个人在干什么?

卢:我们不可能每一个字、每一句话全部体现在材料中。

王:15分钟教育你们都注明了,那么60分钟在干什么为什么不注明呢?

卢:嫌疑人回答问题不会是很流畅的。

王:请你直接回答这60分钟在做什么,是不是也在问话,只不过没有记,还是在做其他事情?

卢:嫌疑人可能保持沉默或者是扯一些无关紧要的问题,我们不可能都记录。

王:监视居住期间,张某海的20份讯问笔录有11份有录像,你是不是有印象?

卢:不太记得了。

王:我想问每一次的录像讯问是不是在同一个房间?

卢:我不敢确定,我们执法办案的房间里面几乎都是一样的。

王:辩护人请求公诉人放2014年1月任意一个录像,来帮助证人回忆一下,请审判长允许。

审:请工作人员放录像(特别说明:警方制作的讯问录像只有主画面即显示嫌疑人画面,没有讯问人画面,11盘录像中,出现讯问画面的只有一次几分钟;在每次校对笔录时,会有一名警员绕着嫌疑人来回踱步)。

王:是不是每一个房间都有空调啊?

卢:基本上都有空调。

王:是不是每一个房间被讯问人的背后都有一个白色的窗帘?

卢:基本上都是。

王:请工作人员再放一个2014年4月的。

王:你看一下,刚才那个是1月的,现在这个是4月的,你看是不是在一个房间?

卢:应该是吧。

王:能不能确定?

卢:可以确定。

王:在有录音录像的11份笔录的进行中,是谁做的打字的记录员?谁是讯问人?可固定?

卢:基本上是蔡某打字,我讯问。

王:那么录像的人员是谁?

卢:录像是固定在那儿的。

王:在录像之前谁负责把录像机打开呢?

卢:我们两个任何一个都可以啊。

王:刚才看到的那个房间是否有空调?

卢:有空调。

王:空调在什么位置你可能判断出来?

卢:空调在我们后面。

王:我可不可以这样理解,如果窗帘动的话,应该是窗子是开着的,而不是空调开着的?

卢:不能这样理解,因为空调也可能吹出来风吹动窗帘。

王:房间里有几只麦克风你可清楚?录音录像的时候录音应该有麦克风,我看到张某海的椅子前面有个麦克风,除此之外其他地方可有麦克风?

卢:没有。

王:我注意到录像中每一次开门的声音,都能很清楚地听到。那么这个录像机在你们的后面,门在什么地方?

卢:门也在我们的后面。

王:开门的声音你是感觉比较大还是比较轻?

卢:问的有意义吗?

王:当然有意义,请你向法庭回答。审判长都没有制止,请你回答。

公:审判长,公诉人有话要说,请准许。

审:准许。

公:公诉人想说的是,如果说辩护人把门轴转动的声音都作为一个问题,那么干警在讯问的时候到底是在听门轴转动的声音还是听嫌疑人的声音?讯问是从2013年12月到2014年4月,讯问这么多次,如果说干警能够准确地说出这一次门轴转动的声音,那就是当庭说假话。

王:审判长,我服从,我不问这个问题了。辩护人认为公诉人提出的反对有道理,我不问门轴转动的声音。那么请证人回答我下面一个问题,门轴转动的声音能够清晰地听到,但是听不到持续地敲击键盘的声音,你能不能解释一下是为什么?

卢:我已经想到你要问这个问题,麦克风是对着嫌疑人的,当然听不到键盘的声音。

王:你说能够猜到我要问这个问题,你很聪明。你说麦克风对着嫌疑人的,所以听不到键盘的声音,那么门在键盘的后面,为什么能够听到门转动的声音?

卢:我仅负责对嫌疑人张某海进行讯问,对于讯问以内的内容可以进行回答,讯问以外的内容我可以不回答。

王:审判长,他是录像制作人,又是讯问人,那么在看录像过程中看到的疑问直接涉及录像的真实性,他有义务回答,请审判长要求证人回答。

审:证人请回答辩护人的问题。

卢:刚才公诉人员已经说过,我不可能记住每个声音的大小。

王:你直接回答我的问题,你要说没法回答,没法解释,你就直接回答没法解释。

卢:不能这样回答的,必须得说清楚。

王:请你回答我的问题!

卢:我感觉没有必要回答这个问题。

王:那你还是没有回答我这个问题。《公安机关执法细则》第13条第7项是这样规定的:封存讯问犯罪嫌疑人的录音录像资料应当保持完整,不得剪辑修改、伪造,并封存备查。那你们有没有把这个录像进行封存备查。

卢:这个录音录像由我们的内勤具体保管,不由我来进行保管。

王:根据你刚才对法庭的陈述,你和蔡某任何一个人都可以开录像机,那你们关机的时候有没有封存备查,还是你们就直接交给了内勤?

卢:我们是把这个录像剪切到内勤的电脑上。

王:每一次录完会立即剪切到内勤的电脑上吗?是在录完后10分钟之内交给内勤还是半小时之内交给他?

卢:这个法律没有明确规定我们必须在多长时间之内把这个录像交给谁保管。

王:当你们把这个录像剪切下来,交给内勤统一保管的时候,这个时间可会在一个月之后?

卢:不会的。

王:内勤的电脑是笔记本还是台式的。

卢:我只需要把录像拷到U盘上以后,把U盘交给内勤,由内勤去进行拷贝。具体是拷到笔记本还是台式电脑我无法回答。

王:录像的第一次原始存储介质是什么,这个你清楚吧?

卢:录像机是便携式的,是显示在电脑上的。

王:也就是说,你们录像的时候,录像的原件就储存在讯问的桌子前面的笔记本电脑里,是不是这样的?

卢:是的。

王:摄像机里面已经不存在录像原件了是吧?就是不能在摄像机里面直接储存是吧?

卢:是的。

王:录像会直接录在你的笔记本电脑里面是吧?

卢:录像会保存在录像的笔记本电脑里面,然后再拷到U盘里面。

王:你是采取剪切的方法,因此你的笔记本电脑里面也没有录像了是吧?

卢:是的。

王:请问张某某是不是你们的内勤,他有执法资格吗?

卢:有。

王:刚才你说了你和蔡某是实际的录像人。你们两个可为张某海的录像写过录制的情况说明没有?(依据公安部和最高人民法院规定,制作录像必须有录像人书写制作过程的说明并签名,而本案没有)

卢:没有。

王:在张某海监视居住期间,据你所知,他有没有看过医生?

卢:有过。

王:据你所知,他看医生是因为什么原因?

卢:我记得张某海在监视居住期间有过自残的行为,然后带到医院去检查。

王:据你所知,他自残过几次?

卢:我是事后知道的,有过两次,我印象中有一次是吞钉子,我和蔡某带他到医院检查,检查还有病历。

王:还有没有因为他的其他自残行为带他去过医院呢?

卢:还有一次咬舌头。

王:其他还有吗?

卢:没有了。

王:就他自残的问题,你们可对张某海做过谈话笔录?

卢:没做过。

王:那你们的讯问笔录当中有没有涉及自残的行为?

卢:卷宗中可以看到,印象不深刻。

王:你可知道怎么戴背铐?

卢:培训时候学过。

王:手铐是不是有铐拇指的铐和铐手腕的铐?

卢:从我进入公安就没见过拇指铐。

王:给张某海是不是戴过背铐?

卢:我印象中应该没有戴过背铐。

王:你印象中有没有人用点燃的烟头贴近他的手指甲进行烘烤?

卢:没有。

王:有没有看到或者听到有人用湿毛巾捂住张某海的嘴,另外一个人从头上往下浇水?

卢:没有。

王:你们做笔录的时候有没有把日期倒签,明明是2014年4月做的笔录,却把时间写成2014年1月，让张某海也这样写，有没有这样的情况？

卢：肯定不会的。

王：你们录像的时候，有没有明明是2014年4月，却把它调成2014年1月？

卢：这个没有。

王：你是否注意到，1月和4月讯问张某海的录像当中，张某海穿的都是同一件内衣和外套棉睡衣？

卢：我没有注意到。你刚提醒我才注意到。

王：审判长，我的发问结束。

发问出庭侦查人员蔡某

王：证人蔡警官，我是被告人张某海的辩护人，经过审判长许可向您发问，您刚才回答公诉人问题的时候说你是2010年考入了M县公安局的公务员，是这样的吧？

蔡某（以下简称蔡）：是的。

王：你是几月进入公安局的？

蔡：我是年底进入的。

王：2010年9月，公安部制定了一个《公安机关人民警察执法资格等级考试办法》，根据这个办法的规定，所有的执法办案人员必须持有执法资格证，没有执法资格证不能执法，请你向法庭回答一下，你有没有执法资格证？

蔡：有的。

王：执法资格分为基本、中级、高级，请问你是哪个级别的？

蔡：我三个都过了。

王：是都考过，还是都取得三个执法资格了？

蔡：都考过。

王：都考过和具备三个级别的执法资格是两码事。那么你的执法证上载明你是哪个级别的？

蔡：证件有，但是记不得是几级了。

王：那么警种写的是什么警种？

蔡:我记不清了。

王:你连自己的执法资格级别和警种都不记得?第一次讯问张某海时你们告知他有聘请律师的权利,我想问的是监视居住期间张某海的辩护人有没有会见过他?

蔡:这个我记不清了。监视居住不是我执行的。

王:张某海指定的居所是不是就是某某楼宾馆?

蔡:是的。

王:张某海监视居住期间,你是不是到他的居所去过?

蔡:去过。

王:你进入他的居所的房间里没有?

蔡:我是通过传讯的方式传讯的他。

王:是不是你们每一次找张某海讯问的时候都会给他发一次传讯通知书?

蔡:我们的传讯通知书在卷宗里面有的,具体的以卷宗里面为准。

王:张某海在监视居住期间,你们在宾馆对他进行过取证没有?

蔡:没有。你问的问题太低级了,宾馆又不是办案场所,我们怎么可能取证。

王:希望证人不要有抵触情绪。

王:张某海有过3份自书的关于犯罪事实的交代材料,注明了你是收到人,收到的日期分别有3天,那么这个自书的材料他是在什么地方写的?

蔡:有可能是在监视居住的地点写的。

王:那是在什么地方交给你的?

蔡:这个我记不清了。

王:张某海有一份讯问笔录,讯问的时间是2013年12月24日15:30到17:20,这次讯问总共是110分钟,你们曾经有15分钟对他进行政策教育,打字只有两张纸不到,应该是半个小时足够了,那么110分钟减去教育的15分钟和打字的35分钟,至少还有60分钟吧,那么这60分钟,没有记笔录,你能不能向法庭解释一下,你们在做什么?

蔡:嫌疑人会说一些与案件无关的情况,不会都记在笔录中。

王:对张某海的讯问在监视居住期间总共有17次,做了11次录像,我想问的是，11 次录像你是不是都在场？

蔡：笔录上签名了的都在。

王：11 次录像的跨度时间是从 2014 年 1 月到 4 月，你可记得 1 月和 4 月做笔录是不是都在同一个房间？

蔡：这个我记不清了。

王：那么你们有几间讯问室？

蔡：记不清了。

王：每间讯问室的布置是不是一样？

蔡：讯问室很多。

王：讯问室里有没有空调？

王：空调在张某海的头上还是你们讯问人员的后面？

蔡：每个房间空调不在同一个位置。

公：公诉人有话要讲，请准许。

审：准许。

公：刚才辩护人提到的那次从 15:30 到 17:20 的讯问笔录，笔录中有写到低头沉默不语，他不说话，你说记什么呢？

王：公诉人这个问题可以在质证阶段说，公诉人刚才等于替证人回答了问题。

王：对张某海讯问的时候，麦克风在什么位置？

蔡：应该是在张某海的椅子上面。

王：我认为这麦克风还是很敏感的，我能听到开门的声音，听不到键盘敲击的声音，你能不能解释一下？

蔡：一方面我们用的键盘是上面有一层透明的薄膜，再一个敲击键盘没声音是个人习惯问题。

王：一个是我在录像中没有看到那个薄膜，另外，我在这里都能听到书记员敲击键盘的声音。

蔡：因为薄膜是透明的，所以看着和没有一样。

王：我们可以看任何一个薄膜，覆盖在电脑键盘上，不可能和没有覆盖一样。（辩论时，王亚林律师拿了一个新的键盘薄膜向法庭进行了出示）还有，法庭这么空旷,我们距离书记员这么远,都可以听到键盘的声音,你们以什么样的习惯敲击键盘,才能不敲击出声音?(被告人称没有敲击键盘只是摆个电脑做样子)

那么公安机关的执法细则规定,每一次讯问犯罪嫌疑人的录音录像应当保持完整,不得剪辑、修改、伪造,并封存备案。你们对张某海的这11次录像是否封存备案?

蔡:法律是这样规定的,我们肯定这样做了。

王:你们封存备案的原始存储介质是什么东西你可明白?

蔡:……

王:你是说录像一开始存在笔记本电脑里了是吗?

蔡:你这是诱导性发问。

王:我收回这个问题。那么我再问你原来的录像是存在录像机里还是存在电脑里,我这个不带诱导吧?

蔡:你刚才已经诱导过了。

王:你刚才说记不清了,但是肯定封存备查了,是吧?

蔡:法律是这样规定的。

王:那你是否记得你们是怎样封存备查的?

蔡:记不清了。

王:你可知道怎样戴背铐?

蔡:知道,培训时有这一课。

王:你们可给张某海戴过背铐?

蔡:没有。

王:你们可有人用湿毛巾把张某海的鼻子和嘴巴勒住,另一个人从头上往下浇水?

蔡:没有。

王:有没有人用点燃的烟头贴近张某海的指甲进行烘烤?

蔡:没有。

王:你们可存在笔录明明是2014年4月做的,结果倒签成2014年1月的情况?

蔡:没有。

王:录像时的日期是怎么设定的?

蔡:就是当时讯问的时间。

王:录像机的开和关的操作是你进行的还是卢某进行的?

蔡:记不清了。

王:记不清了是一个很好的回答。审判长,我发问完毕。

结论是:两个警察当庭说谎,本案的笔录存在 2014 年 4 月制作而强迫被告人把日期倒签为 2013 年 12 月的可能性;录像存在 2014 年 4 月制作而把日期倒调为 2013 年 12 月的可能性。因此,先请法庭允许我宣读法律和司法解释的规定,并向法庭提出请求:

《刑事诉讼法》第 192 条〔1〕规定,法庭审理过程中,当事人和辩护人、诉讼代理人有权申请通知新的证人到庭,调取新的物证,申请重新鉴定或者勘验。法庭对于上述申请,应当作出是否同意的决定。

安徽省高级人民法院、安徽省人民检察院、安徽省公安厅、安徽省国家公安厅、安徽省司法厅《办理刑事案件排除非法证据操作规程(试行)》第 21 条规定,法庭审理过程中,人民法院对证据合法性有疑问的,可以宣布休庭,对证据进行调查、核实。必要时可以通知检察人员、辩护人到场。

辩护人申请立即休庭,由控辩双方共同封存电脑,移交法庭,以确定第一次复制录像的时间;或者共同去刑警队确定张某海所谓 1 月录像资料的形成时间。

稍有电脑常识的人都知道,只要鼠标移动在录像视频文件上并右击属性,可以立即显示文件形成时间。

审:现在正在开庭,我们可以休庭后,控辩双方一起去刑警队看看。

公:审判长,我们一起这样去刑警队不礼貌啊!

王:法庭的职责是查明案件事实,与礼貌与否无关!

审:(接了法警递上的纸条看后)这个问题我们休庭后再作决定吧。

王:辩护人还有一个申请,现在先口头表述,庭后向法庭递交书面意见:

申请鉴定事项:

---

〔1〕 本条内容已修订。

1. 申请对 M 县公安局制作的,注明为 2014 年 1 月和 2014 年 4 月的有罪供述笔录形成时间的间隔时间进行鉴定(笔录上有签字笔书写、印泥和激光打印痕迹均是鉴定的检材);

2. 申请对 M 县公安局制作的,标明为 2014 年 1 月和 2014 年 4 月的张某海有罪供述的同步录像形成时间的间隔时间进行鉴定。

事实和理由:

张某海等组织、领导、参加黑社会性质组织案业经 M 县人民法院进行审理,被告人张某海始终辩称他的有罪供述和做有罪供述时的所谓同步录像都是侦查人员在 2014 年 4 月集中制作的,并要求其将签字的日期倒签为 2014 年 1 月的不同日期;而同步录像无论是标明为 2014 年 1 月还是标明为 2014 年 4 月,都是在 2014 年 4 月期间集中制作,将录像日期倒调为 2014 年 1 月。而辩护人经过审查公安机关的同步录像发现,讯问张某海时,无论是录像标明为 2014 年 1 月还是 2014 年 4 月,录像的场景没有任何变化,张某海始终着同一件棉睡衣和同一件黑色内衣,侦查人员均着春秋天衣服,而气象资料表明,M 县 2014 年 1 月 20 日、22 日最低气温零下 1 度、零下 4 度,最高气温 7 度、11 度;2014 年 4 月 17 日、18 日的最低气温 13 度、14 度,最高气温 22 度,1 月与 4 月之间温差巨大。因此,张某海的有关辩解具有很大的真实可能性。

《公安机关办理刑事案件程序规定》第 63 条[1]规定:物证的照片、录像或者复制品,书证的副本、复制件,视听资料、电子数据的复制件,应当附有关制作过程及原件、原物存放处的文字说明,并由制作人和物品持有人或者物品持有单位有关人员签名。本案的侦查人员没有对录像的原始存储介质甚至是当时复制的存储介质进行封存,原始存储介质已经不复存在,附卷的只有录像复制品光盘的制作过程,没有原始存储介质的制作过程说明。最高人民法院《关于适用〈中华人民共和国刑事诉讼法〉的解释》第 92 条[2]也要求对视听资料应当着重审查是否为原件、有无复制及复制份数;是复制件的,是否附有无法调取原件的原因、复制件制作过

〔1〕 本条内容已修订。

〔2〕 本条内容已修订。

程和原件存放地点的说明,制作人、原视听资料持有人是否签名或者盖章;是否附有提取过程的说明,来源是否合法;内容和制作过程是否真实,有无剪辑、增加、删改等情形和内容。该解释规定“对视听资料有疑问的,应当进行鉴定”。

为此,特提交上述书面申请,请审判机关迅速封存上述检材尤其是封存录像第一次复制的存储介质——M 县公安局刑警大队办公室的电脑硬盘;同时,鉴于握有公权力的指定侦查管辖决定机关 B 市公安局以及侦查机关 M 县公安局均和上述鉴定结果有利害关系,请求人民法院将上述证据的原件提交安徽省以外的鉴定机构进行鉴定。

附:需要鉴定的、有同步录像的 11 份讯问笔录和录像(略)。

(法庭调查连续 4 天,其中第二天、第三天每天开庭 9 个小时,“排非”程序 6 个小时,辩护人向出庭警察发问 2 个小时)

第四天　法庭辩论(辩护词)

关于张某海等人涉黑案辩护词

审判长、审判员:

昨天是我国第一个宪法日,宪法日的设定预示着我国的公民权利将得到进一步的重视和保障。巧合的是,昨天我们的法庭进行了长达 6 个小时的非法证据排除程序,“排非”时间之长和 4 名警察到庭作证这一情况,将载入安徽的审判史册。刚才公诉人发表了公诉意见,面对漏洞百出的所谓“证据”,公诉人仍然顽强地履行职责,坚持原有的犯罪指控。但是,我相信法庭中的每一个人对本案的事实已经形成他们的内心确信。公诉意见最后称本案犯罪手段隐蔽,甚至是非暴力的,但仍然是黑社会性质的组织。辩护人对此绝不认同,是否为黑社会性质的组织,必须用法律规定的标准来衡量。公诉人还称谁践踏法律,谁就将付出代价。辩护人表示赞同,老百姓触犯了法律会严惩,而本案的公安机关违法取证,我们不敢要求警察承担法律责任,但公权力机关可以承担举证不力的法律后果吗?非法获取的证据应当排除,可以做到吗?作为张某海的辩护人,我更加确信起诉书对张某海的指控或者因为证据不足而不能认定,或者被告人的行为本身依法就不构成犯罪。

由于公诉人采取论述为主、概括证据为辅的方式进行举证,本案的法庭辩论已经前移,在示证、质证阶段,本辩护人发表了40分钟的质证意见。而现在辩护人准备了2万余字的辩护词,按照我的语速,2万余字需要发言2个小时,但为了节省法庭的时间,也为了给其他被告人的辩护人留下发言的机会,本辩护人将用40分钟的时间概述我的辩护意见,如果超出时间请审判长提醒和制止。

(限于篇幅,此处省略2300字)

在为这起"涉黑"案进行辩护的最后,辩护人还想说,自2000年公安部向党中央、国务院提交《公安部关于开展全国"打黑除恶"专项斗争有关工作情况的报告》,到2006年中央政法委召开全国"打黑除恶"专项斗争电视电话会议,全面部署开展"打黑除恶"专项斗争,再到今年9月12日中央政法委召开全国继续推进打黑除恶专项斗争电视电话会议,"打黑除恶"工作一直在持续、深入地开展。黑恶势力称霸一方,作恶多端,欺压残害群众,严重危害社会治安,我们对其深恶痛绝。作为普通公民,我们高度支持党和国家开展的一系列"打黑除恶"工作。但是,正如公安部部长郭声琨在今年9月12日召开的全国继续推进打黑除恶专项斗争电视电话会议上所强调的,要坚持依法治理,运用法治思维和法治方法推进打黑除恶专项斗争,真正把查处的每一件黑恶势力犯罪案件都办成铁案。因而,作为辩护人,我们必须指出,"打黑"不等于"黑打","打黑"不但要符合我国现有的刑事政策,更要符合法治精神,符合刑事诉讼的程序法则,而不是凌驾于法律之上,成为个别官员解决私人恩怨的工具,沦为地方政府宣扬政绩的筹码。

辩护人:王亚林

2014年12月5日

附件二:

决战在法庭

——记王亚林律师在一起重大敏感案件中的激辩

法庭外,特警作业车警灯闪烁,特警荷枪实弹拉起警戒线,站立成人墙通道;法庭内,控辩审三方唇枪舌剑,一名被告人、多位辩护人申请公诉人和合议庭回避。

为应对庭审,法院停止办公。连续五天40多个小时的法庭审理彻底结束时,已经是晚上九点,控辩审三方如释重负,互道珍重,友好握别。

这是2016年1月20日到24日,皖北J市最寒冷的几天,滴水成冰。

这是一起公安部挂牌督办的全国首起某类黑社会案件。

自2013年6月起,历时19个月,王亚林辩护团队导师王亚林律师担任本案第一被告人李某的辩护人,余才能律师担任李某胞弟、第六被告人李某成的辩护人。而开庭之时,李某已经由最早拟指控的涉黑、敲诈勒索、聚众冲击国家机关等八个罪名变更为非法侵入住宅罪等三个轻罪,李某成被公诉机关作出不起诉的无罪决定。

早在25个月之前的2013年12月,李某、白某宽、洪某辉、李某成等20人陆续被拘留、逮捕,历经数次延长侦查羁押期限、退回补充侦查、变更起诉、庭前会议,由最初的20名被告人、40起犯罪事实、9项罪名,变更为最终的19名被告人、24起犯罪事实、6项罪名。更令人震惊的是,该案在侦查阶段以涉嫌组织、领导、参加黑社会性质组织罪、聚众冲击国家机关罪等多项罪名为由立案侦查。最终,该案超过80%的非法证据被排除,组织、领导、参加黑社会性质组织罪、聚众冲击国家机关罪等重罪被去除,最终以寻衅滋事罪、聚众扰乱交通秩序罪等起诉。开庭之时,1名被告人被无罪释放,5名被告人被法院决定取保候审。

随着非法证据的排除,案件事实一步步明晰,被羁押了两年多的19名被告人将得到一个明确的结果。

由于此案被告人数众多、涉及人员广泛、涉案事实影响极大,两年多以来,当地政府和民众以及全国各地司法界、律师界等都十分关注此案的进展。

2016年1月20日8:30,J市人民法院门口气氛凝重,警灯闪烁,警戒线拉起。寒风萧瑟,来自F市、J市等地公安特警荷枪实弹,列队把守,严阵以待。空气中弥漫着紧张的气氛,人们关注已久的李某等人涉黑案件将于当日9:00在J市人民法院开庭审理。

接下来便是连续5天的紧张、激烈的庭审,案件审理过程一波三折、跌宕起伏。第1天申请回避环节,辩护人就和公诉人产生了激烈对抗,庭审两度休庭。第4

日，公安机关办案民警到庭审现场旁听。法庭质证和辩论时，现场不时传出掌声和哭声，法警数次制止。

一场没有硝烟的战争暂时落幕，但是，这注定是一次不寻常的审判。

庭审第一天

临近9:00，案件即将开庭审理。法院门口，来自各地的民众在焦急等待入场，数十名特警维持秩序，三道安检严格确保庭审安全。

9:00，准时开庭。J市人民法院第一法庭上3位法官当中就座，3位公诉人、22位辩护人分列左右，旁听区座无虚席。法庭内外，几十名法警维持秩序。庭审一触即发。

审判长：可以申请回避和非法证据排除，是否申请回避？

（被告人白某宽及其辩护人申请公诉人回避，理由是其未见过该公诉人提审自己。多位辩护人申请公诉人和合议庭全体回避。申请合议庭成员回避的理由为，合议庭没有依法通知证人到庭作证，对本案有不正当的行为。）

王亚林律师要求对穆向明律师申请公诉人回避补充陈述理由：

1. 公诉人身份不明

本案第一公诉人在召开庭前会议之前，向辩护人说明了其是F市人民检察院工作人员，被J市人民检察院任命为代理检察员。我们认可检察一体化的体制，因此，从身份上来说，我们认为该检察官有权代表J市检察院出席今天的庭审。但是，本案在漫长的刑事诉讼过程中（尤其是在审查起诉过程中）经过了多次变更起诉，准确说是两次半。一次是以黑社会犯罪为由起诉，没有送达就撤回；然后今年1月又一次变更起诉。在此期间，J市人民法院向辩护人送达的证据当中，该检察官是L县人民检察院的检察官。因此公诉人有责任向被告人和辩护人说明，F市人民检察院的检察官是如何成为L县人民检察院的检察官，又成为J市人民检察院的代理检察官的。其有无L县检察院的任命书？

据辩护人所知，在这次变更起诉过程中，除了一名检察人员是J市人民检察院的正式工作人员之外，还有一位检察官是F市人民检察院的检察官，F市人民检察院的检察官如何摇身一变成为J市人民检察院的检察官出席今天的法庭的？虽然是检察一体化,但是公诉人和法院有责任向我们说明其中的理由并出具其身份证明。

2. 本案的公诉人,尤其是主诉公诉人,违背了法律所赋予的客观公正履职的义务

公诉人负有客观公正履职的义务,但辩护人注意到,主诉公诉人提前介入了本案的侦查活动。本案经过多次的变更起诉,原来指控的最主要的犯罪事实已不复存在。在这种情况下,辩护人完全有理由认为,本案的主诉检察官没有客观公正地履行义务。不仅如此,检察官同时还负有法律监督的职责,但是本案的公诉人不仅没能履行监督职责,反而导致本案出现了多次的超期羁押的情况。本案的第一被告人李某到目前为止已经羁押长达25个月,辩护人根据中国法律的任何一项条款规定,无论如何也不能计算出,被告人在开庭前可以被羁押长达25个月之久。据我了解,相关看守所已经多次向本案的办案机关送达超期羁押通知书,监督办案机关是否超期羁押是检察院的法定职责。

以上是关于回避的补充理由。

同时,王亚林律师提出了新的非法证据排除申请:

本辩护人除第一次庭前会议向J市人民法院递交的排除非法证据的申请书之外,今天正式向法庭再递交第二份排除非法证据的申请。

本案在J市人民法院召开了4次庭前会议,审查"排非"的问题之后,公诉机关出具了变更起诉决定书。这个变更出现了非常罕见的情况:不仅大幅度地变更了起诉的罪名,还对主要指控的犯罪事实做了重大调整。对于主要犯罪事实叙述,2份起诉书发生了重大的变化,同时还撤回了对其中1个被告人的起诉。而且在开庭之前,公诉人还在补充证据。在这种情况下,本案的事实、证据、定性、罪名,都发生了重大的变化。因此,在开庭之前,辩护人有权再次提出排除非法证据的申请。

此次排除非法证据的申请主要围绕相关的证人证言、辨认笔录以及被告人或者证人白某伟展开(白某伟的身份有时候是证人,有时候是犯罪嫌疑人)。主要理由如下:

其中3位证人是第一起扰乱交通秩序罪中的杨某林、马某济、李某标。申请他

们的证言排除是因为向这3位证人取证的是在本案当中多次做出极其恶劣侦查行为的侦查人员。这几位向被告人取证的侦查人员,不仅完全践踏了被告人的基本权利,而且对被告人聘请律师极为抵触和反感。在多次的录音录像当中,这几名侦查人员非常恶毒地咒骂律师群体。本辩护人是2013年6月正式接受的委托,但是在2013年4月的一个录像当中,本案的侦查人员,就指名道姓地攻击我本人。根据公诉机关庭前提供的证据目录,这些侦查人员取得的供述已经被排除了80%,我们又如何能够保证和确定他们向证人调查时能够客观如实地记录证人证言?而且据证人反映,他们的证言是侦查人员打印好之后直接让他们签字的,并没有履行一问一答式的取证程序。依据相关规定,辩护人提出“排非”申请的时候,只需要提供相关的线索即可。

……

以上涉及16份证据,我现在正式以书面的形式递交给法庭,一式两份。请法警传递给法庭。感谢法庭,我补充完毕。

正式开庭前的较量告一段落,激烈的法庭对抗就此展开,现场气氛十分紧张。

以下是辩护人王亚林律师和审判长之间的一段博弈:

审判长:非法证据排除的申请应该在开庭前提出,我们已经召开了4次庭前会议。辩护人是否在庭前会议中提交了申请?

王亚林:在公诉机关补充新的证据、变更起诉之后,没有召开庭前会议。今天法庭告知我们可以提出非法证据排除申请之后,我今天才提出申请,是补充的,和之前不一样。

审判长:你这份是补充的证据?

王亚林:有补充的也有之前的。因为公诉人指控的事实和罪名都发生了变化。所以既包括新补充的证据,也包括之前的。

审判长:变更起诉书送达已经10天了,非法证据排除申请应该在开庭前提交法庭。

王亚林:审判长,法律规定在法庭辩论结束之前可以提出非法证据排除申请,并没有规定必须在开庭之前提出。否则,审判长在开庭时告知我们申请“排非”就没有意义。我们可以查一下《刑事诉讼法》和安徽省公、检、法、司关于排除非法证据的规程,辩护人认为现在仍然有权提出。

(下略)

审判长宣布休庭。

11:30,恢复庭审。法庭宣布,驳回被告人及辩护人的回避申请,被告人及辩护人有权申请复议一次。

被告人白某宽、被告人马某龙的辩护人李律师当即申请了回避。尤其是李律师申请复议时,引用了德国法学家拉德布鲁赫曾对控诉与裁判的关系说过的一句经典性警语:"如果法官本身就是控告者,那么,只有上帝才能充当辩护人!"此言一出,引得庭下一片掌声,现场法警及时制止。

公诉人称自己不属于回避的对象,并对自己的身份问题进行了说明。同时,公诉人对王亚林律师申请排除的非法证据进行了说明补正。

王亚林:根据《刑事诉讼法》及司法解释的规定,非法证据应当予以排除,不得作为定案的根据。非法证据只能排除,不存在补正说明的问题,公诉人所做的说明补正,这是对瑕疵证据才能采取的补正措施。公诉人是在否认辩护人申请排除的是非法证据。

公诉人坚持,辩护人申请排除的是瑕疵证据,而不是非法证据,并对瑕疵证据和非法证据做了解释,而恰恰这两个解释都错了。

王亚林律师对此不能接受,直接反驳公诉人:本案相当一部分证人是文盲,而且出现大规模的非法取证的情况,公诉机关撤回了绝大部分的被告人供述。公诉人解释称撤回的是瑕疵证据而不是非法证据,这种说明显然是不合法的,因为瑕疵证据是可以依法通过合理解释补正的。

在这种情况下,李某辩护人王亚林律师、穆律师,以及其他几位被告人和辩护人也申请了公诉人回避。

法庭驳回。

王亚林律师等人申请复议。

法庭当庭驳回并不允许复议。

此时已经是12:00多,审判长宣布休庭。

13:00,准时恢复庭审。

审判长：请公诉人宣读起诉书。

王亚林：报告审判长，我要求发言。

审判长：请公诉人宣读起诉书。

王亚林：审判长，最高人民法院、最高人民检察院、公安部、国家安全部、司法部2015年9月16日印发《关于依法保障律师执业权利的规定》第38条第1款规定："法庭审理过程中，律师就回避，案件管辖，非法证据排除，申请通知证人、鉴定人、有专门知识的人出庭，申请通知新的证人到庭，调取新的证据，申请重新鉴定、勘验等问题当庭提出申请，或者对法庭审理程序提出异议的，法庭原则上应当休庭进行审查，依照法定程序作出决定。其他律师有相同异议的，应一并提出，法庭一并休庭审查。法庭决定驳回申请或者异议的，律师可当庭提出复议。经复议后，律师应当尊重法庭的决定，服从法庭的安排。"第2款规定："律师不服法庭决定保留意见的内容应当详细记入法庭笔录，可以作为上诉理由，或者向同级或者上一级人民检察院申诉、控告。"

辩护人要求当庭陈述保留意见并记入法庭笔录：

第一，对于公诉人回避的复议申请，依法应由原驳回回避申请的决定机关，即J市人民检察院作出处理，而不是由合议庭直接驳回并不允许复议。法庭直接驳回辩护人对于公诉人回避决定的复议申请，属于越俎代庖，没有法律依据。

第二，依据法律和司法解释以及省高级人民法院的有关规定，在法庭辩论终结之前辩护人发现非法证据都有权提出排除申请。如回避申请和提出新证据一样，不是只有在开庭前才可以提出。

第三，在公诉机关变更了起诉的罪名、内容、被告人数，补充了新证据，辩护人更有权再次提出不同的"排非"申请，而不仅只对新的证据才有权申请"排非"。[1]

第四，直接言词证据规则在本案中必须贯彻执行。本案相当一部分证人是文盲，而且出现大规模的非法取证的情况，而公诉机关撤回了绝大部分的被告人供述。公诉人解释称撤回的是瑕疵证据而不是非法证据，这种说明显然是不合法的。瑕疵证据可补正和合理解释而不是直接撤回。而根据最高人民法院《关于适用〈中

---

〔1〕 第二点、第三点意见在第55天的"排非"程序中，审判长已经采纳。

华人民共和国刑事诉讼法〉的解释》第205条[1]规定，公诉人、辩护人、当事人对证言有异议，且该证言对定罪量刑有重大影响，证人就应当到庭接受质询。在本案侦查机关大规模、大面积违法收集言词证据的情况下，无论是被告人供述还是证人证言，都应当以法庭的当庭陈述为准。尤其是以下证人只有到庭，才可以还原案件的本来面目：(1)杨某林（杨某礼儿子）。(2)马某济（某寺庙会计）。(3)李某标。据委托人提供线索，上述三位证人的证言系侦查人员打印好笔录，直接要求的签字。(4)白某伟，系同案犯却被另案处理。(5)吕某伟（身份不明，不是真实姓名，没有身份证号码）。(6)张某芹（辩护人书面申请其到庭作证）。

在法庭辩论结束之前，辩护人发现非法证据都有权提出申请。并且此案变更了起诉，案件涉及的罪名、案件的定性、事实内容、被告人数都发生了变化。对于补充的新证据，辩护人有权再次提出不同的非法证据排除的申请。

王亚林律师请求法庭坚决贯彻直接言词证据规则：

“由于本案相当一部分证人文化水平较低，很多都是六七十岁的老年人，而且本案出现了大规模的非法取证的情况。根据《关于适用〈中华人民共和国刑事诉讼法〉的解释》第205条[2]规定，公诉人、辩护人、当事人对证人证言有异议，且该证言对定罪量刑有重大影响，法庭应通知证人到庭。本案的证人杨某林（也就是杨某礼的儿子）、证人马某济（单位会计，其询问笔录系多次非法取证的侦查人员制作，辩护人已经申请马某济到庭作证，而合议庭没有允许）、证人李某标、白某伟和神秘证人吕某伟，这几位是必须到庭的证人。尤其是吕某伟，在关于他的所有证言中，都没有介绍他的身份信息和职业信息。而本案中，从2005年起，聚众扰乱交通秩序、寻衅滋事等多起事实中都有吕某伟的出现，吕某伟不仅参与了多起事件，同时还作为证人出现，但没有他的身份信息，为何这位吕某伟这么神秘？依据《公安机关办理刑事案件程序规定》，使用隐秘身份侦查属于技术侦查，这类侦查仅限于严重危害社会的犯罪案件，如杀人、放火、黑社会犯罪、毒品犯罪，以及其他可能判处7年有期徒刑以上刑罚的犯罪案件。使用隐秘身份侦查收集的材料作为证据使用

---

〔1〕 本条内容已修订。
〔2〕 本条内容已修订。

时，在可能危及隐秘人员的人身安全，或者可能产生其他严重后果时，应当采取不暴露有关人员身份的保护措施。《关于适用〈中华人民共和国刑事诉讼法〉的解释》第107条[1]也有类似规定，且规定必要时审判人员可以在庭外核实有关证据。难道这位神秘的吕某伟是十年前就卧底侦查聚众扰乱社会秩序犯罪？”

此言一出，现场人员，包括旁听人员，都对此颇为震惊。

王亚林陈述完毕，审判长询问其他辩护人有无意见发表，其他辩护人都表示没有。

紧接着，审判长宣布进入法庭调查阶段。

公诉人宣读了起诉决定书。变更之后的起诉书共16页，涉及19位被告人、24起事实、6项罪名。相比之前的起诉决定书，各项内容已经大幅减少。

接下来是对被告人的发问。

首先是对被告人李某的发问。在审判长的主持下，被告人李某对公诉机关指控的3项罪名、6起事实发表自己的意见和陈述。李某泣不成声，不能自已，几乎不能回答审判长的问题，在审判长和辩护人的安抚之下才勉强回答。旁听席上的家属情绪也随之起伏。之后由公诉人和李某辩护人王亚林律师、穆律师依次对李某就案件事实有关问题发问。

（下略）

公诉人讯问白某宽：是谁安排堵住了道路？

白某宽辩护人胡大宽律师：反对，白某宽不认为有谁故意堵住了道路。

公诉人：请审判长要求辩护人遵守法庭纪律。

审判长：公诉人继续发问。

王亚林：反对，公诉人用诱导方式发问。因为已经把答案设定在问题当中。

公诉人：难道你是白某宽的第二辩护人？

王亚林：请公诉人注意，此起事实也指控了李某犯罪。

审判长：公诉人发问并无不妥，请公诉人继续发问。

王亚林：辩护人保留意见。

---

[1] 本条内容已修订。

(下略)

庭审为了照顾女性被告人,先集中对所有女性被告人依次进行发问。

对被告人的发问持续至18:00休庭。

庭审第二天

9:00开庭,继续昨日对被告人的发问。

16:30对所有被告人的发问结束,进入关键的举证质证阶段。

众辩护人:请问公诉人,你们举证的证据我们为什么找不到?

公诉人:你们应当注意听。

辩护人:请公诉人详细列明取证的公安人员、时间和地点。

公诉人:我们是根据讯问录像和讯问笔录进行修正以后的概括举证……

王亚林:审判长,我对庭审的程序有异议,要求发言!

第一,根据法律和司法解释以及省公检法司的联合规定,"排非"程序是单独的程序,法庭不可以用对证据合法性的质证代替"排非"程序。

第二,被告人供述的载体可以是笔录也可以是录像,但是,当用录像进行举证时,需要当庭播放,以接受被告人、辩护人的质证。用笔录和录像的修正进行举证是不符合法律规定的,也是我们闻所未闻的。

审判长:今天休庭,明天继续审理。

庭审第三天

1月22日,9:04开庭。

审判长:辩护人昨天误解了法庭的意思,"排非"程序如果启动,会单独进行。下面由公诉人举证。

公诉人:昨天可能是公诉人没有说清楚,辩护人有误解。公诉人所说的根据录像和笔录进行修正是口误,这些供述都有笔录。我们举证以笔录为准,没有录像(据悉,公诉人昨天晚上加班到凌晨1:30重新梳理了证据)。

辩护人王亚林等人提出,进行举证质证之后,是否还进行非法证据的排除?

在对聚众扰乱交通秩序罪的举证质证中，公诉人举证完毕之后，李某的辩护人王亚林律师首先发表质证意见，其主要围绕证据的“三性”（合法性、真实性、关联性）展开：

对于证据的合法性，有以下几个观点：首先，这几位取证的侦查人员都是F市公安局民警，而且在取证时，说明的身份也是F市公安局民警，而不是办案单位L县公安局民警。其次，他们是违法收集口供最集中的几个人，也是他们在讯问过程中做出恶毒贬低律师行业、侮辱少数民族的言行。他们收集的口供已经被排除掉80%以上，收集到的证言亦不可能全部合法。而“杀人偿命”的横幅则是吕某伟（身份不明的神秘人）所写。对于秘密侦查，其适用范围有严格的法律限制，此案不属于危害国家安全犯罪等严重犯罪行为，适用秘密侦查没有法律依据。这位神秘的证人吕某伟，其身份是不合法的，其证言也是不合法的。

根据《关于适用〈中华人民共和国刑事诉讼法〉的解释》第205条[1]规定，公诉人、辩护人、当事人对证言有异议，且该证言对定罪量刑有重大影响，是证人到庭的法定理由。我们已经申请这些证人到庭，法院开庭之初也说过证人在证人室等候，他们应当到庭。

对证据的真实性：杨某林是杨某礼的儿子，马某济是杨某礼的内弟，他们是事主。而无论是抬棺材还是制作、打出所谓的横幅，按照常理应当是他们所为。所以，有利害关系人的证言，其证言的真实性值得推敲。马某民是政府官员，他和樊某玉、韦某林等人都是无利害关系人，他们的证词则比较客观。

对于证据的关联性（证明目的和证明标准方面）：堵路是存在的，杨某礼家就在光明路附近、靠近大转盘，因为殡礼和围观人数众多，在殡礼期间和出殡的路上必然堵塞交通。然而，有以下几点疑问：

第一，聚众扰乱交通秩序罪要求有阻碍交通的事实。是棺材和横幅阻碍了交通，证据没有说明谁摆放了棺材、谁在打横幅阻断交通，根据证据，我们不知道实行犯是谁。

第二，聚众扰乱交通秩序罪需要证明有抗拒和阻碍执法的事实。控方指控“李

〔1〕 本条内容已修订。

某、白某宽等人拒不配合,一直到满足他们的条件之后才安排人停止堵路”,这项指控缺少证据支持。书证表明,丧葬费的补助是12月24日(堵路是12月20日)的事情,土地权属纠纷的行政处理决定和判决书都是2006年的事情,而县政府办公室主任马某民、城关镇书记韦某林等政府部门负责人都证明:当时,政府有关负责人和李某、白某宽等有过对话,他们态度平静,谈话离开后他们让大家撤离了。赔偿等事宜,是政府成立了一个临时机构以后协调的结果。不仅如此,控方更没有证据证明李某有任何拒不配合执法或指使他人抗拒执法的行为,相反有证据证明李某协助执法,让把棺材和横幅撤了。李某不仅没有抗拒和阻碍执法,相反协助执法疏导了交通、缓解了矛盾。

第三,何为情节严重,法律和司法解释没有规定,但情节严重也是需要用证据证明的。本案起因是杨某礼和邻居因为土地权属纠纷打了五六年官司,最终杨某礼家胜诉,政府和两级法院支持了杨家的诉求。在此过程中,为了处理两家的纠纷,杨某礼请客,酒后第二天凌晨死亡,于是生者为了亡人依据他们的习俗举行殡礼,而举行殡礼之时阻碍了交通。这种情况认定属于情节严重是否合适?另外,对于堵塞交通和破坏交通秩序的时间认定是十分重要的。而相关的言词证明严重不一致,如白某宽讯问笔录中“路拦着有十来分钟”、李某桂陈述“堵了大概有三四个小时才撤走”、被害人李某礼陈述“大概堵了好几个小时的路”、证人杨某海证言“闹了差不多有大半天的时间”、证人李某彬证言“一直堵路到下午”、证人马某济证言“在那堵路堵的有两个小时左右”、证人李某标证言“我们堵路堵的有两个多小时”、证人韦某林证言“大概有半天的时间”。以及其他书证中第十七项李某桂提供的“2005年12月20日上午10时左右,很多人用条幅把光明路堵塞长达数小时”的照片。这些证据看似数量众多,其实互相矛盾,反倒无法构成互相印证的证据链,对于堵路时间的表述从“十几分钟”到“两个小时”再至“大半天”,其差距已明显超过合理的时间误差。以上证据中本应最具可信度的书证也仅能反应交通堵塞事实的存在,而无法客观反映出整个堵路时间持续的动态过程,更遑论用静态的图片来表述动态的时间流逝。所以堵塞交通的时间都无法证明清楚,又如何判断“聚众堵塞交通或者破坏交通秩序”和“情节严重”?

王亚林律师的质证义正词严、逻辑明晰,庭审也由此进入一个小高潮。

傍晚时，由于庭审进行了一天，加之被告人年事已高，多数已经六七十岁高龄，李某和白某宽出现了身体不适，法庭被迫休庭。旁听席的家属更是情绪激动，场面一度有些混乱。

二十分钟后，被告人恢复状态，庭审继续进行，直至19:05休庭。

庭审第四天

1月23日，寒流已经到达皖北地区，J市的气温也在零度以下继续下探。主审法官的父亲因病于22日晚不幸去世，但其依然准时出现在法庭，其敬业精神令人肃然起敬。

9:00开庭。F市和L县的办案公安人员落座旁听席。同时还有检察院、法院的工作人员也落座旁听席参加接下来的庭审。

举证质证继续进行，各位辩护人发表质证意见时，其气势也逐渐强硬起来。控辩双方的对抗更加激烈。

对寻衅滋事罪第四起事实，关于古今内衣店纠纷，涉及被告人李某，辩护人王亚林律师提纲挈领，做了综合质证：

起诉书指控，李某随意辱骂他人，情节恶劣，应当依照《刑法》第293条第1款第2项追究刑事责任。该法条把"追逐、拦截、辱骂、恐吓他人，情节恶劣"的行为评价为犯罪。当然"在公共场所起哄闹事，造成公共场所秩序严重混乱的"也可以构成该罪，只是起诉书没有这样指控，因为涉案的场所不属于法律意义上的公共场所。

对照2013年7月15日施行的最高人民法院、最高人民检察院《关于办理寻衅滋事刑事案件适用法律若干问题的解释》（以下简称《寻衅司法解释》），李某因为骂人构成犯罪，必须符合"多次辱骂，造成恶劣社会影响的"或"严重影响他人的工作、生活、生产、经营的"两种情况之一，才属于因为"辱骂"情节恶劣而构成犯罪。对照《寻衅司法解释》，起诉书指控的思路显然是李某多次辱骂他人，从而"情节恶劣"构成犯罪。

首先，李某不是犯罪集团的首犯，本罪也不是把李某作为聚众犯罪的首要分子而追究其刑事责任，甚至起诉书没有指控李某是教唆犯罪。据此，我们认为起诉书是把李某当作寻衅滋事罪的实行犯来指控。因此，李某只应对自己的行为承担责任而不需要对在现场的其他人的行为承担责任。辱骂他人构成寻衅滋事罪也不可能像故意伤害犯罪那样，呐喊助威也构成共同犯罪。综观所有的证据，没有一份证据证明李某有过辱骂他人的行为。

其次，案件最基本的事实很清楚：第一，李某是后去的，李某去的时候不存在争吵和辱骂问题；第二，起诉书列出的9个人大部分不是李某喊去的；第三，李某没有骂人。

穆律师对具体证据做了详细质证。

寻衅滋事罪第五起事实，关于金城信用社纠纷，涉及李某等人。辩护人王亚林律师进行了质证：寻衅滋事罪可以因骂入罪，那么，“谁骂”至关重要，无论是否“排非”，控方的证明表明，“骂”的人反而不是本案的被告人；假如有人骂人，李某为何要对他人骂人去承担责任，这需要有法律依据、法理支撑和证据支持。但是证据出现了天然的缺陷，完全没有查明谁在辱骂、如何辱骂的事实，更没有办法证明李某和所谓的辱骂有什么关系。在L县，由于李某的某协会会长的身份，只要有协会成员和别人发生纠纷，请她去处理，她就应该去，这样，不能因为她到场就要为别人的行为承担责任。

寻衅滋事罪第十起，张营乡工地纠纷，王亚林律师质证如下：

被告人马某芝供述：“我只去两天，是刘某找的，李某也是刘某找的。”被告人李某供述：“我去了，那天和老公生气，马某芝三轮车过去，我去了，解个小手就走了。”这两份证据显然不足以支撑李某构成寻衅滋事罪的事实。

有两个问题多位同行质证时多次提到，我从不同的角度发表质证意见，以避免大家一再重复。

1. 同案被告人口供不可以等同于证人证言。

根据《刑事诉讼法》第53条第1款[1]的规定：“对一切案件的判处都要重证据，重调查研究，不轻信口供。只有被告人供述，没有其他证据的，不能认定被告人有罪和处以刑罚；没有被告人供述，证据确实、充分的，可以认定被告人有罪和处以

[1] 本条内容已修订。

刑罚。”

2000年南宁毒品会议纪要指出，有些毒品犯罪案件往往由于毒品、毒资等证据已不存在，或者被告人翻供，导致审查证据和认定问题。在处理这类案件时，仅凭被告人口供依法不能定案。只有当被告人的口供与同案其他被告人供述吻合，并且完全排除诱供、逼供、串供等情形，被告人的口供与同案被告人的供述才可以作为定案的证据。对于仅有被告人的口供和同案被告人的供述，因能相互印证而作为定案依据的，对被告人判处死刑立即执行要特别慎重。

2. 对同一行为，行政调解、人民调解、行政处罚之后的刑事再评价，法律没有禁止，但需要持一种特别慎重的态度。因为，司法审判需要惩罚犯罪但同时还具有维护社会安定团结的功能，不可以在民间矛盾已经化解之后，反而因为司法权的介入而再次激化矛盾。因此，入罪时对于证据的审查应当更加慎重，证据力和证明力的要求也应当更高。

3. 原来的侦查方向是聚众扰乱社会秩序罪，后改为寻衅滋事这个口袋罪，而口袋罪叙明罪状最接近的行为是随意辱骂他人，于是按照随意辱骂他人去追究。感觉像是破坏生产经营罪的指控。

临近庭审结束，L县看守所紧急向法庭出具的一份《关于白某宽等人提审情况的说明》，对于讯问笔录和提讯时间不一致的情况做了说明，原因包括停电、工作人员换班、系统误差、提审人员吃饭等，而且原因也没有针对性。类似的情况，本月5日，L县公安局也出示了一份《关于李某、白某宽等人涉嫌犯罪的相关情况说明》，对讯问笔录和同步录音录像出现的问题予以说明，原因包括办案人员没经验、设备时间没校对、设备内存小、人员吃饭等，同样是模糊的说明，没有针对性，把偶然出现的情况当作一般说明，这俨然是对自己的违法侦查、讯问行为的错误解释。

庭审第五天

1月24日，随着寒流进一步入侵，J市的气温也直逼历史最低值，走在路上不由自主地瑟瑟发抖。庭审的非法证据排除和法庭辩论环节将在今天进行，旁听人员比前几日更多，包括被告人家属和司法界、公安系统、团体组织的人士，还有慕名而来的律师、学生。旁听证很有限，很多人只能被拒之门外，却久久不愿离去。这个超过两年之久的案件,其影响之广泛、意义之重大,已经不用多说,历经一波三折,今日将有一个了结。

9:00,准时开庭,继续昨天对非法侵入住宅罪第一起事实的举证质证。

9:32,非法侵入住宅罪第二起和第三起,涉及被告人李某。其辩护人王亚林律师、穆律师和公诉人之间展开了一场惊心动魄的举证质证:

首先,王亚林律师对昨天L县看守所出具的一份说明进行反驳:

"辩护人注意到公诉人昨天提供的开庭期间L县看守所的说明等材料,在质证阶段已经被辩护人驳斥得体无完肤,但辩方举证质证时,公诉人又解释称辩护人只注意到停电,没有注意到看守所说明中还提到系统故障。据辩护人所知,中国的看守所的建筑设计规范,有一个强制性的行业标准,看守所在建造设计时,要保证双向三路供电,只有一路供电时应自备发电机组,而且据本人所知,F市的看守所都是配有发电机的。在这里我只想说的是,看守所全年只断电一次,时间也只有短短十几分钟,而且看守所备有发电机,并且那天专案组没有提审涉案的被告人。这种情况下,看守所居然敢出具书面说明经常停电。那么,公诉人还想用系统故障去遮掩多少次非法提审呢?难道我们的专案组在提审期间,竟然发生几十次看守所系统故障?停电、系统故障、看守所干警吃饭、看守所干警有事请假、看守所干警工作疏忽、录像机内存不足、录像机使用没有经验,我们的专案组做事如此不顺,实在是太倒霉了。而我们的被告人又全都遇到这些故障,也实在太倒霉了!"(旁听有掌声)

紧接着,王亚林律师对刚刚公诉人所举证据进行质证,穆律师补充质证,并向法庭提交了几份书面证据。举证质证在此处又达到一个高潮。

随后,王亚林律师申请证人顾某虎、杨某林(杨某礼儿子)、马某济(单位会计)、李某标、白某伟(系同案犯却被另案处理)、吕某伟(身份不明,一位神秘的卧底)、张某芹(辩护人书面申请其到庭作证)出庭作证。其中,据委托人提供线索,杨某林、马某济、李某标三位证人的证言系侦查人员打印好笔录,直接要求的签字。他们的证言对案件有重大影响,根据《刑事诉讼法》规定,他们应当出庭接受质证。

法庭允许顾某虎出庭作证。这是本案第一个出庭作证的证人,也是唯一一个出庭接受质询的证人。顾某虎是重要证人,其证言对案件定性量刑有重大影响。

法庭告知证人作证的权利和义务，并让证人签署了保证书。证人依法作证，并接受控辩双方的发问：

顾某虎称，是自己让李某等人在自己家等候自己的。自己在外面找别人要钱，拿到钱就回家还给李某。但是自己当天没有要到钱，就没有回家。李某等人当天在顾某虎家等候，至次日离开。由于和父亲吵架，自己有月把时间没有回家了。家里有5口人，父母、老婆和孩子。自己的外婆陈某英不和自己住一起，只是住得比较近。

公诉人认为，顾某虎不在家，对家里的情况不了解。

王亚林律师称，顾某虎是成年人，他有权同意李某进入自己家中。陈某英不属于顾某虎家庭成员，其让李某等人离开不具有法律效力。这足以阻却李某行为的违法性。

证人的出庭将庭审再次推向高潮。

以上举证质证环节结束，法庭宣布进入"排非"程序。由于在举证质证阶段和开庭之初很多被告人、辩护人都提出了非法证据排除的申请，并陈述了理由，在本次"排非"阶段，已经提出过的证据和理由将不再重复。因此，"排非"程序进行很快。

王亚林：请审判长释明，法庭新发现的非法证据是否在"排非"的范围之内？

审判长：在"排非"范围内。

各辩护人说明"排非"理由之后。公诉人发表意见：笔录内容与录像不一致，其原因已经说明。笔录的制作过程合法。对于录像存在问题，公安机关作出了合理的解释。而且，辩护人申请启动非法证据排除没有法律依据。

对此，各辩护人反应强烈，并要求当庭播放录像。但合议庭没有同意当庭播放。

此时审判长宣布进入法庭辩论阶段。

公诉人：请问审判长，办案单位和警察有一份说明，是否需要现在宣读？

审判长：（无语）。

王亚林：请公诉人首先说明是否要恢复到法庭调查阶段？

公诉人：（无语）。

审判长:公诉人,法庭认为辩护人说的有道理,因为现在是法庭辩论了,公诉人是否申请恢复法庭调查?

公诉人:请问审判长,那个说明可要宣读?

审判长:请公诉人自己决定。

公诉人:好,那公诉人申请恢复法庭调查,宣读L县公安局说明:2013年12月到2014年6月办理的这起案件是F市公安机关办理刑事案件录像第一案,当时新《刑事诉讼法》即将实施,因为录像内存不足、录像人员没有经验等原因导致出现录像时间和笔录讯问时间不一致、录像中断、录像只有校对过程没有讯问过程、只有讯问过程没有校对过程等情况。

王亚林:辩护人要求质证。

“第一,请法庭记入笔录,法庭已经决定进入‘排非’程序,但公诉人仍然认为只有瑕疵证据而没有非法证据,因此,只宣读瑕疵证据的说明而拒绝履行证明证据合法性的法定职责。这样,人民法院应当依法作出不能排除存在非法取证的可能性,而排除掉辩护人申请排除的所有言词证据和辨认笔录的决定。

第二,侦查机关和公诉机关为什么要用一个错误去掩盖另一个错误,一再犯低级的错误?这些证据在开庭期间提交,属于证据袭击,本来我们辩护人有权申请法庭延期审理以做必要的准备。为了节省法庭的时间我们同意质证。

签字的有16个侦查人员,而违法取证最为恶劣的2个人没有签字,不仅如此,作为一个公安局或者说16名签字的侦查人员,居然连《刑事诉讼法》修正案何时生效都不知道。请注意白纸黑字,2013年12月侦办此案,新《刑事诉讼法》即将实施,而2013年12月《刑事诉讼法》修正案已经实施了将近一年!这样的办案机关,这样的公安人员怎么能依法办案?

停电、系统故障、看守所干警吃饭、看守所干警有事请假、看守所干警工作疏忽、录像机内存不足、看守所民警对录像机使用没有经验,我们的专案组还有多少低级的理由为违法取证找托词?!”

审判长:其他辩护人有无补充?

众辩护人:……

16:00法庭现场剑拔弩张,火药味十足。

审判长：请公诉人发表公诉意见。

公诉人发表公诉意见（20 分钟）。

审判长：辩护人发表辩护意见。

王亚林律师的辩护词

审判长、审判员：

公诉人发表了 20 分钟的公诉意见，我将在 20 分钟以内结束我的第一轮发言。

首先我接受委托，代表来自合肥、郑州的 6 位律师对主审法官的敬业精神表示深深的敬意。我们共同坚守在这里，因为我们信仰和敬畏法律。

5 天来，我和穆向明律师一直坚持和公诉人平等、理性地抗辩，为的是帮助法庭全面、客观地查明事实，准确地适用法律……

辩护人感谢公诉机关变更了对被告人李某的大部分指控，但辩护人认为，起诉书对李某的所有犯罪指控依法都不能成立。

为了节省法庭的时间，在法庭质证阶段本人已经说过的、穆律师说过的内容，我都将点到为止。在辩论阶段，案件的证据不会详细引用。同样，大家都是法律人，所以对于法律和法理我也尽量不去引用。

需要指出的是，变更起诉书适用法律的低级错误不仅在于公诉人庭前说明的笔误，错误地引用了《刑法》第 245 条[1]关于聚众扰乱社会秩序罪的条款，而且在对李某的指控当中，错误地引用《刑法》第 26 条关于主犯的条款，这也是匪夷所思的。因为，在李某的涉案事实中，公诉人的公诉意见并没有涉及主犯的条款的问题。辩护人在这里请求公诉机关注意这样的一个事实：李某的三罪均系轻罪，而且李某年事已高，1951 年或者 1957 年出生可能与审判定罪无关，但是与她将来能否安度晚年有关。至今为止，李某已被关押 25 个月，其间的超期羁押已经严重侵犯了被告人的合法权益，希望检察机关能够切实履行监督职责。

辩护人感激法庭能够充分地让辩护人发表意见，但是法庭关于若干程序问题的处理不符合法律规定，辩护人仍然对法庭的庭审程序保留意见：

[1] 现为《刑法》第 290 条。

第一,对于公诉人回避的复议申请,依法应由原驳回回避申请的决定机关,即J市人民检察院作出处理,而不是由合议庭直接驳回并不允许复议。法庭直接驳回辩护人对于公诉人回避决定的复议申请,属于越俎代庖,没有法律依据。

第二,依据法律和司法解释以及省高级人民法院的有关规定,在法庭辩论之前辩护人发现非法证据都有权提出申请。如回避申请和提出新证据一样,不是只有在开庭前才可以提出。

第三,在公诉机关变更了起诉的罪名、内容、被告人数,补充了新证据之后,辩护人更有权再次提出不同的"排非"申请,而不仅是只对新的证据才有权申请"排非"。

第二点、第三点意见在"排非"程序中,审判长已经认可。

第四,辩护人坚持认为直接言词证据规则在本案中必须得以贯彻执行。

根据《刑事诉讼法》和最高人民法院《关于适用〈中华人民共和国刑事诉讼法〉的解释》第205条[1]的规定,公诉人、辩护人、当事人对证言有异议,且该证言对定罪量刑有重大影响,证人就应当到庭接受质询。在本案侦查机关大规模、大面积违法收集言词证据的情况下,无论被告人供述还是证人证言,都应当以法庭的当庭陈述为准。尤其是以下证人只有到庭,才可以还案件的本来面目:(1)杨某林(杨某礼儿子);(2)马某济(会计);(3)李某标。上述三位证人证言据委托人提供线索,系侦查人员打印好笔录,直接要求证人签字。(4)白某伟(系同案犯却被另案处理)。(5)吕某伟(身份不明,不是真实姓名,没有身份证号码)。在聚众扰乱交通秩序罪中,他们的证言对案件事实的认定至关重要。关于非法侵入住宅罪第一起犯罪,我们申请张某芹到庭作证,但是法庭也没有通知。

第五,非法证据没有被阻止在法庭之外。

审判长承诺会严格地遵守证据原则,审查我们提出的"排非"申请。

本案有相当一部分证人文化水平较低,且出现大规模的非法取证的情况,而公诉机关撤回了绝大部分的被告人供述。公诉人解释称系瑕疵证据而撤回,而不是非法证据,这种说明显然是不合法的。瑕疵证据可补正和合理解释,而不是直接撤回。

---

〔1〕 本条内容已修订。

经过几天的庭审我们发现，本案侦查过程中非法取证手段之拙劣，涉及面之大，都是十分罕见的。遗憾的是，直到今天，公诉机关仍然用一个新的错误掩盖过去的错误。而且，负有维护公正职责的公诉机关没有能够忠实地履行法定的监督职责。公诉人对于辩护人的举证确实秉持了严格的证据审查原则，包括要求提供原件、查明证据的来源。但公诉人的质证意见却不符合法律的规定和法理。比如，公诉人认为共同犯罪的行为人可以是不同的罪名，确实如此，符合法理。但是共同犯罪的行为人可以用不同的罪名指控的情形，要么是因为他的身份特殊，属于特殊主体；要么是主观罪过和涉案的共同被告人不一样；要么是他们的客观行为不一样，这些情况下才可以指控不同的罪名。而本案中，李某涉及寻衅滋事罪的三起犯罪事实中，两起中有白某伟参与，有关的犯罪事实、犯罪的主体和客观方面完全一样。在这种情况下，司法机关用不同的罪名来分别指控白某伟和本案其他被告人显然是站不住脚的。

公诉人在昨天的开庭期间提供的 L 县看守所出具的说明等材料，在质证阶段已经被辩护人驳斥得体无完肤。即便如此，辩方质证后，公诉人又解释称辩护人只注意到停电，没有注意到看守所说明中还提到电脑系统故障。在这里我只想说的是，全年只断电一次，时间十几分钟，而且看守所备有发电机，那天专案组没有提审涉案的被告人，看守所居然敢出具书面说明称“经常停电”。那么，辩护人想问，公诉人还想用电脑系统故障去遮掩多少次非法提审呢？难道我们的专案组在提审期间，看守所竟然发生几十次电脑系统故障？看守所停电、看守所电脑系统故障、看守所干警吃饭、看守所干警有事请假、看守所干警工作疏忽、警方录像机内存不足、警方对录像机的使用没有经验，我们的专案组做事如此不顺，实在是太倒霉了。

关于非法取证问题在法庭调查阶段已经有所涉及，我这里就不再赘述。但本案中的非法取证行为所带来的恶果绝不仅仅是控方撤回了部分证据和罪名，审判机关必须依审判权进行纠正，以确保判决经得起历史的检验。

（限于篇幅问题，此处省略 5300 字）

辩护人很多，我不想太耽误大家的时间，这起案件的处理已经日渐趋于理性，最后，希望 J 市人民法院能够践行审判长一再承诺的公正审判，以判决昭示什么是以审判为中心!

辩护人:王亚林

2016年1月24日

审判长和公诉人的表情很复杂,大家心里都明白,这个案件牵扯了太多的寄托,办案人员承受了太多的压力。

随后是李某另一辩护人穆律师发表辩护词。穆律师抽丝剥茧,可见其对此案钻研之细,对此案付出之大。

在白某宽辩护人胡律师发表辩护词的时候,多名被告人现场流泪。尤其是其最后一句"请求法院能不能办理变更强制措施,让他们回家过一个好年",现场哭声一片,在场的人,无不为之动容。

庭审在继续,天色已黑,庭审渐入尾声。在加班加点之后,终于在20:40结束庭审。

法院外,寒风依然凛冽。

【编者说明】第一篇《决战在法庭》记录了辩护人和出庭公诉人、侦查人员之间的博弈;第二篇记录了辩护人和审理法官之间的博弈。因为系公开审理,所以,公开上述纪实符合法律规定和法院公开审理的原则。本庭审纪实根据多位旁听律师记忆整理并经承办律师审阅,可能不够全面和准确,如相关单位有异议,可以提供录音和录像以便修改。

第八章
CHAPTER 08

律师在二审中的作用

第一节
代为提起上诉

自《刑事诉讼法》修订之后,各级司法机关面临着更大的监督压力,刑事司法权力正被逐步关进笼子。安徽省响应国家号召,践行扫黑除恶,全力推广刑事辩护全覆盖,已颇见成效。省高级人民法院2019年的工作报告就强调全省法院将在服务保障全面建成小康社会上下功夫。妥善审理涉及民生权益、金融风险、脱贫攻坚、环境资源、知识产权等案件,依法打击危害国家安全、公共安全、经济安全等犯罪,让人民群众带着满满的安全感迎来全面小康社会。这对于律师来说当然是一个好动向,对于刑事律师业务量的拓展很有好处,辩护律师的意见也会更加得到重视,辩护律师能在法庭上扮演更加重要的角色。但一审刑事案件质量的提高同时意味着上诉案件将会更加难办,二审律师辩护的效果可能更难达到委托人的心理预期,这也就对刑事二审律师提出了更高的要求:上诉律师在进行上诉辩护时要学习或重新学习如何使用更为有效的上诉辩护技巧。各种技巧都必须被改进和调整以达到最佳状态。

由于每年的刑事案件数量暴增,法官的工作量几乎达到极限,比如,2019年仅安徽省就审结53,019件刑事案件,其中涉黑案件867件。在这案件堆积的年代里,娴熟、简洁的技巧及敏锐的思维无论是对律师还是对法官来说都是极为重要的。法官会不自主地把更多的时间和精力分配给辩护人逻辑清晰、切中要害的论点或质询。这就迫使辩护人放弃任何未经过周密计划的论证。简言之，由大量诉讼案件带来的无可抵御的压力正在上诉辩护的领域里产生着对每一个刑事辩护律师都不可忽视的影响。

但与此相对的是，基于上诉不加刑原则，一般的被告人在宣判之后都会认为上诉不会有损失，只要家庭经济状况没有到非常拮据的程度，都愿意出这一笔诉讼费用。因此，刑事案件的上诉相对于其他案件的上诉来说是一个更为稳定的业务来源。但法律工作者们普遍都注意到一个问题，就是现在刑事上诉案件的辩护质量下降。刑事律师责任重大，拙劣的辩护技巧尤其可能有负所托、有损律师的职业道德并给当事人造成无法挽回的损失。

律师一般是在一审宣判以后才接受一审被告人家属的委托参与二审活动。如果律师是接受被告人家属委托，需要尽早会见被告人，听取被告人对一审判决的意见。如果被告人同意上诉，也同意律师作为其二审辩护人，则要求其尽快签订委托协议。如果被告人对一审判决比较满意，没有上诉的意愿，应当让其在会见笔录上签字确认，并告知被告人的家属，解除委托关系。

因为二审的律师一般对案件事实是不熟悉的，故会见被告人时制作会见笔录是非常必要的。会见笔录不仅可以记录被告人是否同意聘请律师参与二审，而且可以详细记录被告人陈述的案件事实和对一审判决的看法。但是，此时被告人已经经历过一审，与一审时的被告人的状态完全不同，他具备了更多的法律知识，对于自己的哪些行为会招致不利的法律后果有了明确的认识，会下意识地避开对自己不利的案件事实。因此，二审的律师必须具备从被告人闪烁其词的陈述中找寻案件真相的能力。

会见被告人之后，律师必须书写上诉状。上诉状是获得上诉成功的关键因素之一，因此，上诉律师就必须想方设法让法官愿意花费时间和精力去阅读他提交的上诉状，这是需要很深厚的文字功底的。一份吸引人的上诉状必须逻辑严谨、文字流畅、观点明确且具有说服力，更重要的是让法官读完之后感觉这份上诉状是在给法官帮忙，让他找到了一个处理问题的有效方法，从而减轻了他的工作量。每一个法官读过这样的上诉状后都会留下深刻的印象。相反，一份没有精心准备的诉状或者一份水平欠佳的诉状可能会给法官留下非常不好的第一印象，从而影响整个案件的走向。

【文书范本】

刑事上诉状

上诉人：周某某，男，1954年10月28日出生，汉族，现羁押于某某县看守所。

上诉人因职务侵占罪和受贿罪一案，不服某市中级人民法院（2011）某中刑初字第00005号判决书，现提出上诉。

上诉请求：请求二审法院依法改判或撤销原判、发回重审。

事实和理由如下：

一、上诉人在本案的所有犯罪行为中均不具备国家工作人员的身份

一审法院判决根据《某某镇安全生产职责暂行规定》《某某镇村工作考核办法》，以及上诉人作为T村的负责人与某某镇政府签订的“安全生产目标管理责任书”、T村协助政府对村办企业（煤矿、非煤矿山）进行安全生产责任管理并纳入政府考核范围等，而笼统地认定上诉人具备国家机关工作人员的身份。此认定不符合法律的规定，请二审法院依法予以纠正。

上诉人不否认村委会有协助基层政府管理公共事务的责任。《中华人民共和国村民委员会组织法》第5条第2款[1]规定：“村民委员会协助乡、民族乡、镇的人民政府开展工作。”根据某某县某某镇《2003年村工作考核办法》等文件，村委会不仅具有协助镇政府进行安全生产管理的职责，还负责计划生育、社会治安、农业水利、税收征收等。村委会平时的工作内容基本就包含在上述的职责中。如果村委会成员进行安全生产管理时可以国家工作人员论，那么村委会成员从事其他诸如计划生育、社会治安等工作时都可以国家工作人员论。那么村委会就应当是基层政府而并非基层群众性自治组织，其成员就应当属于国家工作人员，而非为不享受任何公务员工资待遇的普通百姓。

---

[1] 法条内容已修订，下同。

虽然村委会具备协助基层政府开展工作的职责,但村委会成员并不因此而当然具备国家工作人员的身份。正因如此,立法机关才会制定专门法律,对何种情形下村委会成员具备国家工作人员身份作出明确的规定。对村委会成员是否以国家工作人员论,必须放在某一具体的公共事项中,而不可以笼统地认定。《全国人大常委会关于〈中华人民共和国刑法〉第九十三条第二款的解释》(以下简称《解释》)规定:"村民委员会等村基层组织人员协助人民政府从事下列行政管理工作时,属于刑法第九十三条第二款规定的'其他依照法律从事公务的人员':(一)救灾、抢险、防汛、优抚、扶贫、移民、救济款物的管理;(二)社会捐助公益事业款物的管理;(三)国有土地的经营和管理;(四)土地征收、征用补偿费用的管理;(五)代征、代缴税款;(六)有关计划生育、户籍、征兵工作;(七)协助人民政府从事的其他行政管理工作。"根据《解释》的规定,村民委员会成员等基层组织人员只有在协助人民政府(不包括人民政府工作部门或国有企业)从事具体的行政管理工作时才能被认定为从事公务的人员。也就是说,村委会成员只有具备法律规定的情形时,才能被认定为国家工作人员,否则不应认定。一审法院判决在没有证据证明上诉人进行某一具体安全管理事项时有违法犯罪行为的情况下,笼统地认定上诉人具有国家工作人员的身份是错误的,请二审法院依法予以纠正。

二、上诉人和杨某某合伙经营某矿并获得收益的行为依法不构成犯罪

上诉人和杨某某在某矿成立之时各投入了4万元,取得该矿的经营权,除此之外杨某某没有额外的投资。在矿场的运营过程中,上诉人也参与了矿场的经营。然而一审法院判决认为杨某某在矿场的经营期间有额外投资,并认为上诉人未参与某矿的生产经营,而非法收受杨某某249万元。一审法院判决关于此节事实的认定与事实相悖,请二审法院依法予以纠正。

(一)杨某某在矿场经营期间没有额外的投资

由于在2000年时,整个矿山行业都很萧条,很多人都不愿意承包该矿。很多人看过该矿后,都因运输成本高、土层厚而不愿意承包。上诉人多次劝说杨某某承包该矿,杨某某为了降低风险,答应上诉人承包该矿,但前提是上诉人也要参与进来。于是上诉人和杨某某各投入了4万元取得了矿山的经营

权。除了刚开始的4万元之外,上诉人和杨某某再没有往矿里投入一分钱。上诉人的一审辩护人在庭审时向法院提交的杨某某行贿案的庭审笔录中,杨某某也没有提到自己往矿场多投入资金。一审开庭时出庭证人杨某某的妻子张某某也否认她家额外进行了投资。

一审法院判决认为杨某某有额外投资的事实,但是额外投资了多少并没有查明。一审法院判决根据某某村委会和杨某某签订的《某矿关闭补偿协议书》中载明的"依据评估报告,由杨某某新增投入资产价值减去原厂移交盘亏价值,合计一次性补偿杨某某300余万元"而认为杨某某多投了300万元。此处的"新增投入"并非指杨某某相较于上诉人新增的投入,而是指上诉人和杨某某在2000年承包该矿之后新增的投入。由于上诉人系隐名合伙人,因此对外代表某矿的都是杨某某,与某某村签订关闭补偿协议也不例外,也是由杨某某出面签订。一审法院判决因此而错误地认定杨某某多投入了300余万元。

让上诉人感到蹊跷的是,一审时关于此节事实,公诉机关指控的受贿金额为649万元,但是一审法院判决只认定了249万元,而将上诉人在矿场经营过程中的400万元收益剥离出犯罪数额之外。如果认为杨某某有额外投入,并且数额高达几百万元,那么上诉人的4万元投入不可能获得高达400万元的收益,实际收益应该远低于400万元。为何一审法院判决认为杨某某有额外的投资之后,而又将400万元的投资收益排除于受贿金额之外?

(二)上诉人在矿场的生产经营过程中参与了经营管理

在合伙期间,合伙人按照投资比例分配利润,并不一定要全天候地参与经营和管理。并且矿场经营期间上诉人和杨某某做到了"场事双方商量、财务报表月清,困难共同克服,利润对半分成"。在矿场承包期的8年时间内,上诉人以村支书和隐名合伙人的身份参与了企业的很多生产经营活动,其中包括产品的销售、购买大型生产设备、经营过程中和运输车队关系的沟通、协调等。在经营期间杨某某经常到上诉人家中就矿场经营一事商谈至很晚才回去。

(三)承包期满后两三个月的开采收入、关闭某矿补偿款和设备变卖款系上诉人作为合伙人的应得款而并非受贿赃款

由于在2006年某某县国土局同意了某矿的采矿权延续申请,该矿的采矿

许可证有效期延长至2010年1月,故该矿的开采并非非法延期。虽然在所谓的“非法开采期间”上诉人和杨某某之间利润分配不均匀,但是在××集团征收某矿的补偿款300万元中,上诉人也只得款120万元。所以在某些利润的分成中二人会出现差异并不表明上诉人有任何违法犯罪的问题。另外,一审法院判决对于设备变卖款数额和分配的认定也与事实不符。在2009年某石矿关闭的时候,两台挖掘机上诉人和杨某某一人一台。后因为杨某某在继续从事石矿开采生意,故上诉人将其自己所有的挖掘机以55万元卖给了杨某某,而至今杨某某也没有支付此款。另外,2008年10月16日上诉人任镇民生工程办主任后已不再有村里的任何职权,杨某某已经完全没有向上诉人行贿的必要了。正因为是合伙,所以2009年年初某矿被征收时杨某某还给了上诉人120万元征收费用,变卖的设备款也支付了一半给上诉人。

三、上诉人和赵某某、章某某、李某某三人之间的经济往来部分属于正常人情往来、依法不构成犯罪,部分构成非国家工作人员受贿罪

(一)不构成犯罪的部分

一审法院判决认为,上诉人收受赵某某从2004年至2009年每年春节、端午节、中秋节所送现金累计5万元,依法构成受贿罪。由于上诉人和赵某某是朋友,所以和赵某某之间有大量的人情往来,上诉人每次出差回来都买香烟给赵某某的父亲抽,因此5万元属于正常的人情往来。而且赵某某逢年过节送钱时也没有明确的请托事项。所以上诉人收受赵某某5万元的行为依法不构成犯罪,请二审法院依法予以纠正。

一审法院判决认为,上诉人收受章某某2008年送来的1万元,依法构成受贿罪。由于章某某承包的矿山2007年就结束了,所以上诉人没有因为收受的1万元给章某某谋利,此外章某某送钱时也没有明确的请托事项,所以收受该1万元依法不构成犯罪,请二审法院依法予以纠正。

(二)构成非国家工作人员受贿罪

由于上诉人不具备国家工作人员的身份,所以上诉人和赵某某、章某某、李某某三人之间的其他经济往来应当依法构成非国家工作人员受贿罪,而非

一审判决认定的受贿罪，请二审法院依法予以纠正。

此致

某某省高级人民法院

上诉人：周某某

年　月　日

第二节 复制案卷和分析一审判决

辩护律师接受上诉人家属委托担任上诉代理律师并取得上诉人同意之后就需要尽快与上诉法院取得联系。如果二审法院已经受理案件的，就应当尽快与承办法官取得联系，将相关的授权委托书、律师事务所的派遣函等交给二审承办法官，同时向二审法院出示律师执业证并留下一份复印件。这样可以告知二审法院律师已正式介入二审审理程序，同时申请调阅卷宗材料和分析一审判决。

一、二审阅卷

二审阅卷过程基本与一审相同，阅卷的目的也是全面掌握案情，为辩护做好全面准备。阅卷的过程非常枯燥，工作量很大，因此，阅卷时律师必须坚信卷宗的某一页某一句话中就隐藏着对被告人非常有利的东西。在这样的信念支撑下，枯燥的工作才有意义，才能坚持认真做下去。

（一）阅卷时应掌握的内容

1. 被告人的详细信息；

2. 被指控犯罪的行为、动机、后果以及时间、地点等；

3. 被害人的详细情况；

4. 被告人罪轻或无罪的相关材料；

5. 程序性文件是否齐全、是否合法等;

6. 证据之间是否存在矛盾点;

7. 其他与案件相关的材料。

(二)阅卷的技巧

二审阅卷笔录的制作主要是以一审判决书认定的事实为纲,按照一审认定事实的逻辑思路来组织材料。其他具体技巧已在一审阅卷笔录制作一节中详述,此不予赘述。

(三)材料整理

阅卷笔录制作之后就应当收集整理与案件相关的材料,这些材料内容广泛,不仅仅包括法律、法规,还包括相关的司法解释、法理观点、类似案例等。

1. 法理。

搜索刑法学术观点的工作可以在相关领域的权威人士的著作中完成。相关国内学者的著作,笔者推荐陈兴良教授的《教义刑法学》和张明楷教授的《刑法学》,国外刑法学著作,推荐日本学者山口厚的《刑法总论》和《刑法分论》等。除专著之外,还可以从中国知网等网站搜索相关学术论文。

2. 法律文件。

与案件事实相关的法律文件主要包括刑事法律条文、相关部门法条文、相关司法解释以及相关的会议纪要等。

3. 案例。

中国虽然不是判例法国家,但也必然要遵从同案同判的刑事原则,因此与案件事实相似的案件的判决对其他法院还是有很大的参考意义。因此,搜集对自己案件有利的相关判例是非常重要的。可以从最高人民法院每年公布的指导案例中搜集,也可以在北大法宝、判决书网等数据库中搜寻其他典型案例。

4. 其他相关知识比如《刑事审判参考》、最高人民法院司法观点集成等。

(四)阅卷笔录示例

为了能全面掌握这些材料并对卷宗进行有条理的梳理,制作阅卷笔录是必需的。在搜集了事实材料和法律、法规之后就可以着手进行阅卷笔录的写作。阅卷笔录最好是以一审判决中认定的犯罪事实为基准，将每一卷中与同一犯罪事实相关的内容全部归纳、总结到一起，这样的阅卷笔录内容清晰、明确、非常有条理，便于对同一犯罪事实的全部证据做全方位的把控。一审时制作这样的阅卷笔录工作量太大，对律师阅卷水平要求较高。二审阅卷的优势在这里就能明显体现出来了，律师参与二审时一审判决已经对案件事实作出了明确的认定，这时，相对于一审阅卷，律师的工作量就小很多，主要是以一审判决认定的事实为基准来制作阅卷笔录。

以下节选的是夏某某涉嫌受贿罪的二审阅卷笔录：

【文书范本】

夏某某受贿罪阅卷笔录

夏某某被采取强制措施经过：

2011 年 5 月 18 日从省司法厅被带到某某县人民检察院接受讯问（《夏某某归案说明》卷一 p. 14）。

2011 年 5 月 19 日因涉嫌受贿罪由某某县人民检察院决定监视居住。

2011 年 7 月 21 日经 A 省人民检察院决定逮捕。

2011 年 7 月 22 日由 A 市公安局执行逮捕。

一、收受吴某某 40,000 元

一审认定：2006 年春节前的一天，九成宾馆房间，20,000 元。

2007 年春节前的一天，九成宾馆房间，20,000 元。

证据材料：

夏某某

· 2011 年 6 月 8 日亲笔供词（卷一 pp. 78 – 79）。

· 2011 年 6 月 14 日 11:05 ~ 16:45，某某县人民检察院讯问室（卷六 p. 36）。

· 2011 年 7 月 2 日 8:38 ~ 13:27，某某县人民检察院讯问室（卷六 p. 62）。

· 2011 年 7 月 22 日 13:45 ~ 18:06，某某县人民检察院讯问室（卷六 p. 94）。

· 2011年9月8日9:08～16:11，某某县看守所02讯问室（卷六pp.4－5）。

吴某某

· 2011年6月15日8:35～9:50，某某县看守所02讯问室（卷一pp.80－82）。

书证

· 2004年12月20日九成监狱管理分局党委会记录（卷一pp.83－91）——吴某某确定为科级后备干部。

· 2006年1月3日九成监狱管理分局党委会记录（卷一pp.92－99）——吴某某任黄湖监区党委委员、主任科员。

· 2006年1月3日九成监狱管理分局政治处文件（卷一p.100）——吴某某任黄湖监区党委委员、主任科员。

· 2006年8月25日九成监狱管理分局党委会记录（卷一pp.101－115）——吴某某提任黄湖区副政治教导员。

· 2007年2月25日九成监狱管理分局政治处文件（卷一p.116）——吴某某提任黄湖区副政治教导员。

· 2008年1月8日九成监狱管理分局党委会记录（卷一pp.117－122）——吴某某提任黄湖区副政治教导员试用期满，合格。

夏某某自书：我们是……，只有2006年春节拜年送2000元，其他均不是事实，是逼供的，吴的提拔是按……权限，按组织程序进行的。

核心总结：

1. 关于2006年春节的行贿款包装：6月8日夏某某亲笔供词："2006年春节前的一个晚上……说着说着他从羽绒服口袋掏出一包裹转身就跑了……"（卷一p.78）；吴某某："我准备了20,000块钱装在银行取款袋里"（卷一p.80）；夏某某其他供述皆称"信封"（卷六pp.4,36,62,95）。

2. 吴某某称因自己2005年年底被确定为后备干部，2006年元月被提任为黄湖监区副政治教导员，实职正科，为感谢夏某某关照，故2006年春节向其行贿；但根据书证显示：吴某某是2004年年底被确定为后备干部，2006年8月25日才经分局党委会通过被提任为黄湖监区副政治教导员。

3. 关于2007年春节的行贿款包装：6月8日夏某某亲笔供词："2007年的

春节前……丢了2万元礼金……”(卷一 p.78);吴某某:“我准备了20,000块钱装在红包里”(卷一 p.81);夏某某其他供述皆称“信封”(卷六 pp.4,62,95)。

二、收受吴某荣30,000元

一审认定:2008年下半年的一天晚上,九成宾馆房间,30,000元。

证据材料:

夏某某

· 2011年6月8日亲笔供词(卷一 pp.125-126)。

· 2011年6月14日11:05~16:45,某某县人民检察院讯问室(卷六 p.37)。

· 2011年7月2日8:38~13:27,某某县人民检察院讯问室(卷六 p.63)。

· 2011年7月22日13:45~18:06,某某县人民检察院讯问室(卷六 p.95)。

· 2011年9月8日9:08~16:11,某某县看守所02讯问室(卷六 p.5)。

吴某伟

· 2011年4月26日8:00~8:50,安庆市振风塔大酒店102室(卷一 pp.127-128)。

吴某荣

· 2011年5月31日10:36~11:35,某某县人民检察院讯问室(卷一 pp.129-130)。

书证

· 吴某伟工作简历证明(卷一 p.131)。

· 2008年12月27日九成监狱管理分局政治处文件(卷一 pp.132-133)——吴某伟任黄湖监区党委委员、副主任科员。

夏某某自书:从证据可以看出,吴某荣送本人的不可能是钱,而控方非逼本人说是3万元钱,其他就是两盒……而吴某荣……监区交流,从副科级领导职务(……)改为科级领导职务(副主任科员),从支部书记改任党委皆无任何提拔,党内职务的变化……只是确认,不是提拔。

核心总结:

1. 关于收受吴某荣贿赂的时间:夏某某皆供述为:“2008 年年底,2009 年春节前的一个晚上”(卷一 p. 125、卷六 pp. 5,37,63,95);吴某荣:“2008 年 10 月份左右的一天晚上”(卷一 p. 130)。

2. 关于收受吴某荣贿赂的行贿款包装:6 月 8 日夏某某亲笔供词:“从衣袋里掏出一包裹放在沙发上就要离开我房间……”(卷一 p. 125);吴某伟、吴某荣皆称:“用一个档案袋大小的信封”(卷一 pp. 128,129);夏某某其他供述皆称“用报纸包的”(卷六 pp. 5,37,63,95)。

(由于篇幅太长,中间部分略去)

……

八、收受丁某霞一枚奥运纪念币

一审认定:2009 年 2 月,一枚奥运纪念币(价值 7531 元)。

证据材料:

夏某某

· 2011 年 6 月 8 日亲笔供词(卷八 pp. 71 – 72)。

· 2011 年 6 月 14 日 11:05 ~ 16:45,某某县人民检察院讯问室(卷六 p. 40)。

· 2011 年 7 月 2 日 8:38 ~ 13:27,某某县人民检察院讯问室(卷六 p. 67)。

· 2011 年 7 月 12 日 12:54 ~ 14:19,某某县人民检察院讯问室(卷六 p. 92)。

· 2011 年 7 月 22 日 13:45 ~ 18:06,某某县人民检察院讯问室(卷六 p. 99)。

· 2011 年 9 月 8 日 9:08 ~ 16:11,某某县看守所 02 讯问室(卷六 p. 10)。

丁某霞

· 2011 年 5 月 30 日 15:00 ~ 16:35,某某县人民检察院询问室(卷八 pp. 73 – 75)。

书证

· 2006 年 1 月 3 日九成监狱管理分局政治处文件(卷八 p. 76)——丁某霞任第六监区党总支书记、政治教导员。

· 2006 年 1 月 3 日九成监狱管理分局党委会记录(卷八 pp. 77 – 85)——

丁某霞任第六监区党总支书记、政治教导员,免去政治处副主任职务。

· 2006 年 3 月 31 日九成监狱管理分局政治处文件(卷八 pp. 86 – 87)——丁某霞任第六监区党委书记。

· 2006 年 12 月 5 日九成监狱管理分局党委会记录(卷八 pp. 88 – 92)——丁某霞被推荐为后备领导干部。

鉴定结论

· 纪念币的价格鉴定结论(卷八 pp. 93 – 94)。

夏某某自书:丁某霞送奥运纪念币是事实,是作为我调动工作时的纪念品,丁某霞只是监区交流,平级调动,从机关……基层,不存在重用,也不存在提拔。

核心总结:

夏某某历次供述皆称:丁某霞在 2008 年奥运会结束后送给他一枚纪念币,但他推辞了,2009 年 2 月,丁某霞再次送他这枚纪念币才收(卷八 p. 71;卷六 pp. 10,40,67,99);而丁某霞证词称:2009 年元旦过后春节前第一次送纪念币,2009 年 2 月第二次送纪念币。北京夏季奥运会于 2008 年 8 月 8 日晚 8 时在北京鸟巢开幕、8 月 24 日闭幕,共计 17 天。按照夏某某的说法,丁某霞第一次向其行贿的时间应该是 2008 年 8 月底、9 月初前后,与丁某霞的说法差异巨大。

九、收受唐某来 9000 元

一审认定:2007 年春节,夏办公室,3000 元。

2008 年春节,夏办公室,3000 元。

2009 年春节,夏办公室,3000 元。

证据材料:

夏某某

· 2011 年 7 月 2 日亲笔供词(卷八 p. 97)。

· 2011 年 6 月 14 日 11:05 ~ 16:45,某某县人民检察院讯问室(卷六 p. 41)。

· 2011 年 7 月 2 日 8:38 ~ 13:27,某某县人民检察院讯问室(卷六p. 68)。

· 2011 年 7 月 22 日 13:45 ~ 18:06,某某县人民检察院讯问室(卷六

p. 100）。

· 2011 年 9 月 8 日 9:08～16:11，某某县看守所 02 讯问室（卷六 pp. 10－11）。

唐某来

· 2011 年 6 月 20 日 18:30～19:50，A 省某某县人民检察院办案工作区询问室（卷八 pp. 98－101）。

· 2011 年 8 月 24 日 8:30～9:10，A 省某某县人民检察院办案工作区询问室（卷八 pp. 102－103）。

书证

· 2006 年 1 月 3 日九成监狱管理分局党委会记录（卷八 pp. 105－111）——唐某来任东角湖监区党委书记、监区长，免去原任职务。

· 2006 年 2 月 27 日九成监狱管理分局政治处文件（卷八 pp. 112－113）——唐某来任东角湖监区党委书记、监区长，免去其马家湖监区党委书记、监区长职务。

· 2006 年 2 月 27 日九成监狱管理分局党委会记录（卷八 pp. 114－117）——省局政治部文件：唐某来任东角湖监区党委书记。

· 2006 年 3 月 25 日九成监狱管理分局党委会记录（卷八 pp. 118－128）——聘任唐某来为东角湖场长。

· 2006 年 8 月 25 日九成监狱管理分局党委会记录（卷八 pp. 129－136）——向省局建议唐某来去外省挂职。

· 2008 年 5 月 4 日九成监狱管理分局党委会记录（卷八 pp. 140－141）——唐某来作为拟任副处级领导及非领导职务的考察情况。

· 2008 年 7 月 6 日九成监狱管理分局党委会记录（卷八 pp. 137－139）——唐某来任副处级管教员、第五监区党总支书记、监区长，免去其东角湖监区党委书记、监区长职务。

· 2008 年 7 月 7 日九成监狱管理分局政治处文件（卷八 pp. 142－144）——唐某来任第五监区党总支书记、监区长，免去其东角湖监区党委书记职务。

夏某某自书:唐某来只是2007年拜年送2000元,我请了他……吃饭了,其他不是事实。唐的任职是省监狱局党委决定的,无任何请托。

核心总结:

夏某某6月14日供述唐某来向其行贿的事实为:"2009年春节前,他到我办公室给我拜年,送了我现金2000元,说今年他们猪养得不错,给我拜个年,我收下了。2010年、2011年春节其送一些宿松的土特产如茶叶、香烟等,我收下了。"(卷六p.41)之后的其他供述皆变成2007年、2008年、2009年每年3000元(卷八p.97;卷六pp.10,68,100)。

十、收受朱某良22,000元

一审认定:2007年春节前的一天,夏办公室,20,000元。

2008年春节前,1000元。

2009年春节前,1000元。

证据材料:

夏某某

· 2011年6月9日亲笔供词(卷八p.148)。

· 2011年6月14日11:05~16:45,某某县人民检察院讯问室(卷六p.41)。

· 2011年7月2日8:38~13:27,某某县人民检察院讯问室(卷六p.68)。

· 2011年7月22日13:45~18:06,某某县人民检察院讯问室(卷六p.101)。

· 2011年9月8日9:08~16:11,某某县看守所02讯问室(卷六pp.11-12)。

朱某良

· 2011年5月25日19:28~20:32,潜山县人民检察院办案工作区讯问室(卷八pp.149-155)。

· 2011年8月26日9:30~10:20,安庆市看守所第3讯问室(卷八pp.156-158)。

· 2011年12月1日10:48~11:39,安庆市第一看守所讯问室5室(卷八

pp.159－160）。

· 2011年12月13日15:51～16:30，安庆市看守所讯问室（卷八pp.161－162）。

陶某

· 2011年8月2日10:30～12:38，九成分局（卷八pp.163－166）。

书证

· 2007年12月5日朱某良个人借款财务记账凭证（卷八p.167）——凭证显示对应科目是银行借款科目，不是现金科目。

· 2007年12月5日朱某良个人借支单（卷八p.168）——金额为20,000元，看不出借支的形式是现金还是银行划账。

· 陶某2006年个人往来账（卷八p.169）。

· 2006年3月25日九成监狱管理分局党委会记录（卷八pp.170－180）——聘任朱某良为财政部部长。

· 2006年12月25日九成监狱管理分局党委会记录（卷八pp.181－187）——推荐朱某良任正科职务考察情况。

· 2007年2月25日九成监狱管理分局政治处文件（卷八p.188）——朱某良提任分局财务科科长，试用期1年。

· 2008年1月8日九成监狱管理分局党委会记录（卷八pp.189－194）——朱某良任财务科科长，试用期满考核合格，正式任职。

夏某某自书：朱某良送20,000元是逼出来的，不是事实。2008年、2009年春节行贿是正常的人情往来，朱提拔是组织行为，证据上他从财务上借20,000元一定是送给我的吗？

核心总结：

1. 夏某某6月9日亲笔供词："本人在九成期间（2004年8月～2009年2月）与朱某良同志之间的交往情况：每年过年春节……包1000元礼金给我拜年；我小孩上大学时（2007年9月）他也包了2000元钱礼金；2007年春节他送了2万元到我办公室给我拜年"（卷八p.148）；之后的历次的其他供述皆变成：2007年春节前20,000元、2007年8月女儿升学2000元（未被追究）、2008

年春节1000元、2009年春节1000元、2010年母亲住院1000元(未被追究)、去世1000元(未被追究)(卷六 pp. 11,41,69,101)。

2. 朱某良5月25日供述其向夏某某行贿的情况:2006年11月财务科科长选拔入围后的一天,让财务科出纳取20,000元钱送到夏某某办公室;2007年12月底的一天,为小舅子工作调动之事,送10,000元到夏某某宾馆房间;2007年春节1000元;2008年春节1000元;2009年春节1000元(卷八 pp. 151-154)。

朱某良8月26日供述其向夏某某行贿的情况:夏女升学(2007年9月)2000元;夏母住院和去世分别1000元;2007年下半年送20,000元;2007年春节1000元;2008年春节1000元;2009年春节1000元;为小舅子的事(未说明时间)10,000元(卷八 pp. 156-158)。

朱某良12月1日供述其向夏某某行贿的情况:2007年春节1000元;2008年春节1000元;2009年春节1000元;夏女升学(2007年9月)2000元;夏母住院和去世分别1000元;2006年12月送20,000元(卷八 pp. 159-160)。

关于朱某良向夏某某行贿20,000元的时间,朱某良5月25日、12月1日称是2006年12月,8月26日称是在2007年下半年;而夏某某一直供述为2007年春节前。

陶某的个人往来账上显示2006年12月14日借款20,000元,但没有显示是谁借的。

朱某良称为了当选财务科科长,于2006年12月给夏某某送了20,000元,2006年12月自己果然当上财务科科长,但根据九成分局文件显示,2006年3月25日即已决定聘任朱某良为财务科科长。

像这样的二审阅卷笔录采用的是列表法,对事实的罗列非常清晰,每一项犯罪事实后面的被告人供述、证人证言、书证、物证等非常有条理,针对同一事实的所有证据都可以相互对比印证,使于律师发现不同证据之间的矛盾之处,总结出对自己的当事人有利的辩护点。

二、会见上诉人（一审被告人）

二审律师会见上诉人的程序和技巧与一审程序中大同小异，但二审会见上诉人过程中还是有很多特殊内容需要特别注意，在此单独列出供大家参考。

（一）仔细分析一审卷宗材料和相关法律规定，拟写会见提纲

律师会见前，应认真阅读、了解所有有关的案卷材料，抓住案件的焦点问题，列出一个比较完整的会见提纲。先要对案件的重要材料进行研究、分析，然后结合这些材料和疑点问题，有针对性地对被告人发问。例如，一起抢劫案中，一审法院认定被告人贾某某的行为和同案另一被告人李某某的行为都属于盗窃罪转化的抢劫罪，但从整个证据材料来看，对贾某某构成盗窃罪转化的抢劫罪的认定存在证据不足、认定不准问题，此时就应认真分析本案的案情和证据，以及该案所涉及的盗窃罪、抢劫罪以及转化型抢劫罪的法律规定，详细查找相关的司法解释以及相关判例，尽量做到全面、准确、有备无患。只要提前做好这些准备工作，在会见被告人时，就能够做到游刃有余。而且按照提纲内容引导被告人陈述，可以筛选出更多有价值的信息，避免浪费时间。

（二）与上诉人恰当沟通，切忌大包大揽

二审阶段，律师会见的内容应侧重于以下几个方面：一是了解被告人对一审判决的态度以及不服判决的理由；二是了解被告人是否实施或参与了所涉嫌的犯罪；三是了解被告人关于其罪轻、减轻处罚的辩解；四是了解被告人被采取强制措施的法律手续是否完备、程序是否合法，被采取强制措施后其人身权利及诉讼权利是否受到侵犯以及其他需要了解的与案件有关的情况；五是告知被告人二审中的庭审程序规定及注意事项、律师的辩护思路等。律师在二审会见时，一定要掌握恰当的沟通方式，既不能高高在上、应付差事，也不能大包大揽、满口应承、随意承诺二审判决一定会从轻处罚。律师应向被告人讲清法律规定和本案的证据情况，告知他有利及不利的情形，避免被告人撇开本案的事实和法律规定，怀有过高期望，甚至企图逃避法律的惩罚。

（三）预防事后纠纷，做好会见笔录

与被告人会见时，要做好会见笔录。会见笔录应做到简练、准确、完整，字迹清

晰、容易辨认，尽可能全面、如实地记录下双方的谈话内容。被告人通常会隐瞒对自己不利的重大情况，以至于事后出现与律师最初判断不同甚至大相径庭的结果。律师如实记录会见内容，可以避免被告人控告律师不负责任或者诬告律师。做好会见笔录的优势还在于，某些事项需要被告人自己作出选择，比如积极退赃、愿意赔偿被害人损失等内容，并由被告人亲自签字，日后也可以避免一些不必要的口舌之争。二审会见结束后，需要被告人核对后签字，惯用语是“以上笔录我看过，和我说的一样”，由被告人署名、捺上手印、写上日期。

第三节
开庭审理

一、应开庭审理的几种情形

我国《刑事诉讼法》规定了二审有开庭审理和书面审理两种审理模式，审理模式的选择权在二审法院，但这并不意味着律师对二审的审理模式不能产生任何影响。由于《刑事诉讼法》明确规定了应该采用开庭审理模式的情形，所以，律师在掌握了这些法律规定的具体情形之后可以通过自己的努力影响法院，使二审法院作出最有利于被告人的选择。一般来说，开庭审理有利于查清案件事实。如果被告人或律师认为一审判决中存在事实认定不清的情况，可以积极向法院申请开庭审理。以下几种情形下应当开庭审理：一是被告人、自诉人及其法定代理人对一审判决认定的事实、证据提出异议，可能影响定罪量刑的上诉案件。这种情形是二审辩护律师在申请公开开庭时最常用的理由。二是被告人被判处死刑的上诉案件。依据刑事诉讼法司法解释的规定，一审判处死刑立即执行和死刑缓期执行的案件，被告人提出上诉的，应该开庭审理；一审判处死刑缓期两年执行的案件，有条件的，也应当开庭审理。三是人民检察院抗诉的案件。只要是检察机关抗诉的案件，不管被告人是否上诉都应该开庭审理，而且检察机关抗诉还可能影响上诉不加刑原则的适用，因为依据《刑事诉讼法》的规定，被告人上诉的，二审法院改判不得加重处罚，发回重审的，只要检察机关没有增加起诉新的犯罪事实，也不能加重刑罚，但检察机关抗诉和自诉人上诉的案件除外。四是其他应当开庭审理的案件。

二、二审案件开庭审理的程序

依据《刑事诉讼法》及其司法解释的相关规定,二审法院开庭审理刑事案件的,除参照一审程序的相关规定之外,还有一些二审的特殊程序。

1. 第二审人民法院审理案件,可以在本院审理,也可以在案发地或原审人民法院所在地进行。

2. 法庭调查阶段,在审判人员宣读一审判决书后,被告人上诉的案件,先由上诉人陈述上诉理由、辩护律师陈述其上诉意见,然后由检察员陈述其答辩意见;检察院抗诉的案件,先由检察员陈述其抗诉理由,然后由一审被告人和其辩护律师陈述答辩理由。法庭调查的重点是针对双方上诉和抗诉的理由,全面查清事实,核查证据。

3. 法庭调查阶段,若检察员或辩护律师申请出示、宣读、播放一审审理期间已经移交给人民法院的证据的,法庭应当指令法警出示、播放有关证据,准许申请人宣读。

4. 若检察员、上诉人及其辩护律师对鉴定意见有异议,认为鉴定程序违反规定或者鉴定结果存在疑点,或检察员、上诉人及其辩护律师对证人证言、被害人陈述有异议,认为该证人证言或陈述对案情有重大影响,检察员、上诉人及其辩护律师申请法院通知证人、鉴定人、被害人出庭作证的,第二审人民法院应当通知证人、鉴定人、被害人出庭作证。

5. 法庭辩论阶段,上诉案件先由上诉人、辩护律师发言,再由检察员发言;抗诉案件,先由检察员发言,再由一审上诉人、辩护人发言;既有上诉又有抗诉的,先由检察员发言,再由一审上诉人、辩护律师发言。

6. 共同犯罪案件中,没有提出上诉的和没有对其判决提出抗诉的一审上诉人,应该参加法庭调查,并有权参加法庭辩论。

三、二审庭审质证

质证,是指在庭审中控辩双方围绕证据的证据力和证明力进行说明和质疑,从而确定证据力的有无、证明力的大小或强弱，最终使法官形成确信而决定采信与否的诉讼活动。在开庭审理的二审案件中，辩护律师作为一方质证主体，应围绕一审判决认定的事实将质证意见重新组合，从而使二审法官能根据证据得出与一审判决不同的结论。由于前文中已经就一审质证做过说明，下文将重点介绍二审质证与一审质证的不同之处。

（一）质证意见重点突出

具备客观性、关联性、合法性的证据，才具有证据能力，才能作为认定案件事实的依据。因此，质证一般要紧密围绕证据这三个特征进行。在一审程序中，所有的证据材料都经过庭审审查，因此，在质证时律师将主要精力放在证据的客观性和合法性上可能会收到不错的效果，一旦质证意见被采纳，这一份证据就失去了证据资格，不可能据其认定案件事实。然而，二审质证的重点就应当做一些调整，因为经过刑事一审程序，证据的客观性、合法性都经过了检验，二审质证时将太多精力放在客观性、合法性上可能会收效不大。但是再客观、真实的证据，如果没有关联性，和案件事实没有关系，对证明上诉人有罪、无罪、罪轻、罪重没有影响，也仍然不能作为证据使用。有些案件中会有多份证人证言，有些证人证言证明的事实从客观性上律师挑不出任何毛病，但仔细分析，却和指控根本没有关系。如果律师没有注意到证据的关联性，数量丰富的多份证据很容易使法官产生证据已经达到确实、充分的证明标准的错误判断。尤其是一审中法官已经依据这些没有关联性的证据作出了事实认定的，排除无关联性的证据有可能影响二审法官的内心确信而产生不同结果。

（二）质证意见明确具体、一一列举

这一点无论在一审质证中还是二审质证中都是非常重要的。在刑事案件的庭审中，有的律师习惯于对重要证据提出主要的质证意见，对于其他证据则不予质证。这样的质证方式，其原因可能在于律师对质证意义的理解不够充分。

刑事案件中，律师质证的目的是对公诉人出示的证据提出质疑，质疑该证据的客观性、关联性、合法性和对案件事实的证明力大小，以此否认公诉人对有罪、罪重事实的证明。同时，对自己出示证据进行说明，以证明无罪、罪轻事实的存在。律

师的有效质证，可以降低甚至否认公诉人对有罪、罪重事实的证明，而一旦法官形成了公诉人的证据没有达到证明标准的内心确信，按照疑罪从无的原则，上诉人就应当得到无罪的判决，上诉人的合法权益可以得到最大限度的保障，律师的辩护也可以取得积极、良好的效果。所以，对于公诉人证据中所有的疑点，律师都应当一一列举、明确指出。

（三）注重对证据来源、收集、保全、固定、保管情况进行质证

1. 证据来源是影响证据真实性的一个方面

质证证据持有人与案件是否有利害关系，与犯罪嫌疑人、上诉人、被害人是否有利害关系。如果有利害关系，且存在证据持有人可能不当影响证据真实性时，对证据来源应当进行充分的质证。

比如，对于被害人的陈述，应当审查：被害人是否报案？被害人在什么情况下报案？何时作出的陈述？被害人有何要求？在被害人没有报案的情况下，办案单位如何发现的被害人？这些问题都有可能影响被害人陈述的真实性，特别是在强奸案件中，被害人的陈述更是如此。

再如，对于现场目击证人，应当审查证人在现场是否能够得到证明；审查证人与被害人是否有利害关系，与犯罪嫌疑人、上诉人是否有利害关系。如果证人对案件事实的证明与其他证据对案件事实的证明有重大矛盾，该证人又与案件有利害关系，就应当排除该证人证言的使用。如果现场人员都证明证人不在现场，而证人在与案件有利害关系的情况下又作出了对犯罪嫌疑人、上诉人特别不利或特别有利的证言，更应当排除该证人证言。

2. 对证据的收集情况质证

律师对证据的收集有疑问的，应当要求公诉人对证据收集情况进行说明，必要时要求公诉人出示证据给予证明。比如，证据持有人关于证据特征、被侦查人员调取等情况的证明、对此证据有辨认能力的人员对证据进行的辨认、见证人对证据调取过程的见证、现场勘查笔录对证据存放地点和特征的记载。

3. 对证据的保全、固定情况质证

律师对证据的保全、固定情况有疑问的，应当要求公诉人给予说明，必要时，要求公诉人出示证据予以证明，如证据得到妥善保管的证据、证据得到科学保全的

证据。

对证据的质证，不能局限于证据内容和形式本身，证据来源、收集、保全、固定情况也是影响证据真实性的重要因素。对证据来源、收集、保全、固定情况进行有效质证，有时可能有效避免冤假错案的发生，起到良好的辩护效果。例如，在杜培武冤案中，对于杜培武鞋底附着的泥土与发案现场汽车离合器踏板上提取的泥土成分是否一致进行了鉴定，该鉴定结论在诉讼前期并不存在，是后期才形成的。但是，是何人、采用何种方法提取泥土的？何人参与了提取泥土的过程？提取泥土有何人见证？何以证明送检的所谓从汽车离合器踏板上提取的泥土确实取自发案的汽车？汽车离合器踏板上的泥土是何时提取的？与案件发生相距多长时间？对案件现场包括提取泥土的汽车是如何保护的？这些问题，都影响据以作出鉴定结论的检材——汽车离合器踏板上提取的泥土是否就是杜培武留下的泥土。如果不能对上述证据的来源、收集、保全、固定情况进行充分的证明，不能证明鉴定结论依据的泥土就是杜某武鞋底和汽车离合器上的泥土，作出同一认定的鉴定方法再科学，也不能证明杜某武和汽车有一定关系这一重要案件事实。

（四）适时总结、归纳证据证明力

在刑事案件中，完全没有证明力的证据比较少，一般情况下，都是证据有一定的证明力，但对证据证明力的大小、强弱有不同认识。证据证明力的大小、强弱也是质证阶段需要查明的内容，在法庭辩论阶段，律师需要阐明的是系统的辩护思路和对认定案件事实和适用法律的综合性辩护意见，不适合对单个证据证明力的大小、强弱展开论述。从刑事案件质证的实践来看，对证明力进行质证是律师质证的一个薄弱环节，有不少律师从不对证据的证明力进行质证，这是质证中存在的一个误区。

在独特的职业思维习惯和技能主导下，律师有更强的能力发现和揭示有利于上诉人的证据的证明力。从刑事诉讼中不同诉讼主体的职能分工分析，律师也有必要向法官充分揭示有利于上诉人的证据的证明力和对案件事实认定的影响。法官居于中立的地位，兼听则明，法官需要听到的就是公诉人对不利于上诉人的证据证明力的揭示和律师对有利于上诉人的证据证明力的揭示。如果律师不主动揭示有利于上诉人的证据的证明力，法官不得不依赖于公诉人对不利于上诉人的证据证明力的揭示，案件事实的认定很容易倒向公诉人一方。

另外，对公诉人（二审检察员）提出的不利于被告人的证据的证明力进行质疑，也是律师质证的一个重要方面，有效的质疑，可以增加公诉人（二审检察员）的证明难度。没有提出任何疑问的证据的证明力和得到有效质疑的证据的证明力显然是不可同日而语的。

第四节
书面审理

书面审理，是指第二审人民法院审理二审刑事案件时，只就当事人的上诉状及其他书面材料进行审理，不需要诉讼参加人出席法庭而直接作出判决或者裁定的一种审理方式。现阶段，我国人民法院审理的非死刑上诉案件大多是不开庭审理。二审法院审理这一类刑事案件的一般程式是阅卷、讯问上诉人、听取辩护人意见，然后合议庭合议并作出裁判：一是驳回上诉、维持原判，二是改判，三是发回重审。

但不开庭不意味着不可能改判。二审辩护律师不能放弃任何有可能给当事人争取轻判的机会，应该积极整理、收集提交新证据，同时提交二审答辩意见。从当前我国刑事二审业务来看，辩护律师一定要非常重视提交二审书面辩护意见，这是二审辩护发挥自己辩护作用、维护当事人合法权益的最主要渠道。

因此，在详细阅卷后，撰写并提交一份论理详细的书面意见是二审辩护律师关键性的工作。二审辩护意见与一审辩护意见不同：一审的辩护词是开庭时宣读的，文字、措辞尽量口语化，前面要有“审判长、审判员”这样的称呼，最后以“谢谢法庭”来结语；二审辩护意见是给法官看的，内容要写得专业化，说话要有法律依据，论理要透彻。

一审辩护词是反驳检察院起诉书的，起诉什么反驳什么，没有起诉的事实不要涉及；二审辩护意见是反驳一审判决的，一审判决没有认定的东西不要去反驳。一审辩护词尽量用拉提纲的方式说明自己的观点，因法庭辩论时间有限，辩护词写得太长往往被法官打断，不让宣读；二审辩护意见应当写得详细，每个辩护观点后面都要说出事实和法律依据。

一审辩护词随着法庭质证的情况可能随时改变,证据变化了或者对方观点变化了,辩护词要随着变化,所以,律师事先准备的辩护词只是一个草稿,需要开庭后重新整理才能递交法院;二审辩护意见是固定的,写好直接递交。

一审法官的任务是审查检察院起诉书的内容决定是否可以采信;二审法官的任务是审查一审法院的判决是否错误以决定维持或者撤销。辩护人要配合法院的工作,帮助法官作出有利于被告人的判断。二审辩护意见中要尽可能详细、全面地论述一审判决书中每一个程序上的错误、每一个事实认定上的错误、每一个法律适用上的错误,只要这些错误中有一个得到二审法院确认,二审法院就有可能开庭,有可能发回重审,甚至有可能直接改判,当事人的合法权益才能得到保障。

一、二审辩护观点一定要具有针对性和明确性

律师书写二审辩护词,主要是针对一审判决书中那些认为有错误或者遗漏的地方。错误包括事实错误、引用证据错误、适用法律法规错误;关于遗漏的问题,比如上诉人的行为属于犯罪未遂,但一审中公诉人、律师、法官都没有注意这点,二审律师在审查案件时发现当事人应当被认定为犯罪未遂,那么就不能说一审法官对案件的认定有错,比较恰当的说法是一审法官遗漏了这样一个事实、观点,导致在最后量刑时偏重。

另外,对于明确性,很多律师在辩护词最后综合论述部分,只是提到建议二审法官对上诉人从轻或者减轻处罚。笔者认为,律师亮明自己的期望值比较合适,比如一审判了10年有期徒刑,在二审辩护词最后综合论述部分,就可以直接表明希望二审法官结合二审辩护理由,在6年至8年之间判处有期徒刑。二审法官在阅读二审辩护词的时候,只知道律师想改判、希望从轻或者减轻处罚,但还是不知道到底想改多少。当然有人可能会说:只要二审法官肯改判就行了,哪怕改判半年,作为律师就可以向委托人交差了。但是作为刑事辩护律师,发表一个具体的量刑改判期望值还是可以的,最起码让二审法官更清晰地知道律师的期望值。当然,提期望值必须要有合适的依据,否则,会适得其反。

二、写二审辩护词需要“抓大放小”

对于一审辩护词,应尽可能地从方方面面去挖掘那些对被告人有利的事实、证

据、法律法规,从而恳请一审法官采纳而作出对被告人有利的判决。但是,二审辩护词的写作不应该这样,应该懂得“抓大放小”:意思是在二审辩护词的写作中,要着力对那些能够改判的辩护观点进行论证,而不是事无巨细地去提对上诉人有利的情节,因为二审法官对一个刑事上诉案件改判的理由往往就是一两个点。

很多时候能否改判就是看二审律师能不能找到那个足以支持改判的“辩点”,辩护观点找到了,基本上就是稳操胜券了;没有找到的话,写再多其他“辩点”也是徒劳。当然,不是说就不用写其他“辩点”了,而是在那些关键性的“辩点”上重点着墨,至于其他的可以一笔带过;否则,二审法官看了律师的辩护词就头痛,不知道律师想说什么,最后什么也得不到。

三、写二审辩护词要讲理

讲这个是想说明两点:首先,二审律师不能不顾案件基本事实乱提结论、强词夺理;更不能不顾法律的明确规定,动辄上纲上线;其次,二审律师不能只顾着自己的表达,而应当站在二审法官的角度去考虑问题。如果律师仅仅只是以那种“收人钱财、替人消灾”的心态来写二审辩护词,想必是写不好的。二审律师应该要内心充满正义感,写出来的二审辩护词才能够感动二审法官。如果律师自己都没有底气、没有信心,那么二审法官看到律师交上来的辩护词也会嗤之以鼻。

二审律师其实是在帮二审法官判案,提供作为二审律师的看法。对于是帮法官还是帮当事人,两者是不矛盾的。也许这么讲,有些委托人听了不高兴。作为律师,要做的每一件事情不能保证让每个委托人都高兴,但是有一点,那就是我们必须要用心,而不是在接受委托人之后,企图通过二审辩护词等相关法律文书去扰乱二审法官对案件的判断。二审律师是通过帮助二审法官办案,最终帮助自己的当事人。

四、写二审辩护词需要赋予感情

笔者一直都认为,写辩护词需要赋予感情,二审辩护词尤其如此。很多时候,在运用事实、证据、法律三者论证的过程中,少不了要表达自己作为律师对案件的解读,在解读过程中会渗入自己的感情。写二审辩护词,无非就是要达到这样一个目的，那就是打动二审法官，从而让二审法官对案件予以改判或者发回原审法院重审。刑事辩护律师是通过对事实、证据、法律三者的整合，运用强有力的逻辑论证，抒发正义的情感，最终去触动二审法官的神经。

情感是需要积累的。初学写辩护词的人喜欢或者说习惯于将别人的辩护词复制粘贴、东拼西凑，对法律的引用生搬硬套。一个好的辩护律师，一定做过大量刑事案件研究，对刑事案件有很多深刻、独到的理解，同时也十分注意生活阅历的积累，善于去观察、总结社会的百态，感受人间的冷暖（这跟一个人的中文好不好没有太多必然关系，当然，缺少人文气息的辩护词，必然缺少高度、深度和广度，缺少活的灵魂）。只有这样，写出来的辩护词才是有感情的，才是有“味道”的；也只有这样，才能够更好地打动二审法官。

写二审辩护词需要赋予感情，但并不是要乱抒情。辩护词的文体还是要以议论文为主，在论述过程中融入自己的感情。这涉及在写作过程中对文字、词语、句子的选取与裁剪的问题。另外，笔者想说的是，有些人在写二审代理词、辩护词的时候大放厥词，对一审法官出言不逊，说什么一审法官毫无正义，和谁谁谁暗箱操作、蛇鼠一窝，枉法裁判等，笔者认为讲这些毫无意义，纯粹就是借法律文书来出气。不要说笔者不赞成律师这么干，对于当事人自己写上诉状，笔者也不建议这么做。法律强调理性，像泼妇骂街一样，对于问题的解决起不到丝毫的作用。

五、二审辩护词要用“心”去写

写二审辩护词，要分析案件的事实是否清楚；如果清楚，则分析适用法律规定是否有错误；如果适用法律规定没有错误，则分析在量刑上是否出现过重的情况，这种过重的情况在二审中改判的可能性有多大。

要做到这点，首先，必须要把握全部案件材料，并且要花费大量时间、精力对案件全部材料熟悉、吃透，不能有丝毫的马虎，不能有丝毫的遗漏；其次，要用自己的法律知识法学理论将这些证据、材料整理得有条不紊，要从杂乱无章的材料中清理出其中的法律关系，进行强有力的逻辑论证，提出自己的辩护观点。

世界上没有两个完全一样的案子，所以律师必须为每一个案子量身定做辩护词。因内容、角度的不同，二审辩护词写法也往往不同，有事实辩护、证据辩护、逻辑辩护、适用法律辩护、量刑辩护,当然也可以综合几种方法一起辩护。故用心很重要,只有用心,才能够写出深刻、有力的辩护词。

最后想说,二审辩护词的写作过程是艰苦的、枯燥无味的。有时候一个人在深夜静静地思考:这个案件的辩护词该怎么写才有效、才能够打动二审法官,从而对自己的当事人予以改判,让他少受哪怕是半年的牢狱之灾?写了之后又思考,三易其稿。当每一次拿到二审改判的判决书时的心情,真的很难用文字来形容。唯一在心里想到的就是之前的努力总算没有白费!

【文书范本】

关于赵某涉嫌受贿罪的辩护意见

审判长、审判员:

安徽金亚太律师事务所接受上诉人赵某及其亲属的委托,指派我担任其二审辩护人,依法参与本案诉讼。通过查阅本案全部卷宗材料,并向有关证人调查、核实,我们的辩护意见和一审辩护人的意见基本相同,但理由不完全相同,有新的足以推翻一审判决的理由。也即对一审法院认定的基本事实没有异议;同时,认可赵某的行为构成受贿犯罪;但是对部分受贿罪的定性持有异议。

我们认为,一审法院认定赵某所谓的7笔受贿事实计21万元,或因事后受财无事前约定,或因请托事项不属于职权范围而依法不构成受贿罪。

辩护人还认为,上诉人赵某具有自首、坦白、认罪悔罪、退赃等情节;关于立功情节,司法机关并没有查实或查否,建议法院对赵某减轻处罚。现详细论述如下,请合议庭予以考虑。

一、上诉人赵某部分收受财物的行为因无事前约定而依法不构成受贿罪

(一)收受型受贿罪要求行为人具有为他人谋取利益的主观故意

受贿罪根据受贿行为的不同表现分为索取型受贿罪和收受型受贿罪,法律上对于收受型受贿罪的规定是:“国家工作人员利用职务上的便利,非法收受他人财物,为他人谋取利益的,是受贿罪。即要求在国家工作人员的职务行为和请托人主动向国家工作人员交付的财物之间形成对价关系,并且国家工

作人员利用职务便利为请托人谋取了利益”,[1]所谓谋取利益的最低要求是承诺为他人谋取利益。[2] 因此,收受型贿赂犯罪的成立要求国家工作人员具有明知是利用职务上的便利而收受贿赂为他人谋取利益的主观故意,即受贿的故意:“首先,行为人主观上具有索取或者接受贿赂的意思;其次,行为人认识到了自己索取、收受的是职务行为的不正当报酬,认识到自己的行为会侵害职务的不可收买性;最后,行为人对上述结果持希望或者放任的态度。”[3]在此需要厘清的是收受财物的故意和受贿故意。

在受贿故意内容中,除收受财物的故意之外,还应包括明知财物是本人利用职务上的便利为他人谋取利益的报答物而予以收受的故意。对于事前受贿,收受财物与为他人谋取利益之间存在因果关系,并且行为人之间往往存在收受财物后为他人谋取利益的约定,即主观上明知是贿赂而予以收受。在这种情况下,受贿故意不难认定。但是事后受贿是否必须以事前约定为条件,在刑法理论上存在争议。陈兴良教授认为,“这种事前没有约定而事后收受他人财物的事后受财行为不同于事后受贿,因为行为人主观上没有受贿故意而只有收受财物的故意。因此,事后受贿必须以事前约定为条件”。[4]

鉴于此,收受型受贿罪的成立必须要求国家工作人员具备利用职权为他人谋取利益的主观故意,即在请托人与受贿人之间达成“交钱”与“办事”的共识,不要求完全以明示的方式表现出来,只要达到双方彼此知晓的程度即可。这种观点在2000年最高人民法院《关于国家工作人员利用职务上的便利为他人谋取利益离退休后收受财物行为如何处理问题的批复》中有所体现:“国家工作人员利用职务上的便利为请托人谋取利益,并与请托人事先约定,在其离退休后收受请托人财物,构成犯罪的,以受贿罪定罪处罚。”如果不具有为他人谋取利益的主观故意,即使收受他人财物,也不构成受贿罪。例如,感情投资、收受礼金等,属于收受赠贿,而不是收受贿赂。外国刑法中一般都有收受赠贿

〔1〕 最高人民检察院《关于执行〈关于惩治贪污罪贿赂罪的补充规定〉若干问题的解答》第3条第4款,1989年11月6日(已失效)。

〔2〕 最高人民法院《全国法院审理经济犯罪案件工作座谈会纪要》第3条第2项。

〔3〕 张明楷:《刑法学》,法律出版社2011年版,第1071页。

〔4〕 陈兴良:《陈兴良刑法学教科书之规范刑法学》,中国政法大学出版社2003年版,第492页。

罪之设立，我国《刑法》未设这一罪名。在这种情况下，根据罪刑法定原则，不应以受贿罪论处。[1]

（二）赵某部分事后受财行为因无事前约定而不具有为他人谋取利益的受贿故意

在一审法院认定的5笔受贿事实中，即第二笔收受王某某5万元现金，第三笔收受欧阳某某2万元现金，第四笔收受姜某某1万元现金，第七笔收受刘某1万元现金，第八笔收受陈某某1万元现金，因“请托人”既没有请求赵某在土地收储方面给予帮助，也没有以明示或者默示的方式约定事成之后给予报酬，仅仅以“请托人”事后为了表示感谢而接受财物的行为来推定赵某主观上具有受贿的故意是不符合法理的。此观点在赵某的供述以及各“请托人”的证言中也可以得到相互印证。

鉴于赵某事后受财行为较多，仅举一例说明之。关于收受王某某5万元现金，赵某在2013年8月17日供述：“为了感谢在此事上的帮忙，在2012年元月份的一天下午，王某某到我办公室，把一个纸袋子放到我办公桌旁边，说了在房产收储上我给予的帮忙和感谢的话，然后就走了，我打开袋子发现里面装有5万元人民币，我就收下了。”王某某在2013年8月15日的证言也能够印证，即：“为了感谢此事上的帮忙，我在2012年1月的一天下午，我到赵某办公室，当时只有他一个人在办公室，在办公室我跟他说一些在房产收储过程中给我J汽车驾校帮忙感谢的话，然后，我将事先准备好的放有5万元现金的一个袋子放到赵某办公桌，赵某推辞一下就收下了。”

因此，赵某与“请托人”在土地收储事宜方面没有形成事前约定，即他们之间不可能达成“权钱交易”的共识，赵某在事后收受财物时也不具有利用职权为“请托人”谋取利益的主观故意，其行为应当属于收受赠贿，依法不构成受贿罪。

综上所述，赵某收受王某某5万元现金、欧阳某某2万元现金、姜某1万元现金、刘某1万元现金、陈某某1万元现金，共涉及五人，共计10万元现金，因事前没有约定且不具有受贿的故意而依法不构成受贿罪。

---

[1] 陈兴良：《陈兴良刑法学教科书之规范刑法学》，中国政法大学出版社2003年版，第491页。

二、上诉人赵某部分收受财物行为因请托事项不属于其职权范围而依法不构成受贿罪

最高人民法院《全国法院审理经济犯罪案件工作座谈会纪要》第3条第1项规定:“刑法第三百八十五条第一款规定的‘利用职务上的便利’,既包括利用本人职务上主管、负责、承办某项公共事务的职权,也包括利用职务上有隶属、制约关系的其他国家工作人员的职权。”而且,《关于2009年度土地局人员分工的通知》[1](L开土〔2009〕3号)明确规定赵某的职权范围是负责土地规划、土地报批、土地收储、项目交地和招商引资工作,并不负责具体的土地评估和征地拆迁工作,让评估公司对收储的土地及附属物设施进行价格评估时给予关照、帮忙协调陈某某的公司(L市H置业有限公司)与被征迁户关系都不属于赵某的职权范围。因此,赵某收受王某某5万元现金、涂某某10万元现金、陈某某1万元现金,因请托事项不属于其职权范围而依法不构成受贿罪。现详细阐述如下:

(一)关于收受王某某5万元现金

赵某供述:“……该校的附属物设施是我介绍让L市G房地产评估公司评估的,我让评估公司在评估时,价格上给予照顾,具体多少钱我记不得了。到2011年3月,与王某某签订了收储房产补偿协议。为了感谢在此事上的帮忙,王某某来到我办公室……”王某某证言:“2010年11月,我校的附属物设施是由赵某介绍让L市G房地产评估公司评估,并且跟我说在评估价格上能就高尽量就高,给予适当照顾。2011年3月,由L市经济开发区管委会签订了收储房产补偿协议。为了感谢在此事上的帮忙。”

依据赵某的供述和王某某的证言,赵某让L市G房地产评估公司对建业驾校附属物设施进行价格评估时给予照顾,并不属于其职权范围,无法利用主管土地收储等公共事务的便利为对方的土地评估获取较高的价格,因为涉及土地及附属物设施的评估方式、方法是由L市G房地产评估公司决定。因此,赵某收受王某某5万元现金,既因事后受财无事前约定,又因请托事项不

〔1〕 参见L市经济技术开发区管理委员会土地局文件,第206页。

属于职权范围而依法不构成受贿罪。

(二)关于收受涂某某10万元现金

关于该笔事实，一审判决书认定："……事后，赵某帮涂某某联系了A省某土地评估公司，请该公司在H房产公司土地评估价上给予照顾。"同理，赵某的职务范围是负责土地收储等事宜，无法利用主管此项公共事务的职权，为涂某某公司(L市G房地产开发有限公司)的土地评估获取较高的价格。向评估公司打招呼，让该公司在土地评估价格上给予照顾，至多属于工作上的便利，并不属于职务上的便利，故赵某收受涂某某10万元现金因不属于其职权范围而依法不构成受贿罪。

(三)关于收受陈某某1万元现金

依据赵某的供述和陈某某的陈述，陈某某给予赵某1万元现金是为了请托赵某帮忙协调其公司与被征迁户关系，希望能够及时、顺利完成土地房屋征拆工作。而《关于2009年度土地局人员分工的通知》(L开土〔2009〕3号)明确规定赵某的职权范围是负责土地规划、土地报批、土地收储、项目交地和招商引资工作，并不负责具体的征地拆迁工作，帮忙协调陈某某的公司(L市H置业有限公司)与被征迁户关系不属于赵某的职权范围。

为此，本辩护人专门查阅了L市经济技术开发区官方网站，[1]该网站也明确规定进区建设项目的征地、拆迁事务，配合有关部门做好拆迁户安置房建设和处罚违章建筑，研究制定征地、拆迁补偿办法等工作是由征地拆迁办公室负责，赵某及所属的国土资源分局并不负责以上工作。由此可知，关于赵某收受陈某某1万元现金帮忙协调其公司与被征迁户关系，因不属于其职权范围而依法不构成受贿罪。

综上所述，赵某以上7笔受贿事实，涉及7人，共计21万元现金，或因事后受财无事前约定或因请托事项不属于职权范围而依法不构成受贿罪。

三、上诉人赵某具有自首情节，可以从轻、减轻处罚

虽然张某某于2013年8月1日的询问笔录交代，其2009年5月的一天、

〔1〕 参见http://www.letda.gov.cn/SortHtml/1/711111226.html，最后访问日期：2014年8月12日。

2010年春节前的一天分两次各送给赵某2万元现金,共计4万元现金,但是赵某的领导周某某(L市国土资源局经济技术开发区分局局长)证实,2013年7月下旬的一天下班后,赵某来到其办公室谈心,谈到曾收受张某某4万元人民币,认识到了自己的错误,并且说已于7月20日主动退给了张某某本人。案件材料表明,赵某在7月20日当天,退掉了收取的两笔款项之后,随即向其单位领导交代了收受上述4万元的事实。由此可知,检察机关是在2013年8月1日才掌握赵某的受贿线索或事实,而在此之前的2013年7月下旬的一天,赵某已经向所在单位的负责人周某某局长投案。

根据最高人民法院、最高人民检察院《关于办理职务犯罪案件认定自首、立功等量刑情节若干问题的意见》第1条第2款的规定,"犯罪分子向所在单位等办案机关以外的单位、组织或者有关负责人员投案的,应当视为自动投案"。赵某在检察机关没有掌握其受贿线索或事实的情形下,向所在单位的负责人周某某投案,属于自动归案,且如实表明自己收受张某宗4万元的事实,则构成自首。

关于收受其他21万元的事实,检察员已经认可系赵某主动交代,认为属于"坦白";并答辩称,赵某系在8月12日检察机关通知的情况下被动归案的,因此不属于自首。这种观点割裂了赵某第一次投案即依法属于主动投案的法律事实。本案中,赵某没有潜逃,不存在二次归案问题。检察员既认可赵某7月底向本单位领导交代犯罪事实属于主动投案,又认可赵某涉案的其他21万元受贿事实也系检察机关没有掌握的情况下主动交代。在这种前提下,根据最高人民法院《关于处理自首和立功若干具体问题的意见》第2条第3款的规定,"犯罪嫌疑人自动投案时虽然没有交代自己的主要犯罪事实,但在司法机关掌握其主要犯罪事实之前主动交代的,应认定为如实供述自己的罪行",必然得出赵某在本案中具有自首的法定情节的结论。

另外,赵某在本案侦查期间检举、揭发了两起犯罪事实:一起犯罪事实已经被侦查机关掌握;但另外一起犯罪事实,即L市国土局副调研员兼规划科科长刘某涉嫌滥用职权、受贿罪,有关侦查机关一直没有正式地予以说明,是查实抑或查否,至今仍然无从得知。

四、赵某还具有其他从轻处罚的情节

《刑法修正案（八）》第 8 条规定，“犯罪嫌疑人虽不具有前两款规定的自首情节，但是如实供述自己罪行的，可以从轻处罚”。赵某归案后，积极配合侦查机关工作人员，坦白交代，并认可全案的事实，明确表明自己认罪、悔罪的态度，而且赵某在案发前后退赃 20 万元，因此，赵某具有法定或酌定的从轻处罚情节。综合全案的情况，我们建议二审法院撤销一审判决，对赵某减轻处罚。

辩护人：王亚林

2014 年 9 月 4 日

第九章
CHAPTER 09

律师担任公诉案件被害人的代理人

第一节

侦查阶段是否可以担任代理人

对于刑事被害人这一概念，不同的学者有不同的界定。在刑事诉讼领域，对于被害人的内涵并没有一个统一的界定标准。[1] 综合不同学者对此概念的界定以及刑事诉讼的实践，笔者认为，刑事被害人有广义和狭义之分。广义上来讲它是指在各种诉讼程序中，其正当权利或合法权益遭受犯罪行为直接侵害，并因此参加刑事诉讼，要求追究犯罪嫌疑人、被告人刑事、民事或其他责任的人。既可以是公诉案件中的被害人、自诉案件中的自诉人，也可以是刑事附带民事诉讼的原告人，还包括提起反诉的反诉人。[2] 而狭义上的被害人，则仅仅指刑事公诉案件中的被害人。本书所讨论的是狭义上的被害人，即仅仅是指刑事公诉案件中的被害人，而不包括自诉案件中的自诉人和刑事附带民事诉讼的原告人。

《刑事诉讼法》第46条明确规定，公诉案件的被害人及其法定代理人或者近亲属，附带民事诉讼的当事人及其法定代理人，自案件移送审查起诉之日起，有权委托诉讼代理人。至于在刑事公诉案件侦查阶段，被害人及近亲属是否可以委托律

〔1〕 刘玫、程绍燕：《被害人研究》，载《中国政法大学学报》2017年第1期。
〔2〕 卢晓东：《论刑事诉讼被害人的权利保护》，吉林大学2014年硕士学位论文。

师,法律既没有明确规定,也没有明令禁止。目前,在实践中,刑事公诉案件被害人需要在侦查阶段委托律师的,律师事务所通常都会接受委托。实践中,律师事务所也会在侦查阶段接受法律援助中心的指派担任被害人的代理人。《律师法》第28条明文规定,律师可以接受公诉案件被害人或者其近亲属的委托,担任代理人参加诉讼。而刑事诉讼包括侦查、审查起诉、审判等阶段,因此笔者认为,律师在公诉案件侦查阶段接受被害人或者其近亲属的委托,担任其代理人是合法的,也是必要的。

在侦查阶段,律师接受委托后的主要工作内容包括为被害人提供法律咨询、代为申请返还财产、代为书写控告材料、协助被害人向侦查机关陈述其经历的案件事实、向侦查机关提出依法查处犯罪行为的请求、要求侦查人员回避,以及向检察机关提出立案监督请求等。根据《律师法》第28条第3项和第7项的规定,公诉案件被害人在侦查阶段委托律师,律师解答法律咨询、代写控告材料等法律文书的行为符合法律规定。笔者认为,侦查阶段被害人委托律师是极其必要的,因为侦查阶段能否全面地掌握犯罪嫌疑人的犯罪事实,不仅关系到其后的审查起诉阶段和审判阶段能否对犯罪行为进行制裁,还直接影响整个刑事案件处理结果的公正及司法的公信力、法律的权威。刑事被害人是受到犯罪行为直接侵害的人,与案件处理结果有着直接的利害关系。他们对加害人有强烈的复仇愿望,强烈地希望可以参加到刑事诉讼活动中,强烈地希望加害人受到应有的法律处罚。而被害人因为自身能力及法律知识的欠缺、法律意识的淡薄,不能很好地运用法律赋予的权利参与到刑事诉讼中,不能从专业的角度去维护自身的合法权益。至于侦查机关,因为自身肩负职责以及案多人少等客观因素制约,并不能充分、全面地代表被害人的意志和意愿。被害人委托律师刚好可以弥补来自被害人和侦查机关两方面的漏洞,从而更好地维护被害人的合法权益,确保案件裁判结果的公正性。

在实践中,律师在侦查阶段介入案件确实也会起到更好地查明案件事实、维护被害人合法权益的作用。笔者团队曾经代理的一起案件就是接受H市法律援助中心指派和被害人家属的委托担任"涡阳李氏骨科医生埋尸案"被害人刘某清家属的代理人。接受委托后,承办律师审查了被害人亲属提供的资料,全面查阅了相关媒体的报道,向有关骨科、心血管科和药理学专家进行请教,与办案单位有关负责人进行了沟通，并分别在2014年6月、8月、11月就本案罪名认定、证据收集等问题三次向侦查机关提出代理意见。后侦查机关接受律师建议，将该案两次补充侦查，最终检察机关改变了案件的定性（起诉意见书定的是医疗事故罪），将犯罪嫌疑人李某朝以故意杀人罪提起公诉。最后，H市中级人民法院判处李某朝死刑，缓期2年执行。

虽然被害人诉讼代理制度在我国现阶段还不完善，我国的《刑事诉讼法》并没有明文规定侦查阶段被害人可以委托代理人，律师在侦查阶段的代理可能还存在诸多困难，但是在侦查阶段律师的参与和代理在某种程度上对被害人合法权益的维护能起到较大的帮助作用，同时也有利于侦查机关更好地查明案件事实，维护法律的公正。作为侦查阶段的被害人代理人，律师也应当积极行使法律赋予被害人的权利，尽职尽责地维护当事人的合法权益。

【文书范本】

"涡阳李氏骨科医生埋尸案"第三次提出侦查建议

H市S区公安分局：

安徽金亚太律师事务所接受H市法律援助中心指派和被害人家属的委托，指派王亚林、黄新伟律师担任"涡阳李氏骨科医生埋尸案"被害人刘某清家属的代理人。在2014年6月、8月，代理人就本案罪名认定、证据收集等问题两次向贵局书面提出代理意见。此后该案两次补充侦查。现结合相关证据，依法提出如下代理意见，供贵局侦查时参考。

一、李某朝的行为同时涉嫌多种罪行

（一）李某朝涉嫌非法行医罪

李某朝涉嫌以非法手段取得医师资格，进而涉嫌非法行医罪。虽然李某朝形式上属于"取得医生执业资格的人"，但根据李某黎的证言可知，李某朝曾于2008年前后将一位病人治死。本案卷宗材料中并没有该起事故的相关行政或刑事处理记录。而依据《执业医师法》第29条、第37条规定，医生在医疗过程中发生医疗事故应当及时报告主管部门，主管部门有权利和义务对医疗事故进行调查。医生违反该项规定,可能会被吊销其执业证书或被追究刑事责任。如果李某朝在2008年的事故中负有责任,或者未履行相应的报告义务,那么李某朝在本案发生时的医生资格就属于"以非法手段取得医师资格",其从事医疗活动的行为即属于非法行医,构成非法行医罪。

(二)李某朝涉嫌故意杀人罪

李某朝没有完全尽到抢救刘某清的义务,可能构成故意杀人罪。理由有两点:一是李某朝在发现刘某清出现不适后只是进行了简单的抢救,并将无菌室的门锁上,阻断了其他人发现、抢救病人的机会。二是李某朝当时无法明确判定刘某清已经死亡。其供述"基本可以断定人已经死亡了"是一种严重不负责任的初步判断,不能排除其在主观上认为刘某清当时"活着"的可能。

(三)李某朝涉嫌生产、销售假药罪

李某朝私自配置的"骨玉合剂1号"和"骨玉合剂2号"可能属于假药(完全不具有治疗骨折、颈椎病的功能),该事实一旦认定,李某朝的行为还涉嫌生产、销售假药罪。

除此之外,代理人曾试图联系涉案药品脉络宁注射液的唯一合法生产企业金陵药业股份有限公司,了解脉络宁注射液的药理机制以及能否引发心肌梗死。但金陵药业股份有限公司相关负责人表示只愿意配合公安机关调查。

综上所述,基于罪责刑相适应的原则,以《刑法》中刑事责任较重的罪名作为指引,查明犯罪嫌疑人李某朝所涉嫌的全部犯罪事实,特别是查明其可能涉嫌的比医疗事故罪更重的罪行,才能更好地打击犯罪、保护被害人合法权益。这也是公安、司法机关依法追究犯罪的职责所在。代理人建议贵局要求办案机关对如下证据做进一步收集:

1. 被害人刘某清2014年3月31日在李某朝中医诊所就诊的单据、相关证人证言等;

2. 进一步核实被害人刘某清的死亡原因、死亡时间,李某朝实施抢救过程中更为具体的措施;

3. 李某朝2007年和2008年在涡阳将病人治死的情况,包括李某朝在事故中的责任、是否履行了相关报告义务等(是否为同一起事故需要核实);

4. 对李某朝私自配置的“骨玉合剂1号”和“骨玉合剂2号”的成分、疗效进行鉴定以明确是否属于假药，以及药剂配制是否经过有关部门审核、批准、颁证，生产、销售的数量；

5. 向金陵药业股份有限公司核实脉络宁注射液的药理机制以及是否有引发心肌梗死的案例。

二、应对李某朝大女婿王某浩涉嫌帮助毁灭证据罪立案侦查

侦查机关依法应当对李某朝的儿子李某刚、女婿王某浩涉嫌帮助毁灭证据罪立案侦查。理由有：

（一）李某刚、王某浩主观上明知监控录像资料是办案证据

我国《刑法》第307条第2款规定的帮助毁灭证据罪中的证据并不限于刑事案件证据，因此，无论李某刚、王某浩是否清楚李某朝的行为是否构成犯罪，只要他们知道警察来调取过该证据，就表明他们清楚地知道该硬盘属于办案证据，但他们仍帮助李某朝将其毁灭。

（二）李某刚、王某浩客观上实施了帮助李某朝毁灭证据的行为

本案证据显示，李某刚、王某浩帮助李某朝毁灭证据的行为主要包括：一是删除硬盘中的录像资料，包括对硬盘进行格式化处理；二是将硬盘砸碎并丢弃。李某刚、王某浩在李某朝的要求下将监控录像硬盘资料销毁，属于我国《刑法》第307条第2款规定的帮助当事人毁灭证据的行为。

（三）李某刚、王某浩损毁监控录像硬盘的行为导致相关证据灭失

本案中，正是由于李某刚、王某浩帮助李某朝损毁了诊所监控录像硬盘，导致重要证据毁灭。由于该份证据是本案认定事实的关键证据之一，证据被毁客观上增加了办案机关收集证据的难度，其危害性很大。李某刚与王某浩在销毁证据中都实施了删除硬盘中的录像资料、将硬盘砸碎并丢弃等犯罪行为，且两人都是积极参与，不宜区分主、从犯，都应该被追究刑事责任。现依法提出控告，请求贵局对王某浩立案追查。

三、H市公安局蜀山分局应当对李某朝之前在涡阳治死病人的行为进行侦查

根据委托人的介绍，李某朝于2007年在涡阳开办诊所时也治死过病人，

该事故最终以赔偿8万元私了,这与李某黎陈述的2008年事故是否为同一起需要及时予以查明。李某朝曾于2007年和2008年在涡阳将病人治死的情况(是否为同一起事故需要核实),并且有病人的家属已在本案案发后到H市公安局蜀山分局报案。我们认为,H市公安局蜀山分局应当对李某朝在涡阳治死病人的情况进行侦查。理由如下:

(一)蜀山分局有权对李某朝在涡阳治死病人的情况进行侦查

本案中,H市公安局蜀山分局是李某朝涉嫌犯罪案件"最初受理的公安机关",也可以认为是"主要犯罪地的公安机关",因此,根据法律规定,蜀山分局有权对李某朝发生在涡阳涉嫌犯罪的行为进行管辖。

(二)蜀山分局应当对李某朝在涡阳治死病人的情况进行侦查

李某朝于案发前在涡阳治死病人的情况与H市公安局蜀山分局正在侦查的H市李某朝医疗事故案具有密切关系,它将直接决定李某朝在此之后持有的医师资格证是否属于"以非法手段取得",李某朝在H市的执业是否属于非法行医。另外,李某朝在涡阳治死病人的情况与H市公安局蜀山分局正在办理的李某朝医疗事故案在事实方面具有同一性,在本案构成犯罪的情况下,对李某朝的量刑具有重要影响,H市公安局蜀山分局应当对其进行侦查。

除此之外,本案2007年被治死病人王某芳的家属向委托人提供了部分书面材料的复印件。这些书面材料反映,李某朝医生执业电子档案于2005年注册在涡阳县人民医院,2007年8月3日变更到涡阳县城关卫生院。死者王某芳共有两份病历材料:第一份证实治疗机构为安徽省涡阳李氏骨科医院,诊断医生为李某朝,而经涡阳县卫生局调查,李氏骨科医院并没有医疗机构执业许可证。第二份证实治疗机构为涡阳县城关镇卫生院第二门诊部,诊断医生为李某朝的女儿李某黎。涡阳县城关镇卫生院第二门诊部具有医疗机构执业许可证,法定代表人为李某朝妻子孙某侠。而根据李某黎的陈述,2004~2007年她还在中医学院读研究生,2008~2013年在涡阳县医院工作。因此,代理人合理怀疑:治疗死者王某芳的诊断机构应该是安徽省涡阳李氏骨科医院,诊治医生为李某朝,涡阳县城关镇卫生院第二门诊部的病历系伪造。如能证实如上事实,李某朝则涉嫌非法行医罪。

只有当罪行得到应有的惩罚，正义才能彰显。彻查本案的所有犯罪事实，践行罪刑责相适应的刑法原则，是公安、司法机关义不容辞的责任。只有这样，才会让死去的人安息、让活着的人敬畏！

以上法律意见，敬请采纳！

顺颂

公祺！

安徽金亚太律师事务所

王亚林　黄新伟

2014 年 11 月 12 日

第二节
在审查起诉阶段担任代理人

审查起诉阶段是衔接侦查阶段与审判阶段的重要诉讼阶段。根据《刑事诉讼法》第 46 条之规定，此时，刑事被害人的代理律师已经具有了合法的地位，可以依法及时地介入案件，依法维护被害人的合法权益。

一、审查起诉阶段被害人诉讼代理人享有的权利

根据《刑事诉讼法》及其司法解释、《人民检察院刑事诉讼规则》、《律师法》、中华全国律师协会《律师办理刑事案件规范》等法律、法规的规定，在案件审查起诉阶段，被害人的诉讼代理人享有如下权利，这些权利中有的是被害人享有的，律师代为行使；有的是代理律师依法享有的。具体权利如下：

（一）阅卷权

《刑事诉讼法》及其司法解释都没有明文规定刑事被害人代理人在审查起诉阶段是否可以阅卷，但是根据《人民检察院刑事诉讼规则》第 56 条之规定，刑事被害

人的诉讼代理人经人民检察院许可,可以查阅、摘抄、复制案件材料。

承办律师应当随时关注案件的进展,一旦案件到了审查起诉阶段就应当及时与公诉机关的承办人取得联系,向承办检察官递交被害人或者其近亲属的授权委托书和律师事务所的公函,以被害人代理律师的身份,向公诉机关了解案件的进展情况,并及时申请复制案卷材料(现行司法实践中,律师递交委托手续、阅卷均是到检察院的案件管理中心办理)。此外,鉴于实践中有的办案人员不能很好区分刑事被害人代理人和附带民事诉讼原告代理人,笔者建议,如果律师既担任被害人诉讼代理人,又担任附带民事诉讼原告的诉讼代理人,那么建议分开签订授权委托书,将这两种身份区分开来,并提交到办案机关,以更好维护自身合法权益。司法实践中,有的检察官和法官在法庭上明确禁止仅有刑事附带民事诉讼原告代理人权限的律师对刑事部分发表意见。为了防止此类情形的发生,以更好地维护当事人的利益,建议代理人准备以上两种身份的授权委托书更为稳妥。

(二)申请回避的权利

根据《刑事诉讼法》第32条之规定,辩护人、诉讼代理人可以依照本章(《刑事诉讼法》第三章)的规定要求回避、申请复议。

被害人的代理律师如果发现案件的侦查人员、检察人员与本案存在法律规定的利害关系,或者存在其他违反法律规定的行为,会影响对案件的公正处理的,应及时向有关机关提出回避申请,要求相关办案人员回避。这一点对于维护被害人的合法权利也相当重要。当上述办案人员与犯罪嫌疑人存在一定的亲属关系或者利害关系时,其很难做到公平、公正,从而可能作出不利于被害人的处理和决定。

(三)提出管辖权异议的权利

现行的刑事诉讼法律虽然尚无明文规定当事人及其律师提起"管辖权异议"的制度,但是办案机关是否享有管辖权不仅是诉讼程序问题,更关系到案件的正常审理和司法的公正。在诉讼实践中,当事人和律师都有提出管辖权异议的权利。刑事案件的管辖是以犯罪地管辖为原则,如果被告人居住地的办案机关管辖更适宜,则由被告人居住地办案机关管辖。司法实践中,犯罪嫌疑人完全可能从有利于自身的原则,要求到有利于自己的管辖区域,而作为被害人的诉讼代理人,律师需要从法律和事实来分析，争取到对被害人最有利的管辖区域。同时，作为律师，适当地运用管辖权异议可以为自己争取办案时间。

（四）调查取证的权利

根据最高人民法院《关于适用〈中华人民共和国刑事诉讼法〉的解释》第65条之规定，律师担任诉讼代理人，需要收集、调取与本案有关的证据材料的，参照适用该解释第59条至第61条的规定。也就是说，刑事被害人代理律师也享有调查取证权或者申请法院调查取证权。

刑事案件调查、收集证据的义务在侦查机关。但是刑事案件案情往往比较复杂，侦查机关的人力、物力、财力也有限，在实践中并不能做到为一个案件竭尽所能。此外，侦查机关和公诉机关代表的是国家利益，其优先强调的是国家利益，无法完全代表和包容具体被害人的意志和利益。而被害人是直接遭受犯罪行为侵害的人，对犯罪的具体情况了解得更为详细，对案情的陈述一般也更加生动、仔细、全面，他惩罚犯罪的意愿也比代表国家利益的侦查机关和公诉机关更为强烈。允许其本人或者委托的代理律师调查、收集犯罪的证据可以更好地查明案情，也可以在很大程度上弥补侦查机关和公诉机关对被害人权利考虑不周和保护不足的情况。实践中，作为被害人的诉讼代理人，律师不仅要关注侦查机关和公诉机关的调查取证情况，同时要根据被害人的相关陈述，积极地收集对被害人有利的证据，以便更充分地行使律师的权利，更好地维护被害人的合法权益。关于被害人家庭困难、受损严重以及犯罪嫌疑人主观恶性强的一些证据，被害人的代理律师都可以依法进行调查。当然，如果代理律师发现了侦查机关没有调查而对被害人有利的证据，代理律师也可以申请办案机关调取。在用证据说话的法律制度下，被害人的诉讼代理人也一定要做好收集、调取证据的工作。被害人代理人调查、收集证据一定要注意遵守法律规定和法定程序，同时需要注意采取措施保护好自身安全。

（五）向人民检察院陈述代理意见的权利

根据《刑事诉讼法》第173条、《人民检察院刑事诉讼规则》第260～262条等法律条文规定，人民检察院在审查起诉时，应当讯问犯罪嫌疑人，听取辩护人、被害人及其诉讼代理人的意见，并记录在案。如果辩护人、被害人及其诉讼代理人提出书面意见的，应当附卷。

对于被害人诉讼代理人的这项权利，现在检察机关一般还是予以保障的。承办律师在拿到案件的起诉意见书和相关案卷材料之后，最主要的任务就是立即根据已有的案件材料和证据对起诉意见书的内容进行分析。如果对于起诉意见书中认定的事实、案件的定性、法律适用的建议有异议，承办律师可以制作书面的法律意见书，充分地行使法律赋予律师陈述意见的权利。在法律意见书中，承办律师可以从事实的认定、案件的定性、法律的适用等方面来论证起诉意见书的不妥之处，并提出自己的法律意见。如果对起诉意见书没有异议，但是对于案件的事实、定性、法律适用有补充意见的，也可以向检察机关提出。值得提醒的是，除了和检察机关电话沟通、面对面沟通之外，代理意见需要以书面形式提交；至于提交方式，面交或者用邮政特快专递都可以。

比如，笔者代理的安徽少女毁容案，在审查起诉阶段，作为被害人的代理律师，笔者就不认同公安机关起诉意见书中故意伤害罪的定性。为此，笔者向检察机关递交代理意见认为，犯罪嫌疑人的行为应当定性为故意杀人，而非故意伤害。笔者主要是从作案的工具、作案的方式、主观恶性、受害人受伤的部位和受伤的程度等几个方面来具体展开论证。虽然最后法院考虑到这是一起未成年人刑事犯罪案件，综合各个方面的因素没有将其认定为故意杀人，但是在量刑上还是考虑了笔者的意见，也算是在另外一个方面有所收获。此外，律师的积极介入，提出自己的专业法律意见，对于更全面地查明案情，确保公正、准确审判有重要意义。

需要特别注意的是，在认罪认罚案件中，被害人代理人也需要依法积极发挥作用。2016 年 11 月 11 日，最高人民法院、最高人民检察院、公安部、国家安全部、司法部根据全国人大常委会的授权发布了《关于在部分地区开展刑事案件认罪认罚从宽制度试点工作的办法》，在北京等 18 个地区启动认罪认罚从宽制度试点工作。2018 年 10 月 26 日，第十三届全国人大常委会通过了《关于修改〈中华人民共和国刑事诉讼法〉的决定》，将认罪认罚从宽上升为法律，并且完善了认罪认罚从宽的程序性规定。2019 年 10 月 24 日，最高人民法院、最高人民检察院、公安部、国家安全部、司法部印发《关于适用认罪认罚从宽制度的指导意见》。根据上述法律规定，办理认罪认罚案件，应当听取被害人及其诉讼代理人在涉嫌的犯罪事实，罪名以及适用的法律，从轻、减轻等从宽等方面的意见，并将犯罪嫌疑人、被告人是否与被害方达成和解协议、调解协议或者赔偿被害方损失，取得被害方谅解，作为从宽处罚的重要考虑因素。那么，作为被害人的代理人，应当依据法律规定，在每一个案件中依法充分维护受害人的合法权益。

（六）帮助被害人对检察机关不起诉决定提出申诉

《刑事诉讼法》第180条规定，对于有被害人的案件，决定不起诉的，人民检察院应当将不起诉决定书送达被害人。被害人如果不服，可以自收到决定书后7日以内向上一级人民检察院申诉，请求提起公诉。人民检察院应当将复查决定告知被害人。对于人民检察院维持不起诉决定的，被害人可以向人民法院起诉。被害人也可以不经申诉，直接向人民法院起诉。人民法院受理案件后，人民检察院应当将有关案件材料移送人民法院。

刑事案件的被害人，一般来说，其法律意识比较淡薄，也缺乏一些诉讼技巧，靠其自身来维护合法权益效果并不是很理想。同时，作为被犯罪行为侵害的被害人，其生理和心理上已经遭受了极大的伤害，其自身很难再有精力来应付这些比较烦琐的法律程序。那么作为被害人代理人的律师就应当积极地替被害人行使这项法律权利，以最大限度地保障被害人的合法权益。

二、被害人代理存在的问题

虽然现行《刑事诉讼法》赋予了被害人当事人的地位，赋予了被害人比较广泛的权利，也赋予了被害人代理律师一些诉讼权利，但是在我国目前的司法实践中，被害人的当事人地位并没有得到很好的落实，被害人代理律师的权利并没有得到很好的保障。

（一）被害人诉讼代理人制度不完善，代理律师的权利实际上得不到有效保障

虽然目前法律对于被害人和被害人代理律师的一些权利进行了规定，但是与辩护人权利的规定相比，这些规定不仅数量很少，且过于原则性，可操作性不强，在实际办案过程中律师的权益仍然无法得到保障。

首先，《刑事诉讼法》规定被害人有权委托诉讼代理人的时间晚于犯罪嫌疑人

委托辩护人的时间。根据《刑事诉讼法》的规定,当侦查机关第一次讯问犯罪嫌疑人或对其采取强制措施时,犯罪嫌疑人就可以委托辩护人。而被害人只有在案件被移送检察院审查起诉时,才可以委托诉讼代理人。这就意味着被害人与犯罪嫌疑人委托律师提供帮助的时间出现了不平等。

其次,现行《刑事诉讼法》在第一编第四章“辩护与代理”中对辩护律师的权利做了详尽的规定,赋予了辩护律师查阅、摘抄、复制案卷材料和申请调取证据等广泛的权利,而涉及诉讼代理人权利的规定却屈指可数。这造成了诉讼代理人欲行使权利却苦于找不到法律支持的局面,不利于诉讼代理人维护被害人的合法权益。

最后,一些关于被害人及其代理人的法律规定因缺乏具体的指导规则和约束,流于形式。比如,《刑事诉讼法》《人民检察院刑事诉讼规则》等法律条文都明确规定,人民检察院在审查起诉时,应当讯问犯罪嫌疑人,并听取辩护人、被害人及其诉讼代理人的意见,并记录在案;如果辩护人、被害人及其诉讼代理人提出书面意见的,应当附卷。但是,由于没有具体的规则来指导和约束,检察机关的办案人员对于代理律师的一些合理请求往往仅仅作表面上的应付,并没有真正地落实和采纳律师的意见。再如,《刑事诉讼法》规定,犯罪嫌疑人认罪认罚的案件,人民检察院应当听取被害人及其诉讼代理人对涉嫌的犯罪事实、罪名及适用的法律、从轻、减轻或者免除的从宽处罚的建议等方面的意见,并且记录在案。但是,实践中被害人及其代理人的意见检察机关是否真的认真考虑,是否考虑并不会影响认罪认罚制度的适用。这些都会导致律师无法及时、有效地与检察机关沟通,也无法真正地了解检察机关对于公安机关移送材料的处理,更加无法利用自己已经掌握的事实和法律向检察机关提出有益的法律意见。而最终的结果就是,代理律师无法在刑事诉讼的过程中发挥其积极性和主动性,无法与公诉机关之间产生合力来及时、有效地惩治犯罪,无法有效地发挥维护被害人合法权益的作用,最终导致被害人的权利形同虚设。

(二)被害人知情权得不到保障

被害人的知情权包括两个方面:一是对司法程序进展的知情权。被害人是犯罪行为的直接受害者,其与案件的联系最为紧密,其应当享有获知案件诉讼进程的权利。二是对犯罪人情况的知情权。被害人作为犯罪行为的受害者,有权了解犯罪人的基本情况。告知被害人关于犯罪人的逮捕、取保候审、假释、释放和脱逃等情况,有利于被害人了解犯罪人的情况,监督司法公正和避免再次受到伤害。

现行《刑事诉讼法》虽然将“保障人权”写入其中,并赋予了被害人很多诉讼权利,力求从保障人权的角度使其与犯罪嫌疑人、被告人在诉讼权利、义务方面保持平衡,但实际上无论是在立法上,还是在目前的执法和司法实践中,被害人的知情权并没有得到有效的保障。

比如,法律规定,对于被害人的控告,公安机关经过审查,认为不需要追究刑事责任,不予立案的,需要将不立案的原因通知控告人。但是在实践中,公安机关对于不立案的情况通常都不会通知被害人,而被害人往往不能及时了解到不予立案的原因。有的案件已经进入了刑事诉讼程序,被害人却往往不知情。

又如,《刑事诉讼法》第 85 条规定了公安机关拘留犯罪嫌疑人时其必须履行的各种义务,如拘留时必须出示拘留证;拘留后,除有特殊情形,应当把拘留的原因和羁押的处所,通知其亲属或单位,且必须是在法定期限 24 小时之内。但是,法律并没有规定应将强制措施的情况告知受害人或者其法定代理人,实践中被害人多数情况下对此是不了解的,更谈不上进一步得知案件进展情况。受害人知情权得不到充分保障,与法律追求公平和正义的理念相违背。

再如,《刑事诉讼法》第 187 条第 1 款明确规定:“人民法院决定开庭审判后,应当确定合议庭的组成人员,将人民检察院的起诉书副本至迟在开庭十日以前送达被告人及其辩护人。”而对于是否送达给被害人法律并没有规定。这种规定与被害人的当事人地位不相符。既然法律规定被害人具有当事人的主体资格,那么被害人就应当具有了解案件进展情况的权利,这样才能及时委托诉讼代理人保护自己的合法权益。

还如,《刑事诉讼法》第 187 条第 3 款明确规定,人民法院在确定开庭日期后,应当将开庭的时间、地点通知人民检察院,传唤当事人,通知辩护人、诉讼代理人、证人、鉴定人和翻译人员,传票和通知书至迟在开庭 3 日以前送达。而实践中,除非被害人提起了附带民事诉讼,法院一般不会通知被害人开庭。有的法院即使通知了,也是流于形式。很多刑事案件被害人只能从法院的开庭公告上得知开庭时间和地点。试想:如果受害人不知道开庭的准确时间,就无法参加庭审,那么受害人的其他诉讼权利也就得不到有效行使，就有可能出现判决不公的情形。而且，因为法律并没有规定被害人应当参加庭审，在实际审判过程中，被害人很少能够参加法庭审理。

笔者认为，被害人的知情权之所以无法得到保障有两方面的原因：一是立法不够完善，关于被害人权利没有完善的规定；二是司法实践中对于司法人员忽视被害人权利的行为没有合理的监督机制。只有不断地完善被害人权利方面的立法规定，加强对忽视被害人权利行为的监督，才能切实保障被害人的知情权。

（三）被害人代理人的阅卷权需要进一步保障

根据法律规定，在审查起诉阶段和审判阶段，被害人代理人经过人民检察院或者人民法院许可可以阅卷。随着法治的进步，辩护人的阅卷权得到了有效保障，被害人代理人的阅卷权虽说需要人民检察院或人民法院许可，但是实践中一般也不存在阅卷难的问题。只要代理人及时和办案单位沟通，基本上都是可以查阅和复制全部案卷材料的。

不过，在笔者代理的案件中出现过检察机关对于退回补充侦查的卷宗在审查起诉阶段以各种理由不让及时阅卷的情形。这种情况属于少数，检察机关也可能是因为办案时间紧张和案多人少的原因，让代理人到审判阶段再去法院查阅补充侦查的材料，但是作为代理人我们还是需要予以重视。很多案件，退回补充侦查的材料非常重要，而且还包括退回补充侦查的提纲，这些材料有时候可能事关案件的定性和重大的量刑情节，代理人需要第一时间了解这些材料，才可以及时与检察机关沟通，并提出自己的建议，也才可以真正地做到帮助和协助办案单位查明案情，确定案件定性，真正地和公诉机关合力维护被害人的合法权益和法律的权威。在司法实践中，如果司法工作人员受传统诉讼模式和诉讼理念的影响，存在不同程度地限制代理人行使阅卷权的行为，代理人还是要通过法理、情理和司法工作人员妥善沟通。在检察机关着力构建良性的检律关系的背景下，“一次也不用跑”的阅卷模式毫无疑问也应适用于律师的被害人代理以及退查后的阅卷工作。

三、被害人代理人在审查起诉阶段的工作

(一)向办案单位递交委托手续

在案件移送审查起诉后,代理人应当第一时间去办案单位递交委托手续,具体包括授权委托书、律师事务所公函、律师证复印件、委托人身份证明。前文提到很多法官在法庭上不允许被害人民事部分代理人对刑事部分发表意见,因此,如果律师既担任刑事部分代理人,又担任附带民事诉讼原告人的代理人,建议分开签订授权委托书。在刑事被害人代理人的授权委托书中,最好详细地表明代理权限为,"代理被害人或其近亲属就刑事部分发表意见,协助公诉机关指控犯罪";在附带民事诉讼授权委托书中明确代理权限为,"代理被害人或其近亲属就民事部分索赔"。当然,也可以考虑只签订一份授权委托书,但将代理权限明确为刑事和民事两部分。

(二)积极关注案件进展

作为被害人代理律师,在接受委托后,确认案件已经移送检察机关的,应及时与公诉机关的承办人员取得联系,递交委托手续,并密切关注案件进展,为以后尽可能全面地参与审查起诉做好准备工作。

(三)尽早阅卷

案件移送检察机关以后,代理律师应积极和承办人员沟通,尽早地查阅、复制案卷材料,应当特别关注办案单位补充侦查的案件材料,并且第一时间阅卷。拿到案卷材料后,尽快地详细研究,并从事实证据和法律适用等方面对案件进行分析;同时,将审查起诉阶段所知晓的情况在法律允许的范围内及时地与被害人或其近亲属沟通。

(四)陈述代理意见

代理律师在审查起诉阶段发现了对案件有重要作用的证据,应当及时与公诉机关沟通,以协助公诉机关做好审查起诉工作。同时,对于起诉意见书以及其他案件证据有异议或者有补充的,可以起草书面的代理,从事实认定和法律适用等方面来表达自己对案件的观点和建议。特别是认罪认罚案件,代理人需要就案件的犯罪事实、罪名、法律适用、是否有从宽量刑情节发表意见,以更好地维护受害人的合法权益。除了电话沟通、面对面沟通,一定要形成书面代理意见递交办案单位,递

交书面代理意见最好用邮政特快专递,以便保存证据和归档。

(五)注意和公诉机关沟通的方式、方法

和办案机关沟通也是一门学问。在和公诉机关意见一致的情况下,需要谦虚,表明自己是协助公诉机关指控犯罪,从而让公诉机关乐于并且愿意接受自己的相关建议和观点。如果与公诉机关意见不一致,比如关于案件的定性意见不一致,则代理律师处理问题的方法就需要注意了。代理律师要给公诉机关足够的尊重,尽可能不要直接否定其意见。例如,安徽少女毁容案,公诉机关是以故意伤害罪起诉,而笔者认为应当以故意杀人罪起诉,所以,笔者开宗明义就讲对于被告人的行为究竟应该认定为故意伤害罪还是故意杀人罪确实是有争议的。笔者首先讲有争议,而不是直接否定公诉机关的意见,这样就表明代理人与公诉人关于犯罪嫌疑人的行为定性只是各自观点不同,代理人对公诉人的意见充分尊重,在这样的前提下才有可能与公诉机关充分合作,之后的工作也才会更加顺畅。在对公诉人的工作表示充分尊重之后,再援引案件事实、相关法律和学理对自己的观点进行充分论证,任何一个观点都应该有理有据,不能一概地强词夺理。

【文书范本】

关于涡阳李氏骨科医生埋尸案审查起诉阶段代理意见

合援刑决字(2014)第110号

S区人民检察院:

安徽金亚太律师事务所接受H市法律援助中心指派和被害人家属的委托,指派王亚林、黄新伟律师担任"涡阳李氏骨科医生埋尸案"被害人刘某清家属的代理人。本案自2014年4月2日立案初查、2014年5月9日决定立案侦查到2014年7月21日移送审查起诉已历经3个月之久,然而根据公安机关移送的材料可知,本案众多基本的、极其重要的事实都没有侦查清楚或没有侦查。现提出如下代理意见,请求贵院审查起诉时予以参考。

一、及时查明本案中对案件定罪量刑影响极其重要的事实

公安机关对已经立案的刑事案件,应当及时进行侦查,全面、客观地收集、

调取犯罪嫌疑人有罪或者无罪、罪轻或者罪重的证据材料。对于侦查终结移送审查起诉的案件,应当同时符合案件事实清楚,证据确实、充分,犯罪性质和罪名认定正确,法律手续完备,依法应当追究刑事责任等基本条件。而在本案中,仍有如下众多对案件定罪量刑有极其重要影响的事实需及时查明:

(一)本案中对被害人的用药情况

被害人家属向公安机关提供了李某朝亲笔书写的被害人刘某清及其他病人的多份病历,这些病历作为原始书证,具有极高的证明价值。上述客观证据充分证明,李某朝为刘某清使用了"骨玉合剂""骨玉合剂2号""热敷宝"等药剂,并为刘某清穴位注射3次。李某朝供述刘某清的病历是原始的、真实的,其中"骨玉合剂"与"骨玉合剂2号"都是由甘露醇、复方丹参、维脑路通、菌必治四种药配置而成,这四种药都有生产厂家,都是从H市各正规的医疗公司进的货;穴位注射的是南京金陵制药厂生产的脉络宁注射液;热敷宝则是自己配制的中草药。而证人李某曦陈述:"具体当天打什么药我不清楚,一般我们打的都是利多卡因和普鲁卡因,打这个药都是表皮注射,主要是局部消炎。"然而,公安机关却没有对李某朝的供述和证人证言做进一步的调查与核实,导致了本案中使用药物的证据只有李某朝的供述这一孤证。另外,本案证人都陈述李氏中医诊所的医疗记录、用药会在电脑中保存。

《中华人民共和国药品管理法》第23条[1]规定:"医疗机构配制制剂,须经所在地省、自治区、直辖市人民政府卫生行政部门审核同意,由省、自治区、直辖市人民政府药品监督管理部门批准,发给《医疗机构制剂许可证》。无《医疗机构制剂许可证》的,不得配制制剂。"第48条第3款规定:"有下列情形之一的药品,按假药论处:……(二)依照本法必须批准而未经批准生产、进口,或者依照本法必须检验而未经检验即销售的。"而最高人民法院、最高人民检察院《关于办理生产、销售假药、劣药刑事案件具体应用法律若干问题的解释》第4条规定:"医疗机构知道或者应当知道是假药而使用或者销售,符合本解释第一条或者第二条规定标准的,以销售假药罪追究刑事责任。"因此,若李某

〔1〕 本条内容已修订,下同。

朝中医诊所和李某朝私自配制药剂且没有经有关部门审核、批准、颁证，则涉嫌生产、销售假药罪，具备致人死亡情节的起刑点应在10年以上。故建议通过调取李某朝中医诊所电脑中的用药原始记录、向诊所护士及以往病人调查来补充以下证据：

（1）调取李某朝中医诊所和李某朝的医疗记录，查封诊所内的“骨玉合剂”“骨玉合剂2号”“热敷宝”等药剂、药品，并对药物所含的成分、来源、含量、质保等进行调查和鉴定；

（2）“骨玉合剂”“骨玉合剂2号”“热敷宝”药剂配制是否经过有关部门审核、批准、颁证；

（3）截至目前“骨玉合剂”“骨玉合剂2号”“热敷宝”生产、销售、使用的数量；

（4）有无对被害人刘某清及其他病人使用所配制的药剂，该药剂使用与被害人死亡是否存在因果关系。

（二）调查李某朝在对刘某清实施抢救过程中存在违反诊疗护理规章制度和技术操作规程的情形

对于刘某清出现不良反应后的急救处理，李某朝供述如下：“打完针我就觉得刘某清不对劲，将其翻过身来平躺在手术床上，我先给其服用了四五粒速效救心丸，然后给他做了人工呼吸和心脏按压，那时刘某清还有微弱的呼吸，心脏按压1分钟左右。最后拿了两支10ml的葡萄糖，我打开瓶塞就往嘴里灌，我看见刘某清没有吞咽的动作，葡萄糖顺着嘴角往外溢……我经过简单地抢救以后，发现他呼吸和脉搏都没有了，基本可以判断人已经死了……（将无菌室门锁上）继续回到办公室就诊。”根据公安机关提供的S区卫生局关于李某朝医生资质查询回复可知，李某朝持有的执业医师资格执业类别为中医、执业范围为中医专业，而我国法律、法规规定实施抢救医疗行为的医师执业类别应为临床、执业范围为急救医学专业。

我国《刑法》规定非法行医罪的主体要件为“未取得医生执业资格的人”，然而司法实践中有人把“未取得医生执业资格的人”与“未取得‘医师资格证书’或‘医师执业证书’的人”混为一谈，曲解并缩小了刑法条文中“未取得医生执业资格的人”概念的含义。根据相关规范医师执业的法律、法规，取得医生执业资格但超出了注册的执业地点、执业类别、执业范围从事医疗活动是明令禁止的,实质上属于“没有取得医生执业资格的人”。况且,医生“三超执业”(超地点、超类别、超范围)严重危害社会公共卫生安全,扰乱公共医疗管理秩序,因此,可以将取得医生执业资格但“三超执业”的医生解释为刑法条文所规定的“未取得医生执业资格的人”,这种实质解释完全符合当前刑法实施的要求。“对构成要件的解释不能停留在法条的字面含义上,必须以保护法益为指导,使行为的违法性与有责性达到值得科处刑罚的程度。在遵循罪刑法定原则的前提下,可以作出扩大解释,以实现处罚的妥当性。在解释构成要件时,不能脱离案件事实;在遇到法律疑问时,不能将有利于被告人作为解释原则。”[1]因此,李某朝超出执业类别和执业范围从事医疗活动,理应构成非法行医罪。故恳请补充调查以下证据,在必要时委托专业的鉴定机构鉴定:

(1)李某朝取得相关执业资格有无采取如欺骗、贿赂等不法的手段;

(2)李某朝在抢救过程中存在违反诊疗护理规章制度和技术操作规程的情形。

(三)公安机关认定本案属于医疗事故却没有进行医疗事故技术鉴定

本案公安机关委托H市公安局刑事科学技术研究所对刘某清死亡原因进行了初步的鉴定,排除了中毒、机械性窒息、机械性损伤等死亡原因,并最终得出死亡原因未能查明的鉴定意见。本案被公安机关定性为医疗事故罪,而并非普通的仇杀、财杀和情杀案件。很显然,公安机关该种鉴定方法不符合常理。国务院《医疗事故处理条例》第20条规定:“卫生行政部门接到医疗机构关于重大医疗过失行为的报告或者医疗事故争议当事人要求处理医疗事故争议的申请后,对需要进行医疗事故技术鉴定的,应当交由负责医疗事故技术鉴定工作的医学会组织鉴定。”该条例第24条第1款规定:“医疗事故技术鉴定,由负责组织医疗事故技术鉴定工作的医学会组织专家鉴定组进行。”而H市公安局刑事科学技术研究所并不具有医疗事故技术鉴定的资质。因此,代理人建议负责医疗事故鉴定的医学会组织专家对本案进行医疗事故技术鉴定,

---

〔1〕 张明楷:《实质解释论的再提倡》,载《中国法学》2010年第4期。

以查明李某朝的违规医疗行为与刘某清的死亡是否存在因果关系。

(四)积极调查李某朝家人是否存在帮助毁灭证据事宜

根据李某朝供述及其家人的证言可知,李某朝的女婿王某和儿子李某在案发后特别是办案机关去诊所调取录像资料后,仍积极帮助李某朝毁灭录像资料。两人应当明知录像资料对于本案侦破的重要意义及故意毁灭录像资料带来的严重后果,其实施的行为导致对本案定罪量刑尤为重要的电子证据灭失,迫使本案的侦破延迟长达1个月之久,造成了极其严重的后果。因此,建议补充查明王某和李某是否涉嫌帮助伪造、毁灭证据罪。

(五)李某朝在涡阳犯有的类似罪行应当进行侦查

李某朝供述2008年在涡阳也曾犯有类似的罪行。而S区公安分局认为,涡阳案件虽然被害人前来合肥控告,但因涡阳公安局没有立案和移送,合肥警方无权管辖。此种做法违反了相关法律的规定。《公安机关办理刑事案件程序规定》第15条第1款规定:"刑事案件由犯罪地的公安机关管辖。如果由犯罪嫌疑人居住地的公安机关管辖更为适宜的,可以由犯罪嫌疑人居住地的公安机关管辖。"第18条[1]规定:"几个公安机关都有权管辖的刑事案件,由最初受理的公安机关管辖。必要时,可以由主要犯罪地的公安机关管辖。"因此,涡阳案件由H市警方管辖完全合法、合理。

二、对李某朝口供的真伪使用多道心理测试仪进行甄别

多道心理测试仪是测谎仪的学名,该项技术在欧美已被应用多年,近年来也被广泛用于我国的侦查实践当中,民商事审判中也经常出现应用案例。最高人民检察院《关于CPS多道心理测试鉴定结论能否作为诉讼证据使用问题的批复》指出:"人民检察院办理案件,可以使用CPS多道心理测试鉴定结论帮助审查、判断证据。"由此可见,利用"测谎"帮助审查、判断证据的功效和做法是被认可的。

截至目前,结合本案公安机关提供的证据不难发现,本案存在众多疑问,如犯罪嫌疑人李某朝使用了何种药物及药物是否为私自配制?在被害人出现

---

[1] 本条内容已修订。

不良反应时是否正确采取应急救助措施？在掩埋尸体、毁灭录像资料等证据过程中有无他人协助？在供述时有无刻意隐瞒或虚构犯罪事实？另外，李某朝也自认了6年前在涡阳就治死病人但没有受到处罚的事实。由此可见，李某朝的反侦查能力较强。因此，利用该科学技术手段可以很好地甄别犯罪嫌疑人供述的真伪，及时防止嫌疑人刻意隐瞒、虚构犯罪事实，辅助公安、司法机关依法查明犯罪事实。鉴于社会对本案的广泛关注，代理律师建议，聘请省外有关机构进行测谎，并对测谎过程进行全程录像，封存测谎数据，以保证公开、公正地处理此案。

三、检察院应派员介入以监督本案的侦查活动

综合公安机关移送审查起诉的案卷材料来看，本案公安机关在侦查过程中存在很多重大瑕疵。比如，关于本案视频资料的调取，相关言词证据显示办案民警曾在4月7日到诊所调取视频资料，但轻信李某朝第二天将视频资料自行送给公安机关的虚假承诺，使李某朝及其家人在4月7日、8日有充分的时间将硬盘损毁。而在4月9日的询问中，办案警官也没有深入调查李某朝等人损毁录像资料的事实。5月9日公安机关得知李某朝及其家人将视频资料损毁后，也没有积极去李某刚家或去硬盘所丢弃的现场进行搜查。公安机关对李某朝这种明显不符合常理的做法没有予以足够的重视。再如，在鉴定方面，本案绝非普通的凶杀案件，而公安机关却以办理普通凶杀案的侦查思路，委托鉴定机关对死亡原因进行鉴定。况且移送的鉴定意见文书中也没有鉴定医师、鉴定机构资质证明等基本材料。

本案自2014年5月13日被媒体广泛报道以来，在社会各界引起广泛关注，给日趋紧张的医患关系造成了巨大的负面影响。被害人家属始终相信办案机关能够维护H市公安、司法机关公正形象，然而截至目前公安机关的侦查行为无法令被害人及社会公众信服。另外，李某朝的女婿就职于侦查机关且具备一定领导职位，李某朝及其家人在整个案件的过程中也始终与其保持联系。现根据《人民检察院刑事诉讼规则（试行）》[1]第361条“对于重大、疑

---

〔1〕 本规则内容已修订。

难、复杂的案件,人民检察院认为确有必要时,可以派员适时介入侦查活动,对收集证据、适用法律提出意见,监督侦查活动是否合法”,代理人申请贵院派员立刻介入侦查活动,及时监督公安机关各项不合法和不合理的侦查行为。

惩罚犯罪、保护人民是公安、司法机关的首要职责,而罪责刑相适应是我国刑法的基本原则。然而,根据公安、司法机关业已“查明”的李某朝的“犯罪事实”,犯罪嫌疑人李某朝最重只需承担3年有期徒刑的刑事责任。本案不是仇杀、财杀和情杀,因此,对于本案而言绝非破了案找到了凶手就完成了侦查工作。彻查本案的所有犯罪事实,以践行罪刑责相适应的刑法原则,是公安、司法机关义不容辞的责任。以上代理意见,望贵院采纳。

代理律师:王亚林、黄新伟

2014 年 8 月 7 日

第三节

在审判阶段担任代理人

审判阶段是刑事诉讼的最后一个阶段,也是最后决战的阶段。把握好这个阶段,律师之前的所有努力都将开花结果;如果没有把握好,律师之前的努力都将功亏一篑。

一、审判阶段被害人诉讼代理人享有的权利

根据《刑事诉讼法》及其司法解释、最高人民检察院《人民检察院刑事诉讼规则》、《律师法》、中华全国律师协会《律师办理刑事案件规范》等规范性法律文件的规定,在审判阶段,被害人及其诉讼代理人享有如下权利。

(一)阅卷权

根据最高人民法院《关于适用〈中华人民共和国刑事诉讼法〉的解释》第 65 条

第1款之规定,律师担任诉讼代理人的,可以查阅、摘抄、复制案卷材料,其他诉讼代理人经人民法院许可,也可以查阅、摘抄、复制案卷材料。由上述规定可以看出,在刑事案件的审判阶段,被害人的代理律师,可以查阅、摘抄、复制案件的所有案卷材料。

作为代理律师,一旦确认案件到了审判阶段,就应立即去法院递交由被害人或其近亲属签名的授权委托书,并要求复印全部案卷材料。2012年12月20日通过的最高人民法院《关于适用〈中华人民共和国刑事诉讼法〉的解释》规定,被害人诉讼代理人查阅、复印案件材料,需经人民法院许可。2021年3月1日起实施的最高人民法院《关于适用〈中华人民共和国刑事诉讼法〉的解释》规定,律师担任被害人诉讼代理人的,可以查阅、摘抄、复制案卷材料,无须经人民法院许可,阅卷权是代理律师享有的权利。

(二)开庭审理前的权利

根据相关法律的规定,在正式开庭审理前,被害人的诉讼代理人有如下权利:(1)有权要求法院依法通知其开庭日期;(2)如果案件涉及被害人的隐私,可以要求人民法院不公开审理;(3)有权对合议庭组成人员、书记员、公诉人、鉴定人和翻译人员申请回避,并协助被害人行使此项权利;(4)有权参加庭前会议,并发表意见。

作为代理律师,要熟悉法律,清楚自己的被害人及自己享有的法定权利,并结合当事人的情况依法行使权利。

(三)法庭审理中的权利

根据《刑事诉讼法》及其司法解释、律师法、中华全国律师协会《律师办理刑事案件规范》等规范性法律文件的规定,被害人及其代理律师在法庭审理过程中享有如下权利:(1)陈述案件事实;(2)出示、宣读有关证据;(3)请求法庭通知未到庭的证人、鉴定人和勘验、检查笔录制作人出庭作证;(4)经审判长许可,向被告人、证人、鉴定人和勘验、检查笔录制作人发问;(5)对各项证据发表意见;(6)对被告人及其辩护人向被害人提出的威胁性、诱导性或与本案无关的问题提出异议;(7)申请通知新的证人到庭,调取新的证据,申请重新鉴定或者勘验;(8)可以对证据和案件情况发表意见并且可以和公诉人、辩护人相互辩论;(9)必要时,请求法庭延期审理。

庭审是最后的决战,成败在此一举。作为被害人的代理律师,一定要利用好庭审的每一个环节,一定要争取每一次说话的机会,争取最大限度地维护被害人的合法权益。

(四)庭审后的权利

休庭后,应告知被害人核对庭审笔录,补充遗漏或修改差错,确认无误后再签名或盖章;被害人及其法定代理人不服一审判决的,代理律师可协助或代理被害人,在其收到判决书后5日内,请求人民检察院抗诉。

二、审判阶段被害人代理存在的问题

无论是对于被害人还是代理律师而言,审判阶段都是极为重要的阶段。在这个阶段中,被害人及其代理律师可以协助公诉机关对被告人进行控诉,揭示案件的事实,提出法律适用的意见,全力维护自身合法权益。但是,在实践中,由于这个阶段的法律规定还不够完善,公诉机关与审判机关还存在一些不合时宜的司法理念,被害人及其代理律师的诉讼权利并没有得到有效保障。

(一)刑事被害人上诉权缺乏

上诉权是被害人作为刑事诉讼当事人的重要标志,不可以随便对其权利加以限制或剥夺。作为刑事公诉案件的当事人,被害人应当享有法律赋予的上诉权。但是,我国《刑事诉讼法》只规定被害人享有抗诉请求权,而无直接的抗诉权。检察机关作为国家的法律监督机关,其在追诉犯罪过程中,首先考虑的是社会公共利益,并不能完全顾及被害人的权益。当检察机关和被害人在对刑事案件的认知上存有差异时,被害人的权利就有可能得不到维护,而被害人自身却无能为力。显然,这种情况的发生,对被害人而言有失公平,违背了法律所追求的价值。

其实,从国际惯例来看,被害人应当享有上诉权。现如今,世界上多数国家都已经以立法的方式对被害人的上诉权予以确认。例如,法国在其1977年修订的《刑事诉讼法典》第4卷中新增了一编即第14编,明文规定,被害人有权上诉,判决必须送达被害人；德国于1994年修订并实施的《刑事诉讼法典》第40条规定，被害人享有不受检察官限制的独立的上诉权；此外，瑞典、俄罗斯、加拿大、意大利等国家的刑事诉讼法中，也以不同的方式确定了被害人的上诉权。由此可见，赋予被害人上诉权符合保障被害人人权的世界趋势。

笔者认为，在保障人权已经成为社会主义法治一项基本原则的今天，对于一个被害人，在刑事诉讼中赋予其独立的上诉权，使其更能充分行使自己的各项诉讼权利，将更能有效地保护刑事诉讼中被害人的合法权利和利益，实现司法公正和社会正义。同时，这也将与国际趋势、国际潮流殊途同归。

为此，笔者认为，我国《刑事诉讼法》应明确规定，在刑事公诉案件中被害人及其法定代理人有权提起上诉。这将有效地防止刑事案件中的被害人只能被动地等待公诉机关是否抗诉的结果，无奈地面对刑事诉讼中的不良审判结果，以避免其合法权益受到可能的损害。当然，在赋予刑事被害人上诉权的同时，需要附加必要的限制条件，以避免上诉权被滥用而可能导致的司法资源的浪费，确保刑事诉讼程序的公平。例如，可以规定被害人必须有强有力的上诉理由，比如事实不清、证据不足或法律适用错误等。因此，被害人上诉并不必然启动二审程序，需要对被害人的上诉理由进行审查，符合条件的，才能启动二审程序。刑事诉讼中上诉的理由是否合理应由二审法院审查。这样，既保证了被害人的上诉权行使，又可以避免被害人滥用权利，从而最大限度地提升刑事诉讼效率。

（二）被害人权利保护观念落后

被害人权利保护观念落后有两个方面的表现：一方面是司法人员保护被害人权利的观念落后，另一方面是被害人自身权利保护意识淡薄。

长期以来，在我国的刑事诉讼理念指导下，追诉犯罪一直都是国家与犯罪行为人之间的斗争。实践中，有的司法人员的思想认识不到位，他们认为：告知被害人在庭审中享有的诉讼权利、为其送达裁判文书等都只是一个程序，被害人是否参与对案件的审理影响不大；如果全部按照法律规定进行庭审，会导致庭审时间冗长、社会效果不好。所以他们人为地减少了被害人的出庭机会和诉讼代理人的部分权利，以便缩短庭审时间、尽快审结案件。有的法官通过查阅案卷，认为某一方或双方当事人容易出现不安定的状态时，即直接放弃对附带民事诉讼的调解，抑或走走过场,对调解结果不做积极引导,只求“案结事了”,不在乎被害人的权利是否受到切实保护。其实,犯罪作为一种社会冲突,牵扯到国家、被害人、加害人三方的利益。在刑事诉讼活动中,被害人和加害人应该是对立两者,刑事立法者不应满足于仅保障一方权利而忽视另一方权利,应当保障双方的权利同样不受侵害。立法不应只是赋予双方实体性权利,同时应赋予双方必要的程序性权利。而从司法角度来说,司法人员应当改变司法理念,提升自己的法律素质和素养,准确定位被害人在刑事诉讼活动中的地位,把被害人真正当作诉讼当事人,而绝不能将其视为诉讼对象。在实务中司法机关应当为被害人合法权利的有效保护创造便利条件。

另外,刑事诉讼中的被害人自身的权利保护意识不强,他们深受传统观念的影响和自身法律知识的局限,并不知道如何才能积极地参与诉讼、维护自身的权利。种种思想上的因素限制了被害人权利保护诉讼机制的进一步发展。因此,被害人亦应革新观念,积极参与到刑事诉讼程序中,摒弃完全放弃自身诉权的观念,提高认识,树立良好的公民法制观念,知道采取何种行动、充分利用法律手段来捍卫自身权利,以此推动良法的实施。

三、被害人代理人在审判阶段的工作

(一)及时要求阅卷

律师作为被害人代理人要及时关注案件的进展,一旦确认案件到了法院,及时向承办法官递交相关委托手续,同时根据自己接受委托时所处的诉讼阶段,要求查阅、复印案卷。如果是审判阶段才接受委托,需要到法院查阅、复制全部的案卷材料,包括所有补充侦查的材料;如果是侦查和审查起诉阶段就已经接受委托,也需要向法院核实是否有新的材料,是否存在漏阅的情形。现行司法实践中,阅卷基本上是得到了有效保障的。司法实践中,如果遇到承办法官以需要经过许可限制阅卷的情况,代理律师就需要用情理和法理来说服法官,争取拿到案卷材料。只有拿到了所有案卷材料,才能仔细分析案卷,发现案件的疑点、难点,从而积极准备开庭材料,为庭审做好充分的准备。

（二）告诉当事人如有损失可以提起附带民事诉讼

被害人的代理律师即使不代理其民事部分，也应该告诉被害人：如果因为犯罪行为遭受物质损失的，可以在刑事诉讼过程中提起附带民事诉讼，以获得相应的赔偿。提起附带民事诉讼是被害人的一种天然权利，这种权利的行使可以在某种程度上减轻其因犯罪行为所带来的损害，至少是物质方面的损害。

（三）做好开庭的准备

首先，要做好案头上的准备。被害人的诉讼代理人也要如公诉人和辩护人一样，对案件的基本事实和证据进行充分研究。建议开庭前将案件相关的法律、法规和司法解释打印出来，将案件大事记列表，画法律关系图、人物关系图，将自己的代理意见进行总结、归纳。

其次，要做好心理上的准备。法官可能不会让被害人的代理人畅所欲言，特别是在被害人的代理人和公诉人意见不一致时。这时代理人要淡定、从容应对，以情理和法理说服法官，争取用最合理、适当的方式将自己的代理意见表达出来。在法庭上的时候一定要记住：律师不是为了争强好胜，最终的目的是说服，必须说服委托人和当事人、力争说服合议庭和公诉人，最终为自己的当事人争取一个较为满意的案件结果。

（四）不放过任何一次说话机会

虽然现行的法律规定及司法实践对于被害人代理人存在一些不利，但是被害人的代理律师在法庭上不能放过任何一次说话的机会；在质证、发问、辩论三个程序中，一定要积极要求发言，一定要利用法律规定的每一次可能的机会将需要表达的法律意见有条理地表达出来。

【文书范本】

涡阳李氏骨科医生埋尸案代理意见

合援刑决字（2014）第110号

H市中级人民法院：

我们接受H市法律援助中心和安徽金亚太（长丰）律师事务所的指派，出席今天的法庭，为被害人亲属提供法律援助。

鉴于我们认为被告人的行为并非直接故意杀人，作为法援律师我们为本案附带民事赔偿的调解付出了很多的努力，如果庭前民事赔偿解决，我们作为被害人代理人可以不需要出庭。但因为被告人一方要求以法院的某种判决结果作为赔偿的条件，双方未能在庭前解决民事赔偿问题。

代理人注意到，本案被告人不仅在作案后破坏掉诊所的电源，从而让监控录像瘫痪，还指使自己的儿子和女婿销毁发案当时的监控录像并抛尸灭迹，导致案件1个多月才被破获；在案件侦破后被告人始终避重就轻，随着侦查的深入而不断修改关于作案过程的口供；在今天的法庭上仍然不如实供述，并且辩称无罪。

本案的基本事实是：2014年3月31日上午刘某清走进被告人的医院治疗颈椎病，而12个小时之后，他的尸体被本该救死扶伤的医生抛弃并掩埋于荒野，1个多月的风化导致尸体内脏自溶而无法进行准确的法医学鉴定。即便如此，被告人及其辩护人竟然辩称被告人的行为无罪。

代理人认为，被告人的行为构成故意杀人罪。现详细论述如下：

一、代理人认同检察机关指控本案系以作为的方式间接故意杀人

检察机关指控本案系作为的方式构成间接故意杀人罪理由如下：第一，脉络宁为静脉滴注的中成药制剂，不宜选择肌肉注射。且脉络宁注射液不良反应监测信息检索结果显示，脉络宁采取滴注的方式注射都存在不良反应风险，因此，违反脉络宁注射液说明书中静脉滴注的规定而选择肌肉注射的不良风险应急剧增大。第二，被告人作为一名医生，对刘某清采取肌肉注射方式注射脉络宁违反了该药品的使用规范，且注射位置选择风险极大的大椎穴附近，这极易导致刘某清发生死亡的危险。第三，被告人明知上述规定仍选择肌肉注射，其主观上应当认识自己的行为可能导致刘某清死亡。在刘某清出现不适时，明知诊所没有任何抢救器材的情况下，拒不积极履行全力救助的义务。在没有充分断定刘某清死亡后，就放弃抢救并反锁无菌室阻碍他人察觉，其意志因素是放任刘某清死亡结果的发生。第四，刘某清在治疗前身体与正常人无异，在接受被告人违规治疗出现不适后未能得到救助，因此，其死亡结果与被

告人的违规行为必然存在法律上的因果联系。所以，被告人的行为依法构成故意杀人罪。代理人认同上述检察机关的指控，且相关证据确实、充分，能够排除合理怀疑。

二、本案即便不被法院认定为以作为的方式故意杀人，也完全符合不作为的间接故意杀人

故意杀人罪，是指非法剥夺他人生命的行为，而行为又包括作为和不作为。正如检察机关在起诉书中所论述："犯罪嫌疑人、被告人作为一名医生，对患者刘某清在诊疗过程中出现的不良反应有义务、有责任予以全力、积极的救助，但被告人因考虑会影响其诊所而不积极履行抢救责任及义务，放任致刘某清死亡结果的发生。"综合本案证据材料，被告人的行为也完全符合不作为的故意杀人罪。

（一）被告人错误治疗导致刘某清出现不适，对此负有全力救助义务

对于对刘某清实施治疗手段的详细内容，本案被告人供述语焉不详、前后矛盾。但根据 A 省医学会的《医学咨询意见书》可知：被告人利用脉络宁注射液治疗颈椎病系用药不当；脉络宁为静脉滴注的中成药制剂不宜选择肌肉注射；大椎穴部位注射风险极大，稍有不当药物会进入蛛网膜下腔或硬膜外腔。且本案证人 N 市金陵制药公司药品安全监测工作人员宋某证实，脉络宁只允许静脉滴注。

因此，刘某清所出现不适系被告人的错误治疗行为直接引发的。毫无疑问，被告人作为一名医生在刘某清注射药物出现不良反应时就具有全力救助的义务，这种特别义务既来源于医生的职业属性，亦来源于被告人错误注射药物的先前行为。《执业医师法》第 24 条规定："对急危患者，医师应当采取紧急措施进行诊治；不得拒绝急救处置。"因此，当注射行为导致刘某清身体不适甚至可能死亡的法益侵害危险时，若不排除或者控制这种既存的危险，就与作为方式的杀人存在"等价性"。

（二）被告人在当时完全具备全力救助的作为可能性

即便公安机关在调查时发现"被告人经营的诊所没有任何抢救器材，甚至连氧气瓶都未配备，不具备抢救的客观条件"，但根据本案的证据材料综合分

析,被告人在整个过程中完全具备寻求外部救援的客观条件。第一,涉案诊所当时有多名医生和护士,但被告人却没有及时通知其他医护人员进行救助。第二,根据被告人供述,其实施了多种手段救助刘某清,且救助时间长达数分钟,这足以证明刘某清在出现不适后并没有立即死亡,客观上具备及时抢救的时间。第三,涉案诊所位于H市城区,附近有多家设备齐全的大型医院,离安医大附属医院、A省立医院等三甲医院也只有几公里距离,完全可以将刘某清转至这些条件更好的医院进行抢救。因此,客观上被告人完全具备作为的可能性。

(三)刘某清若得到正确的抢救,具有避免死亡结果的可能性

根据结果无价值论的观点,我国刑法理论规定不作为犯必须具备"结果回避可能性",如果作为义务人能够履行义务,但客观上不可能避免结果发生时,照样不得以不作为犯论处。本案中,安徽省医学会专家在论证时认为"脉络宁注射液临床使用过程中有不良反应的报道,会引起呼吸系统、心血管系统及皮肤系统等的损害,严重时造成过敏性休克及死亡","推断患者可能系脉络宁注射误入蛛网膜下腔引起死亡"。然而没有相关证据或科学数据可以证明在注射脉络宁发生不良反应或者误入蛛网膜下腔就会必然发生立即死亡的结果。根据A省药品不良反应监测中心《关于脉络宁注射液不良反应监测信息检索结果的告知函》可知,注射脉络宁出现不良反应的病历报告中出现严重不良反应只占很小的比例,而没有不良反应导致死亡的案例。因此,完全可以合理推断本案的死亡结果具备可回避性。

(四)被告人没有尽到抢救刘某清的义务

不作为犯罪并不是单纯的什么行为也没有实施,而是没有实施法律期待的行为。[1] 鉴于本案最直接的证据监控录像已被被告人及其家属销毁,即使依据被告人的供述和辩解,其曾对刘某清实施了喂药、心脏按压、人工呼吸等抢救措施,也不能依此认定其已履行了抢救义务。综合本案证据材料分析可知,被告人没有完全尽到抢救刘某清的义务主要包括以下方面:第一,被告人

〔1〕 张明楷:《刑法学》,法律出版社2011年版,第160页。

所实施的抢救行为完全达不到正常抢救医疗行为标准。我国法律、法规规定，实施抢救医疗行为的医师执业类别应为临床、执业范围为急救医学专业，并且急救科室必须具备众多医疗设备。即便是诊所，按照卫生部《诊所基本标准》也需具备氧气瓶（袋）、开口器、牙垫、口腔通气道、人工呼吸器等基本急诊设备。然而，本案中被告人经营的诊所没有任何抢救器材，甚至连氧气瓶都未配备。因此，被告人所实行的行为完全不符合国家卫生和计划生育委员会颁布的《需要紧急救治的急危重伤病标准及诊疗规范》要求，不能被认定为医学角度的医疗抢救行为。另外，也没有从被害人的口腔中鉴定出抢救药物速效救心丸的成分。第二，在整个过程中完全具备全力救助的客观条件但被告人却没有及时通知其他医护人员进行救助，也没有将刘某清转至条件更好的医院进行抢救。第三，被告人进行了简单的抢救后“见无人发现，便将无菌室锁上接着就诊其他患者”，并在此之后支走了相关的医护人员，阻断了其他人发现、抢救被害人的机会。第四，被告人当时无法明确判定刘某清已经死亡。被告人在2014年5月10日的讯问笔录针对“你是如何判定刘某清死亡的”供述：“我经过简单的抢救以后，发现他呼吸和脉搏都没有了，基本可以断定人已经死亡了”。而在2014年12月10日的讯问笔录中，被告人供述：“等诊所的人都走了我回到无菌室又仔细观察刘某清的情况……当时我很纠结，不断查看刘某清的情况。后来发现刘某清尸体凉了，我才断定刘某清肯定死了……（检察院问：你为什么不断检查刘某清的生命特征？）我总想刘某清也可能活过来，我好及时发现。”虽然在其他的部分笔录中，被告人供述自己确定刘某清已经死亡了。但显然，被告人只是根据被害人刘某清没有呼吸和脉搏等症状模糊地断定其已经死亡。这是一种严重不负责任的初步判断，而非“完全”“确切”的断定，与医学上死亡判断标准相去甚远。这种没有尽到抢救义务的行为同样具备刑事违法性。

（五）被告人的不作为与被害人的死亡存在刑法上的因果关系

由于被告人在案发后实施了掩埋尸体、毁灭监控证据等行为，客观上给死亡原因鉴定造成了巨大困难。A省医学会专家“推断患者可能系脉络宁注射误入蛛网膜下腔引起死亡”。但无论如何，任何一个人都不可否认，被告人错误的治疗和不积极施救的行为与刘某清的死亡具有事实上的因果关系,而本案这种事实上的因果关系,无论是根据条件说还是根据相当因果关系说,都完全等同于法律上的因果关系。正因为不作为犯罪的成立以结果回避可能性为前提,故可以肯定不作为与结果之间的因果关系。[1]

(六)被告人在主观上应属于间接故意

综合本案证据可知,被告人在主观上明知自己的行为可能发生刘某清死亡的危害结果,并且放任这种结果的发生,主观上符合间接故意。理由如下:

1. 被告人明知自己的行为可能导致刘某清死亡的危害结果发生

被告人作为诊所的负责人明知诊所"没有任何抢救器材,甚至连氧气瓶都未配备",作为一名医生明显可以判断当刘某清出现不适时应当及时进行抢救,否则就会有生命危险;也应当知道自己非急救类执业医生,不具备抢救的专业技能,况且被告人也曾供述在涡阳治死病人的类似案例,所以当这种危险再次出现时,被告人明知若不正确、及时抢救,结果必然是死亡。

2. 被告人对死亡结果发生的意志因素是放任而不是轻信可以避免

所谓"放任"是对结果的一种听之任之的态度,即明知该行为可能发生某种结果;行为人既不是希望结果发生,也不是希望结果不发生,但仍实施该行为,也不采取措施防止结果发生,而是听任结果发生;结果发生与否,都不与行为人的意志相冲突。若意志因素为轻信避免,则对结果的发生不是听之任之而是持否定态度的。[2]

根据被告人没有尽到抢救义务的客观行为可以推断其对死亡结果的发生持放任态度。在前文中已详细论述了被告人的客观行为,这都表明了被告人并没有积极挽救刘某清的生命。即便在实施抢救过程中,被告人的行为也是消极的、单独的、隐蔽的,在客观上完全具备抢救条件的情况下,也始终没实施进一步正确的抢救措施。在实施简单、短暂的抢救之后,在没有专业地认定刘

---

〔1〕 张明楷:《刑法学》,法律出版社2011年版,第243~244页。
〔2〕 张明楷:《刑法学》,法律出版社2011年版,第243~244页。

某清确切死亡结果发生时，被告人就贸然停止任何抢救措施，并将无菌室锁上接着就诊其他患者，之后又支走了相关的医护人员，并掩埋尸体、销毁证据、阻碍公安机关侦查等。因此，这种客观行为可以直接反映其意志因素是一种放任的态度，而不是对死亡结果持否定态度。另外，被告人还多次供述不把刘某清送到医院去抢救的原因是害怕损毁自己诊所的声誉。

综上所述，本案发生以来在社会上引起广泛关注，给日趋紧张的医患关系带来了巨大的负面影响，若被告人最终只被判处 3 年以下有期徒刑，将完全违背罪刑责相适应的刑法原则，严重损害司法公信力。以上代理意见，请合议庭予以考虑。

安徽金亚太(长丰)律师事务所律师

王亚林　黄新伟

2015 年 5 月 14 日

第十章
CHAPTER 10

死刑案件的辩护

第一节
死刑辩护概述

死刑是最严厉的刑罚,它涉及剥夺被告人生命权的问题。死刑案件被告人获得有效的辩护是保卫其生命权的一项最基本的权利。因此,死刑辩护律师办理死刑案件,要从“尊重和保障人权”的宪法高度来认识其重要性,切实维护犯罪嫌疑人、被告人的合法权益。本书所指的死刑案件包括四类:根据人民检察院公诉意见,可能判处死刑的案件;一审法院判处死刑的二审上诉案件;根据人民检察院抗诉意见,可能改判死刑的案件;最高人民法院核准的死刑案件。

一、国际社会对待死刑的态度和与我国的死刑立法

据不完全统计,全球 197 个国家和地区中,已有 139 个国家和地区实质上废除了死刑,占全球国家总数的 70% 。其中,有 94 个国家和地区完全废除死刑,有 10 个国家和地区废除普通死刑,只有在特定条件下才执行死刑(军事犯罪或战时犯罪),还有 35 个国家虽然保留死刑,但在最近 10 年里没有执行过死刑,相应地,保留死刑的国家和地区只剩下 58 个。1976 年 3 月 23 日生效的联合国《公民权利和政治权利国际公约》规定,在未废除死刑的国家,判处死刑只能是作为对最严重罪

行的惩罚。[1] 该公约还同时规定，任何被判处死刑的人有权要求赦免或减刑；对于一切判处死刑的案件均给予大赦、特赦或减刑。[2] 该公约的上述内容，反映了联合国在20世纪六七十年代对死刑问题的态度：提倡废除死刑；但在尚未废除死刑的国家应该严格限制死刑，并从程序上给予严格控制。1984年《关于保护面对死刑的人的权利的保障措施》进一步明确了可以判处死刑的范围，并将《公民权利和政治权利国际公约》中的"最严重罪行"界定为"不超出有可能或者其他极其严重的后果的故意犯罪"；同时，扩大了可以判处死刑但不可以执行死刑的范围，还对程序和执行等作了具体的规定。1989年《旨在废除死刑的〈公民权利和政治权利国际公约〉第二任择议定书》明确指出，"废除死刑有助于提高人的尊严和促进人权的可持续发展"，并要求在本议定书缔约国签署范围内，任何人不得被判处死刑。除此之外，有类似举措的还有一些区域性组织、非政府组织。2007年12月底联合国大会对《全球暂缓死刑议案》要求各国暂缓死刑进行表决，有104个国家投支持票，54个国家投反对票，其中包括中国和美国。现阶段，在尚未废除死刑的国家和地区中，大多数国家和地区对可以判处死刑的罪名进行了限制。据有关资料显示，在韩国只有17种死刑罪名；印度仅有战争罪、谋杀罪和抢劫三个罪名适用死刑；而日本和美国，仅故意杀人罪可以判处死刑。

我国是世界上保留死刑的国家之一。中国在1979年仅有28个可以判处死刑的罪名，后来随着社会不断地发展，到1995年达到最高峰，有73个罪名可以判处死刑。到1997年刑法修改时，死刑罪名固定为68个。根据我国现阶段的国情和民意，短期内不可能废除死刑，但我国刑法正朝着轻刑化的方向发展，2007年1月1日最高人民法院收回死刑复核权，刑一庭到刑五庭轮流复核全国各省的死刑案件，其中刑二庭专办经济犯罪，共有500名法官参与死刑复核的办理。不核准死刑的占15%，当中因为政策把握不准在2007年、2008年不核准的分别占不核准总数的66.27%、62.65%。[3] 2011年5月1日施行的《刑法修正案（八）》中，走私文物

---

〔1〕 参见《公民权利和政治权利国际公约》（1976）999UNTS171，第6条。
〔2〕 参见《公民权利和政治权利国际公约》（1976）999UNTS171，第6条。
〔3〕 张宬：《最高法：死刑案15%不核准，复核过程无时间限制》，载搜狐新闻网：http://news.sohu.com/20080311/n255647165.shtml，最后访问日期：2016年7月25日。

罪,走私贵重金属罪,走私珍贵动物、珍贵动物制品罪,走私普通货物、物品罪,票据诈骗罪,金融凭证诈骗罪,信用证诈骗罪,虚开增值税专用发票、用于骗取出口退税、抵扣税款发票罪,伪造、出售伪造的增值税专用发票罪,盗窃罪,传授犯罪方法罪,盗窃古文化遗址、古墓葬罪,盗掘古人类化石、古脊椎动物化石罪共计 13 项罪名取消死刑,这使中国的死刑罪名减至 55 个。2015 年 8 月颁布的《刑法修正案(九)》取消了走私武器、弹药罪,走私核材料罪,走私假币罪,伪造货币罪,集资诈骗罪,组织卖淫罪,强迫卖淫罪,阻碍执行军事职务罪,战时造谣惑众罪等 9 个死刑罪名,使中国刑法中的死刑罪名减至 46 个。

在死刑案件司法领域中,我国坚持"保留死刑,严格控制死刑"的基本政策,并积极开展各类举措,如最高人民法院收回下放长达 27 年之久的死刑复核权、对死刑案件二审强制开庭制度、在死刑案件中奉行更严格的证据标准、率先在死刑案件中建立非法证据进行排除制度。但毫无疑问办理死刑案件对所有法律共同体成员而言均是责任重于泰山。周光权教授多次提出建议:最高人民法院应建立死刑复核案件量刑指南,说明核准或不核准死刑案件的标准。他认为这一举措既能让律师清楚知道核准与否的标准,也符合死刑复核程序是一道程序的基本理念。

二、办理死刑案件应当遵循的原则与死刑案件的辩护

(一)司法机关办理死刑案件应当遵循的原则

最高人民法院、最高人民检察院、公安部、司法部 2007 年 3 月发布的《关于进一步严格依法办案确保办理死刑案件质量的意见》中明确提到了办理死刑案件应当遵循的原则要求,具体如下:

1. 坚持惩罚犯罪与保障人权相结合

我国目前正处于全面建成小康社会、加快推进社会主义现代化建设的重要战略机遇期,一方面人民内部矛盾凸显、刑事犯罪高发,维护社会和谐稳定的任务相当繁重,必须继续坚持"严打"方针,正确运用死刑这一刑罚手段同严重刑事犯罪作斗争,有效遏制犯罪活动的蔓延势头;另一方面要全面落实"国家尊重和保障人权"的宪法原则,切实保障犯罪嫌疑人、被告人的合法权益。坚持依法惩罚犯罪和依法保障人权并重,坚持罪刑法定、罪刑相适应、适用刑法人人平等和审判公开、程序法

定等基本原则，真正做到有罪依法惩处、无罪不受刑事追究。

2. 坚持保留死刑，严格控制和慎重适用死刑

"保留死刑，严格控制死刑"是我国的基本死刑政策。实践证明，这一政策是完全正确的，必须继续贯彻执行。要完整、准确地理解和执行"严打"方针，依法严厉打击严重刑事犯罪，对极少数罪行极其严重的犯罪分子，坚决依法判处死刑。我国现在还不能废除死刑，但应逐步减少适用，凡是可杀可不杀的，一律不杀。办理死刑案件，必须根据构建社会主义和谐社会和维护社会稳定的要求，严谨审慎，既要保证根据证据正确认定案件事实，杜绝冤错案件的发生，又要保证定罪准确，量刑适当，做到少杀、慎杀。

3. 坚持程序公正与实体公正并重，保障犯罪嫌疑人、被告人的合法权利

人民法院、人民检察院和公安机关进行刑事诉讼，既要保证案件实体处理的正确性，也要保证刑事诉讼程序本身的正当性和合法性。在侦查、起诉、审判等各个阶段，必须始终坚持依法进行诉讼，坚决克服重实体、轻程序，重打击、轻保护的错误观念，尊重犯罪嫌疑人、被告人的诉讼地位，切实保障犯罪嫌疑人、被告人充分行使辩护权等诉讼权利，避免因剥夺或者限制犯罪嫌疑人、被告人的合法权利而导致冤错案件的发生。

4. 坚持证据裁判原则，重证据、不轻信口供

办理死刑案件，要坚持重证据、不轻信口供的原则。只有被告人供述，没有其他证据的，不能认定被告人有罪；没有被告人供述，其他证据确实、充分的，可以认定被告人有罪。对刑讯逼供取得的犯罪嫌疑人供述、被告人供述和以暴力、威胁等非法方法收集的被害人陈述、证人证言，不能作为定案的根据。对于被告人作出有罪判决的案件，必须严格按照《刑事诉讼法》第162条的规定，做到"事实清楚，证据确实、充分"。证据不足，不能认定被告人有罪的，应当作出证据不足、指控的犯罪不能成立的无罪判决。

5. 坚持宽严相济的刑事政策

对死刑案件适用刑罚时，既要防止重罪轻判，也要防止轻罪重判，做到罪刑相当，罚当其罪，重罪重判，轻罪轻判，无罪不罚。对罪行极其严重的被告人必须依法惩处，严厉打击；对具有法律规定的"应当"从轻、减轻或者免除处罚情节的被告人，

依法从宽处理;对具有法律规定的"可以"从轻、减轻或者免除处罚情节的被告人,如果没有其他特殊情节,原则上依法从宽处理;对具有酌定从宽处罚情节的也应依法予以从宽处罚。

(二)律师的职责和要求

在美国,对于承办死刑案件辩护的律师,全美律师协会提出了具体的任职资格,并且从各方面提供相应的保障和条件,此外,还对死刑案件的辩护律师从多方面规定了任职义务和职责,并为此制定了《死刑案件辩护律师的指派与职责纲要》。[1] 该纲要旨在提出一个死刑案件辩护实务的全国标准,以保证给有可能面临被判或者执行死刑的人进行高质量的法律代理。全美律师协会根据纲要的规定,招募和认证有资格为死刑案件被告做代理的律师,起草并定期发布通过认证、代理、撤销认证律师的花名册,起草并定期发布律师认证与登记等一定案件的标准和程序,指派律师来给被告的每一个阶段做代理,除非该被告有私人律师。监督、检查所有代理死刑诉讼案件律师的职责表现。纲要要求为死刑被告辩护的律师应该显示出为死刑案件提供热情的辩护以及高质量法律代理的理念;满足死刑案件被告辩护所必须接受的培训要求。公设律师辩护人组织每年都与市长办公室签订合同,在该组织工作的有经验的律师年收入85,000至95,000美元,刚毕业的大学生为45,000至50,000美元,相当于纽约警察的收入水平。

在我国,《关于进一步严格依法办案确保办理死刑案件质量的意见》提到律师应当恪守职业道德和执业纪律,办理死刑案件应当尽职尽责,做好会见、阅卷、调查取证、出庭辩护等工作,提高辩护质量,切实维护犯罪嫌疑人、被告人的合法权益。辩护律师经证人或者其他有关单位和个人同意,可以向他们收集证明犯罪嫌疑人、被告人无罪或者罪轻的证据,申请人民检察院、人民法院收集、调取证据,或者申请人民法院通知证人出庭作证,也可以申请人民检察院、人民法院依法委托鉴定机构对有异议的鉴定意见进行补充鉴定或者重新鉴定。对于辩护律师的上述申请,人民检察院、人民法院应当及时予以答复。被告人可能被判处死刑而没有委托辩护人的,人民法院应当通过法律援助机构指定承担法律援助义务的律师为其提供辩

---

〔1〕 刘仁文:《如何加强对死刑案件的辩护》,载《检察日报》2006年2月8日,第12版。

护。法律援助机构应当在收到指定辩护通知书3日以内，指派有刑事辩护经验的律师提供辩护。律师在提供法律帮助或者履行辩护职责中遇到困难和问题时，司法行政机关应及时与公安机关、人民检察院、人民法院协调解决，保障律师依法履行职责。

2019年8月最高人民法院发布《关于死刑复核及执行程序中保障当事人合法权益的若干规定》，规定了死刑案件被告人委托律师、律师办理案件流程、死刑犯会见家属、向被害方亲属提供裁判文书等基本内容。

第二节
死刑案件辩护的程序性问题

死刑案件重大而且敏感，较之其他刑事案件在处理有关问题时更要慎重。补充以下几点：

第一，委托要慎重。根据全国律师协会2000年《律师办理刑事案件规范》(已修订)，律师几乎可以接受任何人的委托办理死刑案件，但2012年修改的《刑事诉讼法》解释将委托人限定在"监护人、近亲属、指定的人员"范围内，死刑案件应严格执行。《关于死刑复核及执行程序中保障当事人合法权益的若干规定》第1条规定，高级人民法院在向被告人送达依法作出的死刑裁判文书时，应当告知其在最高人民法院复核死刑阶段有权委托辩护律师，并将告知情况记入宣判笔录；被告人提出由其近亲属代为委托辩护律师的，除因客观原因无法通知的之外，高级人民法院应当及时通知其近亲属，并将通知情况记录在案。[1]

第二，风险要告知。在死刑案件中应当妥善处理律师和委托人之间的关系。办理死刑案件手续时，以谈话笔录的形式做风险提示，保证委托人确知诉讼风险。收费应当合法、合规。

第三，阅卷要趁早。死刑案件二审宣判后，案件移送最高人民法院复核通常会

---

〔1〕 所引规范已修订。

有一段时间。律师如果接受委托可以和省高级人民法院原承办法官联系，尽早复制到全案卷宗，积极提交死刑复核阶段手续，以便最高人民法院法官复核时知道律师的信息。《关于死刑复核及执行程序中保障当事人合法权益的若干规定》第 2 条规定，最高人民法院复核死刑案件，辩护律师应当自接受委托或者受指派之日起 10 日内向最高人民法院提交有关手续，并自接受委托或者指派之日起一个半月内提交辩护意见。第 3 条规定，辩护律师提交相关手续、辩护意见及证据等材料的，可以经高级人民法院代收并随案移送，也可以寄送至最高人民法院。

第四，沟通要及时。死刑复核案件材料移送没有法定的期限规定，死刑复核也没有法定的期限规定，所以律师只能多关注，常联系承办法官。《关于死刑复核及执行程序中保障当事人合法权益的若干规定》第 4 条规定，最高人民法院复核裁定作出后，律师提交辩护意见及证据材料的，应当接收并出具接收清单；经审查，相关意见及证据材料可能影响死刑复核结果的，应当暂停交付执行或者停止执行，但不再办理接收委托辩护手续。

第五，会见莫违规。律师在会见死刑案件的犯罪嫌疑人、被告人时，应当特别注意。已经有多名律师把立功线索带给当事人而被处罚的情况。必要时会见可以录音录像。

第六，及时关注死刑适用标准、证明标准和辩护策略。我国对于死刑案件坚持最严格的证明标准。律师在办理死刑案件时应当坚持法律真实、程序正义的基本准则，灵活运用策略。

第三节
死刑的法律、政策

一、我国刑法关于死刑的规定

我国刑法涉及死刑的罪名有 46 个，有很多死刑罪名主要是起威慑作用的，司法实践中很少适用，如危害国家安全罪中，有多个可以判处死刑的罪名，但司法实践中，因为危害国家安全而被判处死刑的判例很少(或者信息没有公开而不知晓)；

还有死刑罪名涉及财产犯罪和经济犯罪，这部分死刑罪名在司法实践中是受到极为严格控制的，即《刑法》虽规定了死刑，但并不轻易适用；实践中常见的死刑罪名绝大多数是侵害公民的生命健康权利、危害公共安全以及毒品犯罪。

二、诉讼法及司法解释关于死刑适用的规定

根据《刑事诉讼法》第234条的规定，被告人被判处死刑的上诉案件，第二审人民法院应当组成合议庭，开庭审理。第249条规定："最高人民法院复核死刑案件，高级人民法院复核死刑缓期执行的案件，应当由审判员三人组成合议庭进行。"第251条第1款规定："最高人民法院复核死刑案件，应当讯问被告人，辩护律师提出要求的，应当听取辩护律师的意见。"

最高人民法院《关于适用〈中华人民共和国刑事诉讼法〉的解释》第430条规定："最高人民法院裁定不予核准死刑的，根据案件情况，可以发回第二审人民法院或者第一审人民法院重新审判。对最高人民法院发回第二审人民法院重新审判的案件，第二审人民法院一般不得发回第一审人民法院重新审判。第一审人民法院重新审判的，应当开庭审理。第二审人民法院重新审判的，可以直接改判；必须通过开庭查清事实、核实证据或者纠正原审程序违法的，应当开庭审理。"第431条规定："高级人民法院依照复核程序审理后报请最高人民法院核准死刑，最高人民法院裁定不予核准，发回高级人民法院重新审判的，高级人民法院可以依照第二审程序提审或者发回重新审判。"第434条规定："死刑复核期间，辩护律师要求当面反映意见的，最高人民法院有关合议庭应当在办公场所听取其意见，并制作笔录；辩护律师提出书面意见的，应当附卷。"

《关于适用〈中华人民共和国刑事诉讼法〉的解释》第351条规定："对一人有两罪以上被判处死刑的数罪并罚案件，最高人民法院复核后，认为其中部分犯罪的死刑判决、裁定事实不清、证据不足的，应当对全案裁定不予核准，并撤销原判，发回重新审判；认为其中部分犯罪的死刑判决、裁定认定事实正确，但依法不应当判处死刑的，可以改判，并对其他应当判处死刑的犯罪作出核准死刑的判决。"第352条规定："对有两名以上被告人被判处死刑的案件，最高人民法院复核后，认为其中部分被告人的死刑判决、裁定事实不清、证据不足的，应当对全案裁定不予核准，并

撤销原判，发回重新审判；认为其中部分被告人的死刑判决、裁定认定事实正确，但依法不应当判处死刑的，可以改判，并对其他应当判处死刑的被告人作出核准死刑的判决。”

最高人民法院、最高人民检察院、公安部、司法部《关于进一步严格依法办案确保办理死刑案件质量的意见》（法发〔2007〕11 号）第 35 条规定：“人民法院应当根据已经审理查明的事实、证据和有关的法律规定，依法作出裁判。对案件事实清楚，证据确实、充分，依据法律认定被告人有罪的，应当作出有罪判决；对依据法律认定被告人无罪的，应当作出无罪判决；证据不足，不能认定被告人有罪的，应当作出证据不足、指控的犯罪不能成立的无罪判决；定罪的证据确实，但影响量刑的证据存有疑点，处刑时应当留有余地。”第 40 条规定：“死刑案件复核期间，被告人委托的辩护人提出听取意见要求的，应当听取辩护人的意见，并制作笔录附卷。辩护人提出书面意见的，应当附卷。”

《关于充分保障律师依法履行辩护职责，确保死刑案件办理质量的若干规定》（法发〔2008〕14 号）第 17 条规定：“死刑案件复核期间，被告人的律师提出当面反映意见要求或者提交证据材料的，人民法院有关合议庭应当在工作时间和办公场所接待，并制作笔录附卷。律师提出的书面意见，应当附卷。”

最高人民法院《关于对怀孕妇女在羁押期间自然流产审判时是否可以适用死刑问题的批复》《关于审理贪污、职务侵占案件如何认定共同犯罪几个问题的解释》《关于审理为境外窃取、刺探、收买、非法提供国家秘密、情报案件具体应用法律若干问题的解释》《关于审理抢劫案件具体应用法律若干问题的解释》，最高人民法院、最高人民检察院《关于办理生产、销售伪劣商品刑事案件具体应用法律若干问题的解释》，最高人民法院、最高人民检察院《关于办理非法制造、买卖、运输、储存毒鼠强等禁用剧毒化学品刑事案件具体应用法律若干问题的解释》等数十个司法解释都是涉及死刑适用方面的规定。

三、部分会议纪要等刑事政策关于死刑适用的规定

《全国法院维护农村稳定刑事审判工作座谈会纪要》（法〔1999〕217 号）规定：“对于因婚姻家庭、邻里纠纷等民间矛盾激化引发的故意杀人犯罪，适用死刑一定

要十分慎重，应当与发生在社会上的严重危害社会治安的其他故意杀人犯罪案件有所区别。对于被害人一方有明显过错或对矛盾激化负有直接责任，或者被告人有法定从轻处罚情节的，一般不应判处死刑立即执行。”

最高人民法院《全国部分法院审理毒品犯罪案件工作座谈会纪要》（法〔2008〕324号）规定：“毒品数量达到实际掌握的死刑数量标准，具有下列情形之一的，可以不判处被告人死刑立即执行：（1）具有自首、立功等法定从宽处罚情节的；（2）已查获的毒品数量未达到实际掌握的死刑数量标准，到案后坦白尚未被司法机关掌握的其他毒品犯罪，累计数量超过实际掌握的死刑数量标准的；（3）经鉴定毒品含量极低，掺假之后的数量才达到实际掌握的死刑数量标准的，或者有证据表明可能大量掺假但因故不能鉴定的；（4）因特情引诱毒品数量才达到实际掌握的死刑数量标准的；（5）以贩养吸的被告人，被查获的毒品数量刚达到实际掌握的死刑数量标准的；（6）毒品数量刚达到实际掌握的死刑数量标准，确属初次犯罪即被查获，未造成严重危害后果的；（7）共同犯罪毒品数量刚达到实际掌握的死刑数量标准，但各共同犯罪人作用相当，或者责任大小难以区分的；（8）家庭成员共同实施毒品犯罪，其中起主要作用的被告人已被判处死刑立即执行，其他被告人罪行相对较轻的；（9）其他不是必须判处死刑立即执行的。”

最高人民法院《关于贯彻宽严相济刑事政策的若干意见》（法发〔2010〕9号）规定：“对于因恋爱、婚姻、家庭、邻里纠纷等民间矛盾激化引发的犯罪，因劳动纠纷、管理失当等原因引发、犯罪动机不属恶劣的犯罪，因被害方过错或者基于义愤引发的或者具有防卫因素的突发性犯罪，应酌情从宽处罚。”

最高人民法院刑一庭《关于审理若干新型毒品案件定罪量刑的指导意见》（2006年8月）规定：新型毒品案件适用死刑的主要对象是从事制造、走私等源头犯罪行为的首要分子和其他主犯，对仅从事了运输、贩卖等中间环节行为的犯罪分子，原则上可不适用死刑，尤其是立即执行。

最高人民法院刑三庭《在审理故意杀人、伤害及黑社会性质组织犯罪案件中切实贯彻宽严相济刑事政策》（2010年4月）规定：对于自首的故意杀人、故意伤害致人死亡的被告人，除犯罪情节特别恶劣，犯罪后果特别严重的，一般不应考虑判处死刑立即执行。对亲属送被告人归案或协助抓获被告人的，也应视为自首，原则上应当从宽处罚。对具有立功表现的故意杀人、故意伤害致死的被告人,一般也应当体现从宽,可考虑不判处死刑立即执行。但如果犯罪情节特别恶劣,犯罪后果特别严重的,即使有立功情节,也可以不予从轻处罚。共同犯罪中,多名被告人共同致死一名被害人的,原则上只判处一人死刑。处理时,根据案件的事实和证据能分清主从犯的,都应当认定主从犯;有多名主犯的,应当在主犯中进一步区分出罪行最为严重者和较为严重者,不能以分不清主次为由,简单地一律判处死刑。

四、发布的有关案例的指导性意见

《最高人民法院公报》中就有很多死刑案例。另外,死刑复核权收归最高人民法院之后,最高人民法院还经常通过公共媒体发布死刑案例。最高人民法院刑事审判第一、二、三、四、五庭主办的《刑事审判参考》中也包含很多死刑案例,这些案例对于死刑案件的辩护有极大的指导作用。最高人民检察院公布的指导案例、《人民检察》发表的文章案例等都可作为参考。

第四节
死刑案件的辩护理由

一、主体辩

(一)被告人禁用死刑

《刑法》第49条规定,犯罪的时候不满18周岁的人、审判的时候年满75周岁(但以特别残忍手段致人死亡的除外)或怀孕的妇女,不适用死刑。

(二)被告人是精神病或聋哑人、盲人

1. 被告人是精神病人

《刑法》第18条规定,精神病人在不能辨认或者不能控制自己行为的时候造成危害结果,经法定程序鉴定确认的,不负刑事责任,但是应当责令他的家属或者监护人严加看管和医疗;在必要的时候,由政府强制医疗。尚未完全丧失辨认或者控制自己行为能力的精神病人犯罪的，应当负刑事责任，但是可以从轻或者减轻处罚。

从上述规定可知，精神病人分为完全无刑事责任能力和限制刑事责任能力两类：被告人如果基于精神病理的作用在犯罪时完全丧失了辨认或控制自己行为的能力导致犯罪的完全不负刑事责任；被告人如果是限制刑事责任能力的精神障碍人，则可以从轻或者减轻处罚，进而不能被判处死刑。但是，在司法实践中，限制刑事责任能力的精神障碍人往往会因为犯罪情节极其恶劣被判处死刑。在2007年死刑复核权收归最高人民法院之前A省B市就有这么一起案例：因琐事发生了争执，22岁的精神病患者王某用剪刀在伙伴身上连刺18下，杀人后喝农药自尽未遂。A省B市中级人民法院对这起故意杀人案件进行了审理，一审判决被告人王某死刑。

具体案情：家住B市J区观堂镇大蒋行政村的小均（化名）到同村王某家去玩。二人一起玩了一会儿后，王某见小均乱翻了家里的东西，心里很不高兴，遂进行制止，小均没有理会。王某一气之下，将门从里面关上，用力将小均摔倒在地，又从桌上拿起剪刀朝小均的脖子、胸部、腹部、头部等部位连扎18下。看到被害人不能动弹之后，他将放在桌上的一瓶农药喝下企图自杀。经法医鉴定，王某患有精神分裂症，为限制刑事责任能力人。B市中级人民法院经审理后认为：被告人王某因琐事持械故意非法剥夺他人生命，且造成他人死亡的严重后果，其行为已构成故意杀人罪，虽然王某系限制行为责任能力人，但由于其作案手段残忍，情节特别恶劣，不应从轻处罚。法院遂依法作出上述判决。

而在2007年之后的另一个案例中，江西的李某平因心情烦躁殴打妻子并棍杀叔叔和祖母，司法鉴定认为其具有完全行为能力，但过去曾犯过"急性应激障碍"，故最高人民法院不核准死刑。

2. 被告人是聋哑人、盲人

《刑法》第19条规定："又聋又哑的人或者盲人犯罪，可以从轻、减轻或者免除处罚。"所以，在死刑案件中，聋哑人、盲人由于具有生理上的缺陷，辨认、控制自己行为的能力低于正常人，对其非难的可能性小于正常人，一般可以得到宽大处理。

二、定性辩

（一）此罪彼罪

在死刑案件中，可以通过此罪与彼罪之辩来改变案件定性，将重罪辩成轻罪，最终提出罪轻辩护观点。具体而言，主要有以下几种情况：一是根据案件相关证据将重罪辩成轻罪，如将故意杀人罪辩成过失杀人罪。二是单一主体变成双重主体，如将自然人犯罪辩成单位犯罪，根据司法实务经验，我国对单位犯罪的处罚是对单位适用财产刑，对自然人则刑减一等，特别是没有死刑。三是时间差上的罪轻，《刑法》第 12 条规定，以修订后的《刑法》实施日 1997 年 10 月 1 日为界，此前所犯罪行，按从旧兼从轻原则处理。四是多罪中的一罪，如果在某一死刑案件中被告人被控数罪，则可根据刑法总则上的一罪与数罪的原理，将数罪辩成一罪，以达到罪轻而从轻、减轻处罚的目的。〔1〕 笔者曾经办理这样一起案例，被告人一审被定的是故意杀人罪，笔者认为应当定交通肇事罪并依此进行了辩护，获得了较好的辩护效果。

（二）实行过限

所谓实行过限，又称共犯过剩，〔2〕是指实行犯实施了超出共同犯罪故意的行为。还可以表述为，在共同犯罪中实行犯实施了某种超出了共同谋议的犯罪范围的行为。一般来说，超出共同犯罪故意的犯罪，不构成共同犯罪，因为《刑法》规定的共同犯罪是共同故意犯罪，即共同犯罪中的各行为人必须存在共同犯罪故意。而对于过限的实行行为及可能产生的危害结果，其他人一无所知。由于实行人与其他人缺乏共同犯罪的意思联络，根据《刑法》主客观相统一的犯罪构成理论，不能按共同犯罪论处。在司法实践中，为了贯彻罪责自负、反对株连原则，实行过限的犯罪行为应当由过限行为实施者自己承担，对过限行为没有共同故意的原共同犯罪人，不对过限行为负刑事责任。在存在实行过限情况的死刑案件中，辩护律师提出的相关辩护理由一般会得到法庭的支持，使没有过限行为的共同犯罪人获得从

---

〔1〕 徐进：《对量刑辩论程序改革的一些思考》，载甘肃省律师协会网：http://www.gslawyer.com/W/HdContentDisp-19-2132-2010826-397671.htm，最后访问日期：2016 年 7 月 25 日。

〔2〕 张明楷：《刑法学》，法律出版社 2007 年版，第 354 页。

轻处罚的机会。

（三）同时犯

二人以上同时同地侵害同一对象，但彼此缺乏共同犯罪故意的意思联络的，为同时犯，而不成立共同犯罪。同时犯只对自己的犯罪行为承担刑事责任。同时犯理论可以作为死刑辩护的有力理由，辩护律师应当注意这方面的情形。

三、事实、证据辩

事实、证据辩往往是程序性辩护，也可以称为进攻性辩护、反守为攻的辩护，其以攻击控方的证据和取证手段来达到要求法院宣告控方证据违法、无效的目的。哈佛大学终身刑法教授、辛普森案件的首席辩护人德肖维茨说："最好的辩护就是主动进攻。"[1]这里的"主动进攻"，就是进攻证据的"三性"。证据是认定案件事实的唯一根据，证据确实、充分，案件事实清楚的，才可以得出被告人有罪的判决，相反，如果案件事实不清、证据不足或者案件证据存在疑问，则法官要从无罪推定和有利于被告人的原则出发，作出有利于被告人的判决；在死刑案件中，辩护人提出的证据不足或者对证据的"三性"存在疑问的辩护意见往往容易得到法院的采纳，从而使被告人免于处罚或者得到较轻的处罚。

（一）事实不清、全案或者主要证据不足

在死刑案件中，如果辩护人提出案件事实不清、全案证据或主要证据存疑，涉及罪与非罪的问题，往往会引起法官的重视，一旦被认可，法官就会作出证据不足、指控的犯罪不能成立的无罪判决。如安徽的刘某河案就是这方面的典型案例：被告人刘某河因故意杀人罪于 1996 年 12 月被判处死刑，2001 年 8 月经第三次二审作出了无罪判决。

对于公诉方拟出示的鉴定意见，辩护律师在征得当事人同意的情况下可以委托相关专家对鉴定意见进行评估。

（二）重罪证据存疑

如果在死刑案件中，影响定罪量刑的重罪证据不足、轻罪证据充足的，可以择

〔1〕［美］亚伦·德肖维茨：《最好的辩护》，李贞莹、郭静美译，南海出版公司 2002 年版，第 4 页。

轻罪判处。对此类案件,辩护人提出的重罪证据不足的辩护意见往往会得到法官采纳,从而使被告人得到较轻处罚。以下案例就说明了重罪证据存疑的情形:陈某因琐事与白某争吵,后陈某用水果刀刺中白某心脏,白某经抢救无效死亡。检察院以故意杀人罪对陈某提起公诉。陈某辩称白某在争吵中先用水果刀刺伤其胳膊,后陈某夺过水果刀刺向白某。现场没有目击证人,陈某胳膊有刀伤。陈某的辩护人提出认定杀人证据不足、存在被害人刺伤陈某的可能性的辩护意见。法院审理以后,采纳了陈某律师的辩护意见,以故意伤害罪判处陈某“死缓”。[1]

另外,最高人民法院、最高人民检察院、公安部、国家安全部、司法部《关于办理死刑案件审查判断证据若干问题的规定》第 15 条规定,对定罪量刑有重大影响的证人证言,证人经依法传唤未出庭作证的,该书面证言经质证无法确认的,不能作为定案的根据。因此,在死刑案件中,辩护律师可以根据该条的规定,要求证人到庭,如果不到庭,该证人证言就不得采用,就会获得较为理想的辩护结果。

(三)个别量刑证据存在一定缺陷

最高人民法院、最高人民检察院、公安部、司法部《关于进一步严格依法办案确保办理死刑案件质量的意见》强调:“保留死刑,严格控制死刑”是我国的基本死刑政策,凡是可杀可不杀的,一律不杀。定罪的证据确实,但影响量刑的证据存有疑点的,处刑时应当留有余地。

案例

秦某林抢劫上诉案

其基本案情是:2005 年 9 月 5 日凌晨,秦某林窜至 S 市运货公司院内刘某英家,欲行盗窃,被刘某英发现。秦某林捂压刘某英口鼻,致刘某英死亡后,将刘某英耳朵上的金耳环一副及床上的现金 30 元劫走。经法医鉴定,被害人刘某英系被捂压口鼻部、挤压胸部致机械性窒息而死亡。2005 年 9 月 13 日下

[1] 陈泽宪:《死刑案件的辩护》,中国社会科学出版社 2006 年版,第 305 页。

午,被告人秦某林拦截了一辆出租车,强行抢走驾驶员何某亮的车钥匙和小灵通。在准备乘车返回时,秦某林掏出随身携带的刀将车前玻璃敲烂,威胁何某亮,劫走现金200余元,后持刀威胁何某亮请其吃饭。在饭店内,何某亮借机逃离报警,秦某林被公安机关当场抓获。S市中级人民法院以抢劫罪判处秦某林死刑,剥夺政治权利终身,并处罚金人民币2000元。宣判后,秦某林不服并上诉。A省高级人民法院经审理,以抢劫罪改判秦某林死刑,缓期两年执行,剥夺政治权利终身,并处没收个人全部财产。改判理由为:本案认定秦某林抢劫致死刘某英的证据,有秦某林的多次供述,其供述杀害刘某英的经过及细节与刑事科学技术鉴定、现场勘验笔录等能互相印证。根据秦某林的供述,找到收购秦某林所卖金耳环的买主王某,提取了该副金耳环。经王某辨认,卖金耳环的人就是秦某林,秦某林也供认提取的金耳环是其所卖。上述证据已形成证据链。秦某林虽在审判阶段翻供,辩称其在侦查阶段的供述系屈打成招,但无证据证实;辩称卖的是前妻的金耳环,但前妻否认提取的金耳环是她所丢的金耳环。故本案据以定案的证据确实、充分。但本案证据也存在一定的瑕疵,秦某林虽多次供述其卖的是刘某英耳朵上下的金耳环,但是刘某英的两个女儿未辨认出提取的金耳环就是刘的金耳环(称可能改过)。证人王某证明曾看见被提取的金耳环上有血迹,后清洗过,但法医鉴定未记载刘某英耳朵上有伤痕。故不能确定秦某林所卖的金耳环就是被害人刘某英所有的。鉴于上述证据存在的瑕疵,从将死刑案件办成铁案的标准考虑,对秦某林的量刑上应留有余地,改判死缓。

(四)共犯罪责不清

在共同犯罪的死刑案件中,在多数同案犯在逃的情况下,或者共同犯罪的事实和参与人清楚,但罪责不太清楚,如共同伤害致死或者杀人案件,没有充分的证据证明各个犯罪人的罪责大小,为了防止错杀,一般法院判决为谨慎起见,在量刑时留有余地,不判处死刑立即执行。所以,对此类共同犯罪案件,辩护人提出认定被告人罪责的证据不充分的辩护意见,往往会得到很好的辩护效果。

案例

胡某魁故意杀人死刑复核案

1997年,胡某魁与王某侠(已判处无期徒刑)因存在不正当两性关系而共谋杀害王某侠的丈夫夏某兴。胡某魁经马某新(已判刑)介绍,找到张某学(已判刑),要求张某学帮忙杀害夏某兴。张某学纠集了张某先、刘某亚、唐某(均已判刑)、田某华、张某飞(均在逃)于1997年9月7日晚携带作案工具,由刘某亚开车,来到夏某兴家中,将夏打倒在地,之后又将夏抬到刘某亚的车上,在车上继续殴打,致使夏某兴脑挫伤、蛛网膜下腔出血致中枢性呼吸循环衰竭死亡。B市中级人民法院以故意杀人罪判处胡某魁死刑,剥夺政治权利终身。宣判后,胡某魁不服,提出上诉。A省高级人民法院裁定驳回上诉,报最高人民法院核准。最高人民法院复核认为,被告人胡某魁与王某侠共同指使他人杀害夏某兴的事实可以认定。但是,鉴于现有证据对胡某魁与王某侠在共同指使他人实施杀人犯罪过程中谁是主谋尚无法确定,根据罪责相适应的刑法原则,在两人罪责孰重孰轻无法确认的情况下,量刑不宜差距过大。被告人王某侠被判处的是无期徒刑,一审、二审法院对胡某魁判处死刑量刑过重,故裁定不核准胡某魁死刑,发回重审。

(五)非法证据排除程序的适用

2010年7月1日起实施的《关于办理死刑案件审查判断证据若干问题的规定》和《关于办理刑事案件排除非法证据若干问题的规定》,以及2013年1月1日起实施的最高人民法院《关于适用〈中华人民共和国刑事诉讼法〉的解释》为刑辩律师提供了程序辩护现实的基础,并且提供了可供操作的步骤。上述规定和司法解释对非法证据的排除设置了具体的程序,具体包括:

1. 庭前申请。辩护律师在开庭前提出非法证据排除申请的,应向法院申请召开庭前会议;在庭前会议上,就侦查人员非法取证的情形,辩护律师应向法庭提供线索、说明情况、发表意见。

2. 程序启动。在一审开庭过程中,辩护律师应在控方宣读起诉书后、法庭辩论终结前，申请法庭启动非法证据排除的调查程序。

3. 法庭初步审查。程序启动后，法庭应当进行审查。合议庭对被告人审判前供述取得的合法性没有疑问的，可以直接对起诉指控的犯罪事实进行调查；对供述取得的合法性有疑问的，则由公诉人对取证的合法性举证。

4. 控方证明。公诉人应当向法庭提供讯问笔录、原始的讯问过程录音录像或者其他证据，提请法庭通知讯问时其他在场人员或者其他证人出庭作证。仍不能排除刑讯逼供嫌疑的，提请法庭通知讯问人员出庭作证，对该供述取得的合法性予以证明。

5. 双方质证。公诉人举证后，控辩双方可以就被告人审判前供述的取得是否合法的问题进行质证、辩论。

6. 法庭处理。法庭对被告人审判前供述的合法性问题作出裁定：如公诉人的证明达到确实、充分的程度，能够排除被告人审判前供述属非法取得的，法庭确认该供述的合法性，准许当庭宣读、质证；否则，法庭对该供述予以排除，不作为定案的根据。

根据前述规定及解释，律师需要不断提高自己的执业技能，提升调查取证和辨别控方证据的业务能力。

四、主观恶性辩

主观恶性是犯罪主体对自己行为的社会危害性所抱的心理态度，属于犯罪的主观方面的一种，是体现犯罪行为社会危害性的重要方面，行为人对法律所持的态度越对立，犯罪行为的社会危害性就越严重；犯罪故意越明确，危害性也就越大。研究犯罪时的主观恶性，有利于确定犯罪的性质，在量刑时起到重要的作用。尽管死刑案件的被告人都是故意犯罪，但是其主观恶性程度仍然存有区别。辩护人运用比较的方法，提出被告人恶性相对较小的辩护意见，也可以使被告人得到从宽处罚。

（一）防卫过当

《刑法》第 20 条第 1 款、第 2 款规定：正当防卫不负刑事责任；正当防卫明显超过必要限度造成重大损害，应当负刑事责任，但是应当减轻或者免除处罚。为了有效保护被侵害人的权利，该条第三款规定，对正在进行行凶、杀人、抢劫、强奸、绑架以及其他严重危及人身安全的暴力犯罪,采取防卫行为,造成不法侵害人伤亡的,不属于防卫过当,不负刑事责任。因此,死刑案件的辩护人只要提出被告人的行为属于正当防卫或者属于《刑法》第20条第3款规定的特殊防卫的证据,被告人就不负刑事责任;如果被告人行为难以被认定为正当防卫,但是具有防卫性的,辩护人可以提出防卫过当的辩护意见,以减轻或者免除对被告人的处罚。

案例

湖北巴东邓某娇故意杀人案

2009年5月10日晚,邓某大、黄某智等人酒后到G县Y镇雄风宾馆梦幻娱乐城玩乐。黄某智强迫要求宾馆女服务员邓某娇陪其洗浴,遭到拒绝。邓某大、黄某智极为不满,对邓某娇进行纠缠、辱骂,在服务员罗某等人的劝解下,邓某娇两次欲离开房间,均被邓某大拦住并被推坐在身后的单人沙发上。当邓某大再次逼近邓某娇时,被推坐在单人沙发上的邓某娇从随身携带的包内掏出一把水果刀,起身朝邓某大刺击,致邓某大左颈、左小臂、右胸、右肩受伤。一直在现场的黄某智上前对邓某娇进行阻拦,被刺伤右肘关节内侧。邓某大因伤势严重,经抢救无效死亡;黄某智所受伤情经鉴定为轻伤。B县人民法院认为,邓某娇在遭受邓某大、黄某智无理纠缠、拉扯推搡、言词侮辱等不法侵害的情况下,实施的反击行为具有防卫性质,但超过了必要限度,属于防卫过当。被告人邓某娇故意伤害致人死亡,其行为已构成故意伤害罪。案发后,邓某娇主动向公安机关投案,如实供述罪行,构成自首。经法医鉴定,邓某娇为心境障碍(双相),属部分(限定)刑事责任能力。据此,依法判决对邓某娇免予刑事处罚。[1]

王某友故意杀三人案

被告人王某友与被害人王某金系邻居,王某友家因刚搬到此地,两家人互

---

〔1〕《女服务员刺死官员案一审判决:邓玉娇获自由》,载西安新闻网:http://www.xiancn.com/gb/news/2009-06/17/content_1493663.htm,最后访问日期:2016年7月26日。

不熟悉。2006年8月8日中午，王某金的弟弟王某全携朋友王某伟、张某丽到王某金家喝酒。其间，王某金见自己家的狗走失，便与王某全到处寻找。王某全未敲门便进入王某友家找狗，将正在睡觉的王某友惊醒，两人争吵至屋外。王某全要王某金去把王某伟叫来，并用拳头打王某友，王某友之妻王某贤上前劝阻，王某友退至屋内。王某全又持木凳进屋打王某友，王某友拿杀猪刀刺王某全胸肋部两刀，王某全出屋扔下木凳，跑离现场后倒地。王某金与王某伟赶到王某友家屋外，王某伟捡起木凳进屋打王某友，王某金到邻居王某倜家找凶器。王某友在屋内持杀猪刀与王某伟对打，刺中王某伟腰背部两刀、右臂一刀，王某伟跑出屋数十米倒地。王某友走至屋外，与取来铁锹的王某金相遇，王某金抡铁锹击打王某友，王某友持杀猪刀刺中王某金。王某金转身逃跑，王某友持刀追赶，又刺中王某金胸部、上肢，致王某金当场死亡。王某全、王某伟被送往医院经抢救无效当日死亡。王某友回家后向家人表示要投案，其妻王某贤前去报告出警的公安人员，公安人员将其带回公安机关。第一审法院认为，被告人王某友连刺三人，致三人死亡，其行为已构成故意杀人罪，王某全、王某伟虽先后进入王某友家打王某友，但王某友对两人的行为不符合正当防卫的条件；考虑到农村的具体环境特点，不能认为王某全没有敲门进入别人住宅是过错，王某伟、王某金在王某全被刺倒后，分别持板凳、铁锹打王某友的行为，亦不能认为是过错；王某友虽自首，但是杀死三人，罪行极其严重，不应从轻处罚。据此以故意杀人罪判处王某友死刑，剥夺政治权利终身。二审法院认为，王某友对王某伟、王某金有明显的斗殴故意，不属于正当防卫。虽然三被害人有一定过错，王某友对王某全有一定的防卫情节；王某友投案后如实供述故意杀人犯罪的主要事实，可认定自首；王某友平时表现良好，但其连续杀三人，罪行极其严重，应依法严惩。决定驳回上诉，维持原判，依法报最高人民法院核准。最高人民法院复核意见为：首先，被害人王某全擅自闯入被告人王某友家中，出言不逊，继而动手打人，后又招呼其兄王某金、其友王某伟前来助阵，依仗是本地人、人多势众，共同殴打王某友。王某全于1983年因流氓罪被劳教1年6个月，王某金于1991年因盗窃罪被判处有期徒刑1年6个月，均有前科劣迹。王某友刚搬入当地，人单势孤，需要照顾妻女，且在睡觉时被他人惊醒,有恐惧心理,完全处于被动状态。王某友被打后,躲入自家屋内,王某金、王某伟追至屋内继续对其殴打,三被害人对案件发生有重大过错。其次,王某友面对三被害人持凶器先后进行侵害,持刀抵抗,系防卫行为。但王某友对他人的伤害行为,不计后果连续持刀捅刺,在王某金逃跑后还继续追杀,致三人死亡,其抵抗行为明显超过了防卫的必要限度。最后,被告人有自首的法定从宽处罚情节。复核结果为:被告人王某友是在三名被害人首先进行不法侵害后,持刀抵抗,其行为是正当防卫。但王某友的行为明显超出了防卫的必要限度,且在他人已放弃不法侵害后仍持刀追刺,其行为已构成故意杀人罪。鉴于王某友具有防卫过当和自首情节,且被害人有重大过错,对其判处死刑立即执行不当。据此,不核准被告人王某友死刑。

(二)间接故意

间接故意,是指行为人预见到行为结果的社会危害性,放任这种结果发生,但是并不希望其发生。我国刑法分则所规定的带有死刑的犯罪都是故意犯罪,而故意犯罪之中,间接故意的主观恶性小于直接故意。对于触犯死罪的被告人,辩护人如果发现被告人犯罪时的心态是放任而非希望,就应当提出相应证据和要求从轻处罚的辩护意见,一般会得到法官的采纳。

(三)非卑鄙的犯罪动机

犯罪动机和目的一般不是犯罪构成的要件,但是对量刑有重要影响。动机高尚、情有可原或者并非卑鄙的社会危害性,往往比动机卑鄙的犯罪的社会害性小些。国外刑法如《奥地利刑法典》第 34 条第 3 款规定,基于值得尊敬的动机而实施者,可以减轻处罚。《意大利刑法典》第 62 条第 1 项规定,出于具有特殊道德或者社会意义的动机,而犯罪者,可以减轻处罚。虽然我国刑法对此没有明确规定,但在刑法理论和司法实践中,也认为犯罪动机影响量刑。辩护人可以提出被告人犯罪动机高尚或者至少不卑鄙的辩护意见,该辩护意见容易得到承办法官的支持,使被告人得到从宽处罚。另外,根据最高人民法院《关于贯彻宽严相济刑事政策的若干意见》的规定,对于因恋爱、婚姻、家庭、邻里纠纷等民间矛盾激化引发的犯罪,因劳动纠纷、管理失当等原因引发、犯罪动机不属恶劣的犯罪,因被害方过错或者基于义愤引发的或者具有防卫因素的突发性犯罪，应酌情从宽处罚。

案例

郭某斌故意杀人案

被告人郭某斌与被害人王某珍系初中同学。2005 年年底，二人在北京打工期间确立恋爱关系。后王某珍父母反对王某珍与郭某斌建立恋爱关系，王欲另行择偶。2007 年 3 月 2 日，郭某斌从北京到河北省 W 镇 D 村，途中购买作案工具匕首一把。当晚 6 时许，郭某斌将王某珍从家中叫出。后用随身携带的匕首切割王某珍颈部一刀，致王颈动脉破裂，失血性休克死亡。随后，郭某斌割颈、左腕等部位自杀未遂，被公安机关抓获。一审期间，被害人的父母提起附带民事诉讼后又放弃民事赔偿请求，坚决要求判处被告人死刑。一审法院经依法审理，以故意杀人罪判处被告人郭某斌死刑，剥夺政治权利终身。宣判后，郭某斌提起上诉。二审期间，被害人父母仍然拒绝调解，强烈要求判处被告人死刑。被害人所在村庄及周边百姓 230 余人提交联名信，要求判处郭某斌死刑。被告人的 8 名邻居提交的证明材料，证明郭某斌和王某珍感情很好。被告人父母反映郭某斌和王某珍感情深厚，导致这一悲剧发生的主要原因是王某珍父母嫌贫爱富、干涉他人婚姻自由。二审法院经依法开庭审理，裁定驳回上诉、维持原判，并依法报请最高人民法院核准。复核审理期间最高人民法院多次进行附带民事调解及相关工作，第一次是合议庭直接到案发地张家口市 W 镇 D 村，主要做了以下工作：一是做被害人父母的调解工作，但他们仍然坚决要求被告人抵命，并拒绝接受民事调解。二是随即找到部分在联名信中签名的村民，调查联名信情况。经调查，联名信中部分签名系代签，但基本上属于家人之间相互代签，并经签名人认可，故卷中的村民联名信基本属实。三是和被害人所在村的村干部座谈，了解基层组织意见和村民意见。村支部书记和村主任表示对本案很难评价：村里传统观念认为杀人偿命，但是本案是因谈恋爱引发的事，已经死了一个，再杀一个也确实可惜。第二次是庭领导带合议庭成员，会同二审法院的同志赴张家口市 W 镇和 D 村进行了相关工作:一是在张家口市中级人民法院召开了由张家口市委政法委、市人大、市中级人民法院、市检察院、市公安局、W县委政法委、W县法院有关负责人和办案人员参加的座谈会,听取了市、县两级党委、人大、司法机关对本案的处理意见;二是在W县W镇召开镇党委书记、镇长、党委副书记、镇派出所所长、司法所所长等人参加的座谈会,听取了双方当事人所在的W镇党委及政府有关部门对本案的意见及当地群众的反映;三是与被害人所在的W镇D村支部书记、村主任谈话,了解基层组织的意见及村民反映;四是深入被害人所在的W镇D村和被告人所在的W镇X街找村(街)干部了解情况,找被害人、被告人的父母做工作,并随即走访了若干村民。参加座谈会和被调查的群众达30余人,比较客观、全面地反映了当地的意见。从调查和调解情况来看:(1)市、县相关部门与镇、村(街)干部对本案的处理意见明显不同,市县政法委、人大和司法机关担心被害方上访,出于信访压力、稳控工作难做等因素考虑,一致要求核准被告人死刑;而镇、村(街)干部多数人则认为,本案是因年轻人恋爱引起,被告人还年轻,双方父母对孩子的教育都存在问题,希望留被告人一命。(2)本案在当地的社会影响不大,群众意见不一。至于被害方向法院提交的强烈要求判处死刑的联名信,是被害人家属拿信给村民们看,因为死了人,找到谁,谁都不好意思不签,是不是真正支持其意愿就不一定了。(3)被害人父母经济状况较好,拒绝调解并坚持要求被告人偿命,认为这样在村里做不起人,还担心被告人将来出狱后会报复他们。(4)被告人父母提出被告人和被害人感情很好,在北京同居,被害人还怀过孕,但被害人的父母百般阻挠。案发后他们卖掉了房子积极筹钱,多次通过村干部调解,想赔偿被害人父母求得谅解,并表示愿意尽量配合法院做赔偿、调解工作,让被害人父母满意。据此最高人民法院最终复核认为:被告人郭某斌非法剥夺他人生命,其行为已构成故意杀人罪,且罪行严重,应依法惩处。鉴于本案系典型的因婚恋纠纷引发的故意杀人案件,侵害对象特定,与其他严重危害社会治安的案件相比,社会危害较轻;被告人是在有深厚感情基础的恋爱关系受挫的情况下实施的犯罪并殉情自杀,犯罪动机并非极其卑劣;被告人犯罪手段一般,主观恶性也并非极深;被告人归案后即如实供述罪行,认罪态度较好,有悔罪表现;当地舆论对本案被告人确因恋爱受阻而杀人有同情的一面，不核准被告人死刑有一定的群众基础，能够得到社会的理解。据此，依法不核准被告人郭某斌死刑。

（四）非预谋犯罪

非预谋犯罪，是指未经深思熟虑而出于一时的犯罪决意而实施的突发性犯罪。有的国家鉴于预谋犯罪对社会更有危害性，对预谋犯罪较非预谋犯罪规定了更重的刑罚。如《美国模范刑法典》第210条规定，谋杀属于一级重罪，判死刑；非预谋杀人属于二级重罪，不判死刑。《奥地利刑法典》第32条第3项规定，一般而言，行为人对其行为考虑越成熟，准备越充分，量刑也越严厉。我国《刑法》虽然没有明确区分预谋犯罪和非预谋犯罪，但是刑法理论和司法实践中认为二者有区别：预谋犯罪的社会危害性较大，"严打"的重点是有计划、有组织和有预谋的恶性犯罪，非预谋犯罪相对于预谋犯罪可能被处以较轻的刑罚。

五、客观危害辩

（一）未遂

已经着手实行犯罪，但由于犯罪分子意志以外的原因而未得逞的，是犯罪未遂。对于未遂犯，可以比照既遂犯从轻或者减轻处罚。因此在死刑辩护中，关于未遂情节的辩护意见能够引起法庭重视，使被告人得到从宽处罚。

（二）从犯

根据《刑法》第27条的规定，从犯是指在共同犯罪中起次要或者辅助作用的共犯，应当予以从轻、减轻或者免除处罚。根据最高人民法院、最高人民检察院和公安部《关于当前办理集团犯罪案件中具体应用法律的若干问题的解答》的规定，对犯罪集团的首要分子和其他主犯、一般共同犯罪中的重大案件的主犯，应依法从重严惩，其中罪行特别严重、不杀不足以平民愤的，应依法判处死刑；从犯则根据其不同的犯罪情节，予以从轻、减轻或者免除处罚。在共同犯罪案件中，被告人是从犯的，辩护意见比较容易得到法庭认可，进而使被告人得到从宽处罚。

（三）被告人造成的危害结果尚小

犯罪结果是犯罪构成的客观方面要件的因素之一，但不是必备的因素。犯罪结果的大小、轻重对于触犯死罪的被告人作为从犯量刑具有重要意义：犯罪结果危害严重的处罚重，危害较轻的则处轻罚。例如，毒品犯罪的数量虽然达到适用死刑的要求，但是毒品没有流入社会，尚未造成大的危害；枪支、弹药犯罪的数量虽然大，但是没有流入社会，没有由此造成更大的危害；被告人犯罪虽然严重，但其危害结果并未激起极大民愤，没有对群众安全感形成威胁，不杀不会引起群众上访和社会震荡，在此类死刑案件中，辩护律师提出的危害结果尚小的辩护意见往往能被采纳，是一种有效的辩护理由。

案例

刘某富等抢劫上诉案

被告人刘某富与同案被告人董某磊、朱某馗、王某磊、章某龙分别结伙，于2006年1月15日至2月25日，在H市T区及D区等地采取持刀威胁、拳打脚踢或将被害人强行带上出租车至偏僻之地等手段，抢劫作案16起，劫取手机及现金等财物共计价值人民币11,399元，其中，刘某富参与抢劫12起，劫取财物价值人民币9247元。H市中级人民法院以抢劫罪判处被告人刘某富死刑，剥夺政治权利终身，并处没收个人全部财产。宣判后，刘某富不服，提出上诉。A省高级人民法院经审理认为，鉴于被告人刘某富在其参与的12起抢劫犯罪中，除两起系持刀威胁被害人之外，其他抢劫犯罪中仅使用拳打脚踢、言语威胁等一般暴力，未造成被害人伤亡的严重后果，抢劫犯罪情节一般，对被刘某富判处死刑可以不立即执行。据此，以抢劫罪改判被告人刘某富死刑，缓期两年执行。对刘某富改判死刑的主要依据是：具备《刑法》第263条规定的8种加重情节是抢劫罪适用死刑的必然条件，但并非只要具备其中情形就要判处死刑。抢劫犯罪是否适用死刑，要综合考量影响量刑的各种因素，其中，主要应考虑所造成的人身伤害后果和财产损失数额这两个因素，而人身伤亡情况是最重要的因素。对于未造成被害人死亡或重伤的抢劫案件，即使具备其他加重处罚情节，一般也不宜判处死刑立即执行。本案中，刘某富虽具有多次抢劫这一加重情节，且无从轻量刑情节，但是在抢劫中仅使用一般暴力，未造成被害人伤亡后果,故不宜判处死刑立即执行。

（四）被告人的犯罪手段并非特别残忍的情况

行为人实施犯罪所采用的手段,是犯罪客观方面的一个选择性构成因素,一般对犯罪的成立没有影响,但是残酷的手段可以增加行为的社会危害性,在量刑时影响刑度;反之,犯罪手段并非特别残忍的,可以比手段残忍的判处相对较轻的刑罚。

六、悔罪表现辩

死刑案件的被告人犯罪后有无悔过自新表现、能否悔悟自己的犯罪,是法官量刑时考虑的重要因素。这类辩护意见比较普遍,且一旦被法庭采纳,死刑案件的被告人往往会得到宽大处理。具体而言,被告人犯罪后投案自首、检举立功是法定的从轻、减轻情节,积极退赃、赔偿、挽回损失、坦白交代是酌定的从轻情节。

（一）自首

被告人犯罪后自首就充分体现了其悔罪的心理态度。《刑法》第 67 条规定,犯罪以后自动投案,如实供述自己的罪行的,是自首。对于自首的犯罪分子,可以从轻或者减轻处罚。其中,犯罪较轻的,可以免除处罚;被采取强制措施的犯罪嫌疑人、被告人和正在服刑的罪犯,如实供述司法机关还未掌握的本人其他罪行的,以自首论。最高人民法院《关于处理自首和立功具体应用法律若干问题的解释》第 4 条规定:被采取强制措施的犯罪嫌疑人、被告人和已宣判的罪犯,如实供述司法机关尚未掌握的罪行,与司法机关已掌握的或者判决确定的罪行属同种罪行的,可以酌情从轻处罚;如实供述的同种罪行较重的,一般应当从轻处罚。在死刑案件中,辩护人提出被告人有自首情节的辩护意见,对判决结果的影响较大。

案例

赵某华抢劫案

2006 年 11 月 4 日中午,被告人赵某华与其表姐夫乔某发偶遇,两人相约当晚到乔家。赵某华因经济拮据,乔某发家住所偏僻,妻儿均在外打工,而两人又熟识,遂决定杀人抢劫。18 时许,赵某华携带菜刀来到乔某发家。22 时许,赵某华趁乔某发熟睡之际,持菜刀猛砍乔某发头颈部,致其急性失血性休克死亡。而后,赵某华劫走共计 7000 元财物。同月 11 日,赵某华到公安机关投案自首。第一审和第二审法院均认为,被告人赵某华的行为构成抢劫罪,赵某华虽有自首情节,但不足以对其从轻处罚,遂以抢劫罪判处赵某华死刑,剥夺政治权利终身,没收个人财产,报最高人民法院复核。最高人民法院复核认为,赵某华的行为构成抢劫罪,情节恶劣,后果严重,应依法惩处。但鉴于赵某华投案自首,且抢劫亲属后,真诚悔罪,可从轻处罚,对其判处死刑立即执行不当。据此,依法不核准被告人赵某华死刑。

(二)立功

被告人犯罪后如果有立功情节也可体现其悔罪心理,是极其有效的辩护理由。根据《刑法》第 68 条的规定,犯罪分子有揭发他人犯罪行为,查证属实的,或者提供重要线索,从而得以侦破其他案件等立功表现的,可以从轻或减轻处罚;有重大立功表现的,可以减轻或免除处罚。被告人的立功情节对死刑判决的结果影响很大,一般有立功情节的被告人都不会被判处死刑立即执行,所以死刑案件中的辩护律师应当重视被告人的立功情节。本书中的 H 市唐某某贩毒案就是立功辩成功的典型案例。

(三)退赃

退赃,是指犯罪嫌疑人、被告人在作案后至案件审理前,主动交出或者委托他人交出赃款、赃物的行为。退赃体现了被告人的悔罪心理,应当属于从宽处理的量刑情节。在我国《刑法》中,并没有将退赃规定为总则性的法定从宽处罚情节,而仅仅是贪污罪可以减轻处罚或者免除处罚的法定情节。但是,最高人民法院在有关的司法解释中将退赃作为量刑情节考虑,如最高人民法院《关于适用财产刑若干问题的规定》第 4 条第 6 项规定,犯罪情节较轻、全部退赃并有悔罪表现的,适用单处罚金不致再危害社会的,可以依法单处罚金。

在死刑案件中,退赃可以减少经济犯罪中被害人的经济损失,降低行为的社会危害性,可以作为酌定从宽处罚的情节。辩护律师以退赃情节为辩护理由,突出被告人的悔罪表现,有可能为死刑案件的被告人争取到生存的机会。例如,重庆涉黑巨贪刘某勇犯赌博罪、参加黑社会性质组织罪、受贿罪,其中受贿金额达到3000余万元,本应数罪并罚判处死刑立即执行,但是刘某勇在案发前向行贿人退还赃款200万元,案发后向有关部门主动退出赃款2000万元,法庭依法酌情从轻处罚,判处死刑,缓期2年执行。[1]

（四）赔偿

赔偿,是指在案发以后被告人积极、主动地赔偿损失或者采取补救措施,力求恢复被其破坏的被害人的权利。赔偿可以体现出被告人的真诚悔悟,法庭量刑时会对其从轻处罚。国外刑法对赔偿的情节做了明确规定,即将赔偿作为法定从宽处罚情节,如《意大利刑法典》第62条第6项规定,在审判前已经赔偿全部损失、恢复原状或者采取措施自动有效地消除、减轻犯罪损害或者危险后果的,可以减轻处罚;《德国刑法典》第46条第2项规定:法院在量刑时,应权衡对行为人有利和不利的情况。特别应注意下列事项:行为人的态度,尤其是行为人为了补救损害所作的努力。《西班牙刑法典》第21条第5项规定,在诉讼进行的任何时候或者开庭前,对犯罪加以补救或为犯罪效果降低程度而给予被害人补偿的,可以减轻处罚。最高人民法院《关于适用〈中华人民共和国刑事诉讼法〉的解释》第194条规定:“审理刑事附带民事诉讼案件,人民法院应当结合被告人赔偿被害人物质损失的情况认定其悔罪表现,并在量刑时予以考虑。”

所以,在我国的司法实践中,赔偿损失是酌定的从宽处罚情节。笔者认为,犯罪后的态度不仅要看对犯罪事实的供认或对犯罪行为表示忏悔的痛改前非之心,还要看犯罪行为人有无在其能力范围内积极补救犯罪所带来的后果。积极退赃、赔偿被害人损失、取得被害人原谅等行为,是悔罪的表现,也在某一方面减轻了犯罪的社会危害性,故也应当是现实审判中可以从轻或减轻处罚的量刑情节。另外,根据恢复性司法理论,对犯罪的反应更应注重对被害人、犯罪人进行恢复,而不仅

〔1〕《重庆涉黑巨贪刘信勇获死缓》,载人民网:http://paper.people.com.cn/jnsb/html/2010-02/26/content_455029.htm,最后访问日期:2016年7月29日。

仅是对犯罪本身的报应和惩处。所以加害人主动进行民事赔偿,得到了被害人的原谅,双方达成和解,法院据此对加害人从轻或减轻处罚的做法,正是恢复性司法理论在审判实践中的体现。综上所述,笔者认为在死刑案件中,被告人积极、主动赔偿被害人的损失表现出其真心悔罪,使其行为造成的危害后果在一定程度上得以减轻,抚慰被害人及其家属的身心伤痛,进而取得受害方谅解,辩护律师可以以此理由为切入点,为死刑案件被告人有效辩护。

案例

张某超故意杀人"死缓"复核案

具体案情如下:2006 年 6 月 28 日,张某超在 N 市某网吧通过朋友介绍认识被害人朱某(女,15 岁)。当晚,张某超带朱某入住某宾馆。次日凌晨,张某超欲与朱某发生性关系遭到拒绝,两人争吵,张某超将朱某扼颈致死,将其尸体藏在宾馆的床铺下。之后,张某超在超市购买了一个大旅行箱,回到宾馆后将朱某的尸体装进旅行箱内,并将旅行箱抛入 N 县公路边的绿化带中。经法医鉴定,被害人朱某系被他人掐颈部致机械性窒息死亡。一审期间,张某超亲属赔偿被害人亲属经济损失人民币 19 万元,双方就民事赔偿部分达成和解。W 市中级人民法院经审理认为,被告人张某超所犯故意杀人罪罪行极其严重,但张某超归案后能如实交代自己杀人犯罪的全部过程,又委托其父母对被害人亲属积极进行赔偿,可以认定其确有悔罪表现,对其判处死刑可不必立即执行。据此,以故意杀人罪判处张某超死刑,缓期两年执行。本案在法定期限内没有上诉、抗诉。A 省高级人民法院核准一审判决。裁判理由为:在本案中,张某超的罪行是极其严重的,论罪应当判处死刑。但是,张某超归案后即如实供述犯罪事实,并多次请求父母向被害人的父母道歉和积极赔偿。张某超亲属赔偿被害人亲属经济损失人民币 19 万元,双方就民事赔偿部分达成和解,被害人亲属向一审法院撤回附带民事诉讼。最高人民法院《关于刑事附带民事诉讼范围问题的规定》第 4 条规定,被告人已经赔偿被害人物质损失的,人民法院可以作为量刑情节予以考虑。如果被告人或其家人能积极赔偿被害人的经济损失，可以说明被告人有一定的悔罪表现，客观上也为受害方解决了实际困难，有利于社会稳定。因此，对张某超改判死缓是符合我国宽严相济和少杀、慎杀的刑事政策的。当然，对于那些黑势力犯罪和严重危害社会治安的重大故意杀人案件的被告人，即使其积极赔偿并取得被害人的谅解，原则上也不得从宽。

七、犯罪原因辩

在我国《刑法》中，犯罪原因并不是从轻处罚的法定情节，但是在司法实践中，如果存在被害人有明显过错或者因邻里民间纠纷或者婚姻家庭矛盾引发犯罪的情节，往往会比没有此类情节的犯罪判处较轻的刑罚。所以，笔者认为，犯罪原因辩对死刑案件意义重大，辩护人应当注意从案发原因入手，提出此类辩护意见。

（一）被害人存在过错

所谓过错，是指行为人在实施某行为时主观上具有的使其行为造成社会危害的故意或过失。当然日常语境中的过错一般就是指在主观意志支配下实施的应受非难的行为，在本章语境中也是指这一概念。过错本为民法上广泛应用的概念，传统的刑法学一般都是从社会与犯罪人的视角来研究犯罪问题，对被害人基本没有涉及。但自从20世纪40年代德国法学家将被害人纳入犯罪学的研究范围之后，许多学者开始重视被害人在犯罪中的作用，并对被害人在犯罪中的过错进行了深入探讨，形成了一系列有关被害人过错的理论。在我国，被害人过错虽然没有在法律条文中直接规定，但在司法实践中一直受到高度重视，作为被告人的一个量刑情节在故意杀人、伤害等相关案件中得到广泛的运用：被害人存在过错的，对被告人可以酌定从轻处罚。另外，在具体案件中还应具体分析被害人过错的性质、程度、诱发被告人犯意的强弱、对被告人实施相应犯罪及采取犯罪的手段等的影响力大小来综合判定被告人应承担的责任的程度，从而决定对被告人的量刑。死刑案件中，辩护人应当注意查明被害人是否具有过错以及过错大小，并据此提出有利于被告人的辩护意见。这一类的辩护意见已成为辩护人进行成功辩护的重要理由。

法院也越来越重视被害人有过错对故意杀人罪刑罚裁量的影响，并在死刑适用中予以关注。例如，在一位资深法官所列的87个故意杀人案例中，有24个案例都是因为被害人过错而适用“死缓”或“死缓”以下刑罚的。媒体报道因被害人过错而对被告人从宽处罚的案件也时常可见。

例如，2003 年 1 月 6 日《华商报》报道，山西一农妇因长期遭受虐待，“一怒之下棒杀丈夫”被判处无期徒刑；又如，《辽沈晚报》报道，丹东一受虐妇女被逼杀夫后自首，经 16 位人大代表呼吁后被从轻判处有期徒刑 6 年。

案例

王某艳故意杀人案

被告人王某艳与被害人王某阳系同村村民，两人曾有不正当男女关系。后王某艳多次提出断绝关系，遭到王某阳的拒绝和不断纠缠。2006 年 9 月 28 日 18 时许，王某阳来到王某艳家，约其到外边谈，并以“那件事你考虑好，到时候别后悔”等言语相纠缠。为了摆脱王某阳，王某艳产生杀人的念头。当晚 19 时 30 分许，王某艳约王某阳见面，再次提出断绝关系，遭到王某阳的拒绝。王某艳遂让王某阳吃下事先下了农药“灭多威”的威化饼干，返回家中。后王某阳打电话让王某艳过来。王某艳返回现场，趁王某阳毒性发作无力反抗，用石头猛砸王某阳头面部十余下，致其颅脑损伤当场死亡。随后，王某艳将尸体喷洒汽油焚烧，逃回家中。次日上午，王某艳在家被抓获归案。第一审和第二审法院均认为王某艳的行为构成故意杀人罪。虽然被害人在案件起因方面存在一定责任，但其预谋杀人，杀人后焚尸灭迹，手段特别残忍，罪行极其严重，且未取得受害方完全谅解，应依法严惩，决定以故意杀人罪判处王某艳死刑，剥夺政治权利终身，并依法报请最高人民法院核准。最高人民法院复核要旨为：第一，从犯罪起因来看，被告人王某艳想摆脱与被害人王某阳的不正当两性关系，但遭到被害人拒绝和不断纠缠，被害人在案发起因方面存在一定责任。第二，被告人归案后能够坦白交代，如实供述罪行，有悔罪表现。第三，被告人居住地附近一千三百多名村民联名上书，并加盖村委会公章，以被告人自筹资金在村中开办幼儿园，使得附近村民的幼儿可以得到看管和教育，以及被告人从事幼教工作兢兢业业，为人善良、热情，乐于助人，犯罪系一时冲动，请求对其从轻处罚。第四,二审及复核期间,被害人家人接受法院调解和赔偿,对被告人谅解,期望法院对被告人从轻处理。综上所述,最高人民法院复核认为:被告人王某艳为摆脱与被害人王某阳的不正当两性关系,采取投毒以及用石头猛砸头部的方法,致被害人死亡,其行为已构成故意杀人罪,应依法惩办。鉴于被害人在案件起因方面存在一定责任,王某艳归案后坦白交代、认真悔罪,被害人亲属表示谅解,对其判处死刑立即执行不当。据此,依法不核准被告人王某艳死刑。

(二)邻里纠纷导致犯罪

在司法实践中,因邻里之间日常生活、生产中的纠纷激化而导致犯罪的现象屡见不鲜,这类犯罪比发生在社会上的严重危害社会治安的犯罪危害性小。1999年9月,最高人民法院《全国法院维护农村稳定刑事审判工作座谈会纪要》明确规定:对于婚姻家庭、邻里纠纷等民间矛盾激化引发的故意杀人犯罪,适用死刑一定要十分慎重,应当与发生在社会上的严重危害社会治安的其他故意杀人案件有所区别;对于被害人一方有明显过错或对矛盾激化负有直接责任,或者被告人有法定从轻处罚情节的,一般不应判处死刑立即执行。在这类死刑案件中,辩护人可以以维护社区稳定、促进社会和谐为由,提出酌情从轻处罚的辩护意见。

典型案例

冯某富故意伤害案

2007年2月,冯某富家转让给被害人赵某德家一块宅基地,双方协议由赵某德家现付款7万元,余下的2.108万元在赵某德家房屋"起屋日子"之日付清。两家在相邻两块宅基地上各自建新房。之后,在履约过程中双方发生矛盾,多次争吵。同年5月12日晚,双方又发生争吵并开始扭打。冯某富见状即持一把尖刀从自家新房窜出,先后捅刺被害人赵某德右胸部、赵某德兄弟赵某法右腋后侧、赵某德亲戚冯某正左肋部,导致赵某法死亡、赵某德重伤、冯某正轻伤。案发当晚冯某富逃匿,于次日被抓获归案。第一审和第二审法院均认为:被告人冯某富的行为已经构成故意伤害罪,犯罪情节恶劣,后果特别严重,依法应予严惩;被告人虽提供部分经济赔偿,认罪态度较好,但鉴于本案犯罪后果特别严重,不足以对其从轻处罚。因此,以故意伤害罪判处被告人冯某富死刑,剥夺政治权利终身,报最高人民法院核准。最高人民法院复核要旨为:首先,本案由邻里建房纠纷引发,被告人系在其家人与被害方多人发生冲突后持刀捅人,属激情犯罪,主观恶性不大,与其他严重破坏社会治安的犯罪不同。其次,被告人家属愿意代为赔偿被害人之妻冯某。在复核阶段,被害人妻子冯某寄来材料,对被告人行为谅解,希望给被告人留一条性命。综上所述,最高人民法院核准认为,被告人冯某富因邻里纠纷持刀捅伤他人身体,其行为已经构成故意伤害罪,情节恶劣,后果严重,应依法惩办。但鉴于本案系邻里纠纷所引起,双方对此均有一定责任,冯某富归案后态度较好,对其判处死刑立即执行不当。据此,依法不核准被告人冯某富死刑。

(三)婚姻家庭矛盾引发犯罪

因婚姻家庭矛盾导致的犯罪案件因被告人与被害人之间存在亲属和姻亲关系,受害方往往会提出对被告人从轻处罚的意见。最高人民法院在先后召开的多次会议上,都强调要慎重处理因婚姻家庭矛盾激化引发的故意杀人案件的死刑适用,对贯彻“宽严相济”“保留死刑,严格控制和慎重适用死刑”的刑事政策,维护社会稳定,构建和谐社会起到了重要的作用。婚姻家庭矛盾激化引发的案件,一般事出有因,被告人针对特定的对象实施犯罪行为,其主观恶性、人身危险性与发生在社会上的严重危害社会治安的案件有所区别。在量刑时,应当综合犯罪起因、犯罪手段等因素考量,不能因为造成了被害人的死亡,就一律适用死刑。因此,在由婚姻家庭矛盾引起的死刑案件中,辩护人提出此类辩护意见,往往可以达到较好的效果。如2015年最高人民法院、最高人民检察院、公安部、司法部联合发布的《关于依法办理家庭暴力犯罪案件的意见》第20条规定,对于因遭受严重家庭暴力,身体、精神受到重大损害而故意杀害施暴人;或者因不堪忍受长期家庭暴力而故意杀害施暴人,犯罪情节不是特别恶劣,手段不是特别残忍的,可以认定为《刑法》第232条规定的故意杀人“情节较轻”,这样就可以在3~10年内确定宣告刑。

典型案例

王某健故意杀人上诉案

2006年9月5日上午10点多钟，被告人王某健办事途经被害人王某林、蔡某英（系其爷爷、奶奶）家中，因将室内踩脏而遭蔡某英责备，王某健心怀不满离去。下午14时许，王某健再次来到被害人家中，故意将室内踩脏，上完厕所后不用水冲，果然遭到被害人蔡某英的责备。王某健趁机与蔡某英发生言语冲突，见蔡某英用拳头打自己，便将其打倒在地。被害人王某林见状，上去拉住王某健并骂他，又被王某健掀倒在地。被告人王某健见倒地的两位被害人声称要将此事告诉其父母，遂起杀人灭口之心，拿起放在客厅桌上的剪刀，朝两人头部颈部乱戳，致两被害人当场死亡。而后，王某健为了毁尸灭迹，将两人拖至卧室床上，把被褥盖在两被害人身上，点燃被褥后逃离现场。M市中级人民法院以故意杀人罪判处王某健死刑，剥夺政治权利终身。宣判后，王某健不服，提出上诉。A省高级人民法院经审理改判王某健死刑，缓期两年执行，剥夺政治权利终身。改判理由如下：本案是发生在家庭成员之间的一起突发性案件，王某健系一时冲动丧失理智，并非蓄意杀人，其主观恶性较小。案发后，王某健的部分亲属（被害人的亲属）和193位居民自发递交联名信，请求司法机关对王某健能够从轻处罚。可见此案所激化的社会矛盾不大，其犯罪行为造成的社会危害性也较小，遂对王某健改判"死缓"为宜。

八、刑事政策辩

刑事政策，是指国家基于预防犯罪、控制犯罪以保障自由、维持秩序、实现正义的目标而制定、实施的准则、政策、方针、计划以及具体措施的总称，对刑事司法有着重要的指导意义。陈兴良教授还提出刑事政策是刑事立法和刑事司法的灵魂。[1] 所以在死刑案件中，辩护人提出被告人具有基于政策考虑的从宽处罚因素，往往会取得理想的辩护效果。

---

〔1〕 陈兴良：《宽严相济刑事政策研究》，中国人民大学出版社2007年版，第1页。

（一）危害较轻的主犯

在共同犯罪中，为了贯彻少杀、慎杀和惩办与宽大相结合的刑事政策，避免在一个案件中杀人过多、造成消极的社会影响，法庭一般对罪行极其严重、情节特别恶劣、没有宽宥因素、排列在前的主犯，判处死刑立即执行，而对于相比较而言罪行较轻、有宽宥因素、排列在后的主犯，判处“死缓”或者无期徒刑。因此，在此类案件中，辩护人应当把握政策，为被告人争取诉讼利益。

典型案例

刘某保、孟某忠抢劫死刑复核案

2002年4月3日晚，刘某保、孟某忠在刘家预谋抢劫摩托车并准备了作案工具。当晚10时左右，两人窜至H市B区，以“打摩的”为名，将摩的司机陈某敏骗至东门桥头，持剪刀、铁链对被害人捅刺、击打，致被害人死亡。过了一段时间，刘某保、孟某忠又以同样的作案方式将“摩的”司机翟某金捅伤，致其轻伤，并将其摩托车抢走。H市中级人民法院一审以抢劫罪判处被告人刘某保、孟某忠死刑。宣判后，两被告不服，上诉至A省高级人民法院，高级人民法院驳回上诉，维持原判，报最高人民法院复核。最高人民法院复核认为：对一案中有两名以上被告可能判处死刑的要严格把握。对各被告人的具体作用要细致区分，对罪行最为严重的判处死刑，对罪行较轻的，可以不判处死刑立即执行。在本案中，孟某忠在与刘某保共同抢劫犯罪中的作用相对较小，且归案后主动坦白交代了抢劫被害人翟某金出租摩托车的犯罪行为，可酌情从轻处罚，对其判处死刑，可以不立即执行。据此，判决核准刘某保死刑，改判孟某忠“死缓”。

（二）专项活动从宽

对于在开展专项惩治犯罪中，在立法机关或者司法机关规定的限期内主动投案、坦白交代罪行，符合专项斗争从宽处罚情形的犯罪人，虽然罪该处死，也可以判处"死缓"。

（三）综合平衡

宽严相济的刑事政策是我国目前被学术界与实务界均充分首肯及大力提倡的一项刑事政策，该政策要求在办理刑事案件对被告人量刑时做到从全盘考虑从轻、从重的情节、因素，综合平衡各种关系，科学、恰当量刑，最终实现惩罚犯罪、预防犯罪的目的。所以我们在办理死刑案件中，应当注意平衡各方面的情节，要求科学量刑，尽量排除死刑立即执行的适用。

九、人道主义辩

（一）被告人犯罪时刚满 18 周岁〔1〕

在我国，一直以来都将预防和减少未成年人犯罪作为一件重要的事情来抓。关于少年犯方面的刑事政策很多，具体而言，早在 1985 年，中共中央《关于进一步加强青少年教育，预防青少年违法犯罪的通知》就明确指出：关心教育青少年，预防和减少青少年违法犯罪，是一项综合治理的"系统工程"，必须依靠全党，组织各条战线、各个部门的力量，从各个方面做大量的工作，进行长期不懈的努力，并提出了"综合治理"的十项措施。《未成年人保护法》第 54 条第 1 款明文规定，对违法犯罪的未成年人，实行教育、感化、挽救的方针，坚持教育为主、惩罚为辅的原则。〔2〕《预防未成年人犯罪法》第 44 条也作出相应的规定。从以上规定可以看出目前我国针对未成年人犯罪采取以下刑事政策：首先，根据未成年人在心理和生理上的特点，尤其是青年人具有可塑性，实行"教育、感化、挽救""教育为主、惩罚为辅"的刑事政策，以能更好地保护未成年人，符合未成年人身心发展的特点。其次，对未成年人犯罪实行综合治理。青少年犯罪综合治理政策的核心是预防为主，其主要内容是要求全社会都要关心和教育未成年人，家庭教育、学校教育、社会教育三个方面必须紧密配合，注重加强对青少年的理想、道德、纪律和法制教育，预防和减少青少年犯罪。最后，对未成年人区别对待的原则。未成年人时期是人生中的特殊阶

〔1〕 根据 2020 年 12 月修订的《刑法》，已满 16 周岁的人犯罪，应负刑事责任。
〔2〕 2020 年修订后为《未成年人保护法》第 113 条第 1 款。

段,且未成年人有着不同于成年人的心理、生理状况,因此,在诉讼各个阶段,都要有保证未成年人在基本法律程序方面的保障措施。我国这些针对未成年人犯罪采取的刑事政策在控制未成年人犯罪以及教育改造未成年犯等方面发挥出了巨大的作用。在死刑案件中,应当贯彻以上青少年犯罪的相关政策,对刚满18周岁、真心悔过的犯罪人,从宽处罚,严格控制,尽量少用死刑。辩护人在此类案件中应当提出政策方面的辩护理由,法官在量刑时往往会予以考虑。

典型案例

吴某抢劫案

吴某于1988年11月15日出生,2007年10月13日1时许,被告人携带匕首爬上同村村民段某会家厨房屋顶,赤脚进入段家二楼意图行窃,当吴某持匕首撬卧室门时,段某会被惊醒。吴某认为段某会可能打电话报警,便对段某会连捅数刀,致段失血性休克死亡。吴某从段某会家搜得人民币70余元及50元假币逃离现场。同月16日,吴某被抓获。第一审和第二审法院均认为,被告人的行为构成抢劫罪,判处死刑,剥夺政治权利终身,并处没收个人全部财产,同时依法报请最高人民法院核准。最高人民法院复核要旨为:第一,被告人吴某刚满18周岁,归案后认罪态度较好,有悔罪表现。第二,被告人与被害人系远亲关系,两家关系不错。第三,被告人亲属与被害人亲属达成赔偿调解协议。综上所述,最高人民法院复核认为:被告人的行为已构成抢劫罪,但是鉴于被告人意在窃取他人财物,被发现后转为抢劫,主观恶性与典型抢劫罪不同。被告人在归案后认罪态度较好,有悔罪表现,并得到被害方谅解,对其判处死刑立即执行不当。据此,依法不核准死刑。

(二)被告人年龄超过60周岁

《公民权利和政治权利国际公约》等国际性文件均有死刑不能适用于70岁以

上老年人的规定，这些规定已被许多国家采纳，形成了一个死刑适用主体的年龄上限。[1]《刑法修正案（八）》明确规定，已满75周岁的人故意犯罪的，可以从轻或者减轻处罚；过失犯罪的，应当从轻或者减轻处罚。同时还规定，审判的时候已满75周岁的人，不适用死刑。虽然同时规定以特别残忍手段致人死亡的除外，但这种规定的案情相信在实践中极少遇到。中国人的平均寿命是72岁，75这个年龄已经很高了。在蒙古国，60岁以上老人犯罪不适用死刑；在菲律宾，70岁以上老人犯罪免除处罚。所以，被告人年龄超过60周岁就应当成为可以被从宽的理由。

（三）被告人处于哺乳期

对哺乳期妇女不应当适用死刑，是人道主义的要求，体现对婴儿和妇女的特殊保护。在死刑案件中，如果被告人还处于哺乳期，辩护人提出的不判处死刑的辩护意见一般会被采纳。

（四）被告人有需要抚养、赡养的亲属

主要包括三种情况：被告人有未成年子女，无其他人抚养的；被告人父母年老，无其他人赡养的；被告人系农村独生子女的。在这三种情况下，如果判处被告人死刑并立即执行，那么被告人的父母、子女在生活上就会无人照顾，在精神上将承受无法愈合的创伤。出于人道主义精神以及构建和谐社会的大环境考虑，法庭会考虑这方面的辩护意见，对此类被告人不判处死刑立即执行。

十、社会、国家利益或第三人利益辩

（一）被告人具有重大发明、创造或者曾作出重大社会贡献的

《刑法》的根本任务是为经济建设服务，在认定犯罪和判处刑罚的时候，必须考虑生产力的作用。在被告人系科技界精英分子或有重大社会贡献的特殊人群的情况下，被告人虽罪该处死，但对其适用“死缓”更有利于国家发展和社会稳定，并且以后可能为社会继续造福。因此，在此类案件中，辩护人应当提出相应的辩护意

---

〔1〕 马建洋：《死刑案件辩护特点及技巧》，载山东律师网：http://www.sdlawyer.org.cn/012/201214029529.htm，最后访问日期：2016年7月26日。

见,请求法庭采纳。

(二)少数民族、统战对象、宗教人士、华侨、归侨、侨眷、港澳台同胞以及外国人

在特定的少数民族地区,对于发生在少数民族内部的案件可以不适用死刑。如民族、宗教、宗派斗争导致的犯罪和与某些传统陋习有关的故意杀人、强奸案件,如适用死刑,既得不到当地同胞的理解,也不利于维护少数民族地区的稳定。此外,我国地域辽阔,各少数民族的风土人情差别很大,有些民族的"杀人偿命"观念并不盛行,如彝族、藏族等地区,完全可以不适用死刑。

另外,被告人在政治上有特殊影响力,罪该处死,但从政治、外交上考虑需要按照国家特殊政策对待的,应不适用死刑。这类人主要有统战对象及其近亲属、宗教人士、华侨、归侨、侨眷、港澳台同胞以及外国人等。国际交往中情况极为复杂,某些涉外案件的惩处,也要从实际出发,以取得好的国际影响。如某些外国人触犯我国刑律,罪行极其严重,但考虑到其本国已废除死刑或很少适用死刑以及国际影响,以不适用死刑为宜。

(三)保留被告人对于破获其他重大案件有重要作用

如果被告人可以为其他案件的侦破提供线索,那么从进一步打击犯罪的角度考虑不宜对其判处死刑立即执行。在此类案件中,辩护人一旦发现有此类情况,就应当尽快向法庭反映。A省2006年贩毒第一案中贩毒1372克的范某成、王某雨就因为对破获其他重大案件有重要作用而被改判"死缓"。

第五节
死刑案件辩护应注意的其他问题

一、可出具量刑意见书

陈瑞华教授提倡,在死刑案件中,应当出具量刑意见书,量刑意见应主要围绕被告人的家庭情况、教育状况、成长经历、一贯表现、犯罪原因、悔罪表现、被害人有无过错及过错程度、被害人对被告人有无谅解、犯罪对被害人造成的影响、社会对

被告人的评价等问题进行。量刑意见书主要包括以下内容:综合评估意见;从轻或减轻处罚的量刑辩护意见;相关证据材料。[1]

二、集体讨论

死刑案件的案情较重大、复杂时,集体讨论可以发挥集体的作用,集思广益,从而更加全面地为案件的辩护寻找突破点。

三、避免人情关系

在死刑案件的辩护中,辩护律师应当严格依照其自身对法律条文及公平正义精神的理解,在掌握确实、充分的证据基础之上,对死刑案件的被告人是否有罪、罪重罪轻进行判断,让社会舆论、行政干预、人情关系等法外因素对案件的干扰服从于罪刑法定原则和罪责刑相适应原则。只有这样,在可能判处死刑的案件中,辩护才能凸显其有效性,死刑辩护权的法律意义也才能得到真正实现。

四、他山之石,可以攻玉——适当地借用大律师的影响

牛顿曾说,如果说我比别人高,是因为我站在巨人的肩膀上。具体到律师执业的过程中,我们可以得出这样一条重要经验:任何律师在承办死刑案件的辩护过程中,都应当积极吸取其他律师特别是大律师办理死刑案件的经验,适当借用大律师的影响,完善自我。

五、妥善处理和媒体、"民愤"的关系

"讼棍"和报纸勾结影响司法的情况,在民国时就很严重。中华全国新闻工作者协会《中国新闻工作者职业道德准则》明确提出:新闻工作者要遵守宪法、法律和纪律,维护司法尊严,对于司法部门审理的案件不得在法庭判决前作定性、定罪和案情的报道;公开审理案件的报道,必须符合司法程序。《律师执业行为规范》也明确了律师和媒体宣传之间的关系。该规范第23条规定,律师发布广告应当遵守国

---

〔1〕《山东省律师协会死刑案件辩护指导意见(试行)》第36条。

家法律、法规和本规范。第31条规定,律师和律师事务所不得进行歪曲事实和法律,或者可能使公众对律师产生不合理期望的宣传。综上所述,笔者认为律师在办理相对重大、复杂的死刑案件时应当严格遵守以上规定,妥善处理与媒体之间的关系。

另外,在进行死刑案件辩护时,"民愤"往往会对判决结果起到一定影响。"民愤"一词,多年来在中国的刑事判决文书中占有重要地位。如有的恶性杀人案件,被告人投案自首或有立功表现的,依法不应当判处死刑,但法院为了平"民愤",往往以"不杀不足以平民愤"为由,将被告人处以极刑。最高人民法院原院长王胜俊对判不判死刑的问题谈到三个依据:一是要以法律的规定为依据;二是要以治安总体状况为依据;三是要以社会和人民群众的感觉为依据。由此可见,"民愤"对法院的判决确实有一定影响。

因此,在死刑案件中,刑辩律师的作用之一就是巧妙地平"民愤"、化解"民愤"。刑辩律师必须在法庭上讲清楚案发时的"民愤"和案发后的"民愤"的区别,把事后的恐惧与当时的愤怒区分开来,有效化解事后的虚无的"民愤",尽可能不让它影响法官对案件的社会危害性的判断。同时,也要注意到,"民愤"不是犯罪行为,也不是犯罪事实,而是人们对该犯罪行为发生之后的一种评价、一种感知,是一种主观主义的东西。因此,作为辩护律师,还要把"民愤"与犯罪有效剥离开来,不要让"民愤"影响案件事实,更不能让其成为影响刑罚的主要因素。

六、关于各地《死刑案件辩护指引》

全国部分省市如贵州、山东、河南等地律协都发布了《死刑案件辩护指引》,这些规定对于死刑案件的辩护指导意义极大,广大刑辩律师应当据此积极学习如何有效地办理死刑案件。

最后,笔者想说:一切在变,一切在流淌,但有一种东西是不能放弃的,那就是对正义的追求;一切在变,一切在流淌,但有一种东西是不能放弃的,那就是对司法的信仰。律师在承办死刑案件时,不管承受怎样的压力,都要坚持那些应当坚持的东西,为了被告人,更为了自己的信仰。

第十一章
CHAPTER 11

非法证据排除规则在刑事辩护中的运用

我国 1996 年《刑事诉讼法》第 43 条规定，审判人员、检察人员、侦查人员必须依照法定程序，收集能够证实犯罪嫌疑人、被告人有罪或者无罪、犯罪情节轻重的各种证据。严禁刑讯逼供和以威胁、引诱、欺骗以及其他非法的方法收集证据。必须保证一切与案件有关或者了解案情的公民，有客观地充分地提供证据的条件，除特殊情况之外，并且可以吸收他们协助调查。该条实际上已经确立了非法证据排除的原则。2010 年最高人民法院、最高人民检察院、公安部、国家安全部和司法部联合发布《关于办理刑事案件排除非法证据若干问题的规定》，首次明确提出了"非法证据排除"，对非法证据排除问题做了明确规定，并且较具体地规定了排除的程序。直至 2012 年《刑事诉讼法》修订，我国方从法律上正式确立了非法证据排除规则制度。2012 年《刑事诉讼法》用第 50 条、第 54 ~ 58 条共 6 个条文(2018 年再次修订，对应的法条是第 52 条、第 56 ~ 60 条)规定了非法证据排除规则，2017 年上述最高司法机关把中央深改小组通过的《关于办理刑事案件严格排除非法证据若干问题的规定》予以发布，2021 年最高人民法院《关于适用〈中华人民共和国刑事诉讼法〉的解释》对非法证据排除规则也做了进一步细化，这些规定彰显了我国非法证据排除规则的特点。

一、非法证据排除规则的概念

（一）非法证据

讨论非法证据排除规则的概念，首先必须明确什么是非法证据。中国《诉讼法大辞典》对“非法证据”的界定是：“不符合法定来源和形式的或者违反诉讼程序取得的证据资料。”[1]在学界，“非法证据”有狭义与广义之分。狭义非法证据是针对收集证据的方法或程序而言的；广义非法证据包括：收集和运用主体不合法的证据，收集程序不合法的证据，不符合合法形式的证据，未经法定程序查证属实的证据。基于此，我国证据必须符合四个条件：具有合法形式，由法定人员依照法定程序收集和运用，有合法的来源，经法定程序查证属实。如果一项证据不具备这四个条件之一，则属于非法证据。

从我国新修订的《刑事诉讼法》《关于办理刑事案件排除非法证据若干问题的规定》《关于办理刑事案件严格排除非法证据若干问题的规定》《人民法院办理刑事案件排除非法证据规程（试行）》《关于适用〈中华人民共和国刑事诉讼法〉的解释》等的相关条文并结合司法实践来看，广义非法证据的外延要远远大于非法证据排除规则中非法证据的外延，同时，后者又包含于狭义非法证据之中，即“非法”证据排除规则中的非法首先是指收集证据的方法或程序不合法，但这里的“不合法”指严重的违法。而非法证据排除规则中的非法实物证据除了该实物证据收集的程序严重违法外，还要满足可能严重影响司法公正，并且不能补正或作出合理解释的条件。概言之，非法证据排除规则中的非法证据所指对象远小于广义和狭义的非法证据。

（二）非法证据排除规则

非法证据排除规则源于美国，通常是指执法机关及其工作人员使用非法行为取得的证据不得在刑事审判中采纳的规则，[2]即非法证据不得作为定案依据。1914 年，美国联邦最高法院在威克斯案中首次确立了在各级联邦法院适用非法搜查和扣押所得的证据排除规则。在美国，非法证据排除规则中认定证据非法是以

---

〔1〕 柴发邦主编：《诉讼法大辞典》，四川人民出版社 1989 年版，第 505 页。

〔2〕 J. Pressier, T. J. Bernard, *Encyclopedia of Crime and Justice*, Free Press, 1983, p. 715。

宪法修正案为根据,仅限于程序性违法。美国的非法证据实行强制排除规则,不仅要排除违宪证据,还要排除"毒树之果"。随着该规则的逐步发展和完善,联合国相关机构和其他国家纷纷采纳。如今,非法证据排除规则是否确立和完善已是衡量一个国家人权保障力度和法治现代化水平的重要指标。

二、《刑事诉讼法》中的非法证据排除规则

(一)非法证据排除规则的适用主体

新修订的《刑事诉讼法》第56条第2款规定:"在侦查、审查起诉、审判时发现有应当排除的证据的,应当依法予以排除,不得作为起诉意见、起诉决定和判决的依据。"即非法证据排除规则的适用主体包括案件的侦查人员、检察人员、审判人员。也明确了我国非法证据排除规则贯穿于侦查、审查起诉、审判阶段的全过程。但《刑事诉讼法》和《关于办理刑事案件排除非法证据若干问题的规定》主要针对庭审过程中法官运用非法证据排除规则作出规定,对于侦查、审查起诉阶段的非法证据排除程序涉及甚少。而我国相关法律对于在侦查阶段,侦查人员适用非法证据排除规则的程序规定尚处于空白。如此,要落实《刑事诉讼法》第56条第2款,系对侦查人员的法律素养提出更严格的要求,侦查人员是否运用非法证据排除规则完全依赖其自觉性。检察人员运用非法证据排除规则主要通过两种途径,即被动运用和主动运用。《刑事诉讼法》第57条规定:"人民检察院接到报案、控告、举报或者发现侦查人员以非法方法收集证据的,应当进行调查核实。对于确有以非法方法收集证据情形的,应当提出纠正意见;构成犯罪的,依法追究刑事责任。"据此,被动运用是指检察院接到报案、控告、举报后,方启动非法证据排除。主动运用则是检察人员自发地运用非法证据排除规则,主要包含两种情况:一种是检察院在审查批准逮捕过程中,对非法证据进行排除;另一种是在审查起诉阶段,办案的检察人员启用非法证据排除规则。有关审判人员如何适用非法证据排除规则的程序,《刑事诉讼法》第58~60条、第187条,《关于适用〈中华人民共和国刑事诉讼法〉的解释》第127~138条做了较详细的设计,主要有通过审前会议适用、庭审过程中审判人员主动适用和经被告人或其辩护人申请而适用。

(二)非法证据排除规则适用范围

我国非法证据排除规则既适用于言词证据,亦适用于物证、书证即实物证据。《刑事诉讼法》第 56 条第 1 款规定:“采用刑讯逼供等非法方法收集的犯罪嫌疑人、被告人供述和采用暴力、威胁等非法方法收集的证人证言、被害人陈述,应当予以排除。收集物证、书证不符合法定程序,可能严重影响司法公正的,应当予以补正或者作出合理解释;不能补正或者作出合理解释的,对该证据应当予以排除。”根据上述规定,非法证据的排除范围似乎只是言词证据和物证、书证,鉴定意见、视听资料、电子证据等不在排非程序的范围,如果涉嫌违法,则属于“依法不得作为定案的依据”。我们欣喜地注意到,《公安机关办理刑事案件程序规定》第 71 条第 2 款规定:“收集物证、书证、视听资料、电子数据违反法定程序,可能严重影响司法公正的,应当予以补正或者作出合理解释;不能补正或者作出合理解释的,对该证据应当予以排除。”把排非的范围扩大到电子证据和视听资料,但遗憾的是,最高人民法院《关于适用〈中华人民共和国刑事诉讼法〉的解释》的有关规定只是重复了《刑事诉讼法》的上述条款。

1. 非法言词证据的排除

由《刑事诉讼法》第 56 条可知,我国对非法言词证据采取的是“无条件排除”的态度。在我国,口供素有“证据之王”的称谓。过去侦查手段落后、侦查科技含量不高的现实状况,导致司法人员对口供过分依赖。这就造成侦查人员形成偏好口供的惯性思维,以致刑讯逼供泛滥,犯罪嫌疑人的权利屡遭践踏。近年来,频频出现的冤假错案,如杜培武案、佘祥林案、聂树斌案、赵作海案、张氏叔侄案等,都是仅凭非法获得的口供即定罪。意大利著名的法理学家、刑罚改革者贝卡利亚曾言:“在痉挛和痛苦中讲真话并不那么自由,就像从前不依靠作弊而避免烈火与沸水的结局并不那么容易一样。我们意志的一切活动永远是同作为意志源泉的感受印象的强度对称的,而且每个人的感觉是有限的。因而,痛苦的影响可以增加到这种地步:它占据了人的整个感觉,给受折磨者留下的唯一自由只是选择眼前摆脱惩罚最短的捷径,这时候,犯人的这种回答是必然的,就像在火与水的考验中所出现的情况一样。有感性的无辜者以为认了罪就可以不受折磨,因而称自己为罪犯。罪犯与无辜者间的任何差别,都被意图查明差别的同一方式所消灭了。”[1]由此可见,采用刑讯逼供得来的犯罪嫌疑人供述和采用暴力、威胁等非法方法收集的证人证言、被害人陈述除了侵犯人权之外,还由于缺乏证据三要素中的真实性基础,故不能作为定案证据,理应排除。《刑事诉讼法》对非法言词证据绝对排除的规定,从源头上遏制了刑讯逼供等非法取证行为,符合我国追求程序正义的迫切要求。

2017年6月27日,最高人民法院、最高人民检察院、公安部、国家安全部和司法部发布《关于办理刑事案件严格排除非法证据若干问题的规定》,是对之前关于非法证据排除规定的梳理、归纳,也是完善、升级。除此之外,还有《刑事诉讼法》、《关于办理刑事案件排除非法证据若干问题的规定》、《人民法院办理刑事案件排除非法证据规程(试行)》及最高人民法院《关于适用〈中华人民共和国刑事诉讼法〉的解释》,司法解释、司法文件、部门规章等规定,以此形成一个“非法证据排除规则”体系。因此,对《关于办理刑事案件严格排除非法证据若干问题的规定》的理解,应坚持体系解释、系统解释的方法,不能孤立地、机械地去理解和运用。对以下几种言词证据的排除,需要特别注意:

(1)通过“疲劳讯问”获取的供述。

对于“疲劳讯问”,按照《关于办理刑事案件严格排除非法证据若干问题的规定》所列举的情形,似乎没有一个明确的规定,但也并非意味着不予排除。最高人民法院2013年发布的《关于建立健全防范刑事冤假错案工作机制的意见》第8条第1款早有规定:“采用刑讯逼供或者冻、饿、晒、烤、疲劳审讯等非法方法收集的被告人供述,应当排除。”司法实践中,也有不少对“疲劳讯问”获取的供述予以排除的判例。《关于办理刑事案件严格排除非法证据若干问题的规定》虽没有列举“变相肉刑”的具体手段,但是,严重的“疲劳讯问”应理解为“变相肉刑”之一,它同样能够“使犯罪嫌疑人、被告人遭受难以忍受的痛苦而违背意愿作出供述”。因此,对于严重的“疲劳讯问”,应视为“变相肉刑”的手段,由此获取的供述,予以排除是有依据的。只不过,对于严重“疲劳讯问”的具体标准仍需司法机关进一步明确。

---

[1] [意]贝卡利亚:《论犯罪与刑罚》,黄风译,中国法制出版社2002年版,第37页。

(2)采用威胁方法获取的供述。

《关于办理刑事案件严格排除非法证据若干问题的规定》第3条及《关于适用〈中华人民共和国刑事诉讼法〉的解释》第123条第2项规定,采用以暴力或者严重损害本人及其近亲属合法权益等进行威胁的方法,使犯罪嫌疑人、被告人遭受难以忍受的痛苦而违背意愿作出的供述,应当予以排除。

将"威胁"方法列入排除范围,是《关于办理刑事案件严格排除非法证据若干问题的规定》的一大进步。此处"威胁"包括三种情况:一是以暴力相威胁,即恐吓犯罪嫌疑人、被告人将对其使用暴力;二是以严重损害本人合法权益相威胁,如揭露个人隐私;三是以严重损害其近亲属的合法权益相威胁,如对其近亲属采取强制措施,对其配偶、子女追究相应责任。

需要注意的是,此处"威胁"要求达到"使犯罪嫌疑人、被告人遭受难以忍受的痛苦而违背意愿作出的供述"之程度,与第2条规定的"刑讯逼供"手段基本相当,才排除相关供述,并不是所有"威胁"手段都属于排除范围。例如,侦查讯问中以"抗拒从严"相威胁,就不属于排除范围。

《关于办理刑事案件严格排除非法证据若干问题的规定》对采用"引诱""欺骗"方法获取的供述是否排除未作出规定。原因是,"引诱""欺骗" 并未对犯罪嫌疑人的身体或者精神实施强迫,未直接侵犯犯罪嫌疑人、被告人的人身权和意志自由权,且与侦查讯问策略难以区分。但也并不意味着,"引诱""欺骗"获取的供述一律不排除。毕竟《刑事诉讼法》第52条明确规定,"严禁刑讯逼供和以威胁、引诱、欺骗以及其他非法方法收集证据",而且"引诱""欺骗"同样可以导致犯罪嫌疑人、被告人违背意愿作出供述。只不过,具体是否排除,由法庭根据案件情况综合判断。

(3)与同步录像不一致的笔录。

《人民法院办理刑事案件排除非法证据规程(试行)》第22条第4项规定,人民法院应重点审查"讯问录音录像与讯问笔录的内容是否存在差异。对与定罪量刑有关的内容,讯问笔录记载的内容与讯问录音录像是否存在实质性差异,存在实质性差异的,以讯问录音录像为准"。《关于适用〈中华人民共和国刑事诉讼法〉的解释(征求意见稿)》也曾有此规定,遗憾的是,因有关部门反对而删除。即便如此，除非录像有可能剪辑伪造，当录像和笔录不一致时，以笔录为准应该是当然之义。

(4)未明确的其他两种情形。

①在规定办案场所外获取的供述。

《关于办理刑事案件严格排除非法证据若干问题的规定》第9条规定："犯罪嫌疑人被送交看守所羁押后，讯问应当在看守所讯问室进行。因客观原因侦查机关在看守所讯问室以外的场所进行讯问的，应当作出合理解释。"

相比之前的规定，如2013年中央政法委发布的《关于切实防止冤假错案的规定》第1条"讯问犯罪嫌疑人、被告人，除情况紧急必须现场讯问外，应当在规定的办案场所进行……侦查机关不得以起赃、辨认等为由将犯罪嫌疑人提出看守所外进行讯问"，《关于办理刑事案件严格排除非法证据若干问题的规定》出现了"倒退"的现象，《关于办理刑事案件严格排除非法证据若干问题的规定》第9条等于为"看守所外讯问"开了一个口子，只要有"客观原因""合理解释""看守所外讯问"所获取的供述就可以被采信。而众所周知，"看守所外讯问"恰恰是刑讯逼供的渊薮。即使司法机关对"客观原因""合理解释"从严掌握，这一规定仍然具有危险性，司法实践效果值得进一步关注。

2013年最高人民法院发布的《关于建立健全防范刑事冤假错案工作机制的意见》第8条第2款规定："除情况紧急必须现场讯问以外，在规定的办案场所外讯问取得的供述，未依法对讯问进行全程录音录像取得的供述，以及不能排除以非法方法取得的供述，应当排除。"据此，除特殊情况必须现场讯问以外，"在规定的办案场所外讯问取得的供述"一律予以排除。这一规定是合理的，仍然有效，应予坚持。

②未依法全程录音录像获取的供述。

《关于办理刑事案件严格排除非法证据若干问题的规定》第10条规定："侦查人员在讯问犯罪嫌疑人的时候，可以对讯问过程进行录音录像；对于可能判处无期徒刑、死刑的案件或者其他重大犯罪案件，应当对讯问过程进行录音录像。侦查人员应当告知犯罪嫌疑人对讯问过程录音录像，并在讯问笔录中写明。"第11条规定："对讯问过程录音录像，应当不间断进行，保持完整性，不得选择性地录制，不得剪接、删改。"但并未规定对"未依法全程录音录像取得的供述"应予排除。

上述规定与《刑事诉讼法》等规定基本一致。但遗憾的是，《关于办理刑事案件严格排除非法证据若干问题的规定》对“未依法对讯问进行全程录音录像取得的供述”应否排除未作出明确规定。

之前的规定，是2013年最高人民法院发布的《关于建立健全防范刑事冤假错案工作机制的意见》第8条第2款规定：“除情况紧急必须现场讯问以外，在规定的办案场所外讯问取得的供述，未依法对讯问进行全程录音录像取得的供述，以及不能排除以非法方法取得的供述，应当排除。”据此，“未依法对讯问进行全程录音录像取得的供述”（包含“依法应当录像而未录音录像”“未全程录音录像”两种情况），一律予以排除。这一规定是合理的，仍然有效，应予坚持。

而且，《人民法院办理刑事案件排除非法证据规程（试行）》第26条也明确规定，“经法庭审理，具有下列情形之一的，对有关证据应当予以排除：……（二）应当对讯问过程录音录像的案件没有提供讯问录音录像，或者讯问录音录像存在选择性录制、剪接、删改等情形，现有证据不能排除以非法方法收集证据的”。最高人民法院《关于适用〈中华人民共和国刑事诉讼法〉的解释》第74条规定：“依法应当对讯问过程录音录像的案件，相关录音录像未随案移送的，必要时，人民法院可以通知人民检察院在指定时间内移送。人民检察院未移送，导致不能排除属于刑事诉讼法第五十六条规定的以非法方法收集证据情形的，对有关证据应当依法排除；导致有关证据的真实性无法确认的，不得作为定案的根据。”

另外，在司法实践中也较好地执行了上述规定，例如，《刑事审判参考》（总第108集）第1166号指导案例——王平受贿案，贵州省高级人民法院经审理认为：“侦查机关在立案后对王平的讯问笔录，其中没有同步录音录像的2011年4月21日1份、4月22日1份、4月28日1份、4月29日9时30分至11时55分1份、5月4日1份，不符合《最高人民检察院讯问职务犯罪嫌疑人实行全程同步录音录像的规定（试行）》第二条‘每次讯问犯罪嫌疑人时，应当对讯问全过程实施不间断的录音录像’的规定，不得作为定案的根据，该上诉理由和辩护意见合理，予以采纳……”

2. 非法实物证据的排除

《刑事诉讼法》对于非法实物证据的排除采取的是“相对排除”原则，即有选择地予以排除。该法第56条第1款规定,收集物证、书证不符合法定程序,可能严重影响司法公正的,应当予以补正或者作出合理解释;不能补正或者作出合理解释的,对该证据应当予以排除。根据该条规定,实物证据的非法排除适用条件相较言词证据更加严格,它需要满足三个条件:第一,实物证据是非法的。前文已经论及,在我国,非法证据所指的是取得程序和方式不合法的证据,并且仅指严重违法的证据。轻微违法的证据,若严重影响司法公正,则属于瑕疵证据,适用可补正的排除规则。第二,该实物证据严重影响司法公正。这是一个事关追求实体公正的标准,体现了我国对实体公正仍是"情深意长"。这项规定遭到司法界一些学者质疑,他们认为此项给排除规则适用主体留下了广泛的自由裁量空间,让非法实物证据排除很难落实。第三,不能补正或者作出合理解释的。所谓补正,即对原有的非法证据进行补充、完善,以恢复其形式的合法性。证据的补正并没有产生新的证据。可以补正的实物证据是一种瑕疵证据,通常只是因为侦查人员工作疏忽,证据收集程序或方式上轻微违法,不影响实体公正。例如,在搜查笔录、扣押清单上补充侦查人员或见证人的签名或物品名称、数量、特征等。

"物证、书证属于实物证据的范畴,实物证据不同于言词证据,具有不以人的意志为转移的客观性,故不宜根据其获取手段的非法性作一律排除。"实物证据的客观性、唯一性、不可替代性等特点,使现代世界上绝大多数国家,如英国、德国、日本等,在非法实物证据的排除上都不同程度地放宽了要求,如英国对实物证据的排除采用了自由裁量的方式,德国则是赋予了法官衡量采信的权利,日本更是对非法实物证据排除的情形设置了极为严格的限制。

3."毒树之果"规定的缺失

"毒树之果",是指以非法手段获取的证据的派生性证据,也是非法证据的重要组成部分。世界上许多国家都在非法证据排除规则中对之进行了规定。其中,美国采取"砍树弃果"的态度;英国、德国、日本等则采取"砍树食果"的态度。且不论哪种态度更好,至少这些国家将"毒树之果"这一衍生证据纳入非法证据排除规则中,使"毒树之果"的排除有据可查、有法可依。遗憾的是,我国《刑事诉讼法》关于该问题的规定尚处于空白。但是,最高人民法院、最高人民检察院、公安部、国家安全部和司法部2017年6月27日发布的《关于办理刑事案件严格排除非法证据若干问题的规定》第 5 条对此作出了部分规定，采用刑讯逼供方法使犯罪嫌疑人、被告人作出供述，之后犯罪嫌疑人、被告人受该刑讯逼供行为影响而作出的与该供述相同的重复性供述，应当一并排除，但下列情形除外：(1)侦查期间，根据控告、举报或者自己发现等，侦查机关确认或者不能排除以非法方法收集证据而更换侦查人员，其他侦查人员再次讯问时告知诉讼权利和认罪的法律后果，犯罪嫌疑人自愿供述的；(2)审查逮捕、审查起诉和审判期间，检察人员、审判人员讯问时告知诉讼权利和认罪的法律后果，犯罪嫌疑人、被告人自愿供述的。

（三）非法证据排除规则的适用阶段

我国提出非法证据排除贯穿于刑事诉讼全过程，对这一点《刑事诉讼法》第 56 条第 2 款予以了确认。非法证据排除的提出时间宽泛，为非法证据排除在时间上提供了便利条件，但同时也带来了问题：第一，丧失了非法证据排除程序的独立性。严格来说，我国根本没有非法证据排除程序。法律程序是指人们遵循法定的时限和时序并按照法定的方式和关系进行法律行为。我国非法证据排除规则在刑事诉讼过程中任何时间都可适用，且适用的方式亦不统一。如此在时间、方式上皆模糊不定，就不能视为程序。第二，违背了非法证据隔离原则。我国在审前会议和庭审过程中皆可以提出排除非法证据，且审前会议的参与法官和庭审中的决断法官是同一批人。这容易导致法官先入为主、丧失中立性，有时即使非法证据成功地被排除了，但其对被告人的不利影响仍然存在，从而违背了非法证据排除规则的宗旨。第三，造成诉讼效率低下。这种贯穿全过程的非法证据排除规则，容易导致诉讼时间过长，甚至诱使犯罪嫌疑人或被告人恶意拖延诉讼。

鉴于以上问题，我国可以借鉴美国的做法。美国主要是采取审前排除的方式，设立专门独立的审查人员，在证据展示开始后，在审前准备阶段，被告人可以对自己认为的控方拟在审判时出示的非法证据进行限制动议，要求治安法官禁止控方在审判时出示该证据。

（四）非法证据排除的决断

2010 年《关于办理刑事案件排除非法证据若干问题的规定》第 2 条规定："经依法确认的非法言词证据，应当予以排除，不能作为定案的根据。"《刑事诉讼法》

第60条进一步规定:“对于经过法庭审理,确认或者不能排除存在本法第五十六条规定的以非法方法收集证据情形的,对有关证据应当予以排除。”这里增加了“不能排除”的情形,显然符合“在刑事诉讼中,证据的疑问利益应当归于被告人”。但实际上,“确认或不能排除”较之于德、日的“自由证明”以及美国的“优势证据”,虽叫法不同,但本质相同,都依赖于裁判者的自由心证。《刑事诉讼法》第57条、第58条、第60条以及《关于适用〈中华人民共和国刑事诉讼法〉的解释》第130~137条的规定,对于排除非法证据认定并没有一个具体量化的标准,而是赋予了裁判者很大的自由裁量权,即是否排除非法证据主要依靠裁判者个人主观认识。另外,由于制度设计的缺陷,我国公检法相互包庇的情形已屡见不鲜,让非法证据排除在司法实践中还难以全面落实。

《刑事诉讼法》对非法证据排除规则的确立,犹如刑事辩护领域的一场春雨,滋润着我国程序正义的幼苗。这对于刑辩律师来说,充满机遇与挑战。

三、非法证据排除规则在刑事辩护中的运用

(一)明确非法证据排除规则对刑事辩护的价值

关于非法证据排除规则的价值,应该针对不同主体作出区分:对于整个中国来说,有利于法治社会的建设;对于司法机关来说,有利于严肃执法、纠正违法行为;对于犯罪嫌疑人或被告人来说,有利于保障人权。但是,非法证据排除规则对于辩护律师来说,仅仅是维护当事人合法权益的工具,无须将其虚妄地拔高。辩护律师切不可意气风发,在提请排除非法证据时穷根究底,非要追究相关侦查人员责任方罢休。这样做,不仅大大提高了执业风险,而且容易促使各方对抗升级,不利于为犯罪嫌疑人和被告人辩护。正所谓不在其位不谋其政,追究相关人员的责任自有专门机关处理,远不是辩护律师所能和所应该承担的职责。所以,辩护律师在提请非法证据排除时,只要提出“印证材料”即可,至于合法性证明的要求,应该由裁判机关提出。

(二)坚持有利于被告人的原则

最大限度地维护当事人合法权益是律师的天职。我国《律师法》第31条规定:

"律师担任辩护人的,应当根据事实和法律,提出犯罪嫌疑人、被告人无罪、罪轻或者减轻、免除其刑事责任的材料和意见,维护犯罪嫌疑人、被告人的诉讼权利和其他合法权益。"在司法实践中,辩护律师应该灵活运用非法证据排除规则,有选择性地申请排除非法证据,而选择的标准应该是从刑事辩护的目的出发,即是否有利于犯罪嫌疑人和被告人。法律是严肃的,辩护律师万不能为了展示自己运用法律的技巧、为运用法律而运用法律,背离刑事辩护宗旨。一般来说,申请排除的非法证据应该足以动摇公诉机关指控的犯罪事实,但当出现一份非法证据存在有利于犯罪嫌疑人和被告人成分的特殊情况时,则要权衡利弊,当弊大于利时,才申请排除。如非法取得的口供可以证明犯罪嫌疑人和被告人有自首或立功情节,该份口供是否排除就需要权衡利弊。如果盲目申请非法证据排除,可能会导致控辩双方对抗升级,甚至引起公诉机关对辩护律师的反侦查。如此则一方面置自身于执业的高风险之中,另一方面也不利于保护犯罪嫌疑人和被告人的合法权益。

(三)淡化非法证据排除规则观念

非法证据排除规则虽有诸多优点,但它也存在一些弊端,容易造成诉讼效率低下、控辩双方对抗升级、庭审重心偏离等问题。为避免影响律师行使辩护权,有时候无须单独申请排除非法证据,可以借其他程序将非法证据排除规则运用于无形之中。如可以通过法庭质证程序,运用证人出庭制度和交叉询问手段,对非法证据提出质疑,以达到排除的效果。

(四)适时地提出非法证据排除

原则上,我们提倡辩护律师应尽早地提请排除非法证据,庭审之前能提出的最好不要拖延至庭审中。主要理由有:第一,不利于审判公正。我国非法证据排除缺乏专门的裁判人员,审前会议参与法官和庭审阶段对非法证据排除申请的决断人员往往是该案的审判人员,这往往使审判人员丧失了独立性,影响其对案件的公正审判。第二,易导致庭审主次不分。法庭的主要功能是就已有事实证据,结合法律作出判决。而庭审中,一旦辩护人提请排除非法证据,通常需要耗费大量时间。所以,庭中的排除使得庭审活动偏离了定罪量刑的主题,审判人员及控辩双方忽视了对案件事实真相的调查,庭审的中心功能没有实现。[1] 第三,拖延诉讼时间。庭审阶段提出,公诉人员往往无法当即举证,而休庭以准备相关证据势必影响了诉讼进程,同时还会直接影响法庭之前进行的诉讼活动。

司法实践中,具体何时提请非法证据排除有时候亦要视情况而定。如在侦控一体的诉讼机构情况下,常常出现这样的特殊情况:侦控机关决意最大限度地追究嫌疑人的刑事责任时,律师非法证据排除的理由往往成为侦查机关以更加不合理的手段对证据进行补强的指导。

(五)申请排除意见应该具体、明确

辩护律师申请排除非法证据时,必须根据辩护的需要具体指明何年、何月,侦查机关取得的何种、哪一份证据。而且,在提出非法证据排除意见之前,应对该证据有一定的了解,尽可能地提出具体、详细、有依据的理由、线索或证据,否则,弄巧成拙的话,可能排除申请在裁判机关审查时即被否决,有时甚至可能让审判人员误认为辩护律师是在恶意拖延诉讼,从而对辩护律师产生抵触情绪。所以辩护律师对自己申请排除的非法证据情况做到心如明镜至关重要。

(六)以积极的行为应对非法证据排除规则

有相当一部分学者和实务工作者,基于非法证据排除规则的立法规定和规避律师执业风险的需要,反对律师在非法证据排除程序中积极作为,认为律师只要提供非法取证的线索,举证证明取证合法是控方的责任。但笔者认为,作为中国的刑辩律师,还是应当以积极的作为应对中国特色的非法证据排除规则。因此,在会见过程中,如果发现犯罪嫌疑人身体上有明显伤痕或犯罪嫌疑人称其遭受了刑讯逼供,律师建议其向驻所检察官反映,并向其全面了解刑讯逼供的事实,其中包括:遭受刑讯逼供的时间、地点,对其实施刑讯逼供的讯问人员,讯问人员向其逼问的问题,犯罪嫌疑人的供述内容,以及讯问时是否进行了录音录像等。或者参照河南省律师协会与陈瑞华教授联合调研、草拟的《河南省律师协会死刑案件辩护指引(试行)》第91条的相关规定,会见时,被告人提出遭受刑讯逼供的,辩护律师应让其书

---

[1] 张军、江必新主编:《新刑事诉讼法及司法解释适用解答》,人民法院出版社2013年版,第115页。

写相关材料，被告人没有书写能力的，辩护律师应当询问有关情况并制作询问笔录。犯罪嫌疑人身体上有明显伤痕的，律师可以根据情况要求监管机关或办案机关进行验伤，以固定证据；律师也可以申请法院调取看守所入所、出所体检表和提讯电脑登记记录，以证明违法取证情况的存在；可以对被告人同监舍已经送监狱执行或释放的嫌犯进行调查，以获取刑讯逼供的证据，作为被告人关于刑讯辩解的佐证。

律师在接触到案卷材料后，应当通过阅卷，审查犯罪嫌疑人的案内供述和其他证据，并结合会见时犯罪嫌疑人向律师反映的情况，综合分析、判断有无非法取证的情况。尤其是犯罪嫌疑人的供述、辩解与其他证据包括被害人陈述、证人证言不一致甚至存在重大出入时，律师更要特别关注。并注意不得将案卷材料交由犯罪嫌疑人的亲友查阅、摘抄或复印。

在法庭对被告人审判前供述取得的合法性启动调查，公诉人向法庭提供讯问笔录、原始的讯问过程录音录像等对该供述取得的合法性予以证明时，律师必须注意审查公诉人提供的录音录像资料是否是“原始的”，是否反映了讯问全过程。例如，注意比较录像资料显示的起始时间与讯问笔录记录的时间是否相符，录像中的讯问内容与书面讯问笔录记载的内容是否相符等。除此之外，公诉人还可能提供其他证据证明不存在非法取证行为，或提请法庭通知其他在场人员或者其他证人甚至讯问人员出庭作证。这就需要律师在会见被告人时必须向其了解清楚对其进行刑讯逼供的讯问人员是谁，除讯问人员之外是否还有其他人在场等。这样，公诉人在提请他们出庭作证时，律师才能有所准备地进行质证。

侦讯人员到庭时，虽然公诉人可能庭前对其进行过培训，但如果确实存在刑讯逼供问题侦讯人员毕竟心虚，又由于侦讯人员不可能具备丰富的出庭经验，律师应当放开手脚对其进行询问，使其无法自圆其说，并通过发表质证意见，向法庭阐述存在违法取证的客观情况。笔者办理过的贩毒 1100 克海洛因周某胜案件、贩毒 1372 克王某雨案件，均通过直接调取或申请法院调取看守所记录，通过调取被告人同监舍嫌犯证言等方式，以及对出庭侦讯人员进行询问，使侦讯人员没有刑讯的法庭证词漏洞百出，从而通过强有力的程序辩护，使法庭认为证据存疑，最终周某胜被判处无期徒刑，王某雨改判“死缓”。

(七)从实体到程序两方面强化非法证据排除的必要性

无论是从法律规定还是法理方面分析,非法证据被排除不是因为证据不真实(客观性),而是因为证据的取得手段非法(合法性)。但在中国特色的辩护制度下,作为辩护人,为了强化非法证据排除的必要性,恐怕不仅需要从程序方面强调证据的证据力,还需要从实体上对证据的虚假性进行论证。[1]

笔者办理的唐某某贩卖1340克毒品案件,因为扣押物品清单的三部手机,不包括可以证明上诉人立功情节的第四部手机,而一名搜查见证人是警察,另一名见证人到庭证明扣押行为存在上述重大疏忽致使一审判决将两部手机混淆,侦查人员又拒绝到庭接受质询。二审法院最后作出了立功行为的存在认定,将上诉人改判"死缓"。此案的辩护意见之所以被采纳,不仅因为侦查机关的搜查程序不合法,更因为这种不合法导致侦查机关可能蓄意隐瞒了犯罪嫌疑人有重大立功事实的实体问题。所以,辩护人不可以太理想化地理解法律,必须务实操作。

哈佛大学终身刑法学教授、辛普森案件的首席辩护人德肖维茨说:"最好的辩护就是主动进攻。"辩护律师申请排除非法证据,就是一种进攻性的辩护,又称程序性辩护。虽然,英国法学家布鲁厄姆爵士曾言:"为了拯救和保护当事人,律师要不顾任何风险,不惜任何牺牲。这是律师义不容辞的职责。"但律师在遇到侦查机关非法取证的情况时,除了要履行"律师义不容辞的职责"敢于据理力争,维护当事人的合法权益之外,同时也要注意"有理、有据、有节",避免控辩双方冲突升级,徒增自身执业风险。

四、中国的司法环境下,证据还可能因为其他原因而被排除

(一)因不具有真实性、自愿性而被排除

刑事证据规则绝不仅仅是指非法证据排除规则,非法证据排除规则只是刑事证据规则当中的一部分。

笔者办理的一起强奸案件在审查起诉阶段,在检察机关准备作出不诉处理的

---

〔1〕 田文昌、陈瑞华:《刑事辩护的中国经验:田文昌、陈瑞华对话录》,北京大学出版社2012年版,第118页。

情况下,公安机关撤销了案件。此案之所以作出无罪处理,很大原因是缘于案件的视听资料。在这个视听资料或者说是同步录像当中,无论是被告人的供述还是被害人的陈述都是侦查机关指供与诱供的结果。在非法证据排除制度的严格证据规定出来之后,一位同事就提出这样的疑问:指供与诱供不属于“排非”的范围,为什么在这个案件中用视听资料作为切入点能使嫌疑人无罪释放呢?笔者当时是这样给他解释的:证据具有“三性”,证据需要客观真实,同时证据更需要陈述者的意志自由。同步录音录像中反映了嫌疑人的供述和被害人陈述在侦查阶段存在多次反复,同时录像说明嫌疑人的有罪供述和被害人的陈述是被指供、逼供的结果,陈述者的意志不自由,因此不真实。

我国的刑事证据规则除了非法证据排除规则之外,还有关联性规则、传闻证据规则、意见证据规则、最佳证据规则、补强证据规则、自白任意性规则。律师需要灵活运用、全面掌握这七个刑事证据规则,才可以在刑事辩护当中进行有效辩护。

我国三大程序法中,民商事及行政诉讼都有了证据规则,刑事诉讼则没有证据规则的具体规定,与执掌“生杀予夺”大权的刑庭沉重的审判职责极不相称,使我国1997年《刑法》规定的“罪刑相适应”“疑罪从无”等原则不能得到很好的贯彻落实。

众所周知,美国没有刑事诉讼法,但有非常知名的《美国联邦证据规则》,其详细规定了刑事和民事诉讼的证据规则。《美国联邦证据规则》自1975年制定后,历经数年的修正,其中影响较大的是2001年的修正,2004年公布的文本基本上就是2001年修正的结果。美国各州基本上都有自己的证据法,影响较大的如《加利福尼亚州证据法》《印第安纳州证据法》《华盛顿州证据法》。虽然《美国联邦证据规则》只适用于联邦法院审理的民事和刑事案件,但是相当多的州证据法都是以《美国联邦证据规则》为蓝本,这就加强了《美国联邦证据规则》在美国国内各州立法的影响力。

《美国联邦证据规则》第611条(c)涉及有关诱导性发问的问题,在直接询问中不应当使用诱导性问题,除非为展开证人证言所必需。在下列情况下法庭通常应当允许提出诱导性问题:(1)交叉询问时;(2)一方传唤敌意证人(不合作证人)、对方当事人或者与对方当事人认同之证人时(对方证人)。而我国没有刑事证据规则，但是上文列举的七种证据规则需要我们全面地学习和灵活地掌握，只有这样才能有效地排除证据。需要排除的证据不仅仅是非法证据，证据不具有关联性、证据违背了陈述者的意志自由等情况同样应该排除。

（二）因存在严重的政治问题而被排除

李某"涉黑"案是笔者办理得比较成功的案件之一，此案在当时也产生了比较大的影响。案件中由最初的20名被告、40起主要犯罪事实、10项罪名，最终变更为19名被告、24起犯罪事实、6项罪名，辩护过程历时19个月。最后检察院对李某的胞弟李俊某撤诉后，做不诉处理。法院在2016年3月23日以聚众扰乱社会秩序罪、非法侵入住宅罪判决第一被告人李某有期徒刑两年半。关于此案，为什么能由原来指控的重罪二十年到最后却被判处有期徒刑两年半？一个非常重要的原因是在审判当中检察机关撤回了60%的证据。撤回的原因是涉案录像存在严重的政治问题，辩护人在审查录像的过程中发现公安机关在对被告人采取所谓的攻心战术时，以咒骂律师、诅咒回民作为一个政策攻心的手段，在讯问被告人以及询问证人的时候采用大量的语言对律师进行攻击，对少数民族进行侮辱，法庭审理阶段，公诉机关发现了这一问题，于是，只要涉及咒骂少数民族的，就会把口供当中涉及的犯罪事实全部撤回。撤回起诉后，变更了大部分指控，重新进行了起诉。

在我国特有的司法体制下，对于证据的排除除了因非法而得到排除，证据还可能因为其他原因而排除。

综上所述，作为辩护律师，对非法证据排除进行论证时，应该把证据因不真实、违背自愿性原则、违背程序正义而排除，对它进行综合性论证。比如，因为口供违背了程序正义从而使陈述者违背其陈述意志自由，因为违背其陈述意志自由，从而可以说明其口供是不真实的。由此以来，更容易动摇法官的心证，从而使法官更加愿意或者更可能接受"排非"的辩护意见。

五、结语

"正义不仅应得到实现，而且要以人们看得见的方式加以实现"，程序正义即为"看得见的正义"。非法证据排除规则彰显着程序正义，该规则在法律上的确立，是我国法治观念正在由重实体向重程序转变的体现，为中国法治史添上了浓墨重彩的一笔。新修订的《刑事诉讼法》和《关于适用〈中华人民共和国刑事诉讼法〉的解释》在1996年《刑事诉讼法》及《关于办理刑事案件排除非法证据若干问题的规定》的基础上，结合司法实践并借鉴国外经验，进一步发展、完善了非法证据排除规则。但是，其关于非法证据排除规则的规定，仍然存在很多问题尚待解决，这需要我们法律共同体在未来的法治之路上携手，继续努力。《刑事诉讼法》确立非法证据排除规则，给律师的刑事辩护注入新的活力，让辩护律师在辩护过程中更加积极、主动。但这也是他们面临的考验：辩护律师要想出色地驾驭“非法证据排除规则为自己的辩护服务”，就要不断提高自身的法律素养和业务能力，培养风险防范意识。总之，非法证据排除规则能更好地维护当事人的合法权益，推动我国刑事司法制度的法治化、文明化，进而对我国的人权保障制度发展和宪政建设起到积极的作用。

第十二章
CHAPTER 12

监察体制改革背景下贿赂犯罪辩护的新困惑和出路

中共中央办公厅2016年11月印发《关于在北京市、山西省、浙江省开展国家监察体制改革试点方案》，部署在三省市设立各级监察委员会，从体制机制、制度建设上先行先试、探索实践，为在全国推开积累经验。2017年11月4日，全国人大常委会通过在全国各地推开国家监察体制改革试点工作的决定。

2017年6月23日，第十二届全国人大常委会第二十八次会议对《监察法（草案）》进行了审议。2017年11月7日，《监察法（草案）》公开征求各界意见。2018年3月14日，《监察法（草案）》发布。2018年3月20日，第十三届全国人大第一次会议表决通过了《监察法》。从2016年在北京市、山西省、浙江省开展国家监察体制改革试点，到2018年2月底，全国省、市、县三级监察委全部组建完成，中国监察体制改革取得重大成果。

2018年3月23日，国家监察委员会正式揭牌成立。至此，国家、省、市、县四级监察委员会全部组建产生，标志着监察体制改革由试点迈入全面深化新阶段，党和国家反腐败工作新的篇章就此开启。在“一府一委两院”的国家体制背景下，将监察机关定性为政治机关，切实履行反腐倡廉职责。

监察体制改革试点期间，检察机关为配合监察体制改革工作，需要剥离职务犯罪侦查权，并将主要从事职务犯罪侦查预防工作的反贪反渎预防三个部门整体转隶，相关职能整合至监察委员会，与纪委合署办公。

2018年3月9日下午,时任最高人民检察院检察长曹建明在第十三届全国人民代表大会第一次会议上做最高人民检察院工作报告。工作报告指出,最高人民检察院坚决贯彻党中央关于国家监察体制改革的重大决策部署。深刻领会改革的重大意义,坚决拥护、全力支持配合改革。2017年北京、山西、浙江检察机关先行试点,取得重要经验。其他非试点省区市检察机关立案侦查职务犯罪46,032人,同比上升4.7%,确保查办力度不减、节奏不变、尺度不松。四级检察院反贪、反渎和预防部门职能、机构及44,151名检察干警已全部按时完成转隶。

最高人民检察院与中纪委、国家监察委员会共同探索建立办理职务犯罪案件中互相配合、互相制约,权威高效、衔接顺畅的工作机制。2018年10月通过的修订后的《人民检察院组织法》和《关于修改〈中华人民共和国刑事诉讼法〉的决定》,对人民检察院的侦查职权作出相应的调整。修改后的《刑事诉讼法》对监察机关移送起诉案件的补充调查、强制措施等作出了规定,完善了监察与刑事诉讼的衔接机制,保障国家监察体制改革的顺利进行。

为顺应国家监察体制改革,四级检察机关反贪、反渎和预防部门职能、机构和人员全部转隶,职务犯罪由检察机关侦查转变为监察机关调查。在国家监察体制改革背景下,有必要结合《监察法》《关于修改〈中华人民共和国刑事诉讼法〉的决定》《关于适用〈中华人民共和国刑事诉讼法〉的解释》《人民检察院刑事诉讼规则》的相关规定,先行认识职务犯罪的办案机关、办案程序、办案期限、办案手段等新情况,在此基础上再进一步探讨贿赂犯罪辩护的新困境和新出路。

一、《监察法》背景下职务犯罪的新认识

2018年3月20日,第十三届全国人民代表大会第一次会议通过《监察法》。《监察法》对职务犯罪作出了诸多新规定,笔者结合职务犯罪辩护中的重点和难点进行简要阐述。

(一)职务犯罪的调查机关——各级监察委员会

《监察法》第3条规定,各级监察委员会是行使国家监察职能的专责机关,依照本法对所有行使公权力的公职人员(以下简称公职人员)进行监察,调查职务违法和职务犯罪,开展廉政建设和反腐败工作,维护宪法和法律的尊严。

由此可见，检察机关的反贪、反渎和预防部门职能、机构、人员全部转隶之后，原有的职务犯罪侦查权灭失，转为监察机关调查，而且监察机关的调查对象扩大为所有行使公权力的公职人员。

（二）监察机关调查的人员范围

《监察法》第15条规定，监察机关对下列公职人员和有关人员进行监察：

（1）中国共产党机关、人民代表大会及其常务委员会机关、人民政府、监察委员会、人民法院、人民检察院、中国人民政治协商会议各级委员会机关、民主党派机关和工商业联合会机关的公务员，以及参照《公务员法》管理的人员；

（2）法律、法规授权或者受国家机关依法委托管理公共事务的组织中从事公务的人员；

（3）国有企业管理人员；

（4）公办的教育、科研、文化、医疗卫生、体育等单位中从事管理的人员；

（5）基层群众性自治组织中从事管理的人员；

（6）其他依法履行公职的人员。

本条规定了六类监察对象。[1]

一是公务员和参公管理人员。

本条第1项规定的是公务员和参公管理人员，这是监察对象中的关键和重点。根据公务员法的规定，公务员是指依法履行公职、纳入国家行政编制、由国家财政负担工资福利的工作人员。主要包括以下八类：

1. 中国共产党机关公务员。包括：（1）中央和地方各级党委、纪律检查委员会的领导人员；（2）中央和地方各级党委工作部门、办事机构和派出机构的工作人员；（3）中央和地方各级纪律检查委员会机关和派出机构的工作人员；（4）街道、乡、镇党委机关的工作人员。

2. 人民代表大会及其常务委员会机关公务员。包括：（1）县级以上各级人民代表大会常务委员会领导人员，乡、镇人民代表大会主席、副主席；（2）县级以上各级

〔1〕 监察机关六类监察对象的范围参见中央纪委国家监察委法规室编写、中国方正出版社出版的《〈中华人民共和国监察法〉释义》。

人民代表大会常务委员会工作机构和办事机构的工作人员;(3)各级人民代表大会专门委员会办事机构的工作人员。

3. 人民政府公务员。包括:(1)各级人民政府的领导人员;(2)县级以上各级人民政府工作部门和派出机构的工作人员;(3)乡、镇人民政府机关的工作人员。

4. 监察委员会公务员。包括:(1)各级监察委员会的组成人员;(2)各级监察委员会内设机构和派出监察机构的工作人员,派出的监察专员等。

5. 人民法院公务员。包括:(1)最高人民法院和地方各级人民法院的法官、审判辅助人员;(2)最高人民法院和地方各级人民法院的司法行政人员等。

6. 人民检察院公务员。包括:(1)最高人民检察院和地方各级人民检察院的检察官、检察辅助人员;(2)最高人民检察院和地方各级人民检察院的司法行政人员等。

7. 中国人民政治协商会议各级委员会机关公务员。包括:(1)中国人民政治协商会议各级委员会的领导人员;(2)中国人民政治协商会议各级委员会工作机构的工作人员。

8. 民主党派机关和工商业联合会机关公务员。包括中国国民党革命委员会中央和地方各级委员会,中国民主同盟中央和地方各级委员会,中国民主建国会中央和地方各级委员会,中国民主促进会中央和地方各级委员会,中国农工民主党中央和地方各级委员会,中国致公党中央和地方各级委员会,九三学社中央和地方各级委员会,台湾民主自治同盟中央和地方各级委员会的公务员,以及中华全国工商业联合会和地方各级工商联等单位的公务员。

公务员身份的确定,有一套严格的法定程序,只有经过有关机关审核、审批及备案等程序,登记、录用或者调任为公务员后,方可确定为公务员。

参照《公务员法》管理的人员,是指根据《公务员法》的规定,法律、法规授权的具有公共事务管理职能的事业单位中除工勤人员之外的工作人员,经批准参照公务员法进行管理的人员。比如,中国证券监督管理委员会就是参照公务员法管理的事业单位。列入参照公务员法管理范围,应当严格按照规定的条件、程序和权限进行审批。

二是法律、法规授权或者受国家机关依法委托管理公共事务的组织中从事公务的人员。

本条第2项规定的是法律、法规授权或者受国家机关依法委托管理公共事务的组织中从事公务的人员，这主要是指除参公管理之外的其他管理公共事务的事业单位，如疾控中心等的工作人员。在我国，事业单位人数多、分布广，由于历史和国情等原因，在一些地方和领域，法律、法规授权或者受国家机关依法委托管理公共事务的事业单位工作人员，其数量甚至大于公务员的数量。由于这些人员也行使公权力，为实现国家监察全覆盖，有必要将其纳入监察对象范围，由监察机关对其监督、调查、处置。

三是国有企业管理人员。

本条第3项规定的是国有企业管理人员。根据有关规定和实践需要，作为监察对象的国有企业管理人员，主要是国有独资企业、国有控股企业（含国有独资金融企业和国有控股金融企业）及其分支机构的领导班子成员，包括设董事会的企业中由国有股权代表出任的董事长、副董事长、董事，总经理、副总经理，党委书记、副书记、纪委书记，工会主席等；未设董事会的企业的总经理（总裁）、副总经理（副总裁），党委书记、副书记、纪委书记，工会主席等。此外，对国有资产负有经营管理责任的国有企业中层和基层管理人员，包括部门经理、部门副经理、总监、副总监、车间负责人等；在管理、监督国有财产等重要岗位上工作的人员，包括会计、出纳人员等；国有企业所属事业单位领导人员，国有资本参股企业和金融机构中对国有资产负有经营管理责任的人员，也应当理解为国有企业管理人员的范畴，涉嫌职务违法和职务犯罪的，监察机关可以依法调查。

四是公办的教育、科研、文化、医疗卫生、体育等单位中从事管理的人员。

本条第4项规定的是公办教科文卫体单位管理人员。作为监察对象的公办的教育、科研、文化、医疗卫生、体育等单位中从事管理的人员，主要是该单位及其分支机构的领导班子成员，以及该单位及其分支机构中的国家工作人员，如公办学校的校长、副校长，科研院所的院长、所长，公立医院的院长、副院长。

公办教育、科研、文化、医疗卫生、体育等单位及其分支机构中层和基层管理人员，包括管理岗六级以上职员，从事与职权相联系的管理事务的其他职员；在管理、监督国有财产等重要岗位上工作的人员，包括会计、出纳人员，采购、基建部门人员涉嫌职务违法和职务犯罪,监察机关可以依法调查。此外,临时从事与职权相联系的管理事务,包括依法组建的评标委员会、竞争性谈判采购中谈判小组、询价采购中询价小组的组成人员,在招标、政府采购等事项的评标或者采购活动中,利用职权实施的职务违法和职务犯罪行为,监察机关也可以依法调查。

五是基层群众性自治组织中从事管理的人员。

本条第5项规定的是基层群众性自治组织中从事管理的人员。作为监察对象的基层群众性自治组织中从事管理的人员,包括村民委员会、居民委员会的主任、副主任和委员,以及其他受委托从事管理的人员。根据有关法律和立法解释,这里的"从事管理",主要是指:(1)救灾、抢险、防汛、优抚、扶贫、移民、救济款物的管理;(2)社会捐助公益事业款物的管理;(3)国有土地的经营和管理;(4)土地征用补偿费用的管理;(5)代征、代缴税款;(6)有关计划生育、户籍、征兵工作;(7)协助人民政府等国家机关在基层群众性自治组织中从事的其他管理工作。

六是其他依法履行公职的人员。

本条第6项是兜底条款。为了防止出现对监察对象列举不全的情况,避免挂一漏万,监察法设定了这个兜底条款。但是,对于"其他依法履行公职的人员"不能无限制地扩大解释,判断一个"履行公职的人员"是否属于监察对象的标准,主要是其是否行使公权力,所涉嫌的职务违法或者职务犯罪是否损害了公权力的廉洁性。

需要注意的是,公办的教育、科研、文化、医疗卫生、体育等单位中具体哪些人员属于从事管理的人员,需要随着实践的发展,不断完善。

笔者注意到,《监察法》的规制对象是公职人员,即自然人犯罪,而对单位犯罪问题没有作出规定,例如,由原检察机关立案侦查的单位受贿罪,在《监察法》中没有体现,有关的单位职务犯罪问题亟须解决。

除此之外,《监察法》第22条还规定,对涉嫌行贿犯罪或者共同职务犯罪的涉案人员,监察机关可以依照前款规定采取留置措施。《监察法》使用了"涉案人员"的表述,这里的行贿人和共同职务犯罪人可能不是"公职人员",仍然要受到监察法的规制。由此可见,监察法的适用对象是十分广泛的。

(三)监察机关管辖的罪名范围

《监察法》第11条第2项规定,监察委员会依照本法和有关法律规定履行监督、调查、处置职责:对涉嫌贪污贿赂、滥用职权、玩忽职守、权力寻租、利益输送、徇私舞弊以及浪费国家资财等职务违法和职务犯罪进行调查。

该项确立了监察机关职能管辖的案件范围,2018年4月17日,中纪委、国家监察委印发了关于《国家监察委员会管辖规定(试行)》,该规定详细列举了国家监察委管辖的六大类88个职务犯罪案件罪名。监察机关管辖的88个罪名列举如下:

1. 贪污贿赂犯罪案件(17个),包括贪污罪,挪用公款罪,受贿罪,单位受贿罪,利用影响力受贿罪,行贿罪,对有影响力的人行贿罪,对单位行贿罪,介绍贿赂罪,单位行贿罪,巨额财产来源不明罪,隐瞒境外存款罪,私分国有资产罪,私分罚没财物罪,非国家工作人员受贿罪,对非国家工作人员行贿罪,对外国公职人员、国际公共组织官员行贿罪。

2. 滥用职权犯罪案件(15个),包括滥用职权罪,滥用管理公司、证券职权罪,食品监管渎职罪,故意泄露国家秘密罪,阻碍解救被拐卖、绑架妇女、儿童罪,帮助犯罪分子逃避处罚罪,违法发放林木采伐许可证罪,办理偷越国(边)境人员出入境证件罪,放行偷越国(边)境人员罪,国有公司、企业、事业单位人员滥用职权罪,挪用特定款物罪,非法剥夺公民宗教信仰自由罪,侵犯少数民族风俗习惯罪,打击报复会计、统计人员罪,报复陷害罪。

3. 玩忽职守犯罪案件(11个),包括国有公司、企业、事业单位人员失职罪,签订、履行合同失职被骗罪,国家机关工作人员签订、履行合同失职被骗罪,玩忽职守罪,环境监管失职罪,传染病防治失职罪,商检失职罪,动植植物检疫失职罪,不解救被拐卖、绑架妇女儿童罪,失职造成珍贵文物损毁、流失罪,过失泄露国家秘密罪。

4. 徇私舞弊犯罪案件(15个),包括徇私舞弊低价折股、出售国有资产罪,非法低价出让国有土地使用权罪,非法经营同类营业罪,为亲友非法牟利罪,非法批准征收、征用、占用土地罪,枉法仲裁罪,徇私舞弊发售发票、抵扣税款、出口退税罪,商检徇私舞弊罪,动植物检疫徇私舞弊罪,放纵走私罪,放纵制售伪劣商品犯罪行为罪,招收公务员、学生徇私舞弊罪,徇私舞弊不移交刑事案件罪,违法提供出口退税凭证罪,徇私舞弊不征、少征税款罪。

5. 公职人员在行使公权力过程中发生的重大责任事故犯罪案件(11个),包括重大责任事故罪,教育设施重大安全事故罪,消防责任事故罪,重大劳动安全事故罪,强令违章冒险作业罪,不报、谎报安全事故罪,铁路运营安全事故罪,重大飞行事故罪,大型群众性活动重大安全事故罪,危险物品肇事罪,工程重大安全事故罪。

6. 公职人员在行使公权力过程发生的其他犯罪案件(19 个),包括破坏选举罪,背信损害上市公司利益罪,金融工作人员购买假币、以假币换取货币罪,利用未公开信息交易罪,诈骗投资者买卖证券、期货合约罪,背信运用受托财产罪,违法运用资金罪,违法发放贷款罪,吸收客户资金不入账罪,违规出具金融票证罪,对违法票据承兑、付款、保证罪,非法转让、倒卖土地使用权罪,私自开拆、隐匿、毁弃邮件、电报罪,职务侵占罪,挪用资金罪,故意延误投递邮件罪,泄露不应公开的案件信息罪,披露、报道不应公开的案件信息罪,接送不合格兵员罪。

除此之外,《人民检察院刑事诉讼规则》第 13 条第 1 款规定,人民检察院在对诉讼活动实行法律监督中发现的司法工作人员利用职权实施的非法拘禁、刑讯逼供、非法搜查等侵犯公民权利、损害司法公正的犯罪,可以由人民检察院立案侦查。

第 13 条对人民检察院直接受理侦查的案件作出了明文规定,结合最高人民检察院于 2018 年 11 月 24 日颁布的司法解释《关于人民检察院立案侦查司法工作人员相关职务犯罪案件若干问题的规定》可知,人民检察院在对诉讼活动实行法律监督中,发现司法工作人员涉嫌利用职权实施的侵犯公民权利、损害司法公正的犯罪案件,可以立案侦查,上述职务犯罪案件共有 14 个罪名,分别是:

1. 非法拘禁罪(《刑法》第 238 条)(非司法工作人员除外);

2. 非法搜查罪(《刑法》第 245 条)(非司法工作人员除外);

3. 刑讯逼供罪(《刑法》第 247 条);

4. 暴力取证罪(《刑法》第 247 条);

5. 虐待被监管人罪(《刑法》第 248 条);

6. 滥用职权罪(《刑法》第 397 条)(非司法工作人员滥用职权侵犯公民权利、损害司法公正的情形除外);

7. 玩忽职守罪(《刑法》第 397 条)(非司法工作人员玩忽职守侵犯公民权利、损害司法公正的情形除外);

8. 徇私枉法罪(《刑法》第 399 条第 1 款);

9. 民事、行政枉法裁判罪(《刑法》第399条第2款);

10. 执行判决、裁定失职罪(《刑法》第399条第3款);

11. 执行判决、裁定滥用职权罪(《刑法》第399条第3款);

12. 私放在押人员罪(《刑法》第400条第1款);

13. 失职致使在押人员脱逃罪(《刑法》第400条第2款);

14. 徇私舞弊减刑、假释、暂予监外执行罪(《刑法》第401条)。

由此可知,上述14个罪名一般系由设区的市级人民检察院立案侦查,设区的市级人民检察院根据案件情况也可以将案件交由基层人民检察院立案侦查,或者要求基层人民检察院协助侦查。

需要强调的是,上述14个罪名虽然由检察机关管辖,但是第13条的措词是"可以由人民检察院立案侦查",注意是"可以",而不是"必须",意味着如果监察机关认为有必要管辖,那么监察机关也可以对上述14个罪名涉及的职务犯罪案件予以立案调查。而其中的滥用职权罪和玩忽职守罪两个罪名与监察机关管辖的88个罪名存在重复,在统计时应当予以扣除。

综上所述,监察机关管辖的职务犯罪案件涉及的罪名共计100个。

(四)监察机关的调查措施

根据《监察法》第20~30条之规定,监察机关可以采取的调查措施主要分为以下三类:

一是监察机关在调查职务犯罪时,可以采取谈话、讯问、询问、查询、冻结、搜查、调取、查封、扣押、勘验检查、鉴定等措施。除讯问之外,搜查、查封、扣押等均需要全程录音录像,要比《刑事诉讼法》《人民检察院刑事诉讼规则》规定的全程同步录音录像的范围要广得多。

二是调查严重职务犯罪时,经监察机关依法审批,可以将其留置在特定场所。留置时间最长为6个月,在留置期间能否会见律师、律师能否介入均没有作出规定,意味着在长达6个月的留置期间,涉嫌职务犯罪的公职人员得不到任何法律咨询,对侵犯人身权利的非法取证等调查行为无法及时得到有效控告、申诉。在留置期限最长的6个月内,如果可能毁灭、伪造证据,干扰证人作证或者串供等有碍调查情形的没有消失,被调查人家属可能6个月都不知道被调查人的下落,与《刑事诉讼法》第85条关于“除无法通知或者涉嫌危害国家安全犯罪、恐怖活动犯罪通知可能有碍侦查的情形以外,应当在拘留后24小时以内,通知被拘留人的家属”的规定不一致,不应扩大了超过24小时不通知家属的情形。

三是监察机关需要采取技术调查、通缉、限制出境措施时,经过严格的审批程序,按照规定交有关机关执行。但是,技术侦查措施的批准程序没有明确、具体规定,到底是监察委主任批准,还是监察机关领导人员集体研究决定,均未作出规定,技术调查措施的执行机关也没有作出明确规定,需要相关配套规定进一步细化。而且继续采取技术调查措施的次数没有限制,意味着监察机关根据案件需要可以无限制地采取技术调查措施,呈现扩大化趋势,极有可能被滥用,存在变相侵犯人身权利和财产权利的可能。

二、贿赂犯罪辩护的现实状况

贿赂犯罪作为职务犯罪中最常见的犯罪类型,在当前国家监察体制改革背景下,监察机关、司法机关对贿赂犯罪的查处力度明显加大,同时,辩护律师作为办理贿赂案件的一个主体也逐渐凸显其重要性。但是,客观原因和司法传统导致律师在贿赂案件中的辩护作用相较于一般刑事案件而言更难表现出来。为了更好地打破贿赂案件辩护的“瓶颈”,作为职业辩护人,应该客观对待贿赂犯罪案件辩护的多种困境,厘清贿赂犯罪的内涵与外延,但是也要积极利用非法证据排除程序,巧用中国特色的“诉辩交易”,寻找和发现自首与立功情节,适时选择配合还是抗辩,并以此作为贿赂犯罪辩护的突破口,进而维护当事人的合法权益,乃至实现司法公正。

刑事辩护在我们律师业务中难度就比较大,职务犯罪在刑事辩护中的难度就更大,如果说辩护难,那么贿赂犯罪案件的辩护就更难。换言之,律师对贿赂犯罪辩护面临的困境有着强烈而深刻的感受。因此,办理贿赂等职务犯罪案件对刑辩律师来说犹如鸡肋,辩之无力,弃之可惜。甚至有律师自嘲,办理贿赂犯罪案件“调查阶段什么都做不了,审判阶段做什么都没用”,一语道出了贿赂犯罪辩护的悲观心态。诚然,贿赂犯罪案件辩护确实很难,但是不要放弃。作为职业辩护人,既要发扬“仰之弥高,钻之弥坚”的精神,也要潜心研究如何寻找辩护出路,突出困境和重围。

例如,团队律师整理的《合肥地区受贿罪大数据报告》[1]详细论述了受贿犯罪辩护的现实状况,从受罪犯罪案件基本情况、受贿方式、涉案金额、刑事强制措施、定罪量刑、律师辩护情况以及辩护意见采纳情况等方面展开大数据研究与分析,总结合肥地区法院审理受罪犯罪案件的特点与规律,为刑辩律师开展精细、有效辩护提供裁判观点等数据支撑,经过研究得出这样的结论:

《刑法修正案(九)》《最高人民法院、最高人民检察院关于办理贪污贿赂刑事案件适用法律若干问题的解释》的出台,意味着受贿案件在入罪方面呈现扩大化趋势,犯罪圈越来越大,律师无罪辩护的空间越来越小,但是量刑辩护或者罪轻辩护显得尤为重要。上述统计数据也表明,自首、立功、退赃等量刑情节方面的辩护意见被采纳的比例占据前位。而且,合肥地区受贿案件辩护率为 76.34%,远远超过全国以及安徽省的刑事案件辩护率,绝大多数受贿案件均聘请律师介入辩护。

通过律师的辩护,合肥地区受贿案件的取保候审率为 45.59%,相对其他犯罪案件(暴力犯罪、毒品犯罪)来说较高。52 份缓刑判决中聘请律师辩护的案件有 37 起,所占比例为 71.15%,说明受贿案件中辩护律师的介入、参与对取保候审、法院最终判处被告人缓刑起到了至关重要的作用。作为当事人家属,应当委托律师及时介入案件,辩护律师应积极利用非法证据排除程序、巧用“诉辩交易”、寻找和发现自首、立功情节,以此作为受贿案件辩护的重要利器,切实维护犯罪嫌疑人或被告人的合法权益。

三、贿赂犯罪概述:内涵与外延

“贿赂犯罪”(又称“贿赂罪”)不是一个具体罪名,而是一类犯罪的总称。根据我国现行刑法对贿赂罪具体罪名的规定进行分析可知,所谓贿赂罪,是指具有特殊身份的自然人或单位实施的索取、收受贿赂,以及其他人员或单位实施的行贿、介绍贿赂,破坏公务行为的廉洁性,情节严重的行为。从主体上看,贿赂罪可能由具有特殊身份的自然人(国家工作人员)或单位(国有单位)实施,也可能由普通自然

〔1〕 参见安徽金亚太律师事务所、亚太刑事司法研究所联合出品,张世金律师负责撰写:《合肥地区受贿罪大数据报告:取保率 46%、辩护率 76%、缓刑率 40%》,载《安徽律师》。

人或单位实施;从客观方面看,贿赂罪既可以表现为索取、收受贿赂,也可以表现为行贿和介绍贿赂;从客体上看,贿赂罪导致权力在与不正当利益进行交易的过程中受到扭曲,破坏了国家公务行为的廉洁性。此外,无论是权钱交易、权权交易抑或权色交易,贿赂犯罪行为都具有"交易"的特点,行为人在对其行为有着清醒认识的前提下,仍追求不法交易的完成,主观上应为直接故意。[1]

我国刑法分则第八章中规定的贿赂犯罪包括:受贿罪(包括斡旋受贿)、单位受贿罪、行贿罪、单位行贿罪、对单位行贿罪、介绍贿赂罪、利用影响力受贿罪。有关贿赂犯罪的罪名主要体现在《刑法》第 385 ~ 393 条。

而且于 2015 年 11 月 1 日施行的《刑法修正案(九)》增设了"对有影响力人员行贿罪",即在《刑法》第 390 条后增加一条,作为第 390 条之一,为谋取不正当利益,向国家工作人员的近亲属或者其他与该国家工作人员关系密切的人,或者向离职的国家工作人员或者其近亲属以及其他与其关系密切的人行贿的,处 3 年以下有期徒刑或者拘役,并处罚金;情节严重的,或者使国家利益遭受重大损失的,处 3 年以上 7 年以下有期徒刑,并处罚金;情节特别严重的,或者使国家利益遭受特别重大损失的,处 7 年以上 10 年以下有期徒刑,并处罚金。

《刑法修正案(九)》之后,除量刑辩护和可能认罪协商之外,律师办理贿赂犯罪案件做定性辩护的难度又进一步加大,不仅修正案强调"在提起公诉之前如实供述自己的罪行、真诚悔罪、积极退赃"是从轻处罚的法定情节,从而使得辩护时投鼠忌器,而最高人民法院、最高人民检察院《关于办理贪污贿赂刑事案件适用法律若干问题的解释》第 13 条第 2 款规定:"国家工作人员索取、收受具有上下级关系的下属或者具有行政管理关系的被管理人员的财物价值三万元以上,可能影响职权行使的,视为承诺为他人谋取利益。"这种僭越立法权的所谓扩充解释,又进一步压缩了辩护的空间。

日本旧刑法只规定了受贿罪(第 284 条),没有规定行贿罪。日本现行刑法初订于 1907 年,原先规定的贿赂罪,仅含刑法第 197 条的单纯受贿罪、加重受贿罪和第 198 条的行贿罪。1941 年对刑法做了修改,增加了请托受贿罪、事前受贿罪、第

[1] 和梅:《贿赂犯罪行为对象认定范围的扩展》,载《人民论坛》2014 年第 8 期。

三者供贿罪和事后受贿罪 4 个罪名。1958 年,新增了斡旋受贿罪和斡旋行贿罪,完善了有关没收、追缴贿赂的规定。1980 年,提高了除加重受贿罪之外的受贿罪的法定刑,提高了斡旋行贿罪的法定刑。1992 年将行贿罪的罚金额提高到 250 万日元。[1] 因此,《日本刑法典》关于贿赂犯罪的罪名主要有 9 个。

与中国《刑法》的规定一样,《日本刑法典》中并没有商业贿赂犯罪这样一种独立的罪名。日本在附属刑法《商法》《有限公司法》中规定了商业贿赂犯罪。

目前我国贿赂犯罪体系,根据主体或对象是否为国家工作人员、国有单位,可以分为两类:(1)受贿罪、单位受贿罪、受贿罪(斡旋受贿)(第 388 条),行贿罪、对单位行贿罪、单位行贿罪、介绍贿赂罪;(2)利用影响力受贿罪(第 388 条之一),非国家工作人员受贿罪,对非国家工作人员行贿罪,对外国公职人员、国际公共组织官员行贿罪。根据犯罪主体是自然人还是单位,可以分为三类:(1)受贿罪、受贿罪(斡旋受贿)、利用影响力受贿罪、行贿罪、介绍贿赂罪、非国家工作人员受贿罪;(2)单位受贿罪、单位行贿罪;(3)可同时由自然人和单位构成的对单位行贿罪,对非国家工作人员行贿罪,对外国公职人员、国际公共组织官员行贿罪。根据系贿赂的收受还是提供,可以分为两类:(1)受贿罪、单位受贿罪、受贿罪(斡旋受贿)、利用影响力受贿罪、非国家工作人员受贿罪;(2)行贿罪,对单位行贿罪,单位行贿罪,对非国家工作人员行贿罪,对外国公职人员、国际公共组织官员行贿罪。[2]

贿赂犯罪的外延,对于认定犯罪、划定犯罪圈、区分罪与非罪有十分重要的意义。综上所述,笔者认为,贿赂犯罪是指利用职务之便,非法索取、收受他人财物或者为谋取不正当利益,给予国家工作人员以财物或者在其间促成贿赂交易的行为。基于罪刑法定原则和刑法权威性的考虑,当前贿赂犯罪的外延,应该限制在刑法和司法解释明确规定的范围内,不宜做扩大解释。

四、贿赂犯罪案件辩护的新困惑

笔者总结多年的执业经验认为,律师进行贿赂犯罪案件辩护有以下困惑:

---

〔1〕 陈家林:《日本刑法中的商业贿赂犯罪及对我国的启示》,载《山东警察学院学报》2006 年第 3 期。

〔2〕 陈洪兵:《我国贿赂犯罪体系的整体性反思与重构——基于法治反腐的使命》,载《法治研究》2014 年第 2 期。

（一）留置调查阶段律师无法介入，更不能会见被调查人

《监察法》共计69条，均没有明文规定留置调查阶段律师可以会见被调查人，但是也没有明确禁止。换言之，律师是否可以会见被调查人存在立法上的空白，但从实际角度看度，监察机关均不允许律师会见，即使律师递交"三证"手续，也以监察委留置调查不受《刑事诉讼法》调整为由拒绝律师会见。因此，被调查人在整个留置调查期间处于"孤立无援"的境地，监察机关是否依法办案以及被调查人的权利是否得到保障，均存在不确定状态。

除此之外，律师由于无法会见被调查人，导致了解的案情、事实情况非常有限，在整个留置调查期间，律师以及被调查人家属处于非常被动的地位，往往单方面受制于监察机关的调查，而无法有效反映无罪或者罪轻的意见或者建议。笔者在此建议将来《监察法》修改以及实施细则中能够规定，对于经调查涉嫌职务犯罪的被调查人，监察机关调查终结前应当允许律师会见一次。

需要补充的是，《刑事诉讼法》第170条第2款规定，对于监察机关移送起诉的已采取留置措施的案件，人民检察院应当对犯罪嫌疑人先行拘留，留置措施自动解除。人民检察院应当在拘留后的10日以内作出是否逮捕、取保候审或者监视居住的决定。在特殊情况下，决定的时间可以延长1～4日。人民检察院决定采取强制措施的期间不计入审查起诉期限。由此可知，检察机关审查起诉的期限从决定采取强制措施的时间起算，在实践中，监察机关调查终结，对被采取留置措施的被调查人移送起诉，但是检察机关决定刑事拘留不可能无缝对接，由于工作的交接和其他业务的耽误，不可能第一时间采取拘留强制措施，必然会有几天的过渡时间，而检察机关审查起诉的期限从决定采取强制措施的时间起算，在没有采取拘留强制措施的情况下，检察官不允许律师会见，甚至暂时不让律师阅卷。团队律师办理的一起行贿案件就出现这些情况：一是监察机关留置结束后，移送审查起诉，检察机关在犯罪嫌疑人被采取强制措施之前以《刑事诉讼法》第170条第2款为由，暂时不允许律师阅卷；二是在被刑事拘留之后仍然不允许律师会见，理由是省监察委正在调查一起副厅级干部涉嫌职务犯罪一案，需要对该犯罪嫌疑人再次调查取证，在省监察委调查结束之后才可以会见，严重侵犯辩护人和犯罪嫌疑人的会见权。

(二)证人出庭难

证人出庭原本就是刑事诉讼的一大难题。据不完全统计,目前刑事诉讼证人出庭的全国平均比例不到5%。而团队律师主持的课题项目《安徽省律师刑事辩护执业状况调研报告》统计的证人出庭率不到1%,其中阐述到"根据调研案卷数据统计显示,在794个案件中仅有7个案件有证人实际到庭,实际出庭作证的证人比例连1%都不到。根据庭审录像统计数据,证人出庭作证的比例也仅为3%。根据律师问卷反映的情况显示,有将近70%的律师从不申请证人出庭作证,有申请证人出庭且法院同意经历的律师比例仅为11%,法院不同意证人出庭作证的理由往往是没有必要。根据法官问卷反映的情况显示,仅有10%的法官认为辩护人对证言提出合理异议就准许证人出庭,80%的法官认为证人必须对定案有重要意义或者无其他证据相互印证,才准许证人出庭。24%的法官认为从已出庭的证人案例来看,证人出庭对案件定罪量刑没有影响。60%的法官认为证人出庭有重要影响,有较小可能会改变事实的认定。17%的法官认为对事实认定没有影响,但可以保障被告人的诉讼权利。根据检察官问卷反映的情况显示,70%的检察官没有或极少申请证人出庭的经历,6%的检察官认为证人出庭有较大可能改变事实的认定。"〔1〕

总而言之,法院对证人是否到庭具有决定权,特别是在贿赂犯罪案件中,法院通知证人到庭的可能性几乎为零。即便通知了证人出庭,多数证人因惧怕"秋后算账"而选择躲避。笔者曾经办理一个贿赂犯罪案件,法院通知了两名证人到庭作证,办案人员在法庭门口将其拦住,不让证人进法庭。

(三)非法证据排除难

虽然我国《刑事诉讼法》及相关法规、司法解释等对非法证据排除作出了大量的规定,但司法实践中律师都感觉到非法证据排除太难。有的案件中即便法院认可存在非法证据,也会采取变通的方法"淡化"非法取证。笔者曾办理的一位国土资源局副局长受贿案,提出非法证据排除申请后,检察机关当庭决定五起受贿犯罪

---

〔1〕 安徽省律师协会2017年课题项目:《安徽省律师刑事辩护执业状况调研报告》,第13页。

事实的供述不作为证据提交法庭,法院在判决书中对非法取证也只字不提。

虽然《监察法》扩大了非法证据的界定范围,其第33条第3款规定,以非法方法收集的证据应当依法予以排除,不得作为案件处置的依据。第40条第2款进一步规定了非法证据的范围,严禁以威胁、引诱、欺骗及其他非法方式收集证据,严禁侮辱、打骂、虐待、体罚或者变相体罚被调查人和涉案人员。与《刑事诉讼法》以及相关司法解释相比,无疑是一种进步,而且还要求调查人员进行讯问应当对全过程进行录音录像,留存备查,但是没有规定调查终结后一并随案移送检察院,鉴于此,监察机关制作的同步录音录像是否适用《刑事诉讼法》以及是否可以在刑事诉讼中作为审查监察人员取证合法性的证据使用,均处于空白地带。而司法实际中,监察机关往往不随案移送同步录音录像,检察机关、审判机关也以监察机关制作的同步录音录像不适用《刑事诉讼法》为由拒绝律师观看、复制,无疑给辩护人申请非法证据排除设置了障碍,因此在职务犯罪辩护中非法证据排除更是难上加难。

司法实践中非法证据排除难,主要有以下五个原因:

1. 非法证据界定苛刻

我国非法证据排除范围存在三个“突出”:(1)在所有非法证据中,突出对非法言词证据的排除;(2)在非法言词证据中,突出对非法供述的排除;(3)在非法供述中,突出对刑讯逼供取得的非法供述的排除。

其实,这反映出我国法律对需要排除的“非法证据”在界定上的苛刻。刑事诉讼法一方面严禁刑讯逼供和以威胁、引诱、欺骗以及其他非法方法收集证据,但另一方面却强调非法言词证据的范围仅限于采用刑讯等非法手段逼取的口供和采用暴力、威胁等非法手段取得的证人证言、被害人陈述。

另外,将刑讯逼供等非法方法理解为必须对犯罪嫌疑人或被告人在肉体或精神上造成剧烈的疼痛或痛苦。而对于非法获取的物证、书证,通常情况下,认定为非法证据必须同时具备三个条件,即收集过程不符合法定程序、可能严重影响司法公正、不能补正或作出合理解释。如此,增加了“排非”的难度。

2. 瑕疵证据的泛化及立法宽容

取证程序或方法上的“瑕疵”包括讯问、询问笔录没有记录告知相关权利和法律规定,讯问人无签名,询问地点不符合法律规定,讯问或询问笔录的相关要素没有填写或填写有矛盾,实物证据取得方法明显违反法律规定、可能影响公正审判等情形。

对于这些严重违反法定程序、通过非法方法获取的“瑕疵”证据,只要经过补正或者作出合理解释,就可以作为证据使用。而且,对于“瑕疵”证据与“非法”证据的界限、补正是否到位、解释是否合理,法律赋予了办案机关几乎不受限制的自由裁量权,而律师发表意见的权利无法得到保障。

3. 对于非法证据的重复取证难以排除

在我国,无论是在调查阶段、审查起诉阶段还是审判阶段,只要被确认为非法证据,依法均应及时予以排除。但根据相关司法解释的规定,办案机关有权重新取证,因此,排除非法证据规则起到的阻碍违法、救济权利的作用大打折扣。

另外,先前取得的非法证据,通过重复取证后很容易“洗白”。对部分言词证据非法排除时,如内容完全相同的多份供述,法院在排除其中一份非法供述时,对于其他的多份供述却仍然予以采纳。

4. 申请观看、复制讯问录像的难度加大

中央纪委国家监委法规室编写、中国方正出版社出版的《〈中华人民共和国监察法〉释义》第41条写明:“需要注意的是,监察机关对调查过程的录音录像不随案移送检察机关。检察机关认为需要调取与指控犯罪有关并且需要对证据合法性进行审查的录音录像,可以同监察机关沟通协商后予以调取。所有因案件需要接触录音录像的人员,应当对录音录像的内容严格保密。”从该条可以看出,原则上监察机关对调查过程的录音录像不随案移送检察机关,因此辩护人在审查起诉、审判期间,申请调取、观看讯问录像的难度更大了,之前无论辩护人是否申请非法证据排除,同步录像均需要随案移送,而目前有关的讯问录像却不随案移送,导致辩护人无法观看、复制。

5. 调查程序启动难

证据合法性法庭调查程序启动有两种:一是审判人员依职权启动;二是申请审查程序,此时需要当事人及其辩护人在申请时提供相关线索和材料。在当前的司法环境下,法院依职权启动调查程序会承担额外的审查责任,且客观上会耗费司法资源,所以一旦对当事人及其辩护人的申请进行审查时,审判人员会有所顾忌。实践中,往往辩护人不仅提供了非法取证的线索,甚至提交了非法取证的证据,法院也不启动非法证据排除程序。

(四)言词证据定案

贿赂犯罪依据言词证据定案的情况非常严峻,而且证明的标准越来越低,甚至都不需要查明行贿款的来源、受贿款的去向,只要行贿、受贿双方认可就可以定案。监察机关在制作询问或讯问笔录时,行贿人对钱款的来源统一表述为“平时放在家里备用的现金”,而受贿人对受贿款的去向则模糊表述为“用于家庭的日常生活”,给律师取证增加难度。

(五)律师取证风险大

综观律师因为《刑法》第306条被追究刑事责任的情形,大部分是在办理贿赂犯罪案件时发生的。律师积极、主动调取证据,向证人核实有关情况,稍有不慎,就容易将自己置于风口浪尖。

为此,律师要严格遵守执业规范,在调查阶段,尽量不要去收集、调查实体方面的证据;做好材料保密工作,以防止犯罪嫌疑人及其家属唆使、引诱、威胁证人并使证人同意改变证言;取证时要明确作伪证的法律责任等。一定要注意防止调查取证时有犯罪嫌疑人、被告人或者家属在场、向证人提供作证草稿或者代证人书写证词等违规行为。

(六)司法解释的规定压缩了律师辩护的空间

司法实践中只重视收取财物的事实认定而忽略谋取利益的构成要素,事后受财型受贿犯罪尤其如此,国家工作人员的职务行为没有与财物建立起直接的对价关系,并未侵犯其职务行为的不可收买性。但是,司法机关往往将感情投资、收受礼金等收受赠贿行为类推解释为收受贿赂行为。但是,根据罪刑法定原则,如果行为人不具有为他人谋取利益的主观故意,即使收受他人财物,也不构成受贿罪。[1]

不过,2016年4月18日最高人民法院、最高人民检察院《关于办理贪污贿赂刑

〔1〕 陈兴良:《规范刑法学》,中国政法大学出版社2003年版,第491页。

事案件适用法律若干问题的解释》第 13 条第 2 款规定,“国家工作人员索取、收受具有上下级关系的下属或者具有行政管理关系的被管理人员的财物价值三万元以上,可能影响职权行使的,视为承诺为他人谋取利益”。这一规定与收受礼金罪异曲同工,都有将接受人情投资作为受贿处罚的效果。

“收受礼金罪”的规定与否虽然引起很多讨论,但不存在合法性方面的争议,因为人大常委会有权修订《刑法》。但最高人民法院、最高人民检察院与人大常委会不同,其只有将刑法业已规制的罪名进行细化,便于司法实务操作的权限,而没有规定某种行为是否成立犯罪的权限。上述解释中将收受下级和被管理者的感情投资规定为承诺为他人谋取利益就相当于将刑法未规定的行为认定为犯罪,尤其是上述解释中规定的“可能影响职权行使的”一句,压缩了刑辩律师的辩护空间。

(七)个别委托人、当事人不易沟通

贿赂犯罪案件的委托人原来处于社会的管理层,对国家的政治生态、官场规律和法律的适用有自己独特的视角。而且,关于案件事实、证据、法律等方面的问题,贿赂犯罪案件的在押当事人比较有主见,往往与辩护律师的观点相冲突。

笔者曾经办理的一起厅级干部受贿案就出现了上述问题。该名厅级干部非常有主见,基于之前的工作习惯和思维,每次会见时要求律师必须按照他的想法和观点开展辩护工作,从证据的辩解意见到取证工作再到辩护策略的选择,均有自己的思路,特别是这些当事人的家属对律师提出各种不合理的诉求,而这些想法和诉求无任何证据、法律上的依据。如果稍微表现出不同的辩护意见,他甚至对你产生不信任,在这种情况下,如何说服当事人接受律师的意见以及辩护策略,既需要相当的专业能力,又需要丰富的执业经验。如果任由这种不合理的想法左右律师的辩护思路,往往会产生不太理想的辩护效果。

五、贿赂犯罪案件辩护的新出路:敢辩、善辩和明辩

除了呼吁通过立法、司法解释明确证明的标准、激活非法证据排除程序之外,笔者认为,贿赂犯罪案件辩护还有以下四种出路:

(一)拓展监察机关留置调查期间的法律服务工作

1. 为当事人提供刑事非诉业务

监察体制的设立一定程度上影响了律师刑辩业务的发展,导致原先"侦查—审查起诉—审判"三个阶段的业务减缩为"审查起诉—审判"两个阶段的业务。为此,律师应当积极拓展业务,将刑事诉讼业务前置,即刑事非诉业务,在职务犯罪领域表现为对公职人员开展刑事法律风险防范培训,解答公职人员提出的相关法律问题,尤其详细讲解《监察法》及相关法律规定。一方面,进行警示教育和法制宣传,预防职务犯罪的发生,正所谓"勿以恶小而为之,勿以善小而不为"。另一方面,让他们提前了解监察机关办理职务犯罪案件的程序、期限以及模式,对监察委立案或者留置后可能遇到的各种情况进行说明,告知他们享有的法定权利以及权利救济渠道,但是值得注意的是,切不可教唆当事人串供或者伪造、隐匿、毁灭证据,律师本身需要做好刑事风险防范。

2. 接受被调查人或者其家属的委托作为法律顾问,提供法律咨询和帮助

被调查人一旦被监察机关立案并采取留置措施,虽然在最长时间 6 个月内见不到律师,但是律师可以接受家属的委托,作为专项法律顾问,为家属提供法律服务,提供法律咨询,解答家属的顾虑和疑惑,引导家属采取合法理性的方式表达诉求,积极配合监察委开展调查取证工作。

如果被调查人没有被采取留置措施或者留置结束,被调查人本人也可以委托律师,就其涉嫌的罪名、事实、法律等问题提供法律咨询服务。

3. 针对监察机关及其工作人员侵害被调查人合法权益的行为,代理被调查人及其近亲属申诉

《监察法》第 60 条规定,监察机关及其工作人员有下列行为之一的,被调查人及其近亲属有权向该机关申诉:(1)留置法定期限届满,不予以解除的;(2)查封、扣押、冻结与案件无关的财物的;(3)应当解除查封、扣押、冻结措施而不解除的;(4)贪污、挪用、私分、调换以及违反规定使用查封、扣押、冻结的财物的;(5)其他违反法律法规、侵害被调查人合法权益的行为。受理申诉的监察机关应当在受理申诉之日起 1 个月内作出处理决定。申诉人对处理决定不服的,可以在收到处理决定之日起 1 个月内向上一级监察机关申请复查,上一级监察机关应当在收到复

查申请之日起2个月内作出处理决定,情况属实的,及时予以纠正。

《监察法》第60条规定的五类侵害被调查人合法权益的行为,涉及超期留置、财产强制措施等专业法律问题,而被调查人及其近亲属并非法律专业人士,很难进行合法性判断,对此类问题,律师是否可以代为申诉?答案是肯定。因为《律师法》第28条规定,律师可以从事下列业务:(1)接受自然人、法人或者其他组织的委托,担任法律顾问……(6)接受委托,提供非诉讼法律服务;(7)解答有关法律的询问、代写诉讼文书和有关法律事务的其他文书。鉴于此,律师可以接受被调查人及其近亲属的委托提供上述法律服务,并对《监察法》第60条规定的五类侵害被调查人合法权益的行为提供专业法律意见,代写申诉书,代表被调查人及其近亲属与监察机关进行沟通、交涉。

(二)积极参与审查逮捕程序,提交不予决定逮捕意见

《刑事诉讼法》第170条第1款规定,人民检察院对于监察机关移送起诉的案件,依照本法和监察法的有关规定进行审查。人民检察院经审查,认为需要补充核实的,应当退回监察机关补充调查,必要时可以自行补充侦查。

对于监察机关移送起诉的已采取留置措施的案件,人民检察院应当对犯罪嫌疑人先行拘留,留置措施自动解除。人民检察院应当在拘留后的10日以内作出是否逮捕、取保候审或者监视居住的决定。在特殊情况下,决定的时间可以延长1日至4日。人民检察院决定采取强制措施的期间不计入审查起诉期限。

由此可见,人民检察院对于监察机关移送起诉的已采取留置措施的案件,应当对犯罪嫌疑人先行拘留,在拘留后的10日以内作出是否逮捕、取保候审或者监视居住的决定。在特殊情况下,决定的时间可以延长1~4日。换言之,检察机关审查逮捕的时间最长为14日。

《人民检察院刑事诉讼规则》第261条规定,办理审查逮捕案件,犯罪嫌疑人已经委托辩护律师的,可以听取辩护律师的意见。辩护律师提出要求的,应当听取辩护律师的意见。对辩护律师的意见应当制作笔录,辩护律师提出的书面意见应当附卷。办理审查起诉案件,应当听取辩护人或者值班律师、被害人及其诉讼代理人的意见,并制作笔录。辩护人或者值班律师、被害人及其诉讼代理人提出书面意见的,应当附卷。对于辩护律师在审查逮捕、审查起诉阶段多次提出意见的,均应如

实记录。辩护律师提出犯罪嫌疑人不构成犯罪、无社会危险性、不适宜羁押或者侦查活动有违法犯罪情形等书面意见的,检察人员应当审查,并在相关工作文书中说明是否采纳的情况和理由。

因此,在审查逮捕期间内,辩护人仍然可以参与审查逮捕程序,提交不予决定逮捕意见(具体操作指引请参见本书第三章第三节)。而且,辩护人需要强调的是,目前检察体制正在改革,逐渐实行"捕诉合一"制度,在职务犯罪领域,检察机关基本落实,承办检察官既负责审查逮捕,又承担公诉职责。本着决定逮捕的案件要经得住公诉和审判的原则,承办检察官在审查逮捕过程中注重证据的审查,更重视律师的意见,而且当犯罪嫌疑人被刑事拘留后开始计算审查起诉期间,意味着辩护人在检察机关决定逮捕之前就可以阅卷,能够看到所有卷宗材料,辩护人结合证据材料撰写的不予决定逮捕意见不仅会专业、充分,而且更有针对性。

(三)抗辩还是配合,需要机动、灵活掌握

笔者曾经在2013年内办理过3起司法机关党委书记受贿案。第一位党委书记姓吴,被指控受贿130万元,在审查起诉阶段笔者会见之后,他提出存在刑讯逼供等非法取证的情形。因证据不足退回补充侦查时,侦查机关出具了立功的证明,如果没有该份立功材料,笔者将会申请非法证据排除。这起案件一审法院认定其受贿130万元,判处有期徒刑7年6个月。但是被告人本人内心并不认为自己立功,他说:"所谓的检举的科长在我被羁押之前就进来了,是侦查人员告诉我的,并让我写检举信。"

第二位党委书记是吴书记的前任,案发时已经被提拔为上级省直单位的党委委员。一审时他拒不认罪,又不敢提出非法证据排除申请,结果一审法院认定其受贿65万元,判处有期徒刑10年。二审时笔者为其辩护,提出非法证据排除申请,而且要求对他因为殴打而受到严重影响的听力进行鉴定。笔者还申请其中一位所谓的行贿人出庭作证,证明侦查人员讯问时打断了他的一根肋骨。最后,二审法院认定其具备立功情节,依法改判为有期徒刑9年。

第三位党委书记姓夏,是位人大代表,经该级人大常委会主任会议研究决定,先行许可对其采取拘留、逮捕强制措施,并在侦查一段时间后才提请市人大常委会会议予以确认。笔者作为辩护人指出,该程序虽然可能不影响实体认定的事实,但侦查程序显然是违法的。检察机关指控其受贿68万元,一审法院认定其有立功表现,判处有期徒刑7年6个月,夏某也没有上诉。

笔者办理以上贿赂犯罪案件的基本经验是:抗辩还是配合,需要机动、灵活掌握。有时往往需要通过非法证据排除规则审视侦查行为合法性,以期实现被告人合法利益的最大化,在中国当前的司法环境下,对抗、抗辩不如配合,即配合是原则、抗辩是例外。

（四）积极利用非法证据排除程序,高度重视同步录音录像

《监察法》第33条规定:"监察机关依照本法规定收集的物证、书证、证人证言、被调查人供述和辩解、视听资料、电子数据等证据材料,在刑事诉讼中可以作为证据使用。监察机关在收集、固定、审查、运用证据时,应当与刑事审判关于证据的要求和标准相一致。以非法方法收集的证据应当依法予以排除,不得作为案件处置的依据。"

第40条第2款进一步规定:"严禁以威胁、引诱、欺骗及其他非法方式收集证据,严禁侮辱、打骂、虐待、体罚或者变相体罚被调查人和涉案人员。"

基于上述规定,《监察法》扩大了非法证据排除的范围,包括威胁、引诱、欺骗、侮辱、打骂、虐待、体罚或者变相体罚等所有非法方式收集的证据,既包括言词证据,也包括实物证据。无论是证据的种类,还是非法方法的范围,均比《刑事诉讼法》规定的内容要宽广,无疑是一种立法上的进步。举重以明轻,既然以非法方法收集的证据不能作为监察委"案件处置"的依据,那就更不能作为提起公诉与定罪量刑的依据。

但是,中央纪委国家监察委法规室编写、中国方正出版社出版的《〈中华人民共和国监察法〉释义》第41条写明:"需要注意的是,监察机关对调查过程的录音录像不随案移送检察机关。检察机关认为需要调取与指控犯罪有关并且需要对证据合法性进行审查的录音录像,可以同监察机关沟通协商后予以调取。所有因案件需要接触录音录像的人员,应当对录音录像的内容严格保密。"由此可知,讯问录像原则上不随案移送,检察机关可以调取讯问录像的条件如下:一是检察机关调取的录像与指控的犯罪事实有关;二是检察机关认为存在非法取证,需要对证据收集的合法性进行审查;三是检察机关需要同监察机关沟通协商,监察机关同意之后才能调

取。需要特别注意的是,最高人民法院《关于适用〈中华人民共和国刑事诉讼法〉的解释》第54条规定:"对作为证据材料向人民法院移送的讯问录音录像,辩护律师申请查阅的,人民法院应当准许。"所以,在控方需要用同步录像证明监察委员会调查程序合法的情况下,有关的录音录像辩护人当然有权查阅。

鉴于此,当辩护人通过会见、阅卷发现非法证据时,应当与犯罪嫌疑人被告人及时沟通,如果对方同意,可依照《监察法》及《刑事诉讼法》的规定,及时提供相关线索、材料或证据,申请非法证据排除。尤其在审查起诉阶段,是申请非法证据排除的最佳时机,辩护人要根据犯罪嫌疑人陈述的非法取证时间、地点、人员、方式等线索,及时向检察机关提出申请,越具体、详细越能启动"排非"程序,最起码通过辩护人的申请材料能够使检察人员内心确实认为案件有非法取证的可能性,唯有如此检察人员才有可能向监察机关调取相关的讯问录像,在审查起诉阶段,检察人员是启动非法证据排除程序的最大帮手,而不是敌人,此时辩护人如何做好与检察人员的沟通、说服工作是需要我们认真思考和总结的。

辩护人进行非法证据排除,不仅适用《监察法》,而且适用《刑事诉讼法》。因为《监察法》第33条第2款规定:"监察机关在收集、固定、审查、运用证据时,应当与刑事审判关于证据的要求和标准相一致。"既然《监察法》规定监察机关在收集、固定、审查、运用证据时应当与刑事审判关于证据的要求和标准相一致,而刑事审判关于证据的要求和标准,则是《刑事诉讼法》中规定的关于证据的要求与标准。需要注意的是,最高人民法院《关于适用〈中华人民共和国刑事诉讼法〉的解释》第130条、第136条规定,调查人员、侦查人员参加庭前会议说明情况;出庭说明证据收集情况并接受法庭和控辩双方的询问等,是监察委员会办理的案件应经过法庭审理才可以定罪量刑的应有之义。

职务犯罪案件排除非法证据,最有力的证据,就是调查工作的同步录音录像。《监察法》第41条第2款规定:"调查人员进行讯问以及搜查、查封、扣押等重要取证工作,应当对全过程进行录音录像,留存备查。"虽然《监察法》没有规定上述录音录像随案移送,但是要求"留存备查",那么留存备查的目的和意义是什么,在此不言自明,从立法目的角度,就是要审查调查人员有无非法取证的行为,如果确实没有移送,律师可以根据掌握的线索或者证据申请调取、观看、复制上述录音录像,从中寻找证明非法取证的证据，以此作为排除非法证据强有力的依据。

我国法律规定监察机关和审查起诉机关有义务审查证据的合法性。此时律师若提出申请，调查人员或公诉人就可以审查证据的合法性，如若存在非法的事项，则可以在移送检察院或法院之前予以排除，保证移送案件的质量。在法庭审理时，被告人的讯问笔录等口供一旦被排除在法庭之外，将直接导致控方的证据体系被推翻，控方的证据再也不能证明被告人有罪。换句话说，该起贿赂犯罪案件因不存在关键性证据而应该被判无罪。在司法实践中，无罪判决对于检察院和法院来讲，都是有一定压力的。

司法实践中，具体何时提出非法证据排除申请亦要视情况而定。如在监察机关一家独大的情况下，常常出现这样的特殊情况：监察机关决意最大限度地追究犯罪嫌疑人的刑事责任时，律师申请非法证据排除的理由往往成为监察机关以更加不合理的手段对证据进行补强的指导。

某高校原院长方某某受贿案，辩护人积极利用了非法证据排除规则，庭前向法院提出了非法证据排除申请。一审庭审时，公诉人向法庭播放了记录讯问过程的录音录像，暂且不说该录音录像是否同步、原始，录像画面所显示的方某某左手大面积紫肿是客观存在的。方某某的手伤形成在先，看守所出具健康检查表在后，但反映在录像画面上都如此清晰的伤情，却未在健康检查表中体现出来，可见看守所出具的这份体检表对方某某当时身体真实的健康状况并未予以如实记载。不仅如此，该份没有全面、客观记载方某某当天受伤状况的健康检查表明确记载“双膝有点肿”（自称原来在外跪的）。该下跪形成的伤痕显然不是因“妻管严”在家跪的，完全能够印证方某某关于被刑讯逼供的陈述。

所以，从辩护策略的角度来看，非法证据排除程序越早提出越好。越早通过“排非”程序动摇有罪证据体系，对当事人就越有利。这也是律师保护当事人合法权益的职责所在。

（五）巧用中国特色的“诉辩交易”——认罪认罚从宽制度

诉辩交易制度产生于美国，后在英国、加拿大、意大利、德国等国家的刑事诉讼中均有适用。它是指在法院开庭审理刑事案件之前，处于控方的检察官与被告方的辩护律师进行会商与谈判，检察官以撤销指控、降格指控或者向法官提出减轻刑罚的建议等为条件,若交易成功,达成协议,经法官审查并认可而直接对被告人定罪判刑,不再开庭审理。[1] 美国《布莱克法律词典》将其解释为:“诉辩交易是指刑事被告人就较轻的罪名或者数项指控中的一项或几项作出有罪答辩,以换取检察官的某种让步,通常是在获得较轻的判决或者撤销其他指控的情况下,检察官和被告人之间经过协商达成的协议。”[2]

诉辩交易是提高刑事案件审判效率的有效方式,我国虽然没有确立诉辩交易制度,但是刑事诉讼实践中一直存在一定数量的符合诉辩交易特征的做法。如《刑法》规定的自首和立功制度对于主动投案自首以及犯罪后积极检举揭发他人犯罪的犯罪分子,依法从轻、减轻甚至免除处罚;相对不起诉制度;“坦白从宽、抗拒从严”的刑事政策,可以说“坦白从宽”是我国司法实践中最为普遍的一种诉辩交易形式。[3]

近年来,我国以立法的形式确定了类似但不同于诉辩交易制度的一项新制度——认罪认罚从宽制度。例如,2018 年 10 月修订的《刑事诉讼法》增设了“认罪认罚从宽制度”和“速裁程序”,其中《刑事诉讼法》第 15 条规定:“犯罪嫌疑人、被告人自愿如实供述自己的罪行,承认指控的犯罪事实,愿意接受处罚的,可以依法从宽处理。”“被告人认罪认罚案件”可以删繁就简,简化法庭调查程序,强化被告人程序主体地位,重视被告人的个人意志,赋予了控辩双方协议正当化色彩。最高人民法院、最高人民检察院、公安部、国家安全部、司法部于 2019 年 10 月 11 日联合发布的《关于适用认罪认罚从宽制度的指导意见》对此制度的适用作出了更为细化的规定。2021 年 1 月 26 日颁布的最高人民法院《关于适用〈中华人民共和国刑事诉讼法〉的解释》也设立了第十二章“认罪认罚案件的审理”,对认罪认罚从宽制度作出了进一步的规定。

回归到贿赂犯罪案件,律师辩护方案的确定要充分参考当事人的意愿,但有时“认罪认罚从宽”也不失为上策。“认罪认罚从宽”这种协商性司法,能让控辩双方在现实地考虑自我利益的基础上,通过对话与协商,达成双方都满意的处理结果,

---

〔1〕 卞建林:《刑事起诉制度的理论与实践》,中国检察出版社 1993 年版。

〔2〕 *Black's Law Dictionary 7th ed.* ,West Group,2000,p. 1173.

〔3〕 缪蒂生:《关于诉辩交易在我国刑事诉讼中的适用问题》,载《金陵法律评论》2005 年第 1 期。

并且能缓和基于"事实"与"规则"之间的矛盾而产生的程序公正与实体公正的紧张关系。因此,在贿赂犯罪案件辩护中,中国特色的诉辩交易(认罪认罚从宽制度)占有重要地位。目前,办案机关对认罪认罚从宽制度也是抱着积极、开放的态度,律师需要积极争取。

笔者办理的某市招投标中心主任王某受贿案(受贿数额60万元)中,王某被羁押到看守所后就翻供。在与检察机关充分沟通后,检察机关承诺只要王某认可全部受贿事实,就可认定其具有自首情节。于是,笔者便多次会见,说服被告人承认全部事实。检察机关果然遵守司法承诺,在起诉书中认可了王某具备自首的量刑情节。庭审时,王某对其中的6万元受贿事实再次翻供,辩护人也认为该笔受贿事实因证据不足而指控不能成立。最后,一审判决没有认定该笔受贿事实,以受贿54万元判处王某有期徒刑3年,缓期执行5年。王某没有上诉,检察院也没有抗诉,取得了很好的辩护效果。

(六)寻找、发现自首和立功线索

律师办理任何一个贿赂犯罪(受贿)案件,首先都要考虑犯罪嫌疑人或被告人有无自首、立功的情节并积极寻找和发现相关线索,因为自首、立功是法定的减轻情节。若无这两个情节,依据2016年4月18日最高人民法院、最高人民检察院《关于办理贪污贿赂刑事案件适用法律若干问题的解释》的规定,受贿300万元,可判处10年以上有期徒刑,而不可能判处10年以下自由刑。所以,辩护律师一定要非常重视犯罪嫌疑人或被告人自首、立功的问题。

我国《刑法》规定了三种自首形式:第一种是一般自首或者称典型自首,体现在《刑法》第67条第1款的规定,是指犯罪以后自动投案,如实供述自己罪行的情形;第二种是准自首或者余罪自首,体现在《刑法》第67条第2款的规定,是指被采取强制措施的犯罪嫌疑人、被告人和正在服刑的罪犯,如实供述司法机关还未掌握的本人其他罪行的行为(笔者需要强调的是自首与坦白的区分关键在于交代的内容是否已经被办案机关所掌握);第三种是特别自首,体现在《刑法》第164条第4款、第390条第2款、第392条第2款以及《反间谍法》第28条、最高人民法院、最高人民检察院《关于办理行贿刑事案件具体应用法律若干问题的解释》第7条第2款的规定,是指对公司、企业人员行贿人、行贿人、介绍贿赂人等行为人在被追诉前主动交代其犯罪行为的,可以减轻处罚或者免除处罚。而且从立法本意来看,“被追诉前”应当理解为“在刑事立案侦查前”。目前,特别自首的适用范围主要限于刑法分则规定的五种罪行,即“对公司、企业人员行贿罪”“行贿罪”“介绍贿赂罪”“单位行贿罪”“间谍罪”。

笔者曾办理的某市私企老总汤某某单位行贿案:根据某市人民检察院反贪局出具的《归案情况说明》,汤某某是于2014年2月25日主动交代了向王某某行贿135万元的事实。依据汤某某2014年2月26日询问笔录和王某某2014年3月4日讯问笔录,侦查人员于2014年2月26日对汤某某进行第一次询问而不是讯问,意味着侦查机关还没有对其进行立案侦查,而侦查人员对王某某第一次讯问的时间是2014年3月4日,并承认收受汤某某135万元的事实。结合以上三份证据能够证明汤某某具备特别自首的法定情节。法院最后判决汤某某有期徒刑2年,缓刑3年。

而且法律规定,对于单位行贿的特别自首的处罚幅度要低于一般自首。一般自首的,可以从轻、减轻处罚;情节较轻的,可以免除处罚。而对于特别自首,可以减轻、免除处罚。

除此之外,笔者办理的另一起司法机关党委书记高某受贿案,恰恰说明了寻找和发现立功线索在贿赂犯罪案件辩护中的重要作用。最高人民法院、最高人民检察院《关于办理职务犯罪案件认定自首、立功等量刑情节若干问题的意见》规定,认定职务犯罪分子立功应具备以下三个条件:(1)立功必须是犯罪分子本人实施;(2)据以立功的他人罪行材料应当指明具体犯罪事实;据以立功的线索或者协助行为对于侦破案件或者抓捕罪犯要有实际作用;(3)犯罪分子揭发他人犯罪行为、提供侦破其他案件重要线索的,必须经查证属实,才能认定为立功。

另外,必须明确据以立功的线索、材料来源是否正当。对于立功的认定应否考虑立功材料的来源,实践中存在不同认识。如果不考虑立功线索、材料的来源,把不正当或者违反法律的线索来源也作为认定立功的依据,就会严重损及公共利益、公正观念和司法正义。因此,上述该意见明确四种因线索来源不正当或者违法而不能作为认定立功的情形:一是本人通过非法手段或者非法途径获取的,如犯罪分子通过向办案人员行贿而获取的有关立功线索材料;二是本人因原担任的查禁犯罪等职务获取的，如原担任人民警察、检察人员、审判人员在履行职务过程中获悉的他人犯罪的线索材料；三是他人违反监管规定向犯罪分子提供的，如律师、亲友违反会见规定，为犯罪分子提供有关立功的线索材料；四是负有查禁犯罪活动职责的国家工作人员利用职务便利提供的，如人民警察、检察人员、审判人员出于私情而主动给犯罪分子提供的立功线索材料。

以某司法机关党委书记高某受贿案为例：高某 2012 年 7 月 24 日向其辩护人检举揭发有关侦查人员在办理他本人职务犯罪的案件中，除了对其本人刑讯逼供之外，还对一个叫袁某的“行贿人”暴力取证、刑讯逼供，并打断袁某 3 根肋骨。因为当时高某的该检举属于孤证，案件涉及司法人员，为了慎重起见，其辩护人没有向人民法院提交该检举。二审开庭前，高某检举有关刑讯逼供受害人袁某向辩护人提供了有关证据，该证据可以初步证明，某市人民检察院有关侦查人员，在办理夏某受贿犯罪案件中，对其进行暴力取证、刑讯逼供。最高人民法院《关于处理自首和立功若干具体问题的意见》第 6 条第 1 款、第 2 款规定：“被告人在一、二审审理期间检举揭发他人犯罪行为或者提供侦破其他案件的重要线索，人民法院经审查认为该线索内容具体、指向明确的，应及时移交有关人民检察院或者公安机关依法处理。侦查机关出具材料，表明在三个月内还不能查证并抓获被检举揭发的人，或者不能查实的，人民法院审理案件可不再等待查证结果。”高某的上述检举线索内容具体、指向明确并有初步证据证明，为此，其辩护人特将有关证据材料递交法院，请依据法律和司法解释的有关规定进行处理。有关证据提交后，二审法院认定了高某具有其他方面的立功情节并减轻处罚。

六、贿赂犯罪的辩护经验总结

贿赂犯罪，尤其是受贿罪已经成为我国《刑法》400 多个罪名中最容易认定的犯罪，该罪的证明标准越来越低，在刑事司法实践中，司法机关仅依据受贿人、行贿人的言词证据就认定构成受贿犯罪的情形非常普遍，甚至对行贿钱款的来源、受贿钱款的去向，以及请托和谋利事项也依据言词证据来认定。

由此可知，贿赂犯罪（受贿犯罪）在入罪方面呈现扩大化的趋势，只要犯罪嫌疑人或者被告人基于国家工作人员的身份收取财物，辩护人想做无罪辩护就很困难。

只有有关是否收到财物的证据确实存有疑问时做无罪辩护的成功率才比较高。因此,量刑情节在贿赂犯罪辩护中显得尤为重要。

作为职业辩护人,律师应该客观对待贿赂犯罪案件辩护的多种困境,但是也要积极利用非法证据排除程序、巧用认罪认罚从宽制度、寻找和发现自首与立功情节,适时选择配合还是抗辩,并以此作为贿赂犯罪辩护的突破口,进而维护犯罪嫌疑人或被告人的诉讼权利和实体权利。

第十三章
CHAPTER 13

黑恶势力犯罪案件的辩护代理

第一节
扫黑除恶的背景与新形势

2018年，中共中央、国务院、最高人民法院、最高人民检察院、公安部、司法部依据党的十九大精神，相继发出《关于开展扫黑除恶专项斗争的通知》《关于办理黑恶势力犯罪案件若干问题的指导意见》，将过去的“打黑除恶”升级为“扫黑除恶”，文件中措词严厉、要求严格，显示了党和政府整治涉黑涉恶问题的决心。为贯彻落实中央关于开展扫黑除恶专项斗争的通知和要求，指导律师依法为黑恶势力犯罪案件进行辩护代理，发挥律师事务所和律师协会对律师工作的管理监督作用，全国律师协会于2018年3月6日下发了《关于律师办理黑恶势力犯罪案件辩护代理工作若干意见》。中央提出了任务要求，全国律师协会提出了相应意见，可以预见在未来的一段时间里，黑恶势力犯罪案件数量将会大幅度增加。在这一形势下，刑辩律师应充分认识到律师依法为黑恶势力犯罪案件提供高质量的辩护代理，发挥律师主体职能作用，对于依法开展扫黑除恶专项斗争、保障司法人权的重要意义。在面临巨大机遇和挑战的同时，刑辩律师应当充分认识到提升专业技能和辩护技巧的重要性。

一、扫黑除恶的政治和法律背景

扫黑除恶专项斗争是在全面建成小康社会决胜阶段、中国特色社会主义进入新时代的关键时期部署开展的,其规格之高、力度之大、范围之广前所未有,充分表明了全国开展扫黑除恶专项斗争的极端紧迫性和重要性,充分彰显了党中央坚决扫除黑恶势力的鲜明态度和坚定决心,意义重大而深远。

(一)扫黑除恶专项斗争的定位

2017年11月8日,习近平总书记在《当前农村涉黑问题新动向值得关注》一文上作出批示:从此件看,当前农村涉黑问题出现了一些新情况,请中央政法委牵头有关部门加强研究,摸清底数,找准病灶,拿出方案。要开展一轮新的扫黑专项斗争,重点是农村,城市也要抓,对群众反映强烈、问题比较突出的地区、行业和领域,应采取强有力的措施,依法重点整治。扫黑除恶要与反腐败结合起来,与基础"拍蝇"结合起来,既抓涉黑组织,也抓后面的"保护伞"。加强基础组织建设,是铲除黑恶势力滋生土壤的治本之策、关键之举,务必把这个基础夯实筑牢。

2018年1月中共中央、国务院《关于开展扫黑除恶专项斗争的通知》强调要严格依法办案。有黑扫黑,无黑除恶,无恶治乱,确保将黑恶势力消灭在萌芽状态。

2018年10月全国扫黑除恶专项斗争推进会上,国务委员、公安部部长赵克志指出,"要牢固树立正确政绩观,坚持实事求是原则,有多少打多少,打多少是多少,绝不允许好大喜功、虚报战果"。

2019年《最高人民检察院工作报告》中提出:"坚持以事实为根据、以法律为准绳,是黑恶犯罪一个不放过,不是黑恶犯罪一个不凑数。"

……

开展扫黑除恶专项斗争既是党的意志,也是人民的选择。对于刑辩律师而言,需要积极参与扫黑除恶专项斗争,也必须进一步提高政治站位,充分认识开展扫黑除恶专项斗争的重大意义。

(二)一系列法律及政策性文件的出台

2018年1月11日,中共中央、国务院印发了《关于开展扫黑除恶专项斗争的通知》。

2018年1月13日,十九届中央纪委二次全会公报中明确:整治群众身边腐败问题、开展扶贫领域腐败和作风问题专项治理、把惩治基层腐败同扫黑除恶结合起来，坚决查处涉黑“保护伞”。

2018年1月16日，最高人民法院、最高人民检察院、公安部、司法部印发了《关于办理黑恶势力犯罪案件若干问题的指导意见》。

2018年1月23日，中央政法委召开全国扫黑除恶专项斗争电视电话会议。

2018年1月29日，司法部下发了《关于做好律师参与扫黑除恶专项斗争工作的通知》。

2018年1月31日，最高人民法院召开全国法院扫黑除恶专项斗争电视电话会议，最高人民检察院下发了《关于充分发挥检察职能作用，深入开展扫黑除恶专项斗争的通知》。

2018年2月1日，司法部党组成员、副部长、全国律师行业党委书记熊选国主持召开全国律师行业党委第二次会议。

2018年2月5日，最高人民法院、最高人民检察院、公安部、司法部四部委联合发布了《关于依法严厉打击黑恶势力违法犯罪的通告》，要求犯罪分子于3月1日前主动投案自首。

2018年2月7日，公安部和中宣部、中央综治办等24个部门“打击整治枪支爆炸物品违法犯罪部际联席会第一次全体会议”：自2月7日起至2019年年底，在全国范围内持续开展打击整治枪爆违法犯罪专项行动。

2018年2月7日，中央政法委、中央综治委、公安部印发了《关于集中打击整治农村赌博违法犯罪的通知》。

2018年2月9日～10日，司法部、全国律协召开“律师办理黑恶势力犯罪案件辩护代理工作”专题研讨班。

2018年2月13日，中央纪委印发了《关于在扫黑除恶专项斗争中强化监督执纪问责的意见》。

2018年3月6日，中华全国律师协会印发了《关于律师办理黑恶势力犯罪案件辩护代理工作若干意见》。

2018年7月，中共中央办公厅、国务院办公厅印发了《全国扫黑除恶专项斗争督导工作方案》。

……

2019年4月9日，最高人民法院、最高人民检察院、公安部、司法部联合印发了《关于办理恶势力刑事案件若干问题的意见》《关于办理“套路贷”刑事案件若干问题的意见》《关于办理黑恶势力刑事案件中财产处置若干问题的意见》《关于办理实施“软暴力”的刑事案件若干问题的意见》。

2019年10月21日，国家监察委员会与最高人民法院、最高人民检察院、公安部、司法部联合印发了《关于在扫黑除恶专项斗争中分工负责、互相配合、互相制约严惩公职人员涉黑涉恶违法犯罪问题的通知》，最高人民法院、最高人民检察院、公安部、司法部联合印发了《关于办理非法放贷刑事案件若干问题的意见》《关于办理利用信息网络实施黑恶势力犯罪刑事案件若干问题的意见》《关于跨省异地执行刑罚的黑恶势力罪犯坦白检举构成自首立功若干问题的意见》。

……

此外，各省市也随之出台了办理黑社会性质组织犯罪案件若干问题的意见。

一系列高规格、高密度执法专项行动的部署、规范性文件的出台及会议的召开，表明“处置黑恶势力”已经与基层反腐、基层治理并行，扫黑除恶专项斗争作为一项重大政治任务，已经势在必行。

二、扫黑除恶的新形势

在2018年“扫黑除恶专项斗争”活动中出台的一系列规范性文件中，“依法”二字是使用频率最高的词汇，扫黑除恶专项斗争离不开“法治思维”，律师办理黑恶势力犯罪案件辩护代理工作亦是如此。2018年1月11日，中共中央、国务院印发的《关于开展扫黑除恶专项斗争的通知》一文，13次使用了“依法”二字，法治思维和基调很清楚。从扫黑除恶专项斗争开展至今，“依法”二字贯穿始终，并逐渐凸显出与以往不同的新形势。

（一）扫黑除恶督导活动的持续开展和发现的问题

扫黑除恶督导工作从2018年7月开始，共组织三轮，每轮督导10个左右的省区市，进驻时间原则上为1个月，在实现督导全覆盖之后，全国扫黑办特派督导组已奔赴全国。目前，扫黑除恶专项斗争已进入为期三年的目标实现之年。

2019年7月25日，全国扫黑除恶专项斗争领导小组召开会议，听取中央扫黑除恶第11至第21督导组开展第三轮督导情况汇报。第三轮督导结束,标志着实现了中央督导全覆盖。督导工作创造了"五个之最":(1)发起了最强的攻势;(2)组织了最广的动员;(3)取得了最大的成效;(4)产生了最强的震慑;(5)付出了最多的心血。此外,全国扫黑办还派出大要案督办组和特派督导专员,狠抓专案督办,准确快速地办理了如云南昆明孙小果案、湖南怀化操场埋尸案等一批大要案件。

在督导过程中,中央督导组提出了仍存在的一些问题,如"对一些隐藏较深、洗白较早、关系复杂的黑恶势力,攻坚克难、深挖彻查的力度不够""部分地方政法机关对电信诈骗、套路贷、软暴力等新型犯罪打击力度不够""一些地区非法集资、高利放贷等金融乱象突出""黑社会团伙背后的保护伞挖得不够,查处'保护伞'的层级较低""一些地方打伞破网力度不够""打财断血不充分、不均衡,执行到位少"等问题。上述问题,尤其是"打财断血"和"打伞破网"将会是下一步涉黑涉恶案件办理的核心问题,需要进一步关注。值得一提的是,中纪委、国家监察委在2019年7月专门召开座谈会,专门研究推进深挖彻查涉黑涉恶腐败和"保护伞"工作,意味着各级纪委监察委惩治涉黑涉恶腐败和"保护伞"力度将持续加大,这也意味着职务犯罪案件在扫黑除恶专项斗争中后期需要重点关注。

(二)陆续出台新规,以应对专门性问题

随着扫黑除恶专项斗争的开展,"套路贷""软暴力""恶势力"等行为的认定、黑恶势力刑事案件的财产处置及相关刑事政策等问题亟须解决。对此,相关部门陆续出台各项规定,并就专项斗争实施过程中出现的问题开展专项监督活动。

1."4·9文件"的印发

2019年4月9日,全国扫黑办首次召开新闻发布会,向社会公开发布最高人民法院、最高人民检察院、公安部、司法部联合印发的《关于办理恶势力刑事案件若干问题的意见》《关于办理"套路贷"刑事案件若干问题的意见》《关于办理黑恶势力刑事案件中财产处置若干问题的意见》《关于办理实施"软暴力"的刑事案件若干问题的意见》四个办理扫黑除恶案件的意见。同时,时任中央政法委秘书长、全国扫黑办主任陈一新表示:"据统计,到今年3月底,全国起诉涉黑涉恶犯罪案件14,226件、共计79,018人,依法审判涉黑涉恶案件成为当前专项斗争极为重要的工作。特别是一些新情况、新问题出现,对准确适用法律法规,依法严惩黑恶势力违法犯罪提出了更高要求。在具体司法实践中,一线办案人员反映,在恶势力和‘软暴力’违法犯罪认定,依法打击‘套路贷’、处置黑恶势力犯罪涉案财产等方面还亟待进一步明确、细化。”

2.“10·21文件”的印发

2019年10月21日,全国扫黑办召开新闻发布会。国家监察委员会与最高人民法院、最高人民检察院、公安部、司法部联合印发的《关于在扫黑除恶专项斗争中分工负责、互相配合、互相制约严惩公职人员涉黑涉恶违法犯罪问题的通知》,最高人民法院、最高人民检察院、公安部、司法部联合印发的《关于办理非法放贷刑事案件若干问题的意见》《关于办理利用信息网络实施黑恶势力犯罪刑事案件若干问题的意见》《关于跨省异地执行刑罚的黑恶势力罪犯坦白检举构成自首立功若干问题的意见》等4个重磅指导性文件,在发布会上向社会公开发布。这是继2019年4月发布关于办理恶势力、套路贷、软暴力刑事案件以及黑恶势力刑事案件财产处置等指导意见后,全国扫黑办发布的又一批指导性文件。

(三)辩护新难题及各项专项督导活动的开展

在扫黑除恶专项斗争开展的过程中,“老三难”(会见难、阅卷难、调查取证难)中“会见难”问题凸显。2018年8月31日,全国律协举行新闻发布会,全国律协维护律师执业权利中心副主任高子程发布了2018年上半年律师协会维权工作数据统计与分析。据高子程介绍,律师的会见权仍然是维权案件中的一个难点,其中,近期涉黑和涉众等案件在侦查阶段还出现了限制律师会见的趋势。同时,“新三难”(发问难、质证难、辩论难)在涉黑案件中表现更为突出,不仅表现为证人、鉴定人出庭难,辩护人在质证及辩论阶段也遇到出现因言词不当而被司法机关投诉的情况。

就律师执业权利保障问题,2019年7月,最高人民检察院决定,全国检察机关自2019年7月至2020年1月开展保障律师执业权利专项监督活动,活动将保障律师的会见、通信权,阅卷权,调查取证权,人身权利,以及其他妨碍律师依法履行辩护、代理职责的情形等五个方面的执业权利作为监督重点。同时,最高人民检察院将组织工作组挂牌督办一批侵犯律师执业权利控告申诉案件,采取阅卷、走访、座谈等方式调研督导，推动解决突出问题。对专项监督活动存在的阻碍律师执业权利等情况和问题予以通报。

针对扫黑除恶专项斗争中个别地方存在的“人为拔高”和“下指标”问题，2019年3月13日，第十三届全国人民代表大会第二次会议海南团小组会审议最高人民法院、最高人民检察院报告，最高人民检察院副检察长孙谦列席并回应一些地方对“扫黑除恶”“下指标”问题。孙谦表示，对于“扫黑除恶”“下指标”问题，最高人民检察院2018年发出紧急通知，要求各地检察机关必须严格把握逮捕和起诉。“逮捕的时候，必须弄清楚，不是黑社会的，就不能按照黑社会批捕。不是这个犯罪，就不能按照这个罪名起诉。”最高人民检察院检察长张军在2019工作报告中提出“不是黑恶犯罪一个也不凑数”。

（四）最高人民检察院发布扫黑除恶专项斗争典型案例及全案脱黑案例出现

2019年7月18日，最高人民检察院发布检察机关开展扫黑除恶专项斗争典型案例（第三辑），并印发通知，要求各地检察机关在扫黑除恶专项斗争中，既要从严打击黑恶势力犯罪，又要严格遵循罪刑法定、证据裁判、非法证据排除、程序公正等法治原则，依法规范办案，既不降格处理，也不人为拔高，确保扫黑除恶专项斗争始终在法治轨道上推进，经得起历史和法律检验。五件典型案例紧紧围绕“是黑恶犯罪一个不放过，不是黑恶犯罪一个不凑数”两方面的要求进行选编，包括发挥检察职能，依法准确认定黑社会性质组织犯罪典型案例2件；依法追诉漏罪漏犯，追加认定恶势力犯罪集团典型案例1件；不拔高不凑数、依法不认定黑社会性质组织犯罪典型案例2件。

【团队亲办案例】2019年6月21日上午，安徽某市人民法院对该市扫黑除恶专项斗争以来首例涉黑案件之“以程某某为首的组织、领导、参加黑社会性质案件”公开宣判。检察机关指控程某某等八名被告人涉嫌组织、领导、参加黑社会性质组织罪、强迫交易罪、敲诈勒索罪、寻衅滋事罪、非法转让土地使用权罪，攫取非法利益60余万元，对该村地域范围内建筑行业的生产、经营造成严重影响。某市人民法院依法判决被告人程某某等八人的行为均不符合黑社会犯罪的组织特征、行为特征、经济特征、危害性特征，均不构成组织、领导、参加黑社会性质组织罪，但构成恶势力犯罪集团，第一被告程某某构成敲诈勒索罪和非法转让土地使用权罪，其余七名被告人均数罪变一罪即构成敲诈勒索罪。该案宣判后,检察机关没有抗诉,部分被告人上诉请求轻判。

2019 年至今,全国各地已经陆续出现全案脱黑、全案脱恶的判决,辩护律师开展黑恶势力犯罪案件的辩护代理工作大有可为。

(五)律师涉黑涉恶及违规办案受惩戒案例频发

面对"扫黑除恶专项斗争",中华全国律师协会秘书长韩秀桃曾总结了"五个担忧":一是对于律师作用能不能发挥、能不能达到预期有担忧;二是对于"运动式"的执法能不能真正地依法执行有担忧;三是对于律师协会能不能发挥作用有担忧;四是对于执业风险有担忧,特别是青年律师(出师未捷身先死);五是对于如何在专项斗争中保持律师工作自 2018 年以来形成的大好局面不要毁之担忧。从青海林小青案到安徽吕先三案,虽被撤案或判决尚未生效,但律师涉黑涉恶案件时常出现。从全国律协定期通报的律师惩戒案例来看,律师在办理涉黑涉恶案件过程中,因违规办理而受惩戒的案例亦是频发。这意味着律师面对"扫黑除恶专项斗争"应当更加谨慎自律。

(六)扫黑除恶常态化及政法队伍教育整顿

"三年扫黑除恶专项斗争圆满收官,扫出'城乡更安宁、群众更安乐'的朗朗乾坤,也为推进扫黑除恶常态化奠定了坚实基础。"今后国家会继续按照党中央部署,以有黑必扫、除恶务尽的坚定决心和顽强定力,深入推进扫黑除恶常态化。2021 年对全国政法队伍进行教育整顿,对律师行业突出问题进行专项治理,同时,《反有组织犯罪法》也将出台。今后,各种专项斗争将一直在路上。

第二节
相关法律、司法解释的理解和适用综述

2000 年至今,最高人民法院、最高人民检察院和有关单位陆续出台了一系列司法解释及规范性文件,以对黑社会性质组织的认定提供更为详细的参考,其中,不

同阶段的认定标准有所差异。下文中将相关法律规定、司法解释及规范性文件的内容结合最高人民法院发布的刑事指导案例的相关观点进行详细阐述，以作为参考和补充，特此说明，不再赘述。

一、法律法规及规范性文件汇总

1.《刑法》第25条、第26条、第66条、第97条、第294条（2011年2月25日，《刑法修正案（八）》增加了黑社会性质组织四大特征的规定，法定刑变重）。

2.《全国人大常委会关于〈中华人民共和国刑法〉第二百九十四条第一款的解释》（已被《刑法修正案（八）》吸收）。

3. 2000年12月5日，最高人民法院《关于审理黑社会性质组织犯罪的案件具体应用法律若干问题的解释》（法释〔2000〕42号）。

4. 2002年4月12日，最高人民检察院《关于开展“打黑除恶”立案监督专项行动的实施意见》。

5. 2006年3月17日，国家工商行政管理总局《关于深入开展打黑除恶专项斗争的通知》。

6. 2009年12月9日，最高人民法院、最高人民检察院、公安部《办理黑社会性质组织犯罪案件座谈会纪要》（法〔2009〕382号）。

7. 2010年4月14日，最高人民法院刑三庭“在审理故意杀人、伤害及黑社会性质组织犯罪案件中切实贯彻宽严相济刑事政策”。

8. 2012年9月11日，最高人民法院、最高人民检察院、公安部、司法部《关于办理黑社会性质组织犯罪案件若干问题的规定》。

9. 2015年10月13日，最高人民法院《全国部分法院审理黑社会性质组织犯罪案件工作座谈会纪要》。

10. 2018年1月16日，最高人民法院、最高人民检察院、公安部、司法部《关于办理黑恶势力犯罪案件若干问题的指导意见》。

11. 2017年1月19日，最高人民检察院《关于充分发挥检察职能　依法惩治“村霸”和宗族恶势力犯罪积极维护农村和谐稳定的意见》。

12. 2018年3月6日，中华全国律师协会《关于律师办理黑恶势力犯罪案件辩护代理工作若干意见》。

13. 2019年4月9日,最高人民法院、最高人民检察院、公安部、司法部《关于办理恶势力刑事案件若干问题的意见》《关于办理"套路贷"刑事案件若干问题的意见》《关于办理黑恶势力刑事案件中财产处置若干问题的意见》《关于办理实施"软暴力"的刑事案件若干问题的意见》。

14. 2019年10月21日,国家监察委与最高人民法院、最高人民检察院、公安部、司法部《关于在扫黑除恶专项斗争中分工负责、互相配合、互相制约 严惩公职人员涉黑涉恶违法犯罪问题的通知》。

15. 最高人民法院、最高人民检察院、公安部、司法部《关于办理非法放贷刑事案件若干问题的意见》《关于办理利用信息网络实施黑恶势力犯罪刑事案件若干问题的意见》《关于跨省异地执行刑罚的黑恶势力罪犯坦白检举构成自首立功若干问题的意见》。

二、法律、司法解释及规范性文件的关系

2018年《关于办理黑恶势力刑事案件若干问题的意见》规定,本意见颁布实施后,最高人民法院、最高人民检察院、公安部、司法部联合发布或者单独制定的其他相关规范性文件,内容如与本意见中有关规定不一致的,应当按照本意见执行。

(一)以上规定确立的原则

1. 之前有规定,与现行规定不一致的,按现行规定执行;
2. 之前没有规定,现行规定新确定的,按现行规定执行;
3. 之前有规定,现行规定没有确定新规的,按之前规定执行。

【刑事审判参考】【第629号】王江等组织、领导、参加黑社会性质组织案指出:2002年4月28日全国人大常委会通过了《关于(中华人民共和国刑法)第二百九十四条第一款的解释》,明确了黑社会性质组织应当同时具备组织结构、经济实力、非法行为及非法控制四个方面的特征。立法解释与法律具有同等效力,立法解释的效力高于司法解释;因此在二者产生冲突的情况下,应直接适用上述立法解释,不存在按照"从旧兼从轻"原则的问题。当然,如果后公布的也是司法解释而不是立法解释,则依据最高人民法院、最高人民检察院《关于适用刑事司法解释时间效

力问题的规定》,可以按照“从旧兼从轻”的原则处理。

参考案例:【刑事审判参考】【第619号】邓伟波等组织、领导、参加黑社会性质组织案,【第628号】乔永生等组织、领导、参加黑社会性质组织案,【第629号】王江等组织、领导、参加黑社会性质组织案。

(二)运用法律解释的方法正确理解法律和有关规定

根据《刑法》的解释方法,可以将法律解释分为:文理解释、逻辑解释、系统解释、论理解释。其中,论理解释又称目的解释,是指按照立法精神,根据具体案件,从逻辑上进行解释,即从现阶段社会发展的需要出发,以合理的目的进行的解释。论理解释主要分为以下几种:扩大解释、缩小解释、当然解释(出罪:举重以明轻,入罪:举轻以明重)以及历史解释。运用法律解释的方法正确理解法律和有关规定在刑事辩护中至关重要,下文将结合具体内容予以详细阐述。

三、2018年《关于办理黑恶势力刑事案件若干问题的意见》确立的新趋势

2018年《关于办理黑恶势力刑事案件若干问题的意见》明确了本次专项斗争的打击重点及领域,并将新兴的互联网领域等纳入黑恶势力犯罪规制的范畴。

(一)本次专项活动的重点打击对象

1. 威胁政治安全特别是政权安全、制度安全以及向政治领域渗透的黑恶势力;

2. 把持基层政权、操纵破坏基层换届选举、垄断农村资源、侵吞集体资产的黑恶势力;

3. 利用家族、宗族势力横行乡里、称霸一方、欺压残害百姓的“村霸”等黑恶势力;

4. 在征地、租地、拆迁、工程项目建设等过程中煽动闹事的黑恶势力;

5. 在建筑工程、交通运输、矿产资源、渔业捕捞等行业、领域,强揽工程、恶意竞标、非法占地、滥开滥采的黑恶势力;

6. 在商贸集市、批发市场、车站码头、旅游景区等场所欺行霸市、强买强卖、收保护费的市霸、行霸等黑恶势力;

7. 操纵、经营“黄赌毒”等违法犯罪活动的黑恶势力;

8. 非法高利放贷、暴力讨债的黑恶势力；

9. 插手民间纠纷，充当“地下执法队”的黑恶势力；

10. 组织或雇用网络“水军”在网上威胁、恐吓、侮辱、诽谤、滋扰的黑恶势力；

11. 境外黑社会入境发展渗透以及跨国跨境的黑恶势力。

同时，坚决深挖黑恶势力“保护伞”。

（二）依法加大对黑恶势力违法犯罪以及“保护伞”惩处力度

1. 在侦查、起诉、审判、执行各阶段体现依法从严惩处精神，严格掌握取保候审，严格掌握不起诉，严格掌握缓刑、减刑、假释，严格掌握保外就医适用条件；

2. 充分运用《刑法》总则关于共同犯罪和犯罪集团的规定加大惩处力度，充分利用资格刑、财产刑降低再犯可能性；

3. 对黑恶势力犯罪，注意串并研判、深挖彻查，防止就案办案，依法加快办理；

4. 坚持依法办案、坚持法定标准、坚持以审判为中心，加强法律监督，强化程序意识和证据意识，正确把握“打早打小”与“打准打实”的关系，贯彻落实宽严相济刑事政策，切实做到宽严有据，罚当其罪，实现政治效果、法律效果和社会效果的统一。

（三）新趋势

1. 对于黑恶势力总体上从严惩处，并强调“依法”；

2. 新增加重点打击对象，包括重点地区、重点行业和重点领域，新增加利用互联网实施的犯罪；

3. 突出强调将“恶势力犯罪”区别于一般共同犯罪；

4. 突出了附加刑的适用，包括剥夺政治权利、从业禁止、罚金及没收财产；

5. 对处置涉案财产作出详细规定。

第三节

黑社会性质组织的认定及处罚

《刑法》第294条规定："组织、领导黑社会性质的组织的，处七年以上有期徒刑，并处没收财产；积极参加的，处三年以上七年以下有期徒刑，可以并处罚金或者没收财产；其他参加的，处三年以下有期徒刑、拘役、管制或者剥夺政治权利，可以并处罚金。境外的黑社会组织的人员到中华人民共和国境内发展组织成员的，处三年以上十年以下有期徒刑。国家机关工作人员包庇黑社会性质的组织，或者纵容黑社会性质的组织进行违法犯罪活动的，处五年以下有期徒刑；情节严重的，处五年以上有期徒刑。犯前三款罪又有其他犯罪行为的，依照数罪并罚的规定处罚。黑社会性质的组织应当同时具备以下特征：（一）形成较稳定的犯罪组织，人数较多，有明确的组织者、领导者，骨干成员基本固定；（二）有组织地通过违法犯罪活动或者其他手段获取经济利益，具有一定的经济实力，以支持该组织的活动；（三）以暴力、威胁或者其他手段，有组织地多次进行违法犯罪活动，为非作恶，欺压、残害群众；（四）通过实施违法犯罪活动，或者利用国家工作人员的包庇或者纵容，称霸一方，在一定区域或者行业内，形成非法控制或者重大影响，严重破坏经济、社会生活秩序。"

尽管《刑法》条文对于黑社会性质组织的认定已经做了较为详细的规定，但司法实践中个案的情形光怪陆离，使控辩双方对于个案的定性往往分歧巨大，甚至在2018年《关于办理黑恶势力刑事案件若干问题的意见》出台后，不同地区对于黑社会性质组织是否需要具备四个特征都产生了分歧。鉴于此，本书将结合《刑法》规范的立法本意和笔者多年的执业经验对相关规范进行解读。

一、黑社会性质组织仍需要同时具备四个特征，其本质特征是不成熟的"黑社会"

2018年《关于办理黑恶势力刑事案件若干问题的意见》中关于黑社会性质组

织的认定：黑社会性质组织应同时具备《刑法》第294条第5款中规定的“组织特征”“经济特征”“行为特征”“危害性特征”。由于实践中许多黑社会性质组织并非这四个特征都很明显，在具体认定时，应根据立法本意，认真审查、分析黑社会性质组织四个特征相互间的内在联系，准确评价涉案犯罪组织所造成的社会危害，做到不枉不纵。上述规定明确了黑社会性质组织应同时具备四个原则，虽然强调司法实践中并非个案的四个特征都很明显，但强调审查内在联系，更明文确定不需要审查某一特征。因此，根据法律效力位阶和刑法解释的基本原则，本书认为，对于黑社会性质组织的认定，应当以刑法规定为准绳进行解释，只有四个特征全部具备才能满足黑社会性质组织的本质属性，即便随着2018年《关于办理黑恶势力刑事案件若干问题的意见》的出台，四个特征的认定标准有所降低，但四个特征需要同时具备的根基不能动摇。

同时，从语义解释、体系解释和立法本意角度出发，本书认为，黑社会性质组织的本质特征为“不成熟的‘黑社会’”，即质上为黑社会但量上不成熟。首先，黑社会性质组织应当具有社会属性，即共生性与群体性，其表现为不仅其存在具有长期性、庞大性、严密性、组织性，而且其组织者、领导者、成员依赖该组织而生存。作为级别最高的犯罪集团，黑社会性质组织应当满足等同于一般社会组织的要求和规则，有层级（一般为三级以上）、有规章、有分工、有社会目的，这也是在2018年《关于办理黑恶势力刑事案件若干问题的意见》出台后，许多开设赌场和传销犯罪被以涉嫌黑社会性质组织犯罪为由进行立案的重要原因。其次，黑社会性质组织应当同时具有“黑”的属性，即非正当性和非主流性，其表现为依靠非法手段尤其是暴力手段实施的违法犯罪行为甚至合法行为，实际控制或影响某（几）个行业或者一定地域。作为犯罪集团，其应当具有与合法对立的非法属性，同时，该属性还应当区别于一般犯罪集团，非法程度必须达到“非法控制”程度，且在实施违法犯罪活动中必须使用暴力或者软暴力手段。最后，黑社会性质组织还应当具有与主流社会长期并存并逃避主流社会控制与法律制裁的防护体系与措施，其表现为以公司、企业形式出现的合法经济实体作掩护，对其成员规定极为严格的、防止组织被发现的纪律。只有同时具有以上属性，才能认定为黑社会性质组织，否则将难以区分黑社会性质组织与一般共同犯罪或者犯罪集团。也正是基于此区别，2018年《关于办理黑恶势力刑事案件若干问题的意见》才单独列出恶势力及恶势力犯罪犯罪集团，以准确地对个案进行定罪处罚。

二、现行规范性文件对黑社会性质组织认定的界定与演变

现行规范性文件对黑社会性质组织认定的界定与演变

（法释〔2000〕42 号、法〔2009〕382 号、法〔2015〕291 号、法发〔2018〕1 号）

特征	2000 年《解释》（法释〔2000〕42 号）	2009 年《纪要》（法〔2009〕382 号）	2015 年《纪要》（法〔2015〕291 号）	2018 年《意见》（法发〔2018〕1 号）
组织特征	组织结构比较紧密，人数较多，有比较明确的组织者、领导者，骨干成员基本固定，有较为严格的组织纪律	修改为：不仅有明确的组织者、领导者，骨干成员基本固定，而且组织结构较为稳定，并有比较明确的层级和职责分工。 新增：对组织者、领导者、积极参加者和其他参加者的认定，组织成员的主观明知问题、时间、成员人数及组织纪律等问题做出明确规定	新增：关于组织存续时间的起点，可以根据涉案犯罪组织举行成立仪式或者进行类似活动的时间来认定。没有前述活动的，可以根据足以反映其初步形成核心利益或强势地位的重大事件发生时间进行审查判断。没有明显标志性事件的，也可以根据涉案犯罪组织为维护、扩大组织势力、实力、影响、经济基础或按照组织惯例、纪律、活动规约而首次实施有组织的犯罪活动的时间进行审查判断。存在、发展时间明显过短、犯罪活动尚不突出的，一般不应认定为黑社会性质组织（一般认为 1 年以上）。 新增：组织应当具有一定规模，人数较多，组织成员一般在 10 人以上。	修改为：组织形成后，在一定时期内持续存在，应当认定为“形成较稳定的犯罪组织”。对黑社会性质组织存在时间、成员人数问题不宜作出“一刀切”的规定。 修改为：组织未举行成立仪式或者进行类似活动的，成立时间可以按照足以反映其初步形成非法影响的标志性事件的发生时间认定。没有明显标志性事件的，可以按照本意见中关于黑社会性质组织违法犯罪活动认定范围的规定，将组织者、领导者与其他组织成员首次共同实施该组织犯罪活动的时间认定为该组织的形成时间

续表

特征	2000 年《解释》(法释〔2000〕42 号)	2009 年《纪要》(法〔2009〕382 号)	2015 年《纪要》(法〔2015〕291 号)	2018 年《意见》(法发〔2018〕1 号)
			新增:对于参加黑社会性质组织,没有实施其他违法犯罪活动,或者受蒙蔽、威胁参加黑社会性质组织,情节轻微的,可以不作为犯罪处理。对于参加黑社会性质组织后仅参与少量情节轻微的违法活动的,也可以不作为犯罪处理	
经济特征	通过违法犯罪活动或者其他手段获取经济利益,具有一定的经济实力	修改为:无论财产是通过非法手段聚敛,还是通过合法的方式获取,只要将其中部分或全部用于违法犯罪活动或者维系犯罪组织的生存、发展即可	新增:1. 有组织地通过违法犯罪活动或其他不正当手段聚敛的资产;2. 有组织地通过合法的生产、经营活动获取的资产;3. 组织成员以及其他单位、个人资助黑社会性质组织的资产。通过上述方式获取的经济利益,即使是由部分组织成员个人掌控,也应计入黑社会性质组织的"经济实力"。 新增:各高级人民法院可以根据本地区的实际情况在 20 万~50 万元幅度内,自行划定一般掌握的最低数额标准	修改为:1. 有组织地通过违法犯罪活动或其他不正当手段聚敛;2. 有组织地以投资、控股、参股、合伙等方式通过合法的生产、经营活动获取;3. 由组织成员提供或通过其他单位、组织、个人资助取得。同时也包括调动一定规模的经济资源用以支持该组织活动的能力。通过上述方式获取的经济利益,即使是由部分组织成员个人掌控,也应计入黑社会性质组织的"经济实力"。 新增:组织成员主动将个人或者家庭资产中的一部分用于支持该组织活动,其个人或者家庭资产可全部计入"一定的

续表

特征	2000 年《解释》(法释〔2000〕42 号)	2009 年《纪要》(法〔2009〕382 号)	2015 年《纪要》(法〔2015〕291 号)	2018 年《意见》(法发〔2018〕1 号)
				经济实力",但数额明显较小或者仅提供动产、不动产使用权的除外。 修改为:在办案时不能一般性地要求黑社会性质组织所具有的经济实力必须达到特定规模或特定数额
行为特征	在一定区域或者行业范围内,以暴力、威胁、滋扰等手段,大肆进行敲诈勒索、欺行霸市、聚众斗殴、寻衅滋事、故意伤害等违法犯罪活动	新增:以暴力、威胁为基础,在利用组织势力和影响已对他人形成心理强制或威慑的情况下,进行所谓的"谈判""协商""调解";滋扰、哄闹、聚众等其他干扰、破坏正常经济、社会生活秩序的非暴力手段	新增:组织实施的违法犯罪活动包括非暴力性的违法犯罪活动,但暴力或以暴力相威胁始终是黑社会性质组织实施违法犯罪活动的基本手段,并随时可能付诸实施。属于 2009 年《纪要》规定的五种情形之一的,一般应当认定为黑社会性质组织实施的违法犯罪活动,但确与维护和扩大组织势力、实力、影响、经济基础无任何关联,亦不是按照组织惯例、纪律、活动规约而实施,则应作为组织成员个人的违法犯罪活动处理	新增:暴力、威胁色彩虽不明显,但实际是以组织的势力、影响和犯罪能力为依托,以暴力威胁的现实可能性为基础,足以使他人产生恐惧、恐慌进而形成心理强制或者足以影响、限制人身自由、危及人身财产安全或者影响正常生产、工作、生活的手段,属于《刑法》第 294 条第 5 款第 3 项中的"其他手段",包括但不限于所谓的"谈判""协商""调解"以及滋扰、纠缠、哄闹、聚众造势等手段。 新增:增加了"软暴力"的认定

续表

特征	2000 年《解释》（法释〔2000〕42 号）	2009 年《纪要》（法〔2009〕382 号）	2015 年《纪要》（法〔2015〕291 号）	2018 年《意见》（法发〔2018〕1 号）
危害性特征	严重破坏经济、社会生活秩序	新增：称霸一方，在一定区域或者行业内，形成非法控制或者重大影响，从而严重破坏经济、社会生活秩序，是黑社会性质组织的本质特征，也是黑社会性质组织区别于一般犯罪集团的关键所在。 新增：对于"一定区域"、"一定行业"、形成非法控制或者重大影响做出明确规定	新增：应当结合一定地域范围内的人口数量、流量、经济规模等因素综合评判。如果涉案犯罪组织的控制和影响仅存在于一座酒店、一处娱乐会所等空间范围有限的场所或者人口数量、流量、经济规模较小的其他区域，则一般不能视为是对"一定区域"的控制和影响。 新增：对 2009 年《纪要》的八种情形进行明确和限定	新增：规定 6 种情形。 修改为："一定区域"的大小具有相对性，不能简单地要求"一定区域"必须达到某一特定的空间范围，而应当根据具体案情，并结合黑社会性质组织对经济社会生活秩序的危害程度加以综合分析判断
综述	规定较笼统。"保护伞"规定已经删除	规定详细，标准较宽。对刑事责任、涉黑犯罪财物及其收益的认定和处置、证据要求、立功、"恶势力"团伙的认定和处理、视听资料的收集、使用、庭审时应注意的有关问题均作出解释。将黑社会性质组织与恶势力进行区分	在 2009 年《纪要》的基础上进行补充，主要是对相关特征的规定进行限制，标准较严	将 2015 年《纪要》中对相关特征的部分限定取消，标准较宽。明确了在相关法律文书中的犯罪事认定部分，可使用"恶势力"等表述加以描述。新增了软暴力的认定

三、黑社会性质组织的认定

如前所述，2018 年《关于办理黑恶势力刑事案件若干问题的意见》确定的四个特征的认定标准均有所降低，但仍要求认定黑社会性质组织必须四个特征同时具备。无论是理论上还是司法实践中，黑社会性质组织的四个特征都是有机联系的，要相互结合整体解读。

（一）黑社会性质组织的组织特征之认定

《刑法》第294条第5款第1项规定："形成较稳定的犯罪组织，人数较多，有明确的组织者、领导者，骨干成员基本固定。"需要特别强调的是，当今的黑社会性质组织仍以获取巨额经济利益为终极目标，是否具有如此目的，是黑社会性质组织区别于恐怖组织、邪教组织等其他有组织犯罪的关键所在。虽然以获取经济利益为目标的群体不一定就是黑社会性质组织，但没有如此组织目的，就一定不是黑社会性质组织。而黑社会性质组织的组织目的在于维护其组织的利益，是为了组织的安全、稳定和发展，最终实现对一定区域或者行业的非法控制。

1. 组织较为稳定

2018年《关于办理黑恶势力刑事案件若干问题的意见》规定，组织形成后，在一定时期内持续存在，应当认定为"形成较稳定的犯罪组织"。黑社会性质组织一般在短时间内难以形成，发展是个渐进的过程，没有明显的性质转变的节点，故对黑社会性质组织存在时间不宜作出"一刀切"的规定（修改了2015年《全国部分法院审理黑社会性质组织罪案件工作座谈会纪要》的规定：存在、发展时间明显过短、犯罪活动尚不突出的，一般不应认定为黑社会性质组织）。

2018年《关于办理黑恶势力刑事案件若干问题的意见》规定：(1)黑社会性质组织未举行成立仪式或者进行类似活动的，成立时间可以按照足以反映其初步形成非法影响的标志性事件的发生时间认定；(2)没有明显标志性事件的，可以按照本意见中关于黑社会性质组织违法犯罪活动认定范围的规定，将组织者、领导者与其他组织成员首次共同实施该组织犯罪活动的时间认定为该组织的形成时间。该组织者、领导者因未到案或者因死亡等法定情形未被起诉的，不影响认定（修改了2015年《全国部分法院审理黑社会性质组织罪案件工作座谈会纪要》的规定：没有前述活动的，可以根据足以反映其初步形成核心利益或强势地位的重大事件发生时间进行审查判断。没有明显标志性事件的，也可以根据涉案犯罪组织为维护、扩大组织势力、实力、影响、经济基础或按照组织惯例、纪律、活动规约而首次实施有组织的犯罪活动的时间进行审查判断。）

【刑事审判参考】【1154号】史锦钟等人组织、领导、参加黑社会性质组织案指出:有相当多的黑社会性质组织在发展过程中,都存在对其树立非法权威、争夺势力范围、获取稳定经济来源具有重要意义的违法犯罪活动或其他重大事件。这些违法犯罪活动或重大事件的具体情形和后果不尽相同:有的是击垮主要竞争对手,有的是抢得重要资源,还有的是制造重大社会影响并极大提升了犯罪组织的知名度。但其相同之处在于,它们都会对黑社会性质组织的发展、升级产生显著的推动或催化作用。当然,确实也有一些案件中不存在明显的标志性事件。在此情况下,可以按照2015年《全国部分法院审理黑社会性质组织罪案件工作座谈会纪要》的规定,将首次实施有组织犯罪活动的时间作为形成起点。应当注意的是,"首次实施有组织犯罪活动"并非仅指实施犯罪的方式具有组织性,更重要的是看该犯罪是否为了组织利益、按照组织意志而实施,以及犯罪能否体现该组织追求非法控制的意图。

【最高人民检察院开展扫黑除恶专项斗争典型案例】杨昊等25人恶势力犯罪集团案指出:对犯罪组织不够固定,临时雇佣特征明显,未在一定区域形成非法控制或造成重大影响的,依法不予认定为黑社会性质组织。涉黑涉恶案件被告人自愿如实供述自己的罪行,承认指控的犯罪事实,愿意接受处罚的,检察机关可以依法适用认罪认罚从宽制度。检察机关在办理该类案件中,应当坚持客观公正理念,依法准确认定。一方面,秉持"不人为拔高、不随意降低"的办案原则。坚持司法公正,以事实为依据,以法律为准绳,尊重和保障人权,是检察机关的重要职责。在开展扫黑除恶专项斗争过程中,即使对挂牌督办案件,检察官也必须履行《检察官法》赋予的"忠实执行宪法和法律"的职责,坚持客观公正,"不拔高""不凑数""不随意降低"。要严格把握法律政策界限,对不具备黑社会性质组织犯罪"四个特征"的,坚决不予认定。要准确把握恶势力犯罪集团与恶势力、普通刑事犯罪的界限,对有明显首要分子,重要成员较为固定,组织成员经常纠集在一起,共同故意实施多次恶势力惯常实施的犯罪活动或其他犯罪活动的,依法认定为恶势力犯罪集团。另一方面,依法适用认罪认罚从宽制度。新修订的《刑事诉讼法》明确了认罪认罚从宽制度。检察机关在办理黑恶势力犯罪案件时,要充分发挥主导作用,依法适用认罪认罚从宽制度,贯彻落实宽严相济刑事政策,提升办案整体质效。

【引申】在较长时期内暂停实施违法犯罪活动的,是否可以认定黑社会性质组织仍持续存在？

【刑事审判参考】【第1155号】汪振等人组织、领导、参加黑社会性质组织案指出：判断黑社会性质组织是否持续存在，应当着重审查组织者、领导者、骨干成员等组织的核心成员是否具有延续性，以及组织的非法影响是否具有延续性。组织的核心成员具有延续性，说明犯罪组织的基本构成是稳定的；非法影响具有延续性，说明犯罪组织的行为方式和犯罪宗旨未发生根本变化。

2. 人数较多

2018年《关于办理黑恶势力刑事案件若干问题的意见》规定，黑社会性质组织成员人数较多，“恶势力”团伙和犯罪集团向黑社会性质组织发展是个渐进的过程，故对黑社会性质组织成员人数问题不宜作出“一刀切”的规定。黑社会性质组织成员既包括已有充分证据证明但尚未归案的组织成员，也包括虽有参加黑社会性质组织的行为但因尚未达到刑事责任年龄或因其他法定情形而未被起诉，或者根据具体情节不作为犯罪处理的组织成员（此规定修改了2015年《全国部分法院审理黑社会性质组织罪案件工作座谈会纪要》：黑社会性质组织应当具有一定规模，人数较多，组织成员一般在10人以上）。

3. 骨干成员基本固定

2015年《全国部分法院审理黑社会性质组织罪案件工作座谈会纪要》规定，黑社会性质组织应有明确的组织者、领导者，骨干成员基本固定，并有比较明确的层级和职责分工，一般有三种类型的组织成员，即组织者、领导者与积极参加者、一般参加者（其他参加者）。骨干成员，是指直接听命于组织者、领导者，并多次指挥或积极参与实施有组织的违法犯罪活动或者其他长时间在犯罪组织中起重要作用的犯罪分子，属于积极参加者的一部分。需要特别注意的是，如果没有上述三级管理结构，犯罪组织的整体性、有组织性就相对较弱，该组织就不是黑社会性质组织，而是一般的犯罪集团，如恶势力等。

【刑事审判参考】【第1153号】朱光辉等人组织、领导、参加黑社会性质组织案指出：在认定“骨干成员”时应分以下几个层次来把握：(1)骨干成员是积极参加者中的一部分，应当满足积极参加者的认定条件；(2)“骨干成员”应当是直接听命于组织者、领导者的积极参加者；(3)“骨干成员”在黑社会性质组织中所起的作用应当大于一般的积极参加者。只有是“多次指挥或积极参与实施有组织的违法犯罪活动或者其他长时间在犯罪组织中起重要作用”的积极参加者，才能被认定为“骨干成员”。

【刑事审判参考】【第1155号】汪振等人组织、领导、参加黑社会性质组织案指出：“骨干成员基本固定”，不能理解为骨干成员不变或基本不变。当原本的骨干成员受到司法打击或由于死亡、受伤、潜逃、被开除等其他原因脱离组织后，由低层级的成员或新成员填补继位，并不会影响组织结构的稳定性和组织运转的有效性，组织者、领导者依然能够通过对骨干成员的直接指挥来对整个犯罪组织进行稳定的管控。因此，只要不是时聚时散或者频繁地大面积更换，就可以视为“骨干成员基本固定”。

4. 组织、领导、积极参加的认定

2018年《关于办理黑恶势力刑事案件若干问题的意见》规定，组织、发起、创建黑社会性质组织，或者对黑社会性质组织进行合并、分立、重组的行为（新增加规定，对组织行为进行细化，包括整合行为）；领导，实际对整个组织的发展、运行、活动进行决策、指挥、协调、管理的行为；积极参加，多次积极参与黑社会性质组织的违法犯罪活动，或者积极参与较严重的黑社会性质组织的犯罪活动且作用突出，以及其他在组织中起重要作用的情形，如具体主管黑社会性质组织的财务、人员管理等事项。知道或者应当知道是以实施违法犯罪为基本活动内容的组织，仍加入并接受其领导和管理的行为，应当认定为“参加黑社会性质组织”。没有加入黑社会性质组织的意愿，受雇到黑社会性质组织开办的公司、企业、社团工作，未参与黑社会性质组织违法犯罪活动的，不应认定为“参加黑社会性质组织”。

黑社会性质组织的组织者、领导者，既包括通过一定形式产生的有明确职务、称谓的组织者、领导者，也包括在黑社会性质组织中被公认的事实上的组织者、领导。

【刑事审判参考】【第1152号】陈垚东等人组织、领导、参加黑社会性质组织案指出：司法实践中，认定被告人是否有参加黑社会性质组织行为时，情况则显得比较复杂。一般来说，可以将是否举行专门的参加仪式作为重要的认定依据。但当前的实践中多数黑社会性质组织在发展成员时并无此类程序，审判时要审慎地结合以下两个方面来判别被告人是否有参加黑社会性质组织的行为:第一,是否参与实施了黑社会性质组织的违法犯罪活动;第二,与涉案黑社会性质组织之间有无相对固定的从属关系。所谓相对固定的从属关系,是指在黑社会性质组织中组织者、领导者居于核心地位,积极参加者和其他参加者较稳定地处于被领导、被管理的地位。

2015 年《全国部分法院审理黑社会性质组织罪案件工作座谈会纪要》规定,以下人员不属于黑社会性质组织的成员:(1)主观上没有加入黑社会性质组织的意愿,受雇到黑社会性质组织开办的公司、企业、社团工作,未参与或者仅参与少量黑社会性质组织的违法犯罪活动的人员;(2)因临时被纠集、雇佣或受蒙蔽为黑社会性质组织实施违法犯罪活动或者提供帮助、支持、服务的人员;(3)为维护或扩大自身利益而临时雇用、收买、利用黑社会性质组织实施违法犯罪活动的人员。上述人员构成其他犯罪的,按照具体犯罪处理。

参考案例:【刑事审判参考】【第 149 号】容乃胜等组织、领导、参加黑社会性质组织罪,【第 618 号】陈金豹等组织、领导、参加黑社会性质组织案,【第 621 号】李军等参加黑社会性质组织案,【第 626 号】张宝义等组织、领导、参加黑社会性质组织案,【第 1158 号】刘汉等人组织、领导、参加黑社会性质组织案。

5. 组织纪律、活动规约的认定

2015 年《全国部分法院审理黑社会性质组织罪案件工作座谈会纪要》未做新规定。

2018 年《关于办理黑恶势力刑事案件若干问题的意见》规定,应当结合制定、形成相关纪律、规约的目的与意图来进行审查判断。凡是为了增强实施违法犯罪活动的组织性、隐蔽性而制定或者自发形成,并用以明确组织内部人员管理、职责分工、行为规范、利益分配、行动准则等事项的成文或不成文的规定、约定,均可认定为黑社会性质组织的组织纪律、活动规约。

最高人民法院刑三庭关于《办理黑社会性质组织犯罪案件座谈会纪要》的理解与适用指出:关于“组织纪律”,《全国人大常委会关于〈中华人民共和国刑法〉第二百九十四条第一款的解释》虽然没有再做类似规定,但立法机关仍然认为黑社会性质组织应具有严密性,只是“不需要必须具有明确的组织名称、纲领、章程、活动规约等”。实践证明，如果没有通过一定的组织纪律、活动规约来加强内部管理，黑社会性质组织将难以保持其自身的稳定性、严密性，从而也难以发挥组织应有的能效。因此，上述纪要将“具有一定的组织纪律、活动规约”作为认定黑社会性质组织时的重要参考依据。当然，纪律、规约的表现形式多种多样，如宣誓、训诫、警告、处罚及组织成员公知公认的惯例、准则等，但如果确实不存在一定的纪律、规约，则案件定性时应慎重。

【刑事审判参考】【第 1160 号】牛子贤等人绑架、敲诈勒索、开设赌场、重婚案指出：黑社会性质组织应当具有一定规模，人数较多，组织成员一般在 10 人以上；应有明确的组织者、领导者，骨干成员基本固定，并有比较明确的层级和职责分工。具有一定的组织纪律或者活动规约，虽然不是黑社会性质组织的必要条件之一，但却是认定组织特征时的重要参考依据。综观本案，其一，虽然公诉机关指控牛子贤等 8 人系组织成员，人数较为接近前述要求，但时丽、周鑫、岳静、胡俊忠、李来刚等人多系被临时纠集参与作案，与牛子贤合伙经营赌场的李光军、李洪全、李双志、李伟、裴铮铮等人均不属于组织成员，涉案人员尚没有形成稳定的组织体系。其二，牛子贤犯罪团伙没有成文或者不成文的组织纪律或者活动规矩，牛子贤要求手下人交纳“保证金”系其经营赌场时管理雇员的必要手段，难以认定为组织纪律或者活动规约。其三，牛子贤、吕福秋、牛震、周鑫、时丽、岳静等人之间并不存在明显的层级关系，相互之间并非管理与被管理的上下级，也没有明确固定的职责分工，反映不出组织性。因此，现有证据不能认定牛子贤犯罪团伙具备黑社会性质组织的组织特征。

（二）黑社会性质组织的经济特征之认定

《刑法》第 294 条第 5 款第 2 项规定：“有组织地通过违法犯罪活动或者其他手段获取经济利益，具有一定的经济实力，以支持该组织的活动。”需要特别强调的是，黑社会性质组织的经济利益存在相对独立性，且经济利益的用途也存在相对独立性。

1. 有组织地获取经济利益

2018 年《关于办理黑恶势力刑事案件若干问题的意见》规定，有组织地获取经济利益有以下三种情形：（1）有组织地通过违法犯罪活动或其他不正当手段聚敛；

(2)有组织地以投资、控股、参股、合伙等方式通过合法的生产、经营活动获取;(3)由组织成员提供或通过其他单位、组织、个人资助取得。

2. 具有一定经济实力

2018年《关于办理黑恶势力刑事案件若干问题的意见》规定,包括调动一定规模的经济资源用以支持该组织活动的能力,即使是由部分组织成员个人掌控,也应计入黑社会性质组织的“经济实力”。组织成员主动将个人或者家庭资产中的一部分用于支持该组织活动,其个人或者家庭资产可全部计入“一定的经济实力”,但数额明显较小或者仅提供动产、不动产使用权的除外。由于不同地区的经济发展水平、不同行业的利润空间均存在很大差异,加之黑社会性质组织存在、发展的时间也各有不同,在办案时不能一般性地要求黑社会性质组织所具有的经济实力必须达到特定规模或特定数额。(删除了2015年《全国部分法院审理黑社会性质组织罪案件工作座谈会纪要》的规定:各高级人民法院可以根据本地区的实际情况,对黑社会性质组织所应具有的“经济实力”在20万~50万元幅度内,自行划定一般掌握的最低数额标准。)

3. 用以支持组织活动

2018年《关于办理黑恶势力刑事案件若干问题的意见》未做新规定。

2009年《办理黑社会性质组织犯罪案件座谈会纪要》规定,“用于违法犯罪活动或者维系犯罪组织的生存、发展”,一般是指购买作案工具、提供作案经费,为受伤、死亡的组织成员提供医疗费、丧葬费,为组织成员及其家属提供工资、奖励、福利、生活费用,为组织寻求非法保护以及其他与实施有组织的违法犯罪活动有关的费用支出等。

2015年《全国部分法院审理黑社会性质组织罪案件工作座谈会纪要》,是否将所获经济利益全部或部分用于违法犯罪活动或者维系犯罪组织的生存、发展,是认定经济特征的重要依据。无论获利后的分配与使用形式如何变化,只要在客观上能够起到豢养组织成员、维护组织稳定、壮大组织势力的作用即可认定。

【刑事审判参考】【第625号】王平等组织、领导、参加黑社会性质组织案指出:获利之后是否用于支持犯罪组织的生存、发展或者实施违法犯罪活动,历来是认定黑社会性质组织“经济特征”的重要参考指标。只要将所获经济利益部分用于组织或者组织犯罪即可,并不要求黑社会性质组织将获利的全部或绝大部分用于“犯罪再生产”。(1)黑社会性质组织获取经济利益的手段具有选择性。黑社会性质组织既可以通过有组织地实施违法犯罪活动敛财。也可以通过形式合法的经营来获取经济利益。(2)黑社会性质组织所获经济利益应足以支持黑社会性质组织生存、发展和实施违法犯罪活动。(3)黑社会性质组织所获经济利益应用于犯罪组织或组织犯罪活动所需。(4)正确把握经济特征与其他特征的相互关系。黑社会性质组织攫取经济利益、扩充经济实力并不是其实施违法犯罪活动的终极目标,而只是其非法控制社会的一个必要步骤。司法实践中,许多黑社会性质组织的经济特征并不是十分典型。因此,在认定方法上要特别注意以“非法控制特征”为核心,用辩证的、联系的观点分析四个特征的内在联系。

(三)黑社会性质组织的行为特征之认定

《刑法》第294条第5款第3项规定,以暴力、威胁或者其他手段,有组织地多次进行违法犯罪活动,为非作恶,欺压、残害群众。

1. 暴力、威胁和其他手段

2018年《关于办理黑恶势力刑事案件若干问题的意见》规定,黑社会性质组织实施的违法犯罪活动包括非暴力性的违法犯罪活动,但暴力或以暴力相威胁始终是黑社会性质组织实施违法犯罪活动的基本手段,并随时可能付诸实施。暴力、威胁色彩虽不明显,但实际是以组织的势力、影响和犯罪能力为依托,以暴力威胁的现实可能性为基础,足以使他人产生恐惧、恐慌进而形成心理强制或者足以影响、限制人身自由、危及人身财产安全或者影响正常生产、工作、生活的手段,属于《刑法》第294条第5款第3项中的“其他手段”,包括但不限于所谓的“谈判”“协商”“调解”以及滋扰、纠缠、哄闹、聚众造势等手段(后文增加了对“软暴力”行为的认定,无论是暴力还是软暴力,行为特征仍然需要具备“暴力”属性)。

【补充】2015年《全国部分法院审理黑社会性质组织罪案件工作座谈会纪要》规定,在黑社会性质组织所实施的违法犯罪活动中,一般应有一部分能够较明显地体现出暴力或以暴力相威胁的基本特征。否则,定性时应当特别慎重。

【刑事审判参考】【第1157号】符青友等人敲诈勒索,强迫交易,故意销毁会计账簿,对公司、企业人员行贿案指出:仅从触犯的罪名、犯罪的次数以及非法获利数额等方面来看，其行为基本符合黑社会性质组织行为特征中的有组织性、违法性和危害严重性等特点。但符青友等人实施强迫交易、敲诈勒索犯罪的手段的暴力色彩极为微弱，既没有带领组织成员实施打打杀杀的行为，也不是通过暴力在旌德县城对人民群众形成事实上的心理威慑。暴力性是黑社会性质组织行为特征中的必备属性，即便是黑社会性质组织的非暴力行为，也往往以暴力或者以暴力威胁作为后盾。因此，本案在行为特征方面，与黑社会性质组织应有的行为方式存在明显区别。

2. 有组织地多次违法犯罪

2018 年《关于办理黑恶势力刑事案件若干问题的意见》规定，为确立、维护、扩大组织的势力、影响、利益或者按照纪律规约、组织惯例多次实施违法犯罪活动，侵犯不特定多人的人身权利、民主权利、财产权利，破坏经济秩序、社会秩序，应当认定为“有组织地多次进行违法犯罪活动，为非作恶，欺压、残害群众”。符合以下情形之一的，应当认定为是黑社会性质组织实施的违法犯罪活动：(1)为该组织争夺势力范围打击竞争对手、形成强势地位、谋取经济利益、树立非法权威、扩大非法影响、寻求非法保护、增强犯罪能力等实施的；(2)按照该组织的纪律规约、组织惯例实施的；(3)组织者、领导者直接组织、策划、指挥、参与实施的；(4)由组织成员以组织名义实施，并得到组织者、领导者认可或者默许的(注意区分“认可或默许”与事后认可、调解的区分，不能脱离《刑法》关于共同犯罪的规定)；(5)多名组织成员为逞强争霸、插手纠纷、报复他人、替人行凶、非法敛财而共同实施，并得到组织者、领导者认可或者默许的；(6)其他应当认定为黑社会性质组织实施的。

【补充】2015 年《全国部分法院审理黑社会性质组织罪案件工作座谈会纪要》规定，确与维护和扩大组织势力、实力、影响、经济基础无任何关联，亦不是按照组织惯例、纪律、活动规约而实施，则应作为组织成员个人的违法犯罪活动处理。组织者、领导者明知组织成员曾多次实施起因、性质类似的违法犯罪活动，但并未明确予以禁止的，如果该类行为对扩大组织影响起到一定作用，可以视为是按照组织惯例实施的违法犯罪活动。

【刑事审判参考】【第 624 号】区瑞狮等组织、领导、参加黑社会性质组织案指出：“有组织性”是黑社会性质组织行为方式的主要特征之一，是黑社会性质组织犯罪和组织成员个人犯罪的根本区别所在。根据2009年《办理黑社会性质组织犯罪案件座谈会纪要》的规定，我们认为，界分组织犯罪和成员个人犯罪，主要根据以下标准：(1)是否由组织者、领导者直接组织、策划、指挥、参与实施。由组织者、领导者直接组织、策划、指挥、参与实施的犯罪行为，都应认定为组织犯罪。(2)是否基于组织意志实施。黑社会性质组织的犯罪行为应体现组织意志，受组织意志的制约。(3)是否为了组织利益实施。实施犯罪活动的目的是为犯罪组织谋取利益，而不是为了追求个人利益或其他个人目的。对于组织成员为了组织利益而实施的犯罪，并不要求组织者、领导者知情。如组织成员为组织争夺势力范围、排除竞争对手、确立强势地位、谋取经济利益、维护非法权威而实施的违法犯罪活动。反之，如果是组织成员仅仅为了个人利益，在组织意志之外单独实施的违法犯罪活动，组织、领导者并不知情，则不应认定为该黑社会性质组织实施的犯罪活动，而应认定为组织成员个人犯罪。

【刑事审判参考】【第1158号】刘汉等人组织、领导、参加黑社会性质组织案指出：组织者、领导者并非对所有组织成员实施违法犯罪承担责任，纯粹由组织成员个人实施的犯罪，不能视为组织犯罪。第一，“由组织成员以组织名义实施，并得到组织者、领导者认可或者默许的违法犯罪活动”；第二，“多名组织成员为逞强争霸、插手纠纷、报复他人、替人行凶、非法敛财而共同实施的违法犯罪”；第三，“组织成员为组织争夺势力范围、排除竞争对手、确立强势地位、谋取经济利益、维护非法权威而实施违法犯罪”；第四，“按照组织的纪律、惯例、共同遵守的约定而实施违法犯罪活动”。如果与组织利益无任何关联，即使有组织者、领导者的认可和默许，也不能视为组织犯罪。

【引申】2015年《全国部分法院审理黑社会性质组织罪案件工作座谈会纪要》规定，涉案犯罪组织仅触犯少量具体罪名的，是否应认定为黑社会性质组织要结合组织特征、经济特征和非法控制特征（危害性特征）综合判断，严格把握。

【刑事审判参考】【第1156号】焦海涛等人寻衅滋事案指出：黑社会性质组织并不是单纯为实施犯罪而存在，违法犯罪只是服务于非法控制目的的手段，违法犯罪的性质、次数、严重程度都是由实现非法控制的需要所决定的。因此，2015年《全国部分法院审理黑社会性质组织犯罪案件工作座谈会纪要》中关于犯罪“多样性”的要求,反映了非法控制的内在要求。如果涉案犯罪组织触犯的具体罪名明显偏少,则要考虑其是否属于专门从事某一两种犯罪的犯罪集团,而非黑社会性质组织。对于黑社会性质组织的四个特征应当整体考察,并不是仅凭未触犯多个罪名这一点就可以认定某一犯罪组织是否涉黑,这也是 2015 年《全国部分法院审理黑社会性质组织罪案件工作座谈会纪要》中对犯罪“多样性”问题只作提示性规定的初衷,审判时应充分认识到这一点。

参考案例:【刑事审判参考】【第 142 号】张畏组织、领导黑社会性质组织、故意伤害、贷款诈骗、虚开增值税发票、非法经营、故意毁坏财物、非法拘禁案。

（四）黑社会性质组织的危害性特征之认定

《刑法》第 294 条第 5 款第 4 项规定:通过实施违法犯罪活动,或者利用国家工作人员的包庇或者纵容,称霸一方,在一定区域或者行业内,形成非法控制或者重大影响,严重破坏经济、社会生活秩序(该特征是黑社会性质组织的本质、核心特征,也是黑社会性质组织区别于一般犯罪集团的关键所在)。

1. 目的性

【刑事审判参考】【第 619 号】邓伟波等组织、领导、参加黑社会性质组织案指出:普通共同犯罪、犯罪集团中的各被告人也有可能多次纠集在一起实施违法犯罪活动,其中不乏成员众多、纠集时间长、犯罪次数多的犯罪组织,但在犯罪目的上与黑社会性质组织相比存在一定区别。前者违法犯罪的目的是实现组织成员个人的目标和利益,故犯罪目的比较直接、明显。而后者违法犯罪的目的在于维护其组织的利益,是为了组织的安全、稳定和发展,最终实现其对一定区域或者行业的非法控制。

【刑事审判参考】【第 1156 号】焦海涛等寻衅滋事案指出:黑社会性质组织与犯罪集团、恶势力团伙最为显著的区别就在于,黑社会性质组织实施违法犯罪活动的目标不仅是攫取经济利益,同时也追求对经济、生活秩序的非法控制,之后再通过由其掌控的非法秩序来实现经济利益的最大化。也就是说,是否追求非法控制是区分黑社会性质组织与犯罪集团、恶势力团伙的关键标尺。一旦恶势力团伙开始有意识、有计划、有组织地通过违法犯罪活动试图在正常社会里建立非法秩序,那么其就跨越了向黑社会性质组织升级转型的鸿沟,剩下的只需要完成量的积累。

2. 一定区域的认定

2018 年《关于办理黑恶势力刑事案件若干问题的意见》规定,鉴于黑社会性质组织非法控制和影响的“一定区域”的大小具有相对性,不能简单地要求“一定区域”必须达到某一特定的空间范围,而应当根据具体案情,并结合黑社会性质组织对经济社会生活秩序的危害程度加以综合分析判断。(修改了 2015 年《全国部分法院审理黑社会性质组织罪案件工作座谈会纪要》的规定:应当具备一定空间范围,并承载一定的社会功能。既包括一定数量的自然人共同居住、生活的区域,如乡镇、街道、较大的村庄等,也包括承载一定生产、经营或社会公共服务功能的区域,如矿山、工地、市场、车站、码头等。对此,应当结合一定地域范围内的人口数量、流量、经济规模等因素综合评判。如果涉案犯罪组织的控制和影响仅存在于一座酒店、一处娱乐会所等空间范围有限的场所或者人口数量、流量、经济规模较小的其他区域,则一般不能视为是对“一定区域”的控制和影响。)

3. 一定行业

2018 年《关于办理黑恶势力刑事案件若干问题的意见》未做新规定。

2015 年《全国部分法院审理黑社会性质组织罪案件工作座谈会纪要》规定,一定行业指在一定区域内存在的同类生产、经营活动。黑社会性质组织通过多次有组织地实施违法犯罪活动,对黄、赌、毒等非法行业形成非法控制或重大影响的,同样符合非法控制特征(危害性特征)的要求。

4. 非法控制或者重大影响

2018 年《关于办理黑恶势力刑事案件若干问题的意见》:

(1)致使在一定区域内生活或者在一定行业内从事生产、经营的多名群众,合法利益遭受犯罪或严重违法活动侵害后,不敢通过正当途径举报、控告的(区别于 2015 年《全国部分法院审理黑社会性质组织罪案件工作座谈会纪要》的规定:是指致使多名合法利益遭受犯罪或者严重违法活动侵害的群众不敢通过正当途径维护权益)。

(2)对一定行业的生产、经营形成垄断,或者对涉及一定行业的准入、经营、竞争等经济活动形成重要影响的。

【补充】2015 年《全国部分法院审理黑社会性质组织罪案件工作座谈会纪要》

规定，第 2 种情形中的“形成垄断”，是指可以操控、左右、决定与一定行业相关的准入、退出、经营、竞争等经济活动。“形成重要影响”，是指对与一定行业相关的准入、退出、经营、竞争等经济活动具有较大的干预和影响能力，或者具有在该行业内占有较大市场份额、通过违法犯罪活动或以其他不正当手段在该行业内敛财数额巨大（最低数额标准由各高院根据本地情况在 20 万 ~50 万元的幅度内自行划定）、给该行业内从事生产、经营活动的其他单位、组织、个人造成直接经济损失 100 万元以上等情节之一。

（3）插手民间纠纷、经济纠纷，在相关区域或者行业内造成严重影响的。

（4）干扰、破坏他人正常生产、经营、生活，并在相关区域或者行业内造成严重影响的。

（5）干扰、破坏公司、企业、事业单位及社会团体的正常生产、经营、工作秩序，在相关区域、行业内造成严重影响，或者致使其不能正常生产、经营、工作的。

【补充】2015 年《全国部分法院审理黑社会性质组织罪案件工作座谈会纪要》规定，第 3、4、5 种情形中的“造成严重影响”，是指具有致人重伤或致多人轻伤、通过违法犯罪活动或以其他不正当手段敛财数额巨大（数额标准同上 20 万 ~50 万元）、造成直接经济损失 100 万元以上、多次引发群体性事件或引发大规模群体性事件等情节之一。

（6）多次干扰、破坏党和国家机关、行业管理部门以及村委会、居委会等基层群众自治组织的工作秩序，或者致使上述单位、组织的职能不能正常行使的。

【补充】2015 年《全国部分法院审理黑社会性质组织罪案件工作座谈会纪要》规定，第 6 种情形中的“多次干扰、破坏党和国家机关、行业管理部门以及村委会、居委会等基层群众自治组织的工作秩序”，包括以拉拢、收买、威胁等手段多次得到国家机关工作人员包庇或纵容，或者多次对前述单位、组织中正常履行职务的工作人员进行打击、报复的情形。

（7）利用组织的势力、影响，帮助组织成员或他人获取政治地位，或者在党政机关、基层群众自治组织中担任一定职务的。

【补充】2015 年《全国部分法院审理黑社会性质组织罪案件工作座谈会纪要》规定，第 7 种情形中的“获取政治地位”，是指当选各级人大代表、政协委员。“担任一定职务”，是指在各级党政机关及其职能部门、基层群众自治组织中担任具有组织、领导、监督、管理职权的职务。

（8）其他形成非法控制或者重大影响，严重破坏经济、社会生活秩序的情形。

【刑事审判参考】【第 623 号】刘烈勇等组织、领导、参加黑社会性质组织案指出：“在一定区域或者行业内形成非法控制或者重大影响”是非法控制特征的具体表述，“非法控制”和“重大影响”均是指黑社会性质组织对经济、社会生活的干预度和影响力，二者没有本质的区别，只是在控制程度上有所不同。具体到个案，应根据具体案情，对黑社会性质组织的危害程度进行区分，准确认定个案是属于“非法控制”还是“重大影响”。

【刑事审判参考】【第 1159 号】王云娜等人故意伤害、寻衅滋事、非法拘禁、敲诈勒索案指出：《刑法》第 294 条第 5 款中的非法控制，是指以有组织的违法犯罪手段使一定对象处于自己的占有、管理和影响之下；重大影响，是指以有组织的违法犯罪手段对一定对象的思想和行动产生发生作用。二者有以下共同点：（1）都是有意识地以非法方式主动干涉他人（包括其他单位、组织）的结果；（2）都不是一种偶然、短暂的现象，而是一种持续的状态；（3）控制或影响的对象具有广泛性，控制或影响的程度具有严重性。

【刑事审判参考】【第 622 号】张志超等组织、领导、参加黑社会性质组织案指出：我们认为可以从以下三个方面理解和把握黑社会性质组织的非法控制特征：（1）关于对实现途径的理解和把握，黑社会性质组织所形成的非法控制或者重大影响是通过实施违法犯罪活动或者利用国家工作人员的包庇或者纵容来实现的。（2）关于对“一定区域或者行业”的理解和把握，首先，黑社会性质组织的“非法控制”并不表现为对一定区域内领土的占领，而是表现为对这个区域内生活的人以及这个区域内的经济、社会生活秩序有了非法的控制和重大的影响。其次，黑社会性质组织的非法控制必将表现为对某一行业的非法控制。（3）关于对“非法控制或者重大影响”的理解和把握，“非法控制”，顾名思义是指干预已经达到足以控制一定范围内的经济、社会生活的程度；而“重大影响”，是指虽然对于一定区域、一定行业内的社会、经济生活尚未达到任意操控的程度，但已有相当的能力进行干预和施加影响。

【新】【最高人民检察院开展扫黑除恶专项斗争典型案例】唐均伟、李逢情等14人恶势力犯罪案指出：黑社会性质组织犯罪中，组织特征、经济特征、行为特征、危害性特征是一个有机整体，缺一不可。危害性特征是本质特征。对尚未形成较稳定的犯罪组织，首要分子对成员的控制力、约束力较弱，为组织利益、以组织名义实施的违法犯罪活动较少，未在一定区域形成非法控制和重大影响的，即使实施了较为严重的暴力犯罪，也不能认定为黑社会性质组织犯罪或恶势力犯罪集团。对于组织成员、违法犯罪事实相对较多，但是组织特征较弱，为组织利益实施的违法犯罪活动较少，非法控制特征不明显的犯罪案件，即使组织成员实施了较为严重的暴力犯罪，也不能认定为黑社会性质组织犯罪。

关于黑社会性质组织的危害性特征，2019年4月9日，全国扫黑办首次举办新闻发布会，最高人民法院、最高人民检察院、司法部、公安部负责人就四个意见有关问题回答了记者提问。最高人民法院副院长、全国扫黑办副主任姜伟明确提出："实践中，一般从以下几个方面来把握恶势力犯罪集团与黑社会性质组织的区别：一是组织程度不同。黑社会性质组织的组织更稳定、结构更严密、人数更多、规则也更具体。黑社会性质组织一般具有明确的组织、领导者、基本固定的骨干成员、相对稳定的积极参加者，这三个层级比较明显，职责分工较为明确。二是经济特征不同。不少黑社会性质组织有明显的公司化运作的特征，相比恶势力犯罪集团具有更大的经济实力，可以对某一经济领域产生重大影响，甚至在一定地方实现垄断。三是危害程度不同。是否在一定区域、行业形成了反社会秩序，实现了非法控制，是认定黑社会性质组织成立与否的决定性标志，也是黑社会性质组织与恶势力犯罪集团的关键区别点。"

除此之外，还需要特别注意以下问题：第一，在犯罪难以成立犯罪集团时，应排除"非法控制特征"的认定。第二，在非法控制对象只是针对内部成员，属于"内部管理性非法控制"的，不具有对外排他性控制时，应排除或避免"非法控制特征"的认定。第三，对"一定区域或者行业"的非法控制没有达到"控制或者重大影响"程度时，应排除或谨慎认定"非法控制特征"。第四，非法控制特征的认定还应当结合组织特征和经济特征，不能将黑社会性质组织简单地等同于"一群人"加"一堆违法犯罪事实"。

四、组织、领导、参加黑社会性质组织罪的刑罚适用及财产处置

《刑法》第294条第1款规定，组织、领导黑社会性质的组织的，处7年以上有期徒刑，并处没收财产；积极参加的，处3年以上7年以下有期徒刑，可以并处罚金或者没收财产；其他参加的，处3年以下有期徒刑、拘役、管制或者剥夺政治权利，可以并处罚金。

《刑法》第64条规定，犯罪分子违法所得的一切财物，应当予以追缴或者责令退赔；对被害人的合法财产，应当及时返还；违禁品和供犯罪所用的本人财物，应当予以没收。没收的财物和罚金，一律上缴国库，不得挪用和自行处理。

（一）处罚原则

2018年《关于办理黑恶势力刑事案件若干问题的意见》规定：

1. 对于组织者、领导者和因犯参加黑社会性质组织罪被判处5年以上有期徒刑的积极参加者，可以根据《刑法》第56条第1款的规定适用附加剥夺政治权利。

2. 对于符合《刑法》第37条之一规定的组织成员，应当依法禁止其从事相关职业。

3. 符合《刑法》第66条规定的组织成员，应当认定为累犯，依法从重处罚。

4. 对于因有组织的暴力性犯罪被判处死刑缓期执行的黑社会性质组织犯罪分子，可以根据《刑法》第50条第2款的规定同时决定对其限制减刑。

5. 对于因有组织的暴力性犯罪被判处10年以上有期徒刑、无期徒刑的黑社会性质组织犯罪分子，应当根据《刑法》第81条第2款规定，不得假释。

6. 对于组织者、领导者一般应当并处没收个人全部财产。

7. 对于确属骨干成员或者为该组织转移、隐匿资产的积极参加者，可以并处没收个人全部财产。

8. 对于其他组织成员，应当根据所参与实施违法犯罪活动的次数、性质、地位、作用、违法所得数额以及造成损失的数额等情节，依法决定财产刑的适用。

（二）涉案财产的处置（涉黑涉恶辩护的重要方向）

1. 2009年《办理黑社会性质组织犯罪案件座谈会纪要》规定，关于涉黑犯罪财物及其收益的认定和处置。在办案时，要依法运用查封、扣押、冻结、追缴、没收等

手段,彻底摧毁黑社会性质组织的经济基础,防止其死灰复燃。

2. 2018年《关于办理黑恶势力刑事案件若干问题的意见》规定:

(1)公安机关、人民检察院、人民法院根据黑社会性质组织犯罪案件的诉讼需要,应当依法查询、查封、扣押、冻结全部涉案财产。公安机关侦查期间,要会同工商、税务、国土、住建、审计、人民银行等部门全面调查涉黑组织及其成员的财产状况。

(2)对于不宜查封、扣押、冻结的经营性资产,可以申请当地政府指定有关部门或者委托有关机构代管或者托管。

(3)对黑社会性质组织及其成员聚敛的财产及其孳息、收益的数额,办案单位可以委托专门机构评估;确实无法准确计算的,可以根据有关法律规定及查明的事实、证据合理估算。

(4)对于依法查封、冻结、扣押的黑社会性质组织涉案财产,应当全面收集、审查证明其来源、性质、用途、权属及价值大小的有关证据。符合下列情形之一的,应当依法追缴、没收:

①组织及其成员通过违法犯罪活动或其他不正当手段聚敛的财产及其孳息、收益;

②组织成员通过个人实施违法犯罪活动聚敛的财产及其孳息、收益;

③其他单位、组织、个人为支持该组织活动资助或主动提供的财产;

④通过合法的生产、经营活动获取的财产或者组织成员个人、家庭合法资产中,实际用于支持该组织活动的部分;

⑤组织成员非法持有的违禁品以及供犯罪所用的本人财物;

⑥其他单位、组织、个人利用黑社会性质组织违法犯罪活动获取的财产及其孳息;

⑦其他应当追缴,没收的财产。

(5)违法所得已用于清偿债务或者转让给他人,具有下列情形之一的,应当依法追缴:

①对方明知是通过违法犯罪活动或者其他不正当手段聚敛的财产及其孳息、收益的;

②对方无偿或者以明显低于市场价格取得的;

③对方是因非法债务或者违法犯罪活动而取得的;

④通过其他方式恶意取得的。

(6)依法应当追缴、没收的财产无法找到、被他人善意取得、价值灭失或者与其他合法财产混合且不可分割的,可以追缴、没收其他等值财产。

(7)黑社会性质组织犯罪嫌疑人、被告人逃匿,在通缉1年后不能到案,或者犯罪嫌疑人、被告人死亡的,应当依照法定程序没收其违法所得。

(8)对于依法查封、扣押、冻结的涉案财产,有证据证明确属被害人合法财产,或者确与黑社会性质组织及其违法犯罪活动无关的,应当予以返还。

3. 最高人民法院、最高人民检察院、公安部、司法部《关于办理黑恶势力刑事案件中财产处置若干问题的意见》(以下规定不仅适用于涉黑犯罪,也适用于恶势力犯罪):要全面调查黑恶势力组织及其成员的财产状况,依法对涉案财产采取查询、查封、扣押、冻结等措施,并根据查明的情况,依法作出处理。前款所称处理既包括对涉案财产中犯罪分子违法所得、违禁品、供犯罪所用的本人财物以及其他等值财产等依法追缴、没收,也包括对被害人的合法财产等依法返还。对于组织者、领导者一般应当并处没收个人全部财产。对于确属骨干成员或者为该组织转移、隐匿资产的积极参加者,可以并处没收个人全部财产。

(1)可以根据诉讼需要,先行依法对下列财产采取查询、查封、扣押、冻结等措施:黑恶势力组织的财产;犯罪嫌疑人个人所有的财产;犯罪嫌疑人实际控制的财产;犯罪嫌疑人出资购买的财产;犯罪嫌疑人转移至他人名下的财产;犯罪嫌疑人涉嫌洗钱以及掩饰、隐瞒犯罪所得、犯罪所得收益等犯罪涉及的财产;其他与黑恶势力组织及其违法犯罪活动有关的财产。

(2)公安机关对于采取措施的涉案财产,应当全面收集证明其来源、性质、用途、权属及价值的有关证据,审查判断是否应当依法追缴、没收。证明涉案财产来源、性质、用途、权属及价值的有关证据一般包括:犯罪嫌疑人、被告人关于财产来源、性质、用途、权属、价值的供述;被害人、证人关于财产来源、性质、用途、权属、价值的陈述、证言;财产购买凭证、银行往来凭据、资金注入凭据、权属证明等书证;财产价格鉴定、评估意见;可以证明财产来源、性质、用途、权属、价值的其他证据。

(3)公安机关、人民检察院应当加强对在案财产审查甄别。在移送审查起诉、提起公诉时,一般应当对采取措施的涉案财产提出处理意见建议,并将采取措施的涉案财产及其清单随案移送。人民检察院经审查,除对随案移送的涉案财产提出处理意见外,还需要对继续追缴的尚未被足额查封、扣押的其他违法所得提出处理意见建议。涉案财产不宜随案移送的,应当按照相关法律、司法解释的规定,提供相应的清单、照片、录像、封存手续、存放地点说明、鉴定、评估意见、变价处理凭证等材料。

(4)对于不宜查封、扣押、冻结的经营性财产,公安机关、人民检察院、人民法院可以申请当地政府指定有关部门或者委托有关机构代管或者托管。对易损毁、灭失、变质等不宜长期保存的物品,易贬值的汽车、船艇等物品,或者市场价格波动大的债券、股票、基金等财产,有效期即将届满的汇票、本票、支票等,经权利人同意或者申请,并经县级以上公安机关、人民检察院或者人民法院主要负责人批准,可以依法出售、变现或者先行变卖、拍卖,所得价款由扣押、冻结机关保管,并及时告知当事人或者其近亲属。

(5)人民法院作出的判决,除应当对随案移送的涉案财产作出处理外,还应当在判决书中写明需要继续追缴尚未被足额查封、扣押的其他违法所得;对随案移送财产进行处理时,应当列明相关财产的具体名称、数量、金额、处置情况等。涉案财产或者有关当事人人数较多,不宜在判决书正文中详细列明的,可以概括叙述并另附清单。

(6)涉案财产符合下列情形之一的,应当依法返还:有证据证明确属被害人合法财产;有证据证明确与黑恶势力及其违法犯罪活动无关。有关违法犯罪事实查证属实后,对于有证据证明权属明确且无争议的被害人、善意第三人或者其他人员合法财产及其孳息,凡返还不损害其他利害关系人的利益,不影响案件正常办理的,应当在登记、拍照或者录像后,依法及时返还。

(三)跨省异地执行刑罚的黑恶势力罪犯自首立功的认定与处理(包括恶势力犯罪)

根据最高人民法院、最高人民检察院、公安部、司法部《关于跨省异地执行刑罚的黑恶势力罪犯坦白检举构成自首立功若干问题的意见》,人民法院、人民检察院、公安机关、监狱要充分认识黑恶势力犯罪的严重社会危害，在办理案件中加强沟通协调，促使黑恶势力罪犯坦白交代本人犯罪和检举揭发他人犯罪，进一步巩固和扩大扫黑除恶专项斗争成果，在办理跨省异地执行刑罚的黑恶势力罪犯坦白、检举构成自首、立功案件中，应当贯彻宽严相济刑事政策，充分发挥职能作用，坚持依法办案，快办快结，保持密切配合，形成合力，实现政治效果、法律效果和社会效果的统一。

1. 排查和移送案件线索

监狱应当依法从严管理跨省异地执行刑罚的黑恶势力罪犯，积极开展黑恶势力犯罪线索排查，加大政策宣讲力度，教育引导罪犯坦白交代司法机关还未掌握的本人其他犯罪行为，鼓励罪犯检举揭发他人犯罪行为。

跨省异地执行刑罚的黑恶势力罪犯检举揭发他人犯罪行为、提供重要线索，或者协助司法机关抓捕其他犯罪嫌疑人的，各部门在办案中应当采取必要措施，保护罪犯及其近亲属人身和财产安全。

跨省异地执行刑罚的黑恶势力罪犯坦白、检举的，监狱应当就基本犯罪事实、涉案人员和作案时间、地点等情况对罪犯进行询问，形成书面材料后报省级监狱管理机关。省级监狱管理机关根据案件性质移送原办案侦查机关所在地省级公安机关、人民检察院或者其他省级主管部门。

原办案侦查机关所在地省级公安机关、人民检察院收到监狱管理机关移送的案件线索材料后，应当进行初步审查。经审查认为属于公安机关或者人民检察院管辖的，应当按照有关管辖的规定处理。经审查认为不属于公安机关或者人民检察院管辖的，应当及时退回移送的省级监狱管理机关，并书面说明理由。

2. 办理案件程序

办案侦查机关收到罪犯坦白、检举案件线索或者材料后，应当及时进行核实。依法不予立案的，应当说明理由，并将不予立案通知书送达罪犯服刑监狱。依法决定立案的，应当在立案后10日内，将立案情况书面告知罪犯服刑监狱。依法决定撤销案件的，应当将案件撤销情况书面告知罪犯服刑监狱。

人民检察院审查起诉跨省异地执行刑罚的黑恶势力罪犯坦白、检举案件，依法决定不起诉的，应当在作出不起诉决定后10日内将有关情况书面告知罪犯服刑监狱。

人民法院审理跨省异地执行刑罚的黑恶势力罪犯坦白案件，可以依法适用简易程序、速裁程序。有条件的地区，可以通过远程视频方式开庭审理。判决生效后10日内，人民法院应当向办案侦查机关和罪犯服刑监狱发出裁判文书。

跨省异地执行刑罚的黑恶势力罪犯在服刑期间，检举揭发他人犯罪、提供重要线索，或者协助司法机关抓捕其他犯罪嫌疑人的，办案侦查机关应当在人民法院判决生效后10日内根据人民法院判决对罪犯是否构成立功或重大立功提出书面意见，与案件相关材料一并送交监狱。

跨省异地执行刑罚的黑恶势力罪犯在原审判决生效前，检举揭发他人犯罪活动、提供重要线索，或者协助司法机关抓捕其他犯罪嫌疑人的，在原审判决生效后才被查证属实的，参照上一条规定的情形办理。

跨省异地执行刑罚的黑恶势力罪犯检举揭发他人犯罪，构成立功或者重大立功的，监狱依法向人民法院提请减刑。对于检举他人犯罪行为基本属实，但未构成立功或者重大立功的，监狱可以根据有关规定给予日常考核奖励或者物质奖励。

公安机关、人民检察院、人民法院认为需要提审跨省异地执行刑罚的黑恶势力罪犯的，提审人员应当持工作证等有效证件和县级以上公安机关、人民检察院、人民法院出具的介绍信等证明材料到罪犯服刑监狱进行提审。

公安机关、人民检察院、人民法院认为需要将异地执行刑罚的黑恶势力罪犯跨省解回侦查、起诉、审判的，办案地省级公安机关、人民检察院、人民法院应当先将解回公函及相关材料送监狱所在地省级公安机关、人民检察院、人民法院审核。经审核确认无误的，监狱所在地省级公安机关、人民检察院、人民法院应当出具确认公函，与解回公函及材料一并转送监狱所在地省级监狱管理机关审批。监狱所在地省级监狱管理机关应当在收到上述材料后3日内作出是否批准的书面决定。批准将罪犯解回侦查、起诉、审判的，办案地公安机关、人民检察院、人民法院应当派员到监狱办理罪犯离监手续。案件办理结束后，除将罪犯依法执行死刑外，应当将罪犯押解回原服刑监狱继续服刑。

第四节

恶势力犯罪、软暴力及“套路贷”等行为的认定及处罚

2018年《关于办理黑恶势力刑事案件若干问题的意见》除了对黑社会性质组织和恶势力犯罪的认定与处罚进行了详细的规定,更首次确定了软暴力认定标准,同时对于近年来犯罪高发的非法放货讨债行为的认定进行了较为详细的规定。2019年4月9日,最高人民法院、最高人民检察院、公安部、司法部印发《关于办理恶势力刑事案件若干问题的意见》《关于办理实施“软暴力”的刑事案件若干问题的意见》《关于办理“套路贷”刑事案件若干问题的意见》等文件,进一步明确了恶势力犯罪、软暴力、套路贷行为认定及处罚等相关问题。2019年10月20日,国家监察委与两高两部联合印发《关于在扫黑除恶专项斗争中分工负责、互相配合、互相制约严惩公职人员涉黑涉恶违法犯罪问题的通知》,最高人民法院、最高人民检察院联合印发《关于办理非法放贷刑事案件若干问题的意见》《关于办理利用信息网络实施黑恶势力犯罪刑事案件若干问题的意见》《关于跨省异地执行刑罚的黑恶势力罪犯坦白检举构成自首立功若干问题的意见》等4个重磅指导性文件。对此,律师应当准确予以把握。

一、恶势力犯罪的认定与处罚

“恶势力”不是严格意义上的法律概念。最高人民法院《全国法院维护农村稳定刑事审判工作座谈会纪要》(法〔1999〕217号)对恶势力犯罪有所涉及:“修订后的刑法将原‘流氓罪’分解为若干罪名,分别规定了相应的刑罚,更有利于打击此类犯罪,也便于实践中操作。对实施多种原刑法规定的‘流氓’行为,构成犯罪的,应按照修订后刑法的罪名分别定罪量刑,按数罪并罚原则处理。对于团伙成员相对固定,以暴力、威胁手段称霸一方,欺压百姓,采取收取‘保护费’、代人强行收债、违规强行承包等手段,公然与政府对抗的,应按照黑社会性质组织犯罪处理;其中,又有故意杀人、故意伤害等犯罪行为的,按数罪并罚的规定处罚。”该文件并未对恶势

力有明确的定义，对此，2018 年《关于办理黑恶势力刑事案件若干问题的意见》明确了恶势力的认定标准与处罚原则。

（一）现行刑法规定及恶势力的渊源

《刑法》第 25 条规定："共同犯罪是指二人以上共同故意犯罪。二人以上共同过失犯罪，不以共同犯罪论处；应当负刑事责任的，按照他们所犯的罪分别处罚。"第 26 条规定："组织、领导犯罪集团进行犯罪活动的或者在共同犯罪中起主要作用的，是主犯。三人以上为共同实施犯罪而组成的较为固定的犯罪组织，是犯罪集团。对组织、领导犯罪集团的首要分子，按照集团所犯的全部罪行处罚。对于第三款规定以外的主犯，应当按照其所参与的或者组织、指挥的全部犯罪处罚。"第 97 条规定："本法所称首要分子，是指在犯罪集团或者聚众犯罪中起组织、策划、指挥作用的犯罪分子。"

2009 年《办理黑社会性质组织犯罪案件座谈会纪要》是最早对恶势力作出明确规定的规范文件，其指出："'恶势力'是指经常纠集在一起，以暴力、威胁或其他手段，在一定区域或者行业内多次实施违法犯罪活动，为非作恶，扰乱经济、社会生活秩序，造成较为恶劣的社会影响，但尚未形成黑社会性质组织的犯罪团伙。'恶势力'一般为三人以上，纠集者、骨干成员相对固定，违法犯罪活动一般表现为敲诈勒索、强迫交易、欺行霸市、聚众斗殴、寻衅滋事、非法拘禁、故意伤害、抢劫、抢夺或者黄、赌、毒等。"

（二）"恶势力"犯罪的认定

2018 年《关于办理黑恶势力刑事案件若干问题的意见》规定：

恶势力，是指经常纠集在一起，以暴力、威胁或者其他手段，在一定区域或者行业内多次实施违法犯罪活动，为非作恶，欺压百姓，扰乱经济、社会生活秩序，造成较为恶劣的社会影响，但尚未形成黑社会性质组织的违法犯罪组织。

恶势力犯罪集团，是指符合恶势力全部认定条件，同时又符合犯罪集团法定条件的犯罪组织。恶势力犯罪集团的首要分子，是指在恶势力犯罪集团中起组织、策划、指挥作用的犯罪分子。恶势力犯罪集团的其他成员，是指知道或者应当知道是为共同实施犯罪而组成的较为固定的犯罪组织，仍接受首要分子领导、管理、指挥，并参与该组织犯罪活动的犯罪分子。

在相关法律文书中的犯罪事认定部分,可使用“恶势力”等表述加以描述。

1. 恶势力犯罪的构成条件

恶势力一般为3人以上,纠集者相对固定。纠集者,是指在恶势力实施的违法犯罪活动中起组织、策划、指挥作用的违法犯罪分子。成员较为固定且符合恶势力其他认定条件,但多次实施违法犯罪活动是由不同的成员组织、策划、指挥,也可以认定为恶势力,有前述行为的成员均可以认定为纠集者。

恶势力的其他成员,是指知道或应当知道与他人经常纠集在一起是为了共同实施违法犯罪,仍按照纠集者的组织、策划、指挥参与违法犯罪活动的违法犯罪分子,包括已有充分证据证明但尚未归案的人员,以及因法定情形不予追究法律责任,或者因参与实施恶势力违法犯罪活动已受到行政或刑事处罚的人员。仅因临时雇佣或被雇佣、利用或被利用以及受蒙蔽参与少量恶势力违法犯罪活动的,一般不应认定为恶势力成员。

“经常纠集在一起,以暴力、威胁或者其他手段,在一定区域或者行业内多次实施违法犯罪活动”,是指犯罪嫌疑人、被告人于2年之内,以暴力、威胁或者其他手段,在一定区域或者行业内多次实施违法犯罪活动,且包括纠集者在内,至少应有2名相同的成员多次参与实施违法犯罪活动。对于“纠集在一起”时间明显较短,实施违法犯罪活动刚刚达到“多次”标准,且尚不足以造成较为恶劣影响的,一般不应认定为恶势力。

2. 特别注意事项

仅有常见伴随实施的违法犯罪活动,且不能认定具有为非作恶、欺压百姓特征的,一般不应认定为恶势力,即单纯为牟取不法经济利益而实施的“黄、赌、毒、盗、抢、骗”等违法犯罪活动,不具有为非作恶、欺压百姓特征的,或者因本人及近亲属的婚恋纠纷、家庭纠纷、邻里纠纷、劳动纠纷、合法债务纠纷而引发以及其他确属事出有因的违法犯罪活动,不应作为恶势力案件处理。

认定“扰乱经济、社会生活秩序,造成较为恶劣的社会影响”,应当结合侵害对象及其数量、违法犯罪次数、手段、规模、人身损害后果、经济损失数额、违法所得数额、引起社会秩序混乱的程度以及对人民群众安全感的影响程度等因素综合把握。

已被处理或者已作为民间纠纷调处，后经查证确属恶势力违法犯罪活动的，均可以作为认定恶势力的事实依据，但不符合法定情形的，不得重新追究法律责任。

（三）"恶势力"犯罪的处罚

区别于普通刑事案件，充分运用《刑法》总则关于共同犯罪和犯罪集团的规定，依法从严惩处。同时，要注意正确运用宽严相济刑事政策的有关要求。

对于恶势力的纠集者、恶势力犯罪集团的首要分子、重要成员以及恶势力、恶势力犯罪集团共同犯罪中罪责严重的主犯，要正确运用法律规定加大惩处力度，对依法应当判处重刑或死刑的，坚决判处重刑或死刑。同时，要严格掌握取保候审，严格掌握不起诉，严格掌握缓刑、减刑、假释，严格掌握保外就医适用条件，充分利用资格刑、财产刑等法律手段全方位从严惩处。

对于恶势力、恶势力犯罪集团的其他成员，在共同犯罪中罪责相对较小、人身危险性、主观恶性相对不大的，具有自首、立功、坦白、初犯等法定或酌定从宽处罚情节，可以依法从轻、减轻或免除处罚。认罪认罚或者仅参与实施少量的犯罪活动且只起次要、辅助作用，符合缓刑条件的，可以适用缓刑。

恶势力犯罪集团的首要分子检举揭发与该犯罪集团及其违法犯罪活动有关联的其他犯罪线索，如果在认定立功的问题上存在事实、证据或法律适用方面的争议，应当严格把握。依法应认定为立功或者重大立功的，在决定是否从宽处罚、如何从宽处罚时，应当根据罪责刑相一致原则从严掌握。可能导致全案量刑明显失衡的，不予从宽处罚。

恶势力犯罪集团的其他成员如果能够配合司法机关查办案件，有提供线索、帮助收集证据或者其他协助行为，并在侦破恶势力犯罪集团案件、查处"保护伞"等方面起到较大作用的，即使依法不能认定立功，一般也应酌情对其从轻处罚。

【刑事审判参考】【第627号】张更生等故意杀人、敲诈勒索、组织卖淫案指出：尽管有违法犯罪行为的单位在实施违法犯罪活动过程中也可能"转化"为黑社会性质的犯罪组织，但二者在未转化前有明显的区别：（1）成立目的不同。有违法犯罪行为的单位，一般都是依法设立的公司、企业等合法经济实体或者社会组织，从事一定的生产经营活动或者履行一定的社会职责。而黑社会性质组织系为了实施违法犯罪而成立的非法组织。前者是为了正常开展生产、经营活动而设立的；而黑社会性质组织,其内部严密的组织结构、细致的职能分工、帮规纪律等,均是为了有组织实施违法犯罪活动而设立。(2)经济特征不同。有违法犯罪行为的单位,自成立开始便有其正当的经营或职能范围以及较为稳定的运作方式和营收模式。违法犯罪行为对其而言,只是在单位行使职权或者经营过程中出现的偶然"越权行为"或者"寻租行为",违法犯罪所得不会成为其主要的、稳定的收入来源。而黑社会性质组织是以有组织地实施违法犯罪活动或者其他手段获取经济利益,具有一定的经济实力,并以此支持该组织的活动。一言以蔽之,黑社会性质组织是"以黑养黑",其维持犯罪组织日常运作的资金主要来源于违法犯罪活动,或者与违法犯罪活动有关。(3)行为特征不同。有违法犯罪行为的单位实施违法犯罪行为一般不具有经常性,违法犯罪并非单位获取经济利益或者解决纠纷的主要手段。与此不同的是,黑社会性质组织实施违法犯罪行为具有经常性、一贯性,而且其所实施的违法犯罪行为具有明显的暴力性特征,通常表现为故意杀人、故意伤害、绑架、抢劫、敲诈勒索、聚众斗殴、寻衅滋事、故意毁坏财物等。(4)非法控制特征不同。黑社会性质组织本质上是要通过实施违法犯罪活动称霸一方,在一定区域或者行业内,形成非法控制或者重大影响,从而严重破坏经济、社会生活秩序。非法控制特征是连接其他三个特征的纽带,正是在"非法控制"这一点上,使得黑社会性质的组织犯罪与其他犯罪组织区别开来:在对组织内部进行严格控制的基础上,通过对一定行业或者区域的控制最终实现对社会的控制。由此可以认为,非法控制是黑社会性质组织的本质特征。而有违法犯罪行为的单位,并不具有非法控制社会的意图,亦无法形成对一定区域或行业内社会、经济秩序的严重破坏。

(四)司法机关处理恶势力犯罪案件的相关规定

对于公安机关未在起诉意见书中明确认定,人民检察院在审查起诉期间发现构成恶势力或者恶势力犯罪集团,且相关违法犯罪事实已经查清,证据确实、充分,依法应追究刑事责任的,应当作出起诉决定,根据查明的事实向人民法院提起公诉,并在起诉书中明确认定为恶势力或者恶势力犯罪集团。人民检察院认为恶势力相关违法犯罪事实不清、证据不足,或者存在遗漏恶势力违法犯罪事实、遗漏同案犯罪嫌疑人等情形需要补充侦查的,应当提出具体的书面意见,连同案卷材料一并退回公安机关补充侦查;人民检察院也可以自行侦查,必要时可以要求公安机关提供协助。

人民检察院认为恶势力相关违法犯罪事实不清、证据不足，或者存在遗漏恶势力违法犯罪事实、遗漏同案犯罪嫌疑人等情形需要补充侦查的，应当提出具体的书面意见，连同案卷材料一并退回公安机关补充侦查；人民检察院也可以自行侦查，必要时可以要求公安机关提供协助。

对于人民检察院未在起诉书中明确认定，人民法院在审判期间发现构成恶势力或恶势力犯罪集团的，可以建议人民检察院补充或者变更起诉；人民检察院不同意或者在7日内未回复意见的，人民法院不应主动认定，可仅就起诉指控的犯罪事实依照相关规定作出判决、裁定。

审理被告人或者被告人的法定代理人、辩护人、近亲属上诉的案件时，一审判决认定黑社会性质组织有误的，二审法院应当纠正，符合恶势力、恶势力犯罪集团认定标准，应当作出相应认定；一审判决认定恶势力或恶势力犯罪集团有误的，应当纠正，但不得升格认定；一审判决未认定恶势力或恶势力犯罪集团的，不得增加认定。

（五）辩护注意事项

"恶势力"的概念和范围经历了一个从模糊到逐步清晰的过程，已经逐渐变为一种正式刑法概念。更为重要的是，虽然2018年《关于办理黑恶势力刑事案件若干问题的意见》明确了恶势力的认定与处罚，但也显示出限制"恶势力"范围的趋势与立场。首先，在性质上，1999年之后的司法性文件都是将恶势力与黑社会性质组织严格区别，将其明确定性为尚未形成黑社会性质组织的违法犯罪团伙或组织。其次，2018年和2019年的两份意见均进一步区分恶势力与恶势力犯罪集团，实际上表明即便是恶势力犯罪集团，也不能拔高认定为黑社会性质组织。最后，《关于办理恶势力刑事案件若干问题的意见》有关恶势力的规定，特别是排除恶势力（包括成员）情形的详细规定体现出限制恶势力范围的立场。

在办理恶势力犯罪案件的过程中，尤其需要关注两个问题：第一，恶势力的本质是"为非作恶，欺压百姓"。2018年《关于办理黑恶势力刑事案件若干问题的意见》强调"恶势力"具有"为非作恶，欺压百姓"的属性，同时，《关于办理恶势力刑事案件若干问题的意见》也将单纯为牟取不法经济利益而实施的"黄、赌、毒、盗、抢、骗”等排除在恶势力之外的规定,都是基于此缘由。从2018年至今,已经有多起案例因受害人特定而不具有“为非作恶,欺压百姓”的属性,从而全案脱恶。第二,恶势力认定应重视“势力”的判断。2009年《办理黑社会性质组织犯罪案件座谈会纪要》在界定恶势力时,特别强调要“扰乱经济、社会生活秩序,造成较为恶劣的社会影响,但尚未形成黑社会性质组织的犯罪团伙”。2018年《关于办理黑恶势力刑事案件若干问题的意见》指出,恶势力为“扰乱经济、社会生活秩序,造成较为恶劣的社会影响,但尚未形成黑社会性质组织的违法犯罪组织”。对此,可以借助涉案范围、犯罪次数、参与人数、受害人身份等综合判断是否达到“势力”的标准。

二、“软暴力”行为的定性

“软暴力”是指行为人为谋取不法利益或形成非法影响,对他人或者在有关场所进行滋扰、纠缠、哄闹、聚众造势等,足以使他人产生恐惧、恐慌进而形成心理强制,或者足以影响、限制人身自由、危及人身财产安全,影响正常生活、工作、生产、经营的违法犯罪手段。“软暴力”手段属于《刑法》第294条第5款第3项规定的黑社会性质组织行为特征。

(一)“软暴力”的表现形式

“软暴力”违法犯罪手段通常的表现形式有:

1. 侵犯人身权利、民主权利、财产权利的手段,包括但不限于跟踪贴靠、扬言传播疾病、揭发隐私、恶意举报、诬告陷害、破坏、霸占财物等。

2. 扰乱正常生活、工作、生产、经营秩序的手段,包括但不限于非法侵入他人住宅、破坏生活设施、设置生活障碍、贴报喷字、拉挂横幅、燃放鞭炮、播放哀乐、摆放花圈、泼洒污物、断水断电、堵门阻工,以及通过驱赶从业人员、派驻人员据守等方式直接或间接地控制厂房、办公区、经营场所等。

3. 扰乱社会秩序的手段,包括但不限于摆场架势示威、聚众哄闹滋扰、拦路闹事等。

4. 其他符合本意见第一条规定的“软暴力”手段。

通过信息网络或者通信工具实施,符合本意见第1条规定的违法犯罪手段,应当认定为“软暴力”。

(二)“软暴力”的认定

行为人实施“软暴力”,具有下列情形之一,可以认定为足以使他人产生恐惧、恐慌进而形成心理强制或者足以影响、限制人身自由、危及人身财产安全或者影响正常生活、工作、生产、经营:

1. 黑恶势力实施的;

2. 以黑恶势力名义实施的;

3. 曾因组织、领导、参加黑社会性质组织、恶势力犯罪集团、恶势力以及因强迫交易、非法拘禁、敲诈勒索、聚众斗殴、寻衅滋事等犯罪受过刑事处罚后又实施的;

4. 携带凶器实施的;

5. 有组织地实施的或者足以使他人认为暴力、威胁具有现实可能性的;

6. 其他足以使他人产生恐惧、恐慌进而形成心理强制或者足以影响、限制人身自由、危及人身财产安全或者影响正常生活、工作、生产、经营的情形。

由多人实施的,编造或明示暴力违法犯罪经历进行恐吓的,或者以自报组织、头目名号、统一着装、显露文身、特殊标识以及其他明示、暗示方式,足以使他人感知相关行为的有组织性的,应当认定为“以黑恶势力名义实施”。

由多人实施的,只要有部分行为人符合上述第1~4项所列情形的,该项即成立。

虽然具体实施“软暴力”的行为人不符合上述第1项、第3项所列情形,但雇佣者、指使者或者纠集者符合的,该项成立。

(三)“软暴力”的处罚及罪数形态

1. 采用“软暴力”手段,使他人产生心理恐惧或者形成心理强制,分别属于《刑法》第226条规定的“威胁”、《刑法》第293条第1款第2项规定的“恐吓”,同时符合其他犯罪构成要件的,应当分别以强迫交易罪、寻衅滋事罪定罪处罚。

最高人民法院、最高人民检察院《寻衅司法解释》第2~4条中的“多次”一般应当理解为2年内实施寻衅滋事行为三次以上。三次以上寻衅滋事行为既包括同一类别的行为,也包括不同类别的行为;既包括未受行政处罚的行为,也包括已受行政处罚的行为。

2. 有组织地多次短时间非法拘禁他人的,应当认定为《刑法》第238条规定的

“以其他方法非法剥夺他人人身自由”。非法拘禁他人三次以上、每次持续时间在4小时以上，或者非法拘禁他人累计时间在12小时以上的，应当以非法拘禁罪定罪处罚。

3. 以“软暴力”手段非法进入或者滞留他人住宅的，应当认定为《刑法》第245条规定的“非法侵入他人住宅”，同时符合其他犯罪构成要件的，应当以非法侵入住宅罪定罪处罚。

4. 以非法占有为目的，采用“软暴力”手段强行索取公私财物，同时符合《刑法》第274条规定的其他犯罪构成要件的，应当以敲诈勒索罪定罪处罚。

最高人民法院、最高人民检察院《关于办理敲诈勒索刑事案件适用法律若干问题的解释》第3条中“二年内敲诈勒索三次以上”，包括已受行政处罚的行为。

5. 采用“软暴力”手段，同时构成两种以上犯罪的，依法按照处罚较重的犯罪定罪处罚，法律另有规定的除外。对已受行政处罚的行为追究刑事责任的，行为人先前所受的行政拘留处罚应当折抵刑期，罚款应当抵扣罚金。

6. 雇佣、指使他人采用“软暴力”手段强迫交易、敲诈勒索，构成强迫交易罪、敲诈勒索罪的，对雇佣者、指使者，一般应当以共同犯罪中的主犯论处。

为强索不受法律保护的债务或者因其他非法目的，雇佣、指使他人采用“软暴力”手段非法剥夺他人人身自由构成非法拘禁罪，或者非法侵入他人住宅、寻衅滋事，构成非法侵入住宅罪、寻衅滋事罪的，对雇佣者、指使者，一般应当以共同犯罪中的主犯论处；因本人及近亲属合法债务、婚恋、家庭、邻里纠纷等民间矛盾而雇佣、指使，没有造成严重后果的，一般不作为犯罪处理，但经有关部门批评制止或者处理处罚后仍继续实施的除外。

三、“套路贷”及“非法放贷”的认定与处罚

近年来，因民间借贷所滋生的问题高发，很多公司和个体已经脱离民间借贷个体的、偶然的、互助式的存在模式，逐渐发展为出借人的经常性谋利手段，并向着资本规模化发展，“套路贷”“校园贷”等乱象频发。非法放贷活动不仅严重扰乱了金融资本市场秩序，更催生了各种类型的违法犯罪活动，各类黑恶势力犯罪逐步显现，成为本次扫黑除恶专项斗争的重点领域。对此，最高人民法院、最高人民检察

院、公安部、司法部两次出台专门意见，以明确非法放贷的相关行为的定性与处罚。

（一）“套路贷”的认定与处罚

“套路贷”，是对以非法占有为目的，假借民间借贷之名，诱使或迫使被害人签订“借贷”或变相“借贷”“抵押”“担保”等相关协议，通过虚增借贷金额、恶意制造违约、肆意认定违约、毁匿还款证据等方式形成虚假债权债务，并借助诉讼、仲裁、公证或者采用暴力、威胁以及其他手段非法占有被害人财物的相关违法犯罪活动的概括性称谓。

1.“套路贷”的认定

“套路贷”与平等主体之间基于意思自治而形成的民事借贷关系存在本质区别，民间借贷的出借人是为了到期按照协议约定的内容收回本金并获取利息，不具有非法占有他人财物的目的，也不会在签订、履行借贷协议过程中实施虚增借贷金额、制造虚假给付痕迹、恶意制造违约、肆意认定违约、毁匿还款证据等行为。

实践中，“套路贷”的常见犯罪手法和步骤包括但不限于以下情形：(1)制造民间借贷假象；(2)制造资金走账流水等虚假给付事实；(3)故意制造违约或者肆意认定违约；(4)恶意垒高借款金额；(5)软硬兼施“索债”。犯罪嫌疑人、被告人不具有非法占有目的，也未使用“套路”与借款人形成虚假债权债务，不应视为“套路贷”。

2.“套路贷”的处罚

实施“套路贷”过程中，未采用明显的暴力或者威胁手段，其行为特征从整体上表现为以非法占有为目的，通过虚构事实、隐瞒真相骗取被害人财物的，一般以诈骗罪定罪处罚；对于在实施“套路贷”过程中多种手段并用，构成诈骗、敲诈勒索、非法拘禁、虚假诉讼、寻衅滋事、强迫交易、抢劫、绑架等犯罪的，应当根据具体案件事实，区分不同情况，依照《刑法》及有关司法解释的规定数罪并罚或者择一重处。在认定“套路贷”犯罪数额时，应当与民间借贷相区别，从整体上予以否定性评价，“虚高债务”和以“利息”“保证金”“中介费”“服务费”“违约金”等名目被犯罪嫌疑人、被告人非法占有的财物，均应计入犯罪数额。犯罪嫌疑人、被告人实际给付被害人的本金数额，不计入犯罪数额。

三人以上为实施“套路贷”而组成的较为固定的犯罪组织，应当认定为犯罪集团。对首要分子应按照集团所犯全部罪行处罚。符合黑恶势力认定标准的，应当按照黑社会性质组织、恶势力或者恶势力犯罪集团侦查、起诉、审判。

（二）非法放贷的认定和处罚

根据《关于办理非法放贷刑事案件若干问题的意见》的规定，违反国家规定，未经监管部门批准，或者超越经营范围，以营利为目的，经常性地（贷款到期后延长还款期限的，发放贷款次数按照 1 次计算）向社会不特定对象发放贷款（2 年内向不特定单位或个人，以借款或其他名义出借资金 10 次以上），扰乱金融市场秩序，情节严重的，以非法经营罪定罪处罚。

以超过 36% 的实际年利率实施符合本意见第 1 条规定的非法放贷行为，具有下列情形之一的，属于《刑法》第 225 条规定的“情节严重”，但单次非法放贷行为实际年利率未超过 36% 的，定罪量刑时不得计入：（1）个人非法放贷数额累计在 200 万元以上的，单位非法放贷数额累计在 1000 万元以上的；（2）个人违法所得数额累计在 80 万元以上的，单位违法所得数额累计在 400 万元以上的；（3）个人非法放贷对象累计在 50 人以上的，单位非法放贷对象累计在 150 人以上的；（4）造成借款人或者其近亲属自杀、死亡或者精神失常等严重后果的。

具有下列情形之一的，属于《刑法》第 225 条规定的“情节特别严重”：（1）个人非法放贷数额累计在 1000 万元以上的，单位非法放贷数额累计在 5000 万元以上的；（2）个人违法所得数额累计在 400 万元以上的，单位违法所得数额累计在 2000 万元以上的；（3）个人非法放贷对象累计在 250 人以上的，单位非法放贷对象累计在 750 人以上的；（4）造成多名借款人或者其近亲属自杀、死亡或者精神失常等特别严重后果的。

非法放贷数额、违法所得数额、非法放贷对象数量接近（一般应当掌握在相应数额、数量标准的 80%）“情节严重”“情节特别严重”的数额、数量起点标准，并具有下列情形之一的，可以分别认定为“情节严重”“情节特别严重”：（1）2 年内因实施非法放贷行为受过行政处罚 2 次以上的；（2）以超过 72% 的实际年利率实施非法放贷行为 10 次以上的。

仅向亲友、单位内部人员等特定对象出借资金，不得适用本意见第 1 条的规定定罪处罚。但具有下列情形之一的，定罪量刑时应当与向不特定对象非法放贷的行为一并处理：(1)通过亲友、单位内部人员等特定对象向不特定对象发放贷款的；(2)以发放贷款为目的，将社会人员吸收为单位内部人员，并向其发放贷款的；(3)向社会公开宣传，同时向不特定多人和亲友、单位内部人员等特定对象发放贷款的。

非法放贷数额应当以实际出借给借款人的本金金额认定。非法放贷行为人以介绍费、咨询费、管理费、逾期利息、违约金等名义和以从本金中预先扣除等方式收取利息的，相关数额在计算实际年利率时均应计入。非法放贷行为人实际收取的除本金之外的全部财物，均应计入违法所得。非法放贷行为未经处理的，非法放贷次数和数额、违法所得数额、非法放贷对象数量等应当累计计算。

为从事非法放贷活动，实施擅自设立金融机构、套取金融机构资金高利转贷、骗取贷款、非法吸收公众存款等行为，构成犯罪的，应当择一重罪处罚。

为强行索要因非法放贷而产生的债务，实施故意杀人、故意伤害、非法拘禁、故意毁坏财物、寻衅滋事等行为，构成犯罪的，应当数罪并罚。

纠集、指使、雇佣他人采用滋扰、纠缠、哄闹、聚众造势等手段强行索要债务，尚不单独构成犯罪，但实施非法放贷行为已构成非法经营罪的，应当按照非法经营罪的规定酌情从重处罚。

有组织地非法放贷，同时又有其他违法犯罪活动，符合黑社会性质组织或者恶势力、恶势力犯罪集团认定标准的，应当分别按照黑社会性质组织或者恶势力、恶势力犯罪集团侦查、起诉、审判。黑恶势力非法放贷的，据以认定“情节严重”“情节特别严重”的非法放贷数额、违法所得数额、非法放贷对象数量起点标准，可以分别按照相应数额、数量标准的50%确定；2年内因实施非法放贷行为受过行政处罚2次以上的，可以分别按照相应数额、数量标准的40%确定。

上述规定自2019年10月21日起施行，对于之前发生的非法放贷行为，依照最高人民法院《关于准确理解和适用刑法中“国家规定”的有关问题的通知》(法发〔2011〕155号)的规定办理。

四、利用信息网络实施黑恶势力犯罪的认定与处罚

根据最高人民法院、最高人民检察院、公安部、司法部《关于办理利用信息网络

实施黑恶势力犯罪刑事案件若干问题的意见》的规定,认定利用信息网络实施违法犯罪活动的黑社会性质组织时,应当根据在网络空间和现实社会中实施违法犯罪活动对公民人身、财产、民主权利和经济、社会生活秩序所造成的危害,准确评价,依法予以认定。对通过发布、删除负面或虚假信息,发送侮辱性信息、图片,以及利用信息、电话骚扰等方式威胁、要挟、恐吓、滋扰他人,实施黑恶势力违法犯罪的,应当准确认定,依法严惩。

(一)利用信息网络实施黑恶势力犯罪的认定

1.组织特征的认定

认定利用信息网络实施违法犯罪的黑恶势力组织特征,要从违法犯罪的起因、目的,以及组织、策划、指挥、参与人员是否相对固定,组织形成后是否持续进行犯罪活动、是否有明确的职责分工、行为规范、利益分配机制等方面综合判断。利用信息网络实施违法犯罪的黑恶势力组织成员之间一般通过即时通信工具、通信群组、电子邮件、网盘等信息网络方式联络,对部分组织成员通过信息网络方式联络实施黑恶势力违法犯罪活动,即使相互未见面、彼此不熟识,不影响对组织特征的认定。

2.经济特征的认定

利用信息网络有组织地通过实施违法犯罪活动或者其他手段获取一定数量的经济利益,用于违法犯罪活动或者支持该组织生存、发展的,应当认定为符合《刑法》第294条第5款第2项规定的黑社会性质组织经济特征。

3.行为特征的认定

通过线上、线下相结合的方式,有组织地多次利用信息网络实施违法犯罪活动,侵犯不特定多人的人身权利、民主权利、财产权利,破坏经济秩序、社会秩序的,应当认定为符合《刑法》第294条第5款第3项规定的黑社会性质组织行为特征。单纯通过线上方式实施的违法犯罪活动,且不具有为非作恶、欺压残害群众特征的,一般不应作为黑社会性质组织行为特征的认定依据。

4.危害性特征的认定

对利用信息网络实施黑恶势力犯罪非法控制和影响的"一定区域或者行业",应当结合危害行为发生地或者危害行业的相对集中程度,以及犯罪嫌疑人、被告人在网络空间和现实社会中的控制和影响程度综合判断。虽然危害行为发生地、危害的行业比较分散,但涉案犯罪组织利用信息网络多次实施强迫交易、寻衅滋事、敲诈勒索等违法犯罪活动,在网络空间和现实社会造成重大影响,严重破坏经济、社会生活秩序的,应当认定为“在一定区域或者行业内,形成非法控制或者重大影响”。

5. 管辖

坚持以犯罪地管辖为主、被告人居住地管辖为辅的原则。

公安机关可以依法对利用信息网络实施的黑恶势力犯罪相关案件并案侦查或者指定下级公安机关管辖,并案侦查或者由上级公安机关指定管辖的公安机关全面调查收集能够证明黑恶势力犯罪事实的证据,各涉案地公安机关应当积极配合。并案侦查或者由上级公安机关指定管辖的案件,需要提请批准逮捕、移送审查起诉、提起公诉的,由立案侦查的公安机关所在地的人民检察院、人民法院受理。

人民检察院对于公安机关提请批准逮捕、移送审查起诉的利用信息网络实施的黑恶势力犯罪案件,人民法院对于已进入审判程序的利用信息网络实施的黑恶势力犯罪案件,被告人及其辩护人提出的管辖异议成立,或者办案单位发现没有管辖权的,受案人民检察院、人民法院经审查,可以依法报请与有管辖权的人民检察院、人民法院共同的上级人民检察院、人民法院指定管辖,不再自行移交。对于在审查批准逮捕阶段,上级检察机关已经指定管辖的案件,审查起诉工作由同一人民检察院受理。人民检察院、人民法院认为应当分案起诉、审理的,可以依法分案处理。

公安机关指定下级公安机关办理利用信息网络实施的黑恶势力犯罪案件的,应当同时抄送同级人民检察院、人民法院。人民检察院认为需要依法指定审判管辖的,应当协商同级人民法院办理指定管辖有关事宜。

(二)其他行为的认定

利用信息网络威胁他人,强迫交易,情节严重的,以强迫交易罪定罪处罚。

利用信息网络威胁、要挟他人,索取公私财物,数额较大,或者多次实施上述行为的,以敲诈勒索罪定罪处罚。

利用信息网络辱骂、恐吓他人,情节恶劣,破坏社会秩序的,以寻衅滋事罪定罪处罚。

编造虚假信息，或者明知是编造的虚假信息，在信息网络上散布，或者组织、指使人员在信息网络上散布，起哄闹事，造成公共秩序严重混乱的，以寻衅滋事罪定罪处罚。

侦办利用信息网络实施的强迫交易、敲诈勒索等非法敛财类案件，确因被害人人数众多等客观条件的限制，无法逐一收集被害人陈述的，可以结合已收集的被害人陈述，以及经查证属实的银行账户交易记录、第三方支付结算账户交易记录、通话记录、电子数据等证据，综合认定被害人人数以及涉案资金数额等。

五、"保护伞"的处罚

《刑法》第294条第3款规定："国家机关工作人员包庇黑社会性质的组织，或者纵容黑社会性质的组织进行违法犯罪活动的，处五年以下有期徒刑；情节严重的，处五年以上有期徒刑。"

（一）2018年《关于办理黑恶势力刑事案件若干问题的意见》关于惩治"保护伞"的相关规定

1.《刑法》第294条第3款中规定的"包庇"行为，不要求相关国家机关工作人员利用职务便利。利用职务便利包庇黑社会性质组织的，酌情从重处罚。包庇、纵容黑社会性质组织，事先有通谋的，以具体犯罪的共犯论处。

2. 公检法对办理黑恶势力犯罪案件中发现的涉嫌包庇、纵容黑社会性质组织犯罪、收受贿赂、渎职侵权等违法违纪线索，坚决依法严惩。

3. 依法严惩农村"两委"等人员在涉农惠农补贴申领与发放、农村基础设施建设、征地拆迁补偿、救灾扶贫优抚、生态环境保护等过程中，利用职权恃强凌弱、吃拿卡要、侵吞挪用国家专项资金的犯罪，以及放纵、包庇"村霸"和宗族恶势力，致使其坐大成患，或者收受贿赂、徇私舞弊，为"村霸"和宗族恶势力充当"保护伞"的犯罪。

4. 恶势力犯罪案件中，对于涉嫌特别重大贿赂犯罪案件的犯罪嫌疑人，及时会同有关机关执行《刑事诉讼法》第39条的相关规定，辩护律师在侦查期间会见在押犯罪嫌疑人的，应当经侦查机关许可（危害国家安全犯罪、恐怖活动犯罪）。

（二）严惩公职人员涉黑涉恶违法犯罪的相关规定

2019 年 10 月 21 日，国家监察委员会、最高人民法院、最高人民检察院、公安部、司法部联合发布《关于在扫黑除恶专项斗争中分工负责、互相配合、互相制约严惩公职人员涉黑涉恶违法犯罪问题的通知》，进一步明确了要将扫黑除恶与反腐败结合起来，与基层“拍蝇”结合起来。

1. 总体要求

（1）进一步提升政治站位。坚持以习近平新时代中国特色社会主义思想为指导，从增强“四个意识”、坚定“四个自信”、做到“两个维护”的政治高度，立足党和国家工作大局，深刻认识和把握开展扫黑除恶专项斗争的重大意义。深挖黑恶势力滋生根源，铲除黑恶势力生存根基，严惩公职人员涉黑涉恶违法犯罪，除恶务尽，切实维护群众利益，进一步净化基层政治生态，推动扫黑除恶专项斗争不断向纵深发展，推进全面从严治党不断向基层延伸。

（2）坚持实事求是。坚持以事实为依据，以法律为准绳，综合考虑行为人的主观故意、客观行为、具体情节和危害后果，以及相关黑恶势力的犯罪事实、犯罪性质、犯罪情节和对社会的危害程度，准确认定问题性质，做到不偏不倚、不枉不纵。坚持惩前毖后、治病救人方针，严格区分罪与非罪的界限，区别对待、宽严相济。

（3）坚持问题导向。找准扫黑除恶与反腐“拍蝇”工作的结合点，聚焦涉黑涉恶问题突出、群众反映强烈的重点地区、行业和领域，紧盯农村和城乡接合部，紧盯建筑工程、交通运输、矿产资源、商贸集市、渔业捕捞、集资放贷等涉黑涉恶问题易发多发的行业和领域，紧盯村“两委”、乡镇基层站所及其工作人员，严肃查处公职人员涉黑涉恶违法犯罪行为。

2. 严格查办公职人员涉黑涉恶违法犯罪案件

各级监察机关、人民法院、人民检察院、公安机关应聚焦黑恶势力违法犯罪案件及坐大成势的过程，严格查办公职人员涉黑涉恶违法犯罪案件。重点查办以下案件：

（1）公职人员直接组织、领导、参与黑恶势力违法犯罪活动的案件。

（2）公职人员包庇、纵容、支持黑恶势力犯罪及其他严重刑事犯罪的案件。

（3）公职人员收受贿赂、滥用职权，帮助黑恶势力人员获取公职或政治荣誉，侵占国家和集体资金、资源、资产,破坏公平竞争秩序,或为黑恶势力提供政策、项目、资金、金融信贷等支持帮助的案件。

(4)负有查禁监管职责的国家机关工作人员滥用职权、玩忽职守帮助犯罪分子逃避处罚的案件,司法工作人员徇私枉法、民事枉法裁判、执行判决裁定失职或滥用职权、私放在押人员以及徇私舞弊减刑、假释、暂予监外执行的案件。

(5)在扫黑除恶专项斗争中发生的公职人员滥用职权,徇私舞弊,包庇、阻碍查处黑恶势力犯罪的案件,以及泄露国家秘密、商业秘密、工作秘密,为犯罪分子通风报信的案件。

(6)公职人员利用职权打击报复办案人员的案件。

公职人员的范围,根据《监察法》第15条的规定认定。以上情形,由有关机关依规依纪依法调查处置,涉嫌犯罪的,依法追究刑事责任。

3. 准确适用法律

国家机关工作人员包庇黑社会性质的组织,或者纵容黑社会性质的组织进行违法犯罪活动的,以包庇、纵容黑社会性质组织罪定罪处罚。

国家机关工作人员既组织、领导、参加黑社会性质组织,又对该组织进行包庇、纵容的,应当以组织、领导、参加黑社会性质组织罪从重处罚。

国家机关工作人员包庇、纵容黑社会性质组织,该包庇、纵容行为同时还构成包庇罪、伪证罪、妨害作证罪、徇私枉法罪、滥用职权罪、帮助犯罪分子逃避处罚罪、徇私舞弊不移交刑事案件罪,以及徇私舞弊减刑、假释、暂予监外执行罪等其他犯罪的,应当择一重罪处罚。

非国家机关工作人员与国家机关工作人员共同包庇、纵容黑社会性质组织,且不属于该组织成员的,以包庇、纵容黑社会性质组织罪的共犯论处。非国家机关工作人员的行为同时还构成其他犯罪,应当择一重罪处罚。

公职人员利用职权或职务便利实施包庇、纵容黑恶势力、伪证、妨害作证,帮助毁灭、伪造证据,以及窝藏、包庇等犯罪行为的,应酌情从重处罚。事先有通谋而实施支持帮助、包庇纵容等保护行为的,以具体犯罪的共犯论处。

4. 形成打击公职人员涉黑涉恶违法犯罪的监督制约、配合衔接机制

监察机关、公安机关、人民检察院、人民法院在查处、办理公职人员涉黑涉恶违

法犯罪案件过程中，应当分工负责，互相配合，互相制约，通过对办理的黑恶势力犯罪案件逐案筛查、循线深挖等方法，保证准确有效地执行法律，彻查公职人员涉黑涉恶违法犯罪。

监察机关、公安机关、人民检察院、人民法院要建立完善查处公职人员涉黑涉恶违法犯罪重大疑难案件研判分析、案件通报等工作机制，进一步加强监察机关、政法机关之间的配合，共同研究和解决案件查处、办理过程中遇到的疑难问题，相互及时通报案件进展情况，进一步增强工作整体性、协同性。

监察机关、公安机关、人民检察院、人民法院、司法行政机关要建立公职人员涉黑涉恶违法犯罪线索移送制度，对工作中收到、发现的不属于本单位管辖的公职人员涉黑涉恶违法犯罪线索，应当及时移送有管辖权的单位处置。

移送公职人员涉黑涉恶违法犯罪线索，按照以下规定执行：(1)公安机关、人民检察院、人民法院、司法行政机关在工作中发现公职人员涉黑涉恶违法犯罪中的涉嫌贪污贿赂、失职渎职等职务违法和职务犯罪等应由监察机关管辖的问题线索，应当移送监察机关。(2)监察机关在信访举报、监督检查、审查调查等工作中发现公职人员涉黑涉恶违法犯罪线索的，应当将其中涉嫌包庇、纵容黑社会性质组织犯罪等由公安机关管辖的案件线索移送公安机关处理。(3)监察机关、公安机关、人民检察院、人民法院、司法行政机关在工作中发现司法工作人员涉嫌利用职权实施的侵犯公民权利、损害司法公正案件线索的，根据有关规定，经沟通后协商确定管辖机关。

监察机关、公安机关、人民检察院接到移送的公职人员涉黑涉恶违法犯罪线索，应当按各自职责及时处置、核查，依法依规作出处理，并做好沟通反馈工作；必要时，可以与相关线索或案件并案处理。

对于重大疑难复杂的公职人员涉黑涉恶违法犯罪案件，监察机关、公安机关、人民检察院可以同步立案、同步查处，根据案件办理需要，相互移送相关证据，加强沟通配合，做到协同推进。

公职人员涉黑涉恶违法犯罪案件中，既涉嫌贪污贿赂、失职渎职等严重职务违法或职务犯罪，又涉嫌公安机关、人民检察院管辖的违法犯罪的，一般应当以监察机关为主调查，公安机关、人民检察院予以协助。监察机关和公安机关、人民检察院分别立案调查(侦查)的,由监察机关协调调查和侦查工作。犯罪行为仅涉及公安机关、人民检察院管辖的,由有关机关依法按照管辖职能进行侦查。

公安机关、人民检察院、人民法院对公职人员涉黑涉恶违法犯罪移送审查起诉、提起公诉、作出裁判,必要时听取监察机关的意见。

公职人员涉黑涉恶违法犯罪案件开庭审理时,人民法院应当通知监察机关派员旁听,也可以通知涉罪公职人员所在单位、部门、行业以及案件涉及的单位、部门、行业等派员旁听。

第五节 律师办理黑恶势力犯罪案件的注意事项、方法和策略

2018 年 3 月 6 日,全国律师协会下发了《关于律师办理黑恶势力犯罪案件辩护代理工作若干意见》。《关于律师办理黑恶势力犯罪案件辩护代理工作若干意见》以律师依法履行辩护代理职责为中心,以律师事务所和律师协会行使管理监督职能为支撑,形成三位一体的黑恶势力犯罪案件辩护代理工作机制,其阐明了律师辩护代理工作在扫黑除恶专项斗争中的重要地位,对律师办理黑恶势力案件辩护代理工作提出了具体要求和监督举措。《关于律师办理黑恶势力犯罪案件辩护代理工作若干意见》的下发,是对党和国家开展扫黑除恶专项斗争的积极响应,是对律师辩护代理、律所律协行业管理工作的布局指导。而面对"扫黑除恶专项斗争",中华全国律师协会秘书长韩秀桃直言有五个担忧,其中重要一项就是"对于执业风险有担忧,特别是青年律师",毫无疑问,涉黑案件的辩护敏感重重,稍不注意,便有出师未捷身先死的风险。因此,律师应当注重辩护工作中的方法与策略。

一、律师办理黑恶势力犯罪案件的注意事项

中华全国律师协会《关于律师办理黑恶势力犯罪案件辩护代理工作若干意见》:充分认识扫黑除恶专项斗争的重大意义。律师是社会主义法治工作者,依法开展黑恶势力犯罪案件辩护代理,使扫黑除恶案件经得起历史的检验、人民的检验、社会的

检验，是实现扫黑除恶专项斗争政治效果、法律效果、社会效果相统一的必然要求。各地律师协会和刑事辩护代理律师要进一步提高政治站位，充分认识开展扫黑除恶专项斗争的重大意义，增强“四个意识”，把思想和行动统一到党中央决策部署上来。

（一）具体要求

1. 办案机关

《关于律师办理黑恶势力犯罪案件辩护代理工作若干意见》规定，办案机关应当依法保障律师各项诉讼权利，为律师履行辩护代理职责提供便利，防止因妨碍辩护律师依法履行职责，对案件办理带来影响。

2. 司法行政机关

《关于律师办理黑恶势力犯罪案件辩护代理工作若干意见》规定：（1）司法行政机关应当加强对律师办理黑社会性质组织犯罪案件辩护代理工作的指导监督，指导律师事务所建立健全律师办理黑社会性质组织犯罪案件的请示报告、集体研究和检查督导制度。（2）对黑恶势力犯罪案件开庭审理时，人民法院应当通知对辩护律师所属事务所具有监督管理权限的司法行政机关派员旁听。

3. 律师协会

中华全国律师协会《关于律师办理黑恶势力犯罪案件辩护代理工作若干意见》规定：各地律师协会要加强对律师办理黑恶势力犯罪案件辩护代理工作的指导监督，支持和保障律师事务所和律师依法依规开展黑恶势力犯罪案件辩护代理工作。

（1）切实维护律师执业权利。加强与办案机关的沟通协调，建立健全尊重和保障律师辩护代理意见的工作机制和救济机制，切实维护律师会见、阅卷、调查取证和庭上发问、质证、辩论权利，保障律师依法行使辩护代理权利。发现律师执业权利受到妨碍、侵犯情形时，律师协会应当及时进行调查，情况属实的，要及时与办案机关进行沟通协调，促其作出妥善处置，维护律师执业合法权利。针对律师跨区域执业申请维权的，所属律师协会和行为发生地律师协会要加强相互配合，相互支持，协作互助，形成合力，共同推进维权工作及时有效进行。对律师因依法执业受到威胁、侮辱、报复、人身伤害的，要协调有关部门依法及时制止和处理，并对律师采取必要保护措施。

(2)依法查处律师违法违规行为。对律师和律师事务所违反执业行为规范和执业纪律的行为,要依照协会章程和会员违规行为处分规则,给予相应行业处分。要发挥投诉受理查处中心作用,适时启动调查程序,抓早抓小,及时处置。

(3)积极履行监督指导职责。要将监督指导律师和律师事务所办理黑恶势力犯罪案件辩护代理工作作为当前的一项重大政治任务。及时了解掌握本地区律师接受案件代理有关信息,发现未按规定统一受理、按时报备的,及时提醒、纠正,重大问题要及时主动向司法行政机关请示报告。案件管辖地的省(区、市)律师协会统一负责指导、监督和协调工作,承办案件的律师事务所及其律师所属的省(区、市)律师协会要积极予以配合,形成有效的指导监督机制。各地律师协会成立扫黑除恶专项工作律师辩护代理业务指导委员会,加强办案指导,协调困难和问题,及时应对舆情。加强业务培训和指导,切实增强刑事辩护代理律师执业技能和水平。

(4)鼓励优秀刑辩律师参与黑恶势力犯罪案件辩护代理工作。要督促律师事务所指派政治过硬、业务能力强、能够严格遵守执业纪律和要求、具有一定办案经验的律师具体承办黑恶势力犯罪案件。充分利用报刊、网站等各种媒体,宣传律师办理黑恶势力犯罪案件辩护代理工作的正确做法、经验和成效,对为黑恶势力犯罪案件依法处理作出突出贡献的律师予以表彰奖励,有效激励广大优秀刑辩律师积极开展黑恶势力犯罪案件辩护代理。

4. 律师事务所

中华全国律师协会《关于律师办理黑恶势力犯罪案件辩护代理工作若干意见》规定:律师事务所对本所律师办理黑恶势力犯罪案件辩护代理工作负有直接监督指导职责,对本所及其律师办理黑恶势力犯罪案件辩护代理工作要严格管理,建立健全专项工作制度,把握好黑恶势力犯罪案件律师辩护代理工作第一道关。

(1)建立报告备案制度。律师事务所受理黑恶势力犯罪案件后,应当于5日内同时报律师事务所所属律师协会和案件管辖地律师协会备案。在案件办理过程中,遇有重要问题和需协调解决的紧急事项要及时向所属律师协会报告,案件办结后要提交书面总结。不同地区律师事务所受理同一案件的,应当将办案情况分别报告各自所属律师协会。

(2)建立集体研究制度。办案过程中,做无罪辩护或改变案件定性时,律师事务所要组织集体研究,依法提出案件处理方案和辩护代理意见,确保扫黑除恶专项斗争工作精神和要求以及有关制度规定得到正确贯彻和执行。

(3)建立检查督导制度。律师事务所要建立律师办理黑恶势力犯罪案件辩护代理检查督导制度,指定专门业务机构或专人负责对律师办理黑恶势力犯罪案件辩护代理工作的情况进行全程跟踪检查,加强办案质量监督和风险管理,指导解决办案过程中遇到的法律问题,发现律师办案有违法违规行为要及时予以制止和纠正。严格管理本所公章、委托代理协议等法律文书,防止私自收案收费情况发生。要加强黑恶势力犯罪案件的档案管理,防止出现失密泄密和不当传播的情况。

5. 律师

中华全国律师协会《关于律师办理黑恶势力犯罪案件辩护代理工作若干意见》规定:律师依法履行辩护代理职责。

依法接受委托。律师担任黑恶势力犯罪案件的辩护人或诉讼代理人,必须遵守律师事务所统一接受委托、签订书面委托合同、收取费用各项制度。同一名律师不得为两名或两名以上的同案犯罪嫌疑人、被告人辩护;不得为两名或两名以上的未同案处理但涉嫌的犯罪存在关联的犯罪嫌疑人、被告人辩护;同一律师事务所在接受两名或两名以上的同案犯罪嫌疑人、被告人的委托,分别指派不同的律师担任辩护人的,须告知委托人并经其同意。未经当事人委托或者法律援助机构指派,不得以律师名义为当事人提供法律服务、介入案件,干扰依法办理案件。

依法尽职做好辩护代理。律师办理黑恶势力犯罪案件辩护代理工作,应当高度重视庭前准备工作,依法依规进行会见、阅卷、调查取证,提出高质量的辩护代理意见。确有证据证明侦查机关违法收集证据的,要依法申请排除非法证据;对于可能影响案件事实认定的证人证言,应当依法申请证人出庭作证;对于重要证据,应当依法调取。在庭审程序中准确把握庭审发问质证规律,掌握充分的法庭辩论技巧,切实提高庭审辩论能力。律师庭上辩护工作要做到观点鲜明、条理清楚、逻辑严密、论证有力。要善于与当事人、法官和公诉人就案情进行必要的沟通,以理性平和的心态做好辩护工作,保证律师作用充分发挥和庭审顺利进行。

依法维护执业权利。律师的维权行为要注意方式方法,坚持依法、理性、平和、文明、规范,防止过激言行。当律师执业权利受到侵犯时,应当通过法定救济渠道寻求保障,也可以通过司法行政机关、律师协会申请组织维权。律师认为,办案机关及其工作人员明显违反法律规定,阻碍律师依法履行辩护、代理职责,侵犯律师执业权利的,可以向办案机关或者其上一级机关投诉,向同级或者上一级人民检察院申诉、控告,向注册地的市级司法行政机关、所属设区的市律师协会申请维护执业权利。

依法规范执业行为。律师办理黑恶势力犯罪案件辩护代理工作,必须严格在法律规定的律师职责和委托合同约定的权利范围内,严格遵守程序规范和实体规范,严格遵守律师执业行为规范,依法依规履行辩护代理职责。

(1)不得对本人或者其他律师正在办理的案件进行歪曲、有误导性的宣传和评论,恶意炒作案件。

(2)不得以串联组团、联署签名、发表公开信、组织网上聚集、声援等方式或者借个案研讨之名,制造舆论压力,攻击、诋毁司法机关和司法制度。

(3)不得煽动、教唆和组织当事人或者其他人员到司法机关或者其他国家机关静坐、举牌、打横幅、喊口号、声援、围观等,扰乱公共秩序、危害公共安全。

(4)严格遵守保密义务,不得泄露在执业中知悉的国家秘密、委托人和其他当事人的商业秘密和个人隐私以及委托人不愿泄露的其他情况和信息。

(5)不得违反规定披露、散布不公开审理案件的信息、材料,或者本人、其他律师在办案过程中获悉的有关案件重要信息、证据材料。

(6)要遵守监管场所规定,不得违规会见在押犯罪嫌疑人、被告人。

(7)要遵守法庭秩序,尊重法官、检察官和其他办案人员等,遇有与控方或主审法官发生重大意见分歧情形,应当按庭审规则与司法机关和司法人员进行沟通协调,或者通过正常途径反映问题、提出意见。

《关于律师办理黑恶势力犯罪案件辩护代理工作若干意见》规定:对于下列行为,司法行政机关应当依照有关规定予以处罚,构成犯罪的,依法追究刑事责任。对于律师辩护、代理活动中的违法违规行为,相关办案机关要注意收集固定证据,提出司法建议。

(1)对于律师违反会见规定的。

(2)以串联组团,联署签名、发表公开信,组织网上聚集、声援等方式或者借个案研讨之名，制造舆论压力，攻击、诋毁司法机关和司法制度，干扰诉讼活动正常进行的。

（3）煽动、教唆和组织当事人或者其他人员到司法机关或者其他国家机关静坐、举牌、打横幅、喊口号等，扰乱公共秩序、危害公共安全的。

（4）违反规定披露、散布不公开审理案件的信息、材料，或者本人、其他律师在办案过程中获悉的有关案件重要信息、证据材料的。

规范参考

关于设立安徽金亚太律师事务所办理黑恶势力犯罪案件督导办公室的通知

（2018）第001号

安徽金亚太律师事务所全体成员：

为贯彻落实中华全国律师协会《关于律师办理黑恶势力犯罪案件辩护代理工作若干意见》等相关规定，提高本所律师办理黑恶势力相关案件的办案能力，保障本所律师的执业权益，规范本所律师办理黑恶势力犯罪案件执业行为，安徽金亚太律师事务所经研究决定组建办理黑恶势力犯罪案件督导办公室，现将相关事项通知如下：

一、机构设置

安徽金亚太律师事务所办理黑恶势力犯罪案件督导办公室组成人员名单如下：

高级督导员：魏汉涛　王亚林

主　　任：姚　进

副 主 任：刘运坤　苏义飞　张向前

成　　员：徐　朝　余才能　邹玉杰　曹富乐

如遇人事变动，由相关对应人员自然更替。

二、主要职责

（一）确保本所律师办理涉黑案件时依法执业；

（二）维护本所律师办理涉黑案件时的执业权益；

（三）对本所律师办理涉黑案件进行全程督查管理；

（四）总结、交流本所律师办理涉黑案件工作经验；

（五）组织本所律师进行涉黑案件业务技能培训和涉黑案件执业纪律培训；

（六）与主管司法行政部门和律师协会对接，报备本所涉黑案件办理状况；

（七）对本所律师办理涉黑案件过程中的违规行为进行惩戒。

安徽金亚太律师事务所

2018 年 3 月 20 日

关于发布《安徽金亚太律师事务所办理黑恶势力犯罪案件工作规程》的公告

（2018）第 002 号

为提高本所律师办理黑恶势力相关案件的办案能力，保障本所律师的执业权益，规范本所律师办理黑恶势力犯罪案件执业行为，安徽金亚太律师事务所按照中华全国律师协会要求，组建成立办理黑恶势力犯罪案件督导办公室，并依据中华全国律师协会《关于律师办理黑恶势力犯罪案件辩护代理工作若干意见》等相关规定，结合本所实际情况，制定《安徽金亚太律师事务所办理黑恶势力犯罪案件工作规程》，现予公告，供本所律师严格遵行。

安徽金亚太律师事务所

2018 年 3 月 20 日

安徽金亚太律师事务所办理黑恶势力犯罪案件工作规程

金亚太行管字（2018）第 016 号

第一条 为提高本所律师办理黑恶势力相关案件的办案能力，保障本所律师的执业权益，规范本所律师办理黑恶势力犯罪案件执业行为，依据中华全国律师协会《关于律师办理黑恶势力犯罪案件辩护代理工作若干意见》等相关规定，结合本所实际情况，制定本规程。

第二条 本所办理黑恶势力犯罪案件督导办公室（以下简称督导办公室）依据本规程行使职权，督导办公室接受本所所属司法行政部门和律师协会领导，同时接受本所管委会的监督和指导。

第三条　本所督导办公室对全所（包括总所及刑辩分所）所有律师办理黑恶势力犯罪案件行为均有督导权。督导办公室对本所律师办理黑恶势力犯罪案件辩护代理工作的情况进行全程跟踪检查，加强办案质量监督和风险管理，指导解决办案过程中遇到的法律问题，发现律师办案有违法违规行为要及时予以制止和纠正。严格管理本所公章、委托代理协议等法律文书，防止私自收案收费情况发生。督导承办律师和档案管理人员加强黑恶势力犯罪案件的档案管理，防止出现失密泄密和不当传播的情况。

第四条　本所督导办公室设高级督导员两名，负责对相关案件进行技术指导及风险防控审查；设办公室主任一名、副主任三名、工作组成员若干，负责办公室日常工作，包括案件备案、督导，与司法行政部门和律师协会对接、与其他律师事务所交流办案经验，组织全所律师定期或不定期进行相关业务培训和案件讨论等。督导组成员本人办理涉黑案件的，不得以督导办公室工作人员身份参与自身案件督查事宜。

第五条　督导办公室应督促律师事务所指派政治过硬、业务能力强、能够严格遵守执业纪律和要求、具有一定办案经验的律师具体承办黑恶势力犯罪案件。充分利用本所网站、刑事下午茶等各种途径，宣传律师办理黑恶势力犯罪案件辩护代理工作的正确做法、经验和成效，对为黑恶势力犯罪案件依法处理作出突出贡献的律师予以表彰奖励，有效激励广大优秀刑辩律师积极开展黑恶势力犯罪案件辩护代理工作。

第六条　本所督导办公室具体履行下列职责：

（一）确保本所律师办理涉黑案件时依法执业；

（二）维护本所律师办理涉黑案件时的执业权益；

（三）对本所律师办理涉黑案件进行全程督查管理；

（四）总结、交流本所律师办理涉黑案件工作经验；

（五）组织本所律师进行涉黑案件业务技能培训和涉黑案件执业纪律培训；

（六）与主管司法行政部门和律师协会对接，报备本所涉黑案件办理状况；

（七）对本所律师办理涉黑案件过程中的违规行为进行惩戒。

第七条 本所律师担任黑恶势力犯罪案件的辩护人或诉讼代理人，必须遵守本所统一接受委托、签订书面委托合同、收取费用各项制度。本所律师在接受涉黑案件委托之后，必须于当天及时向督导办公室书面报备案件相关情况，包括案发地、涉案人数、委托时间、委托人身份等情况，由督导办公室工作人员予以登记记录。

第八条 督导办公室在收到律师报告之后，应在受理案件后五日内同时报律师事务所所属律师协会和案件管辖地律师协会备案。如遇紧急情况，督导办公室应监督律师及时向所属律师协会报告。案件办结之后，督导办公室应监督律师向所属律师协会提交案件办理的书面总结。

第九条 同一律师不得为两名或两名以上同案犯罪嫌疑人提供辩护。不同律师分别担任同一案件中不同犯罪嫌疑人辩护人的，须要求相关律师告知委托人并经其书面同意，委托人同意的，将书面材料交督导办公室备案；委托人不同意的，应及时解除委托关系。

第十条 律师办理黑恶势力犯罪案件辩护代理工作，应当及时向督导办公室报告案件进展。律师应当依法依规进行会见、阅卷、调查取证，并向督导办公室报告案件内容，提请督导办公室组织全所律师集中讨论，以便提出高质量的辩护代理意见。

第十一条 办案过程中，如辩护律师做无罪辩护或改变案件定性时，应当向督导办公室申请组织全所律师进行集体研究。承办律师报告案件处理方案和辩护代理意见，督导办公室集体研究辩护思路可行性并由高级督导员提出督导意见，确保扫黑除恶专项斗争工作精神和要求以及有关制度规定得到正确贯彻和执行。

第十二条 本所律师在办理涉黑案件时，如认为办案机关及其工作人员明显违反法律规定，阻碍律师依法履行辩护、代理职责，侵犯律师执业权利的，应当及时向督导办公室汇报，可在与督导办公室沟通之后，向办案机关或者其上一级机关投诉，向同级或者上一级人民检察院申诉、控告。督导办公室在审查相关情况后，认为确有侵害律师执业权利事实的，应当督导律师坚持依法、理性、平和、文明、规范维权,防止言行过激。同时向注册地的市级司法行政机关、所属设区的市律师协会申请维护执业权利。

第十三条 本所律师办理涉黑案件的,必须参加督导办公室开展的办理涉黑案件经验交流和业务培训,提高办理涉黑案件的办案能力。同时,督导办公室也鼓励律师将自身办理涉黑案件的经验进行总结并与大家分享。例如,如何在庭审程序中准确把握庭审发问质证规律,掌握充分的法庭辩论技巧,切实提高庭审辩论能力;如何进行有效地调查取证;如何做到在庭上的辩护工作观点鲜明、条理清楚、逻辑严密、论证有力;如何与当事人、法官和公诉人就案情进行必要的沟通,保证律师作用充分发挥和庭审顺利进行等。

第十四条 督导办公室对本所律师办理涉黑案件进展和动态持续跟进,监督律师依法办案,保障律师办案过程中严格遵守相关执业规范。律师不得对本人或者其他律师正在办理的案件进行歪曲、有误导性的宣传和评论,恶意炒作案件;不得以串联组团、联署签名、发表公开信、组织网上聚集、声援等方式或者借个案研讨之名,制造舆论压力,攻击、诋毁司法机关和司法制度;不得煽动、教唆和组织当事人或者其他人员到司法机关或者其他国家机关静坐、举牌、打横幅、喊口号、声援、围观等,扰乱公共秩序、危害公共安全。严格遵守保密义务,不得泄露在执业中知悉的国家秘密、委托人和其他当事人的商业秘密和个人隐私以及委托人不愿泄露的其他情况和信息。不得违反规定披露、散布不公开审理案件的信息、材料,或者本人、其他律师在办案过程中获悉的有关案件重要信息、证据材料。要遵守监管场所规定,不得违规会见在押犯罪嫌疑人、被告人。要遵守法庭秩序,尊重法官、检察官和其他办案人员等,遇有与控方或主审法官发生重大意见分歧情形,应当按庭审规则与司法机关和司法人员进行沟通协调,或者通过正常途径反映问题、提出意见。

第十五条 督导办公室发现本所律师在办理涉黑案件过程中存在违反执业行为规范和执业纪律的行为时,有权要求相关律师立即停止违规行为,并作出书面报告对违规情况进行解释说明,经督导办公室审议之后,上报本所管委会进行处罚。

第十六条 本规程自发布之日起生效,解释权归安徽金亚太律师事务所合伙人会议。

安徽金亚太律师事务所

2018年3月20日

二、律师办理黑恶势力犯罪案件的方法和策略

毫无疑问，办理黑恶势力犯罪案件既存在机遇更存在巨大的风险，如何能够在保障律师自身合法权益的同时最大限度地保护当事人的合法权益，是一个摆在所有刑辩律师面前而无法跳过的问题。因每一个涉嫌黑恶势力犯罪的案件都存在形形色色、错综复杂的问题和背景（事实上，所有的案件均是如此，但涉黑恶势力犯罪案件因涉案人数较多、犯罪事实较多，相对更为复杂），本书无法针对所有的个案问题一一予以剖析。现笔者根据现行法律法规，结合亲办涉黑案件的经验，总结以下几点律师办理黑恶势力犯罪案件的方法和策略，以供读者参考。

（一）法律思维，谨慎执业

如前所述，中共中央、国务院在《关于开展扫黑除恶专项斗争的通知》中13次使用了“依法”二字，其法治思维和基调明确。之后，最高人民法院、最高人民检察院、公安部、司法部出台的《关于办理黑恶势力犯罪案件若干问题的指导意见》，在2009年、2015年的相关规范性文件的基础上又调整和增加了一些内容。即便是对于黑社会性质组织的四个特征的阐述，也与以前的规定略有不同。这是司法机关在新形势、新背景下做的新决策，作为律师，最大的依仗和武器就是法律，对此，律师应当牢固树立法律思维，在现行规范的框架下行使辩护权利，而不是“妄议”。

在具体案件的办理过程中，笔者建议应当在坚守执业道德的基础上保持谨慎和理性，做到“两坚持四维护”，即坚持党的领导、坚持规范诚信执业，维护宪法和法律权威、维护当事人合法权益、维护社会公平正义、维护社会大局稳定。同时，做到“四要四不要”，即要依法辩护、善于辩护、敢于辩护、理性辩护，不要违规收案、私自报道、单打独斗、违心配合。一言以蔽之，律师作为法律职业者，应当将案件的政治问题法律化，法律问题专业化，专业问题技术化。

（二）尽早介入，侦查监督

无论是涉黑恶势力犯罪案件还是一般的刑事案件，毫无疑问，尽早介入将会对

于整个案件的良性发展有着至关重要的作用。如笔者在办理某起聋哑人特大黑社会案中,因在立案伊始就介入,通过向有关办案单位提出控告、变更羁押场所申请、看病申请等监督,有效地保障了当事人的合法权益,保证了当事人的身体健康,有效督促了侦查机关合法侦查、取证,从而为后期的全案脱黑奠定了坚实的基础。

(三)全面出击,多措并举

律师办理刑事案件,尤其是黑恶势力犯罪案件,"战场"不仅是在法庭上,也在法庭之外,不仅是在审判阶段,更在侦查和审查起诉阶段。司法机关扫黑除恶要求"主动进攻、持续发力、打早打小、除恶务尽",而律师办理黑恶势力犯罪案件也要尽早介入,更要全面出击,多措并举,例如,在侦查阶段进行侦查监督、代为控告、申诉,提请检察机关进行法律监督等。当然,作为律师,应当在法律规定的范围内正当合法行使辩护权利。如笔者在办理少数民族涉黑案中,通过某县某宗教协会层层上报给省某宗教协会的反映信,确保了案件公平公正的处理,有力地促进了全案"脱黑"。

(四)有的放矢,突出重点

笔者认为,律师办理黑恶势力犯罪案件过程中应当注重根据案件的实际情况确认辩护策略,而不是一味地为了辩护而辩护,更不能盲目地做无罪辩护。事实上,现阶段的绝大部分涉黑恶势力案件,被告人(指组织领导者或积极参加者)或多或少存在一定的犯罪事实,一味地进行无罪辩护既不现实,更可能使辩护无重点而导致无法有效辩护。例如,随着2018年《关于办理黑恶势力刑事案件若干问题的意见》和2019年《关于办理黑恶势力刑事案件中财产处置若干问题的意见》的出台,涉黑案件中涉案财产的处置较之以往更为严格,从而使司法实践中常常出现合法财产与非法财产混同的情况,此时,如果在无法脱黑的情况下,最大可能地保留被告人的合法财产,亦不失为有效辩护。如笔者在办理池州光氏兄弟涉黑案二审过程中,在涉黑证据比较充分的情况下,将案件辩护重点放在证据问题较多的非法采矿罪一罪上,使二审成功将非法采矿罪一罪拿掉,从而使被告人的主刑和财产刑均大幅度降低。

(五)团队作战,统一战线

律师办理黑恶势力犯罪案件过程中,笔者不建议单打独斗,尤其是大部分涉黑案件委托的都是外地律师,黑恶势力犯罪案件的承办周期较长,有的甚至长达一两年,卷宗材料也往往多达数十甚至上百卷,此时,团队作战不仅能够在分工明确的基础上减轻律师个人的工作压力、工作强度,更能够使每个人发挥自己的专长,从而达到更好的辩护效果。同时,在庭审过程中,团队之间能够相互补充发表辩护意见,也能最大限度地避免因辩护策略的冲突而导致影响整体辩护效果的问题。

(六)持久战争,灵活机动

如前所述,黑恶势力犯罪案件承办周期长、卷宗材料多,多次开庭、长时间开庭十分常见。可以说,律师办理黑恶势力犯罪案件是一场考验体力、脑力和技巧的持久战。例如,笔者办理的王某岭涉黑案件曾经历 6 次庭前会议,庭审长达 22 天。在持久战过程中,律师应当根据案件的不同情况,灵活处理侦查阶段、审查起诉阶段、庭前会议及庭审过程中所出现的种种问题。将侦查监督、全面出击、有的放矢、团队作战等策略结合案情灵活运用,以最大限度地争取在侦查阶段合法取证、审查起诉阶段尽量减少指控罪名和指控犯罪事实、审判阶段降低量刑,从而达到真正的有效辩护。

(七)高压态势,不躁不馁

对于黑恶势力犯罪案件,无论是在侦查、审查起诉还是审判阶段,公检法的态度均较为强硬,尤其是在庭审阶段,控辩双方剑拔弩张的场面比比皆是。甚至是在近年的黑恶势力案件办理过程中,侦查阶段不允许会见或者限制会见的现象都较为常见。在这种高压态势下,律师需要保持耐心和理智,更需要坚守职业道德和法律底线,不因执业权利受到限制而放弃履行律师应尽的职责,更不应面对危险或利益诱惑而躁动。一言以蔽之,律师办理黑恶势力犯罪案件需要真辩、敢辩、会辩、慎辩、巧辩、智辩。

第六节
律师办理黑恶势力犯罪案件的风险防范

本书在接收案件、律师在侦查阶段的工作、审查起诉阶段的工作、开庭前的准备工作、法庭攻防技巧等章节已经详细介绍了律师从事辩护工作的注意事项和风险防范。但是,2018年3月6日,中华全国律师协会下发了《关于律师办理黑恶势力犯罪案件辩护代理工作若干意见》,对当前律师办理“黑恶案件”辩护工作提出了诸多更高的要求。如前文所述,律师在办理黑恶势力犯罪案件的过程中,律师涉黑涉恶以及因违规办理受惩戒的案件层出不穷,故下文将结合团队办理黑恶势力犯罪案件的经验和实践中较为常见的风险点,进行概括性强调,具体内容和实践操作经验可以参考以上章节。

一、接收案件

本书在接收案件一章已经详细阐述了接待咨询和办理委托手续的相关注意事项,但是,因黑恶势力犯罪案件案情重大复杂、牵涉人员众多,从律师与委托人碰面开始,便潜藏着比一般刑事案件更大的风险。

(一)确定来访者及委托人的身份

《刑事诉讼法》第34条第3款规定:“犯罪嫌疑人、被告人在押的,也可以由其监护人、近亲属代为委托辩护人。”

《律师办理刑事案件规范》第8条第1项规定,“接受犯罪嫌疑人、被告人的委托,担任辩护人。犯罪嫌疑人、被告人的近亲属、其他亲友或其所在单位代为委托的,须经犯罪嫌疑人、被告人确认”。

最高人民法院《关于适用〈中华人民共和国刑事诉讼法〉的解释》第45条规定:“审判期间,在押的被告人要求委托辩护人的,人民法院应当在三日以内向其监护人、近亲属或者其指定的人员转达要求。被告人应当提供有关人员的联系方式。

有关人员无法通知的,应当告知被告人。”

虽然《刑事诉讼法》将委托人的主体身份限定在监护人、近亲属,但中华全国律协出台的《律师办理刑事案件规范》却将委托人的主体身份扩大到“其他亲友或其所在单位”,最高人民法院《关于适用〈中华人民共和国刑事诉讼法〉的解释》又扩大到“其指定的其他人员”。鉴于黑恶势力犯罪案件的复杂性、敏感性,笔者建议,办理黑恶势力犯罪案件,应当尽可能地将委托人主体限定在亲友,且应当重点核实委托人的身份,对来访人员身份进行甄别,确定来访人是否涉案或属于潜在处理对象。同时,在首次会见笔录中要求犯罪嫌疑人写明“本人同意委托”,并让犯罪嫌疑人在委托书中签字确认。

(二)同所接受同案犯委托,征求委托人同意

《律师办理刑事案件规范》第13条第2款规定:“同一律师事务所在接受两名或两名以上的同案犯罪嫌疑人、被告人的委托,分别指派不同的律师担任辩护人的,须告知委托人并经其同意。”

(三)告知诉讼风险

《律师执业行为规范》第78条规定:“有下列情形之一的,属于律师执业不正当竞争行为:……(五)就法律服务结果或者诉讼结果作出虚假承诺;(六)明示或者暗示可以帮助委托人达到不正当目的,或者以不正当的方式、手段达到委托人的目的。”

鉴于黑恶势力犯罪案件的特殊性,建议在谈话笔录中注明如“会见可能受阻、定罪标准放宽、量刑从重、诉讼周期长、一般不取保、数罪并罚可能导致不适用缓刑、数罪并罚最高量刑可能高达……”等内容。

(四)不为未同案但存在关联的人辩护

最高人民法院、最高人民检察院、公安部等《关于实施刑事诉讼法若干问题的规定》第4条第2款规定:“一名辩护人不得为两名以上的同案犯罪嫌疑人、被告人辩护,不得为两名以上的未同案处理但实施的犯罪存在关联的犯罪嫌疑人、被告人辩护。”最高人民法院《关于适用〈中华人民共和国刑事诉讼法〉的解释》第43条第2款规定:“一名辩护人不得为两名以上的同案被告人,或者未同案处理但犯罪事

实存在关联的被告人辩护。”

（五）审查付费途径

在“打财断血”的背景下，对于黑恶势力案件的财产查封和追缴力度空前。目前，已经多次出现侦查机关向律师事务所发函追缴律师费的情况。因此，在委托人委托付费时，律师应当在谈话笔录中询问委托人付费的来源和途径，以确保钱款与黑恶势力赃款无牵连。

（六）及时备案

中华全国律师协会《关于律师办理黑恶势力犯罪案件辩护代理工作若干意见》规定：律师事务所受理黑恶势力犯罪案件后，应当于五日内同时报律师事务所所属律师协会和案件管辖地律师协会备案。因此，在接受涉嫌组织、领导、参加黑社会性质组织罪、寻衅滋事、聚众斗殴、敲诈勒索、非法拘禁、强迫交易、故意毁坏财物、开设赌场、组织强迫卖淫等九个罪名的委托时，应当尤其注意，符合报备条件的，应当及时按照规定报备。

（七）制作委托谈话笔录

在委托时，除委托合同外，还应当同时制作委托谈话笔录，以明确委托人身份、费用及来源、告知诉讼风险、案件沟通对象及会见频率等细节问题。

二、会见

一般刑事案件的会见，参照本书第三章第二节即可，在黑恶势力犯罪案件的会见中，应当尤其注意以下问题：

（一）会见前送交手续或电话告知

《刑事诉讼法》第34条第4款规定：“辩护人接受犯罪嫌疑人、被告人委托后，应当及时告知办理案件的机关。”因此，在委托后会见前，应当通过亲自送达或邮寄送达（在邮寄单上写明所邮寄资料名称并留存寄件凭证在卷）的方式，告知办案机关委托情况。

（二）未经委托或指派的，不介入案件

中华全国律师协会《关于律师办理黑恶势力犯罪案件辩护代理工作若干意见》

规定:未经当事人委托或者法律援助机构指派,不得以律师名义为当事人提供法律服务、介入案件,干扰依法办理案件。

(三)提前熟悉羁押场所

在接受委托后,应当提前获得羁押场所地址、了解周末能否会见以及律师会见室是否紧张等相关情况。同时,虽然按照会见的相关规定,律师会见只需要三证齐全即可,但在实践中,很多地方的看守所有特别要求,应当提前予以了解和准备。此外,应当提前准备好近亲属关系证明和律协备案材料。只有提前熟悉羁押场所,才能充分保证会见效率和会见时间。

(四)制作会见笔录

办理所有类型的刑事案件,都应当在会见时制作会见笔录,将沟通情况完整的记录。

(五)警惕处理会见中的物品、行为及言语

在会见时,禁止向在押人员传递纸条、香烟、手机、食品药品等。如遇到律师会见室使用紧张,在使用讯问室时应当特别注意,必要时可以要求看守所关闭同步录音录像,以解除犯罪嫌疑人的心理顾虑,保障犯罪嫌疑人的合法权益。同时,在押人员亲笔书写的与案件有关的材料,应主动要求看守所民警进行审查。

(六)会见受阻的救济

最高人民法院、最高人民检察院、公安部等《关于依法保障律师执业权利的规定》第7条第2款规定:“看守所安排会见不得附加其他条件或者变相要求辩护律师提交法律规定以外的其他文件、材料,不得以未收到办案机关通知为由拒绝安排辩护律师会见。”

事实上,在黑恶势力犯罪案件办理的过程中,看守所以需要办案机关批准为由限制会见的情况屡见不鲜。对此,最高人民检察院专门保障律师执业权利专项监督活动,保障律师的会见、通信权、阅卷权、调查取证权、人身权利以及其他妨碍律师依法履行辩护、代理职责的情形五个方面的执业权利。如会见受阻,应当及时向驻所检察室及律师协会反映情况。

三、沟通案情

黑恶势力犯罪案件因案情重大复杂，且量刑较重，无论是与当事人还是司法机关沟通，都存在时间紧、内容多且敏感的问题。

（一）与委托人的沟通

首先，应当坚决避免与非委托人进行沟通反馈；其次，与委托人沟通的过程中，不应当说假话，但应当有所保留，尤其是涉及案情细节及案卷材料的内容；最后，应当及时制止委托人或家属的过激行为，充分告知相关法律规定，必要时，可以单独制作谈话笔录。

（二）与司法机关的沟通

首先，在会见时应当充分听取犯罪嫌疑人的陈述与辩解，获取充分信息，从而与侦查机关充分沟通；其次，高度重视起诉意见书和起诉书的重要性，紧紧围绕起诉意见书、起诉书与公诉机关、审判机关沟通；再次，应当及时掌握案件所处的阶段和时间节点，在给司法机关预留充足时间的情况下，及时与司法机关沟通；最后，当面沟通后，应当提交详细的书面意见。

四、阅卷

众所周知，黑恶势力犯罪案件的卷宗材料，动辄数十上百卷。因此，在阅卷时，应当尤其注意以下问题。

（一）及时复制卷宗，不要遗漏

在阅卷时，应当尤其注意核实卷宗册数、光盘数量、有无物证等，可重点参照起诉意见书的附注，以确保阅卷的及时性和完整性。同时，应当妥善保管卷宗材料，即便是对委托人及其他辩护人，也应当按照相关规定履行保密义务。

（二）申请补充移送

对于与案件有关但没有移送的案卷材料，尤其是黑恶势力犯罪案件常见的同步录音录像，应当及时地通过书面方式申请补充移送。

五、调取证据

对于与案件有关,但侦查机关并未收集的证据,可以按照《刑事诉讼法》的规定申请调取。需要特别强调的是,在办理黑恶势力犯罪案件的过程中,应当慎重取证。对此,可以通过申请检察机关调取或申请证人出庭作证的方式予以解决。在万不得已的情况下,律师如果确定自行取证,应当通过全程同步录音录像的方式,由两名律师取证,并制作详细的取证笔录。

六、辩护

中华全国律师协会《关于律师办理黑恶势力犯罪案件辩护代理工作若干意见》规定:办案过程中,做无罪辩护或改变案件定性时,律师事务所要组织集体研究,依法提出案件处理方案和辩护代理意见,确保扫黑除恶专项斗争工作精神和要求以及有关制度规定得到正确贯彻和执行。

因此,在审判阶段,应当按照相关规定,做好充分的准备工作,如及时备案和做好集体讨论记录等,在当庭发表辩护意见时也应当注意措词。更加需要强调的是,在做好充分准备工作的前提下,我们也应当发挥辩护人的勇气与担当。

【文书范本】

余某某涉黑案辩护词

案情简介

本案是扫黑除恶专项斗争期间安徽省首起审判阶段全案脱黑案件。T市人民检察指控程某某等八名被告人组织、领导、参加黑社会性质组织罪、强迫交易罪、敲诈勒索罪、寻衅滋事罪、非法转让土地使用权罪,攫取非法利益60余万元,对该村地域范围内建筑行业的生产、经营造成严重影响。安徽金亚太(长丰)律所接受委托指派律师为该案第二被告人余某某辩护。考虑到该案案情复杂、社会影响巨大,T市人民法院首次适用《人民陪审员法》的规定,由三名审判员和四名人民陪审员组成七人合议庭审理该案,并召开庭前会议、启动非法证据排除程序、准许律师复制同步录音录像、通知证人出庭作证。2019年

5月，法院依法判决被告人程某某等八人的行为均不符合黑社会犯罪的组织特征、行为特征、经济特征、危害性特征，均不构成组织、领导、参加黑社会性质组织罪，但构成恶势力犯罪集团，第一被告程某某构成敲诈勒索罪和非法转让土地使用权罪，其余七名被告人均数罪变一罪即构成敲诈勒索罪。检察机关没有抗诉。

法院评析内容

对辩护人提出被告人不构成组织、领导、参加黑社会性质组织，本院评析如下：黑社会性质组织应同时具备《刑法》第294条第5款中规定的“组织特征”“经济特征”“行为特征”“危害性特征”。黑社会性质组织具有较强的组织性、稳定性、严密性，一般存在明确的层级结构，有较为严格的帮规戒律，且组织者、领导者明确，骨干分子基本固定，且能够对组织的资金使用、人员安排、重大违法犯罪活动等事项予以掌控。本案程某某团伙虽存在的时间较长，实施违法犯罪行为次数较多，但并非层级明确、组织严密的组织，程某某与余某某等人没有明确的管理与被管理的关系。每次去收取“下货费”时，村民代表和村民有权决定是否参加，不愿参加亦无人勉强，且每次参加的人员不确定，一般是由当天在家的村民组成，既没有明确的层级和职责分工，也没有约定俗成的纪律、规约，据此，不能认定程某某等人具备黑社会性质组织的组织特征。程某某等人通过索要“下货费”及转让土地使用权获得的经济利益平均分配于该村民组的所有村民或者积极参加索要“下货费”的所有村民，村民领取钱款用于各自的家庭生活消费，并未用于该组织的生存和发展，与黑社会性质组织有组织地攫取经济利益并有组织地将经济利益用于自我发展不同。故该团伙不具备黑社会性质组织的经济特征。同时，程某某等人在实施敲诈勒索过程中均是以给付“下货费”的名义向承建商索要。如果承建商不愿意给付，他们就召集该村民组当天在家的村民以围堵工地、阻碍施工的方式强行索要，没有直接对承建商使用暴力或者以暴力相威胁。未达到黑社会性质组织犯罪要求的“采取暴力、威胁或者其他手段，有组织地多次进行违法犯罪活动，为非作恶，欺压、残害群众”的行为特征。至于危害特征，程某某等人实施敲诈勒索等犯罪目的非常明确，就是只要获取一定的经济利益，就不会再去对施工进行干扰。他们既没有对该区域内的建筑行业非法控制的意愿，也不具备非法控制的能力。未达到黑社会性质组织犯罪所要求的“非法控制或造成重大影响，严重破坏经济、社会生活秩序的”程度。综上所述，对公诉机关该指控不予支持。程某某不构成组织、领导黑社会性质组织罪，被告人余某某等人不构成参加黑社会性质组织罪。对各被告人辩解及其辩护人辩护的各被告人不构成组织、领导、参加黑社会性质组织罪的意见予以采信。

辩护词

题记：“善良的心是最好的法律。”——［英］麦克莱

“坚持依法办案、坚持法定标准、坚持以审判为中心，加强法律监督，强化程序意识和证据意识，正确把握‘打早打小’与‘打准打实’的关系，贯彻落实宽严相济刑事政策，切实做到宽严有据，罚当其罪，实现政治效果、法律效果和社会效果的统一。”

——《关于办理黑恶势力犯罪案件若干问题的指导意见》

尊敬的审判长、审判员、人民陪审员：

安徽金亚太（长丰）律师事务所接受余某某及其亲属的委托并指派黄新伟律师担任其被控参加黑社会性质组织罪、寻衅滋事罪、敲诈勒索罪、强迫交易罪一案审判阶段的辩护人，依法参与本案诉讼。虽然余某某承认参与收取本案部分“下货费”的客观事实，但辩护人认为余某某的行为不构成参加黑社会性质组织罪，在索要“下货费”的事实上分别指控两个罪名系适用法律错误，不构成强迫交易罪。现发表详细辩护意见如下：

一、本案部分被告人供述应当依法予以排除

本案侦查机关未依法对讯问进行同步录音录像且违法收集余某某以及其他同案被告人的供述，由此获得的余某某供述以及其他同案被告人涉及余某某犯罪事实的供述应当依法予以排除，不得作为定罪量刑的证据。

根据我国《刑事诉讼法》第121条〔1〕的规定，侦查人员在讯问犯罪嫌疑人的时候，可以对讯问过程进行录音或者录像；对于可能判处无期徒刑、死刑

〔1〕 法条内容已修订，下同。

的案件或者其他重大犯罪案件,应当对讯问过程进行录音或者录像。《公安机关办理刑事案件程序规定》第 203 条规定:"讯问犯罪嫌疑人,在文字记录的同时,可以对讯问过程进行录音或者录像。对于可能判处无期徒刑、死刑的案件或者其他重大犯罪案件,应当对讯问过程进行录音或者录像。前款规定的'可能判处无期徒刑、死刑的案件,是指应当适用的法定刑或者量刑档次包含无期徒刑、死刑的案件。'其他重大犯罪案件'是指致人重伤、死亡的严重危害公共安全犯罪、严重侵犯公民人身权利犯罪,以及黑社会性质组织犯罪、严重毒品犯罪等重大故意犯罪案件。"《公安机关讯问犯罪嫌疑人录音录像工作规定》第 4 条第 1 款规定,"对下列重大犯罪案件,应当对讯问过程进行录音录像:……(三)黑社会性质组织犯罪案件,包括组织、领导黑社会性质组织,入境发展黑社会组织,包庇、纵容黑社会性质组织等犯罪案件……(五)其他故意犯罪案件,可能判处十年以上有期徒刑的"。而且,《人民法院办理刑事案件排除非法证据规程(试行)》第 26 条第 2 款进一步规定,"应当对讯问过程录音录像的案件没有提供讯问录音录像,或者讯问录音录像存在选择性录制、剪接、删改等情形,现有证据不能排除以非法方法收集证据的,对有关证据应当予以排除"。另外,最高人民法院《刑事审判参考》第 1166 号指导案例"王平受贿案"认为:"侦查机关在立案后对上诉人王平的讯问笔录,其中没有同步录音录像的数份讯问笔录,不符合《最高人民检察院讯问职务犯罪嫌疑人实行全程同步录音录像的规定》第 2 条的规定,在王平对此提出质疑的情况下,无法确保讯问笔录的合法性,亦无法确保讯问笔录内容的真实性,故不得作为定案的根据。"

因此,本案当中对被认定为积极参加黑社会性质组织罪的余某某的讯问均应当同步录音录像,而未对余某某及各被告人的讯问进行同步录音录像取得的证据明显违反了法律规定,而且庭审中余某某明确陈述侦查人员存在"不如实记录讯问内容"等非法取证的情况,且余某某等多名被告人均系文盲,笔录是否宣读、是否如实宣读均不能证明。另外,即便在侦查初期对余某某不是以黑社会性质组织罪立案的,但在以余某某参加黑社会性质组织罪立案之后,公安机关没有补录任何录音录像。特别是 2018 年 5 月 24 日最高人民检察院在《逮捕案件继续侦查取证建议书》明确建议侦查机关对本案所有涉案人员及关键证人制作同步录音录像，公安机关不仅拒不录像，甚至还在2018年6月4日提审讯问时因为余某某为自己的行为辩解继而不做讯问笔录。

因此，余某某供述以及其他同案被告人涉及余某某犯罪事实的供述属于应当排除的非法证据。

二、余某某的行为不构成参加黑社会性质组织罪，余某某更不是积极参加者

我国《刑法》第294条规定："黑社会性质的组织应当同时具备以下特征：(一)形成较稳定的犯罪组织，人数较多，有明确的组织者、领导者，骨干成员基本固定；(二)有组织地通过违法犯罪活动或者其他手段获取经济利益，具有一定的经济实力，以支持该组织的活动；(三)以暴力、威胁或者其他手段，有组织地多次进行违法犯罪活动，为非作恶，欺压、残害群众；(四)通过实施违法犯罪活动，或者利用国家工作人员的包庇或者纵容，称霸一方，在一定区域或者行业内，形成非法控制或者重大影响，严重破坏经济、社会生活秩序。"2009年最高人民法院、最高人民检察院、公安部《办理黑社会性质组织犯罪案件座谈会纪要》对黑社会性质组织从组织特征、经济特征、行为特征、危害性特征四个方面作出了详细规定。2015年最高人民法院《全国部分法院审理黑社会性质组织犯罪案件工作座谈会纪要》对黑社会性质组织的认定作出进一步的说明。2018年最高人民法院、最高人民检察院、公安部《关于办理黑恶势力犯罪案件若干问题的指导意见》也有详细的规定。从以上法律规定并结合全案证据来看，辩护人认为本案没有"黑社会性质组织"，被告人余某某的行为当然不构成积极参加黑社会性质组织罪(鉴于篇幅有限，本书不引用案件证据)。

(一)程某某等人形成的"犯罪组织"不符合黑社会性质组织的组织特征

公诉机关将程某某等人要"下货费"的一些行为方式、具体分工、收费标准等规则认定为是黑社会中的组织特征，这显然是错误理解了本罪名。要明确起诉书指控的"组织"是否具备黑社会性质组织的组织特征，就要弄清楚余某某与各被告人以及与程某某之间是何种关系，甚至和其他村民之间的关系。现根据全案证据逐一分析。

1. 没有证据证明合法的基层组织如何演变成"黑社会证据"

很显然,本案的村民居住在此是自然形成的,且成立的村民组属于合法成立的基层组织。而黑社会组织是为了非法利益或者其他非法目的而非法控制集合在一起的组织,与本案显然不同。那么,合法的组织又是通过何种活动、仪式、惯例、纪律或者活动规约成为黑社会组织的,公诉机关没有证据证明。

2. 本案不具有黑社会性质组织一定要具有的三级人员结构

黑社会组织人员需要有组织者、积极参加者、参加者三级人员结构,而组织者、领导者对积极参加者、参加者具有管理、隶属或者服从关系。本案中,程某某和积极参加者、参加者之间毫无这种管理、隶属或者服从关系,参加者与积极参加者也无任何该种关系。组长在该生产组并没有任何领导的地位和作用,如程某一当组长少登记了余某某家一个人就被村民余某某骂,组长的权威又从何而来? 而根据各被告人供述,组长以及村民组成员之间相互制约、互相猜疑有无私占财物等,毫无层级而言。

3. 本案没有任何明确的组织纪录和规则

公诉机关没有证据证明本案的组织有任何有别于其他村民的纪录或者规则,"要下货费有钱分""下货费的收费标准"对每一个组员都是同样,且是历史遗留问题。更别提有任何违反组织意志就惩罚、惩戒的纪律和规则。

4. 本案组织成员可以随时替换、随时进出

本案被告人及其他没有被追究责任的村民都只是针对"一时""一事"临时地、随机地被召集,只要谁在家闲来无事谁都可以一起参与,既无事先的预谋,更无组织、策划,事发之后各自散伙回家,连普通犯罪团伙都谈不上,更不要说具有固定性、稳定性特征的犯罪组织。本案也没有任何成员加入或退出机制,其他成员加入索要"下货费"用完全处于一种"看心情好坏、看有无时间"的状况。

(二)程某某等人形成的"犯罪组织"不符合黑社会性质组织的经济特征

根据刑法的规定,黑社会性质组织的经济特征为"有组织地通过违法犯罪活动或者其他手段获取经济利益,具有一定的经济实力,以支持该组织的活动"。"经济特征"表现为为了组织的利益,组织及其成员通过违法犯罪活动

获取经济利益或者利用合法经济实体的经营活动、非法收益进行投资等手段获取经济利益,并且组织获取的经济利益能够基本支持该组织及成员的违法犯罪活动或者组织成员的部分生活开支。经济特征的核心是,黑社会组织通过违法行为攫取经济利益,并用获取的经济利益维护这个黑社会组织的存在和发展。

1. 三年共收"下货费"5 万元,完全没有经济实力。

本案中现有证据可以证明三年多来总共收取"下货费"的累计金额为 5 万余元,最终按全村民组 68 人平均分配,包括程某某本人在内,每个人分到手不到 1000 元。涉案的各被告人多数是老弱病残,没有经济基础。"黑社会老大"程某某的每年工资才 400 元,属于"没有任何经济实力"。

2. "黑款"连吃喝都没舍得花一次,何来支持"黑社会活动"?

村民组没有做任何留存,更没有将经济收益用于本案的组织,甚至连吃喝都没有一次,没有购买任何该组织使用的设备、工具,完全没有将所谓"组织经济利益"用于违法犯罪活动或者用于维系所谓"组织"的生存、发展。

3. 获得 60 万元的"土地买卖"是全村民组共同决定的,检察机关没有指控余某某等七名参加黑社会性质组织的成员构成该罪,不属于黑社会组织获取的经济利益。

(三)程某某等人形成的"犯罪组织"不符合黑社会性质组织的行为特征

《刑法》第 294 条第 5 款第 3 项规定,黑社会性质组织通常采取暴力、威胁或其他手段,有组织地多次进行违法犯罪活动,为非作恶,欺压、残害群众。该法条要求犯罪手段包括暴力、威胁或者其他手段。

1. 无暴力的现实可能性,不属于软暴力等手段。

本案不属于软暴力,软暴力需要以现实暴力实施可能性为基础。出庭的几位证人也明确了在索要"下货费"的过程中最多是围堵工地,纠缠索要一定的费用,不可能发生针对人身的任何暴力行为。全案也没有任何一起暴力伤害行为,没有一人受行政处罚。有 19 起事实无一被害人报案,仅有 4 起事实存在报案,且都是通过民警调解,并按照"村规民约"支付"下货费"结案。

2. 索要“下货费”的行为方式是历史遗留问题且普遍存在。

现有证据可以证明，整个某某组在收费项目、方式、收费标准均存在延续性，且在本村其他村民组具有普遍性。例如，严某龙作证曾被新屋生产队队长索要钱款2400元（见严某龙询问笔录），姚某建作证曾被新屋生产队队长索要钱款（见姚某建询问笔录）。

（四）程某某等人形成的“犯罪组织”不符合黑社会性质组织的危害性特征

黑社会性质组织的危害性特征主要体现在非法控制范围或对象上，形成“在一定区域或者行业内”的规模，在危害程度上，要形成非法控制或者重大影响，达到严重破坏经济、社会生活秩序的程度。学界和司法实践通说认为，非法控制特征是黑社会组织的核心特征，是区别黑社会组织和集团犯罪的本质特征。周光权教授在2018年第3期《中国刑事法杂志》发表文章《黑社会性质组织与恶势力团伙如何区分》中指出：“非法控制的实质是支配，不仅能够支配组织内部成员，而且能够支配同行业竞争者，对其进行打压，黑社会组织的不法支配力、控制力能够排斥合法权力的支配和控制。”结合到本案：

1. 程某某对本案积极参加者、一般参加者、普通村民均没有领导、支配、控制意志能力。村民均可自由参加，而收取“下货费”没有同行业可以支配。

2. 仅在施工过程中单次收取“下货费”不可能影响后期持续的经营、生产活动。

区域即便不再有空间、大小的要求，但在该区域或者行业的正常生产经营活动一定要有持续性，否则控制就毫无意义。由于本案所谓的建筑行业多属农村或者街镇自建房，还未能形成规模的建筑行业，单次收取包工头、房屋所有人的“下货费”原本就是少量的，该费用相较于建房费用或者拿地费用是微不足道的，根本不可能对经济产生严重影响。对厂房房屋所有人来说，建房之后的生产经营才是最重要的，现有证据可以表明，一旦厂房建成，程某某等人没有任何滋扰行为。对于房屋的承建者或者钢构供应商来说，也都是临时、少次数地在本村民组范围内提供劳务或者商品。

3. 没有证据证明因为程某某等人的行为导致没人愿意来某某组从事生产

经营活动。相反,现有证据表明某某村的地皮越来越值钱,越来越多的人想在某某村从事生产经营,童某等人一直在某某组从事土建工程。

4. 没有欺压、残害群众,群众不敢报警的情形。

相反,长期被"残害"的童某帮助"黑社会老大"程某某做房子。群众不报警的原因是原本索要的费用就不高,没有必要去报警,出庭的几位证人也如此向法庭陈述。另外,某某组的社会生活秩序一直很稳定,老百姓安居乐业,没有警情不断的现象,程某某等人的行为没有在任何区域、行业内造成严重的经济影响。

综上所述,指控本案构成黑社会性质组织犯罪纯属无稽之谈,余某某参加黑社会的指控更是皮之不存、毛将焉附?

三、起诉书将同一性质的行为分别指控敲诈勒索、寻衅滋事两罪系适用法律错误,余某某仅对其具体参与的事实承担责任

(一)连续犯属于"处断的一罪",只能按一个罪名认定

即便按照起诉书的指控,程某某等人也只是出于同一目的向不同人索要同种标准的"下货费",这种行为人基于数个同一的犯罪故意,连续多次实施数个性质相同的犯罪行为,触犯同一罪名的犯罪形态,属于连续犯,系刑法理论中处断的一罪,只能按一罪处理。起诉书将村民没有去现场的行为认定为敲诈,将村民去过现场的行为认定为寻衅滋事,而认定敲诈的理由是"以村民去现场阻碍施工为威胁",按照此种逻辑,村民去现场阻碍施工至多也是敲诈勒索罪中"威胁或要挟的方法",又为何演变成寻衅滋事罪呢?况且,寻衅滋事罪侵犯的法益是社会秩序,与敲诈勒索罪侵犯他人财物法益完全不同。而按照两高法释〔2013〕18号关于寻衅滋事罪的司法解释规定,"因恋爱、家庭、邻里、债务等纠纷,实施殴打、辱骂、恐吓他人或者损毁、占用他人财物等行为的,一般不认定为'寻衅滋事',但经有关部门批评制止或者处理处罚后,继续实施前列行为,破坏社会秩序的除外",而本案中出警民警不仅没有任何批评制止或者处理处罚,相反以民事纠纷为由调解双方交付"下货费"。

（二）即便认定余某某构成敲诈勒索罪，其也只应承担具体参与事实的责任

1. 言词证据中的“妇女”不能推定就是余某某。

由于本案中侦查机关没有让余某某对具体参与索要“下货费”的事实进行辨认，也没有让受害人对余某某进行辨认，况且某某村民组妇女有十几人，本案第八被告章某也是与余某某年纪相当、体态相似的妇女，因此，很多言词证据中出现的妇女不能推定为余某某。

2. 现有证据的分析多起事实不能归责于余某某。

综合本案证据归纳分为如下：(1) 程某某供述与辩解；(2) 程某某记事本等书证；(3) 余某某供述与辩解（供述参与七次）；(4) 其他同案六名被告任何一人的供述与辩解；(5) 任何一名被害人的证言或者辨认笔录；(6) 任何一名证人证言。

辩护人认为，根据刑事诉讼的证据标准，虽然程某某供述与辩解每次都提到了余某某参加，但要认定余某某参与了具体索要钱款的事实证据确实充分，均需要上述(2)、(3)、(4)、(5)、(6)五类证据中的任意一种证据与(1)程某某供述与辩解相互印证，否则就达不到排除合理怀疑的标准。现总结，23 起索要“下货费”能够认定余某某参加的仅有 7 起（具体不展开）。

四、余某某不构成强迫交易罪，也不应承担土地使用权买卖的刑事法律责任

关于某某道路新建的事实不符合强迫交易罪的犯罪构成，理由是道路新建不是商品，不是服务，也不是市场，不符合强迫交易罪的犯罪对象要求。余某某本人在某某道路、土地买卖过程中与其他没有被追究刑事责任的村民所处地位完全一致，余某某既没有积极参与，也不能决定价格等，不应对其追究相关责任（法院认为检察院指控强迫交易罪性质错误，改判敲诈勒索罪）。

五、涉案财物的处理

本案侦查机关查封冻结了余某某名下共计 51 万元，此款项系余某某夫妇几十年辛苦工作的全部收入，与本案事实无关，扣除本案依法退还被害人的近 1 万元左右，其余 50 万元应全部返还给余某某夫妇。

六、余某某具有法定或酌定的从轻情节

余某某经传唤到案且如实供述全部事实,依法构成自首,应当减轻处罚。另外,恳请法院考虑到本案的特殊情况、余某某在整个案件中所起到的实际作用予以从轻处罚。

综上所述,作为律师,我本人坚决拥护扫黑除恶行动,有黑扫黑,无黑除恶,无恶治乱,但本案绝不是黑社会。本案参加七人合议庭审判案件的四位人民陪审员,对事实认定应当独立发表意见,并与法官共同表决;对法律适用,也应当发表意见。恳请七人大合议庭能够遵从自己内心价值判断,依法作出裁判。

以上意见,恳请采纳!

辩护人:黄新伟

2018 年 11 月 28 日

第十四章
CHAPTER 14

同步录音录像的审查与判断

一、同步录音录像制度的发展历史

同步录音录像，是指运用摄录设备对刑事侦查过程进行同步摄录，客观真实地记录刑事侦查过程的活动。英国是最早实施同步录音录像的国家，其1991年颁布的《录音实施法》对警察讯问犯罪嫌疑人时进行同步录音的程序做了详细的规定，而该国随后实施的《录音实施法修正案》补充规定了对录像制作的要求。

2005年最高人民检察院颁布的《讯问职务犯罪嫌疑人实行全程同步录音录像的规定（试行）》是我国司法实践中首次强制性规定同步录音录像的司法文件。

2012年《刑事诉讼法》首次规定了录音录像问题，特别强调：对于可能判处无期徒刑、死刑的案件或者其他重大犯罪案件，应当对讯问过程进行录音或者录像。

2013年8月，中央政法委《关于切实防止冤假错案的规定》规定，除情况紧急必须现场讯问之外，应当在规定的办案场所进行；犯罪嫌疑人被送交看守所羁押后，讯问应当在看守所讯问室进行并全程同步录音或者录像。

2018年3月20日，《监察法》第41条第2款规定，调查人员进行讯问以及搜查、查封、扣押等重要取证工作，应当对全过程进行录音录像，留存备查。

同步录音录像，由于具有客观性、动态性的特征，对于侦查机关而言，是证实侦查事实、固定言词证据、预防被告人翻供的重要证据；对于被告人而言，是保护被告人不被刑讯逼供、非法审讯的监督工具；而对律师而言，则是发现非法审讯的线索、提出“排非”申请并促成“排非”成功的利器。

但是，客观地讲，这样的案例并不多，律师从同步录像中发现直接证据或线索非常困难。其有几方面的原因:一是侦查机关不同步录像或"先把你折腾服了"再录像,或者选择性录像,或者对录像做删节剪辑;二是有的公、检、法配合,不让律师看录像,有录像不随卷移送,有录像不给律师查看机会,有录像不当庭播放;三是有些法院不允许复制录像,律师只能在法院上班时间查看,几十盘、上百盘的审讯录像需要十几天、几十天的时间查看,如此大的时间成本律师和委托人难以承担。而最大的问题是,相关规范性文件对违反同步录音录像问题的行为没有规定对应的法律后果和责任,"没有法律责任的规则没有强制力",实践中违反规定的行为即使是客观存在的事实,也因无法处置而不了了之。

因此,解决上述问题,即如何让同步录音录像的法律制度不再是"纸上谈兵",需要更加细致、可行的配套制度,需要法院在裁判中对同步录音录像问题享有更大、更直接的裁判权,倒逼同步录音录像制度在侦查、检察机关落实。[1]

二、同步录音录像的法律规定

由于实行监察体制改革,检察院反贪污贿赂、渎职部门整体转隶,职务犯罪由监察机关调查,但是检察机关仍对司法工作人员利用职权实施的非法拘禁、刑讯逼供、非法搜查等侵犯公民权利、损害司法公正的犯罪案件(14 个罪名)和公安机关管辖的国家机关工作人员利用职权实施的重大犯罪案件(需要由人民检察院直接受理的,经省级以上人民检察院决定)具备侦查权,因此检察机关关于同步录音录像的规定仍然具有法律效力,现详细列举。

(一)监察机关的规定

《监察法》第 41 条第 2 款规定,调查人员进行讯问以及搜查、查封、扣押等重要取证工作,应当对全过程进行录音录像,留存备查。

(二)检察机关的规定

监察机关的有关规定不得而知,但检察机关的有关规定可供参考。

1.《最高人民检察院讯问职务犯罪嫌疑人实行全程同步录音录像的规定(试

---

[1] 公丕国、牛星丽:《从一起成功排除非法证据的案件谈同步录音录像问题》,载 http://www. king - capital. com/content/details49_10550. html,最后访问日期:2017 年 1 月 4 日。

行)》(2005年11月1日最高检第十届检委会第四十三次会议通过,现已失效,被2014年5月26日实施的《人民检察院讯问职务犯罪嫌疑人实行全程同步录音录像的规定》取代)提出了在全国推行讯问职务犯罪嫌疑人同步录音录像的“三步走”计划,该规定已经为《人民检察院讯问职务犯罪嫌疑人实行全程同步录音录像的规定》(2014年5月26日实施)所代替。

2.《人民检察院讯问职务犯罪嫌疑人实行全程同步录音录像技术工作流程(试行)》(最高人民检察院办公厅,2006年12月4日实施)

第四条　录制的起止时间,以被讯问人员进入讯问场所开始,以被讯问人核对讯问笔录、签字捺印手印结束后停止。

第五条　在固定场所进行全程同步录音录像的,应当以画中画方式显示,主画面反映被讯问人正面中景,全程反映被讯问人的体态、表情,并显示同步录像时间,辅画面反映讯问场所全景。

在临时场所进行全程同步录音录像,使用不具备画中画功能的录制设备时,录制画面主要反映被讯问人,同时兼顾讯问场所全景,并显示同步时间。

第六条　对参与讯问人员和讯问室温度、湿度,应当在讯问人员宣布讯问开始时以主画面反映。对讯问过程中使用证据、被讯问人辨认书证、物证、核对笔录、签字和捺印手印的过程应当以主画面反映。

第七条　录制人员应当监控录音录像系统设备的运行,因更换存储介质需要暂停录制时,应当提前告知讯问人员。因技术故障等客观原因需要停止录制时,应当立即告知讯问人员。排除故障继续录制时,应当在录音录像中反映讯问人员对中断录制的语言补正。

第八条　录制人员应当及时填写《人民检察院讯问全程同步录音录像工作说明》中有关录制工作的内容,客观记录讯问过程的录制、系统运行、技术人员交接,以及对使用光盘编号等情况。本人签名后,交讯问人员按要求安排填写,在录制资料副本移交时收回归档。

第九条　录制结束后,录制人员应当将录制资料的正本交讯问人员、被讯问人确认,当场装入人民检察院讯问全程同步录音录像资料密封袋,由录制人员、讯问人员、被讯问人三方封签,由被讯问人在封口处骑缝捺印手印。

3.《人民检察院讯问职务犯罪嫌疑人实行全程同步录音录像系统建设规范(试行)》(最高人民检察院办公厅,2006 年 12 月 4 日实施)指出,本规范是人民检察院建设讯问职务犯罪嫌疑人实行全程同步录音录像系统的参照标准,适用于规范新建、扩建和改建的固定场所录音录像系统和临时场所录音录像设备。全程同步录音录像系统可由模拟与数字混合或全数字音视频监控系统构成。系统一般由前端、传输、控制和记录显示四部分构成。

4.《人民检察院刑事诉讼规则》(2019 年 12 月 30 日施行)

第七十六条 对于提起公诉的案件,被告人及其辩护人提出审前供述系非法取得,并提供相关线索或者材料的,人民检察院可以将讯问录音、录像连同案卷材料一并移送人民法院。

第七十七条 在法庭审理过程中,被告人或者辩护人对讯问活动合法性提出异议,公诉人可以要求被告人及其辩护人提供相关线索或者材料。必要时,公诉人可以提请法庭当庭播放相关时段的讯问录音、录像,对有关异议或者事实进行质证。

需要播放的讯问录音、录像中涉及国家秘密、商业秘密、个人隐私或者含有其他不宜公开内容的,公诉人应当建议在法庭组成人员、公诉人、侦查人员、被告人及其辩护人范围内播放。因涉及国家秘密、商业秘密、个人隐私或者其他犯罪线索等内容,人民检察院对讯问录音、录像的相关内容进行技术处理的,公诉人应当向法庭作出说明。

第一百九十条 人民检察院办理直接受理侦查的案件,应当在每次讯问犯罪嫌疑人时,对讯问过程实行全程录音、录像,并在讯问笔录中注明。

5. 最高人民检察院《关于切实履行检察职能防止和纠正冤假错案的若干意见》(2013 年 9 月实施)

第六条 严格执行全程同步录音、录像制度。在每次讯问犯罪嫌疑人的时候,对讯问过程实行全程录音、录像,并在讯问笔录中注明。因未严格执行相关规定,或者在执行中弄虚作假造成不良后果的,依照有关规定追究主要责任人员的责任。侦查部门移送审查逮捕、审查起诉时,应当将讯问录音、录像连同案卷和证据材料一并移送审查。

第十五条　做好对讯问原始录音、录像的审查。对于侦查机关随案移送或者人民检察院调取的讯问犯罪嫌疑人录音、录像，认为可能存在非法取证行为的，应当审查相关的录音、录像；对于重大、疑难、复杂案件，必要时可以审查全部录音、录像。经审查，发现讯问过程存在违法行为，录音、录像内容与讯问笔录不一致等情形的，应当要求侦查机关予以纠正、补正或者作出书面解释；发现讯问笔录与讯问犯罪嫌疑人录音、录像内容有重大实质性差异的，或者侦查机关不能补正或者作出合理解释的，该讯问笔录不能作为批准、决定逮捕或者提起公诉的依据。

6.《人民检察院讯问职务犯罪嫌疑人实行全程同步录音录像的规定》(2014年5月26日实施)

第二条　人民检察院讯问职务犯罪嫌疑人实行全程同步录音、录像，是指人民检察院办理直接受理侦查的职务犯罪案件，讯问犯罪嫌疑人时，应当对每一次讯问的全过程实施不间断的录音、录像。

讯问录音、录像是人民检察院在直接受理侦查职务犯罪案件工作中规范讯问行为、保证讯问活动合法性的重要手段。讯问录音、录像应当保持完整，不得选择性录制，不得剪接、删改。

讯问录音、录像资料是检察机关讯问职务犯罪嫌疑人的工作资料，实行有条件调取查看或者法庭播放。

第三条　讯问录音、录像，实行讯问人员和录制人员相分离的原则。讯问由检察人员负责，不得少于二人；录音、录像应当由检察技术人员负责。特别情况下，经检察长批准，也可以指定其他检察人员负责。刑事诉讼法有关回避的规定适用于录制人员。

第四条　讯问录音、录像的，应当由检察人员填写《录音录像通知单》，写明讯问开始的时间、地点等情况送检察技术部门或者通知其他检察人员。检察技术部门接到《录音录像通知单》后，应当指派检察技术人员实施。其他检察人员接到通知后，应当按照本规定进行录制。

第五条　讯问在押犯罪嫌疑人，应当在看守所进行。讯问未羁押的犯罪嫌疑人，除客观原因或者法律另有规定外，应当在人民检察院讯问室进行。

在看守所、人民检察院的讯问室或者犯罪嫌疑人的住处等地点讯问的，讯问录音、录像应当从犯罪嫌疑人进入讯问室或者讯问人员进入其住处时开始录制,至犯罪嫌疑人在讯问笔录上签字、捺指印,离开讯问室或者讯问人员离开犯罪嫌疑人的住处等地点时结束。

第六条 讯问开始时,应当告知犯罪嫌疑人将对讯问进行全程同步录音、录像,告知情况应在录音、录像和笔录中予以反映。

犯罪嫌疑人不同意录音、录像的,讯问人员应当进行解释,但不影响录音、录像进行。

第七条 全程同步录像,录制的图像应当反映犯罪嫌疑人、检察人员、翻译人员及讯问场景等情况,犯罪嫌疑人应当在图像中全程反映,并显示与讯问同步的时间数码。在人民检察院讯问室讯问的,应当显示温度和湿度。

第十二条 讯问笔录应当与讯问录音、录像内容一致或者意思相符。禁止记录人员原封不动复制此前笔录中的讯问内容,作为本次讯问记录。

讯问结束时,讯问人员应当对讯问笔录进行检查、核对,发现漏记、错记的,应当及时补正,并经犯罪嫌疑人签字确认。

第十四条 案件提起公诉后在庭前会议或者法庭审理过程中,人民法院、被告人或者其辩护人对庭前讯问活动合法性提出异议的,或者被告人辩解因受刑讯逼供等非法方法而供述的,公诉人应当要求被告人及其辩护人提供相关线索或者材料。被告人及其辩护人提供相关线索或者材料的,公诉人可以将相关时段的讯问录音、录像资料提请法庭播放,对有关异议或者事实进行质证。

7. 安徽省人民检察院 2015 年 5 月 20 日出台《关于规范职务犯罪案件同步录音录像的意见》

该意见首先将同步录音录像的开始时间确定为“从检察机关第一次接触犯罪嫌疑人起”,而不再仅限定在讯问犯罪嫌疑人时使用。为切实保障职务犯罪嫌疑人的合法权利,依法文明规范办案,该意见规定:同录时应当告知犯罪嫌疑人,告知情况应当在录音录像和笔录中予以反映;不得选择性录制,不得剪接、删改;讯问笔录应当与讯问录音录像内容一致或者意思相符,禁止记录人员制作讯问笔录时粘贴、复制以前笔录中的讯问内容。针对讯问过程中可能存在的因技术故障等客观因素导致无法录音、录像的情况,该意见规定:一般应当停止讯问,待故障排除后再行讯问;严禁以“无法录音、录像的客观情况一时难以消除又必须讯问”等理由变相规避讯问同步录音录像制度。

该意见还就“谁来同录、谁来保管”做了规范性要求。该意见规定:录音录像实行“讯问人”与“录制人员”相分离原则。一般情况下,由检察技术人员或法警负责录制;特殊情况下,经检察长批准,可以指定其他检察人员负责录制;如果职务犯罪嫌疑人被羁押的,则由驻所检察人员负责录制。讯问结束后,录制人员应当立即将讯问录音录像资料交给讯问人员,经讯问人员和犯罪嫌疑人签字确认后当场封存,交技术部门保管。

现将安徽省人民检察院2015年5月20日出台的《关于规范职务犯罪案件同步录音录像的意见》条文简要列举如下:

第二条　人民检察院直接立案侦查的案件,对于被采取强制措施的犯罪嫌疑人,应当从侦查部门第一次接触犯罪嫌疑人起,在讯问阶段和指定居所监视居住全过程,采取固定同步录音录像与移动同步录音录像相结合的方式,实行全程同步录音录像。

第三条　录音录像实行讯问人员和录制人员相分离原则。录音录像由检察技术人员或法警专门录制。特殊情况下,经检察长批准,可以指定其他检察人员负责录制;犯罪嫌疑人被羁押的,由驻所检察人员负责录制。刑事诉讼法有关回避的规定适用于录制人员。

第四条　全程同步录音录像的图像应当反映犯罪嫌疑人、检察人员、翻译人员及讯问场景等情况,犯罪嫌疑人应当在图像中全程反映,不留死角。

第五条　实行同步录音录像应当告知犯罪嫌疑人,告知情况应当在录音、录像和笔录中予以反映。

第六条　讯问职务犯罪嫌疑人,应当对每一次讯问的全过程实行不间断的录音、录像。讯问录音、录像应当保持完整,不得选择性录制,不得剪接、删改。

第七条　讯问笔录应当与讯问录音、录像内容一致或者意思相符。禁止记录人员制作讯问笔录时粘贴、复制以前笔录中的讯问内容。

第八条　讯问过程中,因技术故障等客观情况无法录音、录像的,一般应当停止讯问,待故障排除后再行讯问。讯问停止的原因、时间和再行讯问开始的时间等情况，应当在笔录和录音、录像中予以反映。

无法录音、录像的客观情况一时难以消除又必须继续讯问的，讯问人员可以继续讯问，但应当告知犯罪嫌疑人，同时报告检察长并获得批准。未录音、录像的情况及告知、报告情况应当在笔录中予以说明，由犯罪嫌疑人签字确认。待条件具备时，应当对未录的内容及时进行补录。

第十条 讯问结束后，录制人员应当立即将讯问录音录像资料交给讯问人员，经讯问人员和犯罪嫌疑人签字确认后当场封存，交技术部门保管。

需要说明的是，各省、直辖市根据最高人民检察院的规定，均纷纷出台了相应的规定。

8. 最高人民检察院《职务犯罪侦查工作八项禁令》（2015年8月4日实施）

第六条 严禁在未全程同步录音录像情况下进行讯问。对于讯问活动没有执行全程同步录音录像的案件，不得移送审查起诉；已经移送审查起诉的，公诉部门有权拒绝受理或者退回侦查部门。

（三）公安部的规定

1.《公安机关办理刑事案件程序规定》（公安部令第159号，2020年9月1日实施）

第二百零八条 讯问犯罪嫌疑人，在文字记录的同时，可以对讯问过程进行录音录像。对于可能判处无期徒刑、死刑的案件或者其他重大犯罪案件，应当对讯问过程进行录音录像。

前款规定的"可能判处无期徒刑、死刑的案件"，是指应当适用的法定刑或者量刑档次包含无期徒刑、死刑的案件。"其他重大犯罪案件"，是指致人重伤、死亡的严重危害公共安全犯罪、严重侵犯公民人身权利犯罪，以及黑社会性质组织犯罪、严重毒品犯罪等重大故意犯罪案件。

对讯问过程录音录像的，应当对每一次讯问全程不间断进行，保持完整性。不得选择性地录制，不得剪接、删改。

2.《公安机关讯问犯罪嫌疑人录音录像工作规定》（公通字〔2014〕33号，2014年10月1日实施）

第三条 对讯问过程进行录音录像，应当对每一次讯问全程不间断进行，保持完整性，不得选择性地录制，不得剪接、删改。

第四条　对下列重大犯罪案件，应当对讯问过程进行录音录像：

（一）可能判处无期徒刑、死刑的案件；

（二）致人重伤、死亡的严重危害公共安全犯罪、严重侵犯公民人身权利犯罪案件；

（三）黑社会性质组织犯罪案件，包括组织、领导黑社会性质组织，入境发展黑社会组织，包庇、纵容黑社会性质组织等犯罪案件；

（四）严重毒品犯罪案件，包括走私、贩卖、运输、制造毒品，非法持有毒品数量大的，包庇走私、贩卖、运输、制造毒品的犯罪分子情节严重的，走私、非法买卖制毒物品数量大的犯罪案件；

（五）其他故意犯罪案件，可能判处十年以上有期徒刑的。

前款规定的“讯问”，既包括在执法办案场所进行的讯问，也包括对不需要拘留、逮捕的犯罪嫌疑人在指定地点或者其住处进行的讯问，以及紧急情况下在现场进行的讯问。

本条第一款规定的“可能判处无期徒刑、死刑的案件”和“可能判处十年以上有期徒刑的案件”，是指应当适用的法定刑或者量刑档次包含无期徒刑、死刑、十年以上有期徒刑的案件。

第五条　在办理刑事案件过程中，在看守所讯问或者通过网络视频等方式远程讯问犯罪嫌疑人的，应当对讯问过程进行录音录像。

第十条　录音录像应当自讯问开始时开始，至犯罪嫌疑人核对讯问笔录、签字捺指印后结束。讯问笔录记载的起止时间应当与讯问录音录像资料反映的起止时间一致。

第十一条　对讯问过程进行录音录像，应当对侦查人员、犯罪嫌疑人、其他在场人员、讯问场景和计时装置、温度计显示的信息进行全面摄录，图像应当显示犯罪嫌疑人正面中景。有条件的地方，可以通过画中画技术同步显示侦查人员正面画面。

讯问过程中出示证据和犯罪嫌疑人辨认证据、核对笔录、签字捺指印的过程应当在画面中予以反映。

第十二条 讯问录音录像的图像应当清晰稳定,话音应当清楚可辨,能够真实反映讯问现场的原貌,全面记录讯问过程,并同步显示日期和24小时制时间信息。

第十三条 在制作讯问笔录时,侦查人员可以对犯罪嫌疑人的供述进行概括,但涉及犯罪的时间、地点、作案手段、作案工具、被害人情况、主观心态等案件关键事实的,讯问笔录记载的内容应当与讯问录音录像资料记录的犯罪嫌疑人供述一致。

第二十二条 讯问录音录像工作和讯问录音录像资料的管理使用情况,应当纳入所在单位案件审核和执法质量考评范围。

对本规定第四条规定的案件,办案部门在报送审核时应当同时提交讯问录音录像资料。审核部门应当重点审查是否存在以下情形:

(一)以刑讯逼供等非法方法收集证据;

(二)未在讯问室讯问犯罪嫌疑人;

(三)未保证犯罪嫌疑人的饮食和必要的休息时间;

(四)讯问笔录记载的起止时间与讯问录音录像资料反映的起止时间不一致;

(五)讯问笔录与讯问录音录像资料内容严重不符。

对本规定第四条规定以外的案件,存在刑讯逼供等非法取证嫌疑的,审核部门应当对讯问录音录像资料进行审查。

(四)最高人民法院、最高人民检察院、公安部、国家安全部、司法部的规定

1. 最高人民法院、最高人民检察院、公安部、国家安全部、司法部《关于办理死刑案件审查判断证据若干问题的规定》

第十八条 对被告人供述和辩解应当着重审查以下内容:

(一)讯问的时间、地点、讯问人的身份等是否符合法律及有关规定,讯问被告人的侦查人员是否不少于二人,讯问被告人是否个别进行等。

(二)讯问笔录的制作、修改是否符合法律及有关规定,讯问笔录是否注明讯问的起止时间和讯问地点,首次讯问时是否告知被告人申请回避、聘请律师等诉讼权利,被告人是否核对确认并签名(盖章)、捺指印,是否有不少于二人的讯问人签名等。

(三)讯问聋哑人、少数民族人员、外国人时是否提供了通晓聋、哑手势的人员

或者翻译人员，讯问未成年同案犯时，是否通知了其法定代理人到场，其法定代理人是否在场。

（四）被告人的供述有无以刑讯逼供等非法手段获取的情形，必要时可以调取被告人进出看守所的健康检查记录、笔录。

（五）被告人的供述是否前后一致，有无反复以及出现反复的原因；被告人的所有供述和辩解是否均已收集入卷；应当入卷的供述和辩解没有入卷的，是否出具了相关说明。

（六）被告人的辩解内容是否符合案情和常理，有无矛盾。

（七）被告人的供述和辩解与同案犯的供述和辩解以及其他证据能否相互印证，有无矛盾。

对于上述内容，侦查机关随案移送有录音录像资料的，应当结合相关录音录像资料进行审查。

2. 最高人民法院、最高人民检察院、公安部、国家安全部、司法部《关于办理刑事案件排除非法证据若干问题的规定》

第七条 经审查，法庭对被告人审判前供述取得的合法性有疑问的，公诉人应当向法庭提供讯问笔录、原始的讯问过程录音录像或者其他证据，提请法庭通知讯问时其他在场人员或者其他证人出庭作证，仍不能排除刑讯逼供嫌疑的，提请法庭通知讯问人员出庭作证，对该供述取得的合法性予以证明。公诉人当庭不能举证的，可以根据刑事诉讼法第一百六十五条的规定，建议法庭延期审理。

（五）中央政法委《关于切实防止冤假错案的规定》（中政委〔2013〕27 号）

第一条 讯问犯罪嫌疑人、被告人，除情况紧急必须现场讯问外，应当在规定的办案场所进行；犯罪嫌疑人被送交看守所羁押后，讯问应当在看守所讯问室进行并全程同步录音或者录像。侦查机关不得以起赃、辨认等为由将犯罪嫌疑人提出看守所外进行讯问。

（六）《刑事诉讼法》

第一百二十三条 侦查人员在讯问犯罪嫌疑人的时候，可以对讯问过程进行录音或者录像；对于可能判处无期徒刑、死刑的案件或者其他重大犯罪案件，应当对讯问过程进行录音或者录像。

录音或者录像应当全程进行，保持完整性。

（七）最高人民法院的规定

1. 最高人民法院《关于适用〈中华人民共和国刑事诉讼法〉的解释》（法释〔2021〕1号，2021年3月1日实施）

第七十四条 依法应当对讯问过程录音录像的案件，相关录音录像未随案移送的，必要时，人民法院可以通知人民检察院在指定时间内移送。人民检察院未移送，导致不能排除属于刑事诉讼法第五十六条规定的以非法方法收集证据情形的，对有关证据应当依法排除；导致有关证据的真实性无法确认的，不得作为定案的根据。

第八十条 下列人员不得担任见证人：

……

由于客观原因无法由符合条件的人员担任见证人的，应当在笔录材料中注明情况，并对相关活动进行全程录音录像。

第九十三条 对被告人供述和辩解应当着重审查以下内容：

……

必要时，可以结合现场执法音视频记录、讯问录音录像、被告人进出看守所的健康检查记录、笔录等，对被告人的供述和辩解进行审查。

第一百三十五条第一款、第二款 法庭决定对证据收集的合法性进行调查的，由公诉人通过宣读调查、侦查讯问笔录、出示提讯登记、体检记录、对讯问合法性的核查材料等证据材料，有针对性地播放讯问录音录像，提请法庭通知有关调查人员、侦查人员或者其他人员出庭说明情况等方式，证明证据收集的合法性。

讯问录音录像涉及国家秘密、商业秘密、个人隐私或者其他不宜公开内容的，法庭可以决定对讯问录音录像不公开播放、质证。

第二百四十八条 已经移送人民法院的案卷和证据材料，控辩双方需要出示的，可以向法庭提出申请，法庭可以准许。案卷和证据材料应当在质证后当庭归还。

需要播放录音录像或者需要将证据材料交由法庭、公诉人或者诉讼参与人查看的，法庭可以指令值庭法警或者相关人员予以协助。

第五百五十六条　询问未成年被害人、证人，适用前条规定。

审理未成年人遭受性侵害或者暴力伤害案件，在询问未成年被害人、证人时，应当采取同步录音录像等措施，尽量一次完成；未成年被害人、证人是女性的，应当由女性工作人员进行。

第六百五十二条　诉讼期间制作、形成的工作记录、告知笔录等材料，应当由制作人员和其他有关人员签名、盖章。宣告或者送达裁判文书、通知书等诉讼文书的，应当由接受宣告或者送达的人在诉讼文书、送达回证上签名、盖章。

诉讼参与人未签名、盖章的，应当捺指印；刑事被告人除签名、盖章外，还应当捺指印。

当事人拒绝签名、盖章、捺指印的，办案人员应当在诉讼文书或者笔录材料中注明情况，有见证人见证或者有录音录像证明的，不影响相关诉讼文书或者笔录材料的效力。

2. 最高人民法院《关于建立健全防范刑事冤假错案工作机制的意见》（法发〔2013〕11号，2013年10月9日实施）

第八条　采用刑讯逼供或者冻、饿、晒、烤、疲劳审讯等非法方法收集的被告人供述，应当排除。

除情况紧急必须现场讯问以外，在规定的办案场所外讯问取得的供述，未依法对讯问进行全程录音录像取得的供述，以及不能排除以非法方法取得的供述，应当排除。

三、同步录音录像的证据属性

同步录音录像资料在刑事诉讼中能否作为证据使用？如果能作为证据使用，那又属于《刑事诉讼法》中的哪一种证据形式？

第一种观点认为，同步录音录像资料不属于证据。主要论点为：只有讯问笔录才是诉讼中形成的法定证据，同步录音录像资料是固定证据的一种方式，是记载言词证据的工具。

第二种观点认为，同步录音录像资料是证据。同步录音录像资料属于证据中的视听资料,它是以现场动态的展示方式全程、不间断地记录犯罪嫌疑人、被告人的供述和辩解以及侦查人员的讯问过程,符合视听资料的概念和特征。

第三种观点认为,在一般情况下,同步录音录像属于犯罪嫌疑人、被告人的供述和辩解。同步录音录像资料所起的作用,与讯问犯罪嫌疑人、被告人笔录的作用是一致的。录音录像和笔录一样,仅仅是一种载体,同步录音录像实际上是"犯罪嫌疑人、被告人供述和辩解"的录音录像。在一般意义上,同步录音录像是与讯问笔录、书面供词并列的又一种犯罪嫌疑人供述和辩解的表现形式。讯问全程同步录音录像是一种区别于笔录固定言词证据的方法,其证据类型不会因固定方式不同、载体不同而发生根本性的变化。

四、监察体制背景下同步录音录像在司法实践中的运行现状

自监察体制改革以来,检察机关反贪污贿赂、反渎职部门全部转隶,绝大部分职务犯罪由监察机关调查,而检察机关仅对司法工作人员的职务犯罪以及公安机关管辖的国家机关工作人员利用职权实施的重大犯罪案件行使侦查权。由此可知,同步录音录像在司法实践中的运行现状主要有两种情形,一是监察机关的同步录音录像,二是检察机关对直接受理侦查的案件的同步录音录像,检察机关的同步录音录像一如既往地适用之前的全部规定,而如今在司法实务中意见分歧较大的是监察机关的同步录音录像,尤其是关于监察讯问录音录像的移送和调取问题,因此本节重点论述此问题。

笔者近期办理的一起受贿罪案件(二审),由于被告人坚决不认罪,对一审判决不服而提出上诉。在上诉理由中,申请排除在监察调查期间的所有有罪供述,并申请法院通知在案所有行贿人出庭,与之当庭对质。同时,提交了非法取证的人员、时间、地点、方式等自书材料。基于委托人的授权和法律规定,作为其二审辩护人,也书面申请非法证据排除和通知证人出庭,还进一步申请法院调取监察讯问录音录像。

关于非法证据排除问题,二审法官没有依据《刑事诉讼法》的规定依法调取,反而是和出庭检察员一起前往监察机关调阅、审查,而不让上诉人、辩护人参与。此种单方、隐蔽性的审查方式,无法让人信服。因此,要想解决非法证据排除问题,关

键在于监察讯问录音录像的移送和调取问题。

那么,关于监察调查录音录像的移送与调取问题,《监察法》与《刑事诉讼法》是如何规定的呢?

《监察法》第41条第2款规定:“调查人员进行讯问以及搜查、查封、扣押等重要取证工作,应当对全过程进行录音录像,留存备查。”对此如何理解?中央纪委、国家监察委法规室编写的《〈中华人民共和国监察法〉释义》进一步解释称:“监察机关对调查过程的录音录像不随案移送检察机关。检察机关认为需要调取与指控犯罪有关并且需要对证据合法性进行审查的录音录像,可以同监察机关沟通协商后予以调取。”而《刑事诉讼法》并未作出明确规定。

依据上述规定和释义,监察机关没有随案移送录音录像的法定义务,调取的主体是检察机关,同时还必须具备三个条件:(1)与犯罪有关;(2)需要对证据合法性进行审查;(3)同监察机关沟通协商,换言之,需要取得监察机关的同意。

仔细研究发现,调取的主体不包括法院。笔者认为,依据当然解释,在审判阶段,当法院对监察调查收集的证据合法性产生疑问需要审查并依职权调取,或者被告人、辩护人申请非法证据排除并请求调取时,人民法院有权调取相关录音录像,这是毋庸置疑的。

其实,深入研究《监察法》,笔者发现《监察法》第45条第1款第4项关于移送的问题作出了进一步规定,“监察机关根据监督、调查结果,依法作出如下处置:……(四)对涉嫌职务犯罪的,监察机关经调查认为犯罪事实清楚,证据确实、充分的,制作起诉意见书,连同案卷材料、证据一并移送人民检察院依法审查、提起公诉……”由此可见,监察机关向检察院移送的对象为案卷材料和证据,那么,讯问录音录像是否为案卷材料或者证据直接决定了监察机关是否具有移送的义务,然而关于此条规定目前的学者文章很少关注。

笔者认为,讯问录音录像属于证据,根据证明目的的不同,其证据种类不同,当讯问录音录像用于证明犯罪事实时,其本质上属于被告人供述和辩解,此时的讯问录音录像与讯问笔录一样仅仅是一种载体,是与讯问笔录并列的一种犯罪嫌疑人、被告人供述和辩解的表现形式。当讯问录音录像用于证明证据收集合法性时,其属于视听资料,无论是被告人供述和辩解,还是视听资料,均属于法定的证据种类。

另外,关于讯问录音录像是否属于案卷材料,这又是个老生常谈的问题,最高人民检察院与最高人民法院的司法观点完全不同。

最高人民检察院法律政策研究室《关于辩护人要求查阅、复制讯问录音、录像如何处理的答复》认为讯问录音录像不属于案卷材料,论述道:"根据《人民检察院刑事诉讼规则(试行)》第四十七条第一款的规定,案卷材料包括案件的诉讼文书和证据材料。讯问犯罪嫌疑人录音、录像不是诉讼文书和证据材料,属于案卷材料之外的其他与案件有关的材料,辩护人未经许可,无权查阅、复制。"

而最高人民法院刑二庭法官王晓东、康瑛在《最高人民法院〈关于辩护律师能否复制侦查机关讯问录像问题的批复〉的理解与适用》一文中对此做了完全不同的回答,其认为讯问录音录像属于案卷材料,进一步解释:"从刑事诉讼法第一百七十二条的规定看,我国刑事起诉实行案卷移送主义,因此刑事诉讼法第三十八条所说的'案卷材料'和第一百七十二条中的'案卷材料'的概念应该是一致的,这里的'案卷材料'包括庭审所用的一切可以公开的材料,并不限于证据材料。虽然从《人民检察院刑事诉讼规则(试行)》第三百四十二条、第三百四十四条、第二百四十五条的相关表述看,其将'案卷材料'和'讯问犯罪嫌疑人录音、录像'并列分开表述,但这是源于并非所有刑事案件都有讯问犯罪嫌疑人录音、录像,因为根据刑事诉讼法第一百二十一条的规定,只有对于可能判处无期徒刑、死刑的案件或者其他重大犯罪案件,才应当对讯问过程进行录音或录像;而且这是人民检察院针对自侦案件审查决定逮捕阶段的规定而不是针对审查起诉之后,且作为司法解释的规定,其不能否定刑事诉讼法第三十八条的基本规定,不能据此得出讯问录像不属于刑事诉讼法第三十八条所指'案卷材料'的结论。此外,从六部委《关于实施刑事诉讼法若干问题的决定》第十九条规定看,虽然没有把侦查过程的同步录音录像列入随案移送的案卷材料的范围,也就是说,同步录音录像本身可以不移送给法院,但这是因为侦查过程的同步录音录像属于侦查人员对犯罪嫌疑人讯问笔录的视听资料载体,对于案件的作用不是证明案件事实本身而是证明讯问过程的合法性。如果辩方或法庭没有提出对于有关被告人讯问笔录合法性的质疑,没有启动非法证据排除程序,一般是不需要向法院移送或调取该讯问录音录像的。然而,一旦有关讯问录音录像移送法院,作为证据材料在庭审中公开使用,或者非法证据排除程序已经启动,法院已经调取并在审判阶段使用的,其应属于案卷材料,辩护律师在有权查阅的同时,当然有权复制。”

基于上文对《监察法》第 45 条第 1 款第 4 项的分析和理解,笔者同意最高人民法院的司法观点,认为讯问录音录像属于证据。所以,讯问录音录像作为案卷材料或者证据应当向检察机关移送,但是刑事司法实务中无论是检察机关调取,还是法院调取,都要取决于监察机关是否同意提供或者按照法律规定移送。而根据笔者的辩护经验,一般情况是,法院会把非法证据排除的申请、线索和材料移交检察机关,而检察机关为了证明证据收集的合法性,会邀请承办法官一起前往监察机关调阅,经审查后出具一份《情况说明》予以证实取证的合法性。而被告人、辩护人根本无法查阅、观看,只能就《情况说明》进行质证,监察机关根本不会移送讯问录音录像。

要想解决此问题,需要厘清当检察机关或法院依职权调取时监察机关是否具有提供的法定义务? 虽然《监察法》等法律、司法解释没有规定监察机关具有提供等义务,但是《刑事诉讼法》及配套司法解释均规定了检察院、法院具有调取的权力,如此,从侧面的角度可以看出,监察机关具有提供的义务,否则,《刑事诉讼法》及配套司法解释所规定的司法机关调取权力,无疑是空中楼阁、僵死的法条。

笔者认为,此种情形下监察机关具备提供讯问录音录像的义务,具体理由如下:

第一,最高人民法院、最高人民检察院、公安部、国家安全部、司法部和全国人大常委会法制工作委员会联合发布的《关于实施刑事诉讼法若干问题的规定》,其中第 19 条明确规定:“人民检察院、人民法院可以根据需要调取讯问犯罪嫌疑人的录音或者录像,有关机关应当及时提供。”该条规定的提供主体是有关机关,而不是仅指侦查机关,因此监察机关属于提供主体之一。

第二,《人民法院办理刑事案件排除非法证据规程(试行)》第 20 条第 1 款规定:“公诉人对证据收集的合法性加以证明,可以出示讯问笔录、提讯登记、体检记录、采取强制措施或者侦查措施的法律文书、侦查终结前对讯问合法性的核查材料等证据材料,也可以针对被告人及其辩护人提出异议的讯问时段播放讯问录音录像,提请法庭通知侦查人员或者其他人员出庭说明情况。不得以侦查人员签名并加盖公章的说明材料替代侦查人员出庭。”该条明确规定检察机关为证明证据收集的合法性，可以播放讯问录音录像，基于此，如果监察机关不提供，何以在法庭上播放？

第三，《人民法院办理刑事案件排除非法证据规程（试行）》第21条第1款、第2款规定：“被告人及其辩护人可以出示相关线索或者材料，并申请法庭播放特定讯问时段的讯问录音录像。被告人及其辩护人向人民法院申请调取侦查机关、人民检察院收集但未提交的讯问录音录像、体检记录等证据材料，人民法院经审查认为该证据材料与证据收集的合法性有关的，应当予以调取；认为与证据收集的合法性无关的，应当决定不予调取，并向被告人及其辩护人说明理由。”该条从正面和侧面的角度直接或者间接规定了法院调取监察讯问录音录像的权力和义务。

第四，最高人民法院《关于适用〈中华人民共和国刑事诉讼法〉的解释》第74条规定：“依法应当对讯问过程录音录像的案件，相关录音录像未随案移送的，必要时，人民法院可以通知人民检察院在指定时间内移送。人民检察院未移送，导致不能排除属于刑事诉讼法第五十六条规定的以非法方法收集证据情形的，对有关证据应当依法排除；导致有关证据的真实性无法确认的，不得作为定案的根据。”该条更是从正面的角度直接规定了法院调取讯问录音录像的权力和义务。

第五，《人民检察院刑事诉讼规则》第75条规定：“人民检察院认为讯问活动可能存在非法取证行为的，可以调取讯问录音、录像……”该条直接规定了检察机关调取录音录像的权力和义务。

根据法理常识，权力（权利）和义务是相对的，既然法院或者检察院具有调取讯问录音录像的权力，那么作为权力的相对方监察机关就应当履行提供讯问录音录像的义务。

第六，《监察法》第33条第2款规定：“监察机关在收集、固定、审查、运用证据时，应当与刑事审判关于证据的要求和标准相一致。”既然监察机关审查证据包括审查非法证据，应当与刑事审判关于证据的要求和标准相一致，根据立法精神和价值，监察机关就应当适用《刑事诉讼法》以及配套司法解释的规定，因为刑事审判关于证据的要求和标准主要体现在《刑事诉讼法》以及配套司法解释的相关规定，尤其非法证据排除涉及的录音录像移送和调取问题。

但是实务中，当申请调取、查阅录音录像时，办案机关以监察机关是政治机关，不是司法机关为由，拒绝调取，也不让观看，辩护律师无法实质性地参与证据收集合法性的调查程序。

虽然《监察法》属于新生事物，但是已经施行一年半，理应结合监察实务中遇到的新问题予以适当的修改，并做好《监察法》《刑事诉讼法》两法的链接工作。

为此，为充分保障职务犯罪被调查人或者被告人的诉讼权利，辩护律师有效参与证据收集合法性的调查程序，同时为了解决《监察法》第 41 条第 2 款与第 45 条第 1 款第 4 项的矛盾，关于监察讯问录音录像的移送和调取问题，立法机关可以考虑将《监察法》第 41 条第 2 款规定："调查人员进行讯问以及搜查、查封、扣押等重要取证工作，应当对全过程进行录音录像，留存备查。"修改为"调查人员进行讯问以及搜查、查封、扣押等重要取证工作，应当对全过程进行录音录像。人民检察院、人民法院认为需要调取与指控犯罪有关并且需要对证据合法性进行审查的录音录像，监察机关应当及时提供"。

因此，根据《监察法》第 45 条第 1 款第 4 项的规定和理解，监察机关应当将讯问录音录像作为案卷材料或者证据随案移送检察机关。退一步讲，即使司法实践中监察机关不随案移送讯问录音录像，当被告人、辩护人申请非法证据排除，法院、检察院启动非法证据审查或者调查程序并依职权调取时，监察机关应当及时提供。[1]

五、同步录音录像的审查与判断

（一）辩护律师能否复制同步录音录像

对于辩护律师能否复制讯问录像的问题，是刑事辩护律师普遍关心的问题。上文详细分析了监察讯问录像的移送和调取问题，间接说明了辩护律师能否复制问题，现在重点探讨公安机关侦查的案件和检察机关直接受理案件（主要为 14 个罪名）的讯问录像复制问题。

1. 最高人民法院的答复

最高人民法院针对广东省高级人民法院的请示以〔2013〕刑他字第 239 号文作

---

〔1〕 张世金：《职务犯罪监察讯问录音录像的移送和调取问题》，载王亚林刑事辩护网。

出了答复，答复的内容是肯定的。不过这里需要注意的是两点：首先是如果公诉机关已经将讯问录像作为证据向人民法院移送了，不属于依法不公开的材料的，辩护律师有权复制。其次是在辩护律师或被告人已启动非法证据排除程序案件中，公诉机关为了证明侦查机关讯问的合法性而将讯问录像移送到法院的，或法院进行了调取并在审判阶段使用的，其属于案卷材料，辩护律师在有权查阅的同时，有权复制。

2. 安徽省高级人民法院的答复

2014 年安徽省"两会"期间，省政协委员王亚林律师专门针对以上问题，提出了《建议安徽省各级法院、检察院允许律师复制全程同步录音录像》的提案，省高级人民法院收悉后，对该份提案高度重视，有关负责人于 2014 年 5 月专门就此份提案前来拜会王亚林律师并征询意见，7 月给予书面函复。省高级人民法院刑一庭还牵头就此份提案进行专题分析，并专门印发了通知，即《关于辩护律师能否复制侦查机关讯问录像有关问题的通知》（皖高法〔2014〕256 号），对在法院审理阶段辩护人申请复制同步录音录像的问题作出明确规定："对于侦查机关的讯问录音录像，如公诉机关已经作为证据材料向人民法院移送，又不属于依法不能公开的材料的，在辩护律师提出要求复制的情况下，应当准许。"

3. 浙江省高级人民法院、浙江人民省检察院的意见

浙江省高级人民法院、浙江人民省检察院《关于办理职务犯罪案件调取、查阅侦查讯问同步录音录像的若干意见》（浙检发诉一字〔2013〕28 号）作出以下规定：

第五条 人民法院决定对被告人审判前供述取得的合法性进行调查的，人民检察院应当提供讯问笔录、羁押笔录、出入看守所的健康检查笔录、看守管教人员的谈话笔录以及侦查机关对讯问过程合法性的说明等，对证据收集的合法性加以证明。经审查，人民法院认为人民检察院提供的相关证据仍不能排除非法收集证据嫌疑的，可以要求调取侦查讯问同步录音录像。

第七条 法庭组成人员除自己查阅讯问过程录音录像，也可以召集检辩双方在庭前或庭后共同查阅侦查讯问同步录音录像。共同查阅范围原则上限于涉嫌非法收集证据时段部分。

根据案件具体情况，侦查讯问同步录音录像经庭外查阅，仍需要当庭播放的，

播放内容由人民法院决定。对于可能涉及有关人员的人身安全,或者可能产生其他严重后果的,人民法院应当对讯问人员的面容、声音作保护性技术处理。

第八条 人民法院、人民检察院应当妥善保管侦查讯问同步录音录像。案件终结生效后,人民法院应当及时将侦查讯问同步录音录像退回人民检察院。

查阅人员应当遵守有关保密规定,在查阅过程中,不得录音录像、复制,不得将相关内容外泄。

因违反规定,导致侦查讯问同步录音录像外泄,造成严重后果的,依法依纪追究有关人员责任。

综上所述,笔者认为,《刑事诉讼法》第40条规定:"辩护律师自人民检察院对案件审查起诉之日起,可以查阅、摘抄、复制本案的案卷材料。其他辩护人经人民法院、人民检察院许可,也可以查阅、摘抄、复制上述材料。"《人民检察院刑事诉讼规则》第47条第1款规定:"自人民检察院案件审查起诉之日起,应当允许辩护律师查阅、摘抄、复制本案的案卷材料。案卷材料包括案件的诉讼文书和证据材料。"最高人民法院《关于适用〈中华人民共和国刑事诉讼法〉的解释》第53条第1款规定:"辩护律师可以查阅、摘抄、复制案卷材料。其他辩护人经人民法院许可,也可以查阅、摘抄、复制案卷材料。合议庭、审判委员会的讨论记录以及其他依法不公开的材料不得查阅、摘抄、复制。"

审讯时的同步录音录像本质上属于犯罪嫌疑人、被告人供述和辩解。同步录音录像资料与讯问笔录一样仅仅是一种载体,是与讯问笔录并列的又一种犯罪嫌疑人供述和辩解的表现形式。在审查起诉阶段,当同步录音录像作为指控犯罪或证明公安机关或检察机关侦查行为合法性的证据时,就应当允许辩护律师复制。另外,在审判阶段,关于辩护律师能否复制侦查讯问录像问题,最高人民法院针对广东省高级人民法院的请示,以〔2013〕刑他字第239号文作出了答复:对于侦查机关的讯问录音录像,如公诉机关已经作为证据材料向人民法院移送,又不属于依法不能公开的材料的,在辩护律师提出要求复制的情况下,应当准许。前已述及,最高人民法院《关于适用〈中华人民共和国刑事诉讼法〉的解释》第54条竟然又表述为:"对作为证据材料向人民法院移送的讯问录音录像,辩护律师申请查阅的,人民法院应当准许。”其他证据都是有权复制,而这里只规定“申请查阅”,因此,上述规定会成为拒绝辩护人复制讯问录像的理由。

(二)同步录音录像的审查与判断在刑事辩护中的运用——以非法证据排除为视角

1. 把握好审查内容的六个注意[1]

(1)审查询问、讯问场所是否规范。讯问是否在办案工作区或看守所专用讯问室进行,相关设备条件、画面截取与切换是否符合相关技术指标等。

(2)审查询问、讯问主体是否规范。询问、讯问者是否为两名以上侦查人员,是否向犯罪嫌疑人表明身份等。

(3)审查权利、义务告知是否规范。是否依法告知犯罪嫌疑人、证人应享有的权利和履行的义务等。

(4)审查录制时间是否规范。是否在询问、讯问开始时进行全程同步录音录像,且录制时间是否具有持续性等。

(5)审查询问、讯问行为是否规范。有无刑讯逼供、诱供行为,询问、讯问完毕后是否让证人、犯罪嫌疑人核对笔录等。

(6)审查全程同步录音录像制作是否规范。录制完毕后是否经办案人员、证人、犯罪嫌疑人、录制人员当场封签等。

2. 同步录音录像的审查主要包括两个方面:形式与实质[2]

(1)形式审查是指审查同步录音录像的形式要件是否规范。审查路径为:

①审查同步录音录像是否有附随的说明材料,主要是指同步录音录像的委托材料和工作说明材料。从上述材料可以得知委托同步录音录像的单位(部门),委托的时间,录制人员的姓名,录制的起止时间、地点、过程,录制是否存在中断及中断的事由,移送材料是否为正本,正本的保管地点、保管人员,录制原件是否经过录制对象及制作人员签名、封存等内容。

---

[1] 孙高洁:《从方式内容上加强同步录音录像审查》,载《检察日报》2014 年 9 月 7 日。

[2] 邵平:《论同步录音录像的审查与应用——以公诉部门审查起诉为视角》,载《中国检察官》2013 年第 12 期。

②将同步录音录像及其附随材料相结合，进行审查，具体表现在以下方面：

第一，录制主体的审查。审、录人员是否分离，录制人员是否与案件有利害关系。

第二，录制程序的审查。

★ 录音录像是否有时间、温度、湿度的显示，是否能全面反映录制现场的全貌（如讯问录像是否具备"画中画"），是否能反映讯（询）问对象的体态、表情。职务犯罪案件讯问录像的主画面是否反映被讯问人正面中景，全程反映被讯问人的体态、表情，并显示同步录像时间，辅画面反映讯问场所全景。

★ 录制开始、结束的时间是否恰当，如果因为特殊情况需要中断录制是否进行提前说明。例如，讯问录像应当从对象进入审讯地点开始录制，对象核对笔录、签字、捺手印后结束录制等。

★ 录制前是否履行告知程序的审查。例如，制作讯问笔录时是否告知对象正在进行同步录音录像，是否向对象告知讯问人的身份等。

★ 录制过程是否符合法律规定的审查。例如，讯问未成年人是否有法定代理人在场，讯问外国人、聋哑人是否有翻译在场，翻译是否正确。另外，辨认现场录像是否存在指认的情况。

③对同步录音录像载体进行审查，主要审查同步录音录像资料是否采用规定的存储介质，是否经过拼接、剪辑，是否被伪造等。此项内容的审查可能需要一些专业技术知识，因此必要时可以聘请专业技术人员协助审查。审查讯问时是否进行同步录音录像、是否存在讯问完毕后补录的情形。

（2）实质审查是指对同步录音录像本身意图反映的内容及附带反映的其他信息的审查，包括对同步录音录像所反映证据材料内容的客观性、是否反映案件其他重要信息及侦查行为合法性的审查。审查的路径为：

①录音录像的内容与其所反映证据材料的内容有无出入。包括讯问笔录有无加入录音录像中对象未曾反映的内容等，如犯罪嫌疑人未曾交代或不承认的"犯罪事实"加入笔录。

②是否存在"先导后演""先审后录""选择性录像"等情形。如根据犯罪嫌疑人回答问题的神态、表情等判断有无让犯罪嫌疑人照读、照背材料，犯罪嫌疑人的

精神状态是否正常;有无对犯罪嫌疑人进行指示或指供、诱供、刑讯逼供而导致供述、辨认不实的情况;录音录像的时间、次数与笔录记载的时间及笔录数量能否对应等。

③是否反映了证据材料中未记载的有关犯罪嫌疑人定罪量刑的重要信息。如未将犯罪嫌疑人供述的有助于完善案件证据体系的内容(根据该内容可以搜集到更多对其有利的证据,如供述案发时不在现场、未满刑事责任年龄)、对自身行为性质的辩解、可能被认定为立功(如检举揭发)、表明认罪悔罪主观态度等内容写入笔录。

至于查阅录音录像,建议律师全程查阅,对于每一份录像从头到尾认真查看,对应书面笔录仔细校对,记录下存疑问题录像片段的起止时间,为“排非”程序的启动和“排非”成功提供有力的证据和线索。

附　录
APPENDIX

2000年以来办理的部分案例〔1〕

无罪案

1. 股东纠纷大股东被抓案(刘力侵占案)【案号】(2000)刑字第58号:刘力因被其他股东控告职务侵占2360万元被公安机关刑事拘留,2000年9月该案被撤销。

2. "五年六审、死囚辩无罪案"(刘明河故意杀人案)【案号】(2000)皖刑终字第332号,(1997)刑字第68号、第99号,(1998)刑字第32号,(1999)刑字第43号、第68号,(2000)刑字第78号:2001年4月,安徽省高院判决宣告刘明河无罪,是中国"疑罪从无"的典型案例。

3. 假冒"永久"自行车注册商标案(刘刚假冒商标、销售伪劣产品案)【案号】(2001)刑字第56号:系国家领导人批示,由安徽省质监局和亳州市公安局联合行动,2001年4月,亳州市公安局撤销案件。

4. 海南企业家被陷害案(李强挪用公款、违法向关系人发放贷款案)【案号】(2002)刑字第001号:2002年12月,公安局撤销案件。

5. 中国银行卢森堡分行行长贪污案(徐某风美国贪污90万元案)【案号】(2002)刑字第003号:2003年10月,合肥市中级人民法院重审后判决宣告徐某风无罪。

6. 某省首富涉嫌挪用数亿公款案(田海贪污、挪用案)【案号】(2004)刑字第14号:2005年2月,检察机关撤销案件。

---

〔1〕 为保护当事人隐私,部分当事人系化名。

7. 工商联主席贪污案(孙久贪污案)【案号】(2004)刑字第15号:2005年8月,亳州市某区人民检察院作出不起诉决定。

8. 千万诈骗无罪案(张某明诈骗案)【案号】(2006)刑字第58号:2007年6月,巢湖市中级人民法院判决宣告张某明无罪。

9. 严禁公安机关非法干预经济纠纷(汪某时销售伪劣产品案)【案号】(2007)刑字第63号:2008年10月,本案两被告人被马鞍山市某区人民法院判决宣告无罪。

10. 设局骗财讨债千万无罪案(甘某某诈骗案)【案号】(2014)刑字第079号:2015年6月,芜湖市人民检察院作出不起诉决定。

11. 两年五审拉锯战,检察院终于作出不起诉决定(江某某诈骗案)【案号】金安检刑不诉(2015)21号:江某某被指控诈骗罪,法院一审判决有期徒刑十一年,二审介入后历经五次开庭、发回重审。2015年5月,案件以检察院作出不起诉决定而告终。

12. 被告人"抢夺"巨额欠条?法院判决还清白(李某某抢夺案)【案号】(2016)皖0123刑初158号:李某某被指控抢夺债主300余万元欠条,面临十年以上刑罚。后经辩护,2016年9月,法院判决宣告李某某无罪。

13. 民营企业家职务侵占、挪用资金2000万元【案号】泾检刑不诉〔2019〕16号:经审查并二次退回补充侦查,因证据不足,检察院作出不起诉决定。

故意杀人案

1. "五年六审、死囚辩无罪案"(刘明河故意杀人案)【案号】(2000)皖刑终字第332号,(1997)刑字第68号、第99号,(1998)刑字第32号,(1999)刑字第43号、第68号,(2000)刑字第78号:2001年4月,安徽省高院判决宣告刘明河无罪,是中国"疑罪从无"的典型案例。

2. 同济大学研究生亓培玉被害案(国家领导人批示,赵苏安寻衅滋事、故意杀人案)【案号】(2001)亚太刑字第009号:2001年4月,阜阳市人民检察院作出不起诉决定。

3. 三年四审,"枪下留人"(孙自文故意杀人案)【案号】(2001)刑字第053号:安徽省高级人民法院通知马鞍山市中院暂缓送达死刑裁定,经审委会复议后,2003年

10月改判孙自文为死缓。

4. **"枪下留人"之22年前的杀人案(陈通祥故意杀人案)**【案号】(2011)刑字第98号:2013年12月,最高人民法院不核准死刑。

5. **芜湖市政法委书记周其东杀人案(担任中间人亿万富翁的二审辩护人)**【案号】(2002)刑字第005号。

6. **震惊全国的越野车碾压协警案(罗某华故意杀人案)**【案号】(2011)刑字第033号:2012年9月,合肥市中级人民法院以故意伤害罪判处罗某华有期徒刑七年。

7. **司法警察杀人碎尸、剥皮案**【案号】(2011)刑字第60号:2012年3月,合肥市中院以故意杀人罪判处被告人死缓。

8. **长丰浴池杀人案(闫某伍故意杀人案)**【案号】(2012)刑字第032号:2013年4月,合肥市中级人民法院一审以故意杀人罪判处被告人死缓,检察院抗诉后二审法院维持原判。

9. **震惊全国的骨科医生埋尸案(被害人代理)**【案号】合援刑字(2014)第110号,(2014)刑字第38号,(2015)刑字第74号:2015年6月,合肥市中级人民法院以故意杀人罪判处被告人死缓;二审被害人亲属获赔125万元后出具谅解书,二审法院改判为有期徒刑十年。

10. **李某某故意杀人案**:一审判处死刑,受安徽省法律援助中心指派,担任二审辩护人,提供法律援助,最终改判死缓,入选司法部司法行政案例库。

涉黑案件

1. **合肥涉黑第一案(成安强涉黑案)**【案号】(2001)刑字第035号:合肥市人民检察院采纳辩护人意见,"去黑"并将案件定性改变为故意伤害。2002年1月,合肥市中级人民法院判决。

2. **安徽涉黑第一案(袁氏三兄弟涉黑案)**【案号】(2001)刑字第057号:此案是经请示最高人民法院后认定的安徽省第一起组织、领导黑社会性质组织罪的案件。2002年11月,马鞍山市中级人民法院判决。

3. **唐宗虎特大黑社会案**【案号】(2003)刑字第036号:2003年8月,一审法院采纳辩护人的意见,芜湖市中级人民法院以非法持有枪支罪判处朱某有期徒刑两年。

4. 合肥涉黑第一案(胡斌涉黑案)【案号】(2003)刑字第058号。

5. 梁华学特大涉黑案【案号】(2003)刑字第068号:本案系安徽省公安厅直接侦查、以公安厅名义采取强制措施的唯一一起涉黑案件。2004年6月,合肥市中级人民法院一审判决。

6. 三审三罪十年改四年【案号】(2007)刑字第032号:本案由争夺河道采砂权引起,系六安市"打黑除恶"的代表作。后经辩护,被告人由有期徒刑十年改判为有期徒刑四年。

7. 池州光氏兄弟涉黑案【案号】(2008)刑字第058号:2008年10月,池州市中级人民法院二审采纳了辩护意见,为上诉人减掉一年有期徒刑,减掉100万元罚金。本案中,被告人上千万元的财产全部被查封,二审辩护人为被告人争取了100万元的财产返还。

8. 陈昆抢劫、敲诈、持枪、寻衅、非法拘禁五罪判有期徒刑四年【案号】(2013)刑字第065号:2013年12月,马鞍山市某区人民法院一审宣判被告人陈昆抢劫罪、敲诈勒索罪、非法持有枪支罪不成立,以寻衅滋事罪、非法拘禁罪并罚判处有期徒刑四年四个月。检察机关抗诉后,2014年4月,马鞍山市中级人民法院二审将最后一起敲诈勒索罪认定为犯罪,加刑十个月。

9. 全国"首起聋哑人特大黑社会"案【案号】(2013)刑字第099号:辩护人历时三年办结此案。2013年1月,公安部通报称该盗窃黑社会集团流窜20多个省份、作案500多起,涉案金额数千万。2015年6月24日至7月15日连续开庭22天。最高人民法院要求听取本案的汇报,开庭一年多后,2016年8月,亳州市中级人民法院判决:认定盗窃93起,涉案金额为130万元;以盗窃罪判处王某岭有期徒刑十年;本所律师参与辩护的王某的女儿、女婿均被判处缓刑。

10. 全国"首起回民黑社会"案【案号】(2014)刑字第069号:辩护人历时近两年办结此案。案件历经数次延长侦查期限、两次退回补充侦查、两次变更起诉、4次庭前会议,由最初的20名被告、40起主要犯罪事实、10项罪名变更为19名被告、24起犯罪事实、6项罪名。公诉机关第二次从法院撤诉后,撤回了60%的证据材料和大部分犯罪指控,王亚林刑辩团队辩护的所谓集团首犯李某的弟弟李某成无罪释放。2016年3月23日,一审法院以聚众扰乱社会秩序罪、非法侵入住宅罪判处王亚林所辩护的首犯李某有期徒刑两年六个月,判决后李某被释放。

11. 张淮海涉黑案【案号】(2014)刑字第 065 号:一审开庭期间,王亚林律师对到庭作证的警察进行了两个半小时的交叉盘问,以查明本案刑讯逼供的事实。一审判决成立组织、领导、参加黑社会性质组织罪,被告人不服,提起上诉,王亚林刑辩团队律师继续担任二审辩护人,二审法院最终依法改判全案不构成黑社会。

12. 桐城扫黑除恶第一案:经律师成功辩护,法院判决不构成组织、领导、参加黑社会性质组织罪,全案脱黑。据了解,该案系扫黑除恶专项斗争以来,安徽省首起全案不构成黑社会的典型案例。

13. 章某参加黑社会性质组织罪、寻衅滋事案:章某作为第二顺位嫌疑人被警方发布通告予以侦查,后以涉黑组织的积极参加者身份被侦查机关以参加黑社会性质组织罪、寻衅滋事罪移送审查起诉,而检察院单仅以寻衅滋事罪提起公诉,章某最终成为该涉黑组织中唯一一名脱黑人员,法院判处章某二年有期徒刑。

职务犯罪案件

1. 安徽反贪第一案(阜阳市市长夫妻贪污、受贿案)【案号】(1999)刑字第 086 号,(2000)刑字第 35 号:自侦查阶段到二审审理结束,王亚林历时两年办结此案。一审期间,王亚林组织了强大的辩护团队,包括时任社会科学院法学所副所长、现最高人民法院副部级审委会委员、第二巡回法庭庭长胡云腾,已经去世的中国青年政治学院院长周振想以及安徽大学刑法学教授唐大森等。2000 年 11 月,合肥市中级人民法院一审以贪污罪、受贿罪并罚判处肖某无期徒刑,四罪并罚判处其妻周某死缓。一审宣判后,合肥市人民检察院以对周某量刑过轻为由提出抗诉,被告人也分别提出上诉。2001 年 10 月,安徽省高级人民法院裁定维持一审判决。

2. 安徽前副省长王怀忠受贿案【案号】(2002)刑字第 067 号:2002 年 11 月,王亚林于侦查阶段介入,历时 1 年办结此案。辩护的重点是对王怀忠受贿导致国有资产损失 4000 多万元的指控不能成立,此辩护意见被一审法院全部采纳。但不知出于何种原因,一审法院在判决书中表述控方指控内容时隐去了有关重大损失的内容，从而在表述辩方意见时也隐去了相关的辩护意见，并把辩方的论据当作论点予以驳回。

3. 村委会、村干部犯罪第一案【案号】（2005）刑字第012号：该案在当时被称为重大疑难复杂案件，并由此催生了《刑法》将"公司企业人员受贿罪"变为"非国家工作人员受贿罪"的修改。经层报请示，2005年5月，马鞍山市某区人民法院采纳辩护人意见，判决认定杨某俭不属于国家工作人员，不构成贪污罪、受贿罪。

4. 非法证据排除之辩（副厅级官员方某罗受贿案）【案号】（2011）刑字第039号：2011年12月8日，本案二审开庭审理，再次启动了非法证据排除程序，辩护人申请法院通知安徽省人民检察院有关部门负责人出庭作证。2012年2月，安徽省高级人民法院二审以事实不清、证据不足为由撤销原判，发回重审。

5. 合作开办公司收受利润若实际出资则依法不构成受贿【案号】（2012）刑字第060号：本案被告人刘某系安徽省某集团公司副总，曾任安徽某局副局长。2013年12月10日，合肥市中级人民法院作出一审判决，认定因有实际投资而分享利润不属于受贿，从而在法定刑以下判处刘某有期徒刑六年，并报最高人民法院核准。

6. 灵活掌握抗辩和配合的辩护策略（三起司法官员受贿犯罪案的辩护）【案号】（2011）刑字第27号，（2012）刑字第54号，（2013）刑字第28号：某省监狱系统发生腐败窝案。王亚林辩护的三起监狱党委书记案件，均以"中国特色的诉辩交易"方法获得了减轻处罚：其中两起案件，某市中级人民法院一审于2012年5月、2013年12月分别作出减轻处罚的判决，一起案件，安徽省高级人民法院二审于2013年3月撤销原判，并作出减轻处罚的判决。

7. 谷开来杀人案之系列公安局副局长徇私枉法案（郭维国徇私枉法案）【案号】（2012）刑字第78号：2012年8月20日宣判，以徇私枉法罪判处郭维国有期徒刑十一年。

8. 职务犯罪的轻罪之辩（2013年安徽最大的贪污案）【案号】（2013）刑字第088号：历时三年半办结此案一审。检察机关指控被告人贪污1431万元。经请示最高人民法院，2016年4月，马鞍山市中院以私分国有资产罪判处辛某有期徒刑两年六个月。

9. **副厅官员受贿 80 万元,无法定从轻情节判刑三年半(惠某受贿案)**【案号】(2015)刑字第 058 号:2016 年 11 月,安庆市某区人民法院判决认定本案无法定从轻情节,对于辩护人申请"排非"等意见都不采纳,但判刑只有三年六个月。个中奥妙,不言自明。

10. **"女贼"偷出来的厅官受贿案(胡沅受贿案)**【案号】(2015)刑字第 062 号:胡沅案一审经历一次庭前会议和三次开庭才作出判决。2015 年 12 月 3 日,辩护人因一审合议庭曾审理过涉嫌共同犯罪的胡妻案件以及法庭审理程序的不公正,申请合议庭全体成员回避。2016 年 9 月 30 日,合肥市中级人民法院一审判处被告人有期徒刑七年。

贩毒"枪下留人"案

1. **合肥贩毒第一案(周宝胜贩毒案)**【案号】(2001)刑字第 046 号:指控贩卖毒品 1100 克,2002 年 9 月,合肥市中级人民法院判处周宝胜无期徒刑。

2. **芜湖贩毒第一案(李军贩毒案)**【案号】(2001)刑字第 051 号:一审法院判处李军死刑,二审法院维持原判。2003 年 2 月,最高人民法院不核准李军死刑。

3. **蚌埠贩毒第一案(陆林贩毒案)**【案号】(2002)亚太刑字第 010 号:一审法院判处陆林死刑。2002 年 9 月,安徽省高院撤销一审判决,改判死缓。

4. **安徽贩毒第一案(王胜雨贩毒案)**【案号】(2006)刑字第 029 号:贩毒 48.5 千克,是当时安徽省新中国成立以来一次性缴获海洛因最多的贩卖毒品案件。一审法院判决第一被告人、第二被告人死刑。王亚林接受委托后担任第二被告人王胜雨的二审及死刑复核审辩护人。2007 年 10 月,最高人民法院不核准王胜雨死刑。

5. **安徽贩毒第一案(张金学贩毒案)**【案号】(2009)刑字第 003 号:一审法院认定贩毒数量为吗啡 25,844 克、海洛因 4456 克,判处张金学等二人死刑。担任二审辩护人,2009 年 9 月,安徽省高院撤销原判,发回重审。重审后,张金学被改判死缓。

6. **黄山贩毒第一案(唐勇俊贩毒案)**【案号】(2010)刑字第 038 号:2010 年 9 月,黄山市中级人民法院认定贩毒数量为冰毒 1300 克、麻古 40 余克,判处唐勇俊死刑。王亚林担任二审辩护人,2010 年 11 月,安徽省高级人民法院改判死缓。

7. **安徽贩毒第一案(郭会伍等贩毒案)**【案号】(2011)亚律刑字第 006 号:涉案 50 公斤海洛因。阜阳市中院作出一审判决,分别判处 14 名被告人十年以上有期徒刑、无期徒刑至死刑,其中 6 名被告人被判处死刑。王亚林担任第三被告人郭会伍二审和死刑复核审的辩护人。2012 年 10 月,最高人民法院核准执行三人死刑,不核准郭会伍死刑。

8. **合肥贩毒第一案(范俊贩毒案)**【案号】(2014)刑字第 089 号:2014 年 8 月,合肥市中级人民法院认定贩毒数量为甲基苯丙胺 1450 克,且被告人系毒品再犯、累犯,虽有酌定从轻情节,但不足以从轻处罚,判处范俊死刑。担任二审辩护人,2014 年 12 月,安徽省高级人民法院改判死缓。

9. **合肥十年来最大海洛因毒品案(庞永芬等贩卖毒品案)**【案号】(2016)皖 01 刑初 17 号:合肥市人民检察院指控庞永芬等贩卖海洛因 6106.5 克,后采纳辩护人意见,将案件定性改为运输毒品罪。2016 年 8 月 12 日,合肥市中级人民法院判处庞永芬死缓。庞永芬服从判决,没有上诉。

10. **毒品累犯改判死缓案(王勇等贩卖毒品案)**【案号】(2016)皖刑终 147 号:上诉人王勇曾因走私、制造毒品罪被判处无期徒刑,于 2012 年 6 月 18 日刑满释放。阜阳市中级人民法院认定贩毒数量为甲基苯丙胺 1056 克、1.5 万元毒品,判处王勇死刑,追缴毒资 240 万元。担任二审辩护人,安徽省高级人民法院采纳辩护人意见,改判为死缓。

商事犯罪辩护案件〔1〕

1. **虚开犯罪缓刑之辩(陈克雄虚开增值税发票案)**【案号】(2005)刑字第 045 号:马鞍山市某区人民法院一审判处被告人有期徒刑六年。2006 年 1 月,马鞍山市中级人民法院改判为有期徒刑三年,缓刑四年。

2. **海南省中行原行长(副厅级)非法经营案**【案号】(2007)刑字第 001 号:本案由安徽省最大的上访案引起,涉案的近 2000 名群众在安徽省委、省政府群访达 98

〔1〕 前述无罪辩护案件均是商事犯罪案件,这里不再重复列举。

次。2008年2月,青阳县人民法院判处吕先扬免予刑事处罚。

3. 亿源公司集资诈骗、非法吸收公众存款案(总经理缓刑之辩)【案号】(2007)刑字第016号,(2010)刑字第67号:经辩护,2008年12月,合肥市蜀山区人民法院判处总经理姚某有期徒刑三年,缓刑三年。在董事长被判处死缓后,王亚林再辩护,2010年12月,安徽省高级人民法院裁定撤销原判,发回重审。后原审法院改判为有期徒刑九年。

4. 19.4亿元的集资诈骗改非吸之辩(副行长集资诈骗案)【案号】(2010)刑字第12号:经请示最高人民法院,2012年12月,阜阳市中级人民法院以非法吸收公众存款罪判处被告人有期徒刑九年。

5. 一起"诈骗"政府拆迁巨款的无罪辩护【案号】(2010)刑字第057号,(2012)刑字第031号,(2012)刑字第088号:律师历时两年半办结此案。本案由淮上区人民法院、蚌埠市中级人民法院审理,被告人一家三口从被判处有期徒刑十五年到"实报实销"。

6. 最高人民法院内审的无罪诈骗案【案号】(2010)刑字第060号:律师历时两年办结一审。经请示最高人民法院,2012年5月,淮北市某区人民法院宣判刘伟诈骗罪、串通投标罪不成立,以对非国家人员行贿罪判处刘伟有期徒刑三年,缓刑四年。

7. 一起成功的数额犯辩护(祁某某合同诈骗案)【案号】(2012)刑字第105号:2014年1月14日,合肥市中级人民法院将犯罪数额从审查起诉阶段的635万元减少至一审法院认定的289万元。检察机关提起抗诉。

8. 行贿数额巨大的缓刑之辩【案号】(2014)刑字第036号:王亚林承办过十多起行贿案件,犯罪数额从580万元到50万元不等,截至目前,大部分行贿案件在检察机关已作不起诉决定,两起案件在审判阶段判处缓刑,还没有判实刑的先例。本案涉案金额为135万元,辩护人认为,由于立案前被告人已经交代了行贿事实,故构成特别自首。2014年9月,某区人民法院判处被告人有期徒刑一年六个月,缓刑两年。

9. 股东争斗案:和为贵,谁都不要对方坐牢【案号】(2013)顾字第58号,(2014)民字第652号:某非常知名的民营集团主要有三名股东,下设大型商场和星级酒店。2004年5月,董事长牵涉副省长受贿案,经王亚林辩护,法院认定被告人具有立功情节,以贪污罪(犯罪数额近百万元)、受贿罪(犯罪金额三十多万元)判处被告人有期徒刑十五年。2013年5月,前董事长刑满释放后,聘请由刑事律师、商事律师组成的律师团,并前往公安部控告两位小股东在其服刑期间涉嫌职务侵占罪。本所律师团队全面介入有关的刑事、商事程序,历时两年,最终,公安机关以没有犯罪事实为由不立案,而2015年4月,各股东再度重拾信任,言归于好。

10. 桐城总商会会长刘克胜商事犯罪案【案号】(2014)刑字第62号:2016年2月,检察机关指控被告人刘克胜以非法占有为目的,以高息为诱饵,使用诈骗方法向社会公众非法集资38.67亿元,集资诈骗8.06亿元,从而指控刘克胜犯集资诈骗罪、诈骗罪、合同诈骗罪、贷款诈骗罪、职务侵占罪、行贿罪六罪。2016年6月24日开庭,辩护人认为刘克胜的行为构成非法吸收公众存款罪、行贿罪,其他指控罪名或因证据不足而不能成立,或行为依法不构成指控的犯罪。一审法院判处刘克胜无期徒刑。

其他类型案件重大、典型案件

1. 全国毒鼠强第一案(倪泽民非法制造危险物品案)【案号】(2003)刑字第60号,(2004)刑字第09号:本案因数量在全国最大,被称为"全国毒鼠强第一案"。五个小时庭审结束后,法院当庭以生产、销售危险物质罪判处倪泽民无期徒刑。二审法院裁定维持原判。经申诉,倪泽民现已刑满释放。

2. 安徽版雷洋案("110"警察"打死"报警人)【案号】(2003)刑字第066号,(2004)刑字第058号:此案经新华网、《南方周末》报道以及全国各大媒体介入后产生了重大影响,社会一片喊杀声。一审法院以故意伤害罪判处桑殿鹏有期徒刑十三年。二审阶段,辩护人顶着压力深入案发现场调查取证,而检察机关则针对律师的执业行为进行调查。2004年5月19日,安徽省高级人民法院二审维持原判。桑殿鹏因服刑期间表现良好而减刑出狱,现一直在申诉。

3. 2004合肥第一大案(鼓楼连环爆炸案)【案号】(2004)刑字第004号:本案因在合肥人口最为密集的鼓楼百货大楼实施连环爆炸,而被合肥市公安局列为"2004

合肥第一大案”。法庭上,王亚林向第一被告人蒯文利发问一个多小时,通过发问使法庭查明崔慧属于从犯。2004年11月29日,合肥市中级人民法院以爆炸罪判处主犯蒯文利无期徒刑,判处从犯崔慧有期徒刑十三年。

4. 七年审一案之警察玩忽职守案(2008年万张玩忽职守案)【案号】(2005)刑字第013号:本案发生在淮南市田家庵区,由王亚林担任第一被告人警察万张的辩护人,历时六年办结一审,最高人民法院和省级司法机关均细致地过问此案。2011年1月,淮南市中级人民法院以玩忽职守罪判处三被告全部免予刑事处罚。

5. 震惊全国的广州皖籍博士遭警察枪击死亡案【案号】(2007)刑字第099号:2007年11月13日凌晨,广州市公安局一民警因在执行公务过程中遭到阻挠而开枪,造成广州市珠江医院一位神经外科副教授尹方明死亡,本案在全国引起轩然大波。赴广州办理此案,本案以亲属获得巨额补偿、不要求追究警方责任而结案。囿于和被害人亲属的保密协议,在此不详细介绍案情。

6. 被害人代理,犯罪人两命偿一命【案号】(2008)刑字第039号:17岁的中学生侯某被张某、马某、张某光绑架并杀害。被害人的父亲委托王亚林担任被害人的代理人,要求至少两名行为人为孩子偿命。2009年3月,亳州市中级人民法院判处第一被告人、第二被告人死刑,第三被告人死缓。

7. 数百人械斗案(一个四年有期徒刑,两个缓刑)【案号】(2009)第39、40、41号:淮南市某煤矿护厂队员工、企业的施工人员和当地村民双方均有数百人,先是用炮仗、石块互相攻击,后又手持棍棒、铁锹、烟刀等发生激烈的斗殴。村民踏平了煤矿的保安室等设施,有村民11人受伤,其中三个重伤、一个死亡;煤矿刑警则有三人受伤。三名刑警被以故意伤害罪(致人死亡)为由追究刑事责任。经律师的多方努力,2009年12月,淮南市潘集区人民法院一审判处一名被告人有期徒刑四年,另外两名被告人则被判处缓刑。

8. 教唆他人故意伤害致死的缓刑之辩(实行过限的有效辩护)【案号】(2008)刑字第021号:本案发案和判决后社会反响巨大,被告人杨柳系著名企业家,省政协委员、市政协常委。2009年5月15日,合肥市蜀山区人民法院以故意伤害罪判处杨柳有期徒刑三年,缓刑五年;分别判处其他被告人有期徒刑十二年、十一年、十年、八年、七年及缓刑等。

9. 中国十大名案之少女毁容案【案号】(2011)刑字第58号,(2011)民字第138号,(2015)民字第237号:该案被最高人民检察院评为“2011年度中国十大重大影响案件”。这是一起典型的百姓被欺凌、法律被歪曲的案件,而律师的仗义执言使得该案获得了较为公正的处理。本所王亚林、李智贤、黄奥、姚进等多名律师介入此案,此案的刑事、民事部分历时四年多才处理结束。2012年5月10日,合肥市包河区人民法院一审以故意伤害罪判处陶汝坤有期徒刑十二年一个月。2016年3月22日下午,合肥市中级人民法院判决陶某某赔偿周岩各项费用共计180万余元。

10. 辩护人伪证罪之傅巍律师无罪【案号】(2013)刑字第029号,(2014)刑字第039号:王亚林承诺为每一位因辩护而受到司法追究的律师无偿提供法律援助。近十几年来,王亚林以不同形式介入了安徽十几名律师因执业而被追究刑事责任的案件,并于此次参与了傅巍律师涉嫌辩护人伪证罪的一审、二审全部诉讼活动。2014年5月20日,淮北市中级人民法院二审以帮助伪造证据罪裁定傅巍免予刑事处罚。

图书在版编目(CIP)数据

精细化辩护:标准流程与文书写作/王亚林著. --
2版. --北京:法律出版社,2020(2021.8重印)
ISBN 978-7-5197-5027-5

Ⅰ. ①精… Ⅱ. ①王… Ⅲ. ①刑事诉讼-辩护-研究
-中国 Ⅳ. ①D925.215.04

中国版本图书馆CIP数据核字(2020)第195489号

精细化辩护:标准流程与文书写作(第二版)
JINGXIHUA BIANHU:BIAOZHUN LIUCHENG YU WENSHU XIEZUO(DI-ER BAN)

王亚林 著

责任编辑 周 洁
装帧设计 贾丹丹

出版发行 法律出版社
编辑统筹 司法实务出版分社
责任校对 周合芝
责任印制 胡晓雅
经　　销 新华书店

开本 710毫米×1000毫米 1/16
印张 36.5　**字数** 524千
版本 2020年12月第2版
印次 2021年8月第2次印刷
印刷 固安华明印业有限公司

地址:北京市丰台区莲花池西里7号(100073)
网址:www.lawpress.com.cn
投稿邮箱:info@lawpress.com.cn
举报盗版邮箱:jbwq@lawpress.com.cn

销售电话:010-83938349
客服电话:010-83938350
咨询电话:010-63939796

书号:ISBN 978-7-5197-5027-5
定价:98.00元

凡购买本社图书,如有印装错误,我社负责退换。电话:010-83938349